D1731362

Mit den besten Wünschen

Jobi

Wirtschaftssoziologie I

Grundzüge

von

Norman Braun

Marc Keuschnigg

Tobias Wolbring

LMU München

Oldenbourg Verlag München

Bibliografische Information der Deutschen Nationalbibliothek

Die Deutsche Nationalbibliothek verzeichnet diese Publikation in der Deutschen
Nationalbibliografie; detaillierte bibliografische Daten sind im Internet über
http://dnb.d-nb.de abrufbar.

Lektorat: Christiane Engel-Haas, M.A.
Herstellung: Constanze Müller
Titelbild: thinkstockphotos.de
Einbandgestaltung: hauser lacour
Gesamtherstellung: Grafik & Druck GmbH, München

Dieses Papier ist alterungsbeständig nach DIN/ISO 9706.

ISBN   978-3-486-71268-1
eISBN 978-3-486-71766-2

Inhaltsverzeichnis

Vorwort

Die Wirtschaftssoziologie hat in den letzten Jahrzehnten einen enormen Aufschwung erlebt. Dies zeigt sich nicht nur in vielen soziologischen Publikationen zu ökonomischen Fragen und Problemen, sondern auch im gestiegenen Lehrangebot zu wirtschaftssoziologischen Themen an Hochschulen und dem gewachsenen Angebot an einschlägigen Lehrbüchern. Dabei unterscheiden sich wirtschaftssoziologische Perspektiven und entsprechende Übersichtsarbeiten beträchtlich. Was bisher fehlt, ist ein Lehrbuch der Wirtschaftssoziologie mit quantitativer Ausrichtung in Theorie und Empirie. Diese Lücke wollen wir mit unserer zweibändigen Übersichtsarbeit schließen.

Der vorliegende erste Band präsentiert relevante Grundzüge der Wirtschaftssoziologie, wobei dabei auch nicht-quantitative Teilgebiete gestreift werden. Nach einer knappen Einleitung wird über das einschlägige Grundwissen des Faches in insgesamt vier Teilen informiert. Jeder Teil umfasst zwei Kapitel mit jeweils verschiedenen Abschnitten, die sich im Haupttext mit zentralen Inhalten und in deutlich abgesetzten „Kästen" mit weiterführenden Aspekten beschäftigen. Nach einem Überblick über ausgewählte Klassiker werden zunächst methodologische und begriffliche Grundlagen eingeführt. Im Anschluss an die Skizze des sozioökonomischen Wandels und der Darstellung von Varianten und Analysen sozialer Eingebundenheit des Wirtschaftslebens werden formale Theorieansätze und Modelle besprochen, die für wirtschaftssoziologische Analysen mit einer quantitativen Ausrichtung wichtig erscheinen.

Während der erste Band grundlegende Einsichten vermittelt, befasst sich der zweite Band mit Anwendungen, welche u.a. die Fruchtbarkeit der gewählten Orientierung belegen. Zwar kann man die Themen und Untersuchungen des zweiten Bandes als eine Auswahl betrachten. Die dort behandelten Themen sind jedoch so weit gefächert, dass sie sich den vier breiten Bereichen „Beziehungen im Wirtschaftsleben", „Institutionen und Wirtschaft", „Konsumentenverhalten" sowie „Wohlstand und soziale Ungleichheit" zuordnen lassen.

Insgesamt soll in beiden Bänden des Lehrbuchs verdeutlicht werden, dass Wirtschaftssoziologie eine Erfahrungswissenschaft ist, die sich keineswegs in theoretisch-spekulativen Betrachtungen und philosophisch geprägten Diskursen erschöpft. Zu betonen ist zudem, dass die beiden Bände keine Darstellung der wissenschaftshistorischen Entwicklung des Teilgebiets Wirtschaftssoziologie versuchen. Abgesehen von der Auseinandersetzung mit zentralen klassischen Beiträgen konzentriert sich der Text vielmehr auf die Vermittlung des derzeitigen Wissens der Disziplin, wenn man eine quantitative Ausrichtung der Theoriebildung und empirischen Forschung voraussetzt.

Die beiden Bände sind aus Veranstaltungen zur Wirtschaftssoziologie hervorgegangen, die wir während der letzten Jahre an der Ludwig-Maximilians-Universität München gehalten haben. Wir danken daher allen Studierenden, welche sich mit verschiedenen Versionen der Buchmanuskripte befasst haben und uns Anregungen zu deren Verbesserung zukommen ließen. Konstruktive Kritik erhielten wir dankenswerterweise auch von Werner Fröhlich, Martina Kroher und Daniel Pfaller, die den ersten Band aufmerksam gelesen haben. Fabian Ochsenfeld und Florian Süssenguth ist für die Lektüre von einzelnen Abschnitten des Manuskripts schon deshalb zu danken, weil durch ihre Hinweise Ungenauigkeiten und

Irrtümer vermieden werden konnten. Für ihre redaktionellen Arbeiten bedanken wir uns zudem bei Andrea Constantinescu und Richard Strobl. Dank schulden wir nicht zuletzt Angela Fabry, die uns bei der Endkorrektur und der Erstellung vieler Grafiken half, und Christiane Engel-Haas für das Lektorat.

Abschließend möchten wir noch auf die Homepage hinweisen, die das Lehrbuch begleitet (`http://www.ls4.soziologie.uni-muenchen.de/ws-lehrbuch/index.html`). Sie präsentiert ergänzende Informationen (wie z.B. Übersichten über die zeitliche Entwicklung sozioökonomischer Gegebenheiten), deren Berücksichtigung den Umfang der Druckversion gesprengt hätte. Neben unseren Adressen werden dort auch Fehler und ihre Korrekturen aufgelistet, sobald sie uns bekannt geworden sind. Obwohl Verbesserungsvorschläge willkommen sind, hoffen wir aufgrund unserer gemeinsamen Arbeit, dass ihre Zahl überschaubar gering bleiben kann.

München, im Frühling 2012

Norman Braun, Marc Keuschnigg und Tobias Wolbring

1 Einführung und Überblick

Der Begriff Wirtschaftssoziologie bezieht sich, wie schon im Namen angedeutet, auf Wirtschaft und Gesellschaft.[1] Wirtschaftssoziologie wird, wenn auch nicht unter diesem Namen, seit etwa zwei Jahrhunderten systematisch betrieben; einschlägige Arbeiten sind allerdings bereits viel früher verfasst worden.[2]

Wirtschaftssoziologie ist als Teildisziplin der Soziologie eine empirische Sozialwissenschaft. Aufgrund der vielfältigen Bezüge des Wirtschaftsgeschehens weist sie Überlappungen zur Ethnologie, Geschichte, Geografie, Ökonomik, Politologie und Psychologie auf. Überschneidungen ihrer Themen mit anderen Teilgebieten der Soziologie (wie z.B. Arbeitssoziologie, Betriebssoziologie, Konsumsoziologie, Industriesoziologie, Organisationssoziologie) sind ebenfalls häufig.

Im Folgenden wird nach einer knappen Eingrenzung des Faches zunächst die Logik des Kapitalismus als ein Beispiel für eine zentrale Themenstellung der Wirtschaftssoziologie besprochen. Danach werden weitere wichtige Fragestellungen der Wirtschaftssoziologie aufgelistet. Es folgt ein kurzer Überblick über den Aufbau des Buches und seiner Schwerpunkte.

1.1 Definition der Wirtschaftssoziologie

Grob gesagt bezeichnet Wirtschaftssoziologie die wissenschaftliche Beschäftigung mit Wirtschaft und Gesellschaft und den damit verknüpften Zusammenhängen. Ein Ausgangspunkt ist dabei die Idee, dass sich die Handlungen in einem Wirtschaftssystem und ihre Wirkungen nicht allein aus ökonomischer Sicht erschließen, weil sie auch gesellschaftlich bedingt sind. Dies reflektiert, dass neben wirtschaftlichen Aspekten auch kulturelle, politische, psychologische, rechtliche und soziale Gesichtspunkte in den meisten Lebensbereichen eine Rolle spielen. Sie können zwar analytisch getrennt werden, überschneiden sich aber in der Praxis oft erheblich.

Beispielsweise erscheint das Anmieten einer Wohnung zwar zunächst als ein rein ökonomischer Vorgang. Jedoch gibt es eine Fülle von politisch determinierten Vorschriften (Gesetze, Verordnungen) und juristisch bestimmten Grundsatzentscheidungen (z.B. des Bundesgerichtshofes), die dabei zu beachten sind und ihrerseits die geltenden sozialen Normen widerspiegeln. Daneben existieren kulturelle Normen (u.a. mit Bezug auf Auftreten, Höflichkeit und Kleidung), deren Einhaltung bei der Wohnungsbewerbung wichtig sein können. Zudem sind soziale Beziehungen oft nützlich (z.B. Empfehlung durch Referenzpersonen mit gutem Leumund) und der wirtschaftliche Hintergrund des Bewerbers (z.B. absehbares Erwerbseinkommen) ist nicht selten sogar wesentlich für die Vermietung einer Unterkunft.

---

[1] Soziologie setzt sich aus lat. „socius" (Bundesgenosse) und griech. „logos" (Vernunft) zusammen.

[2] Wirtschaftssoziologisch relevante Fragestellungen wurden bereits im antiken Griechenland (v.a. von Platon und Aristoteles) bearbeitet.

Verallgemeinernd kann man sagen: Wirtschaftssoziologie umfasst alle Beobachtungen, Begriffe, Hypothesen, Regularitäten, Gesetzmäßigkeiten und Erklärungsmodelle, die sich auf Zusammenhänge zwischen ökonomischen und sozialen Sachverhalten oder Prozessen beziehen. Relevant sind also z.B. die gesellschaftlichen Normen und Werte, welche den Wirtschaftsablauf beeinflussen. Daneben interessieren u.a. die Funktionen von Staat, Verbänden und Öffentlichkeit für das Wirtschaftsgeschehen, die Art der Steuerungs- und Organisationsprinzipien der Wirtschaft (wie etwa Märkte mit Wettbewerb), die Rolle sozialer Netzwerke für das wirtschaftliche Geschehen und die ökonomischen Möglichkeiten (z.B. Jobsuche), Institutionen wie etwa Geld und Bankwesen, das Ausmaß der Arbeitsteilung und Spezialisierung, die Rationalität der Individuen und Organisationen in der Wirtschaft sowie die Rückwirkung wirtschaftlicher Gegebenheiten und Entwicklungen auf das soziale Geschehen. Allein die durch diese Beispiele verdeutlichte Themenvielfalt unterstreicht die Breite und Bedeutung der Wirtschaftssoziologie bei der Untersuchung des ökonomischen Lebens.

Nach Beckert (2009) kommt der Wirtschaftssoziologie aufgrund der zentralen Stellung des Wirtschaftssystems in modernen Gesellschaften eine entscheidende Rolle in der Erklärung gesellschaftlicher Zusammenhänge und Entwicklungen zu. Ihre theoretischen Ansätze und empirischen Befunde besitzen demnach auch jenseits ökonomischer Fragestellungen Relevanz. Zu betonen ist hierbei, dass Wirtschaftssoziologie alles andere als eine trockene weltfremde Angelegenheit ist. Dies wird bereits dann deutlich, wenn man sich aus theoretischer Sicht mit dem Kapitalismus und seiner Funktionsweise näher beschäftigt.

1.2 Kapitalismus als Themenbeispiel

Ein traditionell wichtiges Thema der Wirtschaftssoziologie betrifft den Kapitalismus und seine Merkmale. Generell ist Kapitalismus ein zu Beginn des 19. Jahrhunderts geprägter Begriff für eine Wirtschaftsordnung, die durch Privateigentum an den Produktionsmitteln, freies Unternehmertum mit akzeptiertem Gewinnstreben, Steuerung des Wirtschaftsgeschehens über die Marktkräfte und staatlich geförderten Wettbewerb gekennzeichnet werden kann.[3] In seinem Buch *The Victory of Reason* gibt Stark (2005: 56) eine explizite Definition an, die diese Auffassung weiter konkretisiert:

> „Capitalism is an economic system wherein privately owned, relatively well organized, and stable firms pursue complex commercial activities within a relatively free (unregulated) market, taking a systematic, long-term approach to investing and reinvesting wealth (directly or indirectly) in productive activities involving a hired workforce, and guided by anticipated and actual returns.“

Dabei sind u.a. Buchführung und Dauerhaftigkeit wichtige Konkretisierungen für die einschlägigen Kennzeichen und Aktivitäten der Marktakteure. Nach Rodney Starks Darstellung hat sich der so umschriebene Kapitalismus insbesondere aus einem Vorsorgemotiv

---

[3]Kapitalismus wird oft mit Sozialismus kontrastiert. Unter Sozialismus versteht man gemeinhin eine Wirtschaftsordnung, in der sich insbesondere die für die Einkommenserzeugung wesentlichen Ressourcen unter der Kontrolle eines Kollektivs (z.B. Staat) und seiner Repräsentanten (z.B. Regierung) befinden, alle Individuen für das Wohl der Gemeinschaft tätig sein sollen und die Steuerung des Wirtschaftsgeschehens weitgehend durch die Planung des Kollektivs bzw. seiner Repräsentanten erfolgt. Heutige sozialistische Wirtschaften (z.B. China, Kuba, Vietnam) unterscheiden sich u.a. bezüglich des Ausmasses der Übernahme dieser idealisierten Merkmale.

entwickelt: Katholische Mönche versuchten etwa ab dem Beginn des neunten Jahrhunderts, die wirtschaftliche Sicherheit ihrer Klöster durch geeignete Vorgehensweisen (z.B. Entlohnungspraktiken, Rechnungswesen, Vertragsabschlüsse) zu gewährleisten. Ihr Erfolg hat die Ausbreitung dieser Praktiken wesentlich gefördert.

In einer reduzierteren Lesart kann man den Kapitalismus als eine Wirtschaftsordnung bezeichnen, die bei hinreichend klar geregelten Eigentumsverhältnissen auf der Erzielung von Gewinn und der Vermehrung (Akkumulation) der hierfür eingesetzten Mittel (Kapital) durch den Kauf und Verkauf von Waren oder der Erstellung und Veräusserung von Diensten beruht. Dies kann man mit James Fulcher (2007: 8) kürzer fassen:[4]

> „Kapitalismus heißt im Wesentlichen in Erwartung eines Gewinns Geld in ein Unternehmen zu investieren."

Anders gesagt: Das wesentliche Merkmal des Kapitalismus ist die Investition von Geld zur Erzielung eines Profits. Kapital ist in diesem Zusammenhang Geld, welches zur Erlangung von mehr Geld investiert wird. Damit wird die allgemeine und nachhaltige Akzeptanz von Geld als Zahlungsmittel oder Tauschmedium unterstellt. Gewährleistet ist damit auch, dass durch Geld und seine Verbreitung eine Recheneinheit festgelegt ist, in der sich neben Preisen für Waren und Dienstleistungen auch Investitionen und Gewinne oder Verluste ausdrücken und vergleichen lassen. Klarerweise wird durch Geld auch eine längerfristige Wertaufbewahrung (z.B. Sparen) möglich, sofern dessen Akzeptanz hinreichend dauerhaft ist und Kaufkrafterhalt gewährleistet werden kann. Für die Geldversorgung und die Währungsstabilität sind, in Abhängigkeit von der betrachteten Region und mehr oder weniger unabhängig von den jeweiligen Staaten, unterschiedliche Zentralbanken (z.B. Europäische Zentralbank (EZB) im Euro-Raum, Federal Reserve Bank (Fed) in den Vereinigten Staaten von Amerika) zuständig, die im Bedarfsfall auch koordiniert vorgehen.

Eine kapitalistische Wirtschaft ist auf Konsum und Investition ausgelegt, wobei im Mittelpunkt die Verschuldung steht. Im Regelfall stellen Ersparnisse jeweils Voraussetzungen für etwaige Schulden dar. Sie steigern die Möglichkeiten für künftigen Konsum und sie bieten eine gewisse Absicherung gegenüber unerwarteten Ereignissen und Krisenzeiten. Insbesondere kann mit Ersparnissen im Rahmen von Kreditgeschäften Geld verdient werden. Investitionen beruhen häufig auf Krediten und sie setzen erwartbare Gewinne voraus. Zur Erhöhung der Planungssicherheit sind daher u.a. klare juristische Regelungen (z.B. Eigentumsrechte) sowie geeignete Institutionen zur Absicherung und Durchsetzung von Verträgen (z.B. Gerichte) wichtig. Unverzichtbar sind überdies bestimmte Verteilungen von Sachwerten (z.B. Bodenbesitz) und Kenntnissen (z.B. Wissen über Werkzeuge, deren Handhabung und Herstellung) in der Bevölkerung, die Konsumenten und Produzenten umfasst.[5] Daneben gibt es spezielle Akteure (wie etwa Banken, Gewerkschaften, Verbände, Versicherungen und Staat), die am Wirtschaftsprozess teilhaben und diesen mehr oder weniger stark beeinflussen.

Setzt man eine optimistische Grundhaltung wesentlicher Teilnehmer am Wirtschaftsprozess bezüglich erwartbarer Gewinne voraus, dann erscheinen Investitionen sinn-

---

[4]Fulcher (2007) bietet einen knappen, aber informativen Überblick über den Kapitalismus, der neben seinen Kennzeichen und Spielarten auch dessen Geschichte umfasst.

[5]Die Bedeutung von Eigentumsverhältnissen wird u.a. in dem Buch *Eigentum, Zins und Geld* von Gunnar Heinsohn und Otto Steiger (2006) betont. Dort wird erklärt, wie die Beleihung und Verpfändung von Eigentum und eventuell die Pfandverwertung im Wirtschaftsleben wirken. Eine wesentliche Voraussetzung für eine hinreichend starke Wirtschaftsdynamik ist demnach nicht nur der rechtliche Schutz von Eigentum, sondern insbesondere eine geringe Konzentration seiner Verteilung.

voll. Zu ihrer Finanzierung werden durch eigenen Konsumverzicht entstandene Ersparnisse eingesetzt und/oder Kredite aufgenommen. Sofern eine Verschuldung (z.B. zur Vorfinanzierung der Produktion) erfolgt, sind nicht nur Kredite zurück zu zahlen, sondern auch Zinsen zu entrichten. Der Zins gibt an, wieviel das geliehene Geld im fraglichen Zeitraum kostet. Zinsen reflektieren u.a. die Knappheit des geliehenen Geldes und die Ausfallrisiken des Kredits. Zinsen sind Aufwandsposten für Schuldner und zumindest teilweise Einkünfte für die jeweiligen Kreditgeber.

Formen von Geld und ihre Abfolge

Als Geld kann eine im Alltag genutzte Ware (wie Leder, Salz, Tabak) dienen. Stärker abstrahierend erscheint die Verwendung eines in der jeweils betrachteten Gesellschaft als wertvoll erachteten Gutes ohne direkten Gebrauchswert (z.B. Muscheln) als Geld. Vor einem ähnlichen Hintergrund sind die in der Antike im Römischen Reich geprägten Münzen aus Edelmetallen (Gold, Silber, Kupfer) zu sehen, die als Bargeld überall in Europa akzeptiert waren. Nach dem Zusammenbruch des Römischen Reichs haben die Europäer über lange Zeit weiter in dessen alter Währung gerechnet und ihre Guthaben und Schulden entsprechend aufgezeichnet, obwohl es die Münzen gar nicht mehr gab. Geld ist somit keineswegs nur Zahlungsmittel. Aber selbst wenn man sich auf seine Funktion als Tauschmedium beschränkt und sich auf das heutige Bargeld konzentriert, fällt auf, dass inzwischen eine noch abstraktere Form des Geldes existiert: Papiergeld und viele der jetzt gebräuchlichen Metallmünzen besitzen praktisch keinen Nutz- und einen lediglich geringen Materialwert, weshalb ihre Verwendbarkeit als Bargeld nahezu vollständig darauf beruht, dass sie von Dritten als Zahlungsmittel akzeptiert werden. Weil derartiges Bargeld kaum einen immanenten Wert aufweist, gibt es auch heute noch erwerbbare Münzen mit einem bestimmten Anteil an Gold, Silber oder Platin, die sich zwar kaum für die Alltagsverwendung eignen, aber insbesondere in Krisenzeiten die Wertaufbewahrung ermöglichen.

Geld wurde bereits vor mehreren tausend Jahren in Mesopotamien, Ägypten und dem alten China gebraucht (die Geschichte des Geldes seit dem Mittelalter wird von Michael North (2009) dargestellt). Unter Verweis auf anthropologische, archäologische und historische Untersuchungen betont Graeber (2011), dass weit vor der Benutzung von Bargeld virtuelles Geld (Buchgeld) in Form von Krediten, Schulden und entsprechenden Aufzeichnungen (z.B. Ausgabenkonten) erfunden und verwendet wurde. Diese Erkenntnis widerspricht der ökonomischen Standardlehre: Danach existierte zunächst eine reine Naturaltauschwirtschaft, in der jeder Tauschwillige erst einen potenziellen Geschäftspartner finden musste; zur Abmilderung dieser Schwierigkeiten wurde das Geld als reines Tauschmedium eingeführt und es wurden danach, wiederum zur Erleichterung von realwirtschaftlichen Tauschhandlungen, finanzwirtschaftliche Institutionen (wie z.B. Banken) und Aktivitäten (wie z.B. Kredite) entwickelt. Graeber verweist darauf, dass es praktisch keine empirische Evidenz für einen derartigen Ablauf gibt. Für den umgekehrten Verlauf liegen dagegen vielfältige Belege vor. Auf ihrer Grundlage ist davon auszugehen, dass zunächst virtuelles Geld in Form von Guthaben und Schulden gebräuchlich war. Derartige Einlagen- und Kreditaufzeichnungen wurden auch nach der späteren Einführung von Bargeld (z.B. Münzen im Griechenland der Antike) beibehalten.

Ersparnisse werden üblicherweise bei Banken als Guthaben gehalten. Sie stellen eine Grundlage für deren Darlehensvergabe dar. Nach der Spareinlage einer bestimmten Geldsumme bei einer Geschäftsbank wird diese normalerweise durch die Bank an einen oder mehrere Kreditnehmer verliehen. Geschäftsbanken haben bestimmte (jedoch relativ geringe) Anteile ihres Verleihgeschäftsvolumens als Einlagen bei der Zentralbank (Mindestreserve) zu halten und sie borgen sich bei Bedarf im Regelfall auch untereinander Geld. Insbesondere aber beschaffen sie sich Kredite bei der Zentralbank gegen die Zahlung des Notenbankzinses und die Hinterlegung von Sicherheiten (z.B. Wertpapiere), die im Falle von nicht vereinbarungsgemäßen Vorgehensweisen der Geschäftsbanken durch die Zentralbank einbehalten und verwertet werden können; die Unternehmer und Verbraucher leihen sich üblicherweise Geld bei den Geschäftsbanken gegen das vertragliche Versprechen der

Zahlung eines (im Vergleich zum Notenbankzins zumeist höheren) Zinses und der Gewährung des Zugriffs auf bestimmte Eigentumsbestände bei Vertragsverletzungen seitens der Kreditnehmer (z.B. Grundstücke).[6]

Aus buchhalterischer Sicht steht jedem Vermögen an Geld weltweit immer eine Schuld gegenüber, sodass sich Geldguthaben und Geldschulden in einer Bilanz der Weltwirtschaft letztlich entsprechen. Dies bedeutet jedoch nicht, dass das Wirtschaftsgeschehen ein „Nullsummenspiel" darstellt, in der der Gewinn des einen Akteurs genau der Verlust von zumindest einem anderen Akteur ist. Selbst in Situationen totalen Konflikts, in denen genau entgegengesetzte Interessen der potenziellen Geschäftspartner existieren, finden sich im Wirtschaftsleben kaum Nullsummen-Konstellationen. Typischerweise handelt es sich bei den in der Wirtschaft auftretenden Interaktionsmustern nämlich um Szenarien, die Zuwächse durch wirtschaftliche Aktivitäten nicht von vornherein ausschließen.

Zur Erzeugung von weiteren Guthaben ist Verschuldung erforderlich. Zumindest der Zins muss in jeder Rechnungsperiode gezahlt werden, weshalb wenigstens dieser vom Schuldner zu erwirtschaften ist. Beim Gläubiger, dem Empfänger der Zinszahlung, trägt diese zum Aufbau eines Guthabens oder zur Erfüllung von eigenen Zahlungsverpflichtungen bei. In einer kapitalistischen Wirtschaft existieren mithin Ketten von Beziehungen zwischen Schuldnern und Gläubigern. Damit kapitalistisches Wirtschaften funktionieren kann, muss es also stets Akteure geben, die zur Verschuldung bereit sind und wenigstens über ihre Zinszahlungen jeweils Gewinne für Andere ermöglichen. In einer Geldwirtschaft bedeutet dies letztlich, dass Geld ungleich verteilt und hinreichend knapp ist. Hätten nämlich alle Personen genügend Geld, so würde starke Inflation herrschen – Geld wäre praktisch wertlos im Vergleich zu dem, was man dafür im Regelfall eintauschen kann.[7] Damit Geld wertvoll bleibt, ist seine Menge (relativ zur umlaufenden Menge der Waren und Dienstleistungen) hinreichend knapp zu halten. Besteht daneben eine monetäre Ungleichverteilung, so wird es genügend profitable Tauschmöglichkeiten für unterschiedliche Geschäftspartner geben. Sofern damit auch gewinnträchtige Ersparnisse und Investitionen (und daher Kreditvergaben bzw. Verschuldungen) erfolgen, sind Zinsen zu kassieren und zu entrichten. Den Zins kann man daher als einen wesentlichen Motor des Wirtschaftswachstums in kapitalistischen Gesellschaften betrachten.

Zur Erzielung von Renditen und zur Erwirtschaftung von Zinsen ist Wachstum wesentlich. Man kann sogar behaupten, dass Wachstum im Kapitalismus unverzichtbar ist und eng mit produktivitätssteigernden Investitionen und Innovationen zusammenhängt, die mit Ersparnissen und/oder Krediten finanziert werden. Grob vereinfacht lässt sich der zugrunde liegende Mechanismus wie folgt zusammenfassen: Kredite schaffen Geld, d.h. Geld entsteht aus Krediten.[8] Bei einer Einlage oder Sicherheit in Höhe eines bestimmten Geldbetrags

---

[6] Geschäftsbanken sind in dieser Betrachtung lediglich mit ihren eigentlichen Tätigkeitsfeldern der Darlehensvergabe, Spareinlagenverwaltung und Girokontoführung betraut. Unberücksichtigt bleibt, dass heutzutage unzählige Finanzprodukte existieren, die Geschäftsbanken ihren Kunden anbieten.

[7] Inflation ist Geldentwertung. Ihr periodenspezifisches Ausmaß kann man durch die Differenz der entsprechenden Raten von Geldmengenwachstum und Wirtschaftswachstum abschätzen. Dies steht im Gegensatz zu der offiziellen Inflationsratenberechnung in Deutschland, welche durch das Statistische Bundesamt anhand der zeitlich vergleichenden Entwicklung der Durchschnittspreise von Gütern erfolgt, die einem als repräsentativ angesehenen Warenkorb zugeordnet sind.

[8] Nicht alle Kredite sind wachstumsfördernd. Nimmt etwa eine Person einen Kredit zur Finanzierung ihres täglichen Bedarfs auf, so verändert sich dadurch typischerweise ihre Produktivität nicht. Abgesehen von ihrem Einsatz zur Überbrückung von temporären Schwierigkeiten (z.B. Krankheiten) haben derartige Verbrauchskredite eine eher negative Wachstumswirkung (Verminderung der Produktionskapazität durch ineffektive Nutzung von Ersparnissen). Auch Kredite an Firmen können Ersparnisse der Gesell-

und nach eingehender Prüfung der Kreditwürdigkeit des voraussichtlichen Schuldners wird der potenzielle Gläubiger Vertrauen gewähren und dem Kreditnehmer typischerweise einen erheblich höheren Geldbetrag gutschreiben, der dann für Transaktionen mit anderen Akteuren und deren Geschäftspartnern verwendet werden kann und nach einer bestimmten Zeit zuzüglich der Zinsen zurück zu zahlen ist. Insgesamt wird daher durch Kreditvergaben die umlaufende Geldmenge erhöht.[9] Dies gilt im Übrigen auch deshalb, weil praktisch jeder institutionelle Kreditgeber (z.B. Geschäftsbank) dieselbe Einlagesumme mehrfach verleihen kann – man vertraut u.a. darauf, dass nicht alle Guthaben gleichzeitig aufgelöst und alle Zahlungen gleichzeitig fällig werden.

Zins und seine Geschichte

Der Zins kann als der Preis von Geld betrachtet werden, das über einen bestimmten Zeitraum geliehen wurde. Er ist daher ein Aufwandsposten für den Schuldner und stellt zumindest teilweise einen Ertrag für den jeweiligen Gläubiger dar. Aus der Sicht ökonomischer Klassiker wie etwa Adam Smith (1776) ist der Zins als Teil des Gewinns zu deuten, den ein Schuldner durch die kreditfinanzierte Investition erworben hat. Zur Rückzahlung des Kredits und zur Bedienung der Zinslast muss damit die durch die Investition erzeugte Wertschöpfung den jeweils eingesetzten Betrag übersteigen. In der Realität hat allerdings, wenn möglich, auch derjenige Schuldner Zinsen zu zahlen, der keinen derartigen Investitionsertrag erzielt.

Nach Heinsohn und Steiger (2006) kann der Zins als Kompensation für die Bereitschaft des Kreditgebers angesehen werden, auf die Verfügungsgewalt über sein Vermögen für einen bestimmten Zeitraum zu verzichten. Im Mittelpunkt steht dabei die zeitweilige Unmöglichkeit der Disposition über den fraglichen Geldbetrag und die (v.a. angesichts potenzieller alternativer Einsatzmöglichkeiten) plausible Entschädigung des Kreditgebers dafür. Das Verlangen von Zinsen stand in der Vergangenheit dennoch auf einer Stufe mit Wucher. Dies wurde nicht nur von Juden (Thora: Zinsverbot bei Darlehen unter Israeliten) und Muslimen (Koran: Zins ist verboten, wenn er ohne Gegenleistung erhoben wird), sondern auch von Christen (Altes Testament, Zweites Buch Mose) lange Zeit so gesehen – um 800 nach Christus erließ der Papst ein Verbot des Zinses, was erst gegen Ende des 19. Jahrhunderts wieder aufgehoben wurde.

Im christlichen Abendland gingen damit wirtschaftlicher Schaden und verstärkte Ungleichheit einher: Weil es stets einen Kreditbedarf zur Überbrückung von Engpässen und Notzeiten gab, suchten die Menschen nach Möglichkeiten zur Umgehung des Verbots. Ein naheliegender Ausweg bestand darin, illegal tätige Geldverleiher nach Krediten zu fragen und diese durch extrem hohe Zinsen für die zusätzlich eingegangenen Risiken der Bestrafung zu kompensieren. Das durch den Verdacht des Wuchers begründete Zinsverbot führte somit zu weiterem Wucher. Im Mittelalter wurde im Übrigen das Geldverleihen an Nichtjuden gegen Zinsnahme immer mehr zum Hauptberuf der Juden, da ihnen andere Tätigkeiten zunehmend verboten waren. Das Zinsverbot hat zudem die Phantasie von Geschäftsleuten wie etwa den Medicis in Florenz angeregt – mit verschiedenen Tricks und jeweils mit Zustimmung der katholischen Kirche konnten diese, trotz des bestehenden Zinsverbots, sehr wohl Geld gegen Zinsen verleihen und enorme Reichtümer anhäufen (siehe Braunberger und Lembke (2009) für eine unterhaltsame Beschreibung). Ebenfalls kreativ erscheinen heutzutage islamisch geprägte Geldgeschäfte: Ihr Ausgangspunkt ist der Gedanke, dass der Zins dann eine ungerechtfertigte Bereicherung darstellt, wenn der Gläubiger nicht das Risiko des Schuldners mit trägt; daher zahlt man bei Kreditaufnahmen keine Zinsen, sondern gewährt den Investoren jeweils Erfolgsbeteiligungen an den betroffenen Unternehmungen (Dividenden).

---

schaft verschwenden und Produktionskapazität vermindern, sofern die Kreditnehmer keinen Erfolg mit ihren Unternehmungen haben. Vorsichtige Kreditvergaben sind daher wichtig. Auf lange Sicht fördern sie die Entstehung einer leistungsfähigen Wirtschaft mit höherem Wachstumspotenzial: Innovationen und Produktivitätsteigerungen werden belohnt, unproduktive Aktivitäten und durchsetzungsschwache Neuerungen dagegen bestraft.

[9]Klarerweise lässt sich die Geldmenge auch durch Maßnahmen der Zentralbank, politische Regelungen und andere Varianten der Schaffung von Buchgeld (u.a. Kreditkarten) verändern.

Weil in jeder neuen Periode jeweils die aufgelaufenen Schulden zumindest bezüglich der Zinszahlungen zu bedienen sind, müssen Gewinne durch die Kreditnehmer erwirtschaftet werden. Hierfür haben diese Kosten zu senken und/oder Umsätze zu steigern. Bei Marktwettbewerb ist beides im Gefolge von Produktivitätssteigerungen und Innovationen eher möglich. Sind produktivere und innovativere Unternehmen im Markt besonders erfolgreich, werden sie genügend hohe Erträge zur Rückzahlung von Krediten erwirtschaften, künftig eigenfinanzierte Investitionen tätigen und eventuell sogar Rücklagen bilden können. Auch aufgrund der Marktkonkurrenz stehen weniger erfolgreiche Unternehmen dagegen zunehmend unter Druck: Beispielsweise kann ein Großteil ihrer Einkünfte in den Schuldendienst fließen, sodass praktisch kaum Handlungsspielraum verbleibt; eventuell sind Umschuldungen zu weniger vorteilhafteren Bedingungen zu akzeptieren und/oder neue Gläubiger zu finden.

Bei einem Verbleiben im Markt erzwingt die Wettbewerbssituation jeweils Entscheidungen zugunsten von Produktivitätssteigerungen und/oder Innovationen, um zumindest in der Zukunft hinreichende Erlöse zu generieren und noch größere Schwierigkeiten zu vermeiden. Zur Realisierung von höherer Produktivität und der Einführung von Neuerungen sind typischerweise weitere Investitionen nötig, die über bloße Ersatzinvestitionen hinausgehen. Daher sind neue Kredite notwendig, weshalb zusätzliche Schulden entstehen und weitere Zinszahlungen nötig werden. Damit auch diese Schuldenlast abgetragen und/oder die Zinszahlungen geleistet werden können, sind weitere Geschäfte notwendig. Zu ihrem Abschluss können neue Geschäftspartner entweder selbst Kredite aufnehmen oder verzögerte Zahlungen (z.B. Kommissionsgeschäfte) mit Zinsleistung vereinbart werden. Normalerweise werden neue Schuldner ihrerseits Gewinne benötigen, um jeweils ihre Verschuldung und Zinslast zu finanzieren – Wachstum ist unverzichtbar, damit das Ganze weiter funktioniert.

Sofern ein derartiger Prozess abläuft, sind die relevanten Akteure des Wirtschaftslebens bald in einem Netz von Kreditbeziehungen miteinander verknüpft. Je nach ihrem relativen ökonomischen Erfolg werden sie in einer bestimmten Beziehung dabei entweder Gläubiger oder Schuldner sein; freilich kann ein Akteur in unterschiedlichen Beziehungen auch jede dieser Rollen spielen. Unabhängig davon existiert ein Geflecht von Obligationen mit präzisen raum-zeitlichen Bezügen, die in Geldeinheiten genau quantifizierbar sind und deren Einhaltung oder Missachtung jeweils Wirkungen auf andere Beziehungen haben kann. Werden beispielsweise wichtige Kredite einer im Darlehensgeschäft besonders aktiven Bank nicht mehr bedient und verdient diese nicht einmal mehr die vereinbarten Zinsen, so können durch Zahlungsausfälle auch Akteure geschädigt werden, welche dieser Bank Geld geliehen haben. Es besteht mithin eine Interdependenz der Wirtschaftsakteure, die insbesondere über die Einlagen und Verschuldungen vermittelt wird.

Insgesamt ähnelt die Funktionsweise des Kapitalismus damit der Logik eines Schneeballsystems oder Kettenbriefs. Nur wenn die große Masse der Kredite vereinbarungsgemäß zurückbezahlt wird und insbesondere auch die einschlägigen Zinszahlungen nicht durch immer neue Schulden finanziert werden, kann ein Zusammenbruch dieser Logik aufgeschoben werden. Vor diesem Hintergrund erscheinen wirtschaftliche Krisen kaum vermeidbar.

Werden nämlich keine neuen Verschuldungen mehr akzeptiert bzw. keine Kredite mehr aufgenommen, dann kommt es zu einem Bruch der Kreditketten, weil nicht mehr alle Verschuldungen bedient werden können. Das Netzwerk der Gläubiger-Schuldner-Beziehungen wird instabil. Im Extremfall kann es zu einer Abwärtsspirale der wirtschaftlichen Aktivität kommen. Falls immer weniger Gewinne erwartbar scheinen und Investitionen entsprechend unterbleiben, leidet die Wirtschaft als Ganzes und es etabliert sich eine pessimistische Grundstimmung bezüglich erwartbarer Gewinne, die bestenfalls mit Stagnation und schlechtestenfalls mit einer wirtschaftlichen Depression einhergeht.

Vor dem Hintergrund dieser Gedankenführung werden kapitalistische Wirtschaften immer wieder Krisen erleben, in denen die aufgelaufenen Schuldenberge von vielen Akteuren zumindest teilweise bezahlt werden und einige wenige Akteure überproportional profitiert haben. Nicht selten übernehmen Staaten zumindest Teile der aufgelaufenen Schulden (z.B. zur Vermeidung von Bankenpleiten). Ist die Staatsschuld (relativ zur Wirtschaftskraft) zu hoch geworden, scheinen zumindest langfristig Geldentwertung, Wachstumsschwäche und Steuererhöhungen unvermeidbare Folgen (z.B. Konrad und Zschäpitz 2010).

Ob es sich dabei lediglich um regionale (d.h. lokal begrenzbare) Konjunktureinbrüche oder gar um globale (d.h. weltweit spürbare) Krisen handelt, hängt vom Netzwerk der Gläubiger-Schuldner Beziehungen ab: Besteht eine (keine) hinreichende weltweite Verflechtung, dann ist eine globale (regionale) Krise wahrscheinlich. Unabhängig vom Ausmaß einer Krise ergeben sich Auswege aus der Abwärtsspirale und Symptome der Krisenentspannung, wenn die in ihrem Rahmen deutlich gewordenen dringendsten Lasten (z.B. Schulden, staatliche Gegenmaßnahmen, Konkursverfahren, Fusionen, Verantwortungsübernahmen) verteilt sind – sobald die Erfüllung von sich zeigenden Bedürfnissen jeweils Gewinne erwarten lassen, wird der Prozess der sukzessiven Verschuldung wieder beginnen und bis zur nächsten Wirtschaftskrise andauern.

Betrügereien mit Schneeballsystemen

Ein Schneeballsystem kann auch in krimineller Absicht aufgebaut und verwendet werden. Dies wird durch einen Blick in die Wirtschaftsgeschichte deutlich: Es fanden immer wieder Finanzbetrügereien nach dem Schema eines Kettenbriefs statt. Typischerweise ergaben sich hierbei mit zunehmenden Kettenlängen immer weniger gut gedeckte monetäre Ansprüche bei gleichzeitig erhöhten Verlustrisiken für eingesetztes Kapital.

Beispielsweise bot der US-Amerikaner Bernard Madoff bis zum Jahr 2008 seinen Kunden für ihre bei ihm zu tätigen Finanzinvestitionen stetig hohe Verzinsungen von mehr als einem Prozent pro Monat über eine Laufzeit von mehreren Jahrzehnten; um seine aufgelaufenen Verbindlichkeiten zu bedienen, verwendete er dann jeweils das neu einkommende Kapital, was aber nur eine begrenzte Zeit verborgen werden konnte und letztlich zu einem geschätzten Schaden von 65 Milliarden US-Dollar führte.

Solche Kettenbrief-Betrügereien sind im US-amerikanischen Sprachraum nach dem im Jahr 1920 in Boston aktiven Charles Ponzi benannt („Ponzi-Schemes"). Bereits im 18. Jahrhundert sind auch in Europa weitgehend analoge Schneeballsysteme u.a. von John Law in Paris und John Blunt in London verwendet worden.

Wirtschaftskrisen sind aus soziologischer Sicht also Konsequenzen der Logik des Kapitalismus. Sie stehen überdies im Mittelpunkt wirtschaftshistorischer Arbeiten (z.B. Kindleberger und Aliber 2005; Plumpe 2011; Reinhart und Rogoff 2009). Danach traten viele dieser Krisen überraschend ein. Zudem wurden sie oftmals bezüglich ihrer Schwere falsch eingeschätzt. Beides hat u.a. auch mit dem Erkenntnisstand der modernen Ökonomik und deren Gepflogenheiten zu tun. Dies wird deutlich, wenn man die unorthodoxe Analyse wirtschaftlichen Wachstums zur Kenntnis nimmt, die der Ökonom Hans Christoph Binswanger (2006) vorgelegt hat. Darin bricht er mit Grundannahmen seines Faches und gelangt zu Folgerungen, die mit einigen der skizzierten wirtschaftssoziologischen Zusammenhänge korrespondieren. Insbesondere berücksichtigt Binswanger in seiner wachstumstheoretischen Untersuchung Geld und seine Wirkungen. Geld kommt in den Standardmodellen der ökonomischen Wachstumstheorie (siehe Barro und Sala-i-Martin 2004), wenn überhaupt, nur als reines Tauschmedium vor.[10] Geld ist in dieser neoklassischen Deutung ein Hilfsmittel zur Förderung von Tauschvorgängen, dem bezüglich seiner Wirkung auf den realen Sektor der Wirtschaft weitgehende Neutralität zugesprochen wird.[11] Geld erleichtert demnach lediglich die Transaktionen, verändert diese aber im Vergleich zu einer reinen Tauschwirtschaft nicht. Aufgrund der ebenfalls unterstellten enormen Preisflexibilität auf allen Märkten gibt es in den neoklassisch geprägten Grundmodellen der Ökonomik zudem keine Bankenzusammenbrüche, Finanzkrisen, Firmenpleiten und steigende unfreiwillige Arbeitslosigkeit. Die empirische Evidenz belegt aber klar das Gegenteil. Es ist daher sinnvoll, sich mit Theorien zu beschäftigen, die eine bessere Passung mit der ökonomischen Wirklichkeit aufweisen.

Schon allein weil Auftreten, Abmilderung und Überwindung von Wirtschaftskrisen aus empirischer Sicht keineswegs immer überzeugend gehandhabt werden, ergibt sich eine Rechtfertigung für wirtschaftssoziologische Untersuchungen. Eine solche Begründung wirtschaftssoziologischer Analysen resultiert ebenfalls, wenn man bedenkt, dass ökonomischer Aufstieg und Niedergang von Ländern, Firmen oder Bevölkerungsgruppen jeweils vielfältige gesellschaftliche Bedingungen und Effekte mit sich bringen. Freilich befasst sich die Wirtschaftssoziologie auch mit anderen Voraussetzungen und Wirkungen des ökonomischen Geschehens.

1.3 Andere zentrale Themen und Fragen

Weil Wirtschaftsvorgänge nicht im luftleeren Raum stattfinden, sondern stets Verbindungen zur sozialen Wirklichkeit aufweisen, betreffen Themen der Wirtschaftssoziologie unweigerlich vielfältige Bereiche. Eine kleine Auswahl von wichtigen Themen- und Fragestellungen der Disziplin umfasst:

- Soziale Bedingtheit wirtschaftlicher Vorgänge (z.B. welche institutionellen Konflikte zwischen gesellschaftlichen Machtgruppen gibt es und welche Rolle spielen sie für das Wirtschaftsgeschehen?)

- Rückwirkung ökonomischer Vorgänge auf gesellschaftliche Strukturen (z.B. führt die wirtschaftliche Entwicklung zu neuen Mobilitätsformen oder fördert sie bestimmte Familienformen?)

- Soziale Dimensionen ökonomischer Strukturen und Verhaltensprämissen (z.B. sind Wettbewerb und zweckorientiertes Handeln nur auf das ökonomische Leben beschränkt oder berühren sie weitere gesellschaftliche Bereiche?)

- Ähnlichkeiten und Unterschiede zwischen Gesellschaften bezüglich des wirtschaftlichen Geschehens (z.B. wie unterscheiden sich ökonomisch fortgeschrittene Gesellschaften von wirtschaftlich weniger entwickelten Gesellschaften?)

---

[10]Freilich haben sich auch Ökonomen intensiv mit Geld und seinen Wirkungen befasst. Beispiele sind Arbeiten von Irving Fisher und John Maynard Keynes (siehe hierzu Kapitel 3).

[11]Nach dem soziologischen Klassiker Georg Simmel (1900 [1989]) kann Geld schon deshalb nicht neutral sein, weil mit seinem Besitz soziale Macht einhergeht. Geld verkörpert nicht nur heutige und künftige Kaufkraft, sondern auch persönliche, räumliche und zeitliche Freiheit. Für Simmel ist Geld daher „Vermögen" im Sinne eines prinzipiellen Könnens und selbst überaus begehrt, sodass sein Erwerb vielfach als Endziel des Handelns erscheint.

- Institutionelle Gegebenheiten und ihre Folgen für das Wirtschaftsgeschehen (z.B. unter welchen Bedingungen des Markttausches werden Anbieter Nachfrager ausbeuten?)

- Beziehungen zwischen sozioökonomischen und geographischen Variablen (z.B. wie hängt die Patentanmeldungszahl und das Pro-Kopf-Einkommen von der Bevölkerungsgröße eines betrachteten Gebiets ab?)

- Interdependenzen zwischen sozialem und ökonomischem Wandel (z.B. welche Änderungen der wirtschaftlichen Verhältnisse werden durch welche gesellschaftlichen Transformationen gefördert?)

- Zusammenhang zwischen Egoismus und Wirtschaft (z.B. wie funktioniert die Wirtschaft, wenn jeder nur seinem Eigeninteresse folgt?)

- Wirkungen von Netzwerken persönlicher Beziehungen für die Entstehung und Stabilisierung von Wirtschaftsbeziehungen (z.B. welche Möglichkeiten bieten etablierte Netzwerkkontakte im Geschäftsleben und wird durch Netzwerkverbindungen die Stellensuche erleichtert?)

- Zusammenhänge von Religion und Wirtschaft (z.B. inwiefern behindert oder fördert eine bestimmte Religion die wirtschaftliche Entwicklung und wie wirken sich atheistische Überzeugungen aus?)

- Zustandekommen und Konsequenzen des Tausches im Wirtschaftsleben (z.B welche Tauschformen gibt es, wie kommt es zu Tauschhandlungen und wer profitiert wie stark bei welchen Transaktionen?)

- Rolle des Vertrauens im Wirtschaftsgeschehen (z.B. unter welchen Bedingungen wird Vertrauen gegeben und welche Institutionen dienen zur Absicherung und Stabilisierung von Vertrauensbeziehungen?)

- Auftrittsformen und Konsequenzen von Wirtschaftskriminalität (z.B. wie kann man Korruption wirksam vorbeugen und entsteht durch die illegale Kopierbarkeit digitaler Produkte ein Schaden, weil deren legaler Erwerb weniger stattfindet oder würden diese Produkte bei den geltenden legalen Preisen ohnehin kaum gekauft?)

- Effekte vergangener Konsumhandlungen auf zukünftige Bedürfnisse (z.B. wie kommt es zu Habitualisierung und Konsumgewohnheiten?)

- Wirkungen sozialer Einflüsse auf den privaten Verbrauch (z.B. wie verändert soziale Konformität mit u.a. Gruppendruck, Moden und Traditionen den Konsum und wie verbreiten sich neuartige Produkte?)

Einige dieser Fragestellungen wurden schon von Klassikern des Wirtschaftsdenkens aufgeworfen oder gestreift. Auch deshalb ist es sinnvoll, sich mit grundlegenden Themen und Thesen ausgewählter Autoren zu beschäftigen. Zuvor empfiehlt sich allerdings ein kurzer Überblick über die Gliederung und Inhalte des Buches.

1.4 Schwerpunktsetzung und Abgrenzung

Wie bereits im Vorwort ausgeführt wurde, stellt das vorliegende Buch den ersten Band einer Einführung in die Wirtschaftssoziologie dar. Während der zweite Band ausgesuchte Anwendungen präsentiert, informiert dieses Buch über Grundzüge des Faches in insgesamt vier Teilen, von denen jeder zwei Kapitel umfasst. Nach einem Überblick über relevante Klassiker (Teil I) werden zunächst methodologische und begriffliche Grundlagen (Teil II) eingeführt; im Anschluß an eine Skizze des sozioökonomischen Wandels und der Darstellung von Spielarten und Analysen sozialer Eingebundenheit des Wirtschaftsgeschehens (Teil III) werden solche theoretischen Perspektiven und Modelle (Teil IV) besprochen, die für wirtschaftssoziologische Analysen mit einer quantitativen Ausrichtung wichtig erscheinen.

In diesem Buch werden keineswegs alle Theorieansätze behandelt, die wirtschaftssoziologische Relevanz besitzen. Insbesondere bleiben mikrointeraktionistische, modernisierungstheoretische und zeitdiagnostische Ansätze weitgehend unberücksichtigt. Ist man an den verschiedenen Perspektiven interessiert, die Sozialwissenschaftler für die Analyse der Wirtschaft einnehmen oder eingenommen haben, so empfiehlt sich die Lektüre des einschlägigen Buches von Mikl-Horke (2008). Die getroffene Auswahl reflektiert Schwerpunktsetzungen, die insbesondere mit einer Theoriebildung mittels formalen Modellierungen und mit der empirischen Überprüfung von Hypothesen anhand von quantitativen Daten einher gehen. Damit unterscheidet sich das Buch von vorliegenden aktuellen Lehrbüchern der Wirtschaftssoziologie (Baecker 2006; Funder 2011; Hass 2007; Portes 2010; Swedberg 2003).

Aufgrund ihres Untersuchungsgegenstandes, aber auch aufgrund der verwendeten theoretischen und empirischen Analyseinstrumente, weist eine so verstandene Wirtschaftssoziologie eine enge Verwandtschaft mit einem häufig als „Social Economics" benannten Teilgebiet der Volkswirtschaftslehre auf. Dieser Forschungszweig geht auf das Buch *Social Economics: Market Behavior in a Social Environment* (2000) von Gary S. Becker und Kevin M. Murphy zurück. Weitere bekannte Vertreter dieser Forschungsrichtung sind u.a. Samuel Bowles, Steven N. Durlauf, Robert Frank, Herbert Gintis oder H. Peyton Young. Anders als in der traditionellen Ökonomik, die lediglich indirekte soziale Einflüsse auf das Entscheidungsverhalten von Individuen oder Firmen zulässt, werden in diesem Forschungsgebiet auch direkte soziale Austauschprozesse, die wechselseitige Beeinflussung von Entscheidungsträgern und der Einfluss von sozialen Normen berücksichtigt.

Nach der Definition des *Handbook of Social Economics* (Benhabib, Bisin und Jackson 2011: xvii) untersucht die Teildisziplin soziale Phänomene mit den Methoden der Ökonomik, während die Wirtschaftssoziologie angeblich ökonomische Phänomene mit den Methoden der Soziologie bearbeitet. Diese Abgrenzung beider Disziplinen ist jedoch irreführend. Die als ökonomisch bezeichneten Methoden beruhen typischerweise auf dem Postulat des methodologischen Individualismus. Sie unterstellen Akteure, die aufgrund von individuellen Anreizen handeln, und leiten soziale Konsequenzen der Handlungen im Rahmen von Gleichgewichtsanalysen her. Diese Vorgehensweise kennzeichnet aber nicht nur Modellierungen der Ökonomik, sondern bildet auch das Fundament der Theoriebildung in der Rational-Choice-Soziologie (z.B. Braun und Gautschi 2011), die u.a. in der quantitativ orientierten Wirtschaftssoziologie verwendet wird.

Weiter beschränkt sich die Theoriebildung der Social Economics keinesfalls nur auf ökonomische Konzepte, sondern integriert viele Überlegungen, die ursprünglich aus der Soziologie stammen. Dazu zählen beispielsweise die Bildung von Vorlieben und Bedürfnissen über Sozialisation, soziale Normen oder Gruppeneinflüsse, der Einfluss von Netzwerkstruk-

turen, sozialer Interaktion oder sozialem Lernen für das Entscheidungsverhalten sowie die
Bedeutung von Status oder Diskriminierung für die Verteilung von Lebenschancen. Aufgrund dieses Imports soziologischer Konzepte wird in den Social Economics auch häufig
auf Klassiker der Soziologie verwiesen. In der Folge unterscheiden sich viele Themen und
Analysen in diesem Buch wenig von den Inhalten der Nachbardisziplin, sodass gleichfalls
häufig auf Forschungsarbeiten der Social Economics verwiesen werden kann. Der Zugang
der Wirtschaftssoziologie ist allerdings weniger technisch-formal und üblicherweise nicht so
sehr an der Steuerung, sondern eher an der Erklärung von sozioökonomischen Sachverhalten
orientiert.

Während die hier repräsentierte Wirtschaftssoziologie also teilweise formale Methoden
der Ökonomik übernimmt, um sparsame, widerspruchsfreie und prüfbare Theorien zu formulieren, integrieren Sozialökonomen Konzepte der Soziologie, um ihren Modellen mehr
Wirklichkeitsnähe zu verleihen. Im Ergebnis bewegen sich Social Economics und die (in
diesem Buch repräsentierte) Wirtschaftssoziologie aufeinander zu und decken einen interdisziplinären Bereich zwischen den traditionellen Formen der Soziologie und der Ökonomik ab. Gleiches gilt für die experimentelle Wirtschaftsforschung (z.B. Camerer 2003), die
starke Überschneidungen mit soziologischen Theorien sozialer Interaktion aufweist. Dies
wird in der beiderseitigen Verwendung von Spieltheorie und experimentellen Forschungsdesigns deutlich (z.B. Diekmann 2008). In beiden Fällen stehen der soziologische und der
wirtschaftswissenschaftliche Zugang in Ergänzung zueinander. Zu hoffen ist, dass sich die
Disziplinen auch in Zukunft wechselseitig beeinflussen.

Die getroffene Einschränkung der Wirtschaftssoziologie vernachlässigt bestimmte Bereiche und Fragen des Faches. Ausgeblendet bleiben zunächst einmal eher makrosoziologische Fragen und Problemstellungen, die in vorliegenden einführenden Büchern zur Wirtschaftssoziologie (z.B. Buß 1996) bereits ausführlich behandelt werden. Beispielsweise wird
praktisch nicht auf Beschäftigungs- und Wachstumskrisen in entwickelten Wirtschaftssystemen, etwaige Zusammenhänge im kapitalistischen Weltsystem, Verhältnisse zwischen Staat
und Unternehmen oder den Wirtschaftsstrukturwandel zur Dienstleistungsgesellschaft eingegangen.

Verzichtet wird überdies auf Diskussionen der Folgen des Endes des Kalten Krieges und
der kulturellen Auswirkungen der Globalisierung des Wirtschaftsgeschehens. Nicht erörtert
werden daher die u.a. nach der Wiedervereinigung längere Zeit vorhandenen wirtschaftlichen Probleme der Bundesrepublik Deutschland und die Möglichkeiten ihrer Lösung. Die
Ausblendung dieser Themen hat insbesondere zwei Gründe: Zum einen wird auf die teilweise widersprüchlichen modernisierungstheoretischen und zeitdiagnostischen Beiträge ohnehin nicht eingegangen, die v.a. in der Soziologie in diesem Zusammenhang vorgelegt wurden.
Zum anderen gibt es eine Vielzahl von mehr oder weniger populären Darstellungen zu den
genannten Themen durch Ökonomen und Wirtschaftsjournalisten, welche ebenfalls z.T.
entgegengesetzte Interpretationen derselben Sachverhalte und Abläufe anbieten.[12]

Unbehandelt bleiben auch viele Themenbereiche, die sich mit anderen Teildisziplinen
der Soziologie überlappen und bereits in ausführlichen Publikationen behandelt werden.
Unberücksichtigt sind deshalb u.a. Themen der Arbeitsmarktsoziologie (siehe Abraham und
Hinz 2005), der Bevölkerungssoziologie (siehe Kaufmann 2005), der Sozialstrukturanalyse
(siehe Huinink und Schröder 2008; Klein 2005) und der Umweltsoziologie (siehe Diekmann
und Preisendörfer 2001). Weitere ausgeblendete Themenstellungen der Wirtschaftssoziolo-

---

[12]Die Widersprüchlichkeit zeigt ein Blick in die einschlägigen Bücher von z.B. Bofinger (2005), Sinn (2003,
    2005) und Steingart (2004, 2006).

gie werden in den von Smelser und Swedberg (1994, 2005) herausgegebenen Bänden des *Handbook of Economic Sociology*, der von Beckert und Zafirovski (2006) herausgegebenen *International Encyclopedia of Economic Sociology* und dem von Andrea Maurer (2008) herausgegebenen *Handbuch der Wirtschaftssoziologie* behandelt. Schon deshalb empfehlen sich die angegebenen Werke zur begleitenden und ergänzenden Lektüre.

Teil I

Ideengeschichtliche Hintergründe

2 Ältere Klassiker des Wirtschaftsdenkens

Das Denken über das Wirtschaftsgeschehen und ihre Analyse hat sich im Zeitablauf immens verändert. Dies zeigt sich bereits bei einer Durchsicht dogmengeschichtlich orientierter Bücher über die ökonomische Theorie wie etwa Mark Blaugs *Economic Theory in Retrospect* (1985) und die Soziologie der Wirtschaft wie z.B. Getraude Mikl-Horkes *Historische Soziologie der Wirtschaft* (1999). Aufgrund dieser starken Veränderungen verwundert aus der heutigen Perspektive gelegentlich die Sicherheit, mit der manche Wirtschafts- und Gesellschaftswissenschaftler ihre Denkansätze und Theorien vertreten. Jedoch gibt es nicht wenige Autoren, deren Begriffe, Ideen und Einsichten auch noch lange nach ihrem Tod als so einflussreich gelten, dass man sie als Klassiker bezeichnen kann. Eine Auswahl solcher Personen steht nun im Mittelpunkt, wobei die Präsentation ihrer Ansätze und Erkenntnisse weitgehend chronologisch angeordnet ist.

2.1 Sozialphilosophie im 17. und 18. Jahrhundert

2.1.1 Thomas Hobbes

In seinem 1651 erschienenen Werk *Leviathan* stellt Thomas Hobbes (1588-1679) die für die soziologische Theoriebildung grundlegende Frage nach der Entstehung sozialer Ordnung. Diese Frage ist auch für Ökonomen von fundamentaler Bedeutung – ein funktionierendes Wirtschaftsgeschehen kann man als Ausdruck einer sozialen Ordnung sehen. Hobbes beantwortet die Frage nach den Ursprüngen sozialer Ordnung unter Rückgriff auf die philosophische Denkfigur des Naturzustandes der Menschheit.

Nach Hobbes ergibt sich aus der Erfahrung, dass Menschen zunächst einmal nicht von der Zuneigung zu anderen geleitet werden, sondern von Eigeninteressen an einem angenehmen und sicheren Dasein. Egoismus kennzeichnet für Hobbes daher den Naturzustand der Menschheit, in dem prinzipiell alle gleiche Rechte besitzen. Weil Menschen zudem über die Zukunft nachdenken, fürchten sie stets Mangel und Willkür. Zur Sicherung des Überlebens streben sie nach Vorteilen und Macht (d.h. zukünftigem Wohlergehen), sodass ein Krieg aller gegen alle herrscht („bellum omnium contra omnes"), in dem sich die Menschen wie Raubtiere verhalten („homo homini lupus"). Erst durch die allgemeine Übertragung des Rechts der Gewaltausübung an einen überindividuellen Herrscher, den Staat, gelingt es nach Thomas Hobbes, den Naturzustand zu überwinden und ein menschenwürdiges Leben zu gewährleisten.

Soziale Ordnung wird also durch den Staat hergestellt, dessen absolute Herrschaft aus der Sicht von Hobbes der Anarchie klar vorzuziehen ist. Gegenseitige Kooperation zwischen eigeninteressierten Individuen kommt nach Hobbes mittels einer durch Rechtsabtretung geschaffenen Zentralgewalt zustande. Diese Konstruktion im Sinne eines Gesellschaftsvertrages zwischen Egoisten hilft bei der Durchsetzung von Verträgen und schafft allgemein verbindliche Regeln, wodurch das friedliche Miteinander gewährleistet werden kann.

2.1.2 Bernard de Mandeville

Die Hobbesschen Ausführungen haben u.a. Bernard de Mandeville (1670–1733) zu einer weiteren Beschäftigung mit dem Eigennutz der Menschen und dessen Konsequenzen inspiriert. Nach Mandeville ist der menschliche Egoismus als Grundlage wirtschaftlicher Prosperität zu sehen. Anders gesagt: Menschliches Erwerbsstreben ist gut für das Gemeinwohl, weshalb die mit dem individuellen Eigennutz oftmals einhergehende Unersättlichkeit oder Gier aus der Sicht Mandevilles positiv zu bewerten sei. Ähnliches gilt für die verbreiteten Interessen an Bequemlichkeit, Vergnügen und Luxus – auch sie stellen eine Basis für das Erwerbsstreben von Egoisten dar, wodurch sie nach Mandeville das wirtschaftliche Wohlergehen der Gemeinschaft fördern.

Zur Popularisierung seiner Gedanken verfasste Mandeville vor etwa 300 Jahren ein Gedicht mit dem Titel *Der unzufriedene Bienenstock*, das als erschwingliche Broschüre publiziert wurde. Ausgehend von der Analogie eines Bienenstaates mit England beschrieb Mandeville darin in Versform eine wohlhabende, aber wenig tugendhafte Gesellschaft. In diesem Gemeinwesen interessieren sich die Reichen nur für ihren Luxus, während die Armen trotz härtester Arbeit gerade überleben. Anwälte, Apotheker und Ärzte wollen allesamt nur möglichst viel verdienen, haben aber nicht wirklich das Wohlergehen ihrer Klienten, Kunden und Patienten im Auge. Politiker erschwindeln sich Nebeneinkünfte, ohne das Gemeinwohl tatsächlich zu verfolgen. Überall gibt es Verschwendung, Neid, Eitelkeit, Betrug und Habsucht. Diese wenig menschenfreundlich erscheinende, jedoch wirtschaftlich blühende Gesellschaft entdeckt im Zeitablauf allerdings die Rechtschaffenheit, Sparsamkeit, Bescheidenheit und die Anspruchslosigkeit. Kurz nach der Übernahme dieser Tugenden verarmt das vormals reiche Gemeinwesen jedoch, weil dem Handel seine Schubkraft weitgehend fehlt.

Mandeville begründet so die Vorstellung, dass die rücksichtslose Verfolgung der Eigeninteressen dem Gemeinwohl mehr dient als eine tugendhafte öffentliche Moral. Nach seiner Darstellung gilt das in einem berühmten Reim ausdrückbare Mandeville-Paradoxon: „Stolz, Luxus und Betrügerei muss sein, damit ein Volk gedeih." Diese Auffassung hat schon damals zu einer regen Diskussion geführt, weshalb Mandeville in folgenden Auflagen nicht nur den Titel ergänzte (*Die Bienenfabel, oder Private Laster, öffentliche Vorteile*), sondern seine Dichtung um Anmerkungen und Dialoge erweiterte. Später setzten sich beispielsweise David Hume, Immanuel Kant, Jeremy Bentham, Adam Smith und Karl Marx mit Mandevilles Überzeugungen auseinander, wobei sich insbesondere die beiden letztgenannten Autoren davon beeindruckt zeigten.

2.2 Schottische Moralphilosophie des 18. Jahrhunderts

2.2.1 David Hume

David Hume (1711–1776) gilt als ein zentraler Vertreter des Naturalismus und der Aufklärung.[1] Zudem ist er ein kritischer Kommentator des englischen Empirismus, der neben einer bedeutenden Geschichte Englands eine Reihe wichtiger philosophischer Schriften verfasst hat. Dazu zählen *A Treatise of Human Nature* (3 Bde., 1739–1740), *Philosophical*

---

[1] Als „Naturalismus" wird hier die Auffassung bezeichnet, dass alle Vorgänge als natürlich (und nicht durch ein höheres Wesen bedingt) verstanden werden können.

Essays Concerning Human Understanding (1748) und *An Enquiry Concerning the Principles of Morals* (1751). In diesen Werken beschäftigte er sich u.a. mit den Möglichkeiten der Erkenntnis, den Grenzen des Verstandes, den Bestimmungsgründen und Effekten des menschlichen Verhaltens und der Entstehung, Begründbarkeit und Verhaltenswirkung sozialer Normen.

Im Rahmen seiner erkenntnistheoretischen Arbeiten hat sich Hume insbesondere mit dem Zustandekommen von Erkenntnis aus der Erfahrung befasst. Nach seiner Überzeugung beruhen Aussagen über Tatsachen auf Erfahrungen, wobei gewohnheitsmäßig bestimmte Ursachen mit bestimmten Wirkungen assoziiert werden. Demnach ist die unvollständige Induktion (also der Schluss von beobachteten Einzelfällen auf eine allgemeine empirische Aussage) nicht logisch, sondern nur gewohnheitsmäßig rechtfertigbar. Diese Erkenntnis zum Induktionsproblem ist heute noch für die empirischen Wissenschaften von fundamentaler Bedeutung.

In seinen Schriften argumentierte Hume weiter, dass Wissen nicht zu Ethik führt. Aus seiner Sicht kann die Ethik vielmehr nur durch Gefühle begründet werden. Hume warnte daher davor, normative Überzeugungen durch Fakten rechtfertigen zu wollen („naturalistischer Fehlschluss"). Nach Hume gilt: „Aus dem Sein folgt kein Sollen", d.h. normative Aussagen lassen sich nicht aus empirischen Befunden ableiten. Diese Einsicht wird im Regelfall von empirisch orientierten Wissenschaftlern beachtet.

Im Rahmen seiner Werke stellt Hume überdies fest, dass der Mensch nicht auf ein bestimmtes Verhalten festgelegt ist, sondern aus Erfahrungen lernt, was geboten und zweckmäßig ist. Es gibt demnach auch keine natürlichen Regeln des Umgangs miteinander und folglich auch keine natürlichen Institutionen. Sie werden stattdessen aus dem Handeln der Menschen selbst entwickelt und verändert. Nach Hume wird jeder Mensch aber mit einem Sinn für Nützlichkeit geboren.

Der Einzelne ist im Regelfall jedoch kein reiner Egoist, sondern mittels seiner Einbettung in die Gemeinschaft fähig, als soziales Wesen an den Gefühlen und Interessen der anderen Personen Anteil zu nehmen. Anteilnahme bedeutet, dass man sich vorstellt, was man empfinden würde, wenn man in der Lage des Mitmenschen wäre. Aus der Sicht von Hume ist hierbei „Sympathie" (im Sinne von Mitgefühl) wesentlich, weil durch sie die Gefühle von einem Akteur zu einem anderen Akteur übertragen werden[2] und dadurch die Intersubjektivität moralischer Werte realisierbar wird.[3] Jeder wird nach Hume mit einer natürlichen Fähigkeit zur Sympathie geboren. Seine moralische Einstellung z.B. im Wirtschaftsleben findet das Individuum dagegen im Umgang mit anderen Personen. Genauer gesagt: Das Individuum lässt sich von demjenigen „moral sense" leiten, der sich als zweckdienlich erwiesen hat.

Der „moral sense" wird in der Familie anerzogen, wobei auch die Leidenschaften des Menschen (Emotionen, Triebe etc.) üblicherweise auf ein für die Gesellschaft erträgliches Maß geformt werden. Durch diese Sozialisation entstehen Handungsinteressen. Welche Richtung diese Interessen haben, ob sie sich gegen Andere richten oder zugunsten An-

---

[2] Nach Erkenntnissen der Neurophysiologie (Bower 2003) liegt Hume hier richtig: Eine direkte nicht-verbale Kommunikation, die mit einer Aktivierung relevanter Gefühle einhergeht, ist tatsächlich nachweisbar. Anders gesagt: Eine Spiegelung von emotionalen Reaktionen einer anderen Person im eigenen Gehirn scheint wirklich stattzufinden.

[3] Seit dem Beginn des letzten Jahrhunderts ist in der Psychologie der Begriff der „Empathie" gebräuchlich, wenn man ausdrücken will, dass die emotionalen Reaktionen einer anderen Person im eigenen Bewusstsein gespiegelt werden. Diese Begriffsdeutung entspricht Humes Auffassung von Sympathie.

derer gerichtet sind, hängt von den Meinungen anderer Menschen ab – es ist der Wunsch nach Reputation oder sozialer Anerkennung, welcher die Richtung des Handelns wesentlich bestimmt.

Nach Hume sind es also Sozialisation und Reputationsstreben, die einen wesentlichen Einfluss auf das menschliche Handeln ausüben. Diese Gedanken finden sich noch heute in Theorien der Präferenzbildung, der Normgenese und der Kooperationsentstehung (z.B. Becker 1996; Binmore 1994, 1998). Daneben haben Humes Vorstellungen über die menschliche Natur fundamentale Bedeutung für das vorherrschende Menschenbild in der Ökonomik und seine theoretische Ausdeutung im Rahmen der Theorien der rationalen Wahl („rational choice") erlangt. In seinem *Treatise* argumentierte David Hume u.a., dass die Vernunft („reason") stets Dienerin der jeweiligen Leidenschaften („passions") ist, die eine Person zu Handlungen motivieren. Aus Humes Perspektive beurteilt und/oder verändert der eigene Verstand demnach nicht, was man jeweils will – er hilft lediglich bei der Wahl der Handlungen zur Erreichung präferierter Ziele.

2.2.2 Adam Smith

Adam Smith (1723–1790) gilt als der Begründer der akademischen Volkswirtschaftslehre. Im Jahr 1759 erschien sein Buch *The Theory of Moral Sentiments*, 1776 sein zweites Hauptwerk *An Inquiry into the Nature and Causes of the Wealth of Nations*; diese Abfolge reflektiert, dass Smith eine Professur für Moralphilosophie inne hatte.

Im Buch zu den moralischen Gefühlen legte er seine Konzeption des Menschen dar. Smith beobachtet zunächst, dass der Mensch prinzipiell selbstinteressiert ist. Allerdings gibt es nach seiner Auffassung wichtige Abmilderungen der Verfolgung des reinen Selbstinteresses: Zum einen kann der Mensch am Schicksal anderer Anteil nehmen. Diese bereits von Hume hervorgehobene Möglichkeit ist nach Smith eine Voraussetzung dafür, mit anderen Menschen auszukommen und gemeinsam zu handeln. Zum anderen bringen es die fortgesetzten Beobachtungen des Verhaltens anderer Menschen mit sich, dass man gewisse allgemeine Regeln darüber bildet, was zu tun und was zu vermeiden ist – man lernt also aus der Beobachtung sozial akzeptables Verhalten. Aus der Erfahrung des Akzeptablen oder Unakzeptablen bilden sich mithin moralische Gefühle, welche ihrerseits die Grundlage der allgemeinen Regeln (d.h. der sozialen Normen) sind.

Wie sein Freund David Hume betont auch Adam Smith die Abhängigkeit moralischer Wertungen von Gefühlen. Zentral ist dabei die Sympathie, durch die man selbst auf schwächere Weise nachempfindet, was der andere fühlt, indem man sich geistig an dessen Stelle versetzt.[4] Handlungen und Haltungen werden aus der Sicht von Smith moralisch gebilligt, falls man sie dem Gegenstand angemessen empfindet (also wenn man die Gefühle des Handelnden in der betrachteten Situation nachvollziehen kann). Die Bewertung eigener Handlungen erfolgt, indem man fragt, ob ein unparteiischer Zuschauer mit unseren Motiven einverstanden sein würde. Durch Verallgemeinerung und Abstraktion ergibt sich nach Smith aus der individuellen Beurteilung von Haltungen und Handlungen letztlich eine übergeordnete Evaluationsinstanz für allgemeingültige moralische Urteile.

---

[4]Die Interpretation von Sympathie durch Smith korrespondiert weitgehend mit deren Deutung durch Hume. Sie stellt insbesondere auf Mitgefühl im Sinne von Ähnlichkeiten in der Art des Erlebens und Reagierens (aber nicht auf Wohltätigkeit oder Altruismus) ab, sodass man dafür auch den moderneren Begriff der Empathie verwenden könnte.

Tausch und seine Bedeutung

Zweifellos stellt Tausch eine fundamentale Kategorie sozialen Handelns dar. Tauschmöglichkeiten zwischen mindestens zwei Akteuren bestehen immer dann, wenn jeder Akteur etwas besitzt oder herstellt, was der jeweils andere Akteur will, weil er es bisher nicht im gewünschtem Ausmaß hat oder erzeugen kann. Bei Voraussetzung von anreizgeleitetem eigeninteressierten Verhalten erfordert das Zustandekommen einer freiwilligen Tauschbeziehung, dass sich zumindest einer der möglichen Tauschpartner besser stellen kann, ohne dass sich die Lage von mindestens einem anderen Akteur verschlechtert. Anders formuliert: Besteht Entscheidungsfreiheit bezüglich der Teilnahme am Tausch, so wird sich der Tausch für niemanden negativ auswirken.

Vor diesem Hintergrund verwundert es nicht, dass seit sehr langer Zeit Marktplätze und Handelsposten unterhalten werden. Ebenfalls wenig überraschend ist, dass oftmals das Zustandekommen von Tauschbeziehungen durch ein jeweils zumindest lokal akzeptiertes Tauschmedium (z.B. Edelmetalle) unterstützt wurde, um u.a. die Abstimmung von Bedürfnissen zu erleichtern und über einen gemeinsamen Wertmaßstab zu verfügen.

Einige Autoren (z.B. Ridley 2010) betonen die bedeutende Rolle des Tausches und seiner Effekte für die Entstehung des Wohlstands in der Menschheitsgeschichte. Demnach kam der durch profitable Tauschbeziehungen lohnenden Spezialisierung von Akteuren eine besonders wichtige Rolle bei der Verbesserung der materiellen Lebensumstände zu. Die Neigung zum Tausch von Sachen und Diensten wird im Übrigen auch immer wieder herangezogen, um langfristige Veränderungen in der Menschheitsgeschichte zu erklären.

Beispielsweise haben Horan, Bulte und Shogren (2005) mithilfe eines Computermodells untersucht, wie sich die Annahme des Tauschhandels in einer Umgebung auswirkt, in der Homo sapiens und Neanderthaler um knappe Ressourcen konkurrieren und sich unter sonst gleichen Bedingungen nach ihrem wirtschaftlichen Erfolg in ihrer Fertilität unterscheiden. Nach den Simulationsergebnissen kann es allein deshalb zum Aussterben der Neanderthaler gekommen sein, weil diese (entsprechend der vorliegenden Evidenz) offenbar kaum Tauschhandel betrieben haben. Zu betonen ist freilich, dass diese Begründung des Verschwindens der Neanderthaler lediglich auf eine logische Möglichkeit abstellt. Es gibt alternative Erklärungen, die u.a. auf für die Neanderthaler unglückliche (und für den Homo sapiens glückliche) Umstände verweisen und Veränderungen von Wetter und Lebensraum betonen (siehe v.a. Finlayson 2009).

In seinem Buch über den Reichtum der Nationen hat Smith eine ganze Reihe von bereits vorliegenden Ideen systematisiert und daraus eine Konzeption entwickelt, welche die Beziehungen zwischen Wirtschaft und Gesellschaft sowie zwischen Wirtschaft und Staat auf eine damals neue Grundlage stellte. Vor Smith herrschte die Auffassung des „Merkantilismus". Dieser Begriff bezeichnet die v.a. im Absolutismus des 17. Jahrhunderts verbreitete Wirtschaftsauffassung, in der sich Staat und Wirtschaft gegenseitig umwarben – so suchte z.B. die Wirtschaft bei der Regierung um militärischen Schutz in Kolonialländern nach, während die Wirtschaft aus der Sicht der Regierung als Instrument staatlicher Machtpolitik diente. Als Konsequenz dieser Auffassung wurden bestimmte Wirtschaftsbeziehungen unterbunden, andere jedoch gefördert. Zum Zweck der wirtschaftlichen Unterstützung politischer Hegemonialbestrebungen stellte eine positive Handelsbilanz ein vorrangiges Ziel merkantilistisch orientierter Staaten dar. In der Folge wurden Exportleistungen gefördert und häufig Maßnahmen der Importsubstitution ergriffen. Letztere umfassen die Behinderung der Einfuhr preiswerter Güter aus dem Ausland und den oftmals kostspieligen Versuch, diese Güter selbst herzustellen. Den theoretischen Hintergrund solcher Vorgehensweisen bildete eine Deutung des internationalen Handels, wonach Exportgewinne eines Landes jeweils Verluste des importierenden Landes darstellen. Die Fehlerhaftigkeit dieser Auffassung wurde durch Adam Smiths Arbeit verdeutlicht.[5]

---

[5] Auf dieser Grundlage wurde später insbesondere von David Ricardo (siehe Abschnitt 2.3.1) eine Außenhandelstheorie entwickelt, nach welcher Maßnahmen der Importsubstitution abzulehnen sind. Gemäß

Ausgangspunkt von Adam Smith war die Beobachtung, dass Menschen eine natürliche Neigung aufweisen, Leistungen und Waren zu tauschen. Hintergrund dieser natürlichen Neigung ist für Smith, dass der Mensch ein Kulturwesen mit dem Bedürfnis nach Kommunikation ist und dass Menschen unterschiedliche Talente und Interessen besitzen. Als Konsequenz rentieren sich Tauschvorgänge. Weil Tausch die Grundlage einer kapitalistischen Wirtschaftsordnung ist, sieht Smith die Entwicklung zum Kapitalismus als einen natürlichen Prozess an. Aufgrund des im wirtschaftlichem Bereich vorherrschenden individuellen Eigennutzkalküls (Egoismus) wird der ökonomische Wohlstand und der gesellschaftliche Fortschritt hierbei unter zwei zentralen Bedingungen erreicht: Produktivitätserhöhende Arbeitsteilung und Existenz freier Märkte zur Entfaltung des menschlichen Tauschbedürfnisses.

Der Umfang der sozialen Arbeitsteilung hängt nach Smith von der Größe des Absatzmarktes ab – ist der Markt groß und sind beliebige Austauschbeziehungen möglich, so wird sich eine starke Spezialisierung entwickeln, was zu günstigeren Kosten und Preisen führen wird. Ausgedrückt in den Worten des Chicago-Ökonomen George Stigler (1951): „The division of labor is limited by the extent of the market." Die Spezialisisierung jedes Einzelnen führt dazu, dass die Arbeit so einfach und so effizient wie möglich gemacht wird – es ergibt sich (technischer) Fortschritt. Dennoch schafft die Erbringung von Arbeit aus der Perspektive von Adam Smith typischerweise ein gewisses Leid, das z.B. durch monetäre Leistungen (Lohn, Gehalt) zu kompensieren ist.

Pareto und die Ausdeutung sozialer Effizienz

Nach dem Ökonomen Vilfredo Pareto (1848-1923) sind die Begriffe „Pareto-Kriterium" und „Pareto-Optimum" bezeichnet, welche zur wohlfahrtstheoretischen Kategorisierung von prinzipiell dauerhaften sozialen Zuständen (wie z.B. die bei Konkurrenz von Egoisten entstehenden Gleichgewichtssituationen in Märkten) weithin verwendet werden. Das Pareto-Kriterium besagt, dass eine bestmögliche soziale Situation noch nicht erreicht ist, sofern zumindest ein Systemakteur besser gestellt werden kann, ohne dadurch die Lage eines weiteren Systemmitglieds zu verschlechtern. Ein sogenanntes Pareto-Optimum liegt erst vor, wenn eine Besserstellung irgendeines Systemakteurs nur noch auf Kosten zumindest eines anderen Systemmitglieds erfolgen kann.

Binmore (1992: 177, Anmerkung 5) empfiehlt, statt von Pareto-Optimum stets von Pareto-Effizienz zu sprechen. Die Möglichkeit von Verbesserungen scheint nämlich durch den Optimalitätsbegriff unzulässigerweise von vornherein ausgeschlossen, obwohl bei Pareto-Effizienz keineswegs immer schon eine sozial optimale Verteilung gegeben sein muss – erhält z.B. ein Akteur fast den gesamten Jahresgewinn einer Aktiengesellschaft, so ist diese Pareto-effiziente Situation wohl kaum sozial optimal zu nennen.

Die Institution des freien Marktes ist wichtig, weil durch die Konkurrenz jeweils Selbstregulationskräfte des Marktes aktiviert werden, die allen zugute kommen. Nach Smith führt die Konkurrenz zwischen Egoisten bei freiwilligen Tauschbeziehungen zu einem Zustand, in dem jeder Akteur das realisieren kann, was er will – wie von einer unsichtbaren Hand geleitet, reguliert sich das Wirtschaftssystem durch die Angebots- und Nachfragekräfte selbst. Genauer gesagt: Es erfolgen solange Preisanpassungen bis ein Zustand realisiert ist, in dem sich keiner mehr verbessern kann, ohne jemand Anderen schlechter zu stellen – dies gilt, obwohl jeder Akteur die jeweils für ihn individuell beste Handlung vollzieht und sich um die sozial effiziente Lösung (und damit die gesellschaftliche Wohlfahrt) überhaupt nicht kümmert.

---

dieser Theorie ermöglicht ein freier Güteraustausch die Spezialisierung nationaler Volkswirtschaften sowie die Steigerung der Wohlfahrt einheimischer Konsumenten durch preiswert verfügbare Importe.

Nach Adam Smith kann die Wirtschaft mithin durch einen sich selbst regulierenden Handlungszusammenhang beschrieben werden. Der Staat hat für dessen Funktionieren die Rahmenbedingungen zu setzen, d.h. er soll sicherstellen, dass freie Wettbewerbsmärkte für Produkte und Dienstleistungen existieren und dass die Märkte hinreichend groß sind, um ein Maximum an Spezialisierung zu gewährleisten. Dabei gilt nach Smith auch, dass der internationale Güteraustausch auf der Basis von Marktpreisen (und nicht verfälscht um Zölle oder Subventionen) für alle Beteiligten wirtschaftlich vorteilhaft und daher förderungswürdig ist.

Intessanterweise war sich Adam Smith offenbar darüber klar, dass der Markt nicht immer die beste Lösung gewährleistet. Vielmehr gibt es nach seiner Auffassung bestimmte Güter, die besser der Staat produzieren oder anbieten sollte (z.B. die Landesverteidigung oder öffentliche Straßen). Allerdings ist nach Smiths Auffassung die Versorgung der Bürger mit den meisten Gütern des täglichen Bedarfs (wie etwa Brot) durchaus dem Markt zu überlassen. Nach Smiths berühmtem Beispiel backt der Bäcker das Brot nicht aus Nächstenliebe, sondern um seine Familie und sich durch den Brotverkauf zu versorgen.

Von der unsichtbaren Hand zum Wettbewerbsgleichgewicht

Nach Adam Smith kann die Konkurrenz zwischen vernünftig handelnden Egoisten bei Freiwilligkeit der Tauschbeziehungen zu einem sozial effizienten Zustand (im Sinne von Pareto) führen – obwohl sich niemand um die Situation der anderen Akteure kümmert und jeder nur die jeweils für ihn selbst beste Handlung wählt, reguliert sich das Wirtschaftsgeschehen durch die Angebots- und Nachfragekräfte in Wettbewerbsmärkten selbst und es wird eine für alle günstige Situation erreichbar, in dem sich niemand verbessern kann, ohne einen anderen Akteur schlechter stellen zu müssen. Diese Überzeugungen bilden nach wie vor das Fundament der Volkswirtschaftslehre. Sie wurden im Rahmen der modernen Theorie des Wettbewerbsgleichgewichts formalisiert – die Existenz, Eindeutigkeit und Stabilität eines Wettbewerbsgleichgewichts (d.h. die logische Möglichkeit eines robusten allgemeinen Gleichgewichts auf allen Märkten) wurde in den 1950er Jahren durch die späteren Nobelpreisträger Kenneth Arrow und Gerard Debreu mathematisch bewiesen, wobei die Konsum- und Produktionskalküle der Wirtschaftssubjekte gleichzeitig berücksichtigt werden (z.B. Arrow und Hahn 1971; Debreu 1959). Gemeint ist damit, dass unter bestimmten Bedingungen Angebot und Nachfrage in sämtlichen Märkten übereinstimmen können, wobei dieser Zustand eines simultanen Gleichgewichts einzigartig ist und prinzipiell von allen Ausgangssituationen aus erreicht werden kann.

Seither sind vielfältige Verfeinerungen der Theorie erfolgt (für Lehrbuchdarstellungen siehe z.B. Jehle und Reny 2001 oder Mas-Colell, Whinston und Green 1995). Danach scheint das Prinzip der Selbstregulation der Wirtschaft nur in einer bestimmten Konstellation zu gelten. Letztere ist charakterisiert durch freie Märkte, die keine Nutzeneinbußen oder Wohlfahrtsgewinne für unbeteiligte Dritte mit sich bringen und gleichzeitig durch vollständige Konkurrenz (vollkommene Märkte ohne Eintrittsbarrieren oder Existenz vieler Anbieter bzw. Nachfrager ohne Preissetzungsgewalt) gekennzeichnet sind. Diese Bedingungen sind in realen Märkten praktisch nie erfüllt. Dennoch ist die Theorie des allgemeinen Konkurrenzgleichgewichts keineswegs überflüssig. Vielmehr besteht nach z.B. Vernon Smith (2008) ein hauptsächliches Ergebnis der experimentellen Ökonomik darin, dass unpersönlicher Markttausch bei hinreichend wiederholten Interaktionen zu Wettbewerbsgleichgewichten führt. Im Übrigen ergibt sich die Gleichgewichtstendenz dabei bereits für erheblich schwächere Voraussetzungen (z.B. bezüglich der Informationen der Marktteilnehmer) als man nach der derzeitigen Fassung der ökonomischen Theorie des Konkurrenzgleichgewichts erwarten kann.

2.3 Wirtschaftstheoretiker im 18. und 19. Jahrhundert

2.3.1 David Ricardo

Das Buch *An Inquiry into the Nature and Causes of the Wealth of Nations* von Adam Smith war sofort ein überwältigender Erfolg und veränderte insbesondere das Denken über den Außenhandel vollständig. Es beantwortete aber eine entscheidende Frage nicht: Was passiert bei Freihandel, wenn ein Land nicht nur bei einzelnen Gütern, sondern bei allen Produkten Kostennachteile gegenüber anderen Ländern hat? Intuitiv meint man, dass dieses Land dann nicht am internationalen Handel teilnehmen sollte.

Nach David Ricardo (1772–1823) ist diese Ansicht falsch. Im Jahr 1806 argumentierte er nämlich, dass auch ein Land, das keine absoluten Kostenvorteile besitzt, vom Außenhandel profitieren kann. Zudem betonte er im Rahmen seiner theoretischen Argumentation, dass die länderübergreifende Produktion bei unverändertem Arbeitseinsatz durch die Spezialisierung auf bestimmte länderspezifische Produkte und gleichzeitigem Außenhandel wächst. Dies ist der Inhalt von Ricardos „Theorem der komparativen Kostenvorteile". Zu seiner Illustration sei angenommen, dass Frankreich für die Förderung einer Tonne Kohle 20 Stunden braucht und für die Herstellung einer Teekanne insgesamt 30 Stunden, während die Niederlande für jedes Gut jeweils 10 Stunden benötigen und daher einen absoluten Kostenvorteil bei beiden Gütern haben. Für die Entscheidung über Spezialisierung und Außenhandel kommt es nach Ricardos Theorie nun nicht auf die absoluten Kostenvorteile an. Entscheidend sind vielmehr die relativen Kostenvorteile. Der relative Kostenvorteil der Niederlande ist bei der Teekannenproduktion größer als bei der Kohlegewinnung – schließlich ist die französische Teekannenproduktion dreimal so aufwendig wie in den Niederlanden, jedoch der französische Arbeitsaufwand für eine Tonne Kohle nur doppelt so hoch wie in den Niederlanden. Ricardo würde daher empfehlen, dass sich die Niederlande auf die Teekannenproduktion und Frankreich auf die Kohleförderung spezialisieren sollten. Dadurch steigt die insgesamte Menge an Kohle und Teekannen, so dass beide Länder durch die Spezialisierung und den Außenhandel profitieren.

Tatsächlich scheint es empirische Belege zu geben, welche die Relevanz und Gültigkeit dieser Überlegungen unterstreichen. Beispielsweise zeigen Analysen von Gwartney und Lawson (2008), dass die Offenheit eine Landes (Offenheit wird üblicherweise gemessen durch den Anteil der Summe von Import und Export an der jährlichen Wirtschaftsleistung eines Landes) bezüglich ökonomischer Aktivitäten generell mit einer Erhöhung des nationalen Wohlstandes (erfasst z.B. durch das Pro-Kopf-Sozialprodukt) einhergeht. Anders gesagt: Es scheint ein positiver (konvex gekrümmter) Zusammenhang zwischen Wohlstand und Offenheit für den Weltmarkt zu bestehen.

Allerdings gibt es auch gegenläufige empirische Befunde. Beispielsweise zeigen Rodriguez und Rodrik (2001) in einem aufschlussreichen Beitrag die fehlende Eindeutigkeit des wachstumsfördernden Effekts wirtschaftlicher Öffnung auf. Vielmehr sind viele makroökonomische Studien mit Problemen mangelnder Datenqualität behaftet und entsprechende Ergebnisse gegenüber alternativen Messungen wirtschaftlicher Offenheit nicht robust. Hinzu kommt, dass bisherige Resultate stark von der gewählten Modellierungsstrategie abhängen, wobei positive Globalisierungseffekte etwa unter Kontrolle von Regionalmerkmalen verloren gehen. Wenig geklärt ist darüber hinaus die Kausalitätsrichtung: Unklar bleibt nämlich weiterhin, ob offene Volkswirtschaften schneller wachsen oder sich reiche Staaten eher öffnen. Wohl auch deshalb wird nach wie vor protektionistische Wirtschaftspolitik betrieben, sofern dies von nationalem Vorteil zu sein scheint. Anders ist nicht zu erklären, weshalb z.b. die Vereinigten Staaten und die Europäische Gemeinschaft seit Jahrzehnten Einfuhrsperren bezüglich landwirtschaftlicher Produkte und Textilien aus anderen Weltregionen errichten und/oder die Preise solcher Produkte aus ihren Ländern durch exzessive Subventionszahlungen künstlich reduzieren, wodurch der Wettbewerb auf dem Weltmarkt zu ihren Gunsten verzerrt wird. Ein vielfach genannter Grund für die damit einhergehende unvollständige Spezialisierung bei der Güterproduktion (z.B. Getreideanbau und Viehwirtschaft) ist das nationale Interesse an einer prinzipiellen Autonomie bei der Versorgung mit Lebensmitteln oder der Schutz junger Industriezweige. Die Ricardianische Theorie impliziert mithin eine Spezialisierung, von der aus Sicht der Politik offenbar befürchtet wird, dass sie sich trotz eventueller kurzfristiger Vorteile langfristig nachteilig für eine nationale Wirtschaft auswirken kann.

Daneben gibt es Einwände gegen Ricardos Argumentation, die insbesondere auf deren mangelnde Realitätsnähe abstellen. So ist die heutige internationale Handelsverflechtung schwerlich auf bilaterale und bilanztechnisch ausgeglichene Länderbeziehungen reduzierbar, die bei Ricardo betrachtet werden. Dies gilt selbst dann, wenn man von den enormen Machtunterschieden zwischen Ländern und den damit in der Realität möglichen Einflussnahmen auf Handelstätigkeiten (z.B. Bevorzugung bestimmter Länder, politisch motivierte Boykotte und Embargos) vollständig absieht. Entgegen Ricardos Thesen kann es aufgrund der bestehenden Interdependenzen im Netzwerk des Welthandels nicht nur Gewinner geben – Aufnahme und Ausgestaltung von Handelsbeziehungen in einem solchen Netzwerk können weitere Handelsbeziehungen fördern, ändern oder verhindern. Darüber hinaus wird von Ricardo übersehen, dass Kapital generell nicht an Landesgrenzen gebunden ist. Für Investoren ist es zumindest heutzutage oftmals gleichgültig, wo sie ihr Kapital einsetzen. Aus empirischer Sicht scheinen für internationale Investitionsentscheidungen überdies die absoluten Kostenvorteile besondere Relevanz zu besitzen. Zumindest liefern absolute Kostenvorteile vielfach Begründungen für Investitionen von Kapital, die den Ausbau der Produktion in einem Land bei gleichzeitigem Abbau der Produktion in einem anderen Land betreffen.

Darüber hinaus entspricht der heutige Welthandel nur schwerlich der Modellwelt Ricardos, da ein Großteil des Güteraustauschs zwischen reichen Staaten mit ähnlicher Faktorausstattung (also weitgehend analogen Einsätzen von Kapital und Arbeit) abgewickelt wird und damit nicht mit komparativen Kostenvorteilen begründet werden kann. Inwiefern aber auch Staaten, die in keiner ergänzenden Beziehung zueinander stehen, von wechselseitigem Handel profitieren können, begründet Krugman (1980, 1981) mit Verweis auf Spezialisierungsvorteile: Konzentriert sich ein (zu seinen Handelspartnern ähnliches) Land auf die Nischenproduktion einzelner Güter, so ermöglichen Spezialisierungsgewinne und Größenersparnisse einen profitablen Außenhandel. Internationale Arbeitsteilung kann daraufhin trotz ähnlicher Opportunitätskostenstrukturen aufrecht erhalten werden, wobei Konsumenten von sinkenden Güterpreisen und einer erweiterten Produktpalette profitieren.

Trotz dieser Einwände und Erweiterungen sind die skizzierten Ideen Ricardos nach wie vor populär. Ricardo war jedoch nicht nur ein Theoretiker des Außenhandels, sondern auch Finanzwissenschaftler. Im Jahre 1817 verfasste er *The Principles of Political Economy and Taxation*, in denen er u.a. die Idee von der Neutralität von Staatsschulden präsentierte. Genauer gesagt vertrat er darin die These der später sogenannten „Ricardianischen Äquivalenz", wonach die Steuer- und Kreditfinanzierung von Staatsausgaben bezüglich ihrer Auswirkungen auf realwirtschaftliche Größen als gleichwertige Finanzierungsformen anzusehen sind. Wenn also der Staat sich um eine Milliarde Euro verschuldet und zur Schuldenbegleichung nächstes Jahr die Steuern um genau diesen Betrag erhöht, so ist die heutige Schuld der künftigen Steuer äquivalent und es ergeben sich nach Ricardo keine Konsequenzen für Konsum- und Arbeitsvolumen.

Freilich ist bis heute unklar, ob und inwieweit die theoretische Ricardianische Neutralitätsthese tatsächlich zutrifft. Es gibt zwar viele empirische Untersuchungen über ihre Gültigkeit. Leider haben diese Studien aber keineswegs eindeutig gerichtete Befunde: Es gibt einige Untersuchungen, welche die Ricardo-These und ihre Relevanz eher stützen und es gibt andere Studien, die sie zu widerlegen scheinen.

Unabhängig von der empirischen Gültigkeit der Äquivalenzthese ist festzuhalten, dass Ricardo damit nicht behauptet, eine etwaige Konsolidierung des öffentlichen Haushalts habe keinerlei reale Konsequenzen. Vielmehr mindert eine Konsolidierung der Staatsfinanzen aus seiner Sicht eventuell bestehende Ängste vor neuen Steuern, wodurch Konsumausgaben der Bürger und arbeitsschaffende Investitionen der Unternehmen ermutigt werden. Unter sonst gleichen Bedingungen fördert Haushaltsdisziplin daher Nachfrage und Beschäftigung, weil sie Berechenbarkeit bietet und Zuversicht schafft. Umgekehrt gilt aber aus Ricardos Sicht auch: Bei einem höherem Budgetdefizit sinkt das Vertrauen der Investoren und Konsumenten in die Zukunft; es werden höhere Zinsen und Steuern gefürchtet, weshalb weniger investiert und konsumiert, aber mehr gespart wird; als Konsequenz schwächt sich das Wachstum der Wirtschaft ab und die Beschäftigung sinkt.

2.3.2 Robert Malthus

Bereits die griechische Philosophie beschäftigte sich mit dem generellen Zusammenhang zwischen Bevölkerung und Wirtschaft. So waren z.B. Platon und Aristoteles davon überzeugt, dass eine stagnierende Bevölkerung zur Stabilisierung des Wirtschaftsgeschehens beiträgt und die Verteilungsgerechtigkeit fördert. Dagegen war man im Mittelalter aufgrund religiöser und politischer Überzeugungen zugunsten des Bevölkerungswachstums eingestellt. Dies reflektierte zum einen, dass Krankheiten und Seuchen grassierten, welche die Bevölkerung immer wieder stark dezimierten. Zum anderen waren stets Soldaten zur Bestreitung militärischer Konflikte notwendig.

Auch aus der Sicht des Merkantilismus in den absolutistischen Staaten des 17. Jahrhunderts war eine zunehmende Bevölkerung wünschenswert, weil dadurch zusätzliche Steuereinnahmen und Machtgewinne möglich erschienen. Einige Klassiker der Nationalökonomik standen dem Bevölkerungswachstum ebenfalls positiv gegenüber. Beispielsweise betonte Adam Smith (1776), dass eine größere Bevölkerung das Ausmaß der Arbeitsteilung und damit die Wirtschaftsentwicklung positiv beeinflussen kann.

Erst die am Ende des 18. Jahrhunderts publizierten Ideen des englischen Geistlichen und Nationalökonomen Thomas Robert Malthus (1766–1843) führten zu einer pessimistischen Sicht der bevölkerungsökonomischen Zusammenhänge. Da Malthus (1798) seine ursprünglichen Argumente im Laufe von fünf weiteren Auflagen erheblich modifiziert hat, lassen seine verbalen Darlegungen einen gewissen Interpretationsspielraum. Seine wesentlichen Einsichten lassen sich aber leicht vermitteln. Malthus prognostizierte zunächst einmal, dass die Bevölkerung stets in geometrischer Progression wachse (d.h. gemäß der Folge 2,4,8,16...), während das Wachstum der Nahrungsmittelmenge v.a. aufgrund natürlicher Begrenzungen der Landwirtschaft (z.B. Qualität und Ermüdung von bewirtschafteten Böden) nur in einer arithmetischen Progression (d.h. gemäß der Folge 2,4,6,8,...) zunehme.

Daher müsste sich zwangsläufig eine Kluft zwischen der exponentiell wachsenden Bevölkerungszahl und der linear steigenden Nahrungsmittelmenge ergeben.

Gestützt durch zahlreiche empirische Belege seiner Zeit leitete Malthus aus diesen Überlegungen sein Bevölkerungsprinzip ab. Es reflektiert den Gedanken, dass das enorme Wachstumspotenzial der Bevölkerung etwaige Verbesserungen der ökonomischen Situation zunichte machen kann. Das „Principle of Population" lautet in der verfeinerten Version späterer Auflagen (z.B. Malthus 1872: 12-13):

> „Population is necessarily limited by the means of subsistence. Population invariably increases where the means of subsistence increase, unless prevented by some very powerful and obvious checks. These checks, and the checks which repress the superior power of population, and keep its effects on a level with the means of subsistence, are all resolvable into moral restraint, vice, and misery."

Erfasst man den ökonomischen Wohlstand (d.h. die Ausstattung mit wirtschaftlichen Ressourcen) durch die Differenz zwischen dem tatsächlichen Pro-Kopf-Einkommen und einem bestimmten Mindesteinkommen (d.h. dem Existenzminimum), so besagt das Malthus-Prinzip zunächst einmal, dass die Sicherung des Minimumeinkommens den fundamentalen Hinderungsgrund für Bevölkerungswachstum darstellt. Zudem wird sich der Populationsbestand tendenziell dem ökonomischen Versorgungsniveau anpassen. Verbessert sich die ökonomische Situation, so wird die Population zunehmen, wenn nicht entsprechend starke Hemmnisse („checks") entgegen wirken. Das Malthus'sche Prinzip postuliert somit einen tendenziell positiven Zusammenhang zwischen der wirtschaftlichen Versorgung und der Wachstumsrate der Bevölkerung. Zu erwähnen sind die möglichen Behinderungen des Bevölkerungswachstums:

- „Positive checks": Sie beziehen sich auf die Steigerung der Mortalität durch z.B. Krieg, Hunger oder Seuchen sowie extreme Armut und schlechte Arbeitsbedingungen.

- „Preventive checks": Sie resultieren aus einer Begrenzung der Fertilität durch z.B. sexuelle Enthaltsamkeit, höheres Heiratsalter oder Maßnahmen der Geburtenkontrolle.

Weil diese Hemmnisse bei einer dauerhaft verbesserten ökonomischen Situation nach der Logik der Theorie von Malthus in den Hintergrund treten, müssten sich bei einer langfristig günstigen Wohlstandsentwicklung sinkende Mortalitätsraten und steigende Fertilitätsraten ergeben. Die empirische Evidenz für die Vereinigten Staaten, Westeuropa und Japan in den letzten beiden Jahrhunderten widerspricht allerdings dieser Hypothese: Obwohl die Pro-Kopf-Einkommen beständig anstiegen und die Mortalität erwartungsgemäß sank, begann ein langfristiger Fall der Geburtenraten (z.B. Felderer und Sauga 1988). Das gleiche Muster ist derzeit in vielen ärmeren Ländern zu beobachten.

Dennoch gibt es nicht wenige arme Weltregionen, in denen nach Ansicht von vielen Sozialwissenschaftlern das Malthus'sche Szenario noch immer zutrifft (z.B. unterentwickelte Länder ohne Alterssicherungssysteme). Es verwundert daher nicht, dass der Pessimismus von Malthus in der Diskussion der Bevölkerungsexplosion und ihrer potenziellen Effekte auch heute immer wieder zutage tritt.

Die Bedeutung von Wanderungsbewegungen für die Bevölkerungsentwicklung

Malthus vernachlässigte in seinen Überlegungen die Bedeutung von Migrationsprozessen für die Bevölkerungsentwicklung. Gerade wenn man jedoch wie Malthus annimmt, dass es „checks" gibt, die das Bevölkerungswachstum beeinflussen, ist es durchaus naheliegend, auch Wanderungsbewegungen in demographischen Modellen zu berücksichtigen. Schließlich geben sich Menschen Zuständen wie Krieg, Hunger oder Armut nicht tatenlos hin. Vielmehr reagieren sie häufig mit Mobilität auf solche Umstände. Auch deshalb wird dem räumlichen Aspekt der Bevölkerungsentwicklung in neueren Theorien vermehrt Aufmerksamkeit geschenkt.

Immigration geht dabei nicht nur mit einem direkten Bevölkerungszuwachs einher, sondern wirkt sich aufgrund der zumindest kurz- und mittelfristig höheren Fertilität vieler Einwanderergruppen auch indirekt auf das Bevölkerungswachstum der Zielländer aus. Dies ist u.a. deshalb von besonderer gesellschaftlicher Bedeutung, da in vielen entwickelten Gesellschaften die Geburtenzahlen rückläufig sind, sodass Migranten dort bereits heute eine wesentliche Rolle für das Funktionieren von Arbeitsmärkten und sozialen Sicherungssystemen zukommt. Eine Diskussion weiterer gesellschaftlicher Chancen und Risiken, die mit Migration einhergehen, bieten z.B. Portes und Rumbaut (2006) sowie der von Frank Kalter (2008) herausgegebene Sammelband zu Migration und Integration. Salzmann et al. (2010) referieren demographische Aspekte. Empirische Befunde zu individuellen und strukturellen Determinanten der Migrationsentscheidung aus ökonomischer Perspektive finden sich bei Bodvarsson und Van den Berg (2009) sowie Borjas (2008: Kap. 9).

3 Jüngere Klassiker des Wirtschaftsdenkens

Auf Grundlage der vorgestellten Ideen wurden Wirtschaftsvorgänge begriffen und diskutiert. Eine wesentliche Rolle spielte dabei die sich entwickelnde Soziologie, die insbesondere in Abgrenzung zur Ökonomik kritische Argumente gegen das allzu freie Spiel der Marktkräfte vorbrachte. Diese Argumente wurden später teilweise durch verschiedene Sozialökonomen ergänzt oder revidiert.

Im Folgenden werden die Beiträge von ausgewählten Sozialwissenschaftlern in weitgehend chronologischer Reihenfolge referiert. Freilich gibt es eine ganze Reihe von Autoren, die hier zwar unberücksichtigt geblieben sind, dennoch aber wichtige Argumente und Einsichten beigesteuert haben. Beispiele sind John Stuart Mill (1806–1873), Leon Walras (1834–1910), Thorstein Veblen (1857–1929), Karl Polanyi (1886–1964) und Fernand Braudel (1902–1985). Ihre Beiträge werden, sofern sinnvoll, im Zusammenhang mit der Beantwortung inhaltlicher Fragen angeführt. Dies gilt auch für z.T. explizit mit wirtschaftssoziologischen Themen befasste zeitgenössische, aber bereits verstorbene Autoren wie Pierre Bourdieu (1930–2002), James Coleman (1926–1995), Milton Friedman (1912–2006), Mancur Olson (1932–1998), John Rawls (1921–2002) und Herbert Simon (1916–2001).

3.1 Wirtschaftssoziologie im 19. und 20. Jahrhundert

3.1.1 Karl Marx

Karl Marx (1818–1883) war überzeugt von der dominierenden Rolle der Wirtschaft in der Gesellschaft. Gleichzeitig sah er die Notwendigkeit der Kritik und der Umgestaltung der realen Lebensverhältnisse. In Auseinandersetzung mit ökonomischen Klassikern wie Smith und Ricardo, der Erweiterung von Gedanken zeitgenössischer Philosophen (z.B. Feuerbach) sowie der Anwendung und Überwindung des Deutschen Idealismus (v.a. Hegel) entwickelte er eine Theorie, wonach das wirtschaftliche Geschehen und seine Veränderungen die allgemeine gesellschaftliche Entwicklung formt und prägt.

Nach Marx ist es nicht das Bewusstsein der Menschen, was ihr Sein determiniert, sondern umgekehrt das Sein der Menschen, das ihr Bewusstsein bestimmt. Das Bewusstsein ist aus der Perspektive von Marx deshalb immer ein gesellschaftliches Produkt. Marx zufolge werden die Menschen in ihrem alltäglichen Handeln weitgehend von materiellen Interessen geleitet, wodurch sich dann auch die gesellschaftlichen Strukturen und Prozesse ergeben. Für Marx spielen nichtökonomische Interessen im Wirtschaftsleben also kaum eine Rolle und ökonomische Interessen bestimmen weitgehend die gesellschaftlichen Realitäten. Diese Ansichten werden keineswegs von allen Wirtschaftssoziologen geteilt.[1]

Marx strebte eine wissenschaftliche Herangehensweise an, um gesellschaftliche Vorgänge zu analysieren. Er wollte zudem die Welt entsprechend seiner theoretischen Überlegun-

---

[1]Nach der nicht empirisch begründeten Einschätzung von Smelser und Swedberg (2005) sind beide Ansichten unhaltbar.

gen ändern.[2] Das Ergebnis ist unter dem Begriff des Marxismus als eine Vermischung sozialwissenschaftlicher und ideologischer Aussagen zum Kapitalismus und zu dessen Ablösung durch revolutionäre Aktivitäten und die Implementierung alternativer Wirtschaftsformen (Sozialismus, Kommunismus) bekannt. Aus wirtschaftssoziologischer Sicht macht es wenig Sinn, sich mit einer politischen Ideologie näher zu beschäftigen. Wie Smelser und Swedberg (2005) bemerken, besteht die für die Wirtschaftssoziologie einschlägige Aufgabe darin, die theoretisch wesentlichen Aspekte und Thesen der Marxschen Lehre zu extrahieren.

Ausgangspunkt von Marx ist die Tatsache, dass Menschen zur Lebenserhaltung arbeiten müssen. Entsprechend sind auch materielle Interessen universell gültig. Um aus der Natur Ressourcen zu erhalten und nutzbare Produkte zu erzeugen, sind die „Produktivkräfte" (menschliche Arbeitskraft, materielle Produktionsmittel wie z.B. Technologien) wichtig. Die Herstellung, die Verteilung und der Gebrauch von Produkten führen zu menschlichen Beziehungen.[3] Insbesondere werden Produktionsverhältnisse geschaffen, die den institutionellen Rahmen der menschlichen Arbeit (z.B. Eigentumsrechte, Arbeitsorganisation, Verträge) setzen und damit die Entwicklung der Produktivkräfte strukturieren. Ab einer gewissen Entwicklungsstufe der Produktionsverhältnisse geraten diese allerdings mit den bestehenden Produktivkräften in Konflikt, was zu einer Revolution und damit zu einem Übergang in eine neue Produktionsweise führen wird. In seinem Hauptwerk *Das Kapital* schreibt Marx hierzu, dass er damit das ökonomische Bewegungsgesetz der Gesellschaft entdeckt habe, und dass aufgrund dieses Gesetzes auch die kapitalistische Gesellschaft unaufhaltsam auf einen revolutionären Umsturz zusteuere.

Nach Marx kann man die Menschheitsgeschichte als Abfolge von Klassenkämpfen auffassen, weil sich Klassen im Zeitablauf typischerweise mit bemerkenswerter Grausamkeit unterdrückt und verteidigt haben. Offenbar waren Menschen immer schon dazu bereit, für die Durchsetzung ihrer materiellen Interessen zu kämpfen. Nach Marx ist die kapitalistische Gesellschaft hier keine Ausnahme. Generell ermöglicht die Arbeitsteilung es den Menschen zwar, mehr Dinge herzustellen, als sie für ihr Überleben benötigen. Der dadurch entstehende Reichtum, der im Regelfall ungleich verteilt sein wird, bringt jedoch Konflikte mit sich.[4]

Die wichtigsten menschlichen Interessen sind nach der Marxschen Auffassung kollektiver Natur und lassen sich als Klasseninteressen bezeichnen. Diese Interessen werden jedoch nur dann in der Realität umgesetzt, wenn sich die Menschen ihrer Klassenzugehörigkeit bewusst werden und entsprechend handeln. Diese Zugehörigkeit ergibt sich wesentlich aus den Eigentumsverhältnissen an und den Veräusserungsbedingungen von Produktionsmitteln (v.a. Arbeit, Kapital). Dabei gilt: Unter denselben ökonomischen Bedingungen lebende Menschen können zwar einer Klasse angehören. Solange sie jedoch ihre wirtschaftlichen Gemeinsamkeiten nicht entdecken und sich nicht organisieren, liegt lediglich eine „Klasse an sich" vor. Eine „Klasse für sich" wird z.B. die Arbeiterschaft (das „Proletariat") erst, wenn

---

[2]Diese Überzeugung schlug sich in dem gemeinsam mit Friedrich Engels verfassten und im Jahr 1848 veröffentlichten *Kommunistischen Manifest* nieder. Die (elfte) Feuerbach-These von Marx („Die Philosophen haben die Welt nur verschieden interpretiert; es kommt jedoch darauf an, sie zu verändern") brachte sie u.a. zum Ausdruck.

[3]Da Menschen im Regelfall miteinander kooperieren müssen, um ihre materiellen Interessen zu befriedigen, ist Arbeit eher sozialer als individueller Natur. Marx kritisierte deshalb die damalige Ökonomik für ihre Annahme isolierter Individuen. Er selbst sprach deshalb manchmal von sozialen Individuen.

[4]Marx kritisierte in diesem Zusammenhang hartnäckig den insbesondere von Adam Smith vertretenen Gedanken, wonach die Verfolgung der individuellen Interessen durch die unsichtbare Hand des Marktes mit dem Gemeinwohl korrespondieren kann.

die erkannte Ähnlichkeit der ökonomischen Lage zu Organisationsleistungen mit dem Ziel der Bekämpfung der Ausbeutung durch die Unternehmer (die „Bourgeoisie") führt, welche die Produktionsmittel besitzen und Arbeitskräfte zu möglichst geringen Löhnen beschäftigen.

In *Das Kapital* beschreibt Marx die Logik des Kapitalismus und seinen potenziellen Niedergang genauer.[5] Danach ist die Arbeitskraft im Kapitalismus eine Ware, die wie jede andere Ware einen bestimmten Marktwert besitzt. Letzterer ergibt sich insbesondere aus den Kosten des Arbeiters für lebensnotwendige Güter (z.B. Nahrung, Kleidung, Wohnung). Der Arbeitslohn deckt üblicherweise diese Kosten, reicht aber nicht zum Kauf von Produktionsmittel (Gebäude, Maschinen, Rohstoffe). Anders gesagt: Der Reallohn steigt nicht, sondern verharrt beim Existenzminimum.[6] Der Arbeiter schafft jedoch Waren, die beim Verkauf durch den kapitalbesitzenden Unternehmer mehr Geld als die Produktionskosten bringen. Die menschliche Arbeitskraft erzeugt also einen Mehrwert, den sich der Kapitaleigner (d.h. im Regelfall: der Unternehmer) als Gewinn oder Profit aneignet – darin besteht für Marx die Ausbeutung des Arbeiters.

Der Unternehmer als Kapitaleigner kann diesen Mehrwert zumindest teilweise als persönliches Einkommen verwenden. Er kann den Mehrwert aber auch als Kapital wiedereinsetzen, um entweder weitere Arbeitskräfte zu bezahlen (variables Kapital) oder neue Produktionsmittel zu erwerben bzw. alte Produktionsmittel zu ersetzen (konstantes Kapital). Je mehr er von dem erzielten Mehrwert jeweils in Produktionsmittel investiert, desto stärker gelingt ihm die Akkumulation von Kapital. Dabei ist nach Marx von besonderer Wichtigkeit, in welchem Einsatzverhältnis das konstante Kapital zum variablen Kapital steht: Je höher der Anteil des variablen Kapitals (d.h. der menschlichen Arbeit) ist, desto höher ist der Mehrwert, den der Kapitalist in Gewinn verwandeln kann.

Nach der Marxschen Logik erfordert eine Mehrwertsteigerung jeweils den verstärkten Einsatz von Arbeit. Nun sind die Anteile von Arbeitern und Maschinen bei der Produktion von Branche zu Branche verschieden. Somit wäre der Profit im Verhältnis zum eingesetzten Kapital dort am höchsten, wo viele Arbeiter an wenigen Maschinen stehen. Nach Marx kann dies allerdings nur kurzfristig gelten: Kapitaleigner gehen dorthin, wo die Verzinsung ihres Kapitals am höchsten ausfällt. Sie sind also immer an der bestmöglichen Kapitalverwertung interessiert, weshalb sie stets in die jeweils gewinnträchtigsten Branchen drängen. Um dort kostengünstiger und effizienter als die Konkurrenz produzieren zu können, werden modernere arbeitssparende Produktionstechniken verwendet – technischer Fortschritt entsteht und breitet sich aus. Dadurch erhöht sich das Angebot an produzierten Waren, wodurch deren Preise sinken. Dagegen reduziert sich in den vom Kapital verlassenen Branchen das Warenangebot, weshalb die Preise der fraglichen Güter steigen. Es kommt deshalb langfristig zum Ausgleich der Profitraten zwischen den Branchen.

Somit ist der einzelne Unternehmer keineswegs frei in seinen Entscheidungen: Wenn der technologische Fortschritt effizientere Produktionsverfahren ermöglicht, wird für die Aufrechterhaltung der vorherigen Marktstellung der Einsatz von mehr konstantem Kapital

---

[5]Marx beendete und publizierte den ersten Band von *Das Kapital* noch zu seinen Lebzeiten im Jahr 1867, während die in seinem Todesjahr 1883 nicht abgeschlossenen Manuskripte der beiden anderen Bände von Friedrich Engels bearbeitet und erst 1885 bzw. 1894 veröffentlicht wurden.

[6]Im Gegensatz zu dem als Geldbetrag bestimmten Nominallohn bezeichnet der Reallohn die in Kaufkraft ausgedrückte Kompensation für bereits geleistete oder noch zu leistende Arbeit (d.h. die daür erhaltbaren Güter und Leistungen). Zur näherungsweisen Bestimmung des Reallohns wird der Nominallohn mit einem Preisindex eines zur Lebenserhaltung notwendigen Warenkorbs deflationiert.

nötig. Falls der bisher erzielte Profit einzelner Unternehmer hierfür nicht mehr ausreicht, erfolgt eine Konzentration von Kapital (d.h. es kommt zu einer Zentralisierung des Kapitals in wenigen Händen). Zudem kommt es zu einem verstärkten Einsatz neuer Technologien, wodurch menschliche Arbeit verdrängt wird (Entlassungen). Aus der Sicht des Unternehmers wächst der Anteil des konstanten Kapitals zu Lasten des Anteils des variablen Kapitals im Zeitablauf. Nach Marx gilt deshalb unweigerlich das „Gesetz vom tendenziellen Fall der Profitrate", d.h. es ergibt sich langfristig eine sinkende Kapitalverzinsung.

Konsequenzen sind weitere Entlassungen (d.h. die Entstehung einer „industriellen Reservearmee") und Verschlechterungen der Arbeitsbedingungen und Löhne der Beschäftigten, wodurch eine Verelendung des Proletariats eintreten wird. Dadurch wird zum einen die Nachfrage nach den Produkten des Unternehmens reduziert, zum anderen wird die weitere Kapitalakkumulation des Unternehmens schwieriger. Aufgrund der zunehmenden Verelendung erfolgt zudem eine Solidarisierung des Proletariats gegen die Ausbeuter. Nach Marx wird es daher insgesamt zum Niedergang des Kapitalismus kommen, der allerdings erst durch die Enteignung der Unternehmer im Rahmen einer proletarischen Revolution beendet wird.

Nach den bisherigen Erfahrungen mit kapitalistischen Gesellschaften ist die Verelendungsthese empirisch nicht haltbar. Beispielsweise hatte die arbeitende Bevölkerung in praktisch allen westlichen Staaten während fast des gesamten 20. Jahrhunderts einen weitgehend unveränderten Anteil am volkswirtschaftlichen Einkommen, so dass die Arbeiter und Angestellten am Wirtschaftswachstum während dieser Zeit in gleicher Weise hinzuverdient haben wie die Kapitalbesitzer.[7] Empirisch sind die Reallöhne der Arbeitnehmer entgegen der Marxschen Überlegungen auch nicht konstant geblieben oder gar gesunken, sondern zumeist gestiegen.

Vor diesem Hintergrund verwundert es nicht, dass sich die Revolutionsprognose von Marx für industrialisierte kapitalistische Gesellschaften keineswegs bewahrheitet hat. Zudem ist seine Auffassung, wonach die Weltgeschichte als determinierte Abfolge von Klassenkämpfen interpretiert werden kann, weithin kritisiert worden – folgt man beispielsweise dem Philosophen Karl R. Popper (1962), so ist der Geschichtsverlauf prinzipiell nicht vorhersehbar, falls man davon ausgeht, dass der Ablauf der menschlichen Geschichte durch das Wachstum des menschlichen Wissens beinflusst werde und man heute noch nicht wissen könne, was man morgen wissen wird.

Dennoch erscheinen die Aussagen von Marx zur Logik des Kapitalismus auf den ersten Blick nachvollziehbar und plausibel. Dies gilt u.a., wenn man sich mit der Ausbreitung kapitalistischer Prinzipien nach dem Ende des Kalten Krieges und im Zuge der Globalisierung (z.B. Aufstieg von China und Indien) beschäftigt. Allerdings sind einige der Marxschen Überlegungen bei näherem Hinsehen keineswegs überzeugend. So erscheint der technische Fortschritt und die damit verknüpfte Substitution menschlicher Arbeit durch Maschinen aus wohlfahrtstheoretischer Sicht insbesondere dann sinnvoll, wenn sie stark repetitive und körperlich anstrengende Tätigkeiten betrifft. Nach den Erfahrungen im Westen kann der technische Fortschritt im Kapitalismus langfristig zu einer immer höheren Bedeutung von Schulbesuchen, Berufsausbildungen und Qualifikationsnachweisen der Arbeitnehmer führen

---

[7]Allerdings scheint es seit dem Ende der 1980er Jahre in allen wohlhabenden Staaten zu einem relativen Bedeutungsverlust von Arbeit zugunsten von Kapital als Produktionsfaktor gekommen zu sein. Seither hat in diesen Ländern offenbar nicht nur eine Verlagerung der Produktion in ärmere Regionen stattgefunden, sondern auch eine verstärkte Substitution von Arbeit durch Kapital in den heimischen Produktionsprozessen.

– in fortgeschrittenen Wirtschaften scheinen überwiegend mechanische Tätigkeiten durch Menschen zugunsten erheblich angenehmerer und geistig anspruchsvollerer Arbeiten zu verschwinden.

Neben derartigen Einsichten ergeben sich bei einer genaueren Betrachtung der Marxschen Theorie begründete Zweifel an ihrer Widerspruchslosigkeit und ihren prinzipiell falsifizierbaren Hypothesen. Ein eindringliches Beispiel für Widersprüche in der Marxschen Analyse stammt von Paul Samuelson (1957). Unter Verwendung formaler Methoden zeigt er, dass folgende grundlegenden Behauptungen von Marx miteinander logisch unvereinbar sind: Im Kapitalismus gibt es ständigen technischen Fortschritt, die Arbeiter verdienen einen Reallohn in Höhe des Existenzminimums und die Profitrate der Unternehmer sinkt auf lange Sicht. Etwas später konnte Nobuo Okishio (1961) ein Theorem beweisen, das gleichfalls die Inkonsistenz der Marxschen Analyse belegt: Wenn Kapitalisten – in Übereinstimmung mit Marx – kostensenkende Maßnahmen ergreifen und die Reallöhne nicht steigen, wird sich die Profitrate erhöhen. Dieses formale Ergebnis steht im Widerspruch zu dem bei Marx mathematisch unbegründeten Gesetz vom tendenziellen Fall der Profitrate, wonach die Rate des Unternehmergewinns im Durchschnitt umso stärker sinken wird, je mehr das variable Kapital (d.h. der Arbeitseinsatz) in der Produktion relativ zum konstanten Kapital (z.B. dem Maschineneinsatz) abnimmt.

Aber selbst wenn man derartige Unvereinbarkeiten übersieht und mit Marx einfach unterstellt, dass die Profitrate im Kapitalismus generell fällt, ergeben sich Schwierigkeiten und Einwände. Zunächst einmal ist zu betonen, dass sich die empirische Relevanz des Gesetzes über die tendenzielle Verminderung der Profitrate nur schwer untersuchen lässt, weil nur bestimmte Unternehmen (wie z.B. Aktiengesellschaften) ihre Bilanzen regelmäßig veröffentlichen müssen. Entsprechend den bisherigen Erfahrungen mit diesen Publikationen scheint das Gesetz vom tendenziellen Fall der Profitrate schon deshalb nicht uneingeschränkt zu gelten, weil die Verzinsung eingesetzten Kapitals bei börsennotierten Unternehmen in den USA und Europa gerade in der jüngeren Vergangenheit eine enorm gewachsene Bedeutung bei der Beurteilung wirtschaftlichen Erfolgs (Stichwort: „shareholder-value") erlangt hat. Gleichzeitig ist zu bedenken, dass normale Unternehmer jeweils Steuern auf Gewinne zu zahlen haben, weshalb die Angabe niedrigerer Profite durchaus ökonomisch sinnvoll erscheint – statt tatsächlich sinkender Gewinnraten über die Zeit kann man daher auch einen entsprechenden Lernprozess bezüglich der Minimierung von Steuerlasten unterstellen.

Im Gegensatz zur Marxschen Auffassung hängt der Gewinn überdies nicht nur von der Relation zwischen dem Anteil der Arbeit und dem Anteil der Maschinen bei der Produktion ab. Vielmehr gibt es eine Vielzahl von weiteren Einflüssen, die sich in Kosten und Umsätzen (d.h. den Determinanten von Profiten) niederschlagen (z.B. Veränderungen der Nachfragepläne als Folge von klimatischen Variationen, politischen Entscheidungen oder Güterinnovationen). Daneben hat der technische Fortschritt keineswegs immer dazu geführt, dass man unter sonst gleichen Bedingungen langfristig immer relativ weniger Arbeit in der Produktion von Waren benötigt.[8]

Unabhängig von diesen Argumenten kann man nach empirischen Belegen für das Marxsche Gesetz vom Sinken der Gewinnrate im Kapitalismus fragen. Hier ist zunächst die von Gillman (1969) vorgelegte Evidenz zu erwähnen, wonach der vorhergesagte tendenzielle Fall der Profitrate zumindest für die Vereinigten Staaten von Amerika in den ersten Jahrzehn-

---

[8]Wirtschaftswissenschaftler unterscheiden arbeitssparenden, neutralen und kapitalsparenden technischen Fortschritt, wobei dabei verschiedene Klassifikationsansätze existieren (siehe hierzu z.B. Neumann 1994).

ten nach dem ersten Weltkrieg nicht nachweisbar war. Freilich gibt es auch empirische Befunde, welche mit der Marxschen These besser vereinbar scheinen. Beispielsweise weisen Duménil und Lévy (2002) anhand US-amerikanischer Daten für den Zeitraum zwischen 1948–1982 einen Rückgang der Gewinnrate nach. Allerdings finden sie Unterschiede zwischen verschiedenen Industrien (u.a. keine fallende Profitrate in relativ kapitalintensiven Bereichen) und es scheint von 1982–2000 einen entgegengesetzten Trend (also eine steigende Gewinnrate) gegeben zu haben. Von einer nur in einer Richtung und für alle Industrien gleich wirkenden Regularität kann aus empirischer Sicht also keine Rede sein.

Die Bedeutung von Marx ist dennoch unstrittig. Zweifellos hatte Marx enormen Einfluss auf spätere Soziologen. Ohne Marx als Kritiker der kapitalistischen Wirtschaftsweise wären aber auch in der Ökonomik bedeutende theoretische Arbeiten über den Kapitalismus (z.B. die Werke Schumpeters und von Hayeks) nicht geschrieben worden. Zu vermuten ist überdies ein sozialpolitischer Effekt der Marxschen Schriften: Viele moderne kapitalistische Länder sichern Arbeitnehmer im Falle von Arbeitslosigkeit und Krankheit ab, um insbesondere einer unverschuldeten Verelendung der arbeitenden Masse entgegen zu wirken. Derartige Einrichtungen erfolgten teilweise gezielt zur Verhinderung von sozialen Unruhen (z.B. Sozialgesetzgebung durch den deutschen Reichskanzler Otto von Bismarck).

3.1.2 Max Weber

Unter den Klassikern der Wirtschaftssoziologie nimmt Max Weber (1864–1920) eine einzigartige Stellung ein. Er schlug ein solides theoretisches Fundament für eine eigenständige Wirtschaftssoziologie vor und führte empirisch orientierte historische Studien durch. Seine Tätigkeit als Professor für Ökonomik war zweifelsfrei hilfreich bei seinen Bemühungen, ein Bindeglied zwischen Ökonomik und Soziologie zu schaffen. Ebenso nützlich waren dabei auch Webers zentrale Forschungsthemen: Viele seiner Arbeiten widmen sich der Frage, warum es nur in bestimmten westlichen Regionen (z.B. Westeuropa, USA) zu einer weitgehenden Rationalisierung vieler Lebensbereiche gekommen ist; eng damit verknüpft ist die Frage nach der Verbindung wirtschaftlicher und gesellschaftlicher Faktoren, die den Ursprung des modernen Kapitalismus erklärt.

Webers akademische Ausbildung war breit angelegt, wobei der Schwerpunkt auf Jura mit dem Spezialgebiet Rechtsgeschichte lag. Seine Dissertation beschäftigte sich mit italienischen Handelsvereinigungen (lex mercatoria) im Mittelalter, seine Habilitation befasste sich mit der römischen Agrargeschichte (und hier insbesondere dem Verkauf von Land im frühen Rom) aus der Sicht von Staats- und Privatrecht. Beide Arbeiten bezogen sich auf das Aufkommen von privatem Landeigentum und von Firmeneigentum (im Gegensatz zu individuellem Eigentum), also auf wesentliche Themen zum Verständnis des Aufstiegs des Kapitalismus. Diese Arbeiten verschafften ihm, in Verbindung mit einer in Auftrag gegebenen Studie über Landarbeiter, eine Professur für Nationalökonomie (Politische Ökonomie und Finanzen) an der Universität Freiburg im Breisgau in den frühen 1890er Jahren. In dieser Eigenschaft lehrte er Ökonomik, veröffentlichte aber hauptsächlich Schriften über Wirtschaftsgeschichte, Politik und Börsenrecht.

1896 folgte Max Weber einem Ruf an die Universität Heidelberg. Vor der Jahrhundertwende erkrankte Weber allerdings und musste seine Universitätslaufbahn für längere Zeit unterbrechen. Er war in den nächsten beiden Jahrzehnten überwiegend als Privatgelehrter tätig. In dieser Zeit verfasste er die Studie *Die protestantische Ethik und der Geist des Kapitalismus* (1904–1905), aber auch weitere umfangreiche Beiträge wie *Die Wirtschaftsethik der Weltreligionen.* Im Jahre 1908 nahm Weber eine Stelle als Herausgeber eines umfangreichen Wirtschaftshandbuchs an. Von Anfang an legte er den Themenkomplex zu Wirtschaft und Gesellschaft für sich selbst beiseite. Das Buch, das heute unter dem Titel *Wirtschaft und Gesellschaft* bekannt ist, besteht zum Teil aus Materialien, die Weber selbst zur Veröffentlichung freigegeben hat, und zum Teil aus Manuskripten, die nach seinem Tod an den Folgen einer Lungenentzündung im Jahr 1920 gefunden wurden.[9] Im Jahr 1918 übernahm Max Weber probeweise einen Lehrstuhl für Ökonomik an der Universität Wien. Von 1919 bis 1920 lehrte Weber an der Universität München über Wirtschaftsgeschichte. Nachdem sie auf der Grundlage studentischer Notizen zusammengesetzt worden waren, wurden diese Vorlesungen posthum unter dem Titel *Wirtschaftsgeschichte* veröffentlicht. Obwohl der Schwerpunkt dieser Publikation auf der Wirtschaftsgeschichte lag, enthielt sie überwiegend interessantes Material für Wirtschaftssoziologen.

Vieles von dem, was Max Weber abgesehen von *Wirtschaft und Gesellschaft* (1921 [1976]) zur Wirtschaftssoziologie schrieb, kann in *Gesammelte Aufsätze zur Religionssoziologie* (1920 [1973]) gefunden werden. Diese Sammlung beinhaltet eine überarbeitete Version von *Die protestantische Ethik und der Geist des Kapitalismus* (Revision: 1920 [1981]) sowie u.a. umfangreiche Schriften über die Wirtschaftsethik in der chinesischen, hinduistischen und jüdischen Religion.

Die Schrift über die protestantische Ethik ist zweifellos Webers einflussreichste Studie. In ihrer Verbindung von kulturellen und ökonomischen Überlegungen baut sie auf Webers allgemeinen Vorüberlegungen zu den Zusammenhängen zwischen ideellen und materiellen Interessen auf. Anhänger eines asketischen Protestantismus z.B. im Sinne Calvins werden danach von dem Bedürfnis angetrieben, Erlösung zu finden, und handeln entsprechend diesem religiösem Interesse. Aus zahlreichen paradoxen Gründen glaubt der Einzelne, dass weltliche Arbeit, wenn sie planmäßig durchgeführt wird, ein Zeichen der Erlösung repräsentiert – falls dieser Fall eintritt, sind religiöse mit wirtschaftlichen Interessen verbunden.

Es ist sinnvoll, Webers Argumentation etwas genauer zu betrachten. Zunächst einmal war es Weber wichtig, das Wesen des modernen Kapitalismus in der rationalen Organisation von Firmen oder Betrieben zu verorten. Gewaltsame Enteignung (z.B. Edelmetalldiebstahl, Sklavenraub) im Sinne eines Raub- und Gelegenheitskapitalismus hat es nach ihm schon in Stammesgesellschaften, Antike und Mittelalter gegeben. Der Kern des modernen Kapitalismus liegt für Weber in der existierenden Ethik der Berufspflicht und der Berufsehre als einem spezifischen Produkt des modernen europäischen Menschentums.

Das strenge Arbeitsethos reflektiert die Forderung nach innerweltlicher Askese, wie sie sich aus der Sicht eines relativ radikalen Protestantismus ergibt. Nach der Prädestinationslehre von calvinistischen Puritanern steht zwar von Anfang an fest, ob ein Mensch errettet oder verloren ist – man kann Gott durch Handlungen (z.B. Gebete, Lebensführung) nicht zu irgendetwas zwingen. Es ergibt sich jedoch das Bedürfnis des Gläubigen, sein Seelenschicksal schon an der Lebensgestaltung und dem Lebenserfolg ablesen zu wollen. Sofern man v.a. auf Lüge und Gewalt, Genuss und Heiterkeit sowie Luxus und Fleischeslust im Diesseits verzichten kann, ist man eventuell im Jenseits zu Höherem berufen. Deshalb erscheinen insbesondere ständige Arbeit und Kapitalbildung (Sparsamkeit) sowie eine durchstrukturierte Lebensführung und hohe Zuverlässigkeit für den gläubigen Puritaner als attraktiv.

---

[9]Die Bedeutung von *Wirtschaft und Gesellschaft* reicht über die Wirtschaftssoziologie weit hinaus. Beispielsweise wurde das Werk in mehreren Umfragen unter Fachleuten (z.B. American Sociological Association, International Sociological Association) am häufigsten als wichtigstes soziologisches Buch genannt.

Aus einer solchen innerweltlichen Askese resultieren z.B. eine genaue Buchführung und ein detailliert geregelter Arbeitsalltag, was insgesamt zu einer Steigerung der Arbeitsproduktivität führt. Nach Weber machen also nicht Habgier, Egoismus und Betrug das Wesen des modernen Kapitalismus aus, sondern Sparsamkeit und Ehrbarkeit. Daraus und wohl auch aus dem enormen Erfolg des damit verknüpften Kapitalismus erwuchs nach Weber im Zeitablauf eine ernüchternde Rationalität, die zum Grundgesetz nicht nur der protestantischen Gesellschaften wurde und sich in einer allgemeinen Rationalisierung des Lebens niederschlug.

Die protestantische Ethik im Sinne der innerweltlichen Askese stellt für Weber eine wesentliche Triebkraft des modernen Kapitalismus dar. Empirisch konnte Weber seine These mit der Beobachtung untermauern, dass zu seiner Zeit protestantische Gebiete in Deutschland reicher waren als katholische. Eine ähnliche Entwicklung scheint auch für benachbarte Gebiete in der Schweiz (etwa beim Vergleich der Kantone Basel-Stadt und Basel-Land) nachweisbar zu sein. Allerdings hat Weber keinen empirischen Nachweis für seine These erbracht, nach der eine spezifische protestantische Ethik und ihre Befolgung (nämlich der asketische Protestantismus wie ihn etwa Calvinisten und Täuferbewegungen praktizieren) im 17. und 18. Jahrhundert den wirtschaftlichen Vorsprung protestantischer Gebiete gegenüber katholischen Regionen bewirkt hat.

Eine vermeintliche empirische Prüfung der Weber-These haben kürzlich die Ökonomen Sascha Becker und Ludger Wößmann (2009) vorgelegt. Anhand bisher kaum beachteter Daten für die 450 preußischen Landkreise um das Jahr 1870 bestätigen sie zunächst die Ausgangsbeobachtung in Max Webers *Die Protestantische Ethik und der Geist des Kapitalismus*, wonach die protestantischen Regionen wirtschaftlich fortgeschrittener waren. Danach zeigen sie aber, dass der wirtschaftliche Unterschied zwischen Protestanten und Katholiken verschwindet, wenn man für die ökonomischen Effekte der Bildung kontrolliert. Nach ihren Ergebnissen kann die höhere Bildung der Protestanten ihren wirtschaftlichen Vorsprung erklären, ohne dass eine spezifische protestantische Ethik und ihre weitgehende Befolgung im Sinne von Webers Argumentation postuliert werden müsste. Allerdings verfehlt der empirische Test von Becker und Wößmann den Geltungsbereich der Weber-These: Zum einen ist bei Webers These nicht der im damaligen Preußen dominante Protestantismus gemeint, der überwiegend evangelisch-lutheranisch geprägt war; zum anderen bezieht sich Webers These nicht erst auf das späte 19. Jahrhundert, in dem der Kapitalismus seine Entstehungsphase bereits hinter sich hatte.[10] Im Zusammenhang mit der empirischen Studie von Becker und Wößmann kann man daher nicht von einer Widerlegung der Weber-These sprechen.

Unabhängig davon hat die Weber-These zu vielfältigen Diskussionen geführt, wobei sich viele Gelehrte – vermutlich sogar die Mehrheit – gegen Max Webers Auffassung gewendet haben. Typischerweise wurde argumentiert, Weber habe die vor der Protestantismus-Bewegung existierenden Formen kapitalistischen Wirtschaftens (z.B. in Florenz, Genua und Venedig ab dem 12. Jahrhundert) zu wenig beachtet.[11] Nach Stark (2005) hat sich der Kapitalismus zwar in Verbindung mit dem Christentum entwickelt, jedoch spielte dabei

---

[10] Beide Punkte lassen sich anhand von Weberschen Textstellen belegen. Fabian Ochsenfeld ist für entsprechende Hinweise zu danken.

[11] Hugh Trevor-Roper (1967) bezweifelt schon deshalb Webers These, weil es modernen Kapitalismus bereits Jahrhunderte vor der Reformation gab. Fernand Braudel (1977) verweist auf die Zentren des Kapitalismus und deren Aufstieg vor der Reformation, um die Falschheit der Weberschen These zu belegen.

der Protestantismus keine Rolle: Katholische Mönche versuchten bekanntlich etwa ab dem Beginn des neunten Jahrhunderts, die wirtschaftliche Sicherheit ihrer Klöster durch geeignete Vorgehensweisen (u.a. Entlohnungspraktiken, Investitionsverhalten, Rechnungswesen, Vertragsabschlüsse) zu gewährleisten; ihre Erfolge haben die Ausbreitung dieser Praktiken und damit die Entstehung der kapitalistischen Wirtschaftsform wesentlich gefördert.

Gegen Webers These ist zudem vielfach angeführt worden, dass sie die Bedeutung der Religion für die Entwicklung des Kapitalismus überschätzt und anderere wichtige Einflüsse wie z.B. Politik, Klima, Geographie und die Verfügbarkeit und Domestizierbarkeit von bestimmten Tierarten unterschätzt. Weber hatte allerdings die Religion keineswegs als alleinige Ursache der wirtschaftlichen Entwicklung identifiziert. Zudem wurden plausible Alternativdeutungen der vorliegenden empirischen Evidenz präsentiert. Hugh Trevor-Roper (1967) vertrat z.B. die These, dass der moderne Kapitalismus v.a. in solchen Gebieten florierte, in denen die Säkularisation aufgrund geringerer kirchlicher Einflüsse am schnellsten vorangeschritten war. Bei einer militanten Religiosität wie etwa in katholischen Regionen oder orthodox protestantischen Gebieten (z.B. Schottland) sei dagegen die Entwicklung des modernen Kapitalismus gebremst worden. Derartige Deutungen begründen ernste Zweifel an Webers Theorie. Zweifellos ist es aber Webers Verdienst, auf die Abhängigkeit der für die wirtschaftliche Entwicklung wesentlichen Einstellungen der Menschen zu Leistung, Ersparnis und Kapitalbildung von vielfältigen Einflüssen hingewiesen zu haben.

Während er über die protestantische Ethik schrieb, veröffentlichte Weber einen Beitrag über die Objektivität sozialwissenschaftlicher und sozialpolitischer Erkenntnis, in dem er seine theoretische Position bezüglich der Analyse des Wirtschaftslebens zusammenfasste. In dieser Arbeit argumentierte er u.a., dass die Wirtschaftswissenschaften breit und umfassend angelegt sein sollten (Sozialökonomik). Sie sollten nicht nur Wirtschaftstheorie, sondern auch Wirtschaftsgeschichte und Wirtschaftssoziologie beinhalten. Weber schlägt ferner vor, dass die ökonomische Analyse nicht nur ökonomische Sachverhalte, sondern auch ökonomisch relevante Tatbestände sowie wirtschaftlich bedingte Tatsachen abdecken sollte. Ökonomische Phänomene reflektieren aus seiner Sicht Normen und Institutionen, die oft bewusst für ökonomische Zwecke geschaffen wurden (wie z.B. Banken und Börsen). Ökonomisch relevante Tatbestände sind nichtwirtschaftliche Sachverhalte, die unter gewissen Umständen, wie man nach Weber am Beispiel des asketischen Protestantismus sieht, einen Einfluss auf ökonomische Phänomene ausüben können. Ökonomisch bedingt sind solche Sachverhalte, die zu einem gewissen Grade von wirtschaftlichen Vorgängen beeinflusst werden. Die Art der Religion, zur der sich eine Gruppe hingezogen fühlt, hängt zum Beispiel teilweise von der Art der Arbeit ab, die deren Mitglieder verrichten. Während die zur Zeit Webers existierende Wirtschaftstheorie typischerweise nur rein ökonomische Phänomene betrachtet, können im Rahmen von Wirtschaftsgeschichte und Wirtschaftssoziologie alle drei Kategorien von Sachverhalten behandelt werden.

Eine etwas andere Herangehensweise kann in Webers *Wirtschaft und Gesellschaft* gefunden werden. Das erste Kapitel dieses Buches bietet Grundlagen für eine allgemeine soziologische Analyse. Zwei Konzepte sind dabei zentrale Bausteine: Soziales Handeln und Ordnung. Weber definiert Handeln als ein Verhalten, dem ein subjektiver Sinn beigemessen wird. Soziales Handeln liegt demnach vor, wenn es seinem subjektiven Sinn nach auf Andere gerichtet und daran in seinem Ablauf orientiert ist. Eine (soziale) Ordnung ist im Groben vergleichbar mit einer Institution. Sie kommt zustande, wenn es über eine bestimmte Periode hinweg wiederholt zu ähnlichen sozialen Handlungen kommt und diese als objektiv gegeben angesehen und von zahlreichen Sanktionen gestützt werden.

Nach Weber untersuchen Ökonomen rein wirtschaftliche Handlungen, also Handlungen, die einzig und allein aus ökonomischen Interessen durchgeführt werden. Wirtschaftssoziologen analysieren dagegen soziale ökonomische Handlungen, die nicht nur aufgrund von wirtschaftlichen Interessen, sondern auch aufgrund von Werten, Emotionen und Traditionen motiviert sind. Hintergrund dieser Aussage ist Webers Typologie des sozialen Handelns:

Zweckrationales Handeln: Diese Art des Handelns wird auch als instrumentelles Handeln bezeichnet. Zweckrationales Handeln ist von Interessen bestimmt, d.h. es ist auf bestimmte Ziele und deren effektive Erreichung (also unter Berücksichtigung der Konsequenzen der Mittelverwendung) gerichtet.

Wertrationales Handeln: Diese Variante des Handelns ist von der Überzeugung ihres Eigenwertes geprägt, wobei weder der Erfolg noch die Konsequenzen des Handelns eine Rolle bei der Entscheidung für seine Aufnahme spielen.

Affektuelles Handeln: Dieser Handlungstypus verweist auf die Bedeutung von Gefühlen. Danach liegen affektuelle Handlungen vor, wenn sie spontan im Gefolge von Emotionen (z.B. Freude, Traurigkeit, Wut) auftreten.

Traditionales Handeln: Diese Spielart des Handelns reflektiert tief verankerte Bräuche, Gewohnheiten, Konventionen, Routinen und Traditionen. Traditionales Handeln wird ausgeführt, weil es schon immer so (und nicht anders) gemacht wurde.

Aus Webers Sicht ist konkretes Handeln oftmals eine Mischung aus diesen reinen, eigentlich nur idealtypisch unterscheidbaren Handlungsarten.[12] Allerdings gibt es Indizien für die jeweilige Gewichtung der Handlungstypen in der Realität: Je mehr Handeln zweckrational ist, desto stärker wird es mit der Situation (z.B. Informationen und Restriktionen) variieren; je stärker das Handeln wertrational orientiert ist, desto mehr verweist es auf einen allgemeinen Sinn; je stärker das Handeln affektuell bestimmt ist, umso eher ist es spontan auf spezifische Ziele gerichtet; je mehr Handeln traditional ist, desto stärker steht die Reproduktion der Vergangenheit im Mittelpunkt.

Eine besonders wichtige Rolle im Geschäftsleben spielen Handlungen, die von Interessen geleitet werden. Solche Handlungen werden von Weber bekanntlich als zweckrational oder instrumentell definiert; sie erzeugen und reflektieren identische Erwartungen zwischen den Akteuren. Ein Beispiel ist für Weber der moderne Markt, in dem jeder Akteur einer instrumentellen Rationalität folgt und von den anderen Marktteilnehmern ein ebensolches Verhalten erwartet.

Weber betont, dass Interessen immer subjektiv wahrgenommen werden. Nach seiner Auffassung gilt überdies folgende Aussage: Falls mehrere Akteure entsprechend ihrer individuellen Interessen instrumentell handeln, werden kollektive Verhaltensmuster resultieren, die deutlich stabiler sind als solche, welche durch Vorgaben einer Autorität induziert worden wären. Beispielsweise ist es danach für den Staat schwierig, Menschen zu ökonomischen Handlungen zu bewegen, die ihren individuellen Interessen entgegenlaufen.

---

[12] Aus der Sicht von Max Weber dient ein Idealtypus der Unterscheidung eines Phänomens von anderen Phänomenen. Bei der Konstruktion eines Idealtypus werden analytisch spezifische Aspekte eines Phänomens besonders hervorgehoben. Ein Idealtypus muss daher nicht real existieren. Man kann also mit Max Weber z.B. die vier Typen des sozialen Handelns analytisch differenzieren, ohne sie aber in der Wirklichkeit tatsächlich vorzufinden.

Befasst man sich mit ökonomischen Handlungen, so sind einige Begriffe und Unterscheidungen aus dem Buch *Wirtschaft und Gesellschaft* wichtig: Ökonomische Handlungen zweier Akteure, die sich aneinander orientieren, konstituieren eine Wirtschaftsbeziehung. Solche Beziehungen können durch Konflikt, Wettbewerb und Macht gekennzeichnet sein. Macht ist nach Weber die Chance, innerhalb einer sozialen Beziehung den eigenen Willen auch gegen Widerstand durchzusetzen. Herrschaft nennt Weber die Chance, für einen Befehl Gehorsam zu finden. Inhaber von Herrschaftspositionen (z.B. in Wirtschaftsorganisationen) besitzen das Recht zur Anwendung von Macht bei Widerstand gegen ihre Befehle.

Wenn zwei oder mehr Akteure durch eine Art von Zusammengehörigkeitsgefühl aneinander gebunden sind, kann man ihre Beziehung als gemeinschaftlich bezeichnen; falls sie von Interessen zusammengehalten werden, ist ihre Beziehung als assoziativ klassifizierbar. Wirtschaftsbeziehungen können (wie alle sozialen Beziehungen) offen oder geschlossen sein. Eigentum stellt eine besondere Form geschlossener Wirtschaftsbeziehungen dar.

Wirtschaftsorganisationen sind für Weber eine weitere, wichtige Form geschlossener Wirtschaftsbeziehungen. Einige dieser Organisationen haben rein ökonomische Interessen, während andere untergeordnete wirschaftliche Ziele verfolgen oder die Regulierung ökonomischer Angelegenheiten als Hauptaufgabe ansehen. Eine Gewerkschaft ist ein Beispiel für Letzteres. Zudem weist Weber bekanntlich Firmen oder Betrieben eine bedeutsame Rolle im modernen Kapitalismus zu.

Nach Weber ist ein Markt, wie viele andere ökonomische Phänomene, mit einem Interessenkonflikt zwischen Käufer und Verkäufer verknüpft. Ein Markt bringt zugleich Austausch und Wettbewerb mit sich. Wettbewerber müssen zunächst ausfechten, wer letztlich Käufer und Verkäufer ist. Wenn dieser Kampf entschieden ist, kann es zum eigentlichen Handel und der Austauschhandlung kommen. Nur der rationale Kapitalismus stützt sich nach Weber wesentlich auf diese moderne Variante des Marktes.

Im von Weber so genannten politischen Kapitalismus hat der Staat oder die politische Autorität eine Schlüsselrolle bei der Vergabe von Gewinnen, indem er Vorteile gewährt oder Schutz anbietet. Der traditionelle kommerzielle Kapitalismus bezieht sich auf Kleinhandel mit Geld oder Waren. Weber betont entsprechend der beschriebenen Gründe, dass der rationale Kapitalismus in der westlichen Welt entstanden ist.

Weber ist sich zudem darüber klar, dass mit dem rationalen Kapitalismus eine Veränderung der administrativen Strukturen in der Gesellschaft korrespondiert. Zentraler Hintergrund ist dabei die Webersche Typologie der Herrschaft. Danach existieren drei Typen von Autorität, welche jede für sich mit bestimmten administrativen Strukturen einhergeht:

Traditionelle Autorität: Sie beruht auf einem etablierten Glauben in die Unverletzlichkeit von Traditionen und die Legitimität derjenigen, welche unter ihr Herrschaft ausüben. Sie erlaubt partikularistische und diffuse Administrationsstrukturen wie z.B. Patriarchat und Feudalismus.

Rationale Autorität: Sie beruht auf einem Glauben in die Legalität der Muster der normativen Regeln und dem Recht jener, die zur Ausgabe von Befehlen berufen wurden. Sie führt zu spezifischen und universalistischen Strukturen, deren am weitesten fortgeschrittene Form die Bürokratie ist. Letztere ist durch folgende Merkmale gekennzeichnet: Arbeitsteilung, Hierarchien, allgemeine Regeln zur Arbeitsausführung, Separierung der persönlichen und offiziellen Eigentümer und Rechte, Auswahl des Personals nach Qualifikation, Betrachtung des Angestelltseins als Karriere durch Mitglieder. Bürokratische Strukturen charakterisieren nach Weber die Organisationen (z.B. Firmen, Staat), die sich im rationalen Kapitalismus entwickeln und behaupten. Dabei spielt der Begriff der imperativen Koordination eine wesentliche Rolle – gemeint ist damit eine kostengünstige, allein durch Befehle entstehende Koordination.

Charismatische Autorität: Sie beruht auf einem Glauben in die außergewöhnlichen Qualitäten einer Person und der von ihr offenbarten oder verlangten normativen Ordnungsmuster. Charismatische Strukturen treten insbesondere in Perioden der Instabilität auf. Stets ist eine Entwicklung in Richtung traditioneller oder rationaler Autoritätsstruktur zu beobachten – Charisma wird im Zeitablauf routinisiert. Dies passiert spätestens dann, wenn der Charisma-Träger stirbt und seine Nachfolger die dadurch entstandene Lücke nicht schließen können. Oder, es passiert, wenn systematische Quellen der Unterstützung freiwillige Beiträge ersetzen. Ebenfalls möglich ist, dass persönliche Verbindungen zwischen einem charismatischen Führer und seinen Anhängern durch ordentlichere, aber unpersönliche Arrangements ersetzt werden und sich Regeln der Nachfolge entwickeln. Charismatische Autorität wird so in traditionale Herrschaft überführt.

Generell ist charismatische Autorität die zentrale Quelle für sozialen Wandel in Max Webers Ansatz. Aus seiner Sicht sind es also insbesondere als ungewöhnlich angesehene Akteure, die wesentliche Veränderungen initiieren und mithilfe ihrer Anhänger durchsetzen. Im Anschluss setzt eine Normalisierung der geschaffenen Strukturen ein. Nach Weber sind traditionelle und rationale Autoritätsbeziehungen relativ stabil. Zu jedem Autoritätssystem gehört für ihn immer ein bestimmtes Minimum der freiwilligen Unterwerfung. Man kann daher argumentieren, dass eine kompliziertere Koordinationsaufgabe stets mit mehr Freiwilligkeit bezüglich der Unterordnung einhergeht.

Auch deshalb haben traditionelle Strukturen nach Webers Vorstellung die Verbreitung rationaler Strukturen und damit der Bürokratie im Westen gefördert. Weber charakterisiert die Bürokratie als die denkbar rationalste und effizienteste Form der Verwaltung. Gleichzeitig ist aber für ihn die Bürokratie daher eine immanente Gefahr für die Freiheit des Einzelnen. Diese Einschätzung kann insbesondere für das letzte Jahrhundert durch eine Vielzahl von Belegen aus verschiedenen Ländern gestützt werden. Dagegen kollidiert Webers Kennzeichnung der Bürokratie als besonders effiziente Verwaltungsform mit unserem Alltagswissen: Die Erfahrung mit den Bürokratien der ehemals sozialistischen Länder wie auch mit unseren Verwaltungen lehrt eher das Gegenteil. Trotz aller gegenteiliger Beteuerungen in der Politik besteht allerdings eine bemerkenswerte Resistenz gegen den Abbau von Bürokratie. Dies deutet darauf hin, dass zumindest aus der Sicht der jeweiligen Administration die Webersche Einschätzung zutrifft. Fraglich ist allerdings oftmals, ob tatsächlich keine konkurrenzfähigen Alternativen zu bürokratischen Strukturen vorliegen. Möglich scheint nämlich auch, dass bestehende Bürokratien sich primär selbst erhalten wollen und ihre Aktivitäten immer weniger an ihren eigentlichen Funktionen ausrichten.

3.1.3 Emile Durkheim

Verglichen mit Karl Marx und Max Weber schrieb Emile Durkheim (1858–1917) weniger über ökonomische Themen. Er leistete aber keineswegs einen geringeren Beitrag zur Wirtschaftssoziologie. Zwar kann keine seiner Studien als rein wirtschaftssoziologische Arbeit klassifiziert werden, jedoch berührten viele seiner Überlegungen ökonomische Themengebiete. Durkheim unterstützte auch dadurch die Entwicklung einer ökonomischen Soziologie, indem er einige seiner Schüler (z.B. Célestin Bouglé, Marcel Mauss, François Simiand) zu Spezialisierungen in diesem Gebiet ermutigte.

Das Buch *Über soziale Arbeitsteilung* (1893 [1992]) kann man als das Werk Durkheims betrachten, welches am ehesten unmittelbare Relevanz für die Wirtschaftssoziologie besitzt. Der Kerngedanke des Buches besagt, dass sich im Zuge der gesellschaftlichen Entwicklungen eine komplexe Arbeitsteilung aus einer relativ undifferenzierten Ausgangssituation entwickelte. Nach Durkheim sahen Wirtschaftswissenschaftler die Arbeitsteilung und ihre Vorzüge ausschließlich als ökonomisches Phänomen unter Gesichtspunkten der Effizienz. Durkheim fügte deshalb eine soziologische Diskussion der Entwicklung zu einer stärkeren Arbeitsteilung und ihrer Korrelate hinzu. Er beschäftigte sich hierbei u.a. mit der Frage, welche integrativen Funktionen die zunehmende Arbeitsteilung in der Gesellschaft erfüllt, indem sie zu einer Koordination spezialisierter Aktivitäten beiträgt.

Nach Durkheims Analyse änderte sich auch das Rechtssystem im Zuge der Entwicklung zu einer fortgeschrittenen Arbeitsteilung. Zunächst war es von Natur aus repressiv und auf das Strafrecht zentriert. In der Moderne wurde das Vertragsrecht jedoch zum Kernelement. Im Zuge der Diskussion über den Vertrag bezeichnete Durkheim den insbesondere im angelsächsischen Raum verbreiteten Gedanken als illusorisch, wonach eine Gesellschaft schon dadurch funktionieren kann, wenn alle Individuen einfach ihren privaten Interessen folgen und entsprechende Verträge abschließen. Das (insbesondere schon von dem Philosophen Thomas Hobbes im frühen 17. Jahrhundert formulierte und beschriebene) Problem der sozialen Ordnung lässt sich aus Durkheims Sicht also nicht allein über Kontrakte lösen. Nach Durkheim eignen sich Verträge zu seiner Lösung nur in solchen Situationen, in denen eine entsprechende Moral oder andere regulative Elemente (z.B. vorkontraktuelle Einflüsse, staatliche Gerichtsbarkeit) vorherrschen. Sie sind aber nicht hinreichend in Situationen, in denen nur die kurzfristig orientierten Eigeninteressen der Transaktionspartner die Oberhand haben. Durkheim arbeitete damit die nicht-kontraktuellen Grundlagen des Vertrages heraus.

In seinem Werk über die Arbeitsteilung finden sich zudem die Bedenken Durkheims über die sozialen Folgen des wirtschaftlichen Wandels (wie z.B. die zunehmende Verdichtung der Akteure und ihre Konsequenzen). Konkret meinte Durkheim, dass die sich zur damaligen Zeit in Frankreich ergebenden wirtschaftlichen Fortschritte die Gesellschaft belasten könnten, indem die von ihr losgelösten, gierigen Individuen die gesellschaftliche Moral zum Erodieren bringen. Während dabei segmentäre Gesellschaften noch auf eine mechanische Solidarität vertrauen konnten, die auf der überschaubaren Größe ihrer Kerneinheiten (z.B. kleine Dorfgemeinschaften, Stämme) sowie der damit einhergehenden Enge der sozialen Bande und Ähnlichkeit ihrer Mitglieder beruht, bedarf es in ausdifferenzierteren, modernen Gesellschaften funktionaler Äquivalente, welche für soziale Ordnung sorgen. Die Arbeitsteilung als zentrales Strukturprinzip bringt dabei nach Durkheim auch eine neue Form der Solidarität hervor, die er in Anlehnung an die Spezialisierung und wechselseitige Abhängigkeit der menschlichen Körperteile als organische Solidarität bezeichnete. Aufgrund der zunehmenden Ausdifferenzierung und Verflechtung ergeben sich also neuartige moralische Verpflichtungen unter den Mitgliedern einer Gesellschaft, wobei individuelle und kollektive Zielsetzungen nicht zwingend zusammenfallen müssen. Diese Problematik stellt Durkheim oftmals als Konflikt zwischen besonderen und allgemeinen Interessen dar. Solange nicht der Staat oder eine andere Instanz (z.B. Berufsgruppen), welche die allgemeinen Interessen (z.B. in Form einer Berufsethik) artikuliert, hinzu kommt, um das

Wirtschaftsleben zu regulieren, führt dies zu „Anomie" (d.h. einen Zustand der Norm- und Orientierungslosigkeit).

Diese Argumentationsfigur findet sich in *Der Selbstmord* wieder, einem weiteren wichtigen Buch Durkheims (1897 [1976]). Ausgangspunkt der Durkheimschen Überlegungen ist die Idee, dass Menschen Regeln und Normen brauchen, weil sie tendenziell negativ auf anarchische Zustände reagieren. Aus seiner Sicht gehen mit unzureichend normativen Regulierungen des sozialen und wirtschaftlichen Lebens im 19. Jahrhundert u.a. erhöhte Selbstmordraten einher.

Durkheims Rezept für eine harmonische Industriegesellschaft lautet wie folgt: Jeder Industriezweig sollte in eine gewisse Zahl von Korporationen untergliedert werden, in welchen sich die Individuen aufgrund der Solidarität und der sozialen Kontrolle entfalten können, die jeweils aus der Mitgliedschaft in einer Gruppe resultieren. Die damit korrespondierenden normativen Regulierungen beschränken die Individuen in ihren Handlungen, weisen ihnen aber gleichzeitig den Weg. Durkheim war sich dabei sehr wohl der Bedeutung von Interessen im Wirtschaftsleben bewusst.

Dies betont er z.B. in seinem ebenfalls wichtigen Werk *Die elementaren Formen des religiösen Lebens* (1912 [1981]). Für Durkheim war klar, dass das Wirtschaftsleben keineswegs allein von Eigeninteressen geleitet ist und dabei jeglicher Moral entbehrt: Das Gelernte (z.B. Gewohnheiten, ideelle Vorstellungen, Rituale) und die sozialen Beziehungen spielen vielmehr immer eine mehr oder weniger gewichtige Rolle, wenn Transaktionen oder andere wirtschaftliche Entscheidungen anstehen. Für ihn gilt dies zumindest solange, wie das Individuelle und das Soziale einen anderen Ursprung als das Wirtschaftliche haben und immer wieder aufgefrischt werden.

Aus der Perspektive von Durkheim ist mithin die Eingebundenheit des wirtschaftlichen Handelns in soziale und persönliche Bezüge von zentraler Bedeutung. Zusammen mit seiner am naturwissenschaftlichen Vorgehen orientierten Wissenschaftsauffassung besitzt Durkheims Sichtweise für die wirtschaftssoziologische Forschung damit eine große Aktualität. Von immenser Bedeutung erwies sich überdies Durkheims methodologische Grundorientierung, wonach Soziales durch Soziales zu erklären sei. Diese Festlegung spiegelt sich auch heute noch in weiten Teilen der Soziologie wider. Trotz aller Unterschiede sind etwa die Beiträge von Talcott Parsons und Niklas Luhmann durch diese Durkheimsche Vororientierung charakterisierbar.

In Durkheims Arbeiten findet man im Übrigen nicht wenig Kritik an den Ökonomen; es war Durkheims allgemeine Überzeugung, dass, sofern wirtschaftliche Vorgänge wissenschaftlich diskutiert werden sollen, dies nur im Rahmen einer soziologischen Disziplin geschehen könne. Er griff die Idee einer rein ökonomischen Analyse mit dem Argument an, dass es unmöglich sei, wirtschaftliche Elemente herauszugreifen und alle übrigen sozialen Vorgänge zu vernachlässigen. Der wesentliche Punkt für Durkheim war dabei nicht, dass die Wirtschaftswissenschaftler eine analytische oder abstrakte Herangehensweise praktizieren. Durkheim betonte in seiner Kritik vielmehr, dass die damaligen Ökonomen in ihren Untersuchungen typischerweise falsche Abstraktionen wählten. Durkheim griff ferner die Wirtschaftswissenschaftler dahingehend an, nahezu keine empirischen Arbeiten durchzuführen und stattdessen zu versuchen, mit Hilfe vereinfachender logisch-mathematischer Analyseverfahren ökonomische Zusammenhänge und Mechanismen aufzudecken.

Vom menschlichen Geben und Nehmen

Marcel Mauss, Durkheims Neffe und wohl auch sein bekanntester Schüler, hat dessen Forschungs-programm, Soziales durch Soziales zu erklären, in seinem bekannten Buch *Die Gabe: Form und Funktion des Austausches in archaischen Gesellschaften* (1923/24 [1990]) empirisch umgesetzt. Anhand verschiedener polynesischer, melanesischer und nordamerikanischer Stammesgesellschaf-ten arbeitet Mauss heraus, weshalb zwischen verschiedenen Stämmen ritueller Gabentausch statt-findet. Die zentrale Einsicht ist dabei, dass symbolische Akte des Schenkens und Gebens elemen-tare gesellschaftliche Funktionen erfüllen, da sie durch die Schaffung eines Netzes wechselseitiger sozialer Verpflichtungen stammesübergreifende Beziehungen stiften und damit das menschliche Zusammenleben stabilisieren. Dem einzelnen Stammesmitglied bleibt dabei aufgrund moralischer Verpflichtungen meist wenig individueller Entscheidungsspielraum: Die Eröffnungsgabe (z.B. ein Gastgeschenk), deren Annahme durch den Gegenüber und auch die Verpflichtung, das Geschenk (mit zeitlichem Abstand) zu erwidern, sind gesellschaftlich forcierte Phänomene, die dem Wohl der Gruppe dienen. Mauss sieht folglich den Gabentausch in archaischen und vormodernen Gesell-schaften nicht als individuellen Akt, sondern als totalen sozialen Tatbestand („fait social total"), dem sich kein Individuum entziehen kann und der wiederum soziale Folgen, die Stiftung und Re-produktion sozialer Beziehungen sowie die Förderung wirtschaftlicher Transaktionen zwischen den Stämmen nach sich zieht.

Mauss wurde in seinen Überlegungen nicht zuletzt von den Arbeiten seines Zeitgenossen Bronislaw Malinowski inspiriert, der 1922 eine detaillierte sozialanthropologische Studie über die *Argonauten des westlichen Pazifik* vorgelegt hatte. In dieser beschreibt er, dass zwischen den Völ-kern einer Inselgruppe in der Südsee als überaus wertvoll erachtete Muschelketten und -armreife in entgegengesetzter Richtung (Richtung der Armreife: ostwärts; Richtung der Halsketten: west-wärts) kursieren. Dieser unter dem Namen Kula bekannte Tauschring dient dabei vordergründig nicht dem wirtschaftlichen Profit, sondern der Signalisierung von Vertrauenswürdigkeit, Zuverläs-sigkeit und friedvollen Absichten. Dies ist folglich auch von wirtschaftlicher Relevanz, denn erst durch diese Form des symbolischen Tausches, so Malinowskis These, konnte der friedliche Han-del lebensnotwendiger Güter in dieser Region stattfinden (für interessante Rekonstruktionen des Gabentausches im Kula-Ring siehe Ziegler 1990, 2007).

Obwohl sich moderne Gesellschaften durch eine stärkere Differenzierung auszeichnen und heutige Wirtschaftssysteme sicherlich in stärkerem Maße auf der rechtlichen Durchsetzbarkeit geschlossener Verträge beruhen, lassen sich auch heute noch viele Tauschhandlungen durch ein Prinzip der Gegenseitigkeit treffend beschreiben. Hinweise auf ein solches quid pro quo finden sich bereits bei Georg Simmel (1900 [1989]: 86): „Bei vielen Völkern besteht die Vorstellung, daß man ein Geschenk nur dann annehmen dürfe, wenn man es durch ein Gegengeschenk erwidern, sozusagen nachträglich erwerben könne". Nicht zuletzt deshalb unterstellt Alvin Gouldner (1960) in seiner vielzitierten Arbeit die Existenz einer Norm der Reziprozität. Stegbauer (2011) bietet eine grundlegende Einführung zum Konzept der Reziprozität. Klassische Texte zum Geben und Nehmen finden sich in Adloff und Mau (2005). Anwendungen eines sozioökonomischen Ansatzes zu Reziprozität, Altruismus und Geschenken enthält das von Kolm und Ythier (2006) herausgegebene Handbuch.

3.1.4 Georg Simmel

In Georg Simmels Arbeiten finden sich verschiedene Bezüge auf das Wirtschaftsleben. Wie Durkheim betrachtete Simmel (1858–1918) wirtschaftliche Phänomene gewöhnlich in ei-nem breiteren nichtökonomischen Rahmen. Einige seiner Arbeiten besitzen immer noch Relevanz für die Wirtschaftssoziologie.

Simmels Hauptwerk *Soziologie* (1908 [1992]) integriert frühere Beiträge über z.B. die Armen oder die moderne Stadt, wobei es immer wieder auf die Untersuchung von Interessen abzielt – Simmel stellt klar, wie eine soziologische Analyse von Interessen aussehen sollte und begründet, weshalb diese für das Fach unverzichtbar ist. Grundlegende Vermutungen sind dabei, dass Interessen die Menschen dazu bewegen, soziale Beziehungen einzugehen, dass ökonomische und nichtökonomische Interessen verschiedene soziale Formen annehmen und dass Interessen nur innerhalb von sozialen Beziehungen zum Ausdruck gebracht werden können.

Daneben enthält das Buch *Soziologie* auch Diskussionen wirtschaftlicher Phänomene wie z.B. des Marktwettbewerbs. Im Zusammenhang mit einer Analyse der Rolle der Anzahl der Akteure im sozialen Leben vermutet Simmel, dass Wettbewerb mit der Form des „tertius gaudens" („lachender Dritter") einher gehen kann. In dieser Situation mit drei Akteuren zieht Akteur A einen Vorteil daraus, dass die Akteure B und C im Wettbewerb um seine Gunst stehen, wenn sie etwas kaufen oder verkaufen wollen. Wettbewerb betrifft also nicht nur die untereinander Konkurrierenden (hier die Akteure B und C), sondern zusätzlich auch Akteur A als Ziel der Konkurrenz.

Darüber hinaus unterscheidet Simmel zwischen Wettbewerb und Konflikt. Während Konflikt typischerweise eine Konfrontation von zwei Akteuren bezeichnet, bezieht sich der Begriff des Wettbewerbs auf gleichgerichtete Bemühungen der beiden Akteure. Die Gesellschaft kann nach Simmels Analyse bei Wettbewerb aus den Handlungen der Akteure Vorteile ziehen – anstatt den Gegenüber wie im Konflikt zu bekriegen, versucht man im Wettbewerb dasselbe zu tun wie der Konkurrent, dabei aber besser zu sein.

Simmels Ausgangspunkt in seinem weiteren und vielfach umstrittenen Hauptwerk *Philosophie des Geldes* (1900 [1989]) war die heute weitverbreitete Auffassung, dass Geld ist, was Geld tut. Für ihn gehören Geld und die Moderne unweigerlich zusammen; in der modernen Gesellschaft existiert kein exklusives System dominanter Werte, vielmehr herrscht eine Grundauffassung, dass alles relativ ist und oftmals durch monetäre „trade-offs" (Austauschverhältnisse) charakterisiert werden kann.

In der Moderne spielt Geld nach Simmel eine herausragende Rolle bei ökonomischen Tauschvorgängen. Simmel weist darauf hin, dass die Erfindung des Geldes die Formen des Tausches mitprägte. Hierzu beginnt er mit einem sehr allgemeinen Konzept des Austausches, das nicht nur Gütertausch, sondern auch das Schenken und den erzwungenen Tausch (z.B. Raub) umfasst. Danach präsentiert Simmel seine Ideen zur zeitlichen Entwicklung des Austausches und der dabei wesentlichen Rolle des Geldes. Nach seiner Auffassung erfolgte der reine Austausch von Gütern erst nach der Gabe von Geschenken. Zudem ging er davon aus, der Tausch von Gütern gegen Geld habe erst nach dem reinen Tausch von Gütern begonnen. Nach der heute vorliegenden empirischen Evidenz, die von Graeber (2011) zusammengefasst wird, wird damit die Bedeutung des Naturaltausches überhöht und die wichtige Rolle von Auszeichnungen über Schulden und Guthaben vernachlässigt.

Die zentrale Rolle des Geldes besteht nach Simmel darin, dass durch die damit einher gehende Etablierung des Gedankens der Gleichwertigkeit (Äquivalenz) eine friedfertige Akquisition von Gütern ermöglicht und eine ungerechtfertigte Bereicherung vermieden werden. Allerdings schafft das Geld eine Distanzierung der Menschen von einander und damit eine anonymisierte, weniger durch Moral gestützte Gesellschaft.

Simmels Buch beinhaltet überdies soziologische Reflektionen über die Verbindungen des Geldes mit Herrschaft, Emotionen, Vertrauen und anderen Phänomenen. Der Wert des Geldes, so beobachtete Simmel, steigt typischerweise nur in dem Ausmaß, in dem es die herrschende Gewalt zulässt und dafür einsteht. Geld wird ferner begleitet von zahlreichen wirtschaftlich wichtigen Gefühlen wie etwa Hoffnung und Furcht sowie Wünschen und Ängsten. Nach Simmels Überzeugung könnte die moderne Gesellschaft zudem ohne Vertrauen nicht existieren. Bereits Geldtransaktionen würden ohne Vertrauen nicht stattfinden oder zusammenbrechen.

Nach Simmel speist sich Vertrauen in Bezug auf Geld aus zwei Komponenten. Zum einen gibt es die Erfahrung: Weil etwas schon einmal vorher passiert ist (z.B. wenn Menschen eine gewisse Form des Geldes akzeptiert haben), gibt es wahrscheinlich Wiederholungen der Situation. Zum anderen gibt es eine weitere, keineswegs auf Erfahrung beruhende Vertrauenskomponente, die als nicht-rationaler Glaube angesehen werden kann. Sie ist das, was Simmel einen quasi-religiösen Glauben nennt. Nach ihm spielt dieser Glaube nicht nur beim Geld, sondern auch bei der Aufnahme und Vergabe von Krediten eine Rolle.

Simmels Überlegungen zu sozialen Vergleichsprozessen

Georg Simmel beschreibt in seinem Märchen *Rosen: Eine soziale Hypothese* (1897 [1983]) eine Gesellschaft, in der die Grundbedürfnisse aller Bürger gedeckt sind, aber einige Menschen zusätzlich Rosen besitzen. Diese soziale Ungleichheit wird zu Beginn von allen als selbstverständlich und natürlich akzeptiert. Aufgrund steigender Ungleichheit durch eine Zunahme an Rosen in wenigen Händen und dem Treiben von Agitatoren wächst jedoch langsam der Groll auf die Besitzer der Rosen. Die Idee der Ungleichheit verbreitet sich. Das angeborene Grundrecht jedes Menschen, Rosen zu besitzen, wird eingefordert, Schlachtrufe der Form „Begehren sollst Du, sollst begehren" werden skandiert und es werden logische und botanische Beweise dafür geführt, dass die Rosenbesitzer an ihrem eigenen Wohlstand ersticken werden. Einige fordern sogar ein, diesen natürlichen Prozess zu erleichtern und zu beschleunigen. Simmel, selbst jüdischer Herkunft, spielt damit in ironischer Weise auf die politischen Aktivitäten und Ideologien seiner Zeit an.

Während die Revolutionspartei das Ideal der Gleichheit durchsetzen will, versuchen die konservativen Rosenbesitzer, ihr gewohnheitsmäßiges Recht mittels eines gesetzlichen Monopols zu wahren. Der latente Konflikt wird offenbar, die Ereignisse überschlagen sich und am Ende hat das „Ideal der sozialen Gerechtigkeit" gesiegt. Die anschließende Aufteilung der Besitztümer wird dabei so vorgenommen, dass vermeintlich keine Besitzunterschiede mehr bestehen. Wie es die Natur jedoch mit sich bringt, ist vollkommene Gleichheit durch menschliches Eingreifen nicht zu erreichen. Bei der einen Person wachsen zufälligerweise schönere Rosen, bei der anderen fallen die Pflanzen aufgrund eines sonnigeren Platzes oder geeigneterer Erde etwas größer aus. Zunächst stört dies jedoch nicht weiter, da sich alle über ihren gewachsenen Besitz freuen. Im Zeitverlauf wird der Rosenbesitz für die Menschen jedoch zur Selbstverständlichkeit. Die (verglichen mit der früheren Ungleichheit) geringen Unterschiede der Rosen in Farbe, Form und Duft treten in den Vordergrund und in Folge sind Neid, Missgunst und Hass so groß wie zuvor.

Zwei Charakteristika des Menschen sind nach Simmel Ursachen für diese gesellschaftlichen Prozesse: Zum einen nimmt der Menschen nicht absolute Reize, sondern nur deren kurzfristige Variationen wahr. Nach einer Phase der Anpassung an neue Lebensumstände werden Veränderungen daher vom Menschen nicht mehr bemerkt. Zum anderen werden Reize relativ zum Besitz und den Entbehrungen der Nachbarn bewertet. Denn wie Simmel genauer in seiner *Soziologie der Konkurrenz* (1903 [1983]) und *Psychologie des Schmuckes* (1908 [1983]) ausführt, stehen Menschen im Wettbewerb zueinander und bewerten ihre eigene Position daher relativ zu anderen. Wie Hans-Peter Müller (2003) betont, ist Simmel damit einer der ersten Soziologen, der soziale Vergleichsprozesse in den Vordergrund rückt und damit späteren Überlegungen zur relativen Deprivation (Runciman 1972) und zur distinguierenden Wirkung feiner Unterschiede (Bourdieu 1982) vorgreift.

Bemerkenswert gut stimmen Simmels Ausführungen auch mit empirischen Befunden aus der Lebenszufriedenheitsforschung überein. Eine moderne Version seiner Überlegungen findet sich im Kapitel *Einkommen und Lebenszufriedenheit* im zweiten Band. Mit weiterführenden Gedanken beschäftigt sich dort überdies der Beitrag *Status, Positionswettbewerbe und Signale*.

Aus der Sicht der Wirtschaftssoziologie gleichfalls fundamentale Beiträge Georg Simmels erschienen in den Jahren 1895 bis 1911 und beschäftigten sich mit der Mode und ihrem Wandel. In einer Erweiterung der Arbeiten von Immanuel Kant, Gabriel Tarde und Herbert Spencer aus den vorherigen Jahrhunderten entwickelte Simmel die „Tröpfeltheorie"

(„Trickle-Down-Theory") der Mode weiter. Bereits vor Simmel ging diese Theorie von zumindest zwei verschiedenen sozialen Schichten in der Gesellschaft aus. In ihrer ursprünglichen Version besagte sie zunächst einmal nur, dass die Oberschicht von den unter ihr stehenden Schichten imitiert wird, wodurch sich die Oberschicht jeweils zu einer Verhaltensänderung (d.h. Absonderung im Sinne einer Abgrenzung) gezwungen sieht. Weil jede neue Variation wieder nachgeahmt wird und dies weitere Absonderung zur Folge hat, kann man eine Mode danach als einen immer wieder stattfindenden Verhaltenswandel begreifen, der sich gesellschaftlich stets von oben nach unten vollzieht.

Simmel ergänzt diese theoretische Hypothese eines immerwährenden Wettlaufs zwischen Nachahmung und Absonderung durch die Behauptung, dass beide Tendenzen nur schichtenspezifisch unterscheidbar sind. Die Oberschicht sondert sich demnach ab, die anderen Schichten ahmen dagegen nach. Schnierer (1995) betont einige zusätzliche Punkte, die sich aus Simmels weiterführenden Analyse der Mode ergeben: Erstens bedingt das Zusammenwirken von Absonderung und Nachahmung die Mode (d.h. wenn eine der beiden Tendenzen fehlt, gibt es keine Mode). Zweitens ist ein Tröpfel-Prozess auch zwischen den verschiedenen Schichten der höheren Stände möglich (d.h. entsprechende Absonderungs- und Nachahmungsbemühungen sind bereits in geringfügig unterschiedlichen Schichten zu erwarten). Drittens sind die Initiatoren für neue Moden keineswegs nur die oberen Stände (d.h. es ist möglich, dass z.B. soziale Randgruppen als Ideenlieferanten der Oberschicht dienen). Elemente dieser erweiterten Theorie finden sich auch in modernen Beiträgen zur Modethematik.

3.1.5 Talcott Parsons

Beeinflusst von dem Physiologen Henderson und dem Funktionalismus des Anthropologen Malinowski entwickelte Talcott Parsons (1902–1979) den strukturell-funktionalen Theorieansatz in der Soziologie. In systematischen Untersuchungen der Ansätze der Ökonomen Marshall und Pareto und der Soziologen Durkheim und Weber wies er zunächst in *The Structure of Social Action* (1937) Unterschiede, Gemeinsamkeiten und Anknüpfungspunkte der jeweils unterstellten Grundlagen des Handelns nach, um daraus einen einheitlichen theoretischen Bezugsrahmen zu entwickeln. Aus der Konvergenz dieser Entwürfe gewann er mithin eine Ausgangsbasis für die Formulierung von Elementen einer Theorie des sozialen Handelns, die u.a. auf das Wirtschaftsleben angewendet werden kann.

Für die Wirtschaftssoziologie ist dabei besonders wichtig, dass Parsons mit Durkheim die Position vertritt, die Annahme von rein am Eigennutz orientierten Individuen reiche zur Erklärung einer stabilen sozialen Ordnung der Gesellschaft (und damit auch der Existenz und Reproduktion von arbeitsteiligen Teilsystemen wie der Wirtschaft) nicht aus. Aus der Perspektive von Parsons ist eine utilitaristische Lösung des Problems der sozialen Ordnung (Wie ist Gesellschaft zwischen eigeninteressierten Individuen möglich?) ausgeschlossen. Nach seiner Überzeugung sind vielmehr schon vorhandene Werte und Normen notwendige Voraussetzungen einer Erklärung der dauerhaften Kooperationen, die man Gesellschaft nennt.

Parsons entwirft in *The Social System* (1951) die Konzeption eines sozialen Systems, in dem sich im Zustand des Gleichgewichts die Handelnden im Einklang mit ihren individuellen Bedürfnissen und mit den Erwartungen ihrer Interaktionspartner verhalten. Diese Erwartungen und Bedürfnisse werden durch Internalisierung gemeinsamer Wertmuster und Verhaltensweisen gesteuert und durch Institutionalisierung sozial strukturell gefestigt.

Funktionalismus

Der Funktionalismus bezeichnet eine der ältesten Denkrichtungen in der theoretischen und methodischen Diskussion der Soziologie. Schon Auguste Comte und Herbert Spencer haben die funktionale Analyse in der zweiten Hälfte des 19. Jahrhunderts angewendet. Sie hat sich aus der Überlegung entwickelt, dass soziale Systeme analog zu biologischen Entitäten betrachtet werden können. In dieser Konzeption betrifft jedes Teilelement zumindest ein bestimmtes Bedürfnis des Systems, d.h. das Ganze kann nur in seiner gegenwärtigen Form fortbestehen, wenn dieses Bedürfnis erfüllt wird. Somit hat jedes Teilelement eine oder mehrere bestimmte Funktion(en) für den Weiterbestand des Ganzen. Es existiert dabei stets zumindest eine Rückwirkung einer Veränderung des einzelnen Elementes auf das Ganze. Eine funktionale Analyse beschäftigt sich jeweils mit der Identifikation der Funktionen einer gegebenen Struktur für das Weiterbestehen des Ganzen und mit den dabei eventuell bedeutsamen Rückkopplungseffekten. Nach der Klarstellung der dabei relevanten Vorgehensweise und ihrer Schwächen empfiehlt sich ein genauerer Blick auf die Umsetzung der funktionalen Analyse im Zusammenhang mit Handlungssystemen.

Um die Grundideen der funktionalen Analyse darzustellen, kann man sich eines biologischen Beispiels bedienen: Zur Sicherstellung des Weiterlebens des menschlichen Körpers benötigt das Blut einen beständigen Fluss von Sauerstoff. Die Lungen haben die Funktion der Gewährleistung des Sauerstoffangebots. Wenn nun jemand ein starker Raucher ist, so wird er wahrscheinlich im Laufe der Jahre eine Lungenkrankheit (z.B. chronische Bronchitis, Lungenkrebs) bekommen und die Lungen können ihre Funktion nicht mehr völlig ausführen. Das Blut bekommt nicht genügend Sauerstoff, was wiederum Konsequenzen für die Lungentätigkeit hat. Am Ende wird der menschliche Körper absterben.

Ein Beispiel für eine funktionale Analyse im Wirtschaftsleben lautet wie folgt: Jedes Wirtschaftsunternehmen hat, um sein Weiterbestehen zu sichern, Informationen über die Veränderung seiner Umwelt zu sammeln und an seine Leitungsinstanz zu kommunizieren. Das interne Kommunikationssystem der Firma dient dieser Funktion. Ist dieses interne Kommunikationssystem ungestört, so kann die Leitungsinstanz aufgrund der ihr zur Verfügung stehenden Information notwendige Anpassungen des Unternehmens an die veränderte Umweltbedingungen beschließen und die Firma wird unter sonst gleichen Bedingungen fortbestehen.

Man kann funktionale Ansätze in den Sozialwissenschaften daher als solche charakterisieren, in denen die spezifischen Strukturen von sozialen Phänomenen aus dem Zusammenspiel der Funktionen seiner Elemente oder deren Störung rekonstruiert werden. Nach Stinchcombe (1968) ist die Existenz einer kausalen Rückkopplungsschleife bei der funktionalen Analyse das zentrale Element (d.h. Struktur X beeinflusst eine homöostatische Variable Y, welche umgekehrt die Struktur X beeinflusst). Wenn nun eine exogene Veränderung Z auf die homöostatische Variable Y einwirkt, so hat dies u.U. Konsequenzen für Y und für die Struktur X. Homöostase ist das Streben nach einem konstanten Zustand – somit behaupten funktionale Analysen, dass Systeme zumindest in einem bestimmten Bereich (Sollwertbereich) eine Tendenz zu lokal stabilen Gleichgewichtszuständen haben.

Viele Aspekte des funktionalen Ansatzes sind kritisiert worden. Beispielsweise ist es im Gegensatz zu biologischen Systemen sehr schwer, die wesentlichen Bedürfnisse in Sozialsystemen zu identifizieren. Es stellt sich zudem oftmals die Frage, wann man von einem Fortbestehen des Systems sprechen kann. Überdies sind soziale Systeme von der Art der Strukturierung und Differenzierung her sehr verschieden, so dass die Zuordnung von Funktionen als auch der Grad der Spezifität dieser Funktionen von System zu System variieren kann. Dies bedeutet in letzter Konsequenz, dass nur Einzelfallanalysen möglich sind. Individuelles Verhalten wird vernachlässigt in dieser Konzeption, obwohl Daten oftmals nur auf der individuellen Ebene erhoben werden können.

Neben den statischen Aspekt tritt in dynamischer Betrachtung der Rückbezug jedes Problems auf den Zustand des Gesamtsystems. Die einen Prozess strukturierenden Bedingungen werden danach untersucht, ob sie zur Erhaltung des Systems beitragen (also funktional sind) oder ob sie seine Wirksamkeit beeinträchtigen (also dysfunktional sind). Das Grundpostulat ist dabei, dass in einem sozialen System die ablaufenden Prozesse dessen Erhalt sichern helfen und stets zu einem systeminternen Gleichgewichtszustand konvergieren. Es bestehen dabei immer auch wechselseitige Einflüsse und Abhängigkeiten zwischen wirtschaftlichen und sozialen Gegebenheiten.

Aus methodologischer Sicht nimmt Parsons die Position eines analytischen Realisten ein (siehe Abschnitt 4.2.2, Kasten „Realismus und seine Auslegung"): Für ihn gibt es eine Wirklichkeit, die aber nicht perfekt erkannt werden kann; theoretische Vorstellungen erlauben aus dieser Perspektive lediglich mehr oder weniger brauchbare Annäherungen an die Realität. Erschwerend kommt hinzu, dass Menschen die Welt stets durch ein konzeptionelles Schema sehen. Beispielsweise sagt man, dass die Sonne am Morgen aufgeht. Klarerweise ist dieser Satz aus physikalischer Sicht nicht richtig, weil er die schon lange als falsch bewiesene Ptolemäische Weltsicht impliziert, wonach sich die Sonne um die Erde dreht. Nach Parsons sollte man daher stets zumindest das konzeptionelle Schema hinter Aussagen und Gedanken identifizieren.

Wie bereits angedeutet, versuchte Parsons ein konzeptionelles Schema für die Analyse von Handlungssystemen und damit z.B. von Wirtschaft und Unternehmen zu entwickeln. In dem mit Neil Smelser im Jahr 1956 publizierten Werk *Economy and Society* wird der Kern des theoretischen Ansatzes für die Wirtschaftssoziologie präsentiert. Er besteht in der Identifikation von vier grundlegenden Funktionen, die in jedem System für dessen Fortbestand erfüllt sein müssen:

Adaptation (A): Anpassungsfähigkeit an die Systemumwelt und die dadurch vermittelten Knappheiten und Einflüsse,

Goal-Attainment (G): Zielerreichung im Sinne eines effizienten Umgangs mit der Systemumwelt,

Integration (I): Integrationsfähigkeit im Sinne der systeminternen Synchronisierung,

Latent Pattern Maintenance (L): Erhaltung der Stabilität von zentralen Systemstrukturen.

Das Kürzel oder Akronym AGIL ergibt sich aus der Aneinanderreihung der ersten Buchstaben der englischen Bezeichnungen der vier Funktionen. Nach diesen Funktionen kann man jedes System in vier Subsysteme zerlegen, welche ihrerseits wiederum mithilfe der vier Funktionen analysiert werden können, usw. – die insgesamt verschachtelte Struktur erinnert etwas an eine russische Matrjoschka-Puppe (gemeinhin: Babuschka-Puppe), in der jeweils ähnliche, aber zunehmend kleinere Puppen stecken. Das Subsystem A leistet jeweils die Anpassung an den Wandel im System und im Verhältnis zur Umwelt. Es bezieht sich im wesentlichen auf die Beschaffung hinreichender Ressourcen. Das Subsystem G definiert die Systemziele und die Mittel zur Erreichung derselben und leistet deren Anwendung. Das Subsystem I soll die Kooperation und Solidarität der Teile bewirken. Es koordiniert die systembildenden Einheiten. Das Subsystem L beschäftigt sich mit dem Problem des Erzeugens, Übertragens und Erhaltens der spezifischen Kultur (z.B. Werte, Normen, Symbole) des Systems.

Für Parsons entsteht ein soziales System durch die Interaktionen von Individuen, wobei sie die Orte der Integration menschlicher Handlungen darstellen. Damit sind Handlungen letztlich die Elemente sozialer Systeme, jedoch nicht Individuen. Gesellschaft ist für Parsons ein besonderes soziales System, weil es vergleichsweise autonom ist. Entsprechend der Grundfunktionen zum Erhalt von Gesellschaft gibt es vernetzte und im Leistungsaustausch stehende Teilsysteme: Politik (G), die gesellschaftliche Gemeinschaft (I) und eine Art Treuhandsystem zur Tradierung des Wissens und der Wertvorstellungen (L). Die Adaptationsfunktion (A) zum Erhalt von Gesellschaft wird nach Parsons durch das Wirtschaftssystem erfüllt. In diesem Sinne kann man die Wirtschaft als ein adaptives Teilsystem in einer sozialen Umgebung betrachten, das als zentrale Funktion die Produktion und Allokation der Ressourcen hat, die Mittel für die Erreichung von Zielen sind.

Wendet man diese Art funktionaler Analyse auf die Wirtschaft als System an, so ergeben sich unter Berücksichtigung der vier grundlegenden Funktionen wiederum vier interdependente Teilsysteme: Investition (A), Produktion (G), Organisation (I), Erhaltung ökonomischer Institutionen (L). Letzteres bezieht sich insbesondere auf den Vertrag als fundamentale ökonomische Institution mit den Spezialfällen des Arbeitsvertrags und des Investitionsvertrags. Eng damit verknüpft sind Bürokratie, Normen und Rechtssprechung. Zusammen mit Geld und Markt erlauben sie eine überlegene Ressourcenbewirtschaftung und effiziente Tauschaktivitäten in der modernen Gesellschaft.

Obwohl derartige Aussagen auf den ersten Blick plausibel erscheinen, kann der Ansatz von Parsons leicht kritisiert werden. Zunächst einmal kann man den mangelnden Erklärungswert des Ansatzes beklagen. In der Tat hat Parsons zwar ein konzeptionelles Gerüst vorgeschlagen, welches die Analyse verschiedenster Systeme ermöglicht. Er hat jedoch keine Erklärungen und empirisch testbaren Hypothesen entwickelt. Parsons hat somit eigentlich nur Definitionen und Klassifikationen vorgeschlagen, wodurch er eine der möglichen Beschreibungen der Realität vorbereitet. Leider erlaubt sein Ansatz keine Vorhersagen, die systematisch geprüft werden könnten.

Darüber hinaus fehlt in den Hauptwerken von Parsons (1937, 1951) eine hinreichende Erklärung dafür, warum Menschen ähnlich wie programmierte Wesen oder Roboter handeln sollten (siehe auch Weise 1989).[13] Der Hinweis auf internalisierte Werte und Normen hilft im Zusammenhang mit dem Problem der sozialen Ordnung (Wie ist Gesellschaft zwischen eigeninteressierten Individuen möglich?) keineswegs weiter, weil damit ja eigentlich angenommen wird, was zu beweisen ist (eine etablierte soziale Ordnung geht mit Normen einher, die von Individuen gelernt und befolgt werden). Zudem werden intentional handelnde Individuen nicht notwendigerweise wie gewünscht handeln. Zumindest dürfte es extrem schwer sein, eine annähernd perfekte Sozialisierung aller Individuen im Sinne einer Gemeinschaft zu erreichen. Empirisch gibt es jedenfalls keine überzeugenden Belege für Gesellschaften ohne abweichendes Verhalten (z.B Clinard und Meier 2008; Goode 2008).

Talcott Parsons ist es dennoch gelungen, die funktionale Analyse als dominante Perspektive der Soziologie von den 1930er Jahren bis mindestens in die 1960er Jahre zu etablieren.[14] Es verwundert daher nicht, dass zahllose theoretische Arbeiten in Anlehnung an oder in Abgrenzung zu Parsons entstanden sind. Eine Weiterführung stammt von Niklas Luhmann (1927–1998), einem Schüler von Parsons. Seine überwiegend eigenständigen Beiträge (Luhmann 1984, 1997) sind unter dem Etikett „Systemtheorie" bekannt geworden.

---

[13]Beckert (2002) hat herausgearbeitet, dass sich im Frühwerk von Parsons Hinweise zur Handlungsfreiheit von Akteuren finden, diese aber nicht hinreichend spezifiziert sind.

[14]Wesentliche funktionalistische Beiträge stammen daneben von Durkheim (1895 [1961]) und Merton (1936). Auch nach dem Popularitätsverlust des Ansatzes von Parsons wurden noch funktionalistische Beiträge von Bedeutung vorgelegt. Beispielsweise arbeitet Alexander (1985) heraus, dass Funktionen und ihre Strukturierung in modernen Gesellschaften wesentlich von Konflikten und den damit einhergehenden Diskursen geprägt sind.

3.2 Sozialökonomik im 19. und 20. Jahrhundert

3.2.1 Werner Sombart

Der Sozialwissenschaftler Werner Sombart (1863–1941) hat sich intensiv mit dem Thema des Kapitalismus beschäftigt. Für ihn ist der Kapitalismus keineswegs statisch; in seinem zweibändigen Hauptwerk *Der moderne Kapitalismus* (1902) schlug er eine Einteilung der Entwicklungsphasen in Frühkapitalismus, Hochkapitalismus und Spätkapitalismus vor. Dabei fasste er die Wirtschaft nicht als etwas Isoliertes auf, sondern als Ausdruck einer gesellschaftlichen Entwicklung und vor allem als Ergebnis einer bestimmten Wirtschaftsgesinnung, die sich im Laufe der Geschichte gewandelt hat.

Der vorkapitalistische Mensch erscheint nach Sombart als der natürliche Mensch, dessen Natur es ist, so reich wie möglich zu werden. Doch die Jagd nach Geld fand damals in der Regel außerhalb des Arbeitsalltags statt (z.B. Alchemie, Schatzsuche, Eroberung). Das Wirtschaftsleben war traditionell organisiert, d.h. am täglichen Bedarf und an Soldaritätspflichten orientiert. Erst im 14. und 15. Jahrhundert gab es nach Sombart eine fundamentale Veränderung dahingehend, dass das Erwerbsdenken vermehrt in die Alltagswirtschaft integriert wurde. Aus dem Bedarfsdeckungsprinzip wurde das Erwerbsprinzip, wobei dieser Wandel sich zuerst im Bewusstsein der Wirtschaftssubjekte niederschlug. Die Entstehung des Kapitalismus zu erklären, heißt also die Entstehung des neuen Geistes zu erklären.

Charakteristisch für diesen Geist ist neben dem Erwerbsprinzip, dass sich bürgerliche Grundsätze (z.B. Disziplinierung der Lebensweise, Buchhaltung), der ökonomische Rationalismus (d.h. Zweck-Mittel-Rationalität), der Individualismus (also die weitgehende Ungebundenheit der Wirtschaftssubjekte) und ein neuer Unternehmensgeist immer mehr durchsetzten. Diese Entwicklung reflektiert nach Sombart die Entstehung des absoluten Territorialstaats. Zudem traten der Utilitarismus (d.h. die an die griechische Philosophenschule des Epikur (341–271 v.Chr.) anschließenden Arbeiten von z.B. Jeremy Bentham (1748–1832)) und die schottische Moralphilosophie (z.B. Adam Smith und David Hume) als Denkrichtungen auf. Überdies trug das Finanzgebaren der katholischen Kirche zur Entstehung eines mächtigen Bankensystems bei. Weiter förderte die Erziehungsethik der katholischen und vor allem der puritanischen Kirchen die Rationalisierung des Lebens. Daneben hat sich nach Sombart der bürgerliche Lebensstil entwickelt, der zusammen mit dem Erwerbstrieb erst den kapitalistischen Geist ermöglichte.

Für Sombart ist die Balance von Unternehmens- und Bürgergeist allerdings nicht von Dauer. Vielmehr unterliegt sie nach seiner Diagnose einer zunehmenden Erosion um die Wende des 18. zum 19. Jahrhundert. Insbesondere gebe es für das Gewinnstreben keine moralischen Grenzen mehr (z.B. Produktion von minderwertigen Waren). Daneben sei nicht zu hoffen, dass sich Alternativen zum Kapitalismus überall durchsetzen würden.

Letzteres hat Sombart zu belegen versucht. Beispielsweise hat er sich intensiv mit der Frage beschäftigt, warum es in den Vereinigten Staaten keinen Sozialismus gibt. In Anlehnung an Boudon (1980: 36f) lässt sich Sombarts Antwort in mehreren Schritten rekonstruieren:

- Die amerikanische Gesellschaft ist ein geschichtetes System, d.h. ein System, das ungleichmäßig bewertete soziale Positionen anbietet.

- Der soziale Aufstieg setzt seitens der Individuen mehr oder weniger kostspielige Investitionen voraus, deren Ertrag ungewiss ist.

- Wenn die Kosten und Risiken für den sozialen Aufstieg im Durchschnitt eine bestimmte Schwelle nicht überschreiten, wählt das Individuum, das die Kosten für den sozialen Aufstieg niedriger einschätzt als seine Vorteile, ein individuelle Aufstiegsstrategie.

- Eine ganze Reihe von Merkmalen der amerikanischen Gesellschaft lässt vermuten, dass dort häufiger als in den europäischen Gesellschaften eine Vorliebe für die Wahl individueller Aufstiegsstrategien existiert (z.B. geringes Hervortreten von Klassenschranken, der allgemeine Glaube an die Möglichkeit des Aufstiegs (z.B. vom Tellerwäscher zum Millionär), dezentraler Charakter des amerikanischen politischen Systems).

Als Folgerung ergibt sich, dass sozialistische Doktrinen in den USA nicht das gleiche Publikum wie in europäischen Ländern finden konnten. Wichtig ist hierbei, dass für Sombart letztlich das Bewusstsein der Individuen für diese Folgerung wesentlich ist. Seit den Arbeiten von Lipset und Bendix (1959) sowie Blau und Duncan (1967) ist z.B. klar, dass die soziale Mobilität in den USA, objektiv betrachtet, keineswegs besser ist als in Europa.[15] Nach Sombart kommt es aber auf die objektiven Chancen gar nicht an; entscheidend sind vielmehr die subjektiv wahrgenommenen Chancen.

3.2.2 Joseph Alois Schumpeter

Joseph Alois Schumpeter (1883–1950) befasst sich in seinem im Jahr 1912 erstmals erschienenen und mehrfach überarbeiteten Hauptwerk *Theorie der wirtschaftlichen Entwicklung* mit den speziellen Bedingungen der Entstehung und Dynamik des Kapitalismus. Sein Ausgangspunkt war, dass das kapitalistische Wirtschaftssystem aus seiner eigenen Logik heraus Wirtschaftszyklen von 50- bis 60-jähriger Dauer (sog. Kondratieff-Zyklen) erzeuge. Ein großer technischer Innovationsschub habe jeweils einen ganzen Schwarm von Anschlussinnovationen zur Folge und führe damit zu einem allgemeinen Wirtschaftsaufschwung, der aber mit der zunehmenden Realisierung der Investitionen langsam wieder verebbe. Sobald die Effekte der Innovationen ausgeschöpft sind, setzt in zyklischer Abfolge eine Rezession ein. Ein neuer Aufschwung ist erst wieder mit einem neuen Innovationsschub zu erwarten, der meist auf einem ganz anderen Gebiet stattfindet.

Der Abstand der beiden Höhe- und Tiefpunkte beträgt dabei die bereits erwähnten 50 bis 60 Jahre. Insgesamt sind seit Beginn der Industriellen Revolution fünf solche langen Wellen erfolgt: Der erste Innovationsschub durch die Dampfmaschine, der zweite durch die Eisenbahn, der dritte durch die Chemie und Elektrizität, der vierte durch Automobil und Rundfunk und der fünfte durch die Informationstechnologie (allerdings gehen hier die Meinungen noch auseinander).

Schumpeter verneint mit diesem Ansatz die Möglichkeit kontinuierlichen Wachstums. Er bezweifelt auch die Vorstellung der klassischen Ökonomen (z.B. Smith), wonach die

---

[15]Nach dem Überblick von Quiggin (2010: 160f) scheint inzwischen sogar das Gegenteil zu gelten: Im Vergleich mit vielen europäischen Staaten liegt das Risiko von Armut im Erwachsenenalter in den Vereinigten Staaten etwa doppelt so hoch, wenn man als Kind in einem Haushalt aufwächst, der zum ärmsten Fünftel der Bevölkerung gehört. Die soziale Mobilität hat dort in den letzten Jahrzehnten klar abgenommen, weil u.a. Fähigkeiten für Bildungserfolge und Bildungserfolge für sozialen Aufstieg weniger bedeutsam geworden sind, während der sozioökonomische Hintergrund (z.B. Wohlstand der Eltern) zunehmend wichtiger wurde.

Befolgung der Einzelinteressen in einem Zustand der vollkommenen Konkurrenz zu einem gleichgewichtigen Zustand führt, in dem eine bestimmte Menge eines Gutes stets zum gleichen Preis verkauft wird. Dieses Bild der Rolle des Wettbewerbs ist für ihn reines Wunschdenken. Wettbewerb ist für Schumpeter vielmehr ein Prozess der schöpferischen Zerstörung, bei dem neue und qualitativ bessere Produktionsverfahren und Güter die alten Vorgehensweisen und Produkte verdrängen. So „zerstörte" die Fabrik den Handwerksbetrieb, das Auto die Pferdekutsche, das elektrische Licht die Petroleumlampe. Daher müsse eine Kapitalismusanalyse unweigerlich bei einer Analyse von Neuerungen (Innovationen) ansetzen, wobei damit jede denkbare Erfindung oder Veränderung von Produkten oder Verfahrensweisen gemeint ist.

Innovationen kommen nach Schumpeter nicht deshalb zustande, weil es Präferenzänderungen gegeben hat. Sie finden vielmehr durch schöpferische oder dynamische Unternehmer statt, die sie am Markt durchsetzen. Innovationen sind mit dem Entstehen und Vergehen von Firmen verknüpft und daher auch wesentlich für den Aufstieg und Fall von Unternehmerpersönlichkeiten. Antriebsmotive für Innovationen sind gesellschaftlicher (Aufstieg in die Kapitalistenklasse) oder ökonomischer (Erwirtschaftung eines Extragewinns) Natur.

Wichtig ist, dass Schumpeter gegenüber allen Theorien skeptisch ist, die allgemeine äußere Faktoren des Wachstums betonen. Beispielsweise widerspricht er Theorien, die eine Depression auf Kriege oder schlechte Ernten zurückführen. Stattdessen betont er die besondere Stellung des Unternehmers und liefert damit eine Erklärung für den ökonomischen Misserfolg vieler ökonomisch unterentwickelter Länder. Dementsprechend müsste die Entstehung einer innovativen Unternehmerelite gefördert werden, um die Probleme dieser Länder in den Griff zu bekommen. Allerdings ist auch dies nur dann langfristig möglich, wenn stets innovative Unternehmer präsent sind.

Dies folgt aus Schumpeters weiteren Ideen, die sich u.a. in seinem Buch *Kapitalismus, Sozialismus und Demokratie* finden, das 1942 zuerst auf Englisch und 1950 in deutscher Sprache erschien. Schumpeter behauptet darin, dass sich der Kapitalismus auf den Weg zum Sozialismus begibt, sofern er sich seiner wichtigsten Quelle, der innovativen Unternehmerpersönlichkeit, beraubt. Wirtschaftlicher Erfolg kann also zur Veränderung und eventuell sogar zum Niedergang des Wirtschaftssystems beitragen. Schumpeters Argumentationskette zu den Gefährdungen des Kapitalismus lässt sich grob zusammenfassen:

- Nur innovative Unternehmer haben Erfolg, andere gehen in einem Prozess der schöpferischen Zerstörung bankrott.

- Die innovativsten Unternehmen entwickeln sich aufgrund ihrer Kapitalkraft zu Großkonzernen, die billige Massenware produzieren und die Grundlage für den allgemeinen Wohlstand schaffen.

- Gleichzeitig entwickeln die Konzerne ein ausgefeiltes System bürokratischer Strukturen, in denen der innovative Einzelgänger weitgehend erstickt und Planung immer mehr die phantasievolle und risikofreudige Initiative des Einzelunternehmers ersetzt.

- Die innovativen Unternehmerpersönlichkeiten können durch diese Entwicklung ihre Funktion verlieren, so dass dem Kapitalismus die wichtigste Klasse bzw. Schicht abhanden kommt.

Das System der zentralen Planung in Großunternehmen ist einer staatlichen Planung recht ähnlich. Somit gibt es nach Schumpeter zumindest langfristig eine gewisse Konvergenz des Kapitalismus zur Planwirtschaft des Sozialismus.

3.2.3 John Maynard Keynes

Das von John Maynard Keynes (1883–1946) verfasste und im Jahr 1936 erschienene Werk *General Theory of Employment, Interest, and Money* ist unter dem Eindruck der anhaltenden Arbeitslosigkeit in den Jahren nach dem Ersten Weltkrieg (1914–1918) entstanden. Keynes verwarf darin die Ansichten der ökonomischen Neoklassik, wonach sich quasi-naturgesetzlich eine Gleichgewichtssituation bei Wettbewerb in hinreichend großen und freien Märkten ergibt, die durch praktisch keine unfreiwillige Arbeitslosigkeit gekennzeichnet ist. Er betonte stattdessen, dass ein Staat mit eigener Währung eine zentrale Rolle für die Entwicklung der Wirtschaft spielen kann, da er antizyklisch durch Fiskal- und Geldpolitik in das Wirtschaftsgeschehen eingreifen kann.

Die Arbeit von Keynes hatte zwei wesentliche Effekte: Zum einen markierte sie die Geburtsstunde der sogenannten Makroökonomik, d.h. dem Denken in wirtschaftlichen Gesamtgrößen (z.B. Volkseinkommen, Spar- und Investitionsvolumen, gesamtwirtschaftliche Arbeitslosigkeit). Zum anderen wies Keynes in seiner Theorie darauf hin, dass unfreiwillige Arbeitslosigkeit höheren Ausmaßes eine stabile Quasi-Gleichgewichtssituation sein kann.

Dies führte zu Zweifeln an der praktischen Relevanz der damals vorherrschenden neoklassischen Theorie der Ökonomen, wonach es langfristig bei einem zurückhaltenden Staat, hinreichend freien Märkten und entsprechend flexiblen Preisen zu einem allgemeinen Gleichgewicht ohne Unterbeschäftigung komme.[16] Ähnlich wie Marx verwarf Keynes die Auffassung, wonach Nachfrage- oder Angebotsüberhänge nicht auftreten können, weil sich jedes Angebot notwendigerweise seine Nachfrage schafft.[17] Für Keynes bestand das Problem kapitalistischer Gesellschaften in einer eventuell zu geringen Konsumnachfrage.

Aus der Sicht von Keynes erschien daher eine Umdeutung der Rolle des Staates notwendig. Weil Vollbeschäftigung ein wünschenswerter Zustand ist, soll der Staat bei Unterbeschäftigung, so Keynes, etwaige Nachfragelücken im Verbrauch durch Investitionen bzw. Zinssenkungen schließen, so dass die Unternehmer wieder mehr Leute einstellen und wieder mehr privater Verbrauch erfolgt. Aus der Sicht von Keynes gilt (im Gegensatz zu der Auffassung von David Ricardo) nämlich: Je mehr man als Staat investiert, desto besser wird die Wirtschaft wieder in Schwung kommen. In einer Situation mit Vollbeschäftigung ist nach Keynes dann der aufgelaufene staatliche Schuldenberg wieder abzutragen.

Die skizzierte Logik führte zu politischen Maßnahmen, die über eine gewisse Zeit erfolgreich waren. Allerdings ist bekannt, dass sie nur unter bestimmten Bedingungen funktionieren kann (z.B. wenn die Reallöhne nicht zu hoch sind und wenn eine offene Volkswirt-

---

[16] Nach der theoretischen Vorstellung der Neoklassiker bringt der Marktzins auf lange Sicht die Nachfrage nach und das Angebot an Geld (d.h. Investition und Ersparnis) zur Übereinstimmung, während durch den Marktlohn die Nachfrage nach und das Angebot an Arbeit langfristig ausgeglichen wird. Keynes verwies auf die Irrelevanz dieser theoretischen Modellwelt mit der berühmt gewordenen Bemerkung: „In the long run, we are all dead".

[17] Der theoretische Hintergrund dieser nach dem französischen Nationalökonomen Jean-Baptiste Say (1767–1832) bezeichneten klassischen Auffassung („Gesetz von Say") ist folgende, auf die Annahme flexibler Preise und Mengen gegründete Überlegung: Die Herstellung eines gegebenen Angebots schafft die wertmäßig entsprechende Nachfrage, weil es stets zu einem Ausgleich von Sparen und Investition kommt, die durch den Zins bewirkt wird.

schaft nicht zu klein ist). Darüber hinaus scheint heute klar, dass langfristig das Wachstum nur durch die Produktionsmöglichkeiten eines Landes (also durch die Angebotsseite) bestimmt wird. Daneben zahlen insbesondere demokratisch gewählte Regierungen wohl auch wegen der recht kurzen Legislaturperioden die aufgelaufenen Schulden in besseren Zeiten zumeist nicht zurück. Zudem kann man eine gewisse Lernfähigkeit der Bevölkerung unterstellen: Existiert ein volkswirtschaftliches Ungleichgewicht, so erwarten z.B. viele Unternehmer staatliche Ausgabenprogramme und stellen bestenfalls kurzfristig staatlich finanzierte Leute ein, die sie nach dem staatlichen Programm aber wieder entlassen. Somit ist das Gelingen einer Wirtschaftspolitik nach Keynesscher Rezeptur darauf angewiesen, dass die Wirtschaftssubjekte den eigentlichen Mechanismus nicht durchschauen (also keine rationalen Erwartungen bilden).

Abgesehen von extremen Krisensituationen (z.B. Quasi-Zusammenbruch des internationalen Finanzsektors im Herbst 2008) wird vielleicht deshalb nicht mehr gerne auf Keynes verwiesen, wenn Konjunkturprogramme zur Nachfrageschaffung aufgelegt werden und andere Hilfsmaßnahmen (z.B. staatliche Garantien für Banken und Versicherungen) erfolgen. Jedenfalls gibt es eine Vielzahl von jüngeren Beispielen für keynesianische Wirtschaftsförderung in praktisch allen Industrieländern – Illustrationen umfassen Deutschland in den Jahren nach der Wiedervereinigung, Japan zwischen 1995 und 2000 und die USA in den Monaten unmittelbar nach den Terroranschlägen auf das World Trade Center in New York und das US-Pentagon vom 11.09.2001.

Selbst wenn die Ratschläge von Keynes heutzutage nur mehr selten explizit befolgt werden, haben sie doch die Rolle des Staates in der wirtschaftspolitischen Diskussion gestärkt. Es sind laut Keynes nicht nur die selbstregulatorischen Kräfte, die eine Wirtschaft wieder in ein Gleichgewicht mit hoher Beschäftigung treiben. Vielmehr hat der Staat (neben dem Markt) seit Keynes eine bedeutende wirtschaftliche Funktion. Diese Auffassung hat dazu geführt, dass in einigen Ländern (z.B. Deutschland) per Gesetz staatliche Aufgaben der Wirtschaftspolitik (z.B. Sicherstellung der Vollbeschäftigung und des Wachstums durch entsprechende Konjunkturpolitik) festgeschrieben wurden. Treten irgendwelche Wachstumsschwächen auf oder droht gar eine Rezession (d.h. eine Situation, in der über mindestens drei Quartale eine schrumpfende Wirtschaft vorliegt), so wird wohl auch deshalb immer wieder an die Möglichkeit antizyklischer Wirtschaftspolitik erinnert (z.B. Gewerkschaften, Arbeitgeberverbände). Maßnahmen der Geldpolitik werden überdies von den Notenbanken nach wie vor praktiziert.

3.2.4 Friedrich August von Hayek

Friedrich August von Hayek (1899–1992) war ein herausragender Vertreter des Liberalismus, der sich u.a. mit dem Verhältnis von Wirtschaft, Staat und Gesellschaft beschäftigt hat. Nachdem er in seiner Jugend zunächst mit sozialistischen Ideen sympathisiert hatte, wurde er durch die Lektüre eines Buches von Ludwig von Mises (*Die Gemeinwirtschaft*, 1922) zu einem entschiedenen Gegner eines vermeintlich wohlmeinenden Staats, der Wirtschaft und Gesellschaft zum Besten seiner Bürger lenken will. Hayek lehnte auch die Konzeption eines betreuenden Wohlfahrtsstaates ab, der in das Wirtschaftsgeschehen und dessen Konsequenzen umverteilend eingreifen möchte. Das Eingreifen des Staates empfiehlt sich aus Hayeks Sicht lediglich, wenn damit schwerwiegende Wirtschaftsprobleme (Depression, Inflation) und ihre Auswirkungen überwunden oder zumindest abgemildert werden können. Mit dieser Auffassung stand Hayek insbesondere in Opposition zur politischen

Linken. Seine Erkenntnisse und Meinungen, die u.a. in den Büchern *Die Verfassung der Freiheit* (engl. Original 1960), *Die Anmaßung von Wissen* (engl. Original 1974) sowie *Recht, Gesetz und Freiheit* (engl. Original 1973–1979) dargelegt sind, wurden erst nach mehreren Jahrzehnten populär. Im Jahr 1974 erhielt Hayek den Nobelpreis für Wirtschaftswissenschaft.

Die Begründung für seine Skepsis gegenüber einem keineswegs nur in Krisenzeiten in das Wirtschaftsgeschehen eingreifenden Staat ist einfach: Kein staatlicher Planer kann vorab wissen, wie viele Autos, Bananen, Bierfässer und Windeln in einem Land in einer beliebigen Zeitperiode gebraucht werden. Aus der Sicht von Hayek gibt es mit dem Markt allerdings einen zuverlässigen Mechanismus, welcher über die freie Preisbildung einen Weg bereit stellt, Informationen über die Vorlieben, Bedürfnisse, Möglichkeiten und Beschränkungen auf effiziente Weise auszutauschen. Die Marktpreise der Waren und Leistungen enthalten danach in aggregierter Form alle wesentlichen Informationen, an denen sich die derzeitigen Produzenten und die Nachfrager dieser Güter orientieren müssen; Preise sind keinesfalls das alleinige Resultat früherer Entscheidungen, sondern berücksichtigen immer auch aktuelle Entwicklungen (z.B. Knappheiten) und eventuell damit verknüpfte Erwartungen (z.B. Wirtschaftsprognosen).

Hayek äußerte in diesem Zusammenhang die Vorstellung einer „spontanen Ordnung", die freie Individuen im Rahmen eines sich selbst regulierenden Prozesses ohne zentrale Planung finden können. Dabei geht er von zielgerichtet entscheidenden, aber keineswegs perfekt informierten Individuen aus, deren Handlungen oftmals unbeabsichtigte Folgen haben. Nicht jede Ordnung ist für Hayek allerdings spontan – es gibt ja z.B. Organisationen, die zweckgerichtet entstehen und daher „geplante Ordnungen" darstellen. Im Gegensatz zu spontanen Ordnungen wie z.B. der Arbeitsteilung in der Wirtschaft, dem Strafgesetzbuch der Gesellschaft oder den Verhaltensmustern in einer sozialen Gruppe sind Organisationen durch klar definierte Grenzen gekennzeichnet und nur von begrenzter Komplexität. Organisationen können Elemente spontaner Ordnungen sein; spontane Ordnungen können eine Organisation wie z.B. den Staat benötigen, um die Durchsetzung und Anpassung der ungeplant entstandenen Regeln zu gewährleisten.

Eine Ordnung ist für Hayek generell ein Zustand, in dem viele unterschiedliche Elemente miteinander so verwoben sind, dass das Wissen über einen Teil es erlaubt, annähernd korrekte Erwartungen über den Rest des Ganzen zu bilden. Beispielsweise besteht eine Ordnung im Sinne von Hayek, wenn man die Gesellschaft als eine Menge von Personen betrachtet, die durch gegenseitige Abhängigkeiten bezüglich ihrer Handlungsmöglichkeiten und entsprechende Erwartungsbildungen verknüpft sind.

Das Entstehen spontaner Ordnung und die eventuell unbeabsichtigten Folgen von Handlungen stehen für ihn im Mittelpunkt des sozialwissenschaftlichen Erklärungsinteresses. Hayek bezeichnet die Methode der Sozialwissenschaften als synthetisch, wobei er darunter die Konstruktion komplexer Strukturen aus gegebenen Elementen versteht. Die Aufgabe des Sozialwissenschaftlers ist nicht die Erklärung bewusster Handlungen, die aus Hayeks Sicht im Rahmen der Psychologie zu erfolgen hat. Vielmehr ist sie in der Aufdeckung des Prinzips zu sehen, welches das jeweilige soziale Phänomen erzeugt. Sozialwissenschaftler sind somit mit der Identifikation von Mechanismen beschäftigt, die zu bestimmten Sachverhalten oder Abläufen führen und dadurch das gemeinsame Auftreten anderer Ereignisse ausschließen.

Nach Hayeks Überzeugung sind die Wissenschaften mit der Erklärung von Ordnungen beschäftigt und auffindbare Ordnungen sind Resultate von Entwicklungsprozessen. Betrachtet man beispielsweise das Wirtschaftsgeschehen, so stellt der Wettbewerb im freien Markt ein Entdeckungsverfahren dar, in dem jeder Marktteilnehmer Wissen erzeugen und die vorteilhafteste Option ergreifen kann. Jeder Unternehmer sucht laufend nach Neuerungen, um im Zuge des Wettbewerbs die eigenen Kosten zu senken und die Qualität der eigenen Produkte weiter zu verbessern; jeder Kunde prüft laufend die Zusammensetzung und Güte des jeweils erworbenen Warenkorbs vor dem Hintergrund der dafür notwendigen Ausgaben und entscheidet sich für eine andere Güterkombination, wenn dies lohnender erscheint. Weil jeder, dessen Einkommen vom Markt abhängt, sich an den im Rahmen des Wettbewerbs als besonders geeignet identifizierten Verfahren und Produkten zu orientieren hat (und damit einhergehende Veränderungen nachahmen oder übernehmen muss), übt die Konkurrenz einen gewissen unpersönlichen Zwang aus, was die weit verbreitete Aversion gegen den Wettbewerb zu erklären hilft. Ungeachtet dieser Abneigung erfüllt der Marktwettbewerb jedoch eine bedeutende Funktion bei der Beschaffung und Auswertung von Informationen. Das detaillierte Wissen aller Einzelnen kann nämlich keine staatliche Institution erhalten und verwerten. Bereits in den 1930er Jahren betonte Hayek daher in seinen Schriften, dass der real existierende Sozialismus schon deshalb zum Scheitern verurteilt sei; tatsächlich hat er den Zusammenbruch des Ostblocks im Alter von 90 Jahren miterlebt.

Unter Voraussetzung von Wettbewerb entsteht nach Hayek das Wissen des Marktes auf evolutionäre Art durch die Aktivitäten von vielen Individuen. Es ist besser als das Wissen, das jeder beliebige Marktteilnehmer jemals selbst haben kann. Anders formuliert: Kein einzelner Akteur kann mehr wissen als der freie Markt. Verallgemeinert man diese Gedanken, so ergeben sich Aussagen über die Gesellschaft. Sofern die evolutionäre Logik auch für das soziale Wissen gilt, kann man die heutige Gesellschaft keineswegs nur als Schöpfung der gegenwärtig lebenden Personen sehen. Vielmehr beruht sie auf vielfältigen Aktivitäten und Erfahrungen noch lebender und bereits toter Akteure, die in einem weitgehend unpersönlichen Entwicklungsverlauf zu sozialen Institutionen, Normen und Werten geführt haben. Beispielsweise wurden Strafgesetzbücher in Jahrhunderte langen Interaktionen zwischen erfinderischen Kriminellen und kreativen Ermittlungsinstanzen geschrieben. Die Gesellschaft und ihre Ordnungen sind im Allgemeinen kein Resultate zentraler Planung, sondern reflektieren im Zeitablauf entstandene Strukturen und Traditionen. Pflichten und Rechte, Sitten und Bräuche, Sprachen und Dialekte sind kaum planvoll konstruiert, sondern zumeist unintendiert entstanden.

Auch deshalb erscheinen die Möglichkeiten der zentralen Einflussnahme auf soziale Gegebenheiten für Hayek begrenzt. Betrachtet man etwa soziale Gerechtigkeit (im Sinne von Verteilungsgerechtigkeit), so verweist er auf die Freiheitseinschränkung, die mit einer stärkeren Redistribution in Richtung Gleichverteilung einhergehen würde. Aus Hayeks Sicht wirkt nur die Gleichheit vor dem Gesetz freiheitsfördernd. Alle anderen Arten von Gleichheit schaffen dagegen Ungleichheiten – weil Menschen verschieden sind, führt ihre Gleichbehandlung unweigerlich zu ungleichen Verteilungen von z.B. Aufgaben, Positionen und Ressourcen. So verhindert völlige Chancengleichheit vor einem Wettbewerb nicht, dass es in seinem Rahmen Verlierer gibt.

In seinen Arbeiten hat sich Hayek auch immer wieder zu anderen staatlichen Gestaltungsfragen geäußert. Beispielsweise beschäftigte er sich in seinem Buch *Die Verfassung der Freiheit* (2005) u.a. mit der Frage, ob es im Zusammenhang mit Steuerzahlungen sinnvoll sei, eine Gleichheit des zu leistenden Opfers anzustreben. Eine derartige Gleichheit wird oftmals zur Begründung der weitverbreiteten Praxis vorgebracht, hohe Einkommen prozentual stärker zu besteuern als niedrige Einkommen (Steuerprogression).[18] Argumentiert wird dabei, dass nur durch einen höheren Steuersatz für die Reichen und einem entsprechend kleineren Steuersatz für die Armen eine annähernde Gleichheit der Steueropfer möglich wird, weil ein höheres Einkommen ja mit einem kleineren zusätzlichen Nutzen durch eine weitere Geldeinheit (d.h. der sogenannte Grenznutzen des Einkommens einer reichen Person unterschreitet den Grenznutzen des Einkommens einer armen Person) einhergeht.[19] Nach Hayek überzeugt dieses Argument allerdings bereits dann nicht mehr, wenn man den Nutzen als keine absolute Größe, sondern als etwas Relatives ansieht. Ist Nutzen nämlich relativ, so kann man vom Nutzen des Einkommens nur sprechen, wenn man ihn in einem anderen gewünschten Gut (wie z.B. Freizeit) ausdrücken kann. Dann aber erübrigt sich die obige Überlegung, weil es aus dieser Sicht gar nicht auf die Höhe des Grenznutzens des Einkommens bei der Festlegung eines im Zusammenhang mit der Besteuerung zu leistenden Opfers ankommt.

---

[18]Zugunsten einer progressiven Besteuerung haben sich viele bedeutende Philosophen und Wirtschaftswissenschaftler (z.B. Adam Smith, John Stuart Mill, John Maynard Keynes) ausgesprochen. Auch heutzutage unterstützt wohl die Mehrheit der Finanzwissenschaftler diese Idee, die auch im deutschen Steuerrecht verwirklicht ist.

[19]Vorausgesetzt wird bei dieser Argumentation, dass Menschen ihren monetären Wohlstand in interpersonell vergleichbaren Nutzeneinheiten bewerten und dass der Nutzenzuwachs (marginaler Nutzen oder Grenznutzen), den eine weitere Geldeinheit bewirkt, mit steigendem Vermögen immer weiter sinkt (d.h. der Nutzen nimmt mit abnehmender Rate zu).

Teil II

Methodologische und begriffliche Grundlagen

4 Metatheorie und Modellbildung

Jede soziologische Analyse setzt Vororientierungen über und zur Theoriebildung voraus. Es ist sinnvoll, die einschlägigen Überlegungen zu verdeutlichen. Nach der Präsentation relevanter metatheoretischer Grundlagen werden Modellierungen als ein Weg der Theoriebildung diskutiert und Beispiele für formale Modelle gegeben.

4.1 Methodologische Orientierung

Im Rahmen einer Metatheorie beschäftigt man sich mit theoretischen Überlegungen, die bei der Konstruktion von Theorien relevant sind. Gefragt werden kann zunächst einmal, ob sich die Erkenntnisinteressen bei der Untersuchung von Natur und Gesellschaft unterscheiden und ob die Sozialwissenschaften einen von den Naturwissenschaften abweichenden theoretischen Zugang wählen sollten.

4.1.1 Verstehen oder Erklären

Eine alte Kontroverse in der Metatheorie der Sozialwissenschaften betrifft die Unterscheidung zwischen Naturgeschehen und menschlicher Gesellschaft. Aus ihr folgerten manche Autoren (z.B. Dilthey 1883; Geertz 1973) eine strikte Differenzierung von Naturwissenschaften und Nicht-Naturwissenschaften, die sich in scheinbar unvereinbaren methodologischen Sichtweisen (nomothetisches Erklären in den Naturwissenschaften versus interpretatives Verstehen in den Human- und Sozialwissenschaften) niederschlägt.

Dieser Gedankengang betont, dass es zwischen Natur- und Sozialwissenschaften fundamentale Unterschiede gibt. Beispielsweise erscheint es in den Naturwissenschaften wenig problematisch, bei einer Argumentation im Sinne eines kausalen Zusammenhangs davon auszugehen, dass eine Ursache immer vor der Wirkung eintritt. Aufgrund der menschlichen Fähigkeit der Antizipation ist eine solche Abfolge von Ursache und Wirkung allerdings bei einem etwaigen kausalen Zusammenhang in den Sozialwissenschaften keineswegs immer gegeben (z.B. wird es nicht deshalb Weihnachten, weil in der Adventszeit Geschenke gekauft werden).

Eine weitere Illustration eines grundlegenden Unterschiedes zwischen den Natur- und Sozialwissenschaften betrifft die potenziellen Wirkungen von Vorhersagen. Im Gegensatz zu den Naturwissenschaften kann eine Prognose in den Sozialwissenschaften eine Eigendynamik entwickeln und allein deshalb unbeabsichtigte Folgen haben. Nach Robert Mertons (1936) klassischem Beitrag kann es sich dabei nicht nur um eine sich selbst erfüllende Prognose („Self-Fulfilling Prophecy") wie z.B. eine Bankenpleite aufgrund entsprechender Gerüchte, sondern auch um eine sich selbst zerstörende Vorhersage („Self-Destroying Prophecy") handeln (z.B. durch gegenläufige Reaktionen von Spekulanten auf Wirtschaftsprognosen).

Man kann das angesprochene Problem der unbeabsichtigten Vorhersagedynamik wie auch die zuvor diskutierte Problemstellung der eventuell unsicheren Abfolge von Ursache und Wirkung als Besonderheiten der Sozialwissenschaften ansehen und u.a. deshalb eine eigene Methodologie dieser Disziplinen fordern. Alternativ kann man die Problemstellungen, in Übereinstimmung mit Nachbardisziplinen wie etwa der Anthropologie, Betriebswirtschaftslehre, Ökonomik, Politologie und Sozialpsychologie als zusätzliche Erschwernisse betrachten, die sich, neben den für alle empirischen Wissenschaften relevanten Problemen, insbesondere in den Sozialwissenschaften stellen.

Die beiden Sichtweisen werden häufig kontrastiert. Charakteristisch für die (am geisteswissenschaftlichen Idealbild orientierte) interpretative Tradition sind insbesondere

- Zweifel an der Existenz von Regularitäten oder aber der Möglichkeit ihrer deduktiven Herleitung (mit Logik oder Mathematik),

- Skepsis gegenüber der quantitativen Prüfung von Hypothesen mithilfe von statistischen Analyseverfahren,

- Akzeptanz von Varianten der Hermeneutik und der qualitativen Sozialforschung als Analyseverfahren.

Zielsetzung ist die möglichst genaue Rekonstruktion („Verstehen") sozialer Phänomene und Prozesse auf der Grundlage von Sinnzuschreibungen und Sinndeutungen. Fundamentale Bedeutung kommt dabei der Verwendung von empirischer Evidenz, dem Versuch ihrer konsistenten Begründung und der Einnahme einer kritischen Perspektive bezüglich irgendwelcher Ergebnisse und Vorgehensweisen zu.

Diese Prinzipien des wissenschaftlichen Denkens werden auch von den Sozialwissenschaftlern geteilt, die sich am Vorgehen der Naturwissenschaften orientieren. Charakteristisch für diese Tradition sind insbesondere

- Vermutung von Regularitäten und Akzeptanz deduktiver Begründungen,

- Einsatz von qualitativen Forschungsmethoden zur Exploration eines Forschungsfeldes (oder zur Ergänzung quantitativer Untersuchungen),

- Verwendung von standardisierten Erhebungsinstrumenten und statistischen Verfahren zur quantitativen Prüfung von Hypothesen.

Zielsetzungen sind die möglichst genaue Beschreibung (was ist der Fall?), Erklärung (warum ist etwas der Fall?) und Prognose (was wird der Fall sein?) sozialer Phänomene und Prozesse.

Selbst wenn man von Unterschieden zwischen Natur und Gesellschaft nicht abstrahiert, gilt: Die Human- und Sozialwissenschaften sind in den Naturwissenschaften verwurzelt, ohne Teil der Naturwissenschaften zu sein. Jedes Individuum unterliegt natürlichen und sozialen Einflüssen. Zudem gibt es eine ganze Reihe von Hybriddisziplinen wie etwa Bioökonomik, Gerontologie, Psychophysik, Geographie, Demographie und Epidemiologie. Die bloße Existenz dieser Hybridformen zeigt deutlich, dass eine strikte Trennung von Naturwissenschaften und Nicht-Naturwissenschaften nicht durchgehalten werden kann.

Als Folgerung ergibt sich, dass Erklärungen nicht nur in den Naturwissenschaften, sondern auch in den Sozialwissenschaften das wesentliche Ziel sind. Akzeptiert man diese Aussage, dann stellt sich die Frage, wie man bei sozialwissenschaftlichen Erklärungen vorgehen soll.[1]

---

[1]Maurer und Schmid (2010) bieten einen ausführlichen Überblick zu den Grundlagen, Vertretern und Anwendungsfeldern des Forschungsprogramms einer erklärenden Soziologie.

Standardkriterien „guter" Wissenschaft

Aus wissenschaftstheoretischer Sicht kann man argumentieren, dass das Betreiben einer Erfahrungswissenschaft die Einhaltung von gewissen Bedingungen erfordert. Nach Harold Kincaid (1996: 50f) hat eine Erfahrungswissenschaft bestimmte Anforderungen zu erfüllen, wenn sie hohen Ansprüchen genügen will:

Falsifizierbarkeit: Ihre Theorien (bzw. damit einhergehende Hypothesen) sollen empirisch prüfbar sein.

Vorhersageerfolg: Ihre Theorien sollen empirisch korrekte Vorhersagen erlauben.

Reichweite: Ihre Theorien sollen möglichst viele Sachverhalte und Abläufe erklären und vorhersagen.

Kohärenz: Ihre Theorien sollen mit zentralen Wissensbeständen anderer Disziplinen vereinbar sein.

Fruchtbarkeit: Ihre Theorien sollen neue Einsichten, Forschungen und Weiterentwicklungen anregen.

Objektivität: Ihre Theorien sollen subjektunabhängig sein (d.h. die jeweils betrachteten Sachverhalte und Abläufe können zwar subjektbezogen (z.B. Erklärung von Erfahrungen wie Illusionen und Täuschungen) sein, werden aber reflektiert wie sie sind und nicht wie sie von einem selbst bzw. von anderen gedeutet oder gewollt werden).

Sind diese Anforderungen an eine Erfahrungswissenschaft gegeben, so ist nach Kincaid deren Güte gewährleistet. Dabei ist es unerheblich, ob es sich um eine Sozial- oder Naturwissenschaft handelt.

4.1.2 Drei Formen der Erklärung

Die Vorgehensweise bei der Beantwortung von Warum-Fragen in den Sozialwissenschaften kann sich prinzipiell an die Praxis der Naturwissenschaften anlehnen. Im Rahmen einer Erklärung erfolgen dort üblicherweise kausale Aussagen. Idealerweise orientiert man sich an der deduktiv-nomologischen Erklärungssystematik von Carl Hempel und Paul Oppenheim (1948), bei der der zu erklärende Sachverhalt (Explanandum) aus einer wahren Prämissenmenge (Explanans) logisch (nämlich im Sinne des „modus ponens") abgeleitet wird. Dabei muss das Explanans wenigstens zwei Komponenten enthalten, nämlich die faktisch korrekten Anfangs- oder Randbedingungen und zumindest eine empirisch zutreffende nomologische Hypothese (Gesetzmäßigkeit). Letztere ist deterministisch und gibt an, wie aus dem Vorliegen bestimmter Anfangs- oder Randbedingungen das Explanandum folgt, welches seinerseits in möglichst genauer Beschreibung vorliegen sollte.

Allerdings existieren Grenzen dieses Erklärungsschemas, die z.T. bereits von Hempel (1965) thematisiert wurden. Selbst wenn alle Voraussetzungen für eine deduktiv-nomologische Erklärung gegeben sind, gelingt keineswegs immer eine überzeugende Erklärung im Rahmen des Schemas. Will man beispielsweise erklären, warum eine sexuell enthaltsame Frau bisher nicht schwanger wurde, so kann man hierfür die empirisch beobachtete Anfangsbedingung einer regelmäßigen Einnahme der Anti-Baby-Pille durch diese Frau mit der empirisch zutreffenden Gesetzmäßigkeit kombinieren, wonach Schwangerschaften durch die regelmäßige Einnahme der Anti-Baby-Pille verhindert werden. Freilich liegt damit keine korrekte Erklärung vor, obwohl die Anforderungen des Hempel-Oppenheim-Schemas erfüllt sind – die Erklärung überzeugt nicht, weil sie auf den falschen kausalen Zusammenhang verweist.

Aufgrund solcher Schwächen kann man das Hempel-Oppenheim-Modell bestenfalls als Ausgangspunkt und erste Orientierungshilfe für die Lösung des Problems der Erklärung ansehen. Nicht übersehen sollte man die letzten Jahrzehnte der wissenschaftstheoretischen Diskussion des Erklärungskonzeptes, die von Salmon (2006) referiert wird. Neben dem deduktiv-nomologischen Erklärungsideal sind die induktiv-statistische Erklärung und die mechanismische Erklärung wichtige Spielarten wissenschaftlicher Erklärungsbemühungen. Während die ersten beiden Arten der Erklärung schon in einführenden Lehrbüchern zur sozialwissenschaftlichen Methodik (z.B. Diekmann 2007) erörtert werden, gilt dies für die mechanismische Erklärung nicht. Obwohl diese Spielart seit langem und immer wieder von verschiedenen Autoren zur theoretischen Erklärung in der Soziologie und den Sozialwissenschaften verwendet wird (siehe die Beiträge in Hedström und Swedberg 1998), erfolgte ihre explizite Wiederentdeckung und metatheoretische Diskussion erst in jüngerer Zeit (vgl. Elster 2007; Hedström 2005; Schmid 2006).

Diese Hinwendung zur mechanismischen Erklärung reflektiert, dass die deduktiv-nomologische Erklärung auf in der Soziologie schwerlich erfüllbaren Voraussetzungen beruht (v.a. Wahrheit aller Sätze des Explanans, das für die Deduktion des Explanandums mindestens ein allgemeines Gesetz enthalten muss). Sie reflektiert auch, dass die induktiv-statistische Erklärung immer auf probabilistischen hypothetischen Sätzen beruht, sodass keine logische Ableitung des Explanandums aus dem Explanans möglich ist. Im Rahmen einer induktiv-statistischen Erklärung gelingt daher oft nur die Identifikation statistisch zusammenhängender Variablen.

Die diskutierten Schwächen lassen sich im Rahmen von Erklärungen vermeiden, die den Schwerpunkt auf die Identifikation von Mechanismen legen. Nach Hedström (2005) kann man einen sozialen Mechanismus als eine Konstellation von Einheiten und Aktivitäten definieren, die aufgrund ihrer Organisation regelmäßig ein bestimmtes Ergebnis hervorbringt. Eine Mechanismus-basierte oder mechanismische Erklärung eines beobachteten sozialen Phänomens liegt dann vor, wenn auf den sozialen Mechanismus verwiesen wird, der regelmäßig zu einem solchen sozialen Ausgang führt. Mechanismus-basierte Erklärungen beziehen sich auf Abläufe oder Prozesse, die sich aufgrund von sozialen Mechanismen wie z.B. Homophilie, Imitation oder Konkurrenz ergeben. Sie stellen darauf ab, wahrscheinliche soziale Konsequenzen aus Interaktionen von Akteuren unter gegebenen sozialen Bedingungen und daher spezifizierbaren Mechanismen zu identifizieren.

Derartige Erklärungen ergeben sich im Rahmen der Theoriebildung. Es ist klar, dass möglichst präzise Formulierungen von Theorien erstrebenswert sind. Die Erfolge naturwissenschaftlicher Erklärungen und ihrer Umsetzungen (z.B. Ingenieurwissenschaften) beruhen bekanntlich zu einem nicht geringen Teil auf der rigorosen Anwendung von Logik und Mathematik. Es verwundert daher nicht, dass es auch in den Sozialwissenschaften formale Modelle gibt, die präzise empirisch prüfbare Aussagen begründen.

Viele sozialwissenschaftliche Modelle sind aus anderen Disziplinen entlehnt oder erst in der jüngeren Vergangenheit insbesondere von Ökonomen formuliert worden. Dies reflektiert, dass sich in der Ökonomik (im Gegensatz etwa zur Betriebswirtschaftslehre, Kriminologie, Politologie, Sozialpsychologie und Soziologie) in den Jahrzehnten vor der Jahrtausendwende die Theoriebildung mithilfe von mathematischen Methoden nahezu vollständig durchgesetzt hat. Zudem sollte nicht übersehen werden, dass sich die empirische Sozialforschung seit langem statistischer und daher mathematischer Verfahren bei der Datenanalyse bedient. Nicht nur im Zusammenhang mit der Analyse des Wirtschaftsgeschehens gibt es überdies Regularitäten und Gesetze, die (abgesehen von den üblichen statistischen Verfahren) auch in der Wirtschaftssoziologie ausgesprochen nützlich sein können.[2]

Bestands- und Stromgrößen, absolute und relative Größen

Zur Quantifizierung von wirtschaftlichen Aktivitäten und deren Folgen sind verschiedene Konzepte gebräuchlich. Eine erste Kategorisierung umfasst:

Bestandsgrößen bezeichnen zeitpunktbezogene Variablen, deren Ausprägungen an einem Stichtag erfasst werden können. Beispiele sind das Vermögen einer Person, der Lagerbestand eines Unternehmens oder die Schulden eines Staates. Bestandsgrößen geben die aggregierte Geschichte von Stromgrößen wieder.

Stromgrößen entsprechen zeitraumbezogenen Veränderungen korrespondierender Bestandsgrößen. Beispiele sind die Einkünfte einer Person, der Umsatz eines Unternehmens oder die Neuverschuldung eines Staates. Stromgrößen können in Echtzeit berichtet werden, üblicherweise werden sie jedoch über längere Perioden aufaddiert (z.B. Monate, Quartale oder Jahre).

Eine weitere Unterscheidung ist gegeben mit:

Absolute Größen sind entweder natürliche Zahlen (wie z.B. die Anzahl der eigenen Häuser einer Person, die Zahl der Kinder in einem Haushalt, die Anzahl der Urlaubsreisen einer Familie pro Jahr) oder reelle Zahlen, die im Regelfall mit Maßeinheiten (wie etwa Gramm, Liter, Meter) verknüpft sind. Darunter fallen alle Strom- und Bestandsgrößen; deren Ausprägungen können z.B. in Euro oder Stückzahlen angegeben werden. Auch Mittelwerte, Summen und Differenzen stellen im Allgemeinen absolute Größen dar.

Relative Größen sind als Raten oder Quoten das Ergebnis einer Verhältnis- bzw. Anteilskalkulation, bei der zwei absolute Größen zur Konstruktion einer aussagekräftigen Maßzahl gegenübergestellt werden. Wachstumsraten stellen wichtige relative Größen dar. Hierbei wird die Zunahme eines Stocks (Stromgröße) ins Verhältnis zur Höhe des bisherigen Stocks (Bestandsgröße) gesetzt. Relative Größen werden als Verhältniswerte (z.B. 1 zu 2), Anteilswerte (zwischen 0 und 1) oder Prozentzahlen (zwischen 0 und 100) berichtet.

Die Auseinandersetzung mit relativen Größen zeigt, dass Strom- und Bestandsgrößen häufig kombiniert betrachtet werden. Ein Beispiel bietet die Bemessung von Staatsverschuldung: Die „Schuldenquote" errechnet sich als Quotient von Schuldenstand und Bruttoinlandsprodukt (BIP), d.h. aus dem Verhältnis einer Bestandsgröße zu einer Stromgröße. In Deutschland beträgt diese Quote ungefähr 80%. Aufgrund der Berücksichtigung des historisch gewachsenen Schuldenstands erlaubt das Maß Aussagen über die langfristigen Folgen früherer Schuldenpolitik. Eine Bewertung der aktuellen Haushaltspolitik ist dagegen nur unter Betrachtung zweier Stromgrößen möglich: Die „Defizitquote" entspricht dem Verhältnis der staatlichen Einnahmen (ohne Kreditaufnahmen) zum BIP. Unter Berücksichtigung jährlich variierender Staatseinnahmen ist diese Quote abhängig von kurz- und mittelfristigen Konjunkturveränderungen sowie der unmittelbaren Wirtschaftspolitik. Beide Quoten zur Bemessung der Staatsverschuldung vernachlässigen jedoch versteckte Schulden, wie z.B. die vom Staat bereits eingegangenen langfristigen Zahlungsverpflichtungen gegenüber seinen Beamten (v.a. Pensionen). Berücksichtigt man derartige künftigen Ausgaben, so beträgt die derzeitige Verschuldung Deutschlands etwas mehr als das Dreifache des Sozialprodukts.

---

[2]Berelson und Steiner (1964) haben eine grundlegende Übersichtsarbeit zu empirisch robusten Hypothesen aus der Psychologie und den Sozialwissenschaften vorgelegt. Eine Zusammenstellung von systemtheoretisch orientierten, jedoch nur teilweise empirisch geprüften Hypothesen stammt von Miller (1978). Auf der Grundlage von vielfältigen empirischen Studien aus verschiedenen Disziplinen hat Brown (1991) eine Liste von „human universals" identifiziert, die Pinker (2003) noch ergänzt.

4.1.3 Regularitäten und Gesetze

Im Vergleich mit den Naturwissenschaften verfügen die Sozialwissenschaften über keine Theorie, deren Formulierung ähnlich präzise ausfällt und deren Vorhersagen regelmäßig empirischen Prüfungen standhalten. Seit Ernest Nagels (1961) entsprechender Beobachtung hat sich dies nicht wesentlich geändert. Dennoch gibt es Erkenntnisse, die in sozialwissenschaftlichen Disziplinen zumindest weithin als Regularitäten akzeptiert werden. Nach ihrem Erstautor benannte, ursprünglich empirisch fundierte Aussagen zum Wirtschaftsgeschehen sind beispielsweise:

Gesetz von Arnold Brecht: Mit steigender Bevölkerungsdichte erhöhen sich die öffentlichen Pro-Kopf-Ausgaben.

Gesetz von Arthur Okun: Jedem Prozentpunkt der Arbeitslosigkeit über der natürlichen Rate (von ca. drei bis fünf Prozent) entspricht eine Verminderung des Sozialprodukts um etwa drei Prozentpunkte.

Gesetz von Adolph Wagner: Die Staatstätigkeit (d.h. der Anteil der staatlichen Ausgaben und Einnahmen am Sozialprodukt) nimmt in einer wachsenden Wirtschaft über die Zeit zu.

Ähnliche Generalisierungen empirischer Beobachtungen existieren auch in der Soziologie. Zu nennen ist etwa das von Robert Michels (1908) formulierte Gesetz der Oligarchisierung von Organisationen, wonach es selbst in demokratisch verfassten Kollektivgebilden (wie z.B. Gewerkschaften, Parteien oder Verbänden) im Zeitablauf zur Herrschaft von (im Vergleich zur Mitgliederzahl) nur wenigen Personen kommt. Zudem liegen auch für die Politologie derartige empirisch fundierte Verallgemeinerungen vor (z.B. es gibt keine Hungersnöte in Demokratien; Demokratien greifen sich nicht an). Zu erwähnen ist, dass die empirische Gültigkeit von solchen Generalisierungen für jeden einzelnen Anwendungsfall fragwürdig ist.[3] Empirisch weniger umstritten sind folgende Aussagen:[4]

Gesetz der Nachfrage: Wenn sich der Preis eines normalen Gutes bei Konstanz der Einkommen und aller anderen Preise erhöht, sinkt die aggregierte nachgefragte Menge des Gutes.[5]

Elastizitätsgesetz: Bei einer längeren Reaktionszeit auf eine veränderte Situation findet eine kostengünstigere Anpassung statt, sodass z.B. langfristige Angebots- und Nachfragepläne auf eine isolierte Preisvariation stärker als kurzfristige reagieren.

---

[3]Nimmt man die empirische Studie *Union Democracy* von Lipset, Trow und Coleman (1956) zur Kenntnis, dann gilt dies etwa für Michels Oligarchiegesetz der soziologischen Organisationsforschung.

[4]Zumindest im Zusammenhang mit dem Gesetz der Nachfrage ist allerdings eine theoretische Relativierung angebracht. Bei einer Analyse im Sinne der Theorie des allgemeinen ökonomischen Gleichgewichts (Debreu 1959) konnte Sonnenschein (1972, 1973) nämlich beweisen, dass die aggregierte Nachfrage nach einem bestimmten Gut unter den üblichen Annahmen über Präferenzen und Restriktionen in einer Tauschwirtschaft prinzipiell mit dem Preis auf alle möglichen Weisen variieren kann (siehe auch Debreu 1974; Mantel 1974; Mas-Colell 1977).

[5]Marshall (1920) bezeichnete den Zusammenhang zwischen einer Zunahme des aggregierten Angebots und dem Sinken des Marktpreises unter sonst gleichen Bedingungen als „Gesetz der Nachfrage". Es besteht kein Widerspruch zur obigen Interpretation, weil sich dieser Zusammenhang aufgrund einer negativen Beziehung zwischen Preis und aggregierter Nachfragemenge ergibt.

Gesetz der fallenden Ertragsrate: Mit zunehmender Intensität der Bodenbearbeitung sinkt unter sonst gleichen Bedingungen der zusätzliche Bodenertrag pro Arbeitseinheit.[6]

Gleichfalls weithin akzeptiert sind die auf Herrmann Heinrich Gossen (1810-1858) zurückgehenden Aussagen, die sich in moderner Lesart auf den Konsumgenuss bei Annahme einer kardinalen Nutzenfunktion der Verbrauchsgütermengen beziehen:[7]

Erstes Gossensches Gesetz: Mit zunehmender Menge eines Konsumgutes bei konstanten Mengen aller anderen Güter nimmt der Nutzen mit abnehmender Rate zu.

Zweites Gossensches Gesetz: Für die Maximierung des Nutzens bei gegebenem Einkommen werden die Konsumgüter so erworben und verwendet, dass der Nutzenzuwachs durch eine weitere Einheit bezogen auf den Güterpreis (d.h. der Grenznutzen je Geldeinheit) bei allen Gütern gleich ist.

Veränderungen, Veränderungsraten und Ableitungen

Wenn eine metrisch skalierte Variable y von einer anderen metrischen Größe x abhängt, wird dies typischerweise durch eine reellwertige Funktion $y = f(x)$ ausgedrückt. Mit Δx kann man eine Veränderung von x notieren. Beispielsweise bezeichnet $\Delta x = x_1 - x_0$ die Differenz zwischen den aufeinanderfolgenden Werten x_0 und x_1. Eine Veränderungsrate ist das Verhältnis von zwei Veränderungen:

$$\frac{\Delta y}{\Delta x} = \frac{f(x + \Delta x) - f(x)}{\Delta x}.$$

Sie drückt aus, wie sich y ändert, wenn sich x verändert. Die Veränderungsrate von y bezüglich x ist bei linearen Funktionen eine Konstante und bei nichtlinearen Funktionen von x abhängig. Unterstellt man stetige Differenzierbarkeit der Funktion $y = f(x)$, dann ergibt sich ihre Ableitung durch

$$\frac{d}{dx} f(x) = \lim_{\Delta x \to 0} \frac{f(x + \Delta x) - f(x)}{\Delta x}.$$

Die Ableitung ist somit der Grenzwert der Veränderungsrate von y bezüglich x, wenn die Veränderung von x gegen Null geht. Sie drückt aus, wie sich y ändert, wenn x nur ganz wenig variiert. Die Ableitung wird auch durch die alternativen Schreibweisen $f'(x) = dy/dx = df(x)/dx$ repräsentiert.

Für den Bereich der Wirtschaftssoziologie gibt es weitere gesetzesartige Resultate, von denen einige eine genauere Behandlung verdienen.

A. Das Gesetz von Engel

Ernst Engel war ein sächsischer Statistiker, der sich mit dem Zusammenhang zwischen den Ausgaben für Lebensmittel und dem Einkommen beschäftigte. Sein Gesetz lautet:

---

[6]Diese Regularität bildet einen Hintergrund der skeptischen Einschätzung von Malthus (siehe Abschnitt 2.3), wonach sich die Nahrungsmittelproduktion nur gemäß einer arithmetischen Folge steigern lässt.

[7]Gossen (1854: 4f) formuliert sein erstes Gesetz wie folgt: „Die Größe ein und desselben Genusses nimmt, wenn wir mit der Bereitung des Genusses ununterbrochen fortfahren, fortwährend ab, bis zuletzt Sättigung eintritt". Im Original besagt das zweite Gesetz von Gossen (1854: 93f): „Der Mensch erlangt ... ein Größtes von Lebensgenuss, wenn er sein ganzes erarbeitetes Geld ... der Art auf die verschiedenen Genüsse verteilt, ... dass bei jedem einzelnen Genuss das letzte darauf verwendete Geldatom den gleich großen Genuss gewährt".

Je kleiner das Einkommen ist, desto größer ist der Ausgabenanteil, der für Lebensmittel ausgegeben wird.[8] ABBILDUNG 4.1 zeigt den negativen Zusammenhang zwischen dem Einkommensniveau und den Ausgaben für Lebenshaltung.

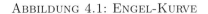

ABBILDUNG 4.1: ENGEL-KURVE

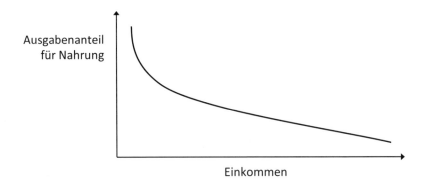

Durchschnitts- und Marginalbegriffe

Eine Funktion $y = f(x)$ drückt die Abhängigkeit der Größe y von der Größe x aus. Der Durchschnitt ergibt sich durch $f(x)/x$ und gibt an, wie sich y im Mittel auf die Werte von x verteilt. Beispielsweise entsprechen die Durchschnittskosten dem Verhältnis der Gesamtkosten zur Herstellungsmenge und sie messen, was eine Einheit der Produktionsmenge im Mittel kostet.

Ist für die Funktion $y = f(x)$ stetige Differenzierbarkeit voraussetzbar, so kann man die Ableitung $f'(x)$ bestimmen. Marginale Größen korrespondieren mit Ableitungen, weil sie die Änderung von y an der „Grenze" (d.h. für sehr kleine Änderungen von x) betreffen. Beispielsweise messen die Grenzkosten (oder marginalen Kosten) bei einer bestimmten Produktionsmenge die Kostenänderung, die sich ergibt, wenn die Herstellungsmenge vom derzeit betrachteten Niveau um eine weitere Einheit steigt.

Das „Marginalprinzip" verweist auf den Grundsatz, sich im Zusammenhang mit Entscheidungen im Wirtschaftsleben nicht an Durchschnittswerten, sondern an marginalen Größen (z.B. Grenzerlös, Grenzumsatz, Grenzsteuersatz) zu orientieren. Ein Hintergrund dabei ist, dass weniger die Vergangenheit als vielmehr das Neue (z.B. Effekte der Produktionsausweitung) interessiert. Dennoch sind marginale und durchschnittliche Größen verknüpft, weil folgende Beziehung für $x > 0$ existiert:

$$\frac{d}{dx}\left(\frac{f(x)}{x}\right) \gtreqless 0 \iff f'(x) \gtreqless \frac{f(x)}{x}.$$

Erhöht (vermindert) sich der Durchschnittswert bei einer sehr kleinen Zunahme von x, dann übersteigt (unterschreitet) die marginale Größe die durchschnittliche Größe und umgekehrt.

Man kann diese Beziehung alternativ formulieren: Falls Y das Einkommen und L der Lebensmittelaufwand ist, dann fällt L/Y mit wachsendem Y. Formal besagt Engels Gesetz somit, dass die erste Ableitung der Funktion L/Y negativ ist: $d(L/Y)/dY < 0$. Man kann dies auch mithilfe des Elastizitätskonzepts ausdrücken:[9] Nach dem Engelschen Gesetz

---

[8]Nachdem Engel im Jahr 1857 gezeigt hatte, dass mit steigendem Einkommen die Ausgaben für Nahrungsmittel zwar absolut steigen, ihr Anteil am Einkommen aber sinkt, konnte der Berliner Statistiker Heinrich Schwabe 1868 eine analoge Beziehung zwischen dem Einkommen und den Mietausgaben nachweisen. Letztere wird gelegentlich als Schwabes Gesetz bezeichnet.

[9]Unter der Elastizität einer Funktion ist deren logarithmische Ableitung zu verstehen. Sie gibt die Rate der relativen Änderung einer abhängigen Variable bezogen auf die relative Änderung einer unabhängigen

liegt die Einkommenselastizität der Lebensmittelausgaben (d.h. die prozentuale Reaktion der Ausgaben auf eine einprozentige Einkommenssteigerung) unter Eins. Dies zeigt sich, wenn man die Existenz einer stetig differenzierbaren Funktion $L = L(Y)$ postuliert, das Verhältnis $L(Y)/Y$ bildet und dann die Ableitung nach Y bestimmt:

$$\frac{d}{dY}\left(\frac{L(Y)}{Y}\right) = -\frac{L(Y)}{Y^2} + \frac{dL(Y)}{dY} \cdot \frac{1}{Y} = \frac{L}{Y^2} \cdot \left(-1 + \frac{dL}{dY} \cdot \frac{Y}{L}\right) = \frac{L}{Y^2} \cdot (\eta - 1),$$

wobei $\eta := (dL/dY) \cdot (Y/L)$ die relevante Einkommenselastizität bezeichnet. Daher ist $d(L/Y)/dY < 0$ für $\eta < 1$ erfüllt.

Steuereinnahmen und Arten der Besteuerung

Nach Verlautbarung des Bundesministeriums der Finanzen beziffert sich das für das Jahr 2012 geschätzte Steueraufkommen in Deutschland auf 585 Milliarden Euro. Diese staatlichen Einnahmen werden durch progressive und regressive Besteuerungen erzielt, die entweder von explizit Steuerpflichtigen oder von allen Konsumenten im deutschen Staatsgebiet zu entrichten sind.

Bei einer progressiven Steuer steigt der durchschnittliche Steuersatz mit zunehmender Bemessungsgrundlage (wie z.B. Vermögen), weshalb der Grenzsteuersatz (d.h. der für eine zusätzliche Einheit an Einkünften jeweils zu zahlende Teil) immer höher liegt als der Durchschnittssteuersatz. Progressive Steuern werden der im Grundgesetz verankerten Forderung nach staatlicher Umverteilung gerecht, wobei Bessergestellte einen anteilig höheren Betrag an den Fiskus abzuführen haben als Schlechtergestellte. So wird dieses Prinzip im Zusammenhang mit der Besteuerung von Kapitalbesitz und Aktienvermögen (Dividenden) angewendet, was etwas mehr als 4% des Steueraufkommens erbringt. Vor allem aber wird es bei der Erhebung von Lohn- und Einkommenssteuern umgesetzt, deren Umfang sich auf rund 33% des gesamten Steueraufkommens beläuft. Hier sind Steuersätze nach Jahreseinkünften gestaffelt, mit Abgaben in Höhe von Null bis 42%. Seit 2007 existiert darüber hinaus eine Reichensteuer in Höhe von 45% für Personen mit einem jährlichen Einkommen, das eine bestimmte Schwelle (derzeit 250 731 Euro) überschreitet. Etwa ein Viertel der arbeitenden Bevölkerung in Deutschland bezahlt ungefähr 80% der Einnahmen an Lohn- und Einkommenssteuer, während rund ein Drittel gar nichts an den Staat entrichtet. Freilich betragen die staatlichen Einkünfte aus der Besteuerung von Kapitalbesitz und Aktienvermögen (Dividenden) auch nur etwa 4% des Steueraufkommens.

Verbrauchssteuern wie die Mehrwert-, Energie- und Tabaksteuer, aber auch die Branntwein-, Bier- oder Kaffeesteuer werden dagegen nicht nach Einkommen gestaffelt erhoben und fallen für jeden Konsumenten zu einem gleichen Prozentsatz an. Hierbei handelt es sich um eine wichtige Tatsache, weil diese Steuern mehr als 50% des Gesamtaufkommens ausmachen (ungefährer Gesamtaufkommensanteil der Mehrwertsteuer: 37%, Energiesteuer: 8%, Tabaksteuer: 3%, Kfz-Steuer: 2% sowie der Steuern auf u.a. Branntwein, Bier und Kaffee: 6%). Vor dem Hintergrund des Engelschen Gesetzes müssen diese Abgaben nämlich als regressiv verstanden werden: Da Besserverdiener einen geringeren Anteil ihres Einkommens für Konsumausgaben verwenden, sind sie von Verbrauchssteuern unterproportional belastet. Beachtet man zusätzlich, dass Geringverdiener häufiger rauchen (z.B. Lampert 2010; Lampert und Burger 2005) sowie eher veraltete Technik mit erhöhtem Energieverbrauch nutzen (z.B. Büchs, Bardsley und Duwe 2011; Dresner und Ekins 2006), so verstärkt sich deren reale Steuerbelastung weiter.

Der Ökonom Robert Frank (z.B. 1985, 1999) fordert daher progressive Verbrauchssteuern, welche Güter des täglichen Verbrauchs weitgehend aussparen, dagegen Status- und Luxusgüter deutlich verteuern. Europäische Staaten führen zunehmend Reichensteuern und Sonderabgaben für Luxusgüter ein. Ihre Steuerpolitik setzte in den letzten Jahrzehnten allerdings auch gegenläufige Akzente: In Deutschland wurde beispielsweise die Besteuerung von Unternehmensgewinnen seit 1995 um ein Drittel reduziert – der Anteil der Steuern auf Unternehmensgewinne am derzeitigen Gesamtsteueraufkommen liegt inzwischen unter dem Anteil der Tabaksteuer.

Variablen an. Grob gesprochen informiert sie über die prozentuale Reaktion der abhängigen Variablen bei einer einprozentigen Veränderung der unabhängigen Variablen.

Neben Lebensmitteln gilt diese Beziehung empirisch auch für Benzin, Zeitungen und Alkohol. Dagegen ist $\eta > 1$ für z.B. Restaurantmahlzeiten und Hausdiener, aber auch die Gesundheitsvorsorge empirisch nachweisbar. Ökonomen sprechen gelegentlich von notwendigen Gütern bei einer positiven Einkommenselastizität unter Eins ($0 < \eta < 1$), aber von Luxusgütern bei einer hinreichend hohen Einkommenselastizität ($\eta > 1$).

Eine wesentliche sozialpolitische Konsequenz aus dem Engelschen Gesetz ist, dass bei cincr Erhöhung cincr Vcrbrauchssteuer (z.B. Mehrwertsteuer) zwischen einzelnen Güterklassen unterschieden werden sollte. Wenn man die Steuererhöhung sozial verträglicher gestalten will, sollte man für notwendige Güter einen geringeren Steuersatz festsetzen als für Luxusgüter. Dies wurde in der deutschen Steuergesetzgebung der letzten Jahrzehnte so gehandhabt.

B. Das Gesetz von Fechner

Gustav Theodor Fechner (1860) beschäftigte sich mit dem Zusammenhang zwischen objektiver Stimulusintensität (z.B. Zuckergehalt von Schokolade) und subjektiver Empfindungsintensität (z.B. wahrgenommene Süße). Nach exzessiven empirischen Untersuchungen fand er folgende Regularität: Gleiche relative Veränderungen der Reizintensität führen zu gleichen absoluten Veränderungen der subjektiven Empfindungsintensität. Notiert man mit r die Reizintensität und mit s die subjektive Empfindungsintensität, dann besagt das Fechnersche Gesetz

$$s = \alpha + \beta \cdot \ln r,$$

wobei α und β positive Parameter darstellen, die sich in Abhängigkeit von der Art des Reizes (z.B. Hören versus Riechen) unterscheiden. Diese Regularität ist auch bekannt unter den Namen Psychophysisches Gesetz und Weber-Fechner-Gesetz.[10]

Das Fechnersche Gesetz wurde insbesondere von Stevens (1961) in Frage gestellt. Als Alternative hat er nach vielen Experimenten eine Potenzfunktion für den Zusammenhang zwischen objektivem Reiz und subjektiver Empfindung postuliert. Nach einem systematischen Vergleich der relevanten experimentellen Evidenz kann man mit Sinn (1989) allerdings folgern, dass die angegebene logarithmische Funktion die Zusammenhänge doch besser beschreibt.

Dies ist wichtig, weil sich dadurch ein Hinweis darauf ergibt, wie objektive Größen subjektiv wahrgenommen werden. Aufgrund des Weber-Fechner-Gesetzes kann man z.B. mit James Coleman (1990) die Abhängigkeit der individuellen Befriedigung durch materielle Güter mathematisch konkretisieren.[11]

---

[10]Die Bezugnahme auf Ernst Heinrich Weber reflektiert dessen experimentelle Untérsuchungen zu individuell gerade merkbaren Unterschieden zwischen Reizen, die im Jahr 1834 erstmals publiziert wurden. Nach seinen Befunden ist innerhalb einer bestimmten Sinnesmodalität (z.B. Heben, Hören, Sehen) ein Reiz jeweils um einen bestimmten konstanten Prozentsatz (z.B. 2% bei Gewicht, 9% bei Lautstärke, $1,6\%$ bei Helligkeit) zu verändern, um eine eben merkliche Wahrnehmungsdifferenz zu erzeugen.

[11]Zudem liefert das Weber-Fechner-Gesetz eine Erklärung für die Beschleunigung des Zeitverlaufs, die man mit zunehmendem Alter typischerweise verspürt. Wenn ein Kind und ein Erwachsener ihrer bisherigen Lebensdauer jeweils ein weiteres Zehntel hinzufügen, erscheint dies beiden nach dem Gesetz als gleich lang. Ein ursprünglich z.B. zehnjähriges Kind ist dann aber nur um ein Jahr älter geworden, während ein zunächst z.B. vierzigjähriger Erwachsener immerhin um weitere vier Jahre gealtert ist.

C. Das Entsprechungsgesetz

Das Entsprechungsgesetz („Matching Law") wurde von Richard Herrnstein (z.B. 1974) formuliert. Es stellt eine der robustesten Regularitäten der experimentellen Psychologie dar. Zwei hauptsächliche Vorhersagen charakterisieren diese Regularität:

- Die Bemühungen bezüglich konkurrierender Aktivitäten werden so aufgeteilt, dass die durchschnittlichen Belohnungen pro Einheit des Aufwands gleich attraktiv werden („matching").

- Die Attraktivität einer Belohnung ist umgekehrt proportional zu der Zeitverzögerung bis zu ihrem Erhalt.

Somit impliziert das Entsprechungsgesetz eine starke Unterbewertung von erst später verfügbaren Belohnungen, d.h. eine extreme Präferenz für gegenwärtige Gratifikationen. Es liefert damit eine allgemeine Begründung für myopische (d.h. kurzsichtige) Verhaltensweisen und für die vielfach beobachtbare Tatsache, dass ein ursprünglich als optimal eingestufter Handlungsplan (z.B. Aufgabe des Rauchens) letztlich nicht eingehalten wird. Auch das Entprechungsgesetz lässt sich mathematisch formulieren:

$$\frac{Z_1}{Z_2} = \frac{R_1}{R_2} \cdot \frac{K_1}{K_2} \cdot \frac{V_2}{V_1},$$

wobei Z_j den mit der j-ten Aktivität verbrachten Zeitaufwand symbolisiert, R_j und K_j die Rate und das Ausmaß der Konsequenzen dieser Aktivität bezeichnen und V_j den Grad der zeitlichen Verzögerung bis zum Eintritt der Folgen der j-ten Aktivität erfasst.

Das Entsprechungsgesetz erlaubt die Formulierung einer Entscheidungstheorie (Herrnstein 1997). Danach ist eine Entscheidung über ein Verhalten nicht isoliert zu sehen, sondern als eingebunden in eine Abfolge von ähnlichen Ereignissen. Das Gesetz sagt nicht vorher, ob man in dem betrachteten Moment etwas Bestimmtes (wie z.B. Arbeiten, Essen oder Trinken) tun wird oder welche Variante eines Verhaltens man zu einem bestimmten Zeitpunkt wählt (z.B. ob man etwa einen Stop-Ball, Cross-Ball oder Long-Line-Ball beim Tennis mit einem bestimmten Partner spielt). Es ermöglicht aber die Prognose der Anteile von Handlungsalternativen über die Zeit. Auf seiner Grundlage kann man z.B. eine Vorhersage darüber formulieren, wie relativ häufig ein Student welche Gerichte in der Mensa essen wird, falls das dortige Angebot nicht zu stark variiert und der Student ein regelmäßiger Gast in der Mensa ist.

D. Das Gesetz von Benford

Das Gesetz von Frank Benford (1938) wurde zunächst von Simon Newcomb (1881) entdeckt, weshalb man es auch als Newcomb-Benford-Gesetz bezeichnet. Es bezieht sich auf die Verteilung von Ziffern, die an einer bestimmten Stelle einer Zahl in empirischen Datensätzen auftreten. Beispielsweise betrifft es die Anfangsziffern (d.h. 1 oder 2 oder 3 oder 4 ... oder 8 oder 9) von nach oben unbeschränkten Zahlen (z.B. Atomgewicht der Elemente, Hausnummern, Zahlen in Zeitungsartikeln) und deren erwartete Häufigkeitsverteilung. Gleichfalls beschreibt es die Wahrscheinlichkeiten der Anfangsziffern von Dezimalzahlen (z.B. Korrelations- und Regressionskoeffizienten in Datenanalysen). Das Gesetz besagt, dass die Wahrscheinlichkeit p des Auftretens der Anfangsziffer z in einer positiven unbeschränkten Zahl oder einer Dezimalzahl durch

$$p(z) = \log(z+1) - \log(z) = \log\left(1 + \frac{1}{z}\right)$$

bestimmt ist, wobei log den dekadischen Logarithmus (Basis: 10) bezeichnet.[12] Somit wird eine 1 etwa in 30% aller Fälle die Anfangsziffer sein (d.h. $p(1) = \log(2) - \log(1) = 0,301 - 0 = 0,301$), während eine 2 in nicht ganz 18% der Fälle zu erwarten ist (d.h. $p(2) = \log(3) - \log(2) = 0,477 - 0,301 = 0,176$). Berechnet man die übrigen Wahrscheinlichkeiten, dann erhält man eine 3 in 12,5%, eine 4 in 9,7%, eine 5 in 7,9%, eine 6 in 6,7% und eine 7 in 5,8% der Fälle. Eine 8 wird nur in 5,1% der Fälle als Anfangsziffer beobachtet werden und eine 9 lediglich in 4,6% der Fälle. Kurz gesagt: Die Wahrscheinlichkeit einer kleinen Anfangsziffer in unbeschränkten Zahlen oder Dezimalzahlen ist bedeutend höher als die Wahrscheinlichkeit einer großen Anfangsziffer (siehe ABBILDUNG 4.2).

ABBILDUNG 4.2: ANFANGSZIFFERNVERTEILUNG NACH BENFORD

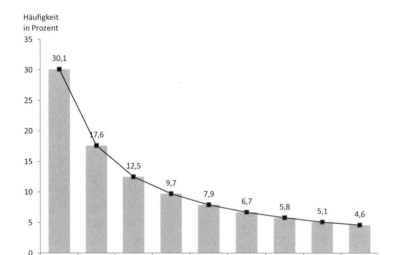

Eine Begründung für diese Gesetzmäßigkeit reflektiert, dass in der Wirklichkeit der Weg von der 1 zur 2 lang sein kann – schließlich muss eine 1 um das Doppelte wachsen bis 2 erreicht ist, einer 5 fehlt aber nur ein Fünftel bis zur 6. Was wächst oder schrumpft, verharrt deshalb jeweils relativ lange im Bereich einer kleineren Anfangsziffer.

Aus wirtschaftssoziologischer Sicht ist diese Gesetzmäßigkeit v.a. deshalb interessant, weil sie sich auf viele wirtschaftliche Daten anwenden lässt. So sind Einkommen, Jahresumsätze, Steuerlasten oder auch Stromkosten prinzipiell nach oben unbeschränkte Geldbeträge. Die Logik des Benford-Gesetzes wird also für die Anfangsziffern von Einkommen, Umsätzen, Steuern oder Stromkosten gelten.[13] Es ist mithin zu erwarten, dass z.B. die Preise aller Güter in einem Supermarkt dem Benford-Gesetz der Anfangsziffernverteilung

---

[12]Die Gesetzmässigkeit lässt sich für eine beliebige Basis formulieren. Anders gesagt: Sind Daten zur Basis 10 im Sinne des Gesetzes verteilt, so sind sie dies auch zu einer anderen Basis.

[13]Das Benford-Gesetz kann zur Aufdeckung von Wirtschaftskriminalität verwendet werden. Dies hat sich z.B. im Zusammenhang mit den Unregelmässigkeiten im Rechnungswesen bei der US-Firma Enron gezeigt.

folgen. Dies zeigte sich auch in einer privaten Erhebung von Supermarktpreisen des Physikers Len Fisher (2003).[14]

Hintergrund dieser Erhebung war Fishers Ehrgeiz, ein schnell und einfach anwendbares Kontrollverfahren für den Kassenzettel beim Einkaufen im Supermarkt zu entwickeln. Aufgrund der gesammelten Daten kam er zu folgender Empfehlung für eine recht genaue Schätzung des Rechnungsbetrags:

> Berechne die Summe der Euro-Beträge der Güterpreise (d.h. Zusammenzählen der Preise unter Vernachlässigung der jeweiligen Cent-Beträge) und addiere dazu (als Approximation sämtlicher Cent-Beträge) zwei Drittel der Zahl der gewählten Güter!

Diese Vorgehensweise berücksichtigt, dass Supermärkte ihre Preise im Cent-Bereich eher höher wählen – nach Fishers Erhebung gibt es etwa doppelt so viele Preise, die im Cent-Bereich eine 9 als Endziffer haben als Preise mit Endziffern, die kleiner als 9 sind; daneben liegen kaum glatte Euro-Preise vor, aber viele Preise, die hinter dem Komma mit 49 oder 99 enden. Offenbar folgt die Preissetzung hinter dem Komma nicht der Benford-Logik.[15]

E. Das Gesetz von Zipf

George Zipf bezeichnete sich selbst als statistischen Humanökologen, war aber ursprünglich Philologe. Er publizierte im Jahr 1949 das Buch *Human Behavior and the Principle of Least Effort*, in dem er eine Vielzahl von Belegen dafür präsentiert, dass man unterschiedlichste Sachverhalte mit einem bestimmten formalen Modell untersuchen kann. Von besonderer Bedeutung scheint das Zipfsche Gesetz v.a. bei der Analyse des Wachstums von Wirtschaftsräumen innerhalb eines Landes zu sein. Bezogen auf die Städte eines Landes besagt das Zipfsche Gesetz: Die Wahrscheinlichkeit, dass die Populationsgröße einer Stadt irgendeinen Wert N übersteigt, ist proportional zu $(1/N)$. Formal ausgedrückt:

$$W(\text{Größe} > N) = \frac{k}{N^\gamma} \quad \text{mit} \quad \gamma \approx 1,$$

wobei $W(\cdot)$ die Wahrscheinlichkeit bezeichnet, k eine Skalierungskonstante darstellt und γ ein zu schätzender Exponent ist, der nach dem Zipfschen Gesetz bei empirischen Anwendungen stets ungefähr 1 sein wird.

Um dies zu prüfen, werden dabei üblicherweise die Städte eines Landes zunächst nach ihrer Größe N geordnet, d.h. es wird eine Rangreihe gebildet (größte Stadt: Rang 1, zweitgrößte Stadt: Rang 2, etc.). Der (natürliche) Logarithmus des Rangs wird dann regressionsanalytisch mit dem (natürlichen) Logarithmus der Größe verknüpft – genauer gesagt wird auf der Grundlage der Kleinste-Quadrate-Methode (siehe Abschnitt 9.2.5) die Regressionsgleichung $\ln(\text{Rang}) = \ln k - \gamma \ln(N)$ an die Daten angepasst, um $\gamma \approx 1$ zu prüfen. Aufgrund dieser Vorgehensweise findet sich in der Literatur gelegentlich eine alternative

---

[14]In einer erheblich umfangreicheren Untersuchung konnten El Sehity, Hoelzl und Kirchler (2005) die Korrespondenz der Anfangsziffern von Marktpreisen mit dem Gesetz nachweisen.

[15]Generell gilt die Gesetzmässigkeit nicht nur für Anfangsziffern von unbeschränkten Zahlen oder Dezimalzahlen. Vielmehr ergibt sie sich auch in einer etwas weniger starker Form auch für die zweite Ziffer und wiederum schwächer ausgeprägt für die dritte Ziffer usw. Je weiter hinten eine Ziffer in einer Zahl steht, desto eher ähnelt die zugehörige Benford-Verteilung der Gleichverteilung.

Darstellung des Zipfschen Gesetzes, wonach (innerhalb eines Landes) der natürliche Logarithmus der Bevölkerungsgröße einer Stadt proportional zum natürlichen Logarithmus ihres Größenrangplatzes ist.[16]

Unabhängig von dieser Alternativdeutung stützt die verfügbare empirische Evidenz das Zipfsche Gesetz. Es ergab sich nämlich $\gamma \approx 1$ für alle bisher geprüften Regionen und Zeiten (siehe Gabaix 1999). Interessanterweise scheinen auch andere wirtschaftlich relevante Variablen wie z.B. die Größe von Firmen in den Vereinigten Staaten (Axtell 2001) dem Zipfschen Gesetz zu folgen.[17] Zudem stellt das Zipfsche Gesetz einen Sonderfall eines allgemeineren Ansatzes dar, der unter dem Stichwort „Potenzgesetze" bekannt ist.

F. Potenzgesetze

Ein früher Beitrag zu diesem Thema stammt von Vilfredo Pareto (1897). Aufgrund von Analysen der Einkommensteuerdaten aus England, Italien, Preußen und Sachsen spezifizierte er für den oberen Teil der personellen Einkommensverteilung eine Potenzfunktion, welche als Pareto-Verteilung bezeichnet wird und in doppellogarithmischer Darstellung (d.h. wenn auf beiden Achsen eines kartesischen Koordinatensystems logarithmierte Variablen abgetragen sind) eine fallende Gerade ist (ABBILDUNG 4.3). Eine ungleichere (gleiche) Verteilung der Einkommen über einem gegebenen Mindestverdienst korrespondiert danach mit einer flacher (vertikal) verlaufenden Geraden. Nach Pareto gibt es relativ mehr Personen mit einem geringen Einkommen, d.h. ein geringerer Bevölkerungsanteil verdient einen Großteil der Einkommen über einer gewissen Mindestgrenze. Aufgrund seiner Daten verwies Pareto auf einen Bevölkerungsanteil von ungefähr 20%, der etwa 80% des Einkommens über einer bestimmten Grenze erzielt. Diese Einsicht erwies sich als recht robust und wurde später als Pareto-Gesetz bezeichnet.[18]

ABBILDUNG 4.3: POTENZVERTEILUNG IN DOPPELLOGARITHMISCHER DARSTELLUNG

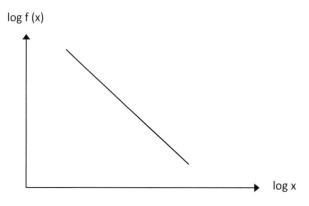

---

[16] Eine weitgehend analoge Vorgehensweise ist bei der Untersuchung von Bestsellern im Buchmarkt möglich (siehe hierzu den Beitrag *Stars und ihre Entstehung* im zweiten Band).

[17] Zipfs Gesetz liefert im Übrigen den Ausgangspunkt für formale Untersuchungen von Firmenentstehungen und Firmenauflösungen (Saichev, Malevergne und Sornette 2010).

[18] Die Beobachtung, dass lediglich ein kleiner Teil der Bevölkerung einen Großteil des Einkommens bekommt, lieferte die Grundlage für teilweise fragwürdige und unhaltbare Verallgemeinerungen. Beispielsweise wird in der Literatur zur Unternehmensberatung aufgrund des (anhand von Paretos Ergebnissen formulierten) 80/20-Prinzips plakativ darauf verwiesen, dass man generell mehr Erfolg mit weniger Aufwand haben könne (z.B. Koch 2008).

Unabhängig von Paretos Anwendung kann man die Formulierung eines Potenzgesetzes als eine leichte mathematische Verallgemeinerung des Zipfschen Gesetzes betrachten. Die Generalisierung besteht darin, dass man Skaleninvarianz unterstellt und daher ein Potenzgesetz der Form

$$f(x) = a \cdot x^b$$

annimmt, in der a eine positive Konstante ist und b einen positiven oder negativen Parameter repräsentiert.[19] Dies bedeutet, dass eine Änderung der Skala im Sinne einer Multiplikation von x mit einer weiteren Konstante c die Form des Potenzgesetzes bewahrt. Anders gesagt: Eine Stauchung oder Streckung der Messungen spielt für die Folgerungen keine Rolle. Potenzgesetze lassen sich aus bestimmten generativen Prozessen herleiten (siehe hierzu z.B. Mitzenmacher 2003).

Eine Potenzfunktion besitzt eine konstante Elastizität über den gesamten Definitionsbereich, die dem Parameter b entspricht.[20] Das Vorzeichen und die Größe dieser Elastizität bestimmt wesentlich den relevanten Kurvenverlauf. Die Beispiele in ABBILDUNG 4.4 verdeutlichen dies für $a = 1$ und $b > 0$, wenn nur nichtnegative Werte von x zugelassen sind.[21]

ABBILDUNG 4.4: VERLAUF UNTERSCHIEDLICHER POTENZFUNKTIONEN

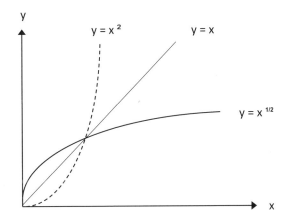

Biggs (2005) weist darauf hin, dass die Formulierung eines Potenzgesetzes nicht nur die Analyse von Naturphänomenen (wie etwa Erdbeben, Lawinen oder Waldbränden) und deren Größe erlaubt. Vielmehr eignen sich Potenzgesetze auch für die Erfassung und Untersuchung einer Vielzahl sozialwissenschaftlich und ökonomisch relevanter Größen (z.B. Streikwellen, Wachstum formaler Organisationen, tägliche Ertragsrate in Finanzmärkten).[22] Aus soziologischer Sicht besonders wichtig erscheint, dass man für die Beschreibung von Ver-

[19] Unter Bezugnahme auf Wahrscheinlichkeiten wird in diesem Zusammenhang auch von „long tail distributions" oder „heavy tail distributions" gesprochen (siehe weiterführend z.B. Erdi 2008).

[20] Die Elastizität einer Funktion ist typischerweise keine Konstante, sondern gleichfalls eine Funktion.

[21] Die Beschränkung auf nichtnegative Werte von x ist bei sozialwissenschaftlichen Anwendungen oft sinnvoll, schlägt sich jedoch in entsprechend begrenzten Kurvenverläufen nieder. Beispielsweise zeigt die gestrichelte Kurve in ABBILDUNG 4.4 nur den rechten Ast einer nach oben geöffneten Parabel.

[22] Anderson (2006) diskutiert weitere wirtschaftssoziologische Anwendungen der Logik von Potenzgesetzen und damit verknüpfte Einsichten. Zu betonen ist allerdings, dass es aus formaler Sicht durchaus Alternativen zu Potenzfunktionen gibt – beispielsweise lassen sich personelle Einkommensverteilungen u.a. durch Log-Normalverteilungen beschreiben (Atkinson und Bourguignon 2000). Dies kann man bei einer

teilungen der Zahl der Verbindungen zwischen Akteuren in sozialen Netzwerken oftmals Potenzfunktionen verwenden kann. Inhaltlich deutet dies darauf hin, dass Strukturbildungen typischerweise nicht zufällig erfolgen und dass dabei soziale Mechanismen wie der Matthäus-Effekt[23] („Dem, der hat, wird gegeben") und, als ein in dieselbe Richtung verstärkend wirkender Einfluss, die Homophilie-Tendenz („Gleich und gleich gesellt sich") eine Rolle spielen.[24]

Zur Identifikation solcher Zusammenhänge ist allerdings eine bestimmte Form der Theoriebildung erforderlich, die keineswegs von allen Sozialwissenschaftlern praktiziert wird. Es ist daher sinnvoll, sich mit der Thematik der Theoriebildung etwas näher zu beschäftigen.

4.2 Einige Merkmale der Theoriebildung

Erklärungen beruhen auf Beschreibungen und erlauben Prognosen. Theorien liefern Erklärungen für gleichartige Phänomene und Prozesse. Wesentliche Aspekte jeder wissenschaftlichen Arbeit betreffen daher den Theoriebegriff, seine Ausdeutungen sowie einschlägige Kriterien. Da es sich hierbei um eine ganze Reihe von Überlegungen handelt, empfiehlt sich eine strukturierte Vorgehensweise.

4.2.1 Eingrenzung des Theoriebegriffs

In den Sozialwissenschaften existieren unterschiedliche Auffassungen über Definitionen. In der quantitativ orientierten empirischen Sozialforschung dominiert ein nominalistisches Verständnis. Definitionen sind demnach Vereinbarungen über den Gebrauch von Namen, die nicht falsch sein können.[25] Definitionen können aber mehr oder weniger hilfreich sein. Vor diesem Hintergrund erscheint prinzipiell jede Verwendung des Theoriebegriffs akzeptabel, sofern sie sich als fruchtbar erweist. Im Folgenden werden Definitionen, Begriffssysteme oder Klassifikationen nicht als Theorie bezeichnet – eine Theorie liegt vielmehr erst vor, wenn aus einer Menge von Prämissen eine Menge von Konklusionen gefolgert wird und folgende Minimalforderungen erfüllt sind:

---

genaueren Analyse von derartigen Verteilungen berücksichtigen (siehe auch den Beitrag *Nationale und internationale Einkommensverteilung* im zweiten Band).

[23]Der von Robert K. Merton (1968) benannte Matthäus-Effekt bezieht sich auf eine Textstelle des Evangelisten, die nicht nur weiteren Erfolg für die Erfolgreichen behauptet, sondern ungekürzt wie folgt lautet: „Denn wer hat, dem wird gegeben, und er wird im Überfluss haben; wer aber nicht hat, dem wird auch noch weggenommen, was er hat".

[24]Wenn dies nicht so wäre, müssten sich Zufallsnetze nachweisen lassen, in denen die meisten Akteure näherungsweise dieselbe nicht sehr große Zahl an Verbindungen haben. Aus statistischer Sicht wären damit Poisson-Verteilungen für diese Verbindungszahlen zu erwarten, da Netzwerkbeziehungen dann als „seltene" Ereignisse aufgefasst würden. Obwohl bereits Zufallsnetze oftmals die vielfach beobachtbare Small Worlds-Eigenschaft sozialer Netzwerke aufweisen, wonach trotz großer Komplexität von Netzwerken jeweils zwischen Akteuren bemerkenswert kurze Verbindungswege bestehen, weichen Verteilungen beobachtbarer Akteurverbindungen signifikant von Poisson-Verteilungen ab (z.B. Barábasi 2002; Watts 1999).

[25]Eine alternative Sichtweise unterstellt, dass die Aufstellung und Untersuchung von Definitionen das „Wesen" von etwas erfassen und beschreiben. Soziologische Beiträge, die vor diesem Hintergrund argumentieren, beschäftigen sich mit Begriffen und deren Analyse, wenn sie sich mit z.B. dem Wesen der Moderne, der Kultur oder der Finanzmärkte befassen.

- Eine Theorie muss mindestens eine empirisch testbare Hypothese enthalten.

- Eine Theorie muss widerspruchsfrei sein, d.h. man darf nicht eine Aussage und deren Gegenteil (Verneinung) aus ihr ableiten können.

Damit sind die zentralen Zielsetzungen der Theoriebildung benannt. Unklar ist jedoch noch, was bei der Theorieentwicklung zu beachten ist.

Realismus und seine Auslegung

Als Realismus wird in der Wissenschaftstheorie der Glaube an eine vom Menschen grundsätzlich autonome und objektiv erkennbare Wirklichkeit bezeichnet. Ein Realist geht also davon aus, dass die Wirklichkeit nicht nur eine Vorstellung ist, in der man sich alle Dinge und Vorkommnisse letztlich selber schafft. Die Realität wird demnach nicht im Diskurs oder nur im Gehirn erzeugt. Ein Realist unterstellt vielmehr eine tatsächlich existierende Welt und daher eine einzige objektive Realität, die unabhängig von Akteuren, Worten und Zeichen ist. Für diese Voraussetzung kann genausowenig wie für ihr Gegenteil (d.h. Abwesenheit einer objektiven Realität, aber Vorliegen subjektiv konstruierter Wirklichkeiten) ein Beweis geführt werden.

Im Rahmen des Realismus wird weiter angenommen, dass diese reale Welt zumindest teilweise von Menschen beschrieben und erklärt werden kann. Freilich wird damit nicht postuliert, dass die Wirklichkeit so beschaffen ist, wie sie vom Menschen wahrgenommen wird. Statt eines solchen naiven Realismus wird vielmehr die Perspektive des kritischen wissenschaftlichen Realismus eingenommen. Danach liefern die menschlichen Erfahrungen und die fortwährende Bewährung diesbezüglicher gedanklicher Annahmen gute Gründe für die Existenz einer subjektunabhängigen Außenwelt, deren Merkmale und Zusammenhänge wenigstens annähernd erkannt werden können (siehe weiterführend Niiiluoto 1999). Erkenntnisse sind daher im Regelfall keine menschlichen Erfindungen, sondern jeweils Annäherungen an die Wahrheit (d.h. die tatsächlichen Strukturen der realen Welt). Die Strukturen der Wirklichkeit sind zwar der menschlichen Wahrnehmung nicht direkt zugänglich, werden aber in wissenschaftlichen Theorien thematisiert.

Auch wenn diese Theorien keine getreue Abbildung der objektiven (d.h. subjektunabhängigen) Realität leisten, ist deshalb weder die objektive Wirklichkeit noch die Wahrheit in eine soziale Konstruktion umzudeuten. Einen Pfeiler der realistischen Perspektive bildet vielmehr die sogenannte Korrespondenztheorie der Wahrheit, wonach theoretische Aussagen empirisch überprüfbar zu sein haben und möglichst weitgehend mit der objektiven Realität übereinstimmen sollen. Dies gilt trotz der Tatsache, dass im Rahmen der empirischen Forschung oftmals zu ungenaue Theorien mit kaum verlässlichen Daten konfrontiert werden.

Aus der Sicht des Realismus besteht das Ziel von Wissenschaft generell in der Aufdeckung von Wahrheit. Gemeint ist damit die Herstellung einer weitgehenden Korrespondenz zwischen einschlägigen Theorien und den relevanten Strukturen der realen Welt. Das wesentliche Argument zugunsten einer derartigen, vielfach auch als „Objektivismus" bezeichneten Wissenschaftsauffassung liefert ihr unbestreitbarer Erfolg insbesondere bei der Beschreibung und Erklärung von empirischen Sachverhalten und Abläufen in den Bereichen der Natur- und Lebenswissenschaften (für weitere Argumente siehe z.B. Psillos 1999).

In den Wirtschafts- und Gesellschaftswissenschaften finden sich gleichfalls Realisten. Beispielsweise teilen viele empirische Sozialforscher mit einer quantitativen Ausrichtung und die meisten Ökonomen eine entsprechende Vororientierung. Freilich haben sich auch bekannte Sozialtheoretiker zum Realismus bekannt. So hat z.B. Talcott Parsons (1937, 1951) betont, dass er einen analytischen Realismus vertritt. Demnach ist von der Prämisse auszugehen, dass es eine objektive Welt gibt, die prinzipiell vom Menschen erkennbar ist. Zusätzlich nimmt Parsons aber auch an, dass die wissenschaftliche Analyseperspektive und die dazugehörigen Konzepte und Begriffe bedingen, wie die Realität wahrgenommen wird. Unterschiedliche Disziplinen und Theorien betonen daher unterschiedliche Aspekte desselben Sachverhalts oder Ablaufs. Die analytische Perspektive setzt dabei Schwerpunkte in der Wahrnehmung der Welt, sodass nicht überraschen sollte, dass unterschiedliche Disziplinen zu verschiedenen Einsichten gelangen. Gleichzeitig beziehen sich jedoch alle diese Erkenntnisse auf ein und dieselbe Welt, sodass theoretische Hypothesen an der Wirklichkeit prinzipiell scheitern können und Theoriemodifikationen im Sinne von Annäherungen an die objektiven Gegebenheiten eventuell zwingend notwendig werden.

4.2.2 Sparsamkeit als Theoriebildungsprinzip

Unabhängig von der betrachteten Erfahrungswissenschaft wird aus methodologischer Sicht für die Theoriebildung gefordert, dass ein Sparsamkeitsprinzip eingehalten wird:

> Eine Theorie sollte so sparsam wie möglich, aber so aufwändig wie nötig sein.

Diese Forderung geht auf den spätscholastischen Philosophen Occam (1290–1349) zurück. Es wird Occams Rasiermesser („Occam's razor") genannt und fordert den Verzicht auf alle Vorausetzungen, die für die Erklärung eines Sachverhaltes oder Ablaufs nicht zwingend erforderlich sind.

Die komplexe soziale Wirklichkeit ist daher nicht durch entsprechend komplexe Theorien zu erhellen. Gefragt sind vielmehr möglichst reduzierte Erklärungen, welche lediglich die zentralen Einflüsse betonen. Bei Befolgung dieses Prinzips der Theoriebildung ergibt sich unweigerlich die folgende Einsicht:

> Jede erfahrungswissenschaftliche Theorie beruht notwendigerweise auf Annahmen, die nicht völlig zutreffen und/oder tatsächliche Sachverhalte ausblenden.

Eine realwissenschaftliche Theorie beruht also stets auf einer gewissen Verzerrung der Wirklichkeit. Prägnanter gesagt: Theorien der Erfahrungswissenschaften sind niemals richtig, weil sie keine wahre Abbildung der Realität bieten. In den Sozialwissenschaften scheinen Theorien sogar immer falsch zu sein. Fraglich ist in diesen Fächern eigentlich nur, ob die durch falsche Theorien begründbaren Folgerungen weitgehend entkräftet sind oder ob die Theorien trotz ihrer Inkorrektheiten akzeptable Annäherungen an empirische Sachverhalte und Abläufe erlauben. Vor diesem Hintergrund gibt es in den Sozialwissenschaften eine lange Kontroverse darüber, inwieweit Voraussetzungen von Theorien möglichst realitätsgerecht sein sollten (z.B. Blaug 1980; Brinkmann 1997; Hollis 1994; Opp 1995; Rosenberg 1992).

4.2.3 Wirklichkeitsbezug von Postulaten

In einem bekannten methodologischen Beitrag argumentierte der Ökonom Milton Friedman (1953), dass der deskriptive Gehalt der Prämissen bei der Theoriebildung völlig unwesentlich sei. Für ihn stellt eine Theorie ein Vorhersageinstrument dar, deren Güte nur am Erfolg der jeweiligen Prognose gemessen werden kann. In der Soziologie nimmt u.a. Jasso (1988) eine instrumentalistische Position ein, die sich an Friedman orientiert.[26]

Gegen Friedmans Argumentation kann man mit Herbert Simon (1963) darauf verweisen, dass Theorien normalerweise Erklärungen liefern. Daher ist die gesamte logische Erklärungskette bei der Beurteilung und Überprüfung einer Theorie zu berücksichtigen. Eine theoretisch begründete Vorhersage kann man vor diesem Hintergrund lediglich als eine Probe für die Korrektheit einer Erklärung ansehen, aber keinesfalls als Endzweck der

---

[26] Aus der wissenschaftstheoretischen Perspektive des Instrumentalismus fassen wissenschaftliche Theorien bisherige Beobachtungen zusammen und sie stellen Instrumente zur Prognose künftiger Ereignisse dar. Kontrastiert wird der Instrumentalismus oftmals mit der Sichtweise des Realismus, wonach wissenschaftliche Theorien Abbildungen von Strukturen der Wirklichkeit bieten, die der menschlichen Wahrnehmung nicht zugänglich erscheinen. In einem Sammelband von Mäki (2009) wird u.a. argumentiert, dass sich Friedmans (1953) instrumentalistisch anmutende Aussagen auch im Sinne des Realismus deuten lassen.

Theoriebildung. Empirisch falsche Annahmen sind schon deshalb möglichst zu vermeiden, weil sie nicht korrekt beantworten können, warum etwas passiert.

Dies gilt auch für unrealistische Annahmen, die zum Zwecke der mathematischen Vereinfachung getroffen werden – das Interesse an eleganten Theorien kann wirklichkeitsferne Postulate nicht rechtfertigen, da Eleganz keinen Wahrheitsbezug mit sich bringt. Aussagen über erfundene Welten haben nichts mit der Wirklichkeit zu tun und erklären diese daher auch nicht. Auf dieser Grundlage wirft der Soziologe Hedström (2005) einigen seiner Kollegen vor, dass sie wirklichkeitsferne Annahmen zum Zwecke der Modellierung allzu leichtfertig einführen.

Dabei übersieht er jedoch eine wesentliche Forderung des Spieltheoretikers Robert Aumann (1985): Sozialwissenschaftliche Theorien sollten weniger nach der Realitätsnähe und Plausibilität ihrer Annahmen bewertet werden, sondern eher nach der Zahl und Reichweite ihrer Folgerungen für das Verständnis der Wirklichkeit. Aus dieser Sicht sind sozialwissenschaftliche Theorien daran zu bemessen, was sie an testbaren Hypothesen in der Ökonomik, Politologie und Soziologie schon generiert haben und derzeit noch anregen. Impliziert eine Theorie auf der Grundlage unrealistischer Annahmen vielfältige empirisch prüfbare Zusammenhänge, so erscheint sie für das Verständnis der Welt fruchtbarer als eine Theorie mit zwar realitätsnäheren Annahmen, aber weniger relevanten Implikationen. Beispielsweise ist die Annahme begrenzt rational handelnder Akteure im Sinne von Herbert Simon (1990) sicher deskriptiv korrekter als die Annahme vollständig rational handelnder Akteure; allerdings ist die Rationalitätshypothese bisher die weitaus fruchtbarere Prämisse bei der Herleitung empirisch prüfbarer Aussagen gewesen.

Theoriebildung ist daher nicht nur ein fortlaufender Prozess der Prüfung und Überarbeitung anhand der empirischen Evidenz zu den jeweils testbaren Theoriefolgerungen. Vielmehr ergibt sich bei Akzeptanz der Aumannschen Gedanken noch eine weitere wichtige Einsicht: Theoriebildung hat immer auch mit der Festlegung von Annahmenkombinationen zu tun, die sich als besonders fruchtbar für die Genese von empirisch relevanten Aussagen erwiesen haben und erweisen. Unrealistische Annahmen erscheinen keineswegs als überflüssig, wenn sie in diesem Sinne das Verständnis der Realität erweitern.

Zudem bilden Theorien die Wirklichkeit niemals wahrheitsgetreu ab, weil sie stets auf bewussten Vereinfachungen z.B. aufgrund des Sparsamkeitsprinzips beruhen. Eine gewisse Verzerrung der Realität ist im Rahmen der Theoriebildung mithin unvermeidbar.[27] Insgesamt werden praktisch immer unprüfbare und verzerrende Annahmen vorliegen, wenn man empirisch testbare Theorien betrachtet. Empirische Untersuchungen erlauben jedoch vorläufige Einsichten über etwaige Vereinfachungen und ihre Angemessenheit. Lassen sich die prüfbaren Aussagen einer Theorie bei regelmäßigen empirischen Tests nämlich nicht widerlegen, so sind die in den Theorieannahmen vernachlässigten Aspekte offenbar tatsächlich von nachrangiger Wichtigkeit. Es wurden dann wahrscheinlich adäquate Annahmen getroffen, d.h. es wurde bei der Theoriebildung von vermutlich unwesentlichen Fakten abstrahiert. Auch weil empirische Bewährungen dies aber keineswegs mit Sicherheit nachweisen können, ist theoretisches Wissen im Allgemeinen nur vorläufig.

Ergeben sich Abweichungen zwischen empirischen Befunden und den theoretischen Hypothesen in systematischen Studien, so sind durch die bisherigen Theorieannahmen vernachlässigte Aspekte vermutlich von stärkerer Bedeutung als ursprünglich gedacht, was bei

---

[27] Mit Esser (1993) kann man auch betonen, dass empirische Prüfungen von Theorien stets auf bestimmten Annahmen beruhen, die im Test keineswegs empirisch untersucht werden können.

Modifikationen der jeweiligen Theorie zu berücksichtigen ist. Zu bedenken sind vor solchen Theorieveränderungen allerdings zwei grundlegende Einsichten der Wissenschaftstheorie:

- Es ist von einer Theoriegetränktheit (oder Theoriegeladenheit) empirischer Daten auszugehen, weshalb es keine voraussetzungslose empirische Forschung gibt. Vielmehr existieren stets messtechnische und soziokulturelle Hintergrundannahmen, die ihrerseits durch theoretische Überlegungen geprägt sind. Weil es praktisch kein theorieloses empirisches Material gibt, kann es für Abweichungen zwischen Theorie und Daten u.a. auch Gründe geben, die wenig mit den zu prüfenden theoretischen Hypothesen zu tun haben. Bei systematischen Abweichungen zwischen empirischen Resultaten und theoretischen Vermutungen ist somit zunächst zu fragen, ob sie durch die getroffenen Voraussetzungen bei der Beschaffung und Erhebung der Daten bedingt sein können. Falls dies klar verneint werden kann, kann man sich mit etwaigen Modifikationen der Theorie befassen und früher als weniger relevant betrachtete Aspekte bei der Theorieüberarbeitung stärker betonen.

- Es existiert das Duhem-Quine-Problem, wonach es unmöglich ist, eine Theorie ohne Hilfshypothesen (Brückenannahmen) zu prüfen.[28] Jeder Test ist immer eine gemeinsame Prüfung der Theorie und der Voraussetzungen, welche die Kluft zwischen der Theorie und der Testsituation überbrücken. Bei systematischen Abweichungen zwischen empirischen Resultaten und theoretischen Vermutungen ist daher zunächst zu fragen, ob die Abweichungen mit den getroffenen Brückenannahmen bei der empirischen Überprüfung zu tun haben. Sofern dies klar verneint werden kann, kann man sich mit etwaigen Modifikationen der Theorie beschäftigen und ursprünglich als unwichtig erachtete Aspekte bei der Revisison der Theorie stärker betonen.

Dabei bezweifelt niemand die Notwendigkeit von Abstraktionen bei der Theoriebildung. Allerdings müssen sich Annahmen für den jeweiligen Zweck der Theoriebildung eignen. Daneben ist zu beachten, was Alan Musgrave (1981) in einem Beitrag zu Friedmans These der Irrelevanz theoretischer Postulate betont: Nicht alle Annahmen spielen dieselbe Rolle in einer Theorie, weshalb Friedmans Pauschalurteil keinesfalls für alle unterscheidbaren Typen von Voraussetzungen gilt. Die unvermeidlichen Vereinfachungen einer Theorie sind im Idealfall daher so vorzunehmen, dass die damit einhergehenden Folgerungen möglichst nicht von einzelnen speziellen Annahmen abhängen. Sind solche Postulate aber unumgänglich, so sollten diese wesentlichen Annahmen möglichst empirisch prüfbar und nicht völlig kontrafaktisch sein. Dies erscheint u.a. deshalb sinnvoll, weil es häufig konkurrierende und prinzipiell unvereinbare Theorien gibt, die auf unterschiedlichen Annahmen beruhen, aber zu ähnlichen Folgerungen gelangen.[29] Um in einem empirischen Anwendungsfall zwischen solchen Theorien unterscheiden zu können, ist die Prüfung zentraler Annahmen erforderlich.[30]

---

[28] Dieses Problem stellt sich bei allen empirischen Forschungen, die theoriegeleitet erfolgen. Es ist nach dem französischen Physiker Pierre Duhem (1861–1916) und dem amerikanischen Philosophen Willard van Orman Quine (1908–2000) benannt, die sich damit zuerst beschäftigt haben.

[29] Falls mehrere Theorien mit denselben Daten im Einklang stehen und keine eindeutigen Aussagen über die empirische Passung der Theorien möglich sind, spricht man von der empirischen Unterdeterminiertheit von Theorien.

[30] Hintergrund dieser Aussage ist die logische Tatsache, dass aus falschen Prämissen wahre Konklusionen folgen können, aber aus wahren Konklusionen nicht auf die Wahrheit der Prämissen geschlossen werden kann. Somit gibt es keine logische Möglichkeit zwischen konkurrierenden Theorien zu diskriminieren,

---

Objektivismus und Subjektivismus

Nach Bunges (1996) Darstellung war der Objektivismus (Realismus) die vorherrschende wissenschaftstheoretische Perspektive in praktisch allen Erfahrungswissenschaften bis in die 1960er Jahre.
Danach sollen keine subjektiven Elemente die wissenschaftliche Analyse der autonom existierenden
und objektiv erkennbaren Realität beeinflussen. Während diese methodologische Vororientierung
in den Naturwissenschaften nach wie vor klar dominiert, gilt dies heute nur mehr für einen Teil
der Sozialwissenschaften und insbesondere der Soziologie.

   Hintergrund dieser Aussage ist die in diesen Fächern beobachtbare Ausbreitung von Anti-
Realismus und Subjektivismus während der letzten 50 Jahre. Der Anti-Realismus wird u.a. durch
die Philosophie des Idealismus begründet, wonach es keine materielle Außenwelt gibt, sondern nur
Ideen und deren Wahrnehmung durch geistige Wesen. Wie z.B. Pfister (2006) ausführt, sind damit
die Grenzen der Welt durch die Grenzen der Erkenntnis festgelegt. Unter Subjektivismus wird die
philosophische Auffassung verstanden, wonach die Welt nicht subjektunabhängig existiert, sondern
durch die jeweilige Person erzeugt wird. Erkenntnisse sind demnach Aussagen über das erkennende
Subjekt, nicht aber über etwas Objektives oder dessen Existenz. Sie sind vom Standpunkt des
erkennenden Akteurs abhängig.

   Eine Spielart des Subjektivismus ist die Phänomenologie, die maßgeblich von dem Philosophen Edmund Husserl (1900/1901) angeregt wurde und auf die Analyse der Erfahrungen des
einzelnen Bewusstseins gerichtet ist. Auf dieser Grundlage entwickelte Alfred Schütz (1932) den
Gedanken, dass man die Phänomenologie für die Aufdeckung des Sinns von sozialen Handlun-
gen verwenden kann, wodurch verstehende Soziologie nach den Vorstellungen Max Webers (siehe
Abschnitt 3.1.2) möglich wird. Im Rahmen der sich daraus entwickelnden phänomenologischen
Soziologie entstanden der Sozialkonstruktivismus und, teilweise in Abgrenzung davon, weitere
Varianten des Konstruktivismus, die sich z.T. überlappen.

Die hier vertretene Sichtweise entspricht in weiten Teilen der metatheoretischen Orientierung des von Karl R. Popper (1934, 1944, 1945, 1957) begründeten „kritischen Rationalismus", der von vielen empirisch orientierten Wissenschaftlern akzeptiert wird. Popper
(1974) beschreibt den kritischen Rationalismus als die Einstellung, deren Prinzip in einem bewussten Lernen aus Fehlern besteht. Voraussetzungen sind dabei immer wieder
erfolgende Konfrontationen theoretischer Vermutungen mit der Wirklichkeit (d.h. empirische Überprüfungen) und die Bereitschaft zu gegebenenfalls notwendigen Korrekturen
des theoretischen Wissens. Solange Theorierevisionen im Gefolge von gegenläufiger empirischer Evidenz stattfinden können, kennzeichnet Vorläufigkeit den Wissensbestand einer
Erfahrungswissenschaft.

Im Idealfall stellt eine Theorie eine hilfreiche Abstraktion zum Verständnis der Realität
dar. Durch die Vernachlässigung irrelevanter Aspekte und die damit eher gewährleistete
Betonung relevanter Zusammenhänge ist eine ideale Theorie notwendigerweise eine verzerrende Abbildung, die gleichzeitig aber höchst praktisch ist. Allerdings gibt es für viele
Teilbereiche der Realität keineswegs nur eine einzige Theorie. Es stellt sich daher die Frage
nach Kriterien für eine etwaige Theorieselektion.

---

welche einen empirisch gültigen Sachverhalt mithilfe unterschiedlicher Annahmen deduktiv begründen
– die letztlich angemessene Theorie kann nur durch empirische Befunde zu den abweichenden Voraussetzungen identifiziert werden (siehe hierzu auch Abschnitt 4.2.6).

4.2.4 Wesentliche Theoriewahlkriterien

Liegen mehrere konkurrierende Theorien vor, so kann man fragen, wie festzustellen ist, welche davon besonders gut sind. Man kann für einen Theorievergleich eine ganze Reihe von Gütekriterien spezifizieren: Unter sonst gleichen Bedingungen ist eine Theorie umso besser,

- je mehr Phänomene und/oder Prozesse sie erklärt und voraussagt,[31]

- je präziser ihre Erklärungen und Voraussagen sind,

- je einfacher und umfassender ihre Grundidee ist,

- je weniger spezifische Begriffe sie verwendet,

- je weniger unprüfbare Aussagen sie enthält,

- je größer die Beobachtbarkeit oder Operationalisierbarkeit ihrer Konstrukte ist,

- je mehr sie durch empirische Befunde gestützt wird.

Dennoch gilt: Auch die im Augenblick beste Theorie ist keine endgültige Erkenntnis (d.h. theoretisches Wissen ist immer nur vorläufig).[32] Theorien können durch andere Theorien ersetzt werden, sofern letztere z.B. eine systematisch bessere empirische Bestätigung als erstere aufweisen.

In den Sozialwissenschaften werden Theorien aber selbst bei vielfältiger gegenläufiger Evidenz keineswegs immer aufgegeben. Diese aus erfahrungswissenschaftlicher Sicht erstaunliche Praxis lässt sich unterschiedlich begründen. So kann das Beharrungsvermögen von sozialwissenschaftlichen Theorien mit ihrer Interessantheit zu tun haben: Nach Murray Davis (1971) verneinen interessante Theorien (im Gegensatz zu uninteressanten Theorien) weithin akzeptierte Aussagen oder Annahmen, wodurch sie besonders zum Diskurs anregen und als fruchtbar erscheinen.

Nicht übersehen sollte man daneben eine teilweise entgegengesetzt wirkende Begründung für das Beharrungsvermögen sozialwissenschaftlicher Theorien, die sich wesentlich auf die Akzeptanz eines wenig präzisen Theoriebegriffs (z.B. Theorien sind generalisierende Aussagen) stützt:[33] Bei hinreichend flexibler Handhabung des Theoriekonzepts kann eine neue Sammlung von allgemeinen Sätzen nämlich schon dann einen hinreichend einflussreichen Teil der Fachöffentlichkeit überzeugen, wenn sie Fallstudien und Einzelbeispiele

---

[31]Sofern eine bessere Theorie eine höhere Vorhersagekraft als Alternativtheorien aufweist, kann sie strenger geprüft und leichter widerlegt werden. Nach Popper (1934) besitzt eine Theorie eine umso größere Reichweite oder einen umso höheren empirischen Gehalt, je unwahrscheinlicher ihre prüfbaren Aussagen zutreffen können.

[32]Im Bereich der Erfahrungswissenschaften existiert kein Verfahren, theoretische Erkenntnisse zur letztendlichen Wahrheit zu erheben. Dennoch kann man im Bereich der Naturwissenschaften durchaus Beispiele dafür finden, dass theoretisches Wissen nicht mehr als vorläufig angesehen wird: Niemand bezweifelt etwa mehr ernsthaft die ungefähr kugelförmige Gestalt der Planeten oder das Vorhandensein einer zur Sonne gerichteten Zentralkraft (Gravitation), welche die Planeten in ihren Bahnen hält und stets zwischen zwei Massen als Anziehungskraft auftritt. Dagegen wird das sozialwissenschaftliche Wissen, in Übereinstimmung mit Poppers kritischem Rationalismus, tatsächlich weithin als vorläufig angesehen.

[33]Bei Unterstellung eines unscharfen Theoriebegriffs können auch Gleichsetzungen von Zeitdiagnosen mit Theorien stattfinden, die aus verschiedenen Gründen überaus fragwürdig und problematisch erscheinen (für eine kritische Diskussion siehe z.B. Alexander und Smith 1996).

durch eine vermeintlich plausible Argumentation nachvollziehbar zusammenfasst. Wird sie deswegen – unabhängig von etwaigen empirischen Befunden – immer wieder vorgetragen, so wirkt sie wesentlicher und korrekter als eigentlich angemessen.[34] Dadurch ist ihre Verbreitung über die Fachgrenzen hinaus gesichert und ihre Wichtigkeit unterstrichen. Als Folge unterstellt die wissenschaftlich interessierte Öffentlichkeit ihre tendenzielle Richtigkeit, was u.U. zu Handlungen (z.B. in Politik und Wirtschaft) auf der Grundlage der durch sie nahe gelegten Deutung führt. Dadurch wird ihre vermutete Relevanz weiter erhöht, sodass sie irgendwann zum Kanon der nicht weiter hinterfragten und in jedem einschlägigen Lehrbuch dargestellten Theorien des Faches gehört. Dies kann selbst dann gelten, wenn die empirische Evidenz weitgehend gegen die vermeintliche Theorie spricht. Weil mit einem unscharfen Theoriebegriff derartige Probleme einhergehen können, scheint seine genauere Eingrenzung und Festlegung angebracht.

Varianten des Konstruktivismus

Es gibt in der Soziologie verschiedene Spielarten des Subjektivismus. Die für die methodologische Diskussion wichtigsten Typen sind:

Sozialkonstruktivismus: Ausgehend von den Arbeiten ihres Lehrers Alfred Schütz haben Peter L. Berger und Thomas Luckmann (1969) die soziale Konstruktion der Wirklichkeit beschrieben. Sozialkonstruktivistische Betrachtungen beruhen auf der Prämisse, dass Handlungen und Objekte nicht von vornherein mit Sinn behaftet sind, sondern ihnen dieser erst vom Menschen zugeschrieben wird. Subjektive Zuschreibungen und Wahrnehmungen basieren auf einem gesellschaftlichen (d.h. weithin geteilten) Wissensvorrat, den sich Menschen im Laufe ihrer Sozialisation aneignen und der in zwischenmenschlichen Aushandlungsprozessen immer wieder neu geschaffen bzw. modifiziert wird. Auch gesellschaftliche Institutionen werden als Teil einer von Menschen geschaffenen Wirklichkeit verstanden, welche die Menschen jeweils als mehr oder weniger objektive Gegebenheit wahrnehmen. Die Existenz von Naturgegebenheiten, die Gültigkeit von Naturgesetzen und die Möglichkeit einer einzigen Wahrheit wird im Sozialkonstruktivismus zwar nicht notwendigerweise abgestritten, diese stehen aber aufgrund der vorgelagerten Bedeutung gesellschaftlicher Konstruktionen nicht im Fokus der phänomenologisch geprägten Analysen.

Radikaler Konstruktivismus: Der radikale Konstruktivismus ist als überspitzte Variante der eben beschriebenen sozialkonstruktivistischen Ideen zu verstehen. Er wurde maßgeblich von Heinz von Foerster (1993) und Ernst von Glasersfeld (1987) entwickelt. In der deutschsprachigen Soziologie hat ihn insbesondere Niklas Luhmann (1984, 1997) popularisiert. Während der Sozialkonstruktivismus von Berger und Luckmann eine unabhängig vom Menschen existierende Realität bei der Betrachtung nicht von vornherein ausschließt, wird diese aus radikalkonstruktivistischer Perspektive abgelehnt. Erkenntnis und Wahrnehmung sind demnach jeweils unabhängig von einer objektiven Realität geschaffene Produkte des menschlichen Bewusstseins. Da das Bewusstsein als für soziologische Analysen ungeeignet betrachtet wird und zudem ein selbstreferentielles System ist, können Menschen nicht aus ihrer Gedankenwelt heraustreten und erfinden daher die Realität anstatt sie zu entdecken. Für Luhmann (1990) gibt es soviele Wirklichkeiten wie Beobachter. Daher existiert keine objektive Wahrheit.

Relativismus: Eine extreme Form des Konstruktivismus stellt auch der Relativismus dar, der u.a. von Latour und Woolgar (1979) und Knorr-Cetina (1981) vertreten wird. Behauptet wird in seinem Rahmen nicht nur, dass die Welt subjektabhängig ist und vielfältige Konstruktionen erfolgen. Für Relativisten bleiben Konstruktionen nicht auf das Individuum beschränkt,

---

[34] Wiederholungen einer Aussage verändern nicht deren Wahrheitsgehalt, aber sie können die Korrektheitsvermutungen ihrer Rezipienten verbessern. Beispielsweise gibt es in der Psychologie den seit Jahrzehnten dokumentierten „Mere-Exposure"-Effekt (Zajonc 2001), wonach die wiederholte Darbietung eines Reizes eine gewisse Vertrautheit auslöst, mit der bis zu einem gewissen Punkt dessen positivere Beurteilung einhergeht.

sondern werden z.T. durch Kollektive (wie z.B. „scientific communities") geschaffen. Der erkenntnistheoretische Standpunkt des Relativismus verneint dabei die Möglichkeit von objektiver universeller Wahrheit. Genauer gesagt: Aus der Sicht des Relativismus gelten Erkenntnisse u.a. nur für einen bestimmten Personenkreis, zu einem gewissen Zeitpunkt, an einem spezifischen Ort oder lediglich unter speziellen kulturellen Bedingungen. Erkenntnisse sind also keinesfalls absolut, sondern immer nur in Bezug auf etwas gültig. Aus dieser Perspektive gibt es kein globales permanentes Wissen. Da Realität eine soziale Konstruktion ist, sind Aussagen zumindest an Raum und Zeit gebunden. Vor diesem Hintergrund ist zu bezweifeln, ob etwa chemische Gesetze, physikalische Konstanten oder mathematische Lehrsätze eine universelle Gültigkeit beanspruchen können.

Diese Vororientierungen haben Konsequenzen für die wissenschaftliche Arbeit, die sich nicht völlig decken. So bestehen aus phänomenologischer Sicht die zentralen Aufgaben wissenschaftlicher Forschung nicht in der Aufdeckung von Wahrheit oder der Identifikation von Regularitäten und Gesetzmäßigkeiten, sondern in der Re- und Dekonstruktion gesellschaftlicher Konstruktionsprozesse. Daher steht sinnhaftes Verstehen (aber nicht ursächliches Erklären) im Vordergrund des wissenschaftlichen Interesses von Sozialkonstruktivisten, obwohl diese die Existenz einer objektiven Außenwelt nicht unbedingt bestreiten.

Im Gegensatz dazu verneinen radikale Konstruktivisten die Möglichkeit wissenschaftlicher Erkenntnis im Sinne einer Annäherung an Wahrheit und Gesetzmäßigkeiten. Radikalkonstruktivistische Erfahrungswissenschaft erhebt keinen sozialtechnologischen Anspruch (z.B. Vorschläge für institutionelle Reformen, Politikberatung, Erstellung von Konjunkturgutachten) und zieht sich auf die Position des beschreibenden Kritikers zurück. Fragwürdig ist, warum man sich an der radikal-konstruktivistischen Perspektive orientieren sollte, wenn es keinen damit verknüpfbaren universellen Erkenntnisgewinn gibt und vor ihrem Hintergrund letztlich nur ein dauerhafter Diskurs über mehr oder weniger kritische Beschreibungen ohne irgendeinen Gestaltungsanspruch stattfinden kann.

Auch der Relativismus bringt fundamentale Probleme für den Anspruch von Wissenschaft mit sich, weil vor seinem Hintergrund keine kulturübergreifenden und generalisierten Erkenntnisse möglich sind. Übersehen wird von Relativisten dabei, dass die unbezweifelbaren Erfolge der Naturwissenschaften wesentlich auf der Gewinnung allgemeiner Einsichten beruhen. Zudem wird damit vernachlässigt, dass es auch in der Psychophysik und den Sozialwissenschaften gesetzesartige Erkenntnisse gibt, die keineswegs an Raum und Zeit gebunden sind (siehe hierzu die in Abschnitt 4.1.3 besprochenen Beispiele). Der grundlegende Einwand gegen den Relativismus betrifft allerdings seinen eigenen Anspruch: Falls der Relativismus unterstellt wird, kann er selbst auch nur relativ gelten, was eine konsistente Begründung seiner universellen Gültigkeit verhindert. Neben dem damit verknüpften Zirkelschluss existiert freilich noch ein weiterer Einwand: Falls die Wirklichkeit im Kollektiv ausgehandelt wird, kann man kaum einen Gültigkeitsanspruch für die eigene Konstruktion der Realität erheben, weshalb eigenständige Gestaltungsvorschläge von vornherein unmöglich scheinen.

Aufgrund dieser (und weiterer) Argumente verwundert es insgesamt nicht, dass viele Philosophen die besprochenen Varianten des Konstruktivismus kritisch sehen (siehe z.B. Boghossian 2006; Bunge 1999; Hacking 1999; Koertge 2000; Kukla 2000). Dies gilt auch für andere Wissenschaftler (u.a. Groeben 1995; Sokal und Bricmont 1999) und die Mehrheit der quantitativ orientierten Soziologen (z.B. Schnell, Hill und Esser 2008).

4.2.5 Theoriekonzepte und Modellbegriff

Generell besteht eine Theorie aus einer Menge von Prämissen, die eine Menge von Konklusionen implizieren. Anders ausgedrückt: Auf der Grundlage von Annahmen werden im Rahmen einer Theorie logische Folgerungen gezogen. In Anlehnung an wissenschaftstheoretische Beiträge (z.B. Lakatos 1970, Stegmüller 1980) kann man mit Diekmann (2007) einen weiten und einen engen Theoriebegriff unterscheiden:

- Eine Theorie im weiteren Sinne ist eine Menge von miteinander verknüpften und logisch vereinbaren Aussagen, von denen sich eine nicht-leere Teilmenge auf empirisch prüfbare Zusammenhänge zwischen Variablen bezieht.

- Eine Theorie im engeren Sinne besteht aus zwei Bestandteilen, nämlich

  (1) „Kern": Dieser umfasst die Grundannahmen, welche sich einerseits auf kaum prüfbare Zusammenhänge beziehen und andererseits grundlegende Begriffe definieren.

  (2) „Peripherie": Sie umfasst empirisch prüfbare abgeleitete Hypothesen sowie Regeln zur Messung der Variablen.

Wird der Kern (1) mathematisch formalisiert, so spricht man auch von den Axiomen einer Theorie, aus denen durch logische Deduktion die empirisch prüfbare Peripherie (2) folgt. Eine solche formalisierte Theorie nennt man „Modell". Beispiele für Modelle in den Sozialwissenschaften finden sich v.a. in der Ökonomik, aber auch in Politologie (z.B. Riker und Ordeshook 1973) und Soziologie (z.B. Coleman 1964).

Viele dieser Modelle erlauben die Bestimmung und Untersuchung von „Gleichgewichten". Unter einem Gleichgewicht versteht man einen dauerhaften Zustand oder einen permanenten Ruhezustand – im Bereich der Sozialwissenschaften ist ein solcher Zustand typischerweise dadurch gekennzeichnet, dass Verhaltensweisen beibehalten werden. Dabei ist zu unterscheiden, ob das betrachtete Modell statisch oder dynamisch ist:

- In einem statischen Modell ist eine Gleichgewichtssituation im Sinne eines Ruhezustandes dann gegeben, wenn sich wesentliche Variablen (z.B. Angebot an und Nachfrage nach Gütermengen in Märkten) entsprechen und/oder keine Anreize für deren isolierte Veränderungen mehr bestehen.

- In einem dynamischen Modell liegt eine Gleichgewichtssituation im Sinne eines dauerhaften Zustandes („steady state") vor, wenn ein Wachstum der relevanten Variablen (z.B. Kapitalstöcke) mit konstanter (aber nicht notwendigerweise identischer) Rate erfolgt und/oder keine Anreize für isolierte Abweichungen vom eingeschlagenen Pfad mehr bestehen.

Bei der Analyse von Modellen geht es daher oft um die Existenz, die Eindeutigkeit und die Stabilität von Gleichgewichten.[35] Viele sozialwissenschaftliche Modelle sind durch mehrere Gleichgewichtszustände gekennzeichnet, von denen jeweils wenigstens einer zumindest lokal stabil ist. Ein solcher dauerhafter Zustand kann dann für die Herleitung empirisch prüfbarer Aussagen herangezogen werden.

In Modellen mit permanenten Ruhezuständen bauen sich Ungleichgewichtszustände üblicherweise deshalb ab, weil durch sie Anreize für Verhaltensweisen entstehen, die zu ihrer Beseitigung beitragen. Eine derartige Logik charakterisiert freilich keineswegs alle Modelle, die sich mit wirtschaftssoziologischen Themen beschäftigen. Wie noch deutlich werden wird, gibt es auch Modellierungen, die ohne Rückgriff auf irgendwelche Ruhezustände und deren genauere Untersuchung interessante Einsichten erlauben. Vor ihrer Besprechung ist ein Blick auf Stärken und Schwächen von Modellen sinnvoll.

---

[35]Mithin stellen sich folgende Fragen: Existiert überhaupt ein Gleichgewicht, ist ein existierendes Gleichgewicht eindeutig oder gibt es mehrere solche Ruhezustände, kann man zumindest ein existierendes Gleichgewicht als stabil (im Sinne einer zumindest lokalen Konvergenz zu diesem Ruhezustand) bezeichnen?

4.2.6 Vor- und Nachteile der Modellierung

Ein Modell ist eine formalisierte Theorie im engeren Sinne. Positive Aspekte der Modellbildung sind:

- Die Modellierung stellt eine ehrliche Form der Theoriebildung dar, weil sich die theoretischen Annahmen nicht verstecken lassen. Sie führt daher leichter zu Kritik und Erkenntnisfortschritt.

- Die Modellierung erfordert die Beachtung des Sparsamkeitsprinzips der Theoriebildung, weil mathematische Handhabbarkeit nahezu immer eine auf zentrale Wirkmechanismen reduzierte Vorgehensweise diktiert.[36]

- Die Modellierung präzisiert, erweitert und integriert substantielle Ideen, wobei sie durch den Einsatz von Deduktionsregeln sowohl eine logische Prüfung von Widerspruchsfreiheit gestattet als auch zu neuartigen empirisch prüfbaren Vermutungen und Vorhersagen führt.

- Die Modellierung ist eine besonders effiziente Form der Theoriebildung, weil sich vorliegende oder leicht reformulierte Modelle oftmals auf strukturell ähnliche Fragestellungen anwenden lassen.

- Die Modellierung erlaubt die Prüfung der Konsistenz verbaler Argumente sowie die Durchführung formalisierter Gedankenexperimente (was wäre wenn?).

Insgesamt wird durch die Modellbildung gewährleistet, dass die dadurch generierten Folgerungen zumindest präzise genug sind, um auch empirisch prüfbar zu sein. Dennoch gibt es auch Schwachpunkte der Modellierungsstrategie. Erwähnenswert sind insbesondere zwei Problemstellungen:

- Ein vermeidbares Problem betrifft den Modell-Fetischismus oder Modell-Platonismus (Albert 1972). Nicht jede Einsicht muss aus einem wissenschaftlichen Gerüst formal hergeleitet werden. Generell gilt: Die Entscheidung über die Modellierung eines Sachverhaltes sollte einem Nutzen-Kosten Kalkül unterliegen.

- Ein unvermeidbares Problem jedes Modells ist die logische Tatsache, dass aus falschen Prämissen wahre Konklusionen folgen können und aus wahren Konklusionen nicht auf die Wahrheit der Prämissen geschlossen werden kann. Ist der unprüfbare Kern eines Modells also falsch, so kann seine prüfbare Peripherie zwar empirisch korrekte Folgerungen umfassen. Aus solchen empirischen Resultaten folgt aber keinesfalls die Wahrheit des Kerns.

Letzteres kann man anhand eines einfachen Beispiels verdeutlichen. Betrachtet werden dazu eine falsche und eine wahre Prämisse:

---

[36]Insbesondere wird bei praktisch jeder Modellierung zumindest eine „ceteris paribus"-Annahme getroffen, d.h. die Analyse erfolgt unter der Prämisse sonst gleicher Bedingungen. Die Aufmerksamkeit wird damit jeweils auf eine einzelne Fragestellung gerichtet und von anderen, eventuell simultan ablaufenden Phänomenen und Prozessen wird abstrahiert. Trotz aller Kritik an dieser Vorgehensweise gibt es zu ihr bei der formalen Theoriebildung keine überzeugende Alternative.

Deutsche sind Kommunisten.

Kommunisten sind Menschen.

Bei korrekter logischer Deduktion ergibt sich aus beiden Prämissen die wahre Konklusion, dass Deutsche Menschen sind. Ähnlich ist es, wenn zwei falsche Prämissen (wie z.B. Deutsche sind Dinosaurier und Dinosaurier sind Menschen) miteinander kombiniert werden.

Vor diesem Hintergrund ist die Auswahl einer Theorie aus einer Menge von Alternativen auf der Grundlage von empirischer Evidenz zu theoretischen Folgerungen unmöglich. Es gibt ja keine logische Möglichkeit zwischen konkurrierenden Modellen zu unterscheiden, welche denselben empirisch gültigen Sachverhalt mithilfe unterschiedlicher Annahmen und Konstrukten deduktiv begründen. Die letztlich adäquate Modellierung kann nur durch empirische Tests der abweichenden Voraussetzungen identifiziert werden – üblicherweise sind viele Modellannahmen aber Teil des Kerns (d.h. der nicht prüfbaren theoretischen Voraussetzungen), wodurch die jeweilige Modellierung praktisch gegen rigorose Theorienvergleiche immunisiert erscheint.

Derartige Mängel weisen auf erkenntnistheoretische Grenzen hin, die sogar für Modelle als relativ anspruchsvolle Formen von Theorien bestehen.[37] Gleichwohl sind Illustrationen für Modelle sinnvoll.

4.3 Beispiele für Modellierungen

Modelle sind formalisierte Theorien, die zu präzisen empirisch testbaren Aussagen führen. Es ist sinnvoll, einige Modelle zu besprechen, die sich mit Fragen aus dem Bereich der Wirtschaftssoziologie befassen. Dabei werden der Einfachheit halber nur Modellierungen betrachtet, die ohne Gleichgewichtsanalysen auskommen.

4.3.1 Zufallsbedingte Ungleichverteilung von Anteilen

Im Wirtschaftsleben gibt es nicht selten Situationen, in denen Erträge oder Kosten zwischen mehreren Akteuren aufzuteilen sind. Daneben werden sich Konkurrenten in Märkten um Umsätze bemühen und es stellt sich die Frage nach ihren Marktanteilen. Im Folgenden soll ein weitgehend unbekannter, aber schon aufgrund seiner Einfachheit interessanter Modellierungsansatz besprochen werden, der von dem Statistiker Frederick Mosteller (1965) stammt und die Beantwortung von Aufteilungsfragen erlaubt. Dieser Ansatz beruht auf wahrscheinlichkeitstheoretischen Überlegungen und setzt kaum Informationen voraus.[38]

Ausgangspunkt ist ein gegebenes Ganzes, das durch einen Stab repräsentiert wird. Angenommen sei, dass der Stab eine Länge von Eins besitzt und an einer zufällig gewählten

---

[37] Über Modelle als spezielle Varianten von Theorien und deren Verhältnis zur Wirklichkeit haben die Statistiker Box, Hunter und Hunter (2005) einige knappe, aber zutreffende Aussagen zusammengestellt: „Every model is an approximation. It is the data that are real (They actually happened!) [...] All models are wrong; some models are useful."

[38] Der Mosteller-Ansatz wurde bisher insbesondere in der Industrieökonomik (z.B. Gilman 1992; Neumann 2000) verwendet, um die Verteilung von Marktanteilen auf die nach ihrem Umsatz geordneten Unternehmen einer Branche unter Wettbewerbsbedingungen vorherzusagen. Obwohl man in diesem Zusammenhang auf den ersten Blick überzeugende Resultate beim Vergleich mit empirisch beobachtbaren Marktanteilen erhält, überzeugen die bisherigen Anwendungen des Mosteller-Modells v.a. wegen der zweifelhaften Qualität der verwendeten Daten und der dabei üblichen Vorgehensweise bei der Bestimmung der Anzahl der jeweiligen Anbieterzahl nicht.

Stelle gebrochen wird. Falls jeder Punkt des Stabes als Bruchstelle mit gleicher Wahrscheinlichkeit in Betracht kommt, kann die Bruchstelle mit gleicher Wahrscheinlichkeit sowohl
links als auch rechts von der Stabmitte liegen. Falls die Teilung des Stabes durch n durch-
nummerierte Akteure erfolgt und diese jeweils die Stabstücke erhalten, so ergibt sich eine
rein zufallsbedingte Anteilsverteilung. Nach Mosteller erhält der jeweils i-te Akteur hierbei
den Anteil

$$a_i = \frac{1}{n} \sum_{j=i}^{n} \frac{1}{j},$$

sodass der Zufall eine Abhängigkeit der Verteilungsstruktur von der Zahl der Akteure bewirkt. Dabei wird nur etwas über die Struktur der Verteilung gesagt, aber nichts über
einen bestimmten Akteur. Dies wird deutlicher, wenn man die Anwendung der Formel
näher betrachtet: Zuerst erstellt man eine Rangordnung der Akteure nach einem interessierenden Kriterium in der betrachteten Situation und dann setzt man entsprechend dieser
Reihenfolge in die obige Formel zur Bestimmung der Anteile ein.[39]

Bei dem Kriterium für die Rangfolge der Akteure kann es sich beispielsweise um die
Größe der individuellen Arbeitsleistung handeln, die für die Erwirtschaftung des zu ver-
teilenden Ertrags erbracht wurde. Ein anderes Kriterium für eine Rangordnung kann etwa
auch die Intensität der Benutzung einer gemeinsamen Ressource sein, für die Kosten an-
gefallen und aufzuteilen sind. Auch möglich ist, dass sich die Reihung auf den Erfolg in
einem Markt (z.B. Umsatz) bezieht. Generell wird aber die Unmöglichkeit einer genauen
Quantifizierung unterstellt. Somit ist z.B. die Größe der individuellen Arbeitsleistung, die
Höhe des Firmenumsatzes oder die Intensität der individuellen Ressourcennutzung unbekannt, aber es ist eine ordinale Reihung der beteiligten Akteure bezüglich des jeweiligen
Kriteriums verfügbar.

Nimmt man zur Illustration an, dass lediglich $n = 3$ Akteure aufgrund eines Kriteriums
in eine Rangfolge gebracht wurden, so ergibt sich folgende zufallsbedingte Anteilsverteilung:

$$a_1 = \frac{1}{3} \left(\frac{1}{1} + \frac{1}{2} + \frac{1}{3} \right) \doteq 0,611$$

$$a_2 = \frac{1}{3} \left(\frac{1}{2} + \frac{1}{3} \right) = 0,278$$

$$a_3 = \frac{1}{3} \left(\frac{1}{3} \right) = 0,111.$$

Akteur 1 erhält also $0,611$, Akteur 2 dagegen $0,277$ und Akteur 3 lediglich $0,111$ des auf
Eins normierten Ertrags. Eine entsprechende Marktanteilsverteilung ergibt sich, wenn der
Geschäftserfolg im Mittelpunkt des Interesses steht. Oder, falls die Zuweisung von Kosten
im Mittelpunkt steht, hat Akteur 1 immerhin $0,611$, Akteur 2 nur $0,277$ und Akteur 3
lediglich $0,111$ der auf Eins normierten Aufwendungen zu leisten.

In Abhängigkeit von der Zahl der Akteure resultiert somit eine Hypothese über die
Struktur der Anteile, die nicht an irgendwelche Akteure und deren Identität gebunden
ist – die Formel berücksichtigt lediglich die Zahl und den Rangplatz der Akteure, jedoch

---

[39]Bei hinreichend wiederholter Anwendung der Formel ergibt sich eine Gleichverteilung, sofern jeder Akteur
jeden Rangplatz und damit die korrespondierenden Anteile zugewiesen bekommt.

TABELLE 4.1: ZUFALLSBEDINGTE ANTEILE

Rangplatz:	1	2	3	4	5	6	7	8	9	10
$n = 1$	100,0									
$n = 2$	75,0	25,0								
$n = 3$	61,1	27,8	11,1							
$n = 4$	52,1	27,1	14,6	6,2						
$n = 5$	45,7	25,7	15,7	9,0	4,0					
$n = 6$	40,8	24,2	15,8	10,3	6,1	2,8				
$n = 7$	37,0	22,8	15,6	10,9	7,3	4,4	2,0			
$n = 8$	34,0	21,5	15,2	11,1	7,9	5,4	3,3	1,6		
$n = 9$	31,4	20,3	14,8	11,1	8,2	6,1	4,2	2,6	1,2	
$n = 10$	29,3	19,3	14,3	11,0	8,5	6,5	4,8	3,4	2,1	1,0

Gerundete Prozentangaben bei alternativer Zahl der Akteure n und eindeutiger Rangzuordnung.

nicht um welchen Akteur es sich handelt. Wie TABELLE 4.1 verdeutlicht, ergibt sich eine zufallsbedingte Ungleichverteilung von Anteilen auf die n Akteure, die in eine eindeutige Rangfolge gebracht werden konnten. Der Stab ist in diesem Fall der Gewinn, Marktumsatz oder Verlust, die Rangfolge reflektiert die gewährten, realisierten oder erhaltenen Leistungen der Akteure und die zufallsbedingten Bruchstücke des Stabes sind die vorhergesagten Anteile der Akteure, welche ihre Bruchteile des Gewinns, Marktumsatzes oder der Kosten determinieren.

Regeln zur Aufteilung von Gewinnen und Verlusten

In der Literatur finden sich viele Vorschläge zur Lösung des Problems der Aufteilung von gegebenen Gewinnen oder Verlusten. Beispielsweise beschäftigen sich philosophische Werke (z.B. Rawls 1971) mit der Gestaltung und den Merkmalen der Aufteilung von Rechten bzw. Pflichten, die einem Kriterium der Gerechtigkeit genügt. Es liegen auch mathematisch orientierte Beiträge vor, die sich mit dem Thema der Verteilung von öffentlichen Ressourcen oder Lasten beschäftigen (z.B. Young 1994).

Ein besonders populärer Ansatz stammt von Lloyd Shapley (1953), der damit ein wichtiges Lösungskonzept der kooperativen Spieltheorie axiomatisch begründet und formalisiert hat. Der Shapley-Wert bezieht sich auf die Aufteilung einer gegebenen Größe auf mehrere Akteure, die Koalitionen bilden können. Er beruht auf der Idee, dass jeder Akteur nach dem Durchschnitt der ihm zurechenbaren Wertsteigerungen sämtlicher Koalitionen entlohnt wird. Die Bestimmung des Shapley-Wertes ist daher relativ aufwändig: Es ist für jeden der Beteiligten jeweils der Durchschnitt seiner marginalen Beiträge über alle Koalitionen zu berechnen, die sich bezüglich der möglichen sequentiellen Anordnungen (Reihenfolgen) der Akteure ergeben. Der Aufwand der Berechnung steigt mit der Anzahl der Akteure (n) stark an, weil es $n!$ Reihenfolgen gibt, die bei der Bestimmung der marginalen Beiträge jeweils zu berücksichtigen sind (für Details siehe u.a. Braun und Gautschi 2011).

Hintergrund bei der Bestimmung der Anteile ist die plausible Annahme, dass für den jeweils realisierbaren Bruchteil viele Einflüsse ausschlaggebend sind, die sich insgesamt als zufällig interpretieren lassen. Wenn viele Variablen gleichzeitig „schwingen", dann ist ihr Wirken kaum vom Zufall zu unterscheiden. Die Voraussetzung des Zufalls kann man also dahingehend deuten, dass vielfältige Einflüsse bei der Bestimmung von Umsatzanteilen bei Marktwettbewerb oder bei der Teilung von Gewinnen oder Verlusten in Kollektivgebilden (wie z.B. Gruppen, Wohngemeinschaften) eine Rolle spielen. Sofern Informationen über die

Umsatzstärke bzw. Arbeits- oder Nutzleistung vorhanden sind, die eine eindeutige Rangordnung der Akteure erlauben, ergeben sich auf der Grundlage des Mosteller-Modells auf recht einfache Weise empirisch prüfbare Vorhersagen über die Verteilungen von Marktanteilen, Erträgen und Aufwendungen.

4.3.2 Handlungsfähigkeit und Macht in Körperschaften

Im Wirtschaftsleben sind neben Individuen u.a. auch Unternehmungen, Banken, Gebietskörperschaften (z.B. Gemeinden, Landkreise, Bundesländer), gemeinnützige Organisationen (z.B. Stiftungen, Vereine), Staaten und Staatengemeinschaften (z.B. EU) tätig. Derartige Kollektivgebilde bestehen üblicherweise aus mehreren Akteuren, die entsprechend einer mehr oder minder expliziten Herrschaftsstruktur miteinander verknüpft sind. Zweck dieser Struktur ist u.a. die Handlungsfähigkeit des Kollektivgebildes zu gewährleisten und die Machtverteilung bei dessen Entscheidungsfindung zu regeln. Weil im modernen Geschäftsleben die Bedeutung von solchen überindivdiduellen Akteuren in den letzten Jahrhunderten zu Lasten von Personen enorm zugenommen hat (z.B. Coleman 1982), erscheint die Beschäftigung mit der Entscheidungsfindung und der Handlungskapazität in diesen Kollektivgebilden wichtig. Zu bedenken ist hierbei auch, dass sich Ökonomen kaum mit Herrschaftsstrukturen und deren Konsequenzen befassen.

Im Rahmen von Untersuchungen der institutionellen Gegebenheiten in Körperschaften und ihren Folgen betrachtet Coleman (1971) insbesondere Kollektivgebilde, deren Handlungsentscheidungen in Abstimmungen getroffen werden. Beispiele für solche Kollektivgebilde sind Parlamente in repräsentativen Demokratien, Parteigremien, Stadt- und Gemeinderäte sowie internationale Organisationen (z.B. Internationaler Währungsfonds, Vereinte Nationen). Weitere Beispiele umfassen Vorstände von Banken, Versicherungen und Verbänden, Leitungsgremien von Gewerkschaften sowie Aufsichtsräte in Aktiengesellschaften. Für Coleman ist die formale Verteilung von Kontrolle über die Handlungen einer Körperschaft unter deren Mitglieder ein wesentliches Element der Verfassung der betrachteten Kollektivität. In Körperschaften mit Abstimmungen hängt die Ausübung der Kontrolle wesentlich von der zumeist in der Verfassung vorgeschriebenen und nicht zufallsbedingten Entscheidungsregel (wie z.B. der Einstimmigkeitsregel, der Zweidrittel-Regel oder der Regel der einfachen Mehrheit) ab. Sobald eine Verfassung festgelegt wird, werden damit die interne Machtstruktur und die Handlungsfähigkeit der Körperschaft weitgehend bestimmt.

Um nun diese Machtstruktur und Handlungsfähigkeit zu erfassen, charakterisiert Coleman zunächst einmal die dabei relevanten Entscheidungen näher. Eine Körperschaft hat typischerweise festzulegen, ob ein Gesetz angenommen, eine Resolution verabschiedet oder eine Maßnahme (z.B. zur Herstellung eines Gutes oder zur kostenintensiven Abstellung eines Übels) durchgeführt werden soll. Eine solche (Verpflichtung zur) Handlung hat üblicherweise jeweils spezifische und durch irgendwelche Übereinkünfte kaum veränderliche Konsequenzen für die Entscheidungsträger. Es geht dabei in der Regel um die Kontrolle von Handlungen der Körperschaft.

Für seine Analyse konzentriert sich Coleman auf Kollektive mit deterministischen Entscheidungsregeln (wie z.B. Handlung bei einem Drittel der Stimmen, bei absoluter Mehrheit, bei Dreiviertel-Mehrheit oder bei Einstimmigkeit).[40] Macht interpretiert er als Potenzial zur Einflussnahme bei Abstimmungen. Genauer gesagt definiert Coleman drei

---

[40]Im Gegensatz zu deterministischen Regeln wird bei probabilistischen Entscheidungsregeln jeweils ein Zufallsmechanismus (z.B. Losziehung) zur Entscheidungsfindung verwendet.

verschiedene Machtkonzepte, die sich auf unterschiedliche Akteure (Körperschaft oder ihre Mitglieder) und verschiedene Handlungen (nämlich deren Initiierung oder Verhinderung) beziehen:

- Die Macht der Kollektivität zur Handlung (d.h. die Handlungsfähigkeit),

- die Macht jedes Mitglieds einer Körperschaft zur Verhinderung einer Handlung und

- die Macht jedes Mitglieds der Kollektivität zur Initiierung einer Handlung.

Zur formalen Einführung dieser Konzepte sind einige Annahmen notwendig. Eine Körperschaft treffe Entscheidungen über die Ablehnung oder Durchführung von Handlungen und ihr Entscheidungsgremium bestehe aus einer endlichen Menge N von Mitgliedern, die mit $i = 1, 2, ..., n$ bezeichnet werden. Sie verwende eine Entscheidungsregel, welche durch die Quote q die mindestens erforderliche Stimmenzahl für jede ihrer etwaigen Handlungen festlegt. Es gebe eine Zahl der Mitglieder, die für eine bestimmte Handlung stimmen und einer Teilmenge von N angehören. Die insgesamt von der Teilmenge abgegebenen Stimmen seien durch die Gewichtungsfunktion $g = g(N)$ erfasst. Dabei sind Unterschiede zwischen Mitgliedern der Kollektivität im Sinne einer verschiedenen Stimmengewichtung zulässig. Letzteres reflektiert etwa unterschiedliche Positionen in der Hierarchie der Körperschaft oder verschiedene Eigentumsverhältnisse (z.B. Stimmrechte bei Aktiengesellschaften).

Generell wird die Kollektivität handeln, sobald $g = q$ erfüllt ist. Falls h die Zahl der handlungserzeugenden Teilmengen bezeichnet, kann man mit Coleman die Macht der Kollektivität zur Handlung („power of a collectivity to act") definieren:

$$A := \frac{h}{2^n}.$$

Die Macht A ist die relative Zahl der Abstimmungsausgänge, die zu einer Handlung der Kollektivität führen. Insgesamt gibt es nämlich 2^n mögliche Abstimmungsresultate, von denen h die Bedingung für das Handeln der Kollektivität erfüllen. Anders gesagt: Das Maß A ist die Wahrscheinlichkeit, dass sich eine Mehrheit für eine kollektive Handlung vor dem Hintergrund der Größe der Körperschaft, ihrer Entscheidungsregel und der Verteilung der Stimmgewichte unter ihre Mitglieder erzielen lässt. Wird z.B. die Einstimmigkeitsregel verwendet, dann besitzen alle Mitglieder der Kollektivität jeweils ein Veto-Recht. Es müssen also alle Akteure der Handlung zustimmen. Daher gelten $g(N) = q = 1$, $h = 1$ und $A = 1/2^n$, was bei steigender Zahl von abstimmungsberechtigten Mitgliedern zu einer weitgehenden Handlungsunfähigkeit der Kollektivität (d.h. $A \approx 0$ für sehr großes n) führt. Bei einer einfachen Mehrheitsregel gilt dagegen $g(N)/2 = q$, wodurch wegen $h = 2^{n-1}$ der Wert $A = 1/2$ als prinzipiell maximale Macht einer Körperschaft zur Handlung resultiert.

Neben diesem Maß für die Handlungsfähigkeit einer Kollektivität definiert Coleman bekanntlich auch Konzepte für die Untersuchung ihrer internen Machtstrukturen. Sein Ausgangspunkt dabei ist die Überlegung, dass individuelle Macht in einem Entscheidungsgremium die Fähigkeit ist, eine Abstimmung durch das eigene Stimmverhalten zu entscheiden. Mit g_i sei das individuelle Gewicht von Akteur i bei den Abstimmungen der Körperschaft bezeichnet. Ein Mitglied i kann durch sein Stimmverhalten unter Umständen entscheidend sein – sein Umschwenken („swing") wird den Ausgang der Abstimmung verändern, falls es eine Teilmenge M der Mitgliedermenge N gibt, sodass $q - g_i = g(M) < q$ gilt. Mit s_i wird die Anzahl von Teilmengen bezeichnet, für die Mitglied i in diesem Sinne entscheidend für einen Wahlausgang ist. Unter Verwendung der definierten Größen kann man nun die individuelle Macht zur Verhinderung einer Handlung der Kollektivität („power to prevent action") festlegen:

$$P_i := \frac{s_i}{h} \quad \text{für alle } i.$$

Damit ist die Blockade-Macht jedes Mitglieds errechenbar. Genauer gesagt lässt sich dadurch bestimmen, in welchem Ausmaß jeder Akteur in der Körperschaft durch das Versagen seiner Zustimmung aus einer Mehrheit für eine kollektive Handlung eine Minderheit machen kann. Jeder Wert der Blockade-Macht ist eine Wahrscheinlichkeit, wobei sich die individuellen Macht-Werte innerhalb einer Körperschaft keineswegs auf Eins addieren müssen. Bei einem Akteur mit Veto-Recht entspricht die Blockade-Macht dem Wert Eins, jedoch können andere Akteure durchaus auch eine gewisse Macht zur Verhinderung von Handlungen des Kollektivs besitzen. Generell gibt das Maß P_i an, inwieweit ein beliebiges Mitglied i allein durch sein eigenes Umschwenken eine Handlung der Kollektivität ausschließen kann. Es ist nicht verwunderlich, dass Coleman auch eine Definition für die individuelle Macht zur Initiierung einer Handlung der Körperschaft („power to initiate action") bereit stellt:

$$I_i := \frac{s_i}{2^n - h} \quad \text{für alle } i.$$

Auch dieses Maß ist eine Wahrscheinlichkeit und wiederum addieren sich seine individuellen Ausprägungen in der Körperschaft nicht zu Eins. Im Zähler steht die Zahl der Teilmengen aller Mitglieder, in denen der Akteur i durch ein Umschwenken entscheidend sein kann; der Nenner wird durch das Komplement der gewinnenden Teilmengen (d.h. die Zahl der verlierenden Teilmengen) bestimmt. Somit drückt I_i die Möglichkeit von Mitglied i aus, durch sein eigenes Umschwenken eine Mehrheit zugunsten einer Handlung des Kollektivs zu beschaffen. Erfasst wird durch das Maß also die jeweilige Initiierungsmacht des betrachteten Mitglieds. Es gilt z.B. $I_i = 1$, wenn der Akteur i ein Diktator ist; dann sind $g_i = q$, $h = 2^{n-1} = s_i$ und $P_i = 1$. Die Macht der Körperschaft zur Handlung entspricht, wenn sie von einem Diktator geführt wird, mit $A = 1/2$ genau dem maximalen Wert.

Freilich ist darauf hinzuweisen, dass die Handlungsfähigkeit einer Kollektivität bei Gültigkeit der einfachen Mehrheitsregel ebenfalls dieses Optimum erreicht. Im Unterschied zu anderen Konstellationen (z.B. Zweidrittel-Mehrheit, Entscheidungen mit Veto-Rechten) entsprechen sich bei einfachen Mehrheitsentscheidungen im Kollektiv überdies die Verteilungen der Macht zur Initiierung und Verhinderung von Handlungen der Körperschaft. Es gilt also $I_i = P_i$ bei Entscheidungen, die nach der Regel der einfachen Mehrheit in der Kollektivität getroffen werden.

Auf der Grundlage von Colemans Formalisierung können auch Entscheidungssituationen untersucht werden, in denen lediglich eine Minderheit der Kollektivität zur Handlungsdurchführung notwendig ist und im Grenzfall sogar nur ein Akteur dafür hinreicht (z.B. Entscheidung über Notruf in einer Firma). Generell gilt in derartigen Situationen $0 < q < g(N)/2$. Die Entscheidungsregel im Beispielsfall eines für die Handlung hinreichenden einzelnen Mitglieds lautet $q = \min(g_1, g_2, ..., g_n)$, wodurch wegen $h = 2^n - 1$ die Handlungsfähigkeit des Kollektivgebildes durch $A = 1 - 2^{-n}$ bestimmt ist. Bei großer Mitgliederzahl besteht damit praktisch Sicherheit über die Handlung der Körperschaft. Für jedes Individuum ist jeweils nur ein Umschwenken möglich ($s_i = 1$). Jedoch ist die individuelle Initiierungsmacht perfekt ($I_i = 1$), während die Blockade-Macht mit zunehmender Mitgliederzahl geringer ausfällt ($P_i = 1/(2^n - 1)$). Soll also beispielsweise öffentlicher Schaden verhindert werden, dann ist die kollektive Handlungsfähigkeit im Regelfall sehr groß, die Initiierung einer entsprechenden Handlung der Allgemeinheit ist sicher und die individuellen Chancen zu ihrer Blockade sind relativ klein.

Derartige Folgerungen lassen sich mit anderen Formalisierungen schwerlich erzielen. Es ist daher verwunderlich, dass Colemans Arbeiten zur Macht in Kollektiven erst in der jüngeren Vergangenheit an Popularität gewonnen haben (z.B. Felsenthal und Machover 1998). Insgesamt eignen sich die Coleman-Maße für die Beurteilung und Gestaltung von institutionellen Regelungen in Kollektivgebilden, die wesentlich das Wirtschaftsgeschehen prägen. Beispielsweise kann man sie verwenden, um die Machtverteilungen in den Institutionen der Europäischen Union zu bestimmen und ihre möglichen Variationen im Gefolge von geplanten Gremienerweiterungen und etwaigen Verfassungsänderungen zu erfassen. Die Anwendung der Coleman-Maße ist allerdings nicht an den Bereich der Wirtschaft gebunden – die Maße lassen sich in allen klar definierten Kollektiven mit Entscheidungsregeln für die Aufnahme gemeinsamer Handlungen zur systematischen Analyse der internen Machtstruktur und der Handlungsfähigkeit nutzen.

Hierarchie und ihre Messung

Ungleiche Verteilungen von z.B. Handlungsmöglichkeiten oder Macht treten oftmals in hierarchischen Strukturen auf. Es stellt sich daher die Frage, wie sich das Ausmaß der Hierachie in Organisationen und anderen sozialen Gebilden erfassen lässt. Eine Antwort ergibt sich, wenn man ein Maß verwendet, das von Coleman (1964) auf der Grundlage des informationstheoretischen Konzeptes der Entropie entwickelt wurde.

Ausgangspunkt für seine Besprechung ist ein Sozialsystem mit insgesamt $n \geq 2$ Akteuren, für die Daten über Proportionen $\pi_1, \pi_2, ..., \pi_n$ vorliegen, die $\pi_i \geq 0$ für alle i und $\sum_{i=1}^{n} \pi_i = 1$ erfüllen. Bei $\pi_1, \pi_2, ..., \pi_n$ kann es sich um Anteile einer Verteilung von z.B. Einkommen, Macht oder Status handeln. Die Entropie gibt das Ausmaß der Unordnung in einem geschlossenen System an. Im betrachteten Zusammenhang ergibt sie sich wie folgt:

$$E = -\sum_{i=1}^{n} \pi_i \cdot \ln \pi_i.$$

Da $\pi_i \cdot \ln \pi_i \to 0$ für $\pi_i \to 0$ gilt, wird die Konvention $\pi_i \cdot \ln \pi_i = 0$ für $\pi_i = 0$ eingeführt. Unter den getroffenen Annahmen besitzt die Entropiefunktion einen Wertebereich zwischen 0 und $\ln n$, wobei die Gleichheit der Proportionen zur maximalen Entropie führt. Coleman definiert den Grad der Hierarchie oder Rangordnung daher als die standardisierte Abweichung der Entropie der beobachteten Verteilung vom Maximalwert der Entropie:

$$C := \frac{\ln n - E}{\ln n} = 1 + \frac{\sum_{i=1}^{n} \pi_i \cdot \ln \pi_i}{\ln n}.$$

Weil $0 \leq C \leq 1$ gilt, gibt Colemans C den Grad der Differenzierung bezüglich der betrachteten Variable in dem jeweiligen Sozialsystem an. Es gilt $C = 0$ bei einer Gleichverteilung der Proportionen im System, aber $C = 1$ bei extremster Ungleichverteilung (d.h. einer Konzentration von z.B. Einkommen, Macht oder Status auf lediglich einen Akteur). Anders gesagt: Kontrolliert jemand alle Ressourcen, verfügt er über die Befugnisse eines Diktators oder wird allein ihm Status zugewiesen, so nimmt C den Wert Eins an und die Hierarchie ist maximal; sind dagegen alle Systemakteure bezüglich z.B. materiellem Besitz, ihrem Einfluss bei Entscheidungen und der erhaltenen sozialen Anerkennung gleich, dann entspricht C dem Wert Null und es besteht keine Hierarchie.

4.3.3 Beziehung zwischen Zeit und Schwankungsbreiten

Betrachtet man das Geschehen an den Finanzmärkten, so fällt auf, dass sich die Kurse eigentlich stets verändern. Gelegentlich sind diese Preisschwankungen stärker und betreffen die gesamte Bandbreite der gehandelten Finanzprodukte. Zumeist aber beziehen sich stärkere Schwankungen nur auf einzelne Vermögenswerte, Rohstoffe, Staatsanleihen oder Wechselkurse, während der gesamte Finanzmarktsektor üblicherweise nur geringe Veränderungen relativ zum Vortag zu verzeichnen hat. Man kann sich fragen, wie man das Finanzmarktgeschehen knapp beschreiben und untersuchen kann. Eine Möglichkeit der Deskription und Analyse hat der Mathematiker Benoît Mandelbrot im Anschluss und in Erweiterung von Arbeiten des Hydrologen Harold Edwin Hurst vorgeschlagen (z.B. Mandelbrot und Hudson 2004).[41]

Hurst untersuchte vor etwa 100 Jahren die Wasserstände am Nil für ein Dammbauprojekt. Er stellte dabei fest, dass sich die Wasserstände unregelmäßig auf- und abbewegten. Um eine Gesetzmäßigkeit der Schwankungen festzustellen zu können, entwickelte er die „Rescaled Range"- oder (R/S)-Modellierung. Dieses Verfahren bezieht sich auf Zeitreihendaten, die zunächst in eine Zeitreihe prozentualer Veränderungen umgewandelt werden. Danach werden die durchschnittlichen reskalierten Schwankungsbreiten (d.h. Mittelwerte der jeweiligen Verhältnisse von Spannweite (Range) und Standardabweichung) für die Teilintervalle jeweils derselben Länge (z.B. $m = 1, 2, 3, \ldots$ Tage) berechnet. Die m-te mittlere Schwankungsbreite (z.B. durchschnittliche Tagesschwankung, mittlere Zweitagesschwankung, gemittelte Dreitagesschwankung...) wird mit $(R/S)_m$ bezeichnet.

Die zentrale Idee von Hurst war nun, dass die $(R/S)_m$-Werte und die Schwankungsbreiten systematisch miteinander zusammenhängen. Tatsächlich fand Hurst eine einfache Regularität, welches die Länge eines Zeitintervalls mit der zugehörigen durchschnittlichen Schwankungsbreite verknüpft:

$$(R/S)_m = c \cdot m^H,$$

wobei H den sogenannten Hurst-Exponenten mit $0 < H \leq 1$ bezeichnet. Durch Logarithmierung ergibt sich

$$\ln((R/S)_m) = \ln c + H \cdot \ln m,$$

sodass sich der Hurst-Exponent H bei gegebenen Daten über $(R/S)_m$ und m durch die Anwendung der Methode der kleinsten Quadrate (siehe Abschnitt 9.2.5) schätzen lässt. Für die Wasserstände am Nil ergab sich $H = 0,73$.

Die Prüfung bezüglich eines möglichen Zufallsprozesses ist für die wirtschaftssoziologische Analyse wesentlich, weil sie Folgerungen über das Finanzmarktgeschehen und damit verknüpfte zeitliche Bedingtheiten erlaubt. Auf ihrer Grundlage kann man fragen, ob derzeitige und vorherige Kursänderungen voneinander statistisch unabhängig sind und lediglich zufallsbedingte Variationen vorliegen. Zur Prüfung der Zufallsbedingtheit wird das Hurstsche Modell auf wirtschaftliche Variablen übertragen und z.B. für die Analyse von Zeitreihen über Aktienkurse eingesetzt. Nach Mandelbrot und Hudson (2004: 267) ergeben sich u.a. H-Werte von 0,75 für Apple- und 0,72 für IBM-Aktienkurse. Wegen $H \geq 0,7$ kann man schließen, dass hier keine reinen Zufallsschwankungen vorliegen (ABBILDUNG 4.5 illustriert ein ähnliches Szenario, das sich auf die (R/S)-Analyse eines Aktienindex bezieht).

---

[41] Der Überblick von Schachermayer (2008) informiert über relevante Details und weiterführende Entwicklungen in der Anwendung der Mathematik auf Finanzmärkte.

Diese Folgerung ergibt sich dagegen nicht, wenn man Wechselkursentwicklungen für bestimmte Währungen (z.B. kanadischer Dollar zu US-Dollar) entsprechend untersucht, weil dort der Schätzwert von H ungefähr 0,5 beträgt. Will man auf der Grundlage der Hurstschen Methode und entsprechender Schätzresultate also etwas über Finanzmärkte und deren Eigenschaften aussagen, so empfiehlt sich die Untersuchung einer Vielzahl einschlägiger Zeitreihen und eine anschließende Durchschnittsbildung der geschätzten H-Werte.[42]

ABBILDUNG 4.5: RESCALED-RANGE-ANALYSE EINES AKTIENINDEX, 1959–2005

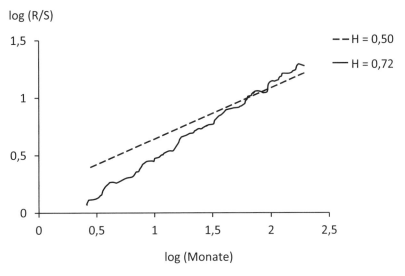

Quelle: Thoma (1996: 49, Abb. 12).

Interessant ist der Wert des Hurst-Exponenten aber auch dann, wenn man die Rescaled-Range-Analyse (und damit z.B. ABBILDUNG 4.5) ausblendet. Dies gilt, weil H etwas über die zugrundeliegende Zeitreihe aussagt. Würde man Börsenkurse gegen die Zeit in einem Diagramm abtragen, so würde der Verlauf der resultierenden Zeitreihe den Wert von H reflektieren: Je näher H bei Null liegt, umso hektischer und zackiger verläuft die Zeitreihe; bei $H = 1$ ergibt sich eine vollständig glatte Linie.

Daneben informiert der Wert von H über die Bedeutung des Zufalls für die betrachtete Zeitreihe. Für $H = 0,5$ erfolgen Kursveränderungen unabhängig voneinander und der Zufall regiert – beobachtbar wäre eine stark fluktuierende Aufwärts- und Abwärtsbewegung der Zeitreihe. Anders gesagt: Der Zufallsanteil einer Zeitreihe ist umso höher, je näher H dem Wert 0,5 kommt. Wenn $H \neq 0,5$ gilt, wird damit auf eine vorhandene Abhängigkeit der Kursänderungen hingewiesen. Man kann dann von der Existenz von Trends (d.h. eine

---

[42]Selbst wenn man keine zufallsbedingten Schwankungen der Kurse beobachten kann, bedeutet dies nicht, dass Finanzmärkte nicht funktionieren. So kann der Aktienmarkt als ein Mechanismus zur Errechnung des aktuellen Wertes des freien Cashflows betrachtet werden, den das börsennotierte Unternehmen künftig verdienen wird. Unter dem freien Cashflow versteht man das monetäre Kapital, das nach Begleichung sämtlicher Verbindlichkeiten und Forderungen zur Privatentnahme verbleibt. Es gibt bekannte Fälle (z.B. im Zusammenhang mit der Challenger-Katastrophe von 1986), in denen der Aktienmarkt in seiner Einschätzung dieses Wertes für bestimmte Unternehmen bemerkenswert richtig lag (siehe Surowiecki 2004). Daneben kann man die Logik des Finanzmarktes auf andere Bereiche (z.B. Wahlbörsen) übertragen, um aufgrund von Kursbeobachtungen künftige Ereignisse vorherzusagen (siehe hierzu den Beitrag *Märkte und Prognosen* im zweiten Band).

Bewegung z.B. nach oben wird bevorzugt) sprechen. Für $H > 0,5$ liegen längerfristige Trends vor, die überdies mit steigendem H stärker werden. H ist mithin ein Maß der Trendstärke. Während man bei $H > 0,5$ von einer sich selbstverstärkenden Entwicklung sprechen kann, gilt dies für $H < 0,5$ nicht. Falls $H < 0,5$ ist, dann gibt es jeweils nur kurzfristige Bewegungen in eine bestimmte Richtung. Anders gesagt: Bei $H < 0,5$ werden Trends früh abgeblockt und die Bewegung der Zeitreihe wird wesentlich hektischer und zackiger.

Man spricht bei $H > 0,5$ von einer persistenten (d.h. beständigen) Entwicklung, weil es in den Daten dann lange Serien von Werten in der gleichen Richtung gibt. Bei $H < 0,5$ wird dagegen von einer anti-persistenten (d.h. unbeständigen) Entwicklung gesprochen, weil in den Daten eine Tendenz zur Umkehrung der Serie von Werten feststellbar ist. Im Allgemeinen sind Aktien und Konjunktur persistent, kurzfristig kann es auch anti-persistent zugehen (z.B. nach einem Börsenkrach).

Natürlich kann man das beschriebene Modell und die damit verknüpfte Vorgehensweise auch für eine analoge Analyse anderer Vorgänge des Wirtschaftslebens verwenden, die sich in Zeitreihendaten niederschlagen und eventuell durch Zufallsprozesse erzeugt werden. Kann man die Hypothese der zufälligen Schwankungen zurückweisen, dann stellt sich insbesondere die Frage nach etwaigen systematischen Einflüssen auf das Geschäftsleben. Zu ihrer Beantwortung sind zunächst verschiedene wichtige Kategorisierungen und Konzeptualisierungen einzuführen.

Die Hypothese effizienter Märkte

Der schottische Botaniker Robert Brown hat 1826 ein völlig erratisches Verhalten von Teilchen bei der mikroskopischen Beobachtung dokumentiert, weswegen sich der Begriff der Brownschen Bewegung etabliert hat. Im Jahr 1900 hat Louis Bachelier in einer finanzmathematischen Dissertation, die sich mit der Aktienpreisbildung beschäftigte, das mathematische Modell einer solchen Bewegung formuliert. Grob gesagt modellierte er den Preis einer Aktie als stochastischen Prozess, sodass der Anstieg oder das Sinken des Preises in der nächsten Zeitperiode scheinbar rein zufallsbedingt erfolgt. Aus der Sicht der Mathematik bedeutet dies, dass Unabhängigkeit zwischen den Preisänderungen in aufeinanderfolgenden Zeitperioden postuliert wird, wodurch eine Brownsche Bewegung im Sinne eines reinen „Random Walks" resultiert.

Unterstellt man nun statistische Unabhängigkeit im Zusammenhang mit der (R/S)-Modellierung, so kann man zeigen, dass $H = 0,5$ für den Hurstschen Exponenten gelten muss. Somit kann man mit den passenden Daten und dem Hurstschen Ansatz auf der Grundlage einer einfachen Regressionsanalyse bestimmen, ob reiner Zufall regiert: Für einen Schätzwert von $H \approx 0,5$ liegen gewöhnliche Zufallsschwankungen vor und jede Preisänderung ist von der vorherigen Kursvariation unbeeinflusst; für Schätzwerte von $H \leq 0,45$ oder $H \geq 0,55$ erscheint die Vermutung zufallsbedingter Schwankungen nicht mehr haltbar und jede Kursänderung hängt von der vorherigen ab.

Dies ist wichtig, weil auf dieser Grundlage eine zentrale Theorie der Wirtschaftswissenschaften geprüft werden kann. Nach der ökonomischen Theorie der (informations)effizienten Finanzmärkte (Fama 1965, 1970; Samuelson 1965) schlagen sich verfügbare Informationen nämlich immer sofort in den Preisen nieder, weshalb bei der Analyse von Zeitreihendaten über Börsenwerte nur zufällige Schwankungen beobachtbar sein müssten. Anders gesagt: Werden in einem Markt jeweils Erwartungen der Akteure auf der Grundlage von effizient ausgewerteten Informationen gebildet und schlagen sie sich in korrekt antizipierten Preisen nieder, dann sind Preisfluktuationen zufällig und unvorhersehbar. Zwar kann es bei der Untersuchung einer speziellen Zeitreihe leichte Abweichungen von einer rein zufallsbedingten Bewegung im Sinne von $H = 0,5$ geben. Untersucht man jedoch viele Zeitreihen mit dem Hurstschen Verfahren, so wird sich eine vorhandene Zufallsbedingtheit dahingehend niederschlagen, dass im Durchschnitt $H \approx 0,5$ resultiert.

Unter Rückgriff auf die skizzierte Methode und entsprechende Forschungsergebnisse betont Thoma (1996), dass man oftmals nicht von zufallsbedingten Schwankungen ausgehen kann, wenn man Aktienkurse analysiert. Shiller (2000) befasst sich mit der Hypothese effizienter Finanzmärkte u.a. in seinem Buch über börsentypische Übertreibungen (siehe dazu auch das Kapitel *Konsum, Kaufverhalten und Konformität* im zweiten Band) und kommt zu der Folgerung, dass die Effizienzthese bezweifelt werden kann. Daneben diskutiert Shleifer (2000) den theoretischen Hintergrund der Hypothese der Informationseffizienz kritisch aus der Sicht der Forschungsrichtung der „Behavioral Finance". Quiggin (2010) bespricht die Hypothese in seinem Buch *Zombie Economics: How Dead Ideas Still Walk Among Us* als Beispiel für eine „untote" theoretische Vermutung, die aufgrund von gegenläufiger Evidenz inzwischen eigentlich aufgegeben sein müsste.

Jedoch stimmen keineswegs alle Forscher den genannten Ökonomen zu. In seinen Literaturüberblicken verweist etwa der Finanzmarktökonom Malkiel (1989, 2003) zunächst darauf, dass die Hypothese wahrscheinlich häufiger als jede andere Behauptung der Ökonomen empirisch geprüft wurde. Aufgrund der vorliegenden Befunde kommt er dann zu der Folgerung, dass Finanzmärkte informationseffizienter funktionieren als es Kritiker der Hypothese wahrhaben wollen. Insbesondere seien an Börsen lediglich kurz- und mittelfristige Abweichungen von der Informationseffizienz im Gefolge von z.B. Herdenverhalten und Manien feststellbar. Auch die Physiker Sinha et al. (2011) sind bezüglich des Verwerfens der Hypothese effizienter Finanzmärkte vorsichtig. Grundlage hierfür bilden empirische Studien, wonach Marktteilnehmer offenbar keinen über mehrere Perioden anhaltenden Erfolg erzielen konnten, was man im Sinne der Hypothese als Folge von zufälligen und daher unvorhersehbaren Schwankungen interpretieren kann. Sinha et al. weisen freilich auch darauf hin, dass die Effizienz der Märkte im Sinne der Hypothese eigentlich nur dann gewährleistet sein kann, wenn es Marktteilnehmer gibt, welche ihrerseits von (informations)ineffizienten Märkten ausgehen und daher Aktienhandel zur Ausnutzung der Ineffizienzen betreiben.

Insgesamt legen die Untersuchungen der Effizienzmarkthypothese die Folgerung nahe, dass diese im Durchschnitt und auf lange Sicht mit den Daten korrespondiert. Dies belegt jedoch keineswegs ihre Korrektheit. Begründbar wird damit aber die Börsenweisheit, wonach man langfristig nicht besser als der Markt abschneiden kann. Darin steckt mehr als ein Körnchen Wahrheit. Ansonsten wäre z.B. kaum erklärbar, warum man bisher keine dauerhaft ungewöhnlichen Börsenerfolge von solchen Wirtschafts- und Gesellschaftswissenschaftlern beobachten konnte, die sich beruflich mit Finanzmärkten befassen. Auch wenn sich unter diesen Personen offenbar keineswegs mehr Börsenstars als in der Normalbevölkerung befinden, lehnen einige von ihnen bekanntlich die These effizienter Finanzmärkte ab. Jedoch können selbst diese Gegner der Hypothese kein zusätzliches Kapital aus ihrer Überzeugung schlagen. Die kurz- und mittelfristigen Abweichungen von der Informationseffizienz werden nämlich durch Kollektivverhalten (wie etwa Börsenpaniken) erzeugt. Derartige selbstverstärkenden Prozesse sind in ihren Verläufen im Allgemeinen unvorhersehbar, weil sie durch vielfältige Einflüsse und Wechselwirkungen bedingt sind. Wenn viele Variablen gleichzeitig und miteinander verknüpft in Bewegung sind, kann das Gesamtergebnis (d.h. Kurs- oder Preisveränderungen) kaum vom Zufall zu unterscheiden sein. Die resultierende vermeintliche Zufallsbedingtheit entspricht letztlich der Quintessenz der Effizienzmarkthypothese, wenn auch ihre Begründung abweichend ist.

5 Begriffe und Unterscheidungen

In der Wirtschaftssoziologie spielen vielfältige Einteilungen und Kategorien eine Rolle, die überwiegend auch in der Ökonomik verwendet werden oder gar aus den Wirtschaftswissenschaften stammen. Gelegentlich dienen die relevanten Konzepte auch der gegenseitigen Abgrenzung der Fächer. So besteht zwischen Soziologen und Ökonomen seit langem keine Einigkeit über das für Modellierungszwecke zu unterstellende Menschenbild. Nach der Einführung grundlegender Begriffe werden daher wesentliche Unterschiede zwischen den Konzeptualisierungen des Menschen in Soziologie und Ökonomik besprochen.

5.1 Kategorisierungen und Definitionen

Nach grundlegenden Einheiten für die Analyse und möglichen Folgen des wirtschaftlichen Handelns für unbeteiligte Akteure stehen zunächst Güter und ihre vielfältigen Einteilungen im Mittelpunkt. Danach werden mit Transfers und Transaktionen wesentliche Beziehungstypen im Wirtschaftsleben besprochen.

5.1.1 Akteure, Aktivitäten und Sektoren

Akteure im Wirtschaftsleben sind u.a. Personen, Haushalte, Unternehmen, Verbände, Vereine, Netzwerke und Staaten. Bei gegebenen Rohmaterialien (z.B. Bodenschätze), Realkapitalstöcken (z.B. Gebäude und Maschinen) und Wissensbeständen (z.B. technologisches Wissen) umfassen wirtschaftliche Aktivitäten insbesondere Herstellung (Produktion), Verwendung (Konsum oder Gebrauch) und Entsorgung von Gütern. Im Zusammenhang mit Wissensbeständen wird entsprechend dem in der Ökonomik etablierten Sprachgebrauch (z.B. Becker 1964) von „Humankapital" gesprochen. Das Humankapital eines Individuums bezeichnet den Bestand seiner produktivitätsrelevanten Kenntnisse und Fertigkeiten; Investitionen in Humankapital beziehen sich auf die Ressourcen (z.B. Zeit), die zur Erlangung, Erhaltung und Erhöhung von solchen Wissensbeständen eingesetzt werden. Kenntnisse und Fertigkeiten sind auch wichtig, wenn man mit z.B. Verkäufen und Käufen (Transaktionen), Investitionen, Verhandlungen und Versteigerungen (Auktionen) weitere wirtschaftliche Aktivitäten betrachtet. Regelungen über die Zuordnung (Allokation) von Aufgaben und Ressourcen (z.B. Produktionsfaktoren wie Arbeit und Kapital) und die Aufteilung (Distribution) von Gewinnen oder Verlusten wie auch der entstehenden Auf- und Zuwendungen (u.a. Steuern und deren Redistribution) beeinflussen im Normalfall diese Aktivitäten.

Unterteilt man die Wirtschaft danach, wo die wirtschaftlichen Aktivitäten stattfinden, dann kann man die Bereiche Haushaltsökonomie, Kollektivökonomie und Marktökonomie kategorisieren. Die Haushaltsökonomie umfasst alle wirtschaftlichen Aktivitäten, die sich in privaten Haushalten abspielen (z.B. Betreuung und Erziehung von Kindern, Gartenarbeit, Kochen, Putzen, Waschen). Die kollektive Ökonomie steht für die vielfältigen Wirtschaftsaktivitäten nicht nur des Staates, sondern auch von z.B. Selbsthilforganisationen, informellen Netzwerken und Verbänden. Die Marktökonomie betrifft sämtliche wirtschaftliche Aktivitäten, die im Rahmen von Angebot und Nachfrage im Markt zustande kommen.

Nach der Ansicht vieler Sozialwissenschaftler (siehe z.B. die zusammenfassende Darstellung von Seel 1991) veränderte sich die relative Größe dieser Sektoren in der Wirtschaft seit der Mitte des 18. Jahrhunderts:

Frühindustrielle Phase: Im Vergleich zur vorindustriellen Phase nimmt die Marktökonomie zu, die Haushaltsökonomie nimmt ab und die Kollektivökonomie stagniert.

Hochindustrielle Phase: Im Vergleich zur frühindustriellen Phase nimmt die Kollektivökonomie zu, die Haushaltsökonomie nimmt ab und auch die Marktökonomie wird kleiner.

Postindustrielle Phase: Im Vergleich mit der hochindustriellen Phase nimmt die Haushaltsökonomie zu, die Marktökonomie nimmt ab und die Kollektivökonomie stagniert.

Da nicht alle Volkswirtschaften dieselbe Entwicklungsstufe haben, kann man für verschiedene Wirtschaften eine unterschiedliche Dominanz der Sektoren im Sinne des Schemas erwarten. In Europa hat sich während der letzten 50 Jahre im Übrigen eine klare Ausweitung der Freizeit ergeben, was mit der Schaffung von kommerziellen Freizeitangeboten (u.a. Fernreisen, Golfplätze, Vergnügungsparks) einher gegangen ist.

5.1.2 Positive und negative Externalitäten

Eine wesentliche Einsicht bei der Analyse wirtschaftlicher Aktivitäten betrifft die Existenz von externen Effekten (Externalitäten). Ein externer Effekt liegt vor, wenn sich eine wirtschaftliche Aktivität auf unbeteiligte Dritte auswirkt, sodass deren Wohlergehen ohne irgendeine Leistung oder Kompensation beeinflusst wird (siehe z.B. Varian 1992). Ein positiver externer Effekt ist dann gegeben, wenn wirtschaftliche Aktivität das Wohlergehen unbeteiligter Akteure steigert (z.B. restaurierte historische Gebäude erfreuen umsonst Passanten); ein negativer externer Effekt ist dagegen dadurch gekennzeichnet, dass wirtschaftliche Aktivität das Wohlergehen unbeteiligter Akteure mindert (z.B. erwärmtes Fabrikabwasser führt zu geringerer Artenvielfalt und damit zu verminderten Fangmöglichkeiten für Fischer).

Unabhängig davon, ob der Effekt schädigend oder begünstigend wirkt, besteht aus gesellschaftlicher Sicht ein prinzipielles Interesse am Wohlergehen aller von wirtschaftlichen Aktivitäten betroffenen Akteure. Da sich diese Aussage keineswegs auf die an den wirtschaftlichen Aktivitäten beteiligten Akteure beschränkt, müssen Wege gefunden werden, jeweils die wahren Erträge oder Kosten des Wirtschaftshandelns zu berücksichtigen.

Gelegentlich können die von externen Effekten betroffenen Akteure selbst eine für alle Beteiligten befriedigende Lösung erreichen. So bieten Vertragslösungen immer dann eine Internalisierung von Externalitäten, wenn Verhandlungslösungen ohne besondere Kosten möglich sind (z.B. Kompensation der Nachbarn für Geräuschbelästigungen). Diese Erkenntnis geht auf einen berühmten Aufsatz von Ronald Coase (1960) zurück, weshalb sie als „Coase-Theorem" bezeichnet wird. Wie u.a. Coleman (1990: 260f) näher ausführt, ergibt sich durch die Umsetzung der von Coase vorgeschlagenen Lösung eine sozial effiziente Situation im Sinne von Pareto (d.h. niemand kann sich mehr durch abweichende Verhaltensweisen besser stellen, ohne die Lage zumindest einen anderen Akteurs zu verschlechtern).

Sind derartige Verhandlungslösungen bei externen Effekten wegen der großen Kosten (etwa bei einer hohen Zahl potenzieller Vertragspartner) ausgeschlossen, besteht eine Rechtfertigung für staatliches Handeln. Vorausschauend können durch gesetzliche Regelungen, Verbote und Strafandrohungen bestimmte Externalitäten vermieden oder zumindest eingedämmt werden. Der Staat kann auch durch Besteuerung versuchen, negative externe Effekte zu korrigieren.[1] Generell weist dies darauf hin, dass es im Zusammenhang mit der Internalisierung von Externalitäten durch den Staat auf die institutionelle Rahmung der jeweiligen wirtschaftlichen Aktivitäten ankommt. Der Staat kann über die Ausgestaltung der institutionellen Bedingungen jeweils Anreize für die wirtschaftlich handelnden Akteure dafür schaffen, möglichst sämtliche Folgen ihrer ökonomischen Handlungen bei ihren Entscheidungen einzubeziehen. Daher kann eine bestimmte Aktivität in einer Wirtschaft externe Effekte (z.B. Luftverschmutzung durch Produktionsprozesse) haben, während diese Effekte aufgrund einer anderen institutionellen Konstellation (z.B. Handel mit Verschmutzungsrechten und damit rentable Investitionen in vergleichsweise saubere Herstellungsverfahren) vermieden werden.

5.1.3 Güter und ihre Typisierung

Wirtschaftliche Aktivitäten beziehen sich im Wesentlichen auf die Erzeugung von, den Handel mit und die Verwendung von Gütern. Im Gegensatz zu einem Übel („bad"), das schädlich ist, umschreibt ein Gut („good") eine nützliche Sache oder Leistung; die Verhinderung oder Vermeidung eines Übels kann man daher als ein Gut betrachten. Güter lassen sich nach verschiedenen Kategorien unterscheiden:[2]

Verfügbarkeit: Unterscheidbar sind freie und knappe Güter. Freie Güter (z.B. Atemluft) sind umsonst zu haben, weil sie in ausreichender Menge vorkommen und keine Beschaffungsprobleme bestehen; knappe Güter (z.B. Brot, Fahrrad) haben dagegen positive Preise, da sie ohne weiteres nicht ausreichend vorhanden sind und eine mehr oder minder kostenintensive Bereitstellung zu erfolgen hat.

Teilbarkeit: Klassifizierbar sind teilbare und unteilbare Güter. Vollkommene Teilbarkeit wäre gegeben, wenn sich die Gütermengen in beliebiger Weise teilen lassen würden. Dies kann annähernd gegeben sein (z.B. Bier, Pizza). Im Wirtschaftsleben gibt es aber viele unteilbare Güter (z.B. Brücken, Maschinen).

Vermehrbarkeit: Kategorisierbar sind die nicht beliebig vermehrbaren und die beliebig vermehrbaren Güter. Es gibt eine ganze Reihe von „Seltenheitsgütern", deren Menge auch unter den größten Bemühungen kaum erhöht werden kann. Beispiele sind Skulpturen und Gemälde von bereits gestorbenen Künstlern, Weine aus ganz besonderen Lagen und Jahren sowie handwerkliche Großtaten (z.B. Geigen von Stradivari), besondere Gebäude (z.B. Häuser an bestimmten Orten nach Plänen bekannter Architekten wie Mies van der Rohe oder Frank Lloyd Wright) und Auftritte von berühmten Musikgruppen (z.B. Led Zeppelin, Pink Floyd). Aufgrund des begrenzten Angebots entscheidet bei diesen Gütern allein die Intensität der Nachfrage über ihren Preis.

---

[1] Derartige Steuern sind insbesondere von Arthur Pigou (1877–1959) gefordert worden, weswegen sie nach diesem englischen Wirtschaftswissenschaftler benannt sind.

[2] Viele Unterscheidungen finden sich bei Coleman (1990), Cornes und Sandler (1986), Hirsch (1976), Mankiw (2004), Ott (1991), Shy (2001) und Varian (1992, 2003).

Bei beliebig vermehrbaren Gütern bestimmen dagegen Angebot und Nachfrage über den Preis, weil eine kostenverursachende Produktionsausweitung stets möglich ist.

Übertragbarkeit: Güter können die Eigenschaft der Übertragbarkeit aufweisen oder aber das Merkmal der Nichtübertragbarkeit besitzen. So können DVDs oder PCs jederzeit physisch an einen neuen Eigentümer übergeben werden, während dies etwa bei Bundestagswahlstimmen oder irgendwelchen Handlungen von Personen nicht der Fall ist. Man kann die direkte Kontrolle über eigene Handlungen nicht aufgeben – sie ist unveräußerlich, weil man sich ja nicht von seinem Körper oder Selbst trennen kann. Man kann nur das Recht an einen anderen Akteur übertragen, die eigenen Handlungen zu kontrollieren. Ein Beispiel hierfür stellt ein Arbeitsverhältnis dar, in dem für eine bestimmte Zeitdauer eine Tätigkeit unter Kontrolle des Vertragspartners verrichtet und dafür eine Lohnzahlung erhalten wird.

Bereitstellungszeit: Güter können auf der Stelle oder erst zeitverzögert geliefert werden. Bei Gütern, die sofort zur Verfügung stehen, können Tauschhandlungen simultan erfolgen („spot-exchanges"). Dagegen sind sequenzielle Leistungserbringungen und damit Unsicherheiten über vereinbarungsgemäße Handlungen unvermeidbar, wenn Güter erst in einem künftigen Zeitintervall bereit gestellt werden können.

Nachfrageinterdependenz: Zwischen Gütern können gegenseitige Abhängigkeiten der Nachfrage bestehen. Erfüllen Güter ähnliche Bedürfnisse, dann vermindert der Besitz des einen Produkts den Wunsch nach dem anderen Gut, d.h. sie sind füreinander Substitute (z.B. Geflügel- und Rindfleisch, Tee und Kaffee). Entsteht durch den Besitz des einen Gutes dagegen ein Bedürfnis nach dem anderen Produkt, so liegen Komplemente vor (z.B. Brot und Wurst, Kaffee und Milch).

Beweglichkeit: Eine weitere Gütereigenschaft betrifft ihre Mobilität. Sind Güter nicht beweglich, so hat sich die Bezeichnung Immobilien eingebürgert, womit zumeist Gebäude gemeint sind. Sind sie dagegen transportabel, dann spricht man von mobilen Gütern (z.B. Wohnwagen).

Informationsungleichheit: Unterscheidbar sind hier nach dem Ausmaß der Ungleichheit der Informationen von Käufer und Verkäufer über die Beschaffenheit der Güterqualität folgende Kategorien:

- Inspektionsgüter: Die Beschaffenheit ist vor dem Kauf prüfbar, wodurch nur geringe Informationsunterschiede bestehen (z.B. Schraubenzieher).
- Erfahrungsgüter: Die Beschaffenheit ist erst nach dem Kauf prüfbar, wodurch zumindest mittlere Informationsasymmetrie vorliegt (z.B. Buch)
- Vertrauensgüter: Die Beschaffenheit kann, wenn überhaupt, nur durch immensen Aufwand festgestellt werden, wodurch eine hohe Informationsungleichheit existiert (z.B. Anlageberatung).

Daneben gibt es noch eine ganze Reihe weiterer Differenzierungen von Gütern, die sich etwa auf die Langlebigkeit oder Kurzlebigkeit (Gebrauchsgut oder Verbrauchsgut) gründen, die längerfristige Gebrauchswirkung (Gewohnheitsgut oder gar Suchtgut) im Blick haben oder auf den Verwendungszweck (z.B. Investitionsgut oder Nutzungsgut) abstellen. Darüber hinaus sind Güter aus ökonomischer Sicht insbesondere nach den Reaktionen der Nachfragemengen auf isolierte Preisänderungen (normale Güter oder Giffen-Güter) oder entsprechende Einkommensvariationen (superiore oder inferiore Güter) klassifizierbar (siehe hierzu Kapitel 7 im zweiten Band).

Oftmals ist der Nutzen eines Gutes für den einzelnen Konsumenten nicht von dessen gesamter Absatzmenge abhängig. Allerdings gibt es Güter mit direkten oder indirekten Netzwerkexternalitäten, bei denen ihr Verkaufserfolg eine Rolle für den Verbrauchernutzen spielt. Bei einer direkten Netzwerkexternalität hängt der Nutzen des Konsumenten unmittelbar davon ab, wie viele andere Akteure das betrachtete Gut verwenden – Beispiele sind Telefone oder internetfähige Computer, weil jeder weitere Benutzer die Kommunikationsmöglichkeiten prinzipiell erhöht. Bei einer indirekten Netzwerkexternalität besteht zwar keine unmittelbare Abhängigkeit des Konsumnutzens von der Zahl anderer Benutzer des Gutes, jedoch gibt es bei seiner größeren Absatzmenge prinzipiell mehr dazu komplementäre Produkte – beispielsweise werden für Betriebssysteme spezielle Software-Produkte geschrieben und weiterentwickelt, sofern erstere eine bestimmte Verbreitung erlangt haben. Wichtig ist in beiden Fällen, dass jeder zusätzliche Käufer von Gütern mit Netzwerkexternalitäten den möglichen Nutzen der anderen Akteure ohne weitere Kosten steigert (Netzwerkeffekt). Wohlfahrtssteigernd erscheint dabei die Vereinbarkeit der jeweils verknüpften Produkte, weshalb der Etablierung und Fortschreibung geeigneter Standards große Bedeutung zukommt.

Aus soziologischer Perspektive ist bei Gütern besonders wesentlich, ob ihr Gebrauch sozialen Einflüssen unterliegt oder soziale Wirkungen auslöst. Ein Konformitätsgut (Snob-Gut) illustriert sozial mitbestimmten Konsum, weil seine Verwendung mit der häufigeren (geringeren) Nutzung durch Andere attraktiver wird. Durch den Gebrauch eines weit verbreiteten Gutes (z.B. Zigarette) kann man seine Zugehörigkeit zu einer sozialen Gruppe (z.B. Raucher) und damit Konformität ausdrücken, während die Nutzung eines in diesem Zusammenhang eher ungewöhnlichen Gutes (z.B. kubanische Zigarre) spezielle Präferenzen und damit einen gewissen Snobismus dokumentiert. Ein Prestige-Gut liefert dagegen ein Beispiel für Konsum, der individuelle Absichten vor einem sozialen Hintergrund verfolgt: Um eigenen Wohlstand zu verdeutlichen und sich von Anderen abzugrenzen, wird von einem teureren Gut demonstrativ eher bzw. mehr konsumiert.[3] Als Beispiele für derartigen demonstrativen Konsum eignen sich u.a. Automobile, Uhren und Schmuckstücke der Luxusklasse.

Wichtig ist für Soziologen ist zudem die Kategorisierung danach, ob Güter allein durch geselliges Zusammenwirken von Akteuren entstehen oder nicht. Sind bereits Geselligkeit und Kooperation für ihre Produktion hinreichend, dann kann man von Gemeinsamkeitsgütern sprechen und damit etwa ein Tennisspiel, das Familienleben, ein Abendessen mit Freunden, das Zusammensein am Stammtisch sowie das Betreiben von Mannschaftssport meinen. Zu betonen ist freilich, dass es genügend Güter gibt, die nicht nur durch ein geselliges Miteinander produziert werden können (z.B. im Rahmen von Lohnarbeit hergestellte Produkte und Leistungen). Bei ihnen interessiert das Erlebnis des kooperativen Miteinanders, wenn überhaupt, nur am Rande.

An Kooperation wenig interessiert sind auch Akteure, die sich um Positionsgüter bemühen. Solche Güter sind z.B. hervorgehobene Stellungen in Hierarchien oder Rangordnungen. Konkret kann es sich dabei etwa um eine Auszeichnung, Beförderung, Preissumme (z.B Stipendium), Meisterschaft oder Berechtigung (z.B. für die Aufnahme eines Studiums an einer Elite-Universität) handeln. Ihr Erhalt oder ihre Inbesitznahme erfolgt typi-

---

[3]Ein Prestige-Gut wird auch Veblen-Gut genannt, weil sich Thorstein Veblen (1899) erstmals mit demonstrativen Konsum auf der Grundlage eines Distinktionsmotivs beschäftigt hat.

TABELLE 5.1: GÜTERARTEN NACH AUSSCHLIESSBARKEIT UND RIVALITÄT

	Keine Rivalität	Rivalität
Keine Ausschließbarkeit	Öffentliches Gut (z.B. Landesverteidigung)	Gemeinschaftsgut (z.B. Fußgängerzone)
Ausschließbarkeit	Klubgut (z.B. Kabelfernsehen)	Privates Gut (z.B. Lebensmittel)

scherweise im Rahmen einer extremen Konkurrenzsituation, in der der Erfolg des einen Akteurs den Misserfolg des anderen Akteurs bedeutet (Nullsummenspiel). Positionsgüter manifestieren die Knappheit von herausragenden Stellungen in sozialen Hierarchien. Die Unterschiedlichkeit und Anzahl von Positionsgütern verdeutlicht die in einer Gesellschaft jeweils vorhandene Akzeptanz des Wettbewerbsgedankens.[4]

In diesem Zusammenhang ist darauf hinzuweisen, dass Wettbewerb keineswegs immer sozial wünschenswerte Resultate mit sich bringt. Wird eine jeweils im Rahmen einer Konkurrenzsituation zu erbringende Leistung nicht absolut, sondern relativ bewertet (wie z.B. bei der Vergabe von Noten), dann kann ein Vorteil gegenüber Mitbewerbern unter sonst weitgehend gleichen Bedingungen prinzipiell durch härtere Arbeit erzielt werden. Weil dies aber für alle gilt, wird jeder übermäßig viel arbeiten müssen, um das ihm Mögliche zu erreichen. Eigentlich könnte dieselbe relative Bewertung auch erlangt werden, wenn alle in einem ähnlichen Ausmaß weniger arbeiten würden. Freilich kann aber eine Übereinkunft zur Reduktion der Arbeitsbemühungen kaum stabil sein: Jeder Konkurrent besitzt einen individuellen Anreiz zum Bruch der Vereinbarung durch härtere Arbeit, um dadurch die jeweilige Belohnung (z.B. bessere Note) zu erhalten. Insgesamt ergeben sich damit Nachteile für alle betroffenen Akteure, sofern sie sich in einer hinreichend wichtigen Konkurrenzsituation mit relativer Bewertung befinden.[5] Allerdings führt die im angelsächsischen Sprachraum als „rat race" bezeichnete Konstellation zu einer höheren absoluten Leistung der Konkurrenten, was die Qualität des gesamten Wettbewerbs steigert und zu ihrer Legitimation angeführt werden kann.

Aus gesellschaftlicher Perspektive kann man überdies Güter danach kategorisieren, ob von ihnen zu wenig (meritorische Güter) oder zu viel (demeritorische Güter) nachgefragt wird – diese Zuweisung spiegelt die herrschenden Vorstellungen in der Gesellschaft wider, die aufgrund des jeweils aktuellen Wissens, gegebener Verknappungen und aufgrund von Aktivitäten besonders einflussreicher Gruppen zustande kommen. Während etwa Gemüse und Obst heute als meritorische Güter gelten, gehören kalorienreiche Speisen und Tabakwaren derzeit zu den demeritorischen Gütern. An Veränderungen solcher Zuordnungen kann man erkennen, wie sich gesellschaftliche Wertvorstellungen im Zeitablauf entwickeln.

---

[4] Auszeichnungen schaffen Anreize zu höheren Leistungen, die sich auf das menschliche Statusstreben gründen und relativ kostengünstig sind. Mit ihren Wirkungen beschäftigen sich u.a. Frey und Neckermann (2008) sowie der Beitrag *Status, Positionswettbewerbe und Signale* im zweiten Band.

[5] Weitere Illustrationen sind sportliche Wettbewerbe, in denen verbotene Substanzen leistungssteigernd wirken (u.a. Radsport). Auf die Einnahme von solchen Mitteln kann wegen der zu Doping bereiten Konkurrenz bei entsprechendem Ehrgeiz kaum verzichtet werden, wenn sonst nur geringe Unterschiede (etwa bei Ernährung, Mannschaft, Training) bestehen. Nimmt jeder unerlaubte Mittel ein, so werden die tatsächlich besten Sportler auch die erfolgreichsten Athleten sein. Jedoch sind sämtliche Wettbewerber möglicherweise von langfristigen Gesundheitsschäden betroffen.

Insgesamt ist zu betonen, dass die Grenzen zwischen vielen dieser Unterscheidungen fließend sind (d.h. die Kategorien können keineswegs immer sauber getrennt werden). Dies wird besonders deutlich, wenn man sich die wohl wichtigste Kategorisierung etwas genauer ansieht. Diese Unterscheidung beruht auf zwei Kriterien, die bisher überhaupt nicht erwähnt wurden:

Ausschließbarkeit vom Gütergebrauch: Ein Gut ist ausschlußfähig, wenn es möglich ist, seinen Gebrauch durch andere Akteure zu verhindern; andernfalls besteht keine Ausschließbarkeit.

Rivalität bei der Güterbenutzung: Ein Gut wird rivalisierend genannt, falls sein Konsum anderen potenziellen Benutzern die Möglichkeit des Gebrauchs nimmt; andernfalls liegt keine Rivalität vor.

Die Kombination dieser Kriterien ergibt die in TABELLE 5.1 gezeigte Unterscheidung von Güterarten, deren genauere Diskussion in ökonomischen Lehrbüchern (z.B. Mankiw 2004) erfolgt:

- **Öffentliches Gut:** Es besteht weder Ausschließbarkeit vom Gebrauch noch Rivalität im Konsum des Gutes. Man kann also nicht an der Güternutzung gehindert werden und die Gutbenutzer schränken sich gegenseitig nicht ein.[6] Ein Beispiel ist eine öffentliche Straße ohne Stau.

  Samuelson (1954) hat die Problematik verdeutlicht, die sich bei der Herstellung öffentlicher Güter in einem Kollektivgebilde aufgrund der Nicht-Ausschließbarkeit vom und Nicht-Rivalität im Gebrauch ergibt: Obwohl alle Akteure von öffentlichen Gütern profitieren würden, bestehen ohne zusätzliche Regelungen jeweils dominante individuelle Anreize zur Vermeidung von Beiträgen zu ihrer Herstellung (Trittbrettfahrer-Problem). Olson (1965) hat diese Gedanken popularisiert und auf konkrete Handlungszusammenhänge (z.B. in Organisationen und zwischen Staaten) übertragen, wobei er u.a. Vorschläge zur Überwindung des Trittbrettfahrer-Problems (z.B. Gewährung selektiver Anreize) diskutiert.

- **Gemeinschaftsgut:** Es besteht keine Ausschließbarkeit vom Gütergebrauch, aber Rivalität in seiner Nutzung. Zwar kann man nicht am Gebrauch des Gutes gehindert werden, jedoch reduziert die Güternutzung seine Verfügbarkeit für andere potenzielle Nutzer. Sozial geteilte Ressourcen sind Allmende-Güter (wie z.B. gemeinsame Weideflächen in einem Dorf, geteilte Fischgründe und kommunale Grundwasserreservoirs). Eine weitere Illustration stellt eine öffentliche Straße mit Stau dar.

  Aufgrund der Nicht-Auschließbarkeit vom und der Rivalität im Gebrauch will jeder Akteur möglichst viel für sich herausholen, weshalb eine Übernutzung der gemeinsam bewirtschafteten Güter droht – der Biologe Garrett Hardin (1968) hat dies in seinem berühmten Aufsatz *The Tragedy of the Commons* beschrieben. Aus theoretischer Sicht wird seither die Privatisierung von Gemeinschaftsgütern oder zumindest deren überwachte Nutzungsverwaltung durch zentrale Behörden empfohlen. Tatsächlich gibt es aber Allmenden, die ohne derartige Maßnahmen Übernutzungen effek-

---

[6]Öffentliche Güter werden vielfach auch kollektive Güter genannt. Es gibt allerdings Autoren (z.B. Esser 2000), die Kollektivgüter als Oberbegriff verwenden und darunter, neben Klubgütern und Gemeinschaftsgütern, auch öffentliche Güter verstehen.

tiv verhindern. Mit dem wirklichen Gebrauch von Gemeinschaftsgütern und empirisch nachweisbaren Mechanismen zur Vermeidung ihrer Übernutzung hat sich Elinor Ostrom (1990) beschäftigt. Auf der Grundlage von Fallstudien aus verschiedenen Weltregionen (z.B. Almen im Wallis, Fischgründe vor Izmir, Wasserquellen in Nepal) hat sie nachgewiesen, dass stabile Regeln für die nachhaltige Bewirtschaftung durch Gemeinschaften jenseits von Markt und Staat entwickelt und verwendet werden können.[7]

- **Klubgut:** Es besteht Ausschließbarkeit vom Gebrauch des Gutes, aber keine Rivalität in seiner Nutzung. Man kann also am Gebrauch des Gutes gehindert werden, jedoch stört oder beeinträchtigt seine Verwendung die Nutzung durch andere Akteure nicht. Generell versteht man unter Klubs freiwillige Zusammenschlüsse von Akteuren, die Herstellungskosten, bestimmte Merkmale (z.B. Interessen) und/oder ein Gut teilen, von dessen Nutzung andere Akteure ausgeschlossen bleiben. Spezielle Klubs sind „sharing-groups", die z.B. Mähdrescher genossenschaftlich anschaffen, unterhalten und benutzen. Andere Beispiele sind der Feuerschutz in Gemeinden, Golfplätze und die gebührenpflichtige Straße ohne Stau.

  Buchanan (1965) beschäftigte sich mit Klubgütern und ihrer Nutzung. Nach seiner Analyse können diese Güter hergestellt und betrieben werden, sofern der Ausschluss von ihrem Gebrauch durch hinreichend billige Verfahren bewerkstelligt werden kann. Cornes und Sandler (1986) beschreiben weiterführende theoretische Arbeiten und empirische Anwendungsmöglichkeiten.

- **Privates Gut:** Es besteht sowohl Ausschließbarkeit vom Gebrauch als auch Rivalität im Konsum des Gutes.[8] Der Eigentümer oder Besitzer des Gutes kann andere Nutzer verhindern und sein Gebrauch des Gutes reduziert entsprechend die Verfügbarkeit des Gutes für andere Akteure. Als Beispiel kann man die gebührenpflichtige Straße mit Stau nennen.

  Die Herstellung privater Güter ist gewährleistet, wenn private Gewinnerwartungen bestehen und Märkte zu ihrem Vertrieb existieren. Die ökonomische Lehrbuchliteratur (z.B. Varian 1992) informiert über dieses Standardszenario und die dafür ausgearbeitete Theorie.

Gerade an den jeweils letztgenannten Beispielen kann man wiederum die fließenden Grenzen der Unterscheidungen erkennen: Starker Verkehr macht die Straßenbenutzung rivalisierend, wenig Verkehr geht mit nicht-rivalisierendem Gebrauch einher. Ausschließbarkeit ist letztlich eine Frage des dafür getriebenen Aufwandes (z.B. Mautstationen, elektronische Fahrzeugerfassung). In diesem Zusammenhang ist überdies bemerkenswert, dass ein und dieselbe Straße für unterschiedliche Nutzer (z.B. PKW, LKW) entweder gebührenfrei oder gebührenpflichtig sein kann. Kategorisierungen eines Gutes können sich also auch nach Nutzertypen unterscheiden: Sofern es keinen Stau auf der Autobahn gibt, bewegen sich LKW-Fahrer auf einem Klubgut und PKW-Fahrer auf einem öffentlichen Gut.

---

[7]Ostroms Beispiele belegen nur die Möglichkeit der Verhinderung von Übernutzungen. Es gibt eine Vielzahl von Fällen, in denen keine nachhaltige Bewirtschaftung von Gemeinschaftsgütern erreicht werden konnte (z.B. Ausrottung bestimmter Säugetierarten, Rodung von Küstengebieten und Inseln, Überfischung bestimmter Meeresgebiete und Seen).

[8]Private Güter sind individuell übertragbar, weshalb bei ihrer Nutzung vollständige Ausschließbarkeit anderer Akteure besteht.

Daneben ist zu betonen, dass die eingeführten Klassifikationen keineswegs alle möglichen Unterscheidungen abdecken. Beispielsweise könnte man Güter danach kategorisieren, ob sie durch verschiedene Benutzer nacheinander gebraucht werden können oder nicht (u.a. Abfolge des Lesens eines bestimmten Buchexemplars in einer Wohngemeinschaft, aber kein sequentieller Verzehr desselben Schokoladenstücks). Überdies legen technische Möglichkeiten weitergehende Unterteilungen nahe – beispielsweise könnte man private Güter nach dem Kriterium der Kopierbarkeit differenzieren (verlustfrei kopierbare und nicht verlustfrei kopierbare Privatgüter) oder die Kategorie der immateriellen Güter (wie z.B. Musik, Software oder Texte) schon wegen der damit oft verknüpften Diskussion des Urheberrechts näher betrachten. Unabhängig davon ist freilich, ob die Güter im Mittelpunkt von Tauschvorgängen stehen oder ob sie bzw. ihr monetärer Gegenwert an Andere übertragen werden.

5.1.4 Transaktionen und Transfers

Eine Tauschbeziehung betrifft zumeist zwei Akteure. Sie kann als Naturaltausch (d.h. reiner Gütertausch ohne Geld als Tauschmedium) oder als Tausch von Ware bzw. Leistung gegen Geld stattfinden. Erbringen beide Tauschpartner sofort ihre jeweilige Leistung, dann ist sie auf der Stelle abgeschlossen. Tausch kann bekanntlich aber auch sequentiell ablaufen, d.h. die Erbringung der jeweiligen Leistung erfolgt nacheinander durch die Geschäftspartner. Sobald eine verzögerte Erwiderung einer Tauschleistung existiert, handelt es sich um eine Transaktion, in der zunächst einmal ein Vertrauensvorschuss gewährt und ein Versprechen gegeben wurde. Erst später wird das Versprechen durch eine tatsächliche Güter- oder Geldübergabe eingelöst und damit die Vertrauensvergabe gerechtfertigt. Wird das Versprechen jedoch nicht erfüllt oder das Vertrauen enttäuscht, so kann man schwerlich von einer erfolgreichen Transaktion sprechen, weil das grundlegende Element einer freiwilligen Tauschbeziehung, die Erfüllung der sozialen Norm der Reziprozität oder Gegenseitigkeit, ja dann nicht gegeben ist. Um derartige Probleme bei hinreichenden großen Transaktionen in Gesellschaften mit staatlicher Gesetzgebung und Rechtsdurchsetzung zu vermeiden, gibt es u.a. das Vertragsrecht und Institutionen bzw. Routinen zu dessen Durchsetzung sowie die Möglichkeit einer Inanspruchnahme von Sanktionierungsmechanismen (z.B. Geldstrafe, Pfändung, Zwangsversteigerung). Fehlen derartige Erzwingungsinstanzen (wie etwa bei illegalen Geschäften), so erscheint die für jede erfolgreiche Tauschbeziehung konstitutive gegenseitige Kooperation zwar nicht unmöglich, aber doch schwieriger zu erreichen (siehe hierzu den Beitrag *Sozialkapital, Vertrauen und Kooperation* im zweiten Band).

Neben Tauschhandlungen sind auch einseitige Ressourcenübertragungen (Transfers) wie Erbschaften und Schenkungen von erheblicher wirtschaftlicher Bedeutung. Laut Schätzungen von Bach und Bartholmai (2002) auf Grundlage der Einkommens- und Verbrauchsstichprobe belief sich 1998 das Erbschaftsvolumen in Deutschland auf ca. 130 Milliarden Euro.[9] Vom finanziellen Umfang her mindestens ebenso bedeutsam sind monetäre und nicht-monetäre Schenkungen. Insbesondere anhand alljährlicher Beobachtungen des Weihnachtsgeschäfts lässt sich deren Stellenwert für einige Wirtschaftszweige bemessen. So berichtet Linkert (2003) für das Jahr 2002 beispielsweise, dass die Umsätze im Einzelhandel in den Monaten November und Dezember etwa 18% über dem Durchschnitt der übrigen

---

[9] Da jedoch Steuerfreibeträge für Erbschaften in Deutschland relativ hoch sind und Erblasser teilweise Vermögen am Staat vorbei an Erben transferieren, unterliegen nur ca. zwei Prozent dieser Erbschaftssumme einer Besteuerung (vgl. Schupp und Szydlik 2004). In Folge macht die Erbschaftssteuer weniger als ein Prozent der staatlichen Steuereinnahmen aus (siehe auch den Kasten „Staatliche Steuereinnahmen").

Monate lagen und besonders das Geschäft mit Spielwaren (+33%), Uhren, Edelmetallen und Schmuck (+28%), Kosmetika (+26%) und Büchern (+26%) zur Weihnachtszeit florierte – seither hat sich dies nicht wesentlich verändert. Auch weniger alte Feiertraditionen wie Vater- und Muttertag bzw. erst vor kurzem auch hier popularisierte Anlässe wie etwa Halloween und der Valentinstag scheinen inzwischen eine ähnlich verkaufssteigernde Wirkung zu haben (siehe hierzu auch den Beitrag *Sucht, Gewohnheit und Tradition* im zweiten Band).

Von besonderer wirtschaftssoziologischer Bedeutung sind einseitige Ressourcenübertragungen aus zwei weiteren Gründen: Zum einen gibt es Folgen von z.B. Schenkungen und Erbschaften auf gesellschaftlicher Ebene, zum anderen ist zu fragen, weshalb Menschen bereitwillig einen Teil ihres Vermögens an Andere abgeben. Betrachtet man zunächst die sozialen Wirkungen solcher Transfers, so kann man sich an dem Buch *Scroogenomics* des Ökonomen Joel Waldfogel (1999) orientieren.[10] Demnach können nicht-monetäre Geschenke erhebliche Ineffizienzen verursachen, da Schenkende oft einen höheren Betrag verausgaben als die Beschenkten bereit wären, für dasselbe Gut zu bezahlen. Die Zahlungsbereitschaft des Beschenkten ist also häufig kleiner als der Kaufpreis des Geschenks und dieser liegt wiederum unterhalb der Zahlungsbereitschaft des Schenkenden. Das effizienteste Geschenk wäre demnach Geld, wie es empirisch auch viele Großeltern wählen, die wenig über die Zahlungsbereitschaft und Präferenzen ihrer Enkel wissen. Wie jedoch sowohl Solnick und Hemenway (1996) als auch List und Shogren (1998) betonen, vernachlässigt Waldfogel dabei eine wichtige immaterielle Komponente des Schenkens. Durch den Akt des Schenkens erhalten Güter oft einen zusätzlichen immateriellen Wert, der – so deuten die Studien beider Autorenteams an – den Verlust falsch eingeschätzter Zahlungsbereitschaft der Rezipienten überwiegt.

Darüber hinaus fungieren Schenkungen und Erbschaften auch als gesellschaftlicher Umverteilungsmechanismus. Im Sinne des Matthäus-Prinzips wäre dabei zu erwarten, dass die Vermögensweitergabe an nachfolgende Generationen zu einer Reproduktion und Verstärkung sozialer Ungleichheit führt. Empirisch zeigt sich tatsächlich, dass die Wahrscheinlichkeit und Höhe der Erbschaft mit steigendem Erwerbseinkommen und zunehmender Bildung zunimmt (Szydlik 2011; Szydlik und Schupp 2004). Eine wachsende Ungleichheit der Vermögensverteilung aufgrund von Erbschaften lässt sich jedoch daraus nicht zwingend ableiten. Laut Untersuchungen von Kohli et al. (2006) wirken Erbschaften vielmehr ungleichheitsnivellierend: Der relative Vermögenszuwachs aufgrund von Hinterlassenschaften ist für wenig vermögende Haushalte größer als für wohlhabende Haushalte, sodass Erbschaften zu einer Angleichung der Vermögensbestände führen.[11]

Bekanntlich ergibt sich im Zusammenhang mit Transfers auch die Frage nach den ihnen zugrundeliegenden Motiven. Bei Schenkungen und Erbschaften ist erklärungsbedürftig, weshalb Akteure überhaupt bereitwillig einen Teil ihres Wohlstands an Andere abgeben, anstatt verfügbare Ressourcen einfach selbst zu konsumieren. Eine wesentliche Rolle spielt dabei sicherlich die Art der Beziehung zwischen Geber (Erblasser, Schenkender) und Rezipient (Erbe, Beschenkter). Wie Szydlik (2011) zeigt, stammen über 60% der Erbschaften von Eltern und weitere 20% von Schwiegereltern der Empfänger. Ein ähnliches Bild ergibt

---

[10]Der Buchtitel ist angelehnt an die geizige Hauptfigur Ebenezer Scrooge in der Erzählung *Eine Weihnachtsgeschichte* von Charles Dickens.

[11]Daraus ergeben sich selbstverständlich auch Implikationen für die Besteuerung von Erbschaften. Beckert (2004) analysiert aus soziologischer Sicht die Diskurse um die Erbschaftssteuer in Deutschland, Frankreich und den USA und deren Entwicklung im Zeitverlauf.

sich empirisch für Weihnachtsgeschenke – größtenteils wird innerhalb familiärer Bande geschenkt (Waldfogel 1993, 1999).

Gerechtigkeitsvorstellungen

Soziale Ungleichheit verweist auf die unterschiedliche Verteilung von Gütern, Rechten und Positionen innerhalb einer Gruppe von Menschen (z.B. Familie, Organisation, Staat). Das Vorliegen sozialer Ungleichheit ist dabei nicht mit sozialer Ungerechtigkeit gleichzusetzen. Eine Verteilung wird als ungerecht bezeichnet, wenn eine als wünschenswert betrachtete Aufteilung nicht realisiert wird. Verteilungsgerechtigkeit hat demnach mit der Erfüllung von normativen Vorstellungen zu tun:

Gleichheitsprinzip: Dieses Prinzip beruht auf der Vorstellung, dass jedes Mitglied einer Gesellschaft dieselben Rechte und Pflichten besitzt. Dementsprechend hat jeder Akteur einen Anspruch auf denselben Anteil an Ressourcen bzw. Belastungen. In modernen Gesellschaften ist die Erwartung einer Gleichbehandlung sogar rechtlich verbrieft (Gleichbehandlungsgrundsatz). Zudem wird in sozialpolitischen Diskussionen häufig auf die Gleichheit von Lebenschancen (z.B. Bildungschancen, Zugang zu medizinischer Versorgung im Krankheitsfall) abgestellt (z.B. Sen 1992).

Bedarfsprinzip: Dieses Prinzip verweist auf den Aspekt der Bedürftigkeit, welcher u.a. zum Abruf von Versorgungsleistungen berechtigt. Ziel ist die Sicherstellung einer Mindestversorgung aller Bürger und daher insbesondere die Verbesserung der Situation von denjenigen Menschen, welche am schlechtesten gestellt sind. Diese Position wurde besonders prominent von John Rawls (1971) in seiner philosophischen Theorie der Gerechtigkeit formuliert.

Leistungsprinzip: Dieses Prinzip basiert auf der Idee, dass die Höhe erbrachter Leistungen positiv mit entsprechenden Ansprüchen assoziiert ist. Wer mehr leistet, soll auch mehr erhalten. Diese Idee wurde bereits in der Antike (z.B. Aristoteles) diskutiert. In der Soziologie hat sich u.a. George Caspar Homans (1961) damit befasst. Im Gegensatz zum Gleichheitsprinzip werden im Rahmen des Leistungsprinzips individuelle Anstrengungen honoriert, sodass Leistungsanreize gesetzt werden. Am deutlichsten tritt die Befolgung dieses Prinzip am Beispiel des Arbeitsmarktes zu Tage. Aber auch soziale Sicherungssysteme in Deutschland, die vorwiegend am Bedarfsprinzip orientiert sind, beruhen teilweise darauf (z.B. Rente).

Neben diesen drei Legitimationskriterien werden in der Literatur zahlreiche weitere Prinzipien sozialer Gerechtigkeit diskutiert (siehe z.B. Jasso 2007; Liebig und May 2009). Wesentliche Bedeutung kommt dabei dem quer zu den drei genannten Prinzipien liegenden Aspekt der prozeduralen Gerechtigkeit zu. Nicht nur die Verteilung per se, sondern auch das Verfahren der Zuweisung von Ressourcen, Rechten und Chancen ist demnach für die Akzeptanz sozialer Ungleichheiten wesentlich. In modernen Gesellschaften wird beispielsweise eine politische Entscheidung (z.B. Steuererhöhung) eher als legitim akzeptiert, wenn diese in einem demokratischen Verfahren zustande gekommen ist.

Schließlich moderieren auch die Art der sozialen Beziehung zwischen den Gruppenmitgliedern und der institutionelle Kontext die Bedeutung verschiedener Gerechtigkeitsprinzipien. So dominieren je nach situativem Kontext unterschiedliche Gerechtigkeitsvorstellungen: Während etwa innerhalb der Familie das Gleichheits- und das Bedarfsprinzip im Vordergrund stehen, dominiert bei Tauschgeschäften unter Fremden das Leistungsprinzip (z.B. Fiske 1992; siehe dazu auch Abschnitt 5.3). Zudem bestehen natürlich kulturelle Unterschiede darüber, was als gerecht und ungerecht angesehen wird (z.B. Liebig und Wegener 1995; Wegener und Liebig 2010).

Verstärkend wirken dabei in beiden Fällen soziale Normen und Verpflichtungen. Eigenen Kindern nichts zum Geburtstag zu schenken oder im Todesfall keine Erbschaft zu hinterlassen, ist in vielen Gesellschaften verpönt. Zudem sind Überlassungstransfers oft weniger einseitig, als es der erste Eindruck erweckt. Das universelle menschliche Prinzip der Reziprozität spielt schließlich gerade beim Schenken eine wichtige Rolle und führt zu der Verpflichtung, Geschenke mit Dankbarkeit, Gegengeschenken oder anderen zeitlich verzögerten Gegenleistungen zu erwidern (siehe hierzu auch den Kasten „Vom menschlichen

Geben und Nehmen" in Kapitel 2). Zudem bringen die Erben im Vorfeld von Erbschaften zum Teil Leistungen, wie die Pflege und Versorgung der potenziellen Erblasser.

Weiter ist zu berücksichtigen, dass der Akt des Gebens selbst aus altruistischen Motiven oder aus dem in Folge steigenden sozialen Status des Gebers nutzenstiftend sein kann (siehe auch den Beitrag *Sozialer Status, Positionswettbewerbe und Signale* im zweiten Band). Neben dem Wunsch, eine besondere Wertschätzung auszudrücken, können dabei insbesondere Statusmotive dazu führen, dass besonders kostspielige und ineffiziente Geschenke gemacht werden (vgl. Frank und Cook 1995; Malinowski 1922; Mauss 1923/24).

Bisher unerwähnt geblieben ist schließlich die Tatsache, dass Transfers aus wohlfahrtsstaatlichen Motiven erfolgen können. Die Rolle des Gebers kann dabei von wohltätigen Organisationen und Stiftungen übernommen werden. Gemeinhin wird jedoch ein wesentlicher Teil der Redistributions- und Sicherungsleistungen vom Staat erbracht. Als Wohlfahrtsstaaten werden Länder bezeichnet, die über ein System sozialer Sicherung (z.B. Einkommensumverteilung) und sozialer Dienste (z.B. staatliches Bildungswesen) verfügen sowie Maßnahmen zur Sicherung von Vollbeschäftigung (z.B. Konjunkturförderung, Subventionen) und Arbeitsrechten (z.B. Streikrecht) ausführen (zu dieser Definition siehe Berger 1999: 109ff). Hintergrund sind dabei bestimmte Ansprüche bezüglich eines existenzsichernden Einkommens oder entsprechende Minimalstandards bezüglich der materiellen Versorgung. Der britische Soziologe Thomas H. Marshall hat das Aufkommen und die Entwicklung von Bürgerrechten in westlichen Demokratien bereits 1950 in seinem Buch *Citizenship und Social Class* beschrieben.[12] Heutzutage ist Bedürftigkeit in vielen Gesellschaften Grund genug für staatliche Transferzahlungen (z.B. Essensmarken, Sozialhilfe, Wohngeld). Dabei ist es zumeist unerheblich, ob man in Folge von unvorhersehbaren Schicksalsschlägen oder eigenen Entscheidungen in Not geraten ist. Wenn dabei aufgrund der Existenz sozialer Sicherungssysteme die Abhängigkeit des Lebensunterhalts/Einkommens von der Ware (engl. commodity) Arbeit abnimmt, spricht man auch von Dekommodifizierung. Der Begriff beschreibt also den Prozess einer Entkopplung von sozialer Sicherheit und erfolgreicher Arbeitsmarktpartizipation. Eine Altersversorgung ist beispielweise dann als stark dekommodifiziert zu betrachten, wenn die Rentenhöhe nur in geringem Maße von der individuellen Erwerbszeit und Einzahlung in die Rentenkasse abhängt.

Die wohlfahrtsstaatliche Ausgestaltung des deutschen Wirtschaftssystems wird häufig als soziale Marktwirtschaft bezeichnet, welche seit 1949 kompensatorische genauso wie präventive staatliche Eingriffe in Wirtschaftsleben umfasst (zu sozialpolitischen Maßnahmen speziell in Deutschland siehe u.a. Bäcker et al. 2010). Das deutsche Sozialstaatssystem ist dabei einer der drei Varianten des Wohlfahrtskapitalismus zuzuordnen, die der dänische Sozialwissenschaftler Esping-Andersen (1990) in seinem bekannten Buch *The Three Worlds of Welfare Capitalism* anhand des Dekommodifizierungsgrads unterscheidet:

Liberale Wohlfahrtsregime: Diese Regime zeichnen sich durch ein geringes Ausmaß an sozialen Transferleistungen aus. Typisch sind hierbei für Esping-Andersen die USA, Australien und Kanada. Aber auch Großbritannien und die Schweiz sind diesem Typus zuzurechnen. Während in diesen Ländern zwar eine minimale Grundversorgung im Alter und im Falle einer Erwerbslosigkeit gewährleistet wird, obliegt die weitere Absicherung gegenüber Risiken der privaten Vorsorge. Vertraut wird damit auf das

---

[12]Marshalls Darstellung der Entwicklung der Bürgerrechte hat dabei international viele sozialpolitisch interessierte Sozialwissenschaftler zu einer intensiven Auseinandersetzung mit dem Konzept der Bürgerschaft angeregt und für dessen Verbreitung gesorgt.

Funktionieren von Märkten und deren Selbstregulationskräfte. Der Grad der Dekommodifizierung ist gering.

Konservative Wohlfahrtsregime: Beispiele hierfür sind europäische Länder wie Deutschland, Frankreich, Italien und Österreich. Das Ausmaß staatlicher Aktivitäten ist deutlich höher als in Staaten mit einer liberalen Marktordnung. Transfers im Alter und bei Arbeitslosigkeit sind am bisherigen Erwerbseinkommen orientiert. Soziale Ungleichheiten werden zwar abgeschwächt, bleiben aber weitgehend bestehen. Der Staat betreibt überdies aktive Maßnahmen zur Schaffung von Arbeitsplätzen (z.B. Subventionen), zur Wiedereingliederung Erwerbsloser sowie zur Sicherung von Arbeitsrechten. Letztere Funktion wird auch von Gewerkschaften erfüllt. Im Gegensatz zu der ausgeprägten Wirtschafts- und Arbeitsmarktpolitik sind die staatlichen Aktivitäten hinsichtlich weiterer sozialpolitischer Maßnahmen, insbesondere der Familienpolitik, relativ schwach ausgeprägt. Es dominiert ein traditionelles Bild der Familie, von der eine grundlegende Versorgungsleistung erwartet wird. Der Grad der Dekommodifizierung ist daher zwar höher als in liberalen Wohlfahrtregime, aber geringer als in den nun zu beschreibenden sozialdemokratischen Wohlfahrtregimen.

Sozialdemokratische Wohlfahrtsregime: Die skandinavischen Länder (insbesondere Norwegen und Schweden) und die Niederlande werden als typische Beispiele für Wohlfahrtsregime mit einer sozialdemokratischen Orientierung betrachtet. Über die Aktivitäten konservativer Regime hinausgehend wird eine exzessive Politik des Universalismus und Egalitarismus betrieben. Speziell bei der Unterstützung von Familien, Alten und Kranken existieren vielfältige Angebote, die einen hohen Lebensstandard ermöglichen und auf die prinzipiell alle Bürger zurückgreifen können. Besonderer Wert wird dabei auf die Förderung der Vereinbarkeit von Beruf und Familie, die Erwerbstätigkeit von Frauen und die schulische Bildung gelegt. Der Grad der Dekommodifizierung ist ausgesprochen hoch.

Angesichts der Einfachheit dieser Klassifikation ist es wenig überraschend, dass sie in Folge vielfach kritisiert wurde. So erscheint etwa die Einordnung mittel- und südeuropäischer Staaten in eine gemeinsame Kategorie zu grob, während der Übergang von einem konservativ zu einem sozialdemokratischen Wohlfahrtsregime nicht trennscharf erscheint. Zudem bleiben asiatische und südamerikanische Staaten wie China, Indien und Chile unberücksichtigt.

Zudem werden immer wieder theoretische Vermutungen zu Konsequenzen der verschiedenen wohlfahrtsstaatlichen Regimes formuliert und mit Daten konfrontiert. Allerdings ist bei derartigen empirischen Überprüfungsversuchen stets fraglich, ob gefundene Länderdifferenzen tatsächlich kausal auf unterschiedliche Wohlfahrtsregime zurückzuführen sind. Länder wie Deutschland, Großbritannien und Finnland unterscheiden sich nämlich nicht nur in ihrer Sozial- und Wirtschaftspolitik, sodass sich immer auch andere Erklärungsfaktoren finden lassen, die empirisch beobachtete Länderunterschiede hervorgebracht haben könnten. Nichtsdestotrotz stellt Esping-Andersens Typologie auch heute noch einen zentralen Bezugspunkt ländervergleichender Studien zum Wohlfahrtsstaat dar. Neben dem Staat haben freilich auch Märkte und nicht-staatliche Körperschaften Einfluss auf die Entstehung und Verteilung von Wohlstand.

5.2 Planungs- und Koordinationsinstanzen

Einseitige Ressourcenübertragungen oder Transfers werden üblicherweise durch Personen und Organisationen (z.B. Staat, Unternehmen) geplant und durchgeführt. Tauschhandlungen oder Transaktionen erfolgen in Märkten und finden gleichfalls zwischen individuellen Akteuren und/oder Organisationen statt. Als Planungs- und Koordinationsinstanzen des Wirtschaftslebens sind Organisationen und Märkte daher etwas genauer zu besprechen.

5.2.1 Ausgewählte Kennzeichen von Organisationen

Organisationen sind allgegenwärtig in der modernen Gesellschaft. Jeder hat täglich in und mit ihnen zu tun. Betriebe, Kirchen, Parteien, Bürgerinitiativen, Vereine, Gewerkschaften, Arbeitgeberverbände, Schulen, Universitäten und Staaten sind Organisationen, in denen und für die alle einen mehr oder minder großen Teil vorhandener Ressourcen (wie z.B. Zeit, Geld, Arbeitsleistung) freiwillig oder unfreiwillig zur Verfügung stellen. Organisationen bestimmen nicht nur einen Teil des sozialen Alltags des Einzelnen, sondern auch seinen Lebenslauf mit: Jeder geht in modernen Gesellschaften in eine Schule und entscheidet sich für oder gegen die Mitgliedschaft in einer religiösen Glaubensgemeinschaft. Fast jeder ist Staatsbürger mit dem Recht auf bestimmte öffentliche Leistungen und der Pflicht der Entrichtung von Steuern. Manche Individuen werden Mitglied einer Arbeitnehmerorganisation und/oder politischen Partei. Andere gründen eine Bürgerinitiative oder treten einer solchen bei. Wieder andere studieren an einer privaten oder öffentlichen Universität und bekommen einen Titel verliehen, der sie zur Bewerbung um entsprechend qualifizierte Arbeitsstellen bei bestimmten Unternehmen, dem Staat oder einer internationalen Organisation (z.B. Europäische Union, World Bank) berechtigt.

Wie diese Beispiele bereits andeuten, sind Organisationen bemerkenswert vielfältig. Dennoch besitzen sie Gemeinsamkeiten. Beispielsweise grenzen sie sich gegenüber ihrer jeweiligen Umwelt ab, reagieren aber auch auf diese in ihren Entscheidungen und Aktivitäten.[13] Trotz der Vielfalt von Organisationen lassen sich einige weitere Kennzeichen identifizieren, die für Organisationen im Wirtschaftsleben und deren wichtigste Formen besondere Relevanz besitzen. Ausführliche Darstellungen der Grundlagen und Einsichten der Organisationsforschung bieten u.a. Abraham und Büschges (2009), Preisendörfer (2008), Saam (2007) sowie Scott und Davis (2007).

A. Soziale Konstrukte und korporative Akteure

Organisationen sind menschliche Erfindungen. Zwar hat es sie schon etwa im alten China oder im antiken Griechenland gegeben, aber ihre alltägliche Präsenz in praktisch allen Bereichen der Gesellschaft unterscheidet moderne Industriegesellschaften von älteren Zivilisationen. Ihre Ausbreitung hat mit der Entwicklung des Wirtschaftslebens zu tun. Sie sind keine zwangsläufigen Produkte jeder Kulturform und sie sind fiktiv, d.h. sie existieren nur in der Vorstellung und nicht physisch wie Individuen. Jedoch versuchen sie keineswegs

---

[13] Aus dem alltäglichen Miteinander kann sich ein Zugehörigkeitsgefühl und eine „corporate identity" entwickeln, die hilfreich bei der Grenzziehung zur Umwelt sein können. Um den Fortbestand der Organisation im Zuge von Entscheidungen und Handlungen zu sichern, benötigt man überdies eine gewisse Aufgeschlossenheit gegenüber technischen und sozioökonomischen Veränderungen und die Bereitschaft zur Reaktion und Anpassung.

selten, sich durch Bauten und Symbole in der Realität und im Bewusstsein der Menschen zu verankern.

Coleman (1974) hat die Evolution von modernen Organisationen oder „korporativen Akteuren" nachgezeichnet. Die Entwicklung des Kapitalismus und die damit einhergehende immer stärkere Spezialisierung und Mechanisierung der Produktion erforderte immense Kapitalmittel und daher die Schaffung von neuen Rechtsstrukturen. Letzteres zeigt sich u.a. in der Schaffung von juristischen Personen bzw. Körperschaften, d.h. fiktiven Akteuren mit prinzipiell unendlicher Lebensdauer und speziellen Rechten (z.B. Regelungen in Abhängigkeit von der gewählten Rechtsform einer Unternehmung) bzw. Pflichten (z.B. Erstellung von Geschäftsberichten nach Bilanzierungsvorschriften in bestimmten Zeitabständen für börsennotierte Unternehmen). Es entstanden immer neue Organisationen und es etablierten sich unterschiedliche Typen von Organisationen. Dadurch waren traditionsreiche Organisationen (wie z.B. Staatsverwaltung, Militär und Kirche) immer wieder zu Anpassungen und Veränderungen gezwungen.

Organisationen sind Produkte menschlichen Handelns und Menschen bevölkern Organisationen. Jede Organisation kann als ein Zusammenschluss von Akteuren gedeutet werden, in der Ressourcen zum gemeinsamen Einsatz eingebracht und verwendet werden. Personen, die als Repräsentanten und/oder im Auftrag einer Organisation handeln, sind deren „Agenten". Oftmals erhalten sie von ihrem „Prinzipal", der Organisation, eine mehr oder minder große Kompensation (z.B. Lohn, Provision) für ihre Tätigkeit. Gelegentlich sind sie aber auch intrinsisch motiviert (vgl. die Ausführungen zur Wertrationalität im Sinne von Max Weber in Abschnitt 3.1.2) und daher ehrenamtlich tätig.

B. Zielgerichtetheit und Arbeitsteilung

Jede Organisation wird zur Realisierung bestimmter Ziele geschaffen. Diese Ziele sind nicht notwendigerweise scharf umrissen. Sie sind jedoch stets begrenzt, d.h. eine Organisation dient zumeist nicht einer Vielzahl von Zielen. Beispielsweise wird eine Unternehmung ihr Augenmerk gewöhnlich auf Gewinnmaximierung, Kostenminimierung und hohen Umsatz richten. Eventuell wird sie auch an guter Produktqualität und einem angemessenen Firmenimage interessiert sein. Abgesehen von Lippenbekenntnissen wird sie sich vermutlich aber nicht für eine bessere Umweltqualität, ein gesteigertes Sozialprodukt oder eine geringere Arbeitslosenquote einsetzen.

Die Zweckgerichtetheit von Organisationen reflektiert, dass Individuen Interessen besitzen und diesen Interessen entsprechend handeln. Somit wird ein Organisationsgründer versuchen, mithilfe der Organisation seine Interessen zu realisieren, während ein Agent nicht unbedingt die Interessen der Organisation verfolgen wird. Die Interessen des Agenten müssen ja nicht mit den Interessen der Korporation korrespondieren. Bei Interaktionen zwischen Organisationen und ihren Mitarbeitern (aber auch externen Vertragspartnern) stellt sich daher oftmals für die Korporation das sogenannte „Prinzipal-Agenten-Problem". Weil die Interessen des Agenten nicht mit denen des Prinzipals oder Auftraggebers (d.h. des korporativen Akteurs) übereinstimmen müssen, kann es im Extremfall den Interessen des Prinzipals diametral entgegengesetzte Handlungstendenzen des Agenten geben. Ein Beispiel wäre die Neigung des einzelnen Angestellten, als Gehaltsempfänger möglichst wenig zu arbeiten, sofern die betreffende Firma weder angemessene Anreize zur Produktivitätssteigerung noch eine angemessene Überwachung seiner Arbeitsleistung sicherstellt.

Moralische Gefährdungen und Versicherungsverträge

Prinzipal-Agenten-Beziehungen sind durch einen möglichen Interessengegensatz zwischen Prinzipal und Agenten sowie asymmetrische Information zwischen beiden Parteien gekennzeichnet. Letzteres ergibt sich dadurch, dass der Prinzipal die Handlungen des Agenten nicht perfekt beobachten kann. Für Agenten bestehen daher starke Anreize, im Eigeninteresse und daher eventuell nicht im Interesse des Auftraggebers zu agieren – es liegt damit moralische Gefährdung („moral hazard") vor. Beispiele für solche moralischen Gefährdungen existieren etwa bei Beziehungen zwischen Arzt und Patient sowie Firmeneigentümer und Manager, da jeweils der erstgenannte uninformierte Prinzipal auf ordnungsgemäße Handlungen des Agenten zu vertrauen hat. Aus wirtschaftssoziologischer Sicht sind dabei insbesondere moralische Gefährdungen von Managern interessant. Diese können dazu führen, dass Manager ihre Entscheidungen nicht im Sinne des Unternehmens treffen, sondern ihre Einkünfte (z.B. gewinnorientierte Gehaltszahlungen) durch entsprechende Beeinflussung relevanter Maßzahlen zu optimieren suchen. Im Bereich der Finanzmärkte kann die moralische Gefährdung aufgrund der bestehenden Anreize (z.B. Boni und Aktienpakete als potenzielle Vergütungen) besonders stark ausgeprägt sein.

Derartige Überlegungen zu moralischen Gefährdungen haben erheblichen Einfluss auf die Gestaltung von Versicherungsverträgen ausgeübt. Die Ausgangssituation beim Abschluss eines solchen Kontrakts ist durch einen Interessengegensatz zwischen Versicherer und Versichertem gekennzeichnet, wobei die Handlungen des Versicherten nicht perfekt beobachtbar sind. Daher kann sich der paradoxe Effekt ergeben, dass der Abschluss einer Versicherung nicht mit mehr, sondern mit weniger Sicherheit einhergeht. Grund hierfür ist, dass der Vertragsabschluss selbst zu einer Verhaltensänderung auf Seiten des Versicherten führen kann. Für einen Versicherten besteht z.B. nach Abschluss einer Haftpflichtversicherung ohne Eigenbeteiligung ein geringerer Anreiz, auf fremdes Eigentum zu achten. Dies ist die moralische Gefährdung, welche viele Versicherungen antizipieren und daher häufig eine Eigenbeteiligung im Schadensfall einfordern. Entsprechende Überlegungen haben auch Reformen des deutschen Gesundheitswesens angeleitet und zu einer stärkeren Eigenbeteiligung der Patienten an Arztkosten geführt. Auch auf internationaler politischer Ebene werden entsprechende Argumente berücksichtigt. So wurde beispielsweise im Zuge der griechischen Schuldenkrise über die Sinnhaftigkeit der Übernahme bzw. Erlassung privater und staatlicher Schulden durch die Europäische Union diskutiert und von einigen Akteuren als Argument ins Feld geführt, dass dadurch für den Schuldner falsche Anreize geschaffen würden.

Jede Organisation ist arbeitsteilig gegliedert. In einer Organisation wird also Arbeit geleistet, was die Anwendung einer bestimmten Technologie mit sich bringt. Der Begriff der Technologie bezieht sich auf die eingesetzten Verfahren zur Umwandlung von Inputs in Outputs. Alle Organisationen haben Technologien. Jedoch unterscheiden sich Organisationen nach dem Grad der Verwendung und Beherrschung von Technologien.

Die Arbeitsteilung bedeutet weiter, dass die in der Organisation zusammengeschlossenen Personen nicht alle die gleichen Aufgaben ausführen. Stattdessen unterscheiden sich die Aufgaben mehr oder weniger. Daher gibt es in Organisationen normalerweise unterschiedliche Positionen, die von verschiedenen Personen besetzt werden. Die Positionsinhaber haben mehr oder weniger gut definierte Rollenerwartungen zu erfüllen. Neben einer Technologie geht mit der Arbeitsteilung demnach auch eine Sozialstruktur einher.

C. Positionshierarchie und Herrschaftsstruktur

Die Hierarchie der Positionen ist eine Komponente, welche die Sozialstruktur der Organisation bestimmt. Generell bezieht sich die Sozialstruktur der Organisation auf die standardisierten oder regelhaften Elemente in den Beziehungen, welche zwischen den in der Organisation tätigen Akteuren existieren. Man kann zwischen der normativen Struktur (d.h. Werte, Normen, Rollenerwartungen) und der faktischen Struktur (d.h. tatsächliche

Entscheidungen und wirkliches Verhalten) unterscheiden. Klarerweise müssen beide nicht übereinstimmen.

Die Sozialstruktur einer Organisation ändert sich in dem Ausmaß, in welchem sie formalisiert wird. Eine Sozialstruktur ist in dem Maß formalisiert, in dem in ihr die sozialen Positionen und die Beziehungen zwischen ihnen explizit festgelegt und unabhängig von persönlichen Merkmalen der Positionsinhaber sind. Verschiedene Formen der Hierarchisierung sind in verschiedenen Organisationstypen identifiziert worden.

Eliten und ihre Bedeutung

Die Betrachtung von Organisationen legt eine Auseinandersetzung mit Eliten nahe, weil diese maßgeblich an der Leitung und dem Besitz von bedeutenden Unternehmungen beteiligt sind. Dem Eliteforscher Michael Hartmann (2007) zufolge werden 85 der 100 größten deutschen Unternehmen von Mitgliedern des Bürgertums und des Großbürgertums geführt, obwohl beide privilegierten Gruppen nur rund vier Prozent der Bevölkerung repräsentieren. Organisationen dienen damit auch der Verfolgung von elitären Interessen.

Anders als in vorindustrieller Zeit, als eine über Verwandtschaftsbeziehungen eng verknüpfte Oberschicht gleichzeitig Politik, Religion und Wirtschaft (v.a. Grundbesitz) kontrollierte, zeichnen sich arbeitsteilig differenzierte Gesellschaften durch Funktionseliten aus. Diese repräsentieren Wirtschaft, Politik, Recht, Erziehung, Religion, Kultur und Armee und stehen im gegenseitigen Wettbewerb um die Beeinflussung und Ausdeutung gesellschaftlicher Entwicklungen. Ihre jeweilige Vormachtstellung verteidigen sie mit Macht, Geld und Symbolen (Dahrendorf 1961, 1972). Gesellschaftspolitische Ordnungen wie Rechtsstaatlichkeit, Demokratie und Wohlfahrtsstaat werden dabei aufrechterhalten, solange darüber unter den Eliten ein Konsens besteht. Insbesondere die deutsche Geschichte des 20. Jahrhunderts hat dies aufgezeigt.

Der Zugang zu heutigen Eliten erfolgt nicht mehr ausschließlich über die Geburt, sondern zunehmend nach dem Leistungsprinzip. Bei diesem Mechanismus sozialer Selektion kommt zertifizierten Bildungserfolgen eine Schlüsselrolle zu. In Frankreich, Großbritannien oder den USA existieren mit Grandes Écoles, Private Schools und Eliteuniversitäten spezielle Ausbildungsstätten für zukünftiges Führungspersonal. Nicht zuletzt durch die Abgrenzung vom Rest der Studierenden wird hier die Zugehörigkeit zu privilegierten Kreisen geschult. In Deutschland fehlen diese stark selektiven Bildungseinrichtungen, sodass weniger der Besuch einer bestimmten Universität, sondern vielmehr das Erreichen des Doktorgrads Zugang zur Funktionselite verschafft. Hartmann (2004) beziffert den Anteil promovierter Vorstands- und Aufsichtsratsmitglieder auf über 50%. Auch auffallend viele Politiker, Richter und hohe Beamte haben in das Signal einer Promotion investiert.

Weil Bildungserfolg vom sozialen Hintergrund der Eltern abhängt (für einen Überblick entsprechender Forschungsergebnisse siehe z.B. Bowles und Gintis 2002), ist die soziale Mobilität in vielen westlichen Gesellschaften relativ gering und die Zusammensetzung der Eliten entsprechend stabil. Mit dem schichtspezifischen Erlernen bestimmter Verhaltensweisen, welche als „Habitus" die Zugehörigkeit zu elitären Kreisen signalisieren und spezifische Handlungsmöglichkeiten eröffnen, weist Bourdieu (1982, 1983) auf einen Mechanismus hin, der zur Reproduktion sozialer Positionen beiträgt. Michels' (1908) Gesetz der Oligarchisierung impliziert gleichfalls eine Stabilisierung von Eliten. Dagegen können politische Veränderungen, Revolutionen und Kriege alt eingesessene Eliten schwächen oder sogar stürzen (z.B. Marx und Engels 1848).

In der Perspektive von Mancur Olson (1982) stellt eine regelmäßige Schwächung nationaler Eliten eine Voraussetzung für den Erhalt der ökonomischen Leistungsfähigkeit ganzer Staaten dar. Elitäre Interessensgruppen, so Olson, führen nämlich hauptsächlich Verteilungskämpfe, ohne dabei die soziale Wohlfahrt zu erhöhen. Die Aneignung von Privilegien und Vorzügen durch Eliten gehört gerade in Entwicklungsländern zum Alltagsleben vieler Menschen. Dabei können auch räuberische Kleptokratien entstehen wie in Haiti, Nigeria oder den Philippinen. Nationale Eliten haben diese Länder über Jahrzehnte ausgeplündert.

Unabhängig von der Art der Sozialstruktur besitzt jede Organisation eine Leitung. Dieser Leiter oder dieses Leitungsgremium vertritt den die Körperschaft bildenden Zusammenschluss von Personen sowohl nach innen als auch nach außen. Die Leitungsinstanz kann (muss aber nicht) mit dem mehr oder weniger großen Kollektiv der Organisationsgründer zusammenfallen. Beispielsweise haben viele Firmen Eigentümer, welche die Leitung ihrer Unternehmungen Agenten, nämlich Managern, anvertrauen. Es gibt jedoch auch Firmen, in denen Eigentümer auch als leitende Personen auftreten.

Insbesondere hat die Leitungsinstanz die Aufgabe der internen Kooperationssicherung zwischen den Beteiligten in der Organisation. Dazu besitzt jede Organisation ein System von Strafen und Belohnungen, mit dessen Hilfe die Beteiligten unabhängig von privaten Interessen zur Aufgabenerfüllung im Sinne der Organisationsziele motiviert werden. Demnach übt jede Organisation eine soziale Kontrollfunktion gegenüber ihren Mitarbeitern aus. Die Leitungsinstanz besitzt natürlich die Gewalt zur letztendlichen Definition dieses Systems individueller Anreize (d.h. des Sanktions- und Belohnungskataloges). Die Leitungsinstanz versucht mithilfe ihrer Definition somit eine koordinierte Verfolgung der Organisationsziele zu gewährleisten.

Organisationsstrukturen von Großunternehmen

Bei der Untersuchung von Großunternehmen wurden U-Form, H-Form und M-Form als relativ verbreitete Organisationsstrukturen gefunden:

U-Form: Die „Unitary Form" bezieht sich auf die zentral koordinierte Spezialisierung nach den klassischen Funktionen wie z.B. Finanzen, Produktion und Verkauf, weshalb man auch von der funktionalen Form spricht. Historisch geht die Herausbildung funktionaler Organisationsstrukturen auf Innovationen zurück, die gegen Mitte des 19. Jahrhunderts in amerikanischen Eisenbahnunternehmen eingeführt wurden, um die Koordination und Kontrolle von räumlich weit gestreckten Organisationen bewältigen zu können (Chandler 1977). Sie haben sich bis zum ersten Weltkrieg (1914–1918) in der US-Industrie etabliert.

H-Form: In dieser Epoche kam es auch zur Ausbreitung der „Holding Form". Eine Holding ist typischerweise eine Organisation, unter deren Dach mehrere, weitgehend unabhängige Unternehmen zusammengefasst sind. Die Leitungsinstanz oder zentrale Führung ist dabei eher schwach in dem Sinn, dass sie die einzelnen Einheiten nicht direkt überwacht, sondern v.a. nach den jeweils realisierten Erträgen einer Einheit etwaige Kapitalzuweisungen vermindert oder erhöht. Geschaffen werden bei der H-Form eigentlich interne Kapitalmärkte, welche der Diversifikation von Risiken dienen. Die H-Form wurde nie zur dominanten Organisationsform.

M-Form: Die „Multidivisional Form" hat mehrere wesentliche Merkmale. Erstens führt die Unternehmung eine Anzahl unterschiedlicher wirtschaftlicher Tätigkeiten aus (z.B. diversifizierte Mehr-Produkt Unternehmungen). Zweitens übernimmt eine zentrale Führungsebene Aufgaben der strategischen Planung sowie der Koordination und Kontrolle der einzelnen Einheiten (Divisionen). Drittens sind die Divisionen weitgehend autonome „Quasi-Firmen", welche intern funktional organisiert sind. Viertens existieren zwischen den Einheiten der Unternehmung gegenseitige Abhängigkeiten, weil die Divisionen gemeinsame Ressourcen verwenden oder Produkte austauschen. Im Unterschied zur U-Form ist die M-Form also eine dezentrale Organisationsform, die allerdings der zentralen Leitungsinstanz einen größeren Einfluss zuweist als die H-Form. Chandler (1962) hat die Ausbreitung der M-Form in den USA detailliert beschrieben.

Umsatzstarke Firmen wie DuPont (Chemische Produkte), General Motors (Kraftfahrzeuge) und Sears (Warenhäuser) waren unter denjenigen, welche die M-Form zuerst einführten. Sie hat sich in den USA danach so stark ausgebreitet, dass bis Ende der 1960er Jahre etwa 2/3 der größten Industrieunternehmen eine M-Form hatten. In deutschsprachigen Ländern setzte eine analoge Entwicklung erst später ein. Daneben haben sich auch andere Organisationsformen (z.B. „Adhocracy", „Matrix", „Network") etabliert, die z.B. von Scott und Davis (2007: 131ff) besprochen werden.

Aufgrund der Existenz der Leitungsinstanz stellen Organisationen Herrschaftsinstrumente derjenigen dar, die Zugang zu den Leitungspositionen haben und ihrerseits die Entscheidungen der Leitungsinstanz beeinflussen können. Organisationen werden dadurch zu Herrschaftssystemen, in denen Weisungsbefugnisse, Kompetenzen und Autoritätsbeziehungen geregelt sind. Anders gesagt: In einer Organisation werden Handlungen aufgrund von Anordnungen und Befehlsketten koordiniert. Wie Märkte sind Organisationen nicht demokratisch.[14] Sie sind manchmal diktatorisch, oftmals oligarchisch und daher im Allgemeinen hierarchisch.

Bei Interaktionen zwischen Organisationen und ihren Agenten (u.a. Mitarbeiter) können sich bekanntlich Prinzipal-Agenten-Probleme ergeben. Letztere stellen sich allesamt für den Prinzipal. Hintergründe bilden dabei Informationsasymmetrien zugunsten des Agenten.[15] Ihre Beseitigung erfordert u.a. die Entwicklung und Etablierung von Kontrollinstanzen und die Schaffung von Belohnungsmechanismen, welche Anreize zur Handlung im Sinne des Prinzipals bieten. Wie Saam (2002) herausarbeitet, sind in diesem Zusammenhang v.a. machttheoretische Überlegungen wesentlich, wobei sich der Prinzipal stets in der vorteilhaften Position befindet. Auch deshalb erscheinen klassische Ideen zu Autorität, Macht und Herrschaft relevant (siehe Abschnitt 3.1.2).

D. Verflechtungen und Veränderungen

Individuen haben in Organisationen viele soziale Kontakte, welche ihrerseits die Tendenz verstärken können, ein Mitglied der jeweiligen Kollektivgebilde zu werden oder zu bleiben. Nach einer bestimmten Verweildauer z.B. in einem Betrieb ist man typischerweise in ein Netz sozialer Beziehungen verstrickt, das die Wahrnehmung und das Wissen strukturiert, ohne dass man sich dessen bewusst ist.

Personen haben in Organisationen als Konsequenz der typischen Arbeitsteilung verschiedene Positionen, welche ihrerseits mit bestimmten, mehr oder weniger festgelegten Rollenerwartungen der Anderen einhergehen. Man identifiziert sich und Andere mit bestimmten Positionen und den damit einhergehenden Rollen. Diese Identifikation hat Konsequenzen für individuelles Verhalten, auch wenn man nicht gleich von einer Veränderung der Persönlichkeit einzelner Positionsinhaber sprechen kann (obwohl diese aber auch nicht kategorisch ausschließbar ist). Beispielsweise finden in Betrieben relativ viele persönliche Interaktionen zwischen Leuten mit ähnlichen Positionen statt, während relativ formalisierte und weniger zahlreiche persönliche Interaktionen mit von der Position her übergeordneten Akteuren auftreten.

Der Einzelne ist in die Organisation und ihre Sozialstruktur eingebettet und durch sein Verhalten kann er diese Struktur weiter stabilisieren. Hat er eine destabilisierende Wirkung und wird dies deutlich, so wird die Organisation entweder eine alternative Verwendung für ihn finden oder versuchen, ihn los zu werden. Es muss betont werden, dass der Einzelne die besondere Bedeutung, welche er für die Organisation besitzt, nicht aufgrund seiner Charakteristika als Person zugewiesen bekommt. Vielmehr ist diese Bedeutung allein ein Effekt der spezifischen Beiträge, welche er für die Organisation aufgrund ihrer Funktion

---

[14]Dass es in Märkten keineswegs demokratisch zugeht, ergibt sich bereits aus einer ungleichen Einkommensverteilung: Aufgrund ihrer höheren Budgets haben Reiche mehr „Stimmen" als Arme im Markt.

[15]Die Varianten des Prinzipal-Agenten-Problems lassen sich auf Situationsmerkmale zurückführen, die man zeitlich nach ihrem möglichen Auftreten in Agenturbeziehungen anordnen kann und sich allesamt auf den Agenten beziehen: Verborgene Merkmale vor Vertragsabschluss und verborgene Absichten, verborgenes Wissen sowie verborgenes Handeln nach Vertragsabschluss (siehe weiterführend Saam 2002).

im arbeitsteiligem Gefüge augenscheinlich leistet. Die Beurteilung der Person seitens der Organisation ist also an deren Aufgabenerfüllung orientiert.

Personal- und Kapitalverflechtungen zwischen Unternehmen

Unternehmensnetzwerke ermöglichen es, die Dichotomie zwischen Organisation und Markt als den beiden fundamentalen Koordinationsmechanismen im Geschäftsleben zu überbrücken (z.B. Granovetter 1985; Uzzi 1996). Eine besondere Form von Unternehmensnetzwerken stellen Verflechtungen von Aufsichtsratsmitgliedschaften in verschiedenen Großunternehmen dar. Das Ausmaß, die Ursachen und die Folgen dieser Verflechtungen sind Gegenstand zahlreicher wirtschaftssoziologischer Arbeiten (für einen ausführlichen Überblick siehe Mizruchi 1996). Problematisch erscheint, dass Personalverflechtungen Preisabsprachen und die Bildung von Kartellen zur Folge haben können. Es können sich jedoch auch positive Effekte aus dieser Form der Unternehmensverbindung ergeben. Indem es in ein anderes Unternehmen entsandten Vorständen aufgrund des mit ihrer Position verbundenen Stimmrechts möglich ist, Kontrolle über und Einfluss auf Unternehmensentscheidungen auszuüben, reduzieren solche unternehmensübergreifenden Vernetzungen Informationsasymmetrien und etwaige Kosten von Geschäftsabwicklungen. Zudem können Aufsichtsratsverflechtungen zum Aufbau von Vertrauen, zur Reduktion von Prinzipal-Agent-Problemen und zur Abmilderung von moralischen Gefährdungen beitragen. Denn auch zwischen Unternehmen bestehen Konstellationen konfligierender Interessen und wechselseitig nur unvollständig beobachtbarer Handlungen (z.B. Abschluss von Versicherungen; Kreditvergabe einer Bank an ein Unternehmen). Es ist daher zu erwarten, dass insbesondere diejenigen Unternehmen, welche in Vorleistung gehen und Vertrauen gewähren (z.B. Vergabe eines Kredits), die Möglichkeit erhalten, Schlüsselposition in anderen Unternehmen zu besetzen.

Diese Überlegungen wurden für Deutschland und Österreich von Rolf Ziegler (1984) empirisch gestützt. Anhand von Netzwerkdaten für deutsche und österreichische Großunternehmen konnte er zeigen, dass in den 1980er Jahren insbesondere Vorstände von Finanzinstituten häufig als Aufsichtsräte in anderen Unternehmen tätig waren. Dabei war eine ausgewählte Elite von Aufsichtsräten (ca. 2%) für den ganz überwiegenden Teil der Vernetzung zwischen den betrachteten Großunternehmen verantwortlich (69–75%). Zudem waren Personal- und Kapitalverflechtungen stark positiv miteinander assoziiert. In Folge hatten Banken (neben Unternehmen mit starker Wirtschaftskraft) eine zentrale Position im Netzwerk der Aufsichtsräte inne. Heinze (2002) berichtete auf Grundlage aktuellerer Daten für Deutschland inhaltlich ähnliche Befunde. Arbeiten von Windolf (2006) und Krenn (2012) zeigen überdies, dass die Netzwerkstrukturen in Deutschland historisch gewachsen sind und deutsche Kreditinstitute ihre zentralen Positionen bereits gegen Ende des 19. und zu Beginn des 20. Jahrhunderts etabliert haben.

In den USA und Großbritannien ergaben sich aufgrund der liberaleren Marktordnung und der stets strengen Gesetze gegen Kartellbildung andere Befunde (Windolf und Beyer 1995; Windolf und Nollert 2001). Die Netze zwischen angelsächsischen Unternehmen sind generell weniger dicht und eher dezentralisiert (d.h. der Anteil isolierter Unternehmen ist höher). Zudem sind die Verflechtungen zwischen Banken und anderen Großunternehmen in angelsächsischen Ländern häufiger wechselseitig (v.a. entsenden mehr Großunternehmen ihre Vorstände in die Aufsichtsräte von Banken). Nichtsdestotrotz kommt den Banken auch in diesen Ländern eine zentrale Position zu. Dies bestätigen auch zahlreiche Arbeiten des amerikanischen Soziologen Mark Mizruchi, der das Thema seit Anfang der 1980er Jahre beforscht und insbesondere darum bemüht ist, kausale Ursache-Wirkungszusammenhänge aufzudecken. Mizruchi und Stearns (1988) fanden einerseits, dass Neuverschuldung von Unternehmen mit der Besetzung von Aufsichtsratspositionen durch externe Bankiers einhergeht. Andererseits konnten Mizruchi und Kollegen (Mizruchi und Stearns 1994, 2001; Mizruchi, Stearns und Marquis 2006) aber auch nachweisen, dass Personalverflechtungen zwischen Unternehmen die Wahrscheinlichkeit einer Kreditvergabe erheblich erhöhen. Dies zeigt sich insbesondere in mit hoher Unsicherheit behafteten Situationen (z.B. bei imperfekter Informationen über den möglichen Schuldner), was die Bedeutung sozialer Verflechtung im Wirtschaftsleben nochmals veranschaulicht.

Die Organisation sozialisiert ihre Positionsinhaber durch adäquate Fortbildung und die Vermittlung organisationsspezifischer Werte, Normen und Rollenerwartungen. Um den Begriff des „betriebsspezifischen Humankapitals" von Gary S. Becker (1964) leicht zu verfremden: In Organisationen bildet jeder Mitarbeiter in Abhängigkeit von der Dauer der Mitgliedschaft organisationsspezifisches Humankapital, das individuell profitabel nur in der betreffenden Organisation eingesetzt werden kann. Unter sonst gleichen Bedingungen sinkt daher mit zunehmender Organisationsmitgliedschaft der individuelle Anreiz zum Verlassen des korporativen Akteurs.

Auch die Organisation selbst steckt in einem Netz sozialer Beziehungen. Überdies ist sie in die existierende Gesellschaft integriert und kann dieser nicht entfliehen. Organisationen besitzen eine Umwelt und benötigen diese für ihr Überleben. Sie sind keine autonomen Systeme, sondern Teil eines Ganzen. Andere Organisationen und ggf. auch Personen können entscheidend das Schicksal einer Organisation bestimmen. Natürlich kann dies ebenso für die betrachtete Organisation gesagt werden. Als Beispiel kann man den Fall eines bankrotten Betriebes nennen: Neben der Arbeitslosigkeit vieler Personen im eigenen Betrieb kann die Insolvenz dieser Korporation andere Organisationen, etwa Banken oder Zulieferbetriebe, in einen Strudel geschäftlicher Schwierigkeiten bringen. Oder eine Veränderung geltenden Rechts seitens der Organisation „Staat" kann anderen Organisationen (wie z.B. Produktionsbetrieben) immense Anpassungsschwierigkeiten bereiten – man konnte dies im Zusammenhang mit der deutschen Wiedervereinigung und den Problemen der ostdeutschen Wirtschaft deutlich sehen.

Organisationen sind keineswegs statische Gebilde. Sie reagieren auf etwaigen Wandel und man kann annehmen, dass eine wettbewerbsorientierte Umwelt von Organisationen eher zu ihrer Anpassung an die jeweils existierenden Moden und Trends in ihrer Sparte führen. Dies scheint insbesondere für solche Organisationen zu gelten, die aus geschäftlichen Gründen operieren und daher Waren oder Leistungen in umkämpften Märkten verkaufen wollen. Wettbewerb hat dann den Effekt, dass weniger effiziente Firmen aus dem Markt gedrängt werden.[16] Insbesondere neoklassische Ökonomen verweisen hier auf eine Art des „survival of the fittest" im Sinne von Herbert Spencer (1820–1903) und Charles Darwin (1809–1882). Interessanterweise erklären auch Soziologen (wie z.B. Hannan und Freeman 1977) im Sinne des biologischen Modells der natürlichen Auslese, wie bestimmte Organisationspopulationen aussterben und andere überleben. Caroll und Hannan (2000) charakterisieren überlebende Populationen von Körperschaften und Industrien. Andere Sozialwissenschaftler (u.a. Pfeffer und Salancik 1978) haben Strategien (wie z.B. Diversifizierung, Pufferung, Verschmelzung) beschrieben, welche Organisationen bei dem Versuch unternehmen, sich erfolgreich auf die sich ändernde Umwelt einzustellen. Allen diesen Ansätzen ist gemeinsam, dass sie von einem Interesse jeder Organisation an ihrem eigenen Überleben ausgehen – die theoretischen Folgerungen sind jedoch nicht unbedingt vereinbar.

Organisationen als soziale Innovationen sind im Übrigen auch Innovateure. Sie sind eine treibende Kraft für gesellschaftlichen Wandel. Eine Vielzahl der technischen Erfindungen werden in Organisationen (z.B. Firmen, Universitäten, Forschungsinstituten) vorbereitet und realisiert. Soziale Erfindungen (z.B. neue Gesetze und Regelungen) werden in Organisationen (z.B. Parteien, Gewerkschaften) erdacht und durchgesetzt. Zudem werden Menschen durch die Aktivitäten von Organisationen (z.B. Bürgerinitiativen, Medien) beeinflusst. Bekanntlich entstehen manche politisch orientierte Organisationen insbesondere aufgrund bestimmter Problemsituationen der Gesellschaft. Der Erfolg von Protestbewegungen geht nicht selten mit dem Aufbau von leistungsfähigen Organisationsstrukturen einher

---

[16]Aus empirischer Sicht scheint Unternehmenserfolg durch vielfältige Einflüsse geprägt. So ist u.a. wichtig, ob es sich um ein etabliertes oder ein neu gegründetes Unternehmen handelt. Eine empirische Studie zum Erfolg neu gegründeter Betriebe stammt von Brüderl, Preisendörfer und Ziegler (1998).

(z.B. Amnesty International, Greenpeace). Organisationsleistungen sind auch zu erbringen, wenn man an funktionierenden Märkten interessiert ist.

5.2.2 Deutungen, Merkmale und Arten von Märkten

Wirtschaftliche Aktivitäten wie Konsum und Produktion sind durch Märkte verbunden. Allgemeiner formuliert: Märkte kann man als Bindeglied und Vermittlungsinstanz ökonomischer Entscheidungen und Handlungen auffassen. Der Wettbewerb von Firmen um Kunden findet auf Märkten statt. Märkte fördern durch ungleiche Erfolge die Konzentration in der Wirtschaft. Konjunkturschwankungen machen sich in Märkten bemerkbar. Wirtschaftskrisen können zu längerfristiger Unterbeschäftigung in Märkten (z.B. unfreiwillige Arbeitslosigkeit, mangelnde Auslastung von Maschinen) führen. Vor der Diskussion wichtiger Merkmale und Formen des Marktes erscheint daher eine knappe Beschäftigung mit Deutungen dieses Begriffs unverzichtbar.

A. Märkte und ihre Konzeptualisierungen

Nach der Auffassung von Wirtschaftswissenschaftlern wie z.B. Friedrich August von Hayek (siehe Abschnitt 3.2.4) sind Märkte spontane Ordnungen, in denen mithilfe von Preisen wirtschaftliche Handlungen koordiniert werden. Der Wettbewerb im Markt ist demnach ein Entdeckungsverfahren, in dem jeder Akteur durch seine Handlungen Wissen für Andere erzeugt, weil dadurch beobachtbare Preissignale entstehen, die zur Koordination von Herstellung, Verteilung und Gebrauch von gehandelten Waren und Leistungen beitragen. Diese Vorstellung des Marktes als tragfähiger und effizient wirkender Koordinationsmechanismus durchzieht die neoklassische Ökonomik und bildet den Hintergrund für die Theorie des allgemeinen Konkurrenzgleichgewichts (u.a. Mas-Colell, Whinston und Green 1995).

Es gibt damit prinzipiell vereinbare, jedoch alternative Konzeptualisierungen. So kann man etwa im Sinne von Gary S. Becker (1976) postulieren, dass Märkte existieren, wenn in irgendeiner Weise Austauschbeziehungen zwischen verschiedenen Entscheidungsträgern (z.B. Individuen, Organisationen) stattfinden. Dabei betreffen diese Austauschvorgänge üblicherweise knappe Güter, d.h. Waren oder Leistungen für deren Erwerb ein positiver Preis verlangt werden kann.

Sehr allgemein ist auch die Konzeptualisierung von tauschtheoretisch orientierten Ethnologen (z.B. Görlich 1992): Danach kann man bereits dann von Märkten sprechen, wenn man soziale Tauschvorgänge betrachtet. Abgestellt wird damit u.a. auf Situationen, in denen jemand verspricht, eine Schuld in Form einer erhaltenen Ware oder Leistung später irgendwie zu begleichen. Wie Anthropologen (z.B. Graeber 2011) in diesem Zusammenhang betonen, kommt Geld bei derartigen Verschuldungen keine wesentliche Bedeutung zu. Es dient allein der Bemessung des Wertverhältnisses der getauschten Güter, besitzt selbst aber (noch) keinen immanenten Wert und beeinflusst daher die existierenden Beziehungen nicht.[17]

Dieses Szenario erscheint vereinbar mit den Tauschtheorien von Gesellschaftswissenschaftlern wie z.B. Coleman (1990). Demnach sind Märkte auch schon dann vorhanden,

---

[17]Wie Graeber (2011) betont, ändert sich dies grundlegend, wenn Geld selbst zur Sache wird. Sobald man Wert aus Geld selbst schaffen kann, beeinflusst Geld nach Graebers Deutung die sozialen Beziehungen erheblich. Es kann dann keine Neutralität des Geldes mehr behauptet werden.

wenn ein soziales Tauschsystem betrachtet wird, das ohne allgemein akzeptiertes Tauschmedium (Geld) auskommt; in einem solchen System wird jedes beliebig teilbare und individuell
übertragbare Gut gegen ein anderes so beschaffenes Gut getauscht, wobei jedes Gut ein
prinzipielles Tauschmedium ist.[18]

Der Marktbegriff wird also in unterschiedlichen Disziplinen auf recht breite Weise
verwendet. Generell sind Märkte dabei räumlich existierende oder gedanklich vorgestellte Orte (z.B. Wochenmarkt oder Versandhandel), an denen Tauschkontakte erfolgen und
potenzielle Transaktionspartner ihre Pläne (Angebot und Nachfrage) abstimmen. Dabei
gilt:

- Es besteht eine prinzipielle Kompatibilität der Interessen und/oder Anfangsausstattungen der Marktteilnehmer („doppelte Koinzidenz der Bedürfnisse“).[19]

- Es liegt oftmals eine weitgehende Anonymität der Marktteilnehmer vor.

- Es entsteht ungeplant soziale Ordnung („unsichtbare Hand“).

Unabhängig von diesen Einsichten gibt es Theorieansätze, die sich explizit mit dem Markt
aus einer organisationstheoretischen Perspektive befassen. Aus institutionenökonomischer
Sicht verstehen z.B. Richter und Furubotn (1999) unter Märkten letztlich Varianten von
Organisationen. Märkte sind demnach Netzwerke von individuellen und korporativen Akteuren, die dauerhaft untereinander Tauschbeziehungen unterhalten und sich dabei weitgehend selbst hergestellten bzw. immer wieder reproduzierten Institutionen und durchsetzbaren Normen unterwerfen. Der Markt unterliegt damit spontanen und hierarchischen
Elementen der Steuerung, weil Markthandlungen u.a. durch Organisationen (z.B. Firmen)
erfolgen und diese jeweils Herrschaftsstrukturen (z.B. Anreizstrukturen für Manager) widerspiegeln können. Hierbei spielt auch der Staat eine Rolle, weil er den organisatorischen
Rahmen erzeugt, in dem sich die Netzwerke als tragende Strukturen der Märkte bilden und
deren institutionelle Ausgestaltungen schaffen können. Der Organisationsrahmen bezieht
sich u.a. auf klar definierte Eigentumsrechte, eine hinreichend effektive Verwaltung oder
gesicherten Marktwettbewerb. Vor seinem Hintergrund können die verschiedenen selbstor-
ganisierenden Prozesse ablaufen, die zu den institutionellen Strukturen des Markthandelns
führen oder diese bei Bedarf auch verändern.

Der Ansatz von Richter und Furubotn bietet Anknüpfungspunkte für soziologische Arbeiten (siehe hierzu z.B. Beckert 1997; Fligstein 2001 sowie für einen Überblick Aspers und
Beckert 2008), die sich mehr oder weniger explizit mit dem Markt und seinen institutionellen Aspekten beschäftigen. Weniger vereinbar ist er mit der von Ökonomen üblicherweise
praktizierten Untersuchung von Angebot und Nachfrage zur Erklärung des Marktpreises
und der umgesetzten Gütermenge. Weil dieser Standardansatz der ökonomischen Untersuchung eines isoliert betrachteten Marktes (Partialanalyse) ausführlich in praktisch jedem

---

[18]Ein solches System ist, relativ zu einer Geldwirtschaft, weniger effizient. Insbesondere erfordert seine
Funktionsweise mehr Zeit und Ressourcen. Im Gegensatz zu einem System mit universellem Tauschmedium gibt es bei m unterschiedlichen Gütern ja nicht nur $(m-1)$ Märkte, sondern bis zu $m(m-1)/2$
Handelsposten und daher entsprechend mehr Friktionen. Überspitzt gesagt: Ein hungriger Schneider
muss dann einen nackten Bauern für ein reines Tauschgeschäft finden. Verglichen mit einer funktionierenden Geldwirtschaft fehlt überdies ein allgemein akzeptierter Vergleichsmaßstab.

[19]Generell müssen profitable Tauschmöglichkeiten für alle Marktteilnehmer vorliegen. Dies bedeutet, dass
sich die potenziellen Tauschpartner bezüglich ihrer Vorlieben und/oder Anfangsausstattungen unterscheiden müssen. In einer Geldwirtschaft erfordert dies, dass das Tauschmedium hinreichend knapp und
wertvoll ist.

volkswirtschaftlichen Einführungsbuch (z.B. Varian 2003) besprochen wird, kann man hier getrost auf seine Wiedergabe verzichten. Stattdessen werden vor der kurzen Charakterisierung von wichtigen Markttypen einige Kategorisierungen von Märkten bezüglich verschiedener quantitativer und qualitativer Merkmale beschrieben.

B. Quantitative Marktmerkmale

Unter den quantitativen Merkmalen versteht man die Anzahl und die Marktanteile von Anbietern und Nachfragern, die sich in einem Markt gegenüberstehen. In diesem Zusammenhang relevante Unterscheidungen von Marktformen sind z.B.

- einfaches Monopol (ein großer Anbieter, viele kleine Nachfrager),

- Monopson (viele kleine Anbieter, ein großer Nachfrager),

- bilaterales Monopol (ein großer Anbieter, ein großer Nachfrager),

- Dyopol oder Duopol (zwei Anbieter und/oder Nachfrager),

- Oligopol (wenige mittlere Anbieter, viele kleine Nachfrager),

- Oligopson (viele kleine Anbieter, wenige mittlere Nachfrager) und

- Polypol (viele kleine Anbieter, viele kleine Nachfrager).

Lehrbücher der Preistheorie (z.B. Ott 1991) informieren über die einzelnen Markttypen, ihre Mischformen und Konsequenzen. Insbesondere gilt dabei, dass jede Abweichung vom Idealbild eines freien Marktes (im Sinne eines Polypols) mit irgendeiner Form von Marktmacht einhergeht. Beispielsweise werden Monopole in der Ökonomik generell kritisch bewertet, weil sie bereits aus theoretischer Sicht nicht nur mit Preissetzungsgewalt der Monopolisten, sondern auch einer relativen Ineffizienz der Produktion und einer vergleichweise mangelhaften Güterqualität einhergehen.

C. Qualitative Marktmerkmale

Neben dem Marktzutritt (beschränkt oder unbeschränkt) und dem Organisationsgrad (organisiert oder nicht organisiert) betreffen die wichtigsten qualitativen Merkmale von Märkten den Grad der Marktvollkommenheit. Ein Markt wird als vollkommen oder perfekt bezeichnet, wenn er den folgenden fünf Anforderungen genügt: Es besteht

- sachliche Homogenität (d.h. zwischen den Marktgütern bestehen keine Unterschiede bezüglich der stofflichen Beschaffenheit und möglichen Funktionsweisen),

- personelle Homogenität (d.h. zwischenmenschliche Beziehungen beeinflussen das Transaktionsergebnis nicht),

- räumliche Homogenität (d.h. die Kosten der Raumüberwindung sind für alle Käufer bzw. Verkäufer vernachlässigbar gering),

- zeitliche Homogenität bezüglich der angebotenen und nachgefragten Güter (d.h. alle Liefer- und Kauffristen sind gleich),

- vollständige Markttransparenz (d.h. alle Marktteilnehmer verfügen über alle relevanten Informationen).

Auf einem vollkommenen Markt gibt es aus theoretischer Sicht lediglich einen Preis für ein bestimmtes Gut („Gesetz des einheitlichen Preises") und keine Transaktionskosten (d.h. die Entstehung, Überwachung und Erfüllung von Kaufverträgen verursacht praktisch keine relevanten Aufwendungen). Die Börse kann man als die gegenwärtig beste Approximation eines vollkommenen Marktes auffassen – aber auch im Zusammenhang mit der Börse gibt es Zweifel, ob alle Bedingungen eines perfekten Marktes tatsächlich gegeben sind. Jedenfalls zeigen Datenanalysen deutlich, das von einem einheitlichen Preis an der Börse oftmals keine Rede sein kann (siehe z.B. Lamont und Thaler 2003). Generell gilt: Wirkliche Märkte sind unvollkommen, weil zumindest eine der angegebenen Bedingungen verletzt ist.

Klarerweise ist dies bei der Analyse des Marktgeschehens zu berücksichtigen. Verzichtet man etwa auf die Modellierung von Verzögerungen durch die Voraussetzung der Marktvollkommenheit, dann wird unterstellt, dass Anpassungsvorgänge praktisch keine Zeit brauchen. In der Realität von Märkten dauern Anpassungsprozesse aber manchmal zu lange, um tatsächlich einen permanenten Endzustand zur Prognose der Marktvariablen zu erreichen.

„Schweinezyklus"

In der Wirklichkeit unterbleiben in Märkten manchmal Anpassungsprozesse bzw. es ergeben sich zeitliche Verzögerungen, welche die Erreichung eines permanenten Endzustandes zur Prognose der Marktvariablen erschweren oder gar verhindern. Ein berühmtes Beispiel hierfür stellt das „Cobweb-Theorem" dar, dessen Aussage auch unter dem Begriff „Schweinezyklus" bekannt ist (Hanau 1930).

Ausgangspunkt für das damit gemeinte Problem ist die lange Aufzuchtzeit von Schweinen und eine eventuell fehlende antizyklische Reaktion der Schweinezüchter: In einem Jahr mit einem Überangebot an Schweinen sinken die Preise und die Züchter züchten deshalb weniger Schweine. Im nächsten Jahr sind deshalb Schweine knapp und teuer, wodurch eine Überproduktion an Schweinen in der darauf folgenden Periode zu wiederum sinkenden Preise führen wird. Solange die Bauern diese Logik nicht durchschauen, werden sie ihre Zuchtbemühungen bei fallenden Preisen nicht steigern und der Schweinezyklus wiederholt sich.

Das Beispiel verdeutlicht, dass die Funktionsfähigkeit eines Marktes als Koordinationsinstrument der individuellen Pläne von Anbietern und Nachfragern wesentlich von den ablaufenden Anpassungsvorgängen bestimmt werden kann. Der Begriff des Cobweb-Theorems bezieht sich im Übrigen auf die graphische Darstellung der Anpassungen von Preis und Menge in einem kartesischen Koordinatensystem des Marktes: Sobald der gegenwärtige Preis die künftige Angebotsmenge bestimmt und das Angebot eine gewisse Reaktionszeit braucht, ergeben sich Schwankungen von Preis und Menge, die einem Spinnengewebe ähneln.

Die Annahme der Marktvollkommenheit ist aus theoretischer Sicht dennoch nicht überflüssig. Dies gilt insbesondere deshalb, weil sie vielfach die theoretische Analyse vereinfacht, ohne wesentliche Bedeutung für die Ergebnisse zu haben. So beruht das Standardmodell einer Gesamtbetrachtung aller Märkte (Totalanalyse) in den Wirtschaftswissenschaften, die Theorie des allgemeinen Gleichgewichts in einer Konkurrenzwirtschaft, u.a. auf der Voraussetzung perfekter Märkte (z.B. Hildenbrand und Kirman 1988; Jehle und Reny 2001). In der experimentellen Wirtschaftsforschung (siehe z.B. Plott und Smith 2008) konnte die Relevanz dieses Wettbewerbsgleichgewichts bei der Vorhersage der Markttauschvorgänge von privaten Gütern auf vielfältige Weise belegt werden. Interessanterweise ergibt sich danach eine Gleichgewichtstendenz bereits unter erheblich schwächeren Voraussetzungen bezüglich der Informationsbedingungen als man nach der ökonomischen Theorie vermuten kann.[20] Offenbar funktionieren Märkte für private Güter und Dienstleistungen mit sofortiger Konsumierbarkeit oder Brauchbarkeit bemerkenswert gut und die einschlägige Theorie erlaubt, trotz des in der Wirklichkeit nahezu immer unerfüllten Theoriepostulats der Marktvollkommenheit, brauchbare Vorhersagen beobachtbarer Variablen (v.a. Mengen und Preise).

Freilich gibt es auch Märkte, in denen entweder keine sofortige Verwendbarkeit der gehandelten Produkte und Leistungen besteht oder bestimmte zusätzliche Bedingungen wie etwa die Orientierung am Marktverhalten anderer Akteure – im Gegensatz zum Szenario des perfekten Wettbewerbsmarktes – eine gewichtige Rolle spielen. Becker und Murphy (2000) zählen zu ihnen „soziale Märkte". Darunter verstehen sie Märkte, in denen soziale Einflüsse und Marktentscheidungen wesentlich zusammen wirken. Solche Märkte sind z.B. Kulturmärkte (wie Buch-, Film-, Kunst-, Musik-, und Sportmärkte). Sie sind insbesondere durch unvollständige Informationen auf der Käuferseite gekennzeichnet, weshalb Konformität des Nachfrageverhaltens von Bedeutung sein dürfte (siehe hierzu weiterführend Keuschnigg 2012).

D. Realwirtschaftliche Märkte und Finanzmärkte

Seit geraumer Zeit unterscheidet man Realwirtschaft und Finanzökonomie. Realwirtschaftliche Märkte sind Handelsplätze für Güter, Dienstleistungen, Rohstoffe, Immobilien und Arbeitskräfte. Sie betreffen Transaktionen von existierenden Waren und herstellbaren Leistungen, die üblicherweise monetär abgewickelt werden. Beispielsweise fallen der Bau eines Hauses, der Erwerb einer Autowäsche, die Werbung für eine bestimmte Wurst durch einen Fußballer, die Beschäftigung eines Schauspielers bei einer Filmproduktion, die Inszenierung einer Oper in einem Festspielhaus und der Kauf eines Erfrischungsgetränks in den Bereich der Realwirtschaft. Die realwirtschaftlichen Märkte beziehen sich auch auf bestimmte immaterielle Güter (wie etwa Dateien von z.B. Musikstücken und Texten) und deren Angebot und Nachfrage.

Sie betreffen jedoch nicht den Handel mit Kapital in der Form von Aktien, Anleihen, Derivaten und Devisen (Währungen), der an Finanzmärkten erfolgt. Als Finanzprodukte bezeichnet man Varianten der ertragsorientierten Kapitalanlage bzw. kostengünstigen Bereitstellung und Erhaltung von Kapital. Sie werden von z.B. Banken, Investmentgesellschaften, Staaten oder Versicherungen ausgegeben und bewirtschaftet. Wesentlich sind in diesem Zusammenhang auch Kapitalansammlungen („Fonds"), die sich auf Investitionen in verschiedenen Bereichen spezialisiert haben (z.B. Immobilienfonds) bzw. bestimmte Ziele für Anleger verfolgen (z.B. Pensionsfonds zur Altersvorsorge). Neben Krediten, Festgeldanlagen und Sparbüchern als wohlbekannte Formen der Beschaffung und Verwendung von Kapital gibt es u.a. folgende (strukturierte) Finanzprodukte:

Aktien: Sie verbriefen eine Beteiligung an einer Unternehmung, welche als Aktiengesellschaft (AG) geführt wird. Dabei besitzt der Aktionär (d.h. der Inhaber der Aktie) kein Recht auf eine periodische Gewinnausschüttung oder eine Rückzahlung des Aktienkaufpreises, aber Eigentümerrechte (z.B. Stimmrechte bei der Hauptversammlung

---

[20]Vernon Smith (2008) argumentiert, dass diese Ergebnisse auf die Gültigkeit von Argumenten hinweisen, die u.a. von David Hume, Adam Smith und Friedrich August von Hayek vorgetragen wurden. Im Zusammenhang mit Märkten für unmittelbar verwendbare private Güter erscheinen staatliche Eingriffe daher kaum erforderlich, die über die Durchsetzung von Rechten (z.B. Eigentumsrechte, Vertragsrecht) hinausgehen.

der AG). Entscheidungen über Gewinnausschüttungen (Dividenden) werden mehrheitlich durch die Hauptversammlung der Aktionäre nach Vorschlag des Vorstands der AG getroffen.

Anleihen: Sie sind langfristige Schuldverschreibungen von privaten oder öffentlich-rechtlichen Körperschaften (zumeist: Firmen und Staaten), die zur Deckung ihres längerfristigen Kapitalbedarfs ausgegeben werden. Sie verbriefen einen Kredit, weil Ansprüche auf Rückzahlung des eingesetzten Kapitals und Zinszahlungen in festgelegter Höhe als Entgelt für die zeitweilige Kapitalabtretung bestehen.

Derivate: Aktien und Anleihen sind Wertpapiere, die Finanzierungsverträge oder Finanzkontrakte darstellen. Weitere Finanzkontrakte stellen Derivate dar. Für sie ist charakteristisch, dass ihre Preise oder Werte von den Preis- oder Kurserwartungen bezüglich anderer Güter (z.B. Grundnahrungsmittel, Rohstoffe) oder Anlagemöglichkeiten (z.B. Wertpapiere, Aktienindizes) abhängen und dabei etwaige Schwankungen dieser Erwartungen typischerweise überproportional wirken. Derivate eignen sich daher zur Spekulation auf Kursgewinne und zur Absicherung gegen Wertverluste.

Devisen: Unter Devisen werden Zahlungsmittel in ausländischen Währungen verstanden. Der Handel mit Devisen verläuft zumeist zwischen Banken. Er betrifft überwiegend die Währungen der großen Wirtschaftsräume (v.a. USA, EU, Japan), rohstoffreicher Länder (u.a. Australien, Kanada) und von Staaten mit wichtigen Finanzplätzen (z.B. Großbritannien, Schweiz). Der Devisenhandel ist profitabel, sofern man, nach der Bereinigung um die Kosten des Devisengeschäftes, eine Währung zu einem günstigeren Wechselkurs verkaufen als einkaufen kann. Für die Bildung von Wechselkursen zwischen Währungen sind u.a. die Handelsbilanzen und der Kapitalverkehr zwischen den betrachteten Regionen wesentlich: Handelüberschüsse eines Landes stärken bei gegebenem Kapitalverkehr dessen Währung; ein günstiger Wechselkurs eines Landes kann auch bei einem Handelbilanzdefizit vorliegen, sofern hinreichend hohe Kapitalzuflüsse kompensatorisch wirken.

Eine zentrale Funktion von Finanzmärkten ist die Verbindung von Gegenwart und Zukunft. Geschaffen wird durch sie der Zugriff von potenziellen Schuldnern auf das Kapital möglicher Gläubiger – Schuldner fragen in Erwartung eines zukünftigen Gewinns die finanziellen Mittel für baldige Investitionen nach, die ihnen ihre Gläubiger in Erwartung zusätzlicher künftiger Kaufkraft anbieten. Insbesondere Banken und Investmentgesellschaften sind dabei oftmals als Mittler zwischen Schuldnern und Gläubigern tätig – entsprechend ihrer Rolle werden sie als Finanzintermediäre bezeichnet.

Betrachtet man Finanzmarktaktivitäten, so lassen sich Kassa- und Termingeschäfte unterscheiden. Bei Termingeschäften haben Leistungen zumindest eines Geschäftspartners nicht wie beim Kassageschäft sofort oder kurzfristig (d.h. innerhalb von zwei Tagen), sondern erst nach einer bestimmten Zeitspanne zu erfolgen. Möglich ist bei ihnen daher Spekulation, d.h. das gewinnorientierte Ausnutzen von zeitlichen Preisunterschieden durch Kauf und Verkauf per Termin.[21] Konkret geht ein Spekulant erst ein Termingeschäft ein, schließt bei Erreichen des Termins jedoch sofort ein Kassageschäft ab. Die Entwicklung der Kassapreise und ihre mehr oder weniger korrekte Antizipation durch den Spekulanten bestimmt darüber, ob dieser dadurch einen Gewinn erzielt oder aber einen Verlust erleidet.

---

[21] Man spricht von „Arbitrage", wenn das gewinnorientierte Ausnutzen örtlicher Preisdifferenzen gemeint ist.

Futures und Options

Wichtige Derivate sind u.a. „Futures" und „Options". In beiden Fällen handelt es sich um getroffene Vereinbarungen, wonach genau festgelegte Handlungen unter vereinbarten Geschäftsbedingungen zu einem jeweils bestimmten Zeitpunkt in der Zukunft erbracht werden oder aber Wertausgleichszahlungen erfolgen müssen. Derartiger Terminhandel wird an Terminbörsen (wie z.B. Chicago Mercantile Exchange, Chicago Board of Trade) abgewickelt.

Futures sind Terminkontrakte, die sich auf den künftigen Kauf oder die spätere Lieferung einer gewissen Menge einer bestimmten Ware (z.B. Kartoffel, Weizen), eines bestimmten Wertpapiers oder einer bestimmten Währung zu einem beim Vertragsabschluss festgelegten Preis beziehen. Options sind ebenfalls Kontrakte, die Käufer berechtigen bzw. Verkäufer verpflichten, bis zu einem Verfallsdatum der Option und zu einem im Vertrag festgelegten Preis einen bestimmten Rohstoff (z.B. Baumwolle, Öl, Silber), ein bestimmtes Wertpapier oder eine bestimmte Währung zu erhalten bzw. abzugeben. Zwar ist eine Option auch ein Termingeschäft, jedoch führt sie nicht unbedingt zu einer Transaktion. Vielmehr kann der Inhaber der Option entscheiden, ob der Kauf oder Verkauf zu dem vorher vereinbarten Preis nun erfolgen soll oder nicht, und der Vertragspartner hat diese Entscheidung zu akzeptieren.

Spekulanten übernehmen Risiken, die sich aufgrund der potenziellen Abweichungen zwischen erwarteten und später realisierten Preisen ergeben. Typischerweise liegt der Terminpreis eines Rohstoffs (z.B. Baumwolle), einer Ware (z.B. Schweinehälften) oder eines Wertpapiers (z.B. Staatsanleihen) unter dem gleichzeitig geltenden Kassapreis – die Risikoübernahme im Rahmen der Spekulation hat also einen bezifferbaren Preis. Die Differenz zwischen dem Kassapreis und dem Terminpreis erlaubt überdies Folgerungen über die Erwartungen der Marktteilnehmer: Vermindert (erhöht) sich der Abschlag des Terminpreises gegenüber dem geltenden Kassapreis, so erwarten die Akteure überwiegend ein Steigen (Sinken) des Kassapreises in der Zukunft.

Spekulative Aktivitäten beruhen wesentlich auf der Hoffnung, die tatsächliche Preisentwicklung besser als andere Marktteilnehmer vorhersehen zu können. Von zentraler Bedeutung ist hierbei oftmals die Vermutung darüber, was die überwiegende Mehrheit der Akteure im Markt tun wird. Hierfür wiederum scheinen die Informationen wichtig, die rund um etwaige Finanzgeschäfte (z.B. über die gehandelten Güter und die relevanten potenziellen Geschäftspartner) allseits verfügbar sind. Für eine möglichst gute Vorhersage der künftigen Preise sind daneben Informationen wünschenswert, die möglichst exklusiv verfügbar und dennoch weitgehend zutreffend sind.

Freilich können Marktteilnehmer verschiedene und z.T. falsche Informationen besitzen, sodass sich Verzerrungen bei der Erwartungsbildung ausgleichen. Im Extremfall kann es auch sein, dass sich die Akteure mehrheitlich an denselben falschen Informationen orientieren, wodurch sich insgesamt drastische Preisänderungen ergeben, die mit den realwirtschaftlichen Gegebenheiten wenig zu tun haben. Beispielsweise können unwahre Gerüchte zu falschen Erwartungen über die Entwicklung des Kurses einer Aktiengesellschaft führen. Dies kann sich jedoch nur kurz- oder mittelfristig auch in entsprechenden Geschäften manifestieren. Sobald nämlich Informationen als weitgehend bekannt und/oder falsch identifiziert sind, spielen sie aufgrund der unmittelbar darauf reagierenden Finanzmarktteilnehmer keine Rolle mehr für etwaige Kursänderungen.

Zu betonen ist jedoch, dass die Spekulation selbst die Preise im Finanzmarkt beeinflusst, wobei sie stabilisierend oder destabilisierend wirken kann. Je nach der öffentlichen Einschätzung des Effektes ihrer Handlungen für die Verbesserung oder Verschlechterung der Wirtschaftslage wird Spekulanten daher oftmals mehr oder weniger Wertschätzung entgegen gebracht. Dies hat auch damit zu tun, dass bestimmte legale Varianten der Spekulation in den Massenmedien oder von bekannten Politikern explizit abgelehnt werden. Beispielsweise werden sogenannte „Leerverkäufe" weithin kritisiert. Gemeint sind damit Verkäufe von Waren, Rohstoffen oder Wertpapieren auf Termin, die der Spekulant zum Zeitpunkt des Vertragsabschlusses noch gar nicht besitzt und erst später kauft und dann an seinen Vertragspartner vereinbarungsgemäß liefert, um an etwaigen Preisdifferenzen zu verdienen. Weil eine Vielzahl derartiger Leerverkäufe nahezu gleichzeitig abgewickelt werden können, dürften schon dadurch unweigerlich Preisänderungen induziert werden. Zudem kann man eine potenziell enorm gewinnträchtige Position als Spekulant erreichen, weil solche Geschäfte mit nur geringem Eigenkapital durchgeführt werden können.

Credit Default Swaps und Hedgefonds

Kreditvergaben sind riskant. Es gibt daher Derivate, die der Kreditabsicherung dienen. „Credit Default Swaps" (CDS) sind Kreditausfallversicherungen, welche selbst gehandelt und daher zu Spekulationszwecken verwendet werden können. Investmentbanken (aber auch Versicherungen und andere institutionelle Anleger) kaufen und verkaufen Derivate im CDS-Markt, die sich zumeist auf erheblich höhere Summen beziehen als die zugrundeliegenden Anleihen. CDS sichern gegen Zahlungsausfälle ab, die sich ergeben, wenn dritte Akteure an sie gerichtete Forderungen nicht erfüllen. Für die Absicherung bekommt der Sicherungsgeber pro Quartal eine Prämie. Dafür hat er – beispielsweise bei Konkurs des als dritter Akteur involvierten Unternehmens – dem Sicherungsnehmer eine Kompensationszahlung zu erstatten, die oftmals den eigentlichen Schaden enorm übersteigt. Weil der Sicherungsnehmer die jeweiligen Forderungen gegen den dritten Akteur nicht selbst besitzen muss, kann er auf dessen Zahlungsunfähigkeit spekulieren und entsprechend verdienen. Beispielsweise beruhten viele der Spekulationen bezüglich der Bonität von Mitgliedsstaaten der Euro-Zone (z.B. Griechenland) in den Jahren 2010 und 2011 auf CDS, die im Jahr 2008 noch sehr billig zu bekommen waren.

Kreditausfallversicherungen sind Wetten, die prinzipiell immer weitergereicht werden können. Wegen ihrer Handelbarkeit entsteht leicht die Illusion, dass sie nie ausgezahlt werden müssen. CDS werden nicht selten durch „Hedgefonds" erworben und gehalten. Hedgefonds sind institutionelle Anleger, die Kapital bündeln und sich gegen Verluste absichern („hedging"). Sie sammeln Ersparnisse von Personen (z.B. im Zuge der Verbreitung kapitalgedeckter Altersvorsorge) und Unternehmen (z.B. betriebliche Pensionspläne) ein und kaufen damit ein Portfolio (Mischung) von Wertpapieren und Derivaten, um eine möglichst hohe Rendite zu erzielen. Dabei sind sie eher kurzfristig orientiert und durchaus auch spekulativ tätig.

Freilich stellt die Spekulation nur eine Seite der Medaille dar. Die andere Seite bilden Akteure, die an Absicherungen gegen Preis- oder Kursveränderungen in der Zukunft interessiert sind. Beispielsweise können bei einem Hersteller von Autokarosserien aufgrund der Produktionsgegebenheiten zwischen dem Einkauf von z.B. Aluminium und dem Verkauf von daraus gefertigten Karosserien mehrere Wochen vergehen. Weil sich der Preis von Aluminium in diesem Zeitraum ändern kann, besteht ein Preisrisiko für den Karosseriebauer, sofern der erzielbare Verkaufspreis von Karosserien von dem dann gerade aktuellen Kassapreis für Aluminium abhängt. Um dieses Risiko zu vermindern oder gar zu vermeiden, empfehlen sich Preis- bzw. Kurssicherungsgeschäfte. Gemeint sind damit ein Termingeschäft und ein Kassageschäft, die zur gleichen Zeit über die gleiche Menge erfolgen. Im Rahmen dieser Geschäfte ergeben sich Kosten der Ausschaltung des Preisrisikos, die den Gewinn der Spekulanten bestimmen. Spekulanten sind demnach weniger risikoscheu als an Preissicherung interessierte Akteure und werden von diesen für die Risikoübernahme entlohnt.

Vor diesem Hintergrund dient die Finanzökonomie der Realwirtschaft und umgekehrt. Die realwirtschaftlichen und finanzökonomischen Teile der Wirtschaft ergänzen einander.

Sie sind verflochten und voneinander abhängig. Trotz der bestehenden Interdependenzen unterscheiden sich Finanzmärkte von realwirtschaftlichen Märkten. In ihrem Mittelpunkt steht die Konstruktion von Finanzprodukten und deren Weitergabe an Marktteilnehmer mit teilweise heterogenen Kapitalausstattungen und Interessen an z.B. Absicherungen, Beteiligungen, Krediten und Spekulationen. Ein vielfach geäußerter Vorwurf an im Finanzmarkt aktive Spekulanten betrifft ihre vermeintliche Unersättlichkeit oder Gier. Hierzu gibt es inzwischen interessante Übersichtsarbeiten aus dem Bereich der neuroökonomischen Forschung (z.B. Glimcher et al. 2009; Zweig 2007).

Daneben haben sich im Rahmen der Forschungsrichtung der „Behavioral Finance" verschiedene robuste Befunde (vgl. hierzu z.B. Barberis und Thaler 2003) ergeben, welche auf die Präsenz von Verzerrungseffekten und Fehlschlüssen bei Finanzmarktteilnehmern hinweisen:

- Personen versichern sich bei Risiken mit besonders geringen Verlustwahrscheinlichkeiten systematisch über, bei Risiken mit hohen Verlustwahrscheinlichkeiten dagegen systematisch unter.

- Es gibt ein zu exzessives Handelsvolumen an Börsen, das den Ertrag von Finanzmarktaktivitäten typischerweise um mehrere Prozentpunkte pro Jahr senkt.

- Bei Aktien folgen Perioden über- und unterdurchschnittlicher Ertragsentwicklungen systematisch aufeinander.

- Die Erträge auf Aktien sind systematisch über die Zeit verteilt (Januar-Effekt, Wochenend-Effekt, Festtags-Effekt).

- Aktien kleiner Firmen werfen bei gleichem Risiko systematisch höhere Erträge ab als diejenigen großer Firmen.

- Die langfristigen Renditen auf Aktien sind im Verhältnis zu den Erträgen auf Staatsanleihen zu hoch, was nur mit einer extrem hohen Risikoabneigung der Anleger erklärt werden kann.

- Das Preis-Ertrags-Verhältnis hängt systematisch negativ mit der Ertragsentwicklung zusammen.

- Das Wetter in New York City beeinflusst systematisch die weltweiten Aktienkurse (z.B. Hirshleifer und Shumway 2003).

- Marktpreise (und daher z.B. auch Aktienwerte und daraus ermittelte Kennziffern wie etwa der Dow Jones Index) reflektieren keine fundamentalen Werte (d.h. realwirtschaftliche Gegebenheiten), weil Individuen zwar kohärente relative Bewertungen, aber nur willkürliche absolute Bewertungen gelingen.

Schon aufgrund derartiger Erkenntnisse kann man bezweifeln, ob man auch für Finanzmärkte die Gültigkeit der Theorie des allgemeinen Gleichgewichts in einer Konkurrenzwirtschaft (z.B. Jehle und Reny 2001; Mas-Colell, Whinston und Green 1995) unterstellen soll. Bekanntlich konnte in der experimentellen Wirtschaftsforschung (u.a. Plott und Smith 2008) die Relevanz dieses Wettbewerbsgleichgewichts bei der Vorhersage von Markttauschvorgängen von privaten Gütern auf vielfältige Weise belegt werden. Dabei zeigte sich eine

Gleichgewichtstendenz bereits unter erheblich schwächeren Voraussetzungen bezüglich der Informationsbedingungen als man nach der Theorie vermuten kann. Bei sofortiger Konsumierbarkeit oder Brauchbarkeit der gehandelten Waren funktionieren Märkte mit Wettbewerb demnach effizient und die Theorie des Konkurrenzgleichgewichts erlaubt akzeptable Vorhersagen.

Allerdings gibt es auch Märkte, in denen keine sofortige Verwendbarkeit der gehandelten Produkte und Leistungen gegeben ist und für die deshalb Anwendungen der Theorie des Wettbewerbsgleichgewichts nach der bisherigen empirischen Evidenz keine brauchbaren Prognosen liefern. Beispiele sind Finanzmärkte, in denen die Verbindung von Gegenwart und Zukunft im Mittelpunkt ihrer Tätigkeit steht. Zusätzlich können temporäre Informationsvorteile für bestimmte Finanzmarktteilnehmer existieren, sodass Imitationen des Verhaltens anderer Akteure teure Suchbemühungen überflüssig machen. Nach Hedström (1998) entsteht Konformität daher oft in Situationen mit unvollständigen Informationen. Spielt eine derartige Orientierung am Marktverhalten anderer Akteure – im Gegensatz zum theoretischen Szenario des perfekten Wettbewerbsmarkts – eine gewichtige Rolle, dann liegt, wie erwähnt, ein sozialer Markt im Sinne von Becker und Murphy (2000) vor. Finanzmärkte erscheinen demnach als Märkte, in denen soziale Einflüsse und Marktentscheidungen wesentlich voneinander abhängen und zusammen wirken. Tatsächlich sind Herdenverhalten und seine sozialen Folgen (wie etwa Übertreibungen bei den Abschlüssen und Preisen) in Untersuchungen des Finanzmarktgeschehens gut dokumentiert (z.B. Kelly 2008). Auch deshalb stellt sich die Frage nach einem angemessenen Bild des Menschen. In der Literatur gibt es stilisierte Sichtweisen des Menschen, die schwerlich miteinander vereinbar erscheinen.

5.3 Konzeptualisierungen des Menschen

Eine Reihe allgemeiner Erkenntnisse über den Menschen kann man als empirisch gesichert ansehen. Lenski (2005) hat derartige Aussagen zusammengestellt; sie lauten in komprimierter Weise:

1. Menschen haben dieselben Grundbedürfnisse (z.B. Lebensmittel, Sauerstoff, Schlaf, Sex, soziale Kontakte).

2. Menschen besitzen dieselben fundamentalen Ressourcen zur Bedürfnisbefriedigung (z.B. physiologische Gegebenheiten, genetische Programmierungen bezüglich etwa Verdauung und Wachstum, Kapazitäten zur Erzeugung und Nutzung von Symbolen für die Übermittlung, Speicherung und Verarbeitung von Informationen).

3. Menschen maximieren angenehme Erfahrungen und minimieren unangenehme Erfahrungen.

4. Nahezu alle Menschen sind enorm lernfähig und verändern ihr Verhalten als Reaktion auf Erfahrungen.

5. Menschen entwickeln Wünsche und Bedürfnisse aufgrund ihrer Lernfähigkeit. Wichtig sind dabei Wünsche, die sich auf die Kontrolle von Situationen und anderen Akteuren richten und Bedürfnisse, die sich auf den Besitz von Sachen, den Erhalt emotionaler Belohnungen und die Stiftung von Sinn beziehen.

6. Menschen unterscheiden sich in biologischer und, als Konsequenz von Lernvorgängen, in kultureller Hinsicht.

7. Menschen verhalten sich zumeist ökonomisch, d.h. sie versuchen, den höchsten Ertrag bzw. die geringsten Kosten zu realisieren, wenn sie ihre Aktvitäten wählen.

8. Menschliche Handlungen sind durch Vernunft und Gefühle geleitet.

9. Menschen sind sich bereits früh im Leben über ihr jeweiliges Selbst und ihr Eigeninteresse bewusst.

10. Menschliches Selbst und Eigeninteresse entwickeln sich gemeinsam und verändern sich im Laufe des Lebens.

Die Robustheit derartiger Erkenntnisse korrespondiert mit der Ansicht von Karl Polanyi (1886–1964), wonach die menschliche Natur (im Gegensatz zu den Institutionen) in der Wirtschaftsgeschichte mehr oder weniger konstant geblieben ist (z.B. Polanyi 1979).[22] Vor diesem Hintergrund kann man nach entsprechenden Konzeptualisierungen des Menschen fragen. Freilich beruhen existierende Ansätze jeweils nur auf bestimmten Schwerpunktsetzungen, jedoch nicht auf allen gelisteten Aspekten. Man kann verschiedene Menschenbilder in den Sozialwissenschaften unterscheiden (siehe hierzu u.a. Esser (1993: 231ff) und die dort angegebene Literatur):

- Sozialisierter, rollenspielender, sanktionierter Mensch (Socializised Role-Playing Sanctioned Man (SRSM))

- Meinungsgesteuerter, sensibel handelnder Mensch (Opiniated Sensitive Acting Man (OSAM))

- Symbolinterpretierender, situationsdefinierender, strategischer Mensch (Symbols Interpreting, Situations Defining, Strategic Man (SSSM))

- Lernfähiger oder erfindungsreicher, abwägender, maximierender Mensch (Resourceful, Evaluating, Maximizing Man (REMM))

- Lernfähiger oder erfindungsreicher, durch Restriktionen beschränkter, erwartender, abwägender, maximierender Mensch (Resourceful, Restricted, Expecting, Evaluating, Maximizing Man (RREEMM))

---

[22] Es gibt alternative Sichtweisen, die von Arno Bammé (2011) systematisiert werden. Er geht davon aus, dass sich der okzidentale Mensch von seinen nichtokzidentalen Artgenossen unterscheidet. Deshalb präsentiert er u.a. eine Entstehungsgeschichte des „abendländischen Geistes", womit er v.a. die Vernunft meint, welche nicht nur das Wirtschaftsgeschehen durchdringt. Dessen Ursprünge liegen nach Bammé zwischen 700 und 500 v. Chr. im ägäischen Raum. Genauer gesagt wurden mehrere Instrumentarien eingeführt, die insgesamt einer rationalen Weltdeutung Vorschub leisteten. Übernommen und weiterentwickelt wurde z.B. das phönizische Alphabet, wodurch die resultierenden griechischen Buchstaben beliebig kombinierbar sind und keine Eigenbedeutungen besitzen. Die griechische Erfindung des Münzgelds um etwa 600 v. Chr. förderte die Deutung von Geld als reiner Tauschwert und die abstrakte Interpretation von Tauschvorgängen. Zudem verdeutlichte die Einführung der Demokratie in den griechischen Stadtstaaten (v.a. Gleichheit der Bürger vor dem Gesetz), dass das Soziale nicht naturgegeben oder gottgewollt, sondern als Resultat von Aushandlungsprozessen aufgefasst werden kann.

Diese Konzeptualisierungen kann man als Ausprägungen und Weiterentwicklungen der klassischen polaren Menschenbilder der Soziologie („homo sociologicus") und der Ökonomik („homo oeconomicus") auffassen. Ausgehend von der traditionellen Unterscheidung werden sie im Folgenden skizziert und bezüglich etwaiger Schwachpunkte und Alternativen diskutiert.

5.3.1 Homo sociologicus

Das Menschenbild der Soziologie unterstellt, dass Menschen ihre Handlungsauswahlen nach gesellschaftlichen Vorgaben (wie z.B. Normen und Rollen) treffen. Hintergrund ist dabei die Überzeugung, dass eine hinreichend erfolgreiche Sozialisation und eine hinreichend effektive soziale Kontrolle jeweils Verhalten im Sinne der gesellschaftlichen Vorstellungen bewirken, weil ansonsten interne und externe Sanktionen (d.h. schlechtes Gewissen und Strafen) drohen. Bekanntlich gibt es aber verschiedene Varianten dieser Konzeptualisierung, die unterschiedliche Schwerpunkte im Sinne der soziologischen Theorie setzen.

A. SRSM-Modell

Dieses Bild des Menschen ist eng mit der Durkheimschen Denktradition in der Soziologie verknüpft. Der Mensch kennt und folgt danach internalisierten Normen und externen Sanktionen. Er ist im Handeln festgelegt – Normenkonformität ist die Handlungsmaxime.

Menschen sind aus dieser Sicht nichts anderes als sozialisierte Marionetten der normativen Strukturen der Gesellschaft. Üblicherweise ist aber für Soziologen erklärungsbedürftig, warum etwa im Wirtschaftsleben Kooperation stattfindet. Zur Erklärung solcher Konformität kann man freilich nicht Konformität annehmen. Daneben ergibt sich ein weiteres Problem: Um abweichendes Verhalten (z.B. Wirtschaftskriminalität) erklären zu können, muss von einem Zustand der Normlosigkeit für die abweichenden Personen ausgegangen werden. Es müsste also postuliert werden, dass bei einigen Entscheidungsträgern Sozialisationsdefizite bestehen, bei vielen anderen aber nicht. Damit kann abweichendes Verhalten jedoch kaum hinreichend erklärt und vorausgesagt werden – gerade im Bereich des Geschäftslebens gibt es vielfältige Beispiele für Vergehen, die wenig bzw. nichts mit z.B. Kindheitserfahrungen und Prägungen im Jugendalter zu tun haben dürften (z.B. Bestechung, Schwarzarbeit, Steuerhinterziehung).

B. OSAM-Modell

Auch dieses Bild des Menschen ist mit der Durkheimschen Tradition verknüpft, reflektiert zusätzlich aber sehr einfache sozialpsychologische Überlegungen aus den Anfängen der Einstellungsforschung. Der Mensch hat danach Meinungen und Einstellungen, denen er folgt. Daneben bildet er Meinungen und Einstellungen in den jeweiligen sozialen Umgebungen. Generell ist Handeln hier die Umsetzung von Meinungen und Einstellungen in sichtbares Verhalten – Konformität mit den übernommenen und gebildeten Attitüden ist die Handlungsmaxime.

Aufgrund der engen Verwandtschaft mit dem obigen Modell des sozialisierten, rollenspielenden, sanktionierten Menschen gelten alle erwähnten Einwände gegen dieses Modell auch hier. Zusätzlich ist zu betonen, dass es eine Vielzahl von empirischen Befunden gibt, die klar zeigen, dass die Korrelation zwischen Einstellungen und Verhalten im Durchschnitt relativ gering ist. Daneben scheint zu gelten, dass im Durchschnitt der Effekt der Einstellung auf das Verhalten mit zunehmenden Verhaltenkosten variiert (z.B. kann der Effekt in bestimmten Situationen mit höheren Kosten abnehmen).[23] Aufgrund solcher Befunde ist kaum zu erwarten, dass man allein anhand von Meinungen und Einstellungen typisches Verhalten in beliebigen Entscheidungssituationen korrekt vorhersagen kann.

C. SSSM-Modell

Dieses Menschenbild ist eng mit dem interpretativen soziologischen Paradigma im Sinne von z.B. George Herbert Mead (1863–1931) und Erving Goffman (1922–1982) verknüpft. Danach ist der Mensch keineswegs ein willenloser Roboter, der zu Deutungen unfähig ist. Sein Handeln folgt nicht zwingend den Normen, Einstellungen und Meinungen, sondern ist vielmehr eine Konsequenz der interaktiv und symbolisch interpretierten Definition der jeweiligen Entscheidungssituation und strategischer Motive. Klarerweise bleibt Konformität des Handelns mit herrschenden Normen, Einstellungen und Meinungen stets eine prinzipiell wählbare Option. Ob die Handlungswahl jedoch entsprechend erfolgt, hängt von einer Vielzahl von Einflüssen ab, die jeweils mit Interaktionen und Interpretationen zu tun haben.

Die konkrete Anwendung dieses Menschenbildes erfordert daher die Erhebung einer enormen Datenmenge zu Situationsdeutungen, Symbolinterpetationen und Motivationen für jedes beteiligte Individuum. Das Schwergewicht der Erklärung eines soziologischen Phänomens verschiebt sich dadurch klar auf die Mikroebene der Entscheidungsträger. Verzichtet man auf die aufwendige Datenerhebung, so lässt man bei Verwendung dieses Menschenbildes einen bedenklichen Spielraum, weil ja dann z.B. die Deutung der Situation oder auch die Symbolinterpretation beliebig gewählt werden können. Das interpretative Menschenbild eignet sich daher durchaus zur nachträglichen (post hoc) Deutung typischer Verhaltensweisen, aber weniger zu deren Vorhersage.

5.3.2 Homo oeconomicus

Das Menschenbild der Ökonomik unterstellt, dass ein Entscheidungsträger in seinen Handlungsmöglichkeiten beschränkt ist (z.B. begrenztes Einkommen) und aus der beschränkten Menge der verfügbaren Handlungsalternativen diejenige wählt, deren Folgen am besten seinen Interessen dienen. In seiner ursprünglichen, in der ökonomischen Neoklassik formulierten Version war das Individuum über seine Handlungsmöglichkeiten und die mit ihnen einhergehenden Konsequenzen vollständig informiert – diese unrealistische Vorstellung eines perfekten Maximierers der eigenen Interessen wurde als „homo oeconomicus" bezeichnet. Sie wurde vielfach kritisiert und als verzerrte Abbildung realer Personen angesehen. Es verwundert daher nicht, dass dieses Menschenbild als Übervereinfachung angesehen und durch Modifikationen angereichert wurde.

A. REMM-Modell

William Meckling (1976) hat die Konzeption des lernfähigen, abwägenden, maximierenden Menschen entwickelt, wonach Individuen Informationen sammeln und aus Erfahrung lernen. Hintergrund ist dabei die Prämisse stabiler Präferenzen (Stigler und Becker 1977)

---

[23]Diekmann und Preisendörfer (1998, 2001) begründen und belegen diese als Low-Cost-Hypothese bezeichnete Vermutung im Bereich der Umweltforschung.

bei gleichzeitiger Berücksichtigung der Tatsache, dass Informationen gesucht und Erfahrungen gesammelt werden. Daher können Verhaltensänderungen alleine aus Lernprozessen erwachsen.

Zurecht hat Meckling im Übrigen darauf verwiesen, dass Unsicherheiten über die Handlungsmöglichkeiten bestehen können und im Normalfall jeweils Risiken oder Ungewissheiten über ihre Konsequenzen vorliegen. Ein Individuum hat daher Alternativen gegeneinander abzuwägen, wobei die objektiven oder subjektiven Wahrscheinlichkeiten des Eintritts von bestimmten Handlungsfolgen zu berücksichtigen sind. Der Akteur kann daher nur unter extrem idealisierten Bedingungen die Maximierung seiner Interessen verfolgen. Zumeist hat er sich mit der Maximierung des (objektiven oder subjektiven) Erwartungswertes seiner Präferenzen zu begnügen, die durch von Neumann und Morgenstern (1953) zuerst axiomatisiert wurde.

B. RREEMM-Modell

Der Soziologe Siegwart Lindenberg (1985) hat Mecklings Konzeption weiter entwickelt. Insbesondere betont er, dass Individuen bei ihren Maximierungsbedingungen stets Restriktionen zu beachten haben und dass sich ihre Optimierungsbemühungen auf Erwartungswerte beziehen – die Betonung dieser beiden, für Ökonomen selbstverständlichen Punkte erwies sich für die Popularisierung dieser Modellvorstellung unter Sozialwissenschaftlern als wichtig.

Jedenfalls ist das damit einher gehende Bild des Menschen in der amerikanischen Politikwissenschaft und der individualistischen Soziologie („Rational Choice") zugrundegelegt. Im Sinne des traditionellen Menschenbildes der Ökonomik beruht es auf der Idee, dass Menschen absichtsvoll und an Folgen orientiert handeln. Individuen sind vor diesem Hintergrund zukunftsorientiert, besitzen lückenlose und widerspruchsfreie Präferenzen über die möglichen mehr oder weniger wahrscheinlichen Handlungskonsequenzen und entscheiden optimierend über ihre Handlungspläne. Sie tun dies unter bestimmten bindenden Möglichkeitsgrenzen oder Restriktionen (z.B. Zeit, Einkommen), wobei sie zuvor Informationen sammeln, lernen und ihre Erwartungen bilden. Handlungen werden damit als das Resultat von Entscheidungen angesehen, die sich als Optimierungen unter Nebenbedingungen konzeptualisieren lassen.

Durch die Wahl dieses Menschenbildes ergeben sich im Regelfall weder Datensammlungsprobleme noch Probleme bei der Analyse der Konformität oder der Zusammenhänge zwischen Einstellung und Verhalten. Zudem bestehen dadurch Anknüpfungspunkte zur Ökonomik und Politikwissenschaft. Im Gegensatz zu den anderen besprochenen Menschenbildern existieren überdies für den erfindungsreichen, durch Restriktionen beschränkten, Erwartungen bildenden, abwägenden, maximierenden Menschen ausgearbeitete Entscheidungstheorien (nämlich Nutzentheorie und Spieltheorie), die Verhalten als das Resultat eines Optimierungskalküls unter Restriktionen auffassen. Unter den verfügbaren Modellen bietet dieses Menschenbild deshalb die leistungsfähigste Konzeption für Analysen, die Handlungen explizit berücksichtigen. Dennoch sollte man sich über die Mängel aller besprochenen Konzeptualisierungen im Klaren sein. Im Folgenden werden ihre Schwachpunkte angesprochen und in Verbindung mit relevanten Befunden diskutiert.

5.3.3 Einwände und Befunde

Insgesamt ist freilich zu betonen, dass es sich bei sämtlichen Modellen um heuristische Fiktionen handelt, die den Menschen bestenfalls extrem vereinfachend erfassen – beispielsweise werden die in Anlehnung an Lenski (2005) erwähnten Erkenntnisse von keiner Konzeptualisierung vollständig erfasst. Sie unterscheiden sich überdies enorm bezüglich ihrer Schwerpunktsetzungen, sodass die Entwicklung einer gemeinsamen Konzeption schwierig scheint.[24] Wie z.B. Schimank (2007) herausarbeitet, existieren überdies noch andere Vorstellungen vom Menschen in den Sozialwissenschaften. Beispielsweise gibt es den von Gefühlen geleiteten Menschen („emotional man") und den an der Behauptung seiner Identität orientierten Menschen. Weiter scheint sich der Mensch in komplexen Situationen verschiedener einfacher, aber höchst effektiver Heuristiken (wie etwa „Take the Best") zu bedienen; Gerd Gigerenzer (2004) spricht deshalb vom homo heuristicus als einem Menschenbild empirischer Entscheidungsforschung. Erwähnenswert sind überdies noch der an Sport und Spiel interessierte Mensch (homo ludens), das kommunikative Individuum und der opportunistisch handelnde Akteur, der von Oliver Williamson (1985) unterstellt wird. [25]

Generell ist Kritik an allen diskutierten Menschenbildern berechtigt. Beispielsweise wird in den aufgeführten Modellen weitgehend darauf verzichtet, eine Bezugnahme auf eigene Erfahrungen oder Situationen von Anderen herzustellen. Dies ignoriert allerdings die gerade für Soziologen wenig überraschende Tatsache, dass Menschen vergleichen – man misst die eigene Lage bezüglich z.B. des Wohlstands an der eigenen Vergangenheit, den eigenen Erwartungen und den eigenen Wahrnehmungen der Lage anderer Akteure, die aus wie auch immer definierten Referenzgruppen stammen (siehe hierzu den Beitrag *Einkommen und Lebenszufriedenheit* im zweiten Band).[26] Daher kann man den Menschen als ein vergleichendes Wesen begreifen, als homo relativus. Vor dem Hintergrund der menschlichen Vergleichstendenzen verwundert es z.B. nicht, dass in den westlichen Industrienationen durchgeführte Bevölkerungsumfragen trotz des enormen Wohlstandszuwachses der letzten Jahrzehnte keinen signifikanten Anstieg des Wohlbefindens nachweisen (z.B. Frey und Stutzer 2002).

Auch ist den aufgeführten Modellen eine weitgehende Ignoranz gegenüber im Zeitablauf auftretenden Prozessen und Phänomenen wie z.B. Routinisierung (u.a. Gewöhnung) und Reziprozität (d.h. Gegenseitigkeit) gemeinsam. Wie sich in Experimenten (z.B. Diekmann 2004; Fehr und Gächter 2000, 2002) gezeigt hat, sind insbesondere Belohnungen und Vergeltungen für vorangegangenes Verhalten von Anderen jedoch von so universeller

---

[24]So geht der homo sociologicus in allen Varianten von praktisch keinem Entscheidungsspielraum aus, während der homo oeconomicus in seinen Spielarten jeweils die Existenz von Entscheidungsmöglichkeiten bei gleichzeitig an den eventuellen Folgen orientiertem Entscheidungsverhalten betont. Wie u.a. das Strafrecht als Spiegel der jeweils herrschenden Normen und Werte belegt, scheint in modernen Gesellschaften die Überzeugung zu dominieren, dass Menschen prinzipiell intentional Entscheidungen treffen und daher auch für ihre Taten zur Verantwortung gezogen werden können. Lediglich in Ausnahmefällen (wie z.B. bei Rauschzuständen, Demenzerkrankungen oder Psychosen) wird dort von einem wesentlich eingeschränkten Entscheidungsspielraum ausgegangen, der sich strafmildernd auswirken kann.

[25]Bunge (2001: 83ff) präsentiert und diskutiert daneben noch weitere Menschenbilder, die nicht aus dem Bereich der Sozialwissenschaften stammen.

[26]Die Logik der relativen Frustration oder Deprivation ist in der Soziologie wohl bekannt (z.B. Boudon 1979) und beruht u.a. auf derartigen Vergleichen.

Bedeutung für das eigene Verhalten, dass im Anschluss an Gouldners (1960) klassischen Beitrag das Menschenbild eines homo reciprocans nicht ausgeschlossen werden kann.[27]

Es ist daher sinnvoll, sich kurz mit Reziprozität und dem Thema der Handlungsmotive zu beschäftigen. Nach Camerer und Fehr (2004) kann man unter Reziprozität jeweils uneigennütziges Verhalten gegenüber einem anderen Akteur verstehen, welches durch vorherige Handlungen dieses Anderen bedingt wird. Hat sich der andere Akteur also zuvor freundlich (unfreundlich) verhalten, so wird darauf freundlich (unfreundlich) geantwortet. Reziprokes Verhalten bedeutet mithin, dass eine als gleichartig empfundene Erwiderung auf das Verhalten von zumindest einem Mitakteur erfolgt. Die Belohnung oder Bestrafung eines Anderen für dessen vorheriges Verhalten geht dabei jeweils mit einer Auszahlungsreduktion für den Belohner oder Bestrafer einher.[28] Anders gesagt: Relativ zur Eigennutzsituation entstehen jeweils Kosten, die durch den Akteur zu tragen sind, der im Sinne der Reziprozität handelt und die positiven oder negativen Vergeltungsmaßnahmen ausführt.

Im Vergleich zur Situation des Egoisten kostet das eigene Verhalten übrigens auch einen Altruisten oder Wohltäter etwas. Allerdings hängt altruistisches oder wohlwollendes Verhalten nicht vom vorherigen Verhalten des anderen Akteurs ab. Wiederum mit Camerer und Fehr kann man Altruismus oder Wohlwollen nämlich als unbedingte Freundlichkeit in dem Sinne definieren, dass das eigene Verhalten auf die keineswegs kostenneutrale Erhöhung der Auszahlung des Anderen gerichtet ist.

Ähnliche Aussagen sind auch für hasserfülltes oder missgünstiges Verhalten möglich: Relativ zum Szenario des Eigennutzes kostet das eigene Verhalten den Akteur etwas, der dem Anderen schaden will und sich daran erfreut. Wiederum spielt das vorherige Verhalten des anderen Akteurs keine Rolle für die eigene Handlungsentscheidung.

Ebenfalls unabhängig vom Verhalten anderer Akteure ist auch das gleichfalls von Camerer und Fehr thematisierte Handlungsmotiv der Ungleichheitsaversion, dessen Bedeutungsinhalt am ehesten mit einer egalitären Handlungsorientierung korrespondiert. Ungleichheitsaversion kann man als eine Variante von Fairnesspräferenzen begreifen, die sich aus dem menschlichen Bedürfnis des Vergleichs mit Anderen speist. Auch hier gilt, dass der Akteur zur Übernahme von zusätzlichen Kosten bereit sein wird, sofern er eine Präferenz für die Vermeidung von Ungleichheit besitzt.

Diese Überlegungen verweisen auf die Möglichkeit von Analysen des rationalen Handelns, das nicht nur eigennützig ist. Gleichzeitig legen andere Experimente von Ökonomen aus soziologischer Sicht nahe, dass der Einfluss sozialer Kontrolle auf das Verhalten nicht unterschätzt werden sollte. Beispielsweise zeigen die Versuche von Cherry, Frykblom und Shogren (2002) sowie Franzen und Pointner (2012), dass Individuen bei völliger Anonymität anders handeln als wenn sie sich beobachtet fühlen. Zumindest bei hinreichender sozialer Kontrolle scheinen Menschen nach vielen Untersuchungen (siehe z.B. Camerer 2003) altruistisches und faires Verhalten zu zeigen, obwohl monetäre Anreize zu rein eigeninter-

---

[27]Kolm (2006) präsentiert eine bemerkenswert gründliche Darstellung der möglichen Spielarten von Reziprozität und einschlägiger Einsichten, die nicht nur ökonomische Aspekte des Konzeptes berücksichtigt.

[28]Üblicherweise wird in diesem Zusammenhang nur an die direkte Reziprozität gedacht, wonach die Belohnungen oder Bestrafungen von Akteur i gegenüber einem anderen Akteur j unter Bezug auf das vorherige Verhalten von j gegenüber i stattfinden. Allerdings gibt es auch die z.B. von Raub und Weesie (1990) in der Soziologie thematisierte indirekte Reziprozität, die wesentlich von erworbenen Reputationen und einschlägigen Kommunikationen in einem sozialen Netzwerk abhängt. Bei hinreichender Vernetzung bezieht sich indirekte Reziprozität auf Belohnungen oder Bestrafungen für vorherige Handlungen von j gegenüber i, die durch andere Akteure als i erfolgen (siehe z.B. Nowak und Sigmund 2005).

essiertem Verhalten bestanden haben. Dies korrespondiert mit dem in der Soziologie (z.B. Stark 2007) bekannten Prinzip der Sichtbarkeit („principle of visibility"), wonach eine erhöhte Beobachtbarkeit des Verhaltens von Gruppenmitgliedern seitens anderer Mitglieder deren Konformität mit den Gruppennormen steigert. Anders gesagt: Eine stärkere soziale Kontrolle geht mit einer strikteren Befolgung relevanter Normen einher. Daneben gibt es eine Vielzahl empirischer Befunde aus verschiedenen Disziplinen (siehe für einen Überblick etwa Christakis und Fowler 2009), wonach die Handlungen von Menschen in Netzwerken stattfinden und zumindest die jeweilige Netzwerkumgebung reflektieren.

Neid und Schadenfreude als Teil der menschlichen Natur

Der Soziologe Helmut Schoeck hat im Jahre 1966 mit seinem international erfolgreichen Buch *Der Neid: Eine Theorie der Gesellschaft* auf einen blinden Fleck vieler Sozialtheorien aufmerksam gemacht. Neid, so seine Hauptthese, stellt eine menschliche Universalie dar, die mit gewissen kulturellen Variationen in jeder Gesellschaft zu finden ist und die daher auch in sozialwissenschaftlichen Theorien berücksigt werden sollte. Spezifischer lässt sich Neid dabei als schmerzhafte Emotion fassen, die mit Gefühlen der Unterlegenheit und Benachteiligung sowie Widerstand gegenüber den Beneideten einhergeht. Neid ergibt sich daraus, dass andere Menschen etwas haben oder können, was man selbst als erstrebenswert erachtet. Neid scheint dabei zu einem guten Teil bereits biologisch angelegt zu sein. Dies legen zumindest Studien zu Futterneid und Ungleichheitsaversion unter Primaten nahe. Neid ist dabei unter Affen beispielsweise besonders stark ausgeprägt, wenn deren eigene Leistung nicht hinreichend honoriert wird und die Verteilung knapper Güter als ungerecht empfunden wird (z.B. Brosnan et al. 2005; van Wolkenten et al. 2007) – die Konzepte Fairness und Neid sind also ganz offensichtlich eng miteinander verbunden, jedoch nicht gleichzusetzen.

Zudem lässt sich anhand des genannten Beispiels erkennen, dass Neid keine rein menschliche Wesensart ist. Was den menschlichen Neid jedoch von demjenigen anderer Lebewesen unterscheidet, ist die Tatsache, dass Menschen aus Neidmotiven dazu bereit sind, den Wohlstand Anderer mutwillig zu zerstören, und dazu sogar zusätzliche Kosten in Kauf nehmen (z.B. Zizzo 2003; Zizzo und Oswald 2001). Schließlich war Neid ein zentrales Motiv für Kriege, mittelalterliche Hexenverbrennungen und viele andere Formen von Gewaltverbrechen (Schoeck 1966). Neurophysiologische Studien liefern dafür Hintergründe: Anhand der Messung von Gehirnströmen lassen sich bei Neidern schmerzhafte Gefühle ebenso nachweisen wie die Aktivierung des Belohnungszentrums im Gehirn der Neider, wenn beneidete Menschen Verluste erleiden (Takahashi et al. 2009) – ein Phänomen, das sowohl im Volksmund als auch in der Wissenschaft unter dem Begriff „Schadenfreude" bekannt ist.

Neid ist jedoch nicht zwingend schädlich für eine Gesellschaft. In geringerem Maße kann Neid den Wettbewerb fördern und wirtschaftlichen Wohlstand mehren. Zudem weist Schoeck (1966) darauf hin, dass Neid auch ein großer Regulator zwischenmenschlicher Beziehungen ist, da es den Beneideten zur Mäßigung zwingt – Jon Elster (1989) bezeichnet Neid als den Leim und Zement der Gesellschaft. Denn die Furcht vor Missgunst ist Ursache für viele gesellschaftliche Regeln und erhöht die Bereitschaft Wohlhabenderer, der Gemeinschaft einen Teil ihres Besitzes zu überlassen. Erkennen kann man dies etwa anhand der Etablierung von Einkommens-, Vermögens- und Erbschaftssteuern, dem Umfang wohltätiger Spenden und auch der weiten Verbreitung des Stiftungswesens in vielen Gesellschaften.

Camerer und Fehr (2006) verweisen in ihrem Übersichtsartikel *When Does Economic Man Dominate Social Behavior?* im Übrigen auf eine interessante weitere Möglichkeit. Nach der vorliegenden empirischen Evidenz aus vielfältigen Experimenten folgern sie nämlich, dass strategische Anreize dafür wesentlich verantwortlich sein können, ob soziale Folgen eintreten, die durch maximierendes egoistisches Verhalten generiert werden oder nicht. Demnach kann eine Minderheit von Egoisten einen unkooperativen Ausgang für alle bewirken, wenn ihr Verhalten Anreize für die Mehrheit zur Imitation der Minderheit schafft. Freilich kann auch das Gegenteil geschehen: Eine Minderheit von altruistisch, begrenzt rational oder fair handelnden Akteuren kann ein kooperatives Resultat auslösen, wenn sie durch ihr Verhalten Anreize zur Kooperation für die egoistische und rationale Mehrheit erzeugt. Grundlegend für das letztlich realisierbare soziale Ergebnis kann damit die Anreizkonstellation in der jeweiligen Situation sein und die Bereitschaft, sich am Verhalten von anderen Akteuren zu orientieren.

In diesem Zusammenhang wird überdies deutlich, dass es aus der Perspektive der Sozial- und Wirtschaftswissenschaften nicht darauf ankommt, das Verhalten einzelner Personen zutreffend zu beschreiben. Von Interesse ist vielmehr, ob auf der Basis der jeweiligen Annahmenkombination über das Menschenbild möglichst einfach und widerspruchsfrei typisches Verhalten von Teilgruppen der Akteure (z.B. Altruisten und Egoisten, rationale und begrenzt rationale Individuen) rekonstruierbar ist, um dadurch beobachtbare soziale Sachverhalte und Abläufe erklären und voraussagen zu können. Beispiele für solche Phänomene und Prozesse ergeben sich, wenn man sich mit der geschichtlichen Entwicklung von Wirtschaft und Gesellschaft und ausgewählten Begleiterscheinungen beschäftigt, die insbesondere aus soziologischer Sicht interessieren.

Teil III

Sozioökonomischer Wandel und soziale Einbettung

6 Wirtschaft und Gesellschaft im Zeitablauf

Soziologie ist unweigerlich mit Geschichte verbunden. Historische Begebenheiten und Festlegungen prägen stets nachfolgende Gesellschaften und damit auch deren wirtschaftliche Bedingungen.[1] Schon deshalb ist es sinnvoll, sich knapp mit grundlegenden Erkenntnissen zum ökonomischen Wachstum zu beschäftigen, eine Auswahl der damit einhergehenden langfristigen Abläufe und Gesellschaftstypen zu besprechen, einige Begründungen und Folgen des Wohlstands zu beleuchten sowie die jüngere Kapitalismusentwicklung und die Geschichte der Wirtschaftskrisen zu skizzieren.

6.1 Langfristige Wirtschaftsentwicklung

Bekanntlich hat sich schon Adam Smith (1776) mit der Entstehung des Wohlstands befasst. Sein Ausgangspunkt war die Beobachtung, dass Menschen eine natürliche Neigung aufweisen, Güter zu tauschen. Diese natürliche Neigung spiegelt nach Smith wider, dass der Mensch ein Kulturwesen mit dem Bedürfnis nach Kommunikation ist und dass Menschen unterschiedliche Talente und Interessen besitzen. Letzteres bewirkt ungleiche Anfangsausstattungen und/oder Vorlieben, wodurch Voraussetzungen für etwaige Produktionsaktivitäten und lohnende Tauschvorgänge bestehen. Ökonomischer Wohlstand wird danach durch produktivitätserhöhende Arbeitsteilung und freie Märkte zur Entfaltung des menschlichen Tauschbedürfnisses erreicht. Aufgrund der Spezialisisierungen wird die Arbeit so einfach und so effizient wie möglich erledigt. Man lernt voneinander, entwickelt weiter und findet Alternativen. Insgesamt ergibt sich technischer Fortschritt. Sofern die Güter auf jeweils freien Märkten unter Konkurrenzbedingungen gehandelt werden, können jeweils Selbstregulationskräfte wirken, die unter bestimmten Bedingungen allen zugute kommen (z.B. Warenvielfalt, Kostenreduktion, Zeitersparnis).

In seinem Buch *The Rational Optimist: How Prosperity Evolves* greift der Wissenschaftsautor Matt Ridley (2010) die Smithschen Ideen auf und versucht ihre Relevanz unter Verweis auf vielfältige zeitbezogene Daten aus allen Weltregionen zu belegen. Demnach begannen unsere Vorfahren in Afrika vor mehr als 100 000 Jahren zu tauschen. Als Begründung für die ersten Tauschhandlungen führt Ridley die Hypothese von Richard Wrangham (2009) an, wonach die Kontrolle über das Feuer und, damit eng verknüpft, die Praxis des Kochens eine wesentliche Rolle für die menschliche Entwicklung spielte. Die Zubereitung und der Verzehr gekochter Speisen förderte vor diesem Hintergrund nicht nur die Ent-

---

[1]Beispielsweise sind bestimmte Vorgehensweisen in einer Gesellschaft aus historischen Gründen nicht realisierbar, während diese in anderen Gesellschaften keinerlei Probleme bereiten. So werden in der Schweiz im Land befindliche Ausländer in verschiedene Kategorien eingeteilt, wodurch sich u.a. deren Aufenthaltsrechte und Beschäftigungsmöglichkeiten ergeben. Eine derartige, z.T. nach der Wirtschaftslage angepasste Ausländerkontingentierung erscheint in Deutschland schon aus geschichtlichen Gründen unmöglich.

stehung stabiler Gemeinschaften, sondern auch den Vollzug mehr oder weniger expliziter Tauschakte (z.B. von Nahrungsmitteln).[2]

Jedoch lebten die Menschen über Jahrtausende als Nomaden in kleinen Horden und Gruppen mit begrenzten Außenkontakten, sodass lange Zeit eine nur geringe Spezialisierung (z.B. Jagd bestimmter Tiere durch Männer, Kinderbetreuung durch Frauen) unausweichlich bzw. vorteilhaft erschien. Tauschhandlungen blieben über eine enorme Zeitspanne daher weitgehend auf das unmittelbare soziale Umfeld beschränkt. Erst mit der Zunahme der Sesshaftigkeit, der Schaffung größerer Siedlungen und einer erhöhten Mobilität zwischen Handelsposten stiegen die Anreize zu einer stärkeren Arbeitsteilung, sodass eine Intensivierung von Tauschhandlungen auch mit weniger gut bekannten Partnern möglich wurde.

Systematische Pflanzungen, d.h. Bodenanbauaktivitäten durch in der Nähe dauerhaft niedergelassene Menschen, begannen vor etwa 10 000 Jahren (siehe hierzu und zum Folgenden Ridley 2010). Durch Spezialisierungen ergab sich eine zunehmende Ungleichheit von potenziellen Tauschpartnern bezüglich ihrer Fertigkeiten. Zudem erwies sich eine weitgehendere Arbeitsteilung bei Gemeinschaftsprojekten (z.B. Ernte und Großwildjagd) als zeitsparender. Vor etwa 5 000 Jahren setzte die Landwirtschaft mit Pflug und Haustieren ein. Für denselben Zeitraum finden sich erste Berichte über die Praxis der Sklaverei. Diese Institution trug zur Bereitstellung billiger Arbeitskräfte bei und unterstützte damit die Bereicherung der sklavenhaltenden Gesellschaften (Flaig 2009). Ebenfalls zeitgleich erlangten überdies Städte eine zunehmende Bedeutung v.a. durch den Handel. Daneben wurden die Städte immer wichtiger für die Entwicklung neuer Produkte und Verfahren. Dies reflektiert nach z.B. Glaeser (2011) die fundamentale Einsicht, dass sich Ideen und Wissensbestände in hinreichend stark vernetzten Umgebungen leicht verbreiten. Nach der Arbeitsteilung erscheinen insbesondere große Städte daher als zentrale menschliche Erfindungen, um vielfältige weitere Innovationen anzuregen und durchzusetzen.[3]

Für die Verbreitung von Einsichten und Verfahren relevant waren insbesondere Verbesserungen der Mobilität, die sich durch zunehmend effektivere Technologien der Fortbewegung ergaben: Über sehr lange Zeit war nur die Fortbewegung auf zwei Beinen möglich, sodass im Mittel nur eine geringe Distanz von wenigen Kilometern pro Tag zurück gelegt werden konnte. Der durchschnittliche menschliche Aktionsradius verdoppelte sich zunächst durch die Domestizierung von Reittieren (v.a. Pferde). In den letzten Jahrhunderten stieg er durch die Entwicklungen des Schiffsverkehrs, Eisenbahntransports, Automobilverkehrs und Flugverkehrs weiter an, wobei die regelmäßige Nutzung dieser Fortbewegungsmittel lange Zeit für einen Großteil der Bevölkerung zu teuer war.

Demographische und volkswirtschaftliche Daten weisen für die letzten 1000 Jahre interessante Tendenzen aus (siehe hierzu ABBILDUNG 6.1, die auf Maddison (2007) beruht): Zum einen stieg die Weltbevölkerung im vergangenen Jahrtausend um etwa das 24-fache, zum anderen erhöhte sich die Produktion pro Kopf um das 15-fache. Wie TABELLE 6.1 und TABELLE 6.2 zeigen, haben sich insbesondere in den letzten 300 Jahren die wirtschaftlichen

---

[2]Die Kochhypothese erklärt u.a. auch, warum andere Primatenarten in der Wildnis nahezu keinen Tausch betreiben und warum Menschenaffen, die u.a. zur Verwendung von Geld trainiert werden können, selbst in entsprechenden Experimenten auf eigentlich profitable Tauschhandlungen mit Artgenossen in Bezug auf unterschiedlich beliebte Früchte verzichten (siehe hierzu Ridley 2010 und die dort angegebene Literatur).

[3]Städtische Agglomerationen gehen freilich auch mit sozialen Problemen einher. Wie die empirische Analyse von Bettencourt et al. (2010) nachweist, existiert z.B. eine überproportional starke Beziehung zwischen Einwohnerzahl und Verbrechensrate.

ABBILDUNG 6.1: ENTWICKLUNG VON BEVÖLKERUNG UND WIRTSCHAFTSLEISTUNG

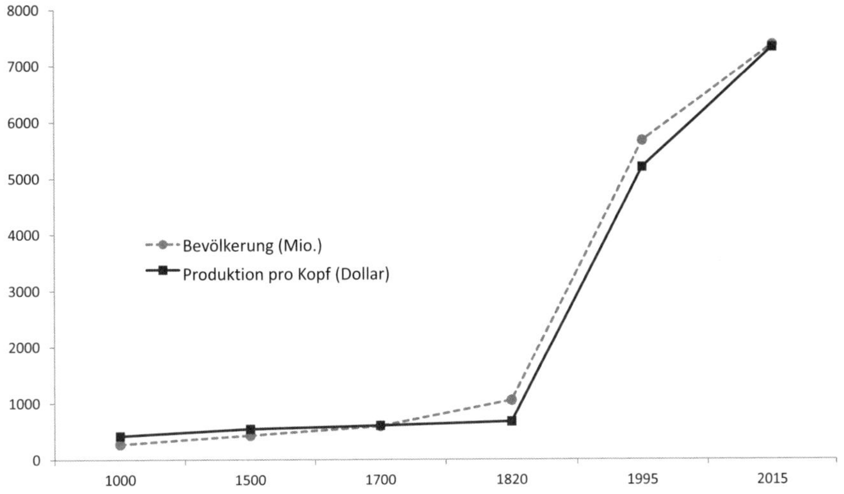

Machtzentren der Erde verschoben: Während um etwa 1700 China und Indien mit jeweils über 20% Anteil an der Weltproduktion vergleichsweise wichtige Herstellerländer waren, sanken ihre Anteile an der Weltproduktion bis Mitte des letzten Jahrhunderts zugunsten von Westeuropa und den Vereinigten Staaten von Amerika. Seit den 1990er Jahren haben die Europäer und Amerikaner ihre Anteile an der Weltproduktion allerdings zugunsten von China und Indien wieder reduziert.

Betrachtet man anhand von TABELLE 6.1 die weltweite ökonomische Entwicklung über die Zeit, dann fällt insbesondere die enorme wirtschaftliche Dynamik während der letzten 200 Jahre auf. Bis ungefähr 1820 war die globale wirtschaftliche Dynamik nämlich relativ gering: Das weltweite jahresbezogene Bruttoinlandsprodukt pro Kopf stieg von Christi Geburt bis 1820 lediglich um etwa das 1,4-fache von 467 auf 667 US-Dollar (hier und im Folgenden: Kaufkraft von 1990). Konzentriert man sich nur auf Westeuropa, so zeigt sich nach einem Einbruch ab 400 n. Chr. (von 450 auf 400 US-Dollar) und einer langen Stagnation bis ins Jahr 1000 eine nahezu lineare Zunahme des Bruttoinlandsprodukts pro Kopf um etwa das 3-fache auf 1 202 US-Dollar im Jahr 1820. Danach begann im Zuge der zunächst in England einsetzenden und danach immer weiter verbreiteten Industrialisierung ein bemerkenswerter Aufschwung, der bis 2003 weltweit betrachtet mit einer Einkommenssteigerung um das etwa 10-fache einherging. Natürlich haben sich hierbei regionale Unterschiede ergeben: Zwischen 1820 und 2003 stieg das jährliche Bruttoinlandsprodukt je Einwohner in den Vereinigten Staaten von 1 260 auf 29 040 US-Dollar, in Westeuropa von 1 200 auf 19 910 US-Dollar, in Asien (ohne Japan) von 580 auf 3 840 US-Dollar und in Afrika von 420 auf 1 550 US-Dollar.

Verschiedene Erfindungen und ihre kumulativen Effekte (z.B. Nachfolgeinnovationen) bilden einen wesentlichen Hintergrund dieser enormen Wohlstandszunahme (siehe hierzu genauer Abschnitt 6.3.1). Neben klassischen Arbeiten von Braudel (1990, 1997), North und Thomas (1973) sowie North (1981) gibt es inzwischen eine ganze Reihe von interessanten Büchern, die sich mit der Entwicklung des ökonomischen Lebens im Zeitablauf wie auch der Entstehung des Wohlstands und den damit einhergehenden Ungleichheiten zwi-

TABELLE 6.1: PRODUKTION PRO KOPF (US-DOLLAR; KAUFKRAFT VON 1990)

	1000	1500	1700	1820	1913	1950	2003
Westeuropa	427	771	997	1 202	3 457	4 578	19 912
Russland	400	499	610	688	1 488	2 841	5 397
USA	400	400	527	1 257	5 301	9 561	29 037
Japan	425	500	570	669	1 387	1 921	21 218
China	450	600	600	600	552	448	4 803
Indien	450	550	550	533	619	673	2 160
Afrika	425	414	421	420	890	637	1 549

Quelle: Maddison (2007: 382).

TABELLE 6.2: ANTEILE AN DER WELTPRODUKTION (IN PROZENT)

	1000	1500	1700	1820	1913	1950	2003
Westeuropa	9,1	17,8	21,9	23,0	33,0	26,2	19,2
Russland	2,4	3,4	4,4	5,4	8,5	9,6	3,8
USA	0,4	0,3	0,1	1,8	18,9	27,3	20,6
Japan	2,7	3,1	4,1	3,0	2,6	3,0	6,6
China	22,1	24,9	22,3	32,9	8,8	4,6	15,1
Indien	28,1	24,4	24,4	16,0	7,5	4,2	5,5
Afrika	11,4	7,8	6,9	4,5	2,9	3,8	3,2

Quelle: Maddison (2007: 381).

schen Regionen und Gesellschaften beschäftigen (Beinhocker 2007; Clark 2007; Diamond 1998; Greif 2006; Landes 1998; Seabright 2004). Zudem wurde von McMillan (2002) eine Geschichte des Marktes vorgelegt. Aus theoretischer Sicht ist mit Brian Arthur (1994) zu betonen, dass im Wirtschaftsgeschehen oft zunehmende Skalenerträge eine Rolle spielen und häufig Pfadabhängigkeiten vorliegen.[4] Bezogen auf die Verbesserung der Einkommenssituation seit 1820 ist daher von zunehmenden Skalenerträgen auszugehen, die sich durch Erfindungen und deren sukzessive Wirkungen ergaben.[5]

Fragt man nach Hintergründen des ökonomischen Wachstums in den letzten Jahrhunderten, so verweisen Wirtschaftswissenschaftler (z.B. Easterlin 1981) üblicherweise auf die Zunahme der Anzahl und der Rate von Innovationen, die Diffusion technologischer Neuerungen in immer mehr Ländern sowie die Ausbreitung produktivitätsfördernder Allgemeinbildung in nahezu allen besiedelten Regionen der Erde. Die verbesserte Ausstattung mit solchem Humankapital erscheint dabei als fundamentale Einflussgröße, weil der Bildungsstand einer Population zweifellos auch eine herausragende Bedeutung bei der Erklärung von Innovationen und deren Übernahme besitzt (Schultz 1986). Bevor Humankapital

---

[4]In der ökonomischen Theorie der Produktion (z.B. Neumann 1995) unterscheidet man Skalenerträge nach der Art der Reaktion der hergestellten Mengen bei einer gleichartigen Veränderung der Produktionsfaktoreinsätze. Verändert sich die Produktionsmenge mit einer geringeren, gleichen und größeren Rate als die gegebene Rate der Faktoreinsatzmengen, dann liegen abnehmende, konstante und zunehmende Skalenerträge vor.

[5]Eine bedeutende Rolle kommt hierbei wiederum den Städten zu: Zunehmende Skalenerträge ergeben sich u.a. aus dem Austausch von Ideen und den damit einhergehenden Anregungen, die in hinreichend vernetzten Umgebungen leichter zu Weiterentwicklungen oder gar Neuerungen bei Produkten und Verfahren führen.

und die anderen Einflüsse aber ihre positiven Wachstumswirkungen entfalten können, sind nach Easterlins Überblick über die wirtschaftlichen Erfahrungen der letzten Jahrhunderte private Eigentumsrechte festzulegen und glaubwürdig durchzusetzen.

Pfadabhängigkeit und das Wachstum von Städten

Von Pfadabhängigkeit wird gesprochen, wenn der letztlich realisierte Zeitpfad einer Entwicklung wesentlich von geringen ursprünglichen Vorteilen oder unwesentlich scheinenden Begebenheiten abhängt. Verwiesen wird damit auf soziale Prozesse, die sich im Zeitablauf selbst aufrecht erhalten oder verstärken. Pfadabhängigkeiten werden häufig durch „historische Zufälle" ausgelöst, sodass ihr Auftreten schwer vorhersehbar ist. Die Folgen dieser, für sich genommen unbedeutenden Ereignisse werden über positive Rückkopplungen verstärkt, sodass weit überproportionale Konsequenzen bzw. „Nicht-Linearitäten" auftreten (Arthur 1994; David 1985; Liebowitz und Margolis 1995). Eine Veranschaulichung bietet das Wachstum von Städten.

Seit der Entstehung der ersten größeren Siedlungen (Ubaid) um 4 500 v. Chr. in Mesopotamien, bildeten sich Städte vor allem an ertragreichen Handelsrouten, natürlichen Häfen oder an fruchtbaren Flussufern und Talverbindungen. Entsprechend führte die frühe Standortforschung (z.B. von Thünen 1826) die Lage und Größe von Städten auf geografische Rahmenbedingungen zurück, welche die Möglichkeiten und Restriktionen urbaner Entwicklung bestimmen. In diesem Szenario kann das Wachstum von Städten als Funktion ihrer Versorgungslage prognostiziert werden, wobei kleine Ereignisse keine oder nur kurzfristige Effekte auf die Stadtgröße haben.

Mit der Verbilligung von Transportkosten und der daraus resultierenden Unabhängigkeit der Städte von der unmittelbaren regionalen Versorgung verlor der geografische Kontext an Erklärungskraft. Die jüngere Wirtschaftsgeografie führt das Wachstum von Städten daher auf Agglomerationsvorteile (erstmals Alfred Weber 1909) zurück: Eine hohe Bevölkerungsdichte vereinfacht Spezialisierung und Tausch (d.h. komplementäre Wirtschaftsaktivität). Sie verbilligt die Aufrechterhaltung von Infrastruktur, Märkten und Institutionen. Je mehr Einwohner eine Stadt aufweist, desto größer fallen diese positiven Netzwerkeffekte aus. Mit anderen Worten: Die Zunahme der Einwohnerzahl weist einen positiven Grenzertrag auf (z.B. Bettencourt et al. 2007, 2010).

Sobald mit zunehmender Siedlungsdichte spezifische Vorteile für den Einzelnen einhergehen, werden Wirtschaftssubjekte zur größten Stadt in ihrer Reichweite wandern. Von diesem Prozess kumulativen Vorteils profitieren vergleichsweise große Siedlungen, denen eine günstige Ausgangsposition als Ressource für weitere Vorteile dient (Matthäus-Effekt). Eine Siedlung, die über größere Agglomerationsvorteile verfügt als ihre Konkurrenten, kann durch den Zustrom neuer Bewohner aus einer bestehenden Gleichgewichtssituation mit einer geringen Bevölkerungszahl kippen und plötzlich einen Entwicklungspfad rasanten Wachstums einschlagen. Die resultierende Stadtgrößenverteilung einer Region (vgl. hierzu das Gesetz von Zipf in Kapitel 4) wird letztlich von mehr oder weniger zufälligen Anfangsbedingungen determiniert, nämlich den historisch bedingten Siedlungsgrößen zu Beginn der Wanderungsbewegung. Kleine Ereignisse, die auf die anfängliche Einwohnerzahl einer Stadt wirken, führen über das soziale Feedback zu beträchtlichen Größenunterschieden. Hierbei bilden sich einzelne Millionenstädte, die überwiegende Mehrheit der Siedlungen bleibt jedoch klein.

Selbst wenn von freiwillig und eigeninteressiert handelnden Akteuren ausgegangen wird, ist dabei keineswegs sichergestellt, dass die resultierende Siedlungsstruktur sozial effizient ausfällt (z.B. Fujita, Krugman und Venables 1999). Weil die Wahl des Wohnorts vom Verhalten Anderer abhängig gemacht wird, spiegelt die Lage einer Stadt nicht notwendigerweise die individuellen Interessen ihrer Bewohner wider. Findet aufgrund der Größenvorteile des jetzigen Wohnorts kein Wegzug statt, obwohl die Lage als unbefriedigend wahrgenommen wird, so liegt ein „Lock in"-Effekt vor. Dieser kann erklären, weshalb Metropolen in Erdbebengebieten, an hochwassergeplagten Flussdeltas oder in extremer Höhenlage weiter wachsen.

Neben der Stadtentwicklung wird eine ganze Reihe von wirtschaftssoziologischen Untersuchungsgegenständen von Pfadabhängigkeiten geprägt. Dazu zählt etwa die Reproduktion von Statusdifferenzen (siehe den Beitrag *Sozialer Status, Positionswettbewerbe und Signale*), die Prägung von Konsummustern (*Konsum, Kaufverhalten und Konformität*) oder die Entstehung von Stars (*Stars und ihre Entstehung* im zweiten Band). Weiterführend betrachtet z.B. Beyer (2005, 2006) die Ursachen und die Stabilität verschiedener Formen von Pfadabhängigkeit aus soziologischer Perspektive.

Unterschiede in der Innovationstätigkeit, Ausstattung mit Humankapital und Übernahme von technologischen Neuerungen lassen sich jedoch selbst als Konsequenzen von grundlegenderen Faktoren begreifen, die das ökonomische Wachstum bestimmen. Der Wachstumstheoretiker Daron Acemoglu (2009: 110ff) identifiziert beispielsweise vier Ursachenkategorien der langfristigen wirtschaftlichen Entwicklung: Glück und multiple Gleichgewichte; Geographie und ökologische Faktoren; Glaubensinhalte, Werte und Vorlieben; Institutionen und deren Anreizwirkungen. Als Beispiel für glückliche Umstände und verschiedene Gleichgewichtsszenarien kann man an die sehr unterschiedliche Entwicklung Chinas vor und nach Maos Tod erinnern – nach Maos Tod konnten vorhandene Reformüberlegungen (z.B. Einrichtung von Sonderwirtschaftszonen, Öffnung für vielfältige Exportaktivitäten) umgesetzt werden, die zu dem enormen Wirtschaftswachstum des Landes während der letzten Jahrzehnte beitrugen. Klimatische Verhältnisse (z.B. tropische Temperaturen), landschaftliche Gegebenheiten (z.B. Sumpfgebiete) und damit verknüpfte Krankheiten (z.B. Malaria) illustrieren die Bedeutung von Geographie und Ökologie. Im Zusammenhang mit Glauben, Werten und Präferenzen denkt man als Wirtschaftssoziologe unweigerlich an die Protestantismusthese von Max Weber (siehe Abschnitt 3.1.2). Unter Institutionen sind von Menschen entworfene Normen und Regeln zu verstehen, die beispielsweise die Ausgestaltung des Vertragsrechts, die Durchsetzung von Zahlungsansprüchen oder die Regulierung des Marktgeschehens betreffen und Vorgaben für adäquates Verhalten darstellen.[6]

In seinen weiteren Ausführungen beschäftigt sich Acemoglu mit Argumenten für und gegen jede der Ursachengruppen. Insbesondere aufgrund von empirischer Evidenz gelangt er dabei zu der Folgerung, dass Institutionen und ihre Anreizwirkungen die wohl wichtigste Rolle für das langfristige Wachstum spielen.[7] Diese Einsicht korrespondiert mit der Auffassung von Wirtschaftshistorikern wie z.B. Douglass North (1981, 2005). Nach seiner Analyse waren es bestimmte institutionelle Veränderungen, die das langfristige Wirtschaftswachstum entscheidend förderten. Neben der Entwicklung von Märkten und der Spezialisierung der Produktion ist u.a. die Entstehung des Privateigentums zu nennen, wodurch die Möglichkeit der Kapitalakkumulation geschaffen wurde und Anreize für Innovation und Unternehmertum entstanden. Nach North wurde der Kapitalismus und seine Verbreitung u.a. auch dadurch wesentlich gefördert, dass persönliche Freiheit in den mittelalterlichen Städten Europas herrschte („Stadtluft macht frei").

Die institutionellen Entwicklungen haben sich in Europa im Verlauf mehrerer Jahrhunderte nicht ohne Rückschläge vollzogen. Abstrahierend lässt sich der Prozess, der keineswegs als alleiniges Resultat einer planmäßigen Gestaltung durch die politischen Kräfte der jeweiligen Zeit aufzufassen ist, durch folgende Aussage beschreiben: Langfristig setzten sich diejenigen Institutionen durch, die Vorteile für die Beteiligten und die Mächtigen mit sich brachten. Dabei handelte es sich nicht nur um ökonomische Vorteile für die Kaufleute, sondern auch um Vorteile der herrschenden Schichten, der Fürsten und Könige – auf dem wirtschaftlichen Wohlstand beruhte bei der sich wandelnden Militärtechnik weitgehend auch die politische Macht.

---

[6] Allgemein gesprochen bieten soziale Institutionen weithin geteilte und daher gesellschaftlich akzeptierte Handlungsorientierungen, die mit Sinnzuschreibungen einhergehen und soziale Strukturen (wie z.B. Organisationen) schaffen und verfestigen. Sie ordnen das gesellschaftliche und wirtschaftliche Zusammenleben. Ihr lenkender Einfluss konnte in einer Vielzahl verhaltenswissenschaftlicher Experimente nachgewiesen werden (z.B. Asch 1956; Bond und Smith 1996; Fehr und Gächter 2000; Henrich et al. 2005; Lorenz et al. 2011; Ostrom, Walker und Gardner 1992; Yamagishi 1986).

[7] In einem breit angelegten Überblick belegen und vertiefen Acemoglu und Robinson (2012) diese Folgerung anhand vielfältiger historischer Beispiele.

Zur langfristigen Wohlstandserzeugung (und damit Machtsicherung) wurde die Rechtsordnung umgestaltet. Ein Beispiel für diese Praxis betrifft die juristische Verankerung von Wirtschaftsorganisationen, die von Coleman (1974, 1990) beschrieben wird. Die mit der Entwicklung des Kapitalismus einhergehende stärkere Spezialisierung und Mechanisierung der Produktion erforderten bekanntlich immense Kapitalmengen und daher die Schaffung juristischer Körperschaften (z.B. Aktiengesellschaften) zu deren Beschaffung und Verwendung. Diese Körperschaften haben eine prinzipiell unbegrenzte Lebensdauer und können daher über einen erheblich längeren Zeitraum Ressourcen akkumulieren.[8] Die hierfür notwendigen rechtlichen Modifikationen erschienen insbesondere deshalb nötig, weil zwischen europäischen Staaten eine kompetitive Struktur bestand.

Es ist jedoch keineswegs der Fall, dass sich effiziente Institutionen immer gegenüber ineffizienten Institutionen durchsetzen. Der Erfolgsgeschichte europäischer und auch nordamerikanischer Industrieländer stehen viele Beispiele wirtschaftlicher Stagnation und des Niedergangs gegenüber – China und Indien holen bekanntlich nach einer langen Phase des Niedergangs erst in den letzten Jahrzehnten wieder auf. Zudem sind viele Länder seit langer Zeit wenig fortgeschritten oder kaum entwickelt.

Absolute und bedingte Konvergenz des Wirschaftswachstums

Unter absoluter Konvergenz wird in der Wachstumstheorie die Hypothese verstanden, wonach arme Volkswirtschaften ein höheres Pro-Kopf-Wachstum als reiche Ökonomien verzeichnen und sich daher langfristig eine Annäherung der Wohlstandsniveaus vollziehen wird. Nach Barro und Sala-i-Martin (2004: 45) ist absolute Konvergenz in empirischen Analysen nur für Stichproben von hinreichend homogenen Ländern nachweisbar.

Weil sich Volkswirtschaften bezüglich ihrer dauerhaften Entwicklungspfade unterscheiden, erscheint es daher sinnvoll, eine Hypothese der bedingten Konvergenz zu formulieren: Volkswirtschaften, die von ihren langfristigen Gleichgewichtssituationen (steady states) weiter entfernt sind, wachsen schneller. Diese Hypothese ist mit der Logik des neoklassischen Wachstumsmodells vereinbar. Sie wird überdies durch die Datenanalysen von Barro und Sala-i-Martin gestützt.

Die Ökonomen befassen sich im Rahmen ihrer Wachstumstheorie seit geraumer Zeit mit Unterschieden in der langfristigen Wirtschaftsentwicklung. Nach dem neoklassischen Basismodell der Wachstumstheorie (Solow 1956; Swan 1956) ist eine (bedingte) Konvergenz der Wachstumsentwicklung zu erwarten, wenn man verschiedene Wirtschaftsgebiete betrachtet. Um die Rolle anderer Einflüsse möglichst gering zu halten, empfiehlt sich zur Prüfung dieser These zunächst eine systematische Untersuchung von Regionen mit vielen ähnlichen Merkmalen, aber unterschiedlichen Einkommenssituationen (siehe hierzu und zum Folgenden Barro und Sala-i-Martin 2004: 461-566). Die empirische Evidenz für die US-Bundesstaaten seit 1880, die japanischen Präfekturen seit 1930 und Regionen aus acht europäischen Ländern seit 1950 zeigt erwartungsgemäß, dass die ärmeren Wirtschaftsgebiete in diesen Staaten im Durchschnitt jeweils ein höheres Pro-Kopf-Wachstum aufweisen als die reicheren Gebiete. Allerdings ist das Tempo des Aufholens („catching-up") mit jährlich etwa $2-3\%$ der ursprünglich vorhandenen Differenz der Pro-Kopf-Einkommen gering – es dauert demnach 25 bis 35 Jahre bis etwa die Hälfte der anfänglichen Unterschiede im Einkommen verschwunden ist.

---

[8]Dadurch werden Kapitalgesellschaften aber auch relativ autonom, wodurch sich das Machtgefüge in der Gesellschaft zu ihren Gunsten verschoben hat (z.B. multinationale Konzerne). Letzteres wird von Coleman (1974, 1982) thematisiert.

In einem weiteren Schritt kann man im Rahmen der statistischen Auswertung eine Vielzahl von Kovariablen zur Kontrolle etwaiger Störeffekte explizit berücksichtigen. Untersucht man die Wachstumsraten verschiedener Länder vor diesem Hintergrund, so ergibt sich im Durchschnitt ebenfalls eine (bedingte) Konvergenz der Wohlstandsentwicklung im Sinne des neoklassischen Wachstumsmodells. Überdies wachsen Länder mit höherem Humankapital schneller. Bildungsinvestitionen stellen damit besonders geeignete Maßnahmen zur Verbesserung der wirtschaftlichen Situation von armen Ländern dar. Aus Sicht der endogenen Wachstumstheorie der Ökonomen (z.B. Lucas 1988; Romer 1986, 1987, 1990) dürfte Humankapital zudem die anhaltend positiven Wachstumsraten in den fortgeschrittenen Ländern während der letzten sechs Jahrzehnte bewirkt haben.[9]

Im Rahmen einer weiterreichenden Analyse historischer Daten zur demographischen und technologischen Entwicklung während der letzten Jahrtausende stellt Kremer (1993) in Übereinstimmung mit Grundprämissen der Theorie endogenen Wirtschaftswachstums im Sinne Romers (1986, 1990) fest, dass eine größere Bevölkerung den technologischen Fortschritt stimuliert. Hintergrund ist eine einfache, aber plausible Überlegung: Wenn es mehr Menschen gibt, dann existieren auch mehr Erfinder, Ingenieure und Wissenschaftler, die den für alle günstigen technologischen Fortschritt bewirken. Daneben untersucht Kremer noch eine weitere Hypothese, die mit Unterschieden der Bevölkerungsgrößen und Wachstumsmuster zwischen Regionen zu tun hat. Sein Ausgangspunkt ist dabei die Überflutung von Landstrichen nach dem Ende der letzten großen Eiszeit vor knapp 12 000 Jahren. Dadurch wurde die Erde in Regionen aufgeteilt, die lange Zeit füreinander unerreichbar blieben. Wenn der technische Fortschritt mit der Bevölkerungsgröße variiert und Regionen getrennt sind, müssten demnach größere Regionen schneller gewachsen sein. Nach Kremers Analyse stützt das historische Datenmaterial auch diese Überlegung. Vermutlich variiert das langfristige Wachstumsmuster überdies mit sozialen Gegebenheiten und deren Veränderungen.

6.2 Gesellschaften und sozialer Wandel

Menschliches Leben vollzieht sich in Gemeinschaften. Die natürlichen Lebensgrundlagen dieser Gemeinschaften und ihre Anpassungen daran haben sich nach Ort und Zeit unterschieden. Befasst man sich mit der langfristigen Entwicklung des Wirtschaftsgeschehens, so wird klar, dass soziale Gegebenheiten sowohl Reaktionen als auch Voraussetzungen dafür bilden. Nach einem Überblick zu Formen der Gesellschaft werden, gleichfalls im Zeitraffer, zentrale sozialhistorische Prozesse besprochen, die sich aufgrund der Wohlstandsentwicklung ergeben haben, aber auch auf die Wirtschaft rückwirken.

6.2.1 Gesellschaftstypen und ihre Abfolge

Nach derzeitigem Kenntnisstand gibt es den heutigen Menschen (homo sapiens sapiens) seit höchstens 200 000 und wenigstens 150 000 Jahren. Spätestens vor etwa 50 000 Jahren haben Angehörige unserer Spezies teilweise ihren Ursprungskontinent Afrika verlassen und sich in der Welt ausgebreitet. Menschen sind im Allgemeinen keine Einzelgänger, sondern bilden zumindest kleine Gruppen (z.B. aufgrund von Verwandtschaftsbeziehungen).

---

[9]Die endogene Wachstumstheorie (für Überblicke siehe z.B. Acemoglu 2009 sowie Aghion und Howitt 1998) verdankt ihren Namen der durch sie geleisteten Erklärung des technischen Fortschritts, welcher in der traditionellen Wachstumstheorie als exogene Größe eingeführt wird.

Definiert man eine menschliche Gesellschaft mit Patrick Nolan und Gerhard Lenski (2011) als eine politisch autonome Gruppe von Individuen mit vielfältigen kooperativen Verhaltensweisen, dann kann man Erkenntnisse über menschliche Gemeinschaften zur Erstellung einer Typologie von Gesellschaften nutzen. Zuvor ist allerdings ein sinnvolles Kriterium festzulegen, nach der die Klassifikation erfolgen kann.[10] In ihrem Lehrbuch *Human Societies* verwenden Nolan und Lenski ein für Wirtschaftssoziologen plausibles Kriterium. Sie entwerfen ihre Klassifikation nämlich auf der Grundlage von verfügbaren Subsistenztechnologien. Damit sind solche Verfahren zur Produktion von Gütern gemeint, die jeweils den Selbsterhalt bzw. Lebensunterhalt gewährleisten.[11] Nach den verfügbaren Subsistenztechnologien lassen sich folgende Typen von Gesellschaften unterscheiden (angegeben ist auch das Zeitintervall, in dem die Subsistenztechnologie jeweils als besonders fortgeschritten anzusehen war):[12]

- **Jäger-Sammler-Gesellschaften** existierten seit den ersten Menschen bis etwa 8000 v. Chr. (d.h. wenigstens für etwa 140 000 Jahre oder mindestens 93% der Menschheitsgeschichte) als die technologisch einzig verfügbare Variante des Zusammenlebens.

- **Bodenbau-Gesellschaften** bildeten vor etwa 8000 v. Chr. bis ca. 3000 v. Chr. (d.h. etwa 5000 Jahre oder maximal 3% der Menschheitsgeschichte) die technologisch führende Form des menschlichen Miteinanders. Solche auch hortikulturell genannte Gesellschaften zeichnen sich durch den Gebrauch einfacher Stein-, Holz- und Metallwerkzeuge aus, welche sie u.a. für primitiven Bodenbau einsetzen.

- **Agrar-Gesellschaften** stellten von etwa 3000 v. Chr. bis ca. 1800 n. Chr. (d.h. etwa 4800 Jahre oder höchstens 3% der Menschheitsgeschichte) die technologisch vorherrschende Art der sozialen Organisation dar. Im Gegensatz zur Bodenbau-Gesellschaft wird in Agrar-Gesellschaften fortgeschrittener Ackerbau (insbesondere unter Einsatz des Pfluges) betrieben und die Züchtung von Nutztieren verfolgt.

- **Industrie-Gesellschaften** lassen sich seit etwa 1800 n. Chr. bis jetzt (d.h. etwa 200 Jahre oder nicht einmal 1% der Menschheitsgeschichte) als die technologisch fortgeschrittenste Variante der menschlichen Existenz auffassen.

Die unterschiedlichen Typen der Gesellschaft sind durch den Einsatz von sukzessiv effektiveren Produktionsverfahren gekennzeichnet. Dies erlaubt eine nähere Charakterisierung von Gesellschaften auf vielfältige Art (siehe hierzu ausführlich Nolan und Lenski 2011). Für unsere Zwecke genügt die Betonung weniger Aspekte:

- Auffällig ist zunächst einmal, dass Jäger-Sammler-Gesellschaften über einen extrem langen Zeitraum der Menschheitsgeschichte dominant waren. Auch heutzutage gibt

---

[10]Bereits bei den Klassikern der Soziologie finden sich derartige Kriterien. Bekanntlich stellte z.B. Karl Marx insbesondere die Eigentumsverhältnisse an Produktionsmitteln in den Mittelpunkt seiner Typologie von Gesellschaften (vgl. Abschnitt 3.1.1).

[11]Durch die Verwendung dieses Kriteriums zur Klassifikation von Gesellschaften grenzen sich Nolan und Lenski (2011) deutlich von Soziologen (wie z.B. Talcott Parsons) ab, die sozialen Wandel praktisch ohne Verweis auf Technologien erfassen und kennzeichnen.

[12]Nolan und Lenski (2011) unterscheiden daneben noch umweltspezifische Gesellschaftstypen wie Fischer-Gesellschaften und Viehhüter-Gesellschaften, die allerdings nicht sehr häufig sind. Zudem sprechen sie gelegentlich auch von sogenannten Hybrid-Gesellschaften. Damit sind Gesellschaften gemeint, die sich im Übergang zu einem anderen Typ befinden.

es noch solche Gesellschaften. Oftmals lebt also nur ein Teil der Menschheit in der jeweils technologisch am weitesten entwickelten Gesellschaft.

- Aufgrund der langen Dominanz von Jäger-Sammler-Gesellschaften und der ebenfalls Jahrtausende während Abfolge von Bodenbau- und Agrar-Gesellschaften ist die Menschheitsgeschichte keine Geschichte moderner Gesellschaften. Anders gesagt: Die weit überwiegende Mehrheit aller jemals lebenden Menschen lebte nicht in Industrie-Gesellschaften. Langfristig betrachtet stellen Industrie-Gesellschaften daher keinesfalls den Normalfall der menschlichen Existenz dar.[13]

- Während Jäger-Sammer-Gesellschaften empirisch einen Median der Größe von 40 Personen aufweisen, beträgt der Median in Industriegesellschaften weit über 10 Millionen Personen. Die Bevölkerungszahlen der anderen Gesellschaftsformen liegen zwischen diesen Extremen. Generell gilt: Technologisch fortgeschrittenere Gesellschaften haben größere Bevölkerungen.

Bei Kontakten zwischen technologisch führenden und weniger fortgeschrittenen Gesellschaften kommt es im Übrigen oftmals zu Konflikten. Dabei sind technologisch führende Gesellschaften in der Regel in der Lage, weniger entwickelte Gesellschaften zu beherrschen und/oder zu beeinflussen. Eine irgendwie geartete Anpassung der hauptsächlich zur Lebenserhaltung verwendeter Produktionsverfahren setzt freilich technologische Unterschiede zwischen Gesellschaften voraus.

Vor diesem Hintergrund verwundert es nicht, dass vom Auftreten der ersten Menschen bis vor etwa 10 000 Jahren, also über sehr lange Zeit, nur Horden mit nomadischer Lebensweisen existierten. Diese Jäger-Sammler-Gesellschaften praktizierten nur wenig Arbeitsteilung. Es gab nur eine geringe soziale Differenzierung und kaum soziale Ungleichheit. Freilich war das Leben in solchen Gesellschaften keineswegs ohne Probleme. Beispielsweise waren die Hordenmitglieder extrem arm. Zudem hing ihr Auskommen sehr stark von Umweltbedingungen (z.B. Wetter) ab. Sie mussten überdies vielfältige Konflikte mit anderen Jäger-Sammler-Gesellschaften bewältigen, sodass ihre Mortalität schon aufgrund von Gewalttaten recht hoch war (u.a. Ridley 2010).

Betrachtet man die Industrie-Gesellschaften, so sind diese den Merkmalen der Jäger-Sammler-Gesellschaften in vielerlei Hinsicht diametral entgegengesetzt. Daneben gingen mit der bereits beschriebenen Wirtschaftsentwicklung während der letzten Jahrhunderte, die v.a. in westlich geprägten Ländern erfolgte, verschiedene Veränderungen einher.[14]

---

[13]Wie Henrich, Heine und Norenzayan (2010) betonen, sind auch deshalb Zweifel und Kritik an der weit verbreiteten Vorgehensweise angebracht, sich zur Feststellung oder Überprüfung von sozialwissenschaftlichen Regularitäten praktisch nur auf empirische Untersuchungen zu verlassen, die in westlichen und demokratischen Industrie-Gesellschaften mit gutem Ausbildungsstand und enormen Reichtum durchgeführt wurden. Schon aufgrund der bemerkenswerten Unterschiedlichkeit der Gesellschaftstypen im Zeitablauf sollte man die Reichweite etwaiger inferenzstatistischer Folgerungen auf Populationen der jeweiligen Gesellschaften beschränken, aus denen die Untersuchungspersonen stammen.

[14]Ian Morris (2010) befasst sich mit der Frage, warum der Westen in den letzten Jahrhunderten besonders erfolgreich war. Ein zentraler Teil seiner Antwort verweist auf geographische Gegebenheiten. Ein anderer, gleichfalls wesentlicher Teil seiner Antwort beruht auf der Einsicht, dass Veränderungen durch faule, habgierige und furchtsame Menschen ausgelöst werden, die ihren Alltag durch bequemere, gewinnträchtigere und weniger unsichere Vorgehensweisen erleichtern wollen.

6.2.2 Zentrale sozialhistorische Prozesse

Mit dem wachsenden Wohlstand haben sich eine Vielzahl von Entwicklungen ergeben, die man als durchaus positiv beurteilen kann. Betrachtet man z.B. mit Eisner (2003) die langfristige Entwicklung von Gewaltkriminalität, so ergibt sich für unterschiedliche Länder (z.B. Deutschland, England, Frankreich, Schweiz, Vereinigte Staaten) ein bemerkenswerter Rückgang über die Jahrhunderte. Auch Ridley (2010) berichtet eine Reduktion der Gewalt seit 1300, wobei von 1450 bis 1750 die Rate ermordeter Personen pro 100 000 Einwohner von 35 auf etwa 3 gesunken ist und seither weiter fällt. Pinker (2012) hat in einem umfassenden Überblick nahezu alle verfügbaren Informationen zur Gewalttätigkeit im Zeitablauf zusammengetragen. Demnach kommen gewalttätige Handlungen immer seltener vor und ihre Intensität nimmt immer weiter ab.

Mit dem ökonomischen Wandel sind weitere soziologisch bedeutsame Änderungen eingetreten. Die dabei relevanten Stichwörter tauchen im Zusammenhang mit modernisierungstheoretischen Diskussionen auf (z.B. van der Loo und van Reijen 1997), obwohl sie zumindest teilweise bereits von Klassikern wie Max Weber und Emile Durkheim beschrieben wurden. Als zentrale Dimensionen der Modernisierung gelten in der Soziologie:

Differenzierung: Verwiesen wird damit auf Prozesse der zunehmenden Arbeitsteilung und der wachsenden Herausbildung von Funktions- und Wertsphären etwa in Wirtschaft, Politik und Kultur, die jeweils eigenen Logiken ohne irgendeine zentrale Steuerungsinstanz folgen.

Domestizierung: Umschrieben werden hiermit die immer bessere Beherrschung und Verwendung von natürlichen Ressourcen, Phänomenen und Abläufen, die im Zuge des immer größeren Naturverständnisses möglich sind.

Individualisierung: Gemeint ist damit der Prozess, der Individuen aus traditionell bestehenden sozialen Beziehungen, kollektiven Zusammenhängen und zugewiesenen Rollen löst und sie selbst zur Gestaltung und Planung des eigenen Lebens zwingt.

Rationalisierung: Verstanden wird darunter die zunehmende Durchdringung aller Lebensbereiche mittels prinzipiell nachvollziehbarer Vernunftgründe, sodass Berechenbarkeit und Erwartbarkeit der Welt resultieren und Effizienzgesichtspunkte wichtig werden.

Aus der Perspektive von Historikern wird diese soziologisch geprägte Auswahl von Prozessen den wesentlichen Abläufen nur bedingt gerecht. In seinem Buch über die Weltgeschichte nennt z.B. Jürgen Mirow (2009) weitere Prozesse:

Intensivierung: Neben der Zunahme des Ressourcenverbrauchs, der Erhöhung der Produktionsmengen und den stärkeren Umformungen der Natur werden damit Steigerungen von Machtinterdependenzen und Kommunikationen erfasst.

Räumliche Integration: Verwiesen wird hiermit auf die immer größere räumliche Reichweite wirtschaftlicher, politischer und kultureller Netzwerke mit Dauerhaftigkeit, welche ständige Austauschbeziehungen und die Entstehung von Machtstrukturen in Wirtschaft, Politik und Kultur fördert.[15]

---

[15]Begünstigt wurde diese Entwicklung u.a. durch die Verbreitung schneller Transportmittel, den Ausbau der Verkehrswege und der technologischen Infrastruktur sowie die Zunahme und das Wachstum städti-

Pluralisierung/Homogenisierung: Während der Begriff der Pluralisierung gesellschaftliche Unterschiede bezüglich technisch-wirtschaftlicher Verfahrensweisen, politischer Ordnungen, Weltdeutungen und Ausdrucksformen hervorhebt, betont der
Gegenbegriff der Homogenisierung die Angleichungen der einschlägigen Praktiken
und Institutionen in Wirtschaft, Politik und Kultur.

Diese Prozesse gehen mit ökonomischen Veränderungen einher. Beispielsweise stellt der
seit mehreren Jahrzehnten intensivierte internationale Handel einen wesentlichen Treiber
wirtschaftlicher, institutioneller und kultureller Homogenisierung dar. Diese vielfach als
Globalisierung bezeichnete Entwicklung begünstigt die Ablösung kleiner regionaler oder
nationaler Märkte durch wenige internationale Märkte, welche sich zwar häufig durch eine bemerkenswerte Innovationsfrequenz, aber auch durch eine hohe Standardisierung von
Produktlösungen und Organisationsformen auszeichnen. Häufig wird darüber hinaus argumentiert, dass die Zunahme der weltweiten Handelsverflechtungen für eine schrittweise
Assimilation von Rechts- und Staatsformen sorgt.

Die stärkere internationale Vernetzung korrespondiert im Übrigen mit einigen weiteren
Prozessen, die erst in der jüngeren Vergangenheit an Bedeutung gewonnen haben:[16]

Kommerzialisierung: Gemeint ist die Verbreitung des ökonomischen Kalküls (d.h.
Kosten-Nutzen-Erwägungen) und der Marktlogik in nichtökonomische Bereiche des
Lebens (z.B. Kunst, Recht, Sport und Wissenschaft).

Deregulierung: Umschrieben wird damit der Verzicht auf oder die Vereinfachung von
staatlichen Vorgaben (z.B. Gesetze, Verordnungen) und Bestimmungen (z.B. Grenz-
werte) zur Liberalisierung von Märkten.

Egalisierung: Verwiesen wird durch diesen Sammelbegriff auf die Beseitigung von Praktiken der Ungleichbehandlung, der verschiedene Bevölkerungsgruppen (z.B. Ethnien,
Frauen, Religionsgemeinschaften) ohne eigenes Zutun lange ausgesetzt waren und die
in rechtlicher, sozialer und wirtschaftlicher Hinsicht bestand.

Es ist klar, dass diese jüngeren Prozesse allesamt eine besonders enge Verbindung mit dem
Wirtschaftsgeschehen aufweisen. Beispielsweise sind im Zuge der Egalisierung in vielen
westlichen Ländern Gesetze gegen die Diskriminierung wegen z.B. Hautfarbe oder Geschlecht bei der Arbeitssuche beschlossen worden. Freilich wurden derartige Maßnahmen
keineswegs nur aus Gründen der ökonomischen Mach- und Wünschbarkeit umgesetzt –
Tendenzen zur Egalisierung wurden zumindest in der westlichen Welt durch die Allgemeine Erklärung der Menschenrechte im Jahr 1948 initiiert und durch soziale Bewegungen
(z.B. Bürgerrechtsbewegung in den USA, Feminismus) und ihre vielfältigen Aktivitäten
verstärkt. Selbst wenn man auch diese Prozesse und ihre etwaigen Hintergründe berücksichtigt, verfügt man damit aber kaum über eine erschöpfende Liste sämtlicher Vorgänge,
welche die Entwicklung des wirtschaftlichen Wohlstands begleitet haben oder durch sie
bewirkt wurden. Man denke z.B. an den bereits von Durkheim besprochenen Vorgang
der Verdichtung des sozialen Lebens und die damit verknüpfbaren unerwünschten sozialen
Folgen (wie etwa hohe Kriminalitätsrate, Lärmbelästigung und Verkehrsaufkommen).

---

scher Ballungsräume. Als Konsequenzen sind insbesondere Fernreisen, aber auch verbale und schriftliche
Kommunikationen erheblich bequemer und billiger geworden.

[16]Es gibt weitere, hier nicht näher betrachtete Tendenzen. Beispiele sind Kosmopolitisierung (Weltbürger-
tum) und Ökologisierung (Umweltorientierung).

Urbanisierung und Gentrifizierung

Bereits 3500 v. Chr. bildeten städtische Siedlungen wie Ur und Uruk in Mesopotamien, dem von Euphrat und Tigris begrenzten Zweistromland im heutigen Irak, Zentren der sumerischen Kultur. Im Altertum entstanden weitere Städte, die aufgrund ihrer Lage bzw. ihres militärischen Erfolgs eine gewisse Bekanntheit und Größe erreichten (z.B. Babylon, Athen, Alexandria). Eine besondere Stellung kommt hierbei der Stadt Rom zu, die bereits im ersten Jahrhundert v. Chr. etwa eine Million Einwohner hatte und viele Jahrhunderte die Hauptstadt eines Weltreiches war. Nach dem Fall des westlichen Teils dieses Reichs (ca. 480 n. Chr.) blieben große Städte in Europa für Jahrhunderte allerdings selten: Nach dem Überblick von Glaeser (2011) gab es z.B. vor tausend Jahren gerade vier Ballungszentren mit mehr als 50 000 Einwohnern, nämlich Konstantinopel (vormals: Byzanz, heute: Istanbul) und die damals islamischen Städte Cordoba, Sevilla und Palermo.

Derzeit lebt die Mehrheit der Menschen dagegen in städtischen Ballungsräumen. Die Anziehungskraft von Städten ist überdies ungebrochen: In den weniger entwickelten Weltregionen ziehen pro Monat etwa fünf Millionen Personen vom Land in die Städte; in den Vereinigten Staaten wohnen 83 Prozent der Bevölkerung auf den nur drei Prozent der Fläche des Landes, die städtisch sind. Dies hat sicher damit zu tun, dass das Stadtleben keineswegs nur negative Konsequenzen hat. Wie auch von Quigley (1998) angemerkt, bringt die Vergrößerung von städtischen Ballungsräumen und ihre Unterschiedlichkeit nach den Ergebnissen systematischer Studien typischerweise eine steigende Produktivität und höheres Wirtschaftswachstum mit sich. Größere Städte erlauben demnach eine stärkere Spezialisierung der Produktion und ein breiteres Angebot an Endprodukten, was insgesamt zu höheren Unternehmenserträgen und einem besseren Wohlbefinden der Stadtbewohner beiträgt. Glaeser betont zudem, dass sich in großen Städten die oft enormen Fixkosten von kulturellen Einrichtungen (wie z.B. Opernhäuser, Theater und Museen) auf mehr potenzielle Besucher verteilen. Fixkosten sind die Aufwendungen, die unabhängig von der jeweiligen Produktion einer Periode anfallen (wie z.B. Gebäudemiete und Gehälter für Festangestellte); sie stehen im Gegensatz zu den variablen Kosten, die mit der Produktion per Periode variieren (wie z.B. Löhne für kurzfristig beschäftigtes Personal). Aufgrund der günstigeren Relation zwischen Fixkosten und Besucherzahl in großen Städten kann man dort oftmals ein bemerkenswert heterogenes Angebot kultureller Veranstaltungen beobachten.

Ein besonders in den letzten Jahrzehnten wichtiger gewordenes urbanes Phänomen wird mit dem Begriff der Gentrifizierung bezeichnet. Gemeint ist damit ein Vorgang, der die sozioökonomische Umstrukturierung von städtischen Gebieten betrifft. Konkret geht es hierbei um die sozialen und ökonomischen Veränderungen, die sich in einem ursprünglich preisgünstigen Stadtviertel einstellen, wenn wohlhabendere Akteure dort Eigentum erwerben und/oder baulich aufwerten. Als Konsequenz werden alteingessesene und/oder weniger begüterte Gruppen verdrängt, wodurch sich das betroffene städtische Quartier verändert und weitere investitionsbereite Akteure angezogen werden. Gerade Immobilienspekulanten versuchen, derartige Prozesse rechtzeitig zu antizipieren und zur Renditeerzielung zu nutzen. Insbesondere in Metropolen können sich ihre frühzeitig getätigten Investitionen als sehr lohnend erweisen, während bisherige Viertelbewohner davon kaum profitieren oder gar dauerhaft erhöhte Kosten zu tragen haben. Gelegentlich wird durch entsprechende Investitionen auch der Verfall betroffener Gebäude verhindert und, im Zuge von „Ansteckungen" anderer Investoren, die mittlere Wohnqualität im jeweiligen städtischen Quartier verbessert.

Wie dieses Beispiel belegt, gehen mit gesellschaftlichen Veränderungen vielfältige Effekte einher. Obwohl hier nicht auf derartige Zusammenhänge eingegangen wird, ist anzunehmen, dass mit den angegebenen Prozessen wenigstens einige Dimensionen beschrieben sind, die für die Untersuchung des sozialen Wandels bei ökonomischem Wachstum von Bedeutung scheinen. Allerdings überlappen sich die unterschiedlichen Bereiche, weshalb sich die Abläufe kaum trennscharf unterscheiden lassen. Zur Verdeutlichung genügt ein Blick auf das u.a. von Peter Borscheid (2004) seit dem Mittelalter dokumentierte Phänomen

Wichtige Innovationen

Der heutige Mensch (homo sapiens sapiens) konnte bereits auf Innovationen seiner Vorfahren zurückgreifen. Der homo habilis trug vor 2,5 Millionen Jahren einfaches Werkzeug mit sich, was seine planerischen Fähigkeiten aufzeigt. Steinerne Äxte, Jagd in Gruppen und die Nutzung von Feuer sind etwa 1,8 Millionen Jahre alte Erfindungen des homo erectus. Doch erst hundert Jahrtausende nach Auftritt des heutigen Menschen nahm die Zahl an Erfindungen deutlich zu, sodass seit etwa 70 000 Jahren ein kumulatives Wachstum an Innovationen stattfindet (siehe auch Abschnitt 7.3.1 zur kulturellen Evolution).

Im Rückblick existiert eine Vielzahl an Innovationen, denen eine zentrale Rolle in der gesellschaftlichen Entwicklung zukommt. Dazu zählen einerseits „soziale Innovationen" wie Glaubenssysteme, Eigentumsrechte oder Abstimmungsregeln, andererseits eine lange Reihe von technologischen Neuerungen. Welchen Einzelinnovationen dabei eine herausragende Bedeutung zukommt, ist umstritten; entsprechend unterschiedlich fallen die Schwerpunktsetzungen in Überblicksbüchern aus (z.B. Headrick 2009; Johnson 2010). Aus soziologischer Perspektive ist das Ausmaß sozialen Wandels, der durch eine Innovation ausgelöst oder unterstützt wird, ein geeignetes Relevanzkriterium, auch wenn die hier vorgelegte Übersicht bei weitem keinen Anspruch auf Vollständigkeit erhebt.

Mit der Sesshaftigkeit des Menschen vor etwa 12 000 Jahren begann sein aktives Eingreifen in die natürliche Umwelt. Wichtige Erfindungen dieser Zeit sind die Landwirtschaft, die Domestizierung von Nutztieren und die Metallverarbeitung. Der Bau von Bewässerungsanlagen, Pyramiden und Tempeln vereinte kleinere Stämme zu Gesellschaften, die sich mit der Verbreitung von Städten zunehmend stratifizierten (4 500 bis 1 500 v. Chr.). Die Erfindung des Rades (um 2 500 v. Chr.), die Domestizierung des Pferdes (um 2 000 v. Chr.) und schließlich die Einführung eines geeigneten Zuggeschirres (um 1 000 n. Chr.) verbilligten den Transport und erleichterten den Handel über Land. Für die Verbesserung kommunaler Hygiene sorgten zwischenzeitlich die Römer, die ihre Städte mit Frischwasser und Kanalisation versorgten (um Christi Geburt). Die Tatsache, dass Bakterien Krankheiten auslösen können, wurde dagegen erst 1862 erkannt. Der moderne Pflug und die Dreifelderwirtschaft erhöhten im Mittelalter die Produktivität der europäischen Landwirtschaft. Die Erfindung des Steigbügels in Zentralasien ermöglichte den effektiven Einsatz berittener Kämpfer und veränderte die Kriegsführung bis in die Neuzeit.

Papier, das um 750 in China entwickelt wurde und im 12. Jahrhundert nach Europa gelangte, vereinfachte den Erhalt und die Verbreitung von Wissen, insbesondere nach der Erfindung der Druckerpresse um 1450. Die Dampfmaschine (1715) und der automatisierte Webstuhl (1764) stellen Meilensteine der Industriellen Revolution dar (siehe Abschnitt 6.3). Dampf trieb zunehmend auch Schiffe (1780) und Lokomotiven (1805) an und erleichterte nicht nur den wachsenden Personenverkehr, sondern auch die Integration von Märkten, die Besiedelung und Verwaltung von Flächenstaaten und die Kontrolle von Kolonien. Die Möglichkeiten der Kommunikation auch über weite Distanzen stiegen schrittweise mit der Erfindung des Telegraphen (1838), des Telefons (1876) und des Rundfunks (1896). Vor Ende des 19. Jahrhunderts waren die Weltmeere bereits mit Seekabeln durchzogen. 1885 wurde das Automobil entwickelt und 1913 das erste Förderband in Betrieb genommen.

Während der Weltkriege (1914–1918 und 1939–1945) wurde gezielt in die Entwicklung neuer Technologien investiert, wobei die bisherigen Tüftler und Erfinder weitgehend von geschulten Wissenschaftlern abgelöst wurden. In der Folge entstanden Atomreaktoren (1938), Computer (1944) und schließlich das World Wide Web (1989). Eine zentrale Neuerung des letzten Jahrhunderts wird häufig unterschätzt: 1951 wurde die „Antibaby-Pille" entwickelt, die nicht nur die Emanzipation der Frau begünstigte, sondern auch einen Rückgang der Fertilitätsraten unterstützte.

der Beschleunigung des sozialen und wirtschaftlichen Lebens und seine Rekonstruktion vor dem Hintergrund der besprochenen Prozesse. Bereits die Zuordnung dieses Phänomens bezüglich seiner Voraussetzungen und Wirkungen ist keineswegs eindeutig: So haben Beschleunigungserfahrungen nicht nur etwas mit der Intensivierung des Wirtschaftsgeschehens zu tun; Bedingungen und Folgen von Beschleunigung etwa im Geschäftsleben können auch Effizienzüberlegungen im Sinne der Rationalisierung sein, die selbst wiederum die fortschreitende Spezialisierung im Zuge der Differenzierung reflektieren. Mithin scheinen die diskutierten Prozesse bei konkreten Anwendungen miteinander verzahnt zu sein. Bestehen derartige wechselseitige Verknüpfungen, so dürften die Abläufe bestenfalls analytisch trennbar sein, was ihre Erklärungen entsprechend erschwert. Eine ähnliche Problemstellung ergibt sich, wenn man sich mit den Entstehungsgründen moderner Wohlstandszuwächse befasst.

6.3 Industrialisierung und Wohlstand

Seit dem Auftritt der ersten Menschen bis etwa ins Jahr 1800 lag der Wohlstand der breiten Bevölkerung in allen Teilen der Welt nie maßgeblich und dauerhaft oberhalb des Existenzminimums (z.B. Clark 2007; Maddison 2006, 2007). Die Bevölkerungsentwicklung folgte dem von Malthus (1872) beschriebenen Prinzip, wonach sich die Populationsgröße um ein durch die regionale Lebensmittelversorgung vorgegebenes Niveau bewegt. Seit Ende des 18. Jahrhunderts gelang es jedoch einigen westeuropäischen Staaten (zunächst England und den Niederlanden, dann Frankreich und Deutschland) und den USA, die Größe und den Lebensstandard ihrer Bevölkerung von der bis dahin bekannten landwirtschaftlichen Tragfähigkeit ihres Lebensraums unabhängig zu machen. Nach Karl Polanyi (1944) vollzog sich im Europa des 19. Jahrhunderts eine „Herauslösung" der Wirtschaft aus der Gesellschaftsstruktur („The Great Transformation"), was sich u.a. in einer geringeren sozialen Kontrolle wirtschaftlicher Vorgänge und einer größeren Akzeptanz der Verfolgung ökonomischer Interessen niederschlug.[17] Unabhängig von dieser Deutung erfolgte der Wandel durch eine neuartige Steigerung der wirtschaftlichen Produktivität, technisch ermöglicht durch wachsende Arbeitsteilung und Spezialisierung, eine Mechanisierung der Handarbeit und Energieerzeugung sowie durch eine zunehmende Nutzung von Mineralien im Produktionsprozess. In ihrer Bedeutung für die Menschheitsgeschichte wird die Industrielle Revolution häufig mit der Verbreitung der Sesshaftigkeit und Landwirtschaft verglichen (Neolithische Revolution). Warum aber hat ausgerechnet England in einer Zeitperiode von 1760 bis 1800 die Malthus'sche Armutsfalle erstmals verlassen und einen neuen Entwicklungspfad eingeschlagen?

Keine einheitliche, alles erklärende Theorie beantwortet diese Frage. In der sozial- und wirtschaftsgeschichtlichen Literatur werden stattdessen verschiedene Teilerklärungen diskutiert, die jeweils Einzelaspekte der Entwicklungsgeschichte abdecken. Entstehungsort und Entstehungsperiode der Industrialisierung können lediglich durch das Zusammenspiel mehrerer Faktoren erklärt werden. Ein breiter Konsens besteht aber im Bezug auf die Schlüsselrolle des entstehenden Kapitalismus. Drei zentrale Eigenschaften dieser Wirtschaftsordnung reflektieren eine wachstumsfördernde Anreizstruktur: (1) Eigentum und privater Besitz von Kapital, Land und Humankapital und damit die Möglichkeit zu individuellem Profit; (2) die Existenz von Märkten, in denen Preise durch den Wettbewerb unter Anbietern und die Zahlungsbereitschaft der Nachfrager gesetzt werden; (3) eine verlässliche Regelung von Eigentumsrechten, um die Gefahr der Enteignung privater Güter durch andere Bürger oder den Staat zu bannen und Investitionen in private Produktionsmittel zu motivieren. Aufgrund der Bereitstellung individueller Anreize zu sozial förderlichen

---

[17]Aus Polanyis Sicht ist daher die Wirtschaftstheorie nur auf moderne Marktwirtschaften anwendbar. Sie taugt jedoch nicht zur Untersuchung von archaischen und marktlosen Wirtschaftsformen (wie etwa in Babylon oder dem westafrikanischen Dahome (heute: Benin)), die im Mittelpunkt von Polanyis (1979) Studien stehen.

Wirtschaftsaktivitäten (Spezialisierung, Produktivitätssteigerung, Innovation) wird diese Wirtschaftsordnung als notwendige Bedingung für die Entstehung der Industriellen Revolution angesehen (z.B. Chirot 1994; Clark 2007; Landes 1998; North und Thomas 1973). An dieser Stelle beginnt jedoch die Debatte der Wirtschaftshistoriker, auf die zunächst eingegangen wird. Danach wird kurz die Entwicklung des Lebensstandards im Gefolge der Industrialisierung besprochen.

6.3.1 Begründungen der Industrialisierung

Vertretern der Institutionenökonomik genügt das Vorliegen obiger Rahmenbedingungen, um das Auftreten der Industrialisierung zu begründen. Besondere Bedeutung wird hierbei, wie erwähnt (vgl. Abschnitt 6.1), den gesicherten Eigentumsrechten und der damit einhergehenden Beschränkung staatlicher Macht und Willkür zugeschrieben (North und Thomas 1973; North 1981). In dieser Perspektive wird die Industrielle Revolution als Konsequenz eines institutionellen Arrangements verstanden, das in einigen westeuropäischen Staaten ab 1600 schrittweise aufgebaut wurde und ökonomische Verhaltensanreize setzte. Die Entstehung des Arrangements kann folgendermaßen beschrieben werden: Die Bevölkerung Westeuropas war durch die seit 1350 mehrfach wiederkehrende Pest stark verkleinert. Der Pandemie fielen in England allein zwischen 1500 und 1520 rund 60% der Bevölkerung zum Opfer. Die Siedlungsdichte reduzierte sich deutlich und wirtschaftlicher Austausch wurde seltener, musste über weitere Strecken sowie zunehmend mit Fremden abgewickelt werden. Dies führte zu steigenden Kosten der Anbahnung, Abwicklung und Absicherung von Geschäften („Transaktionskosten") in den verbleibenden Märkten. So entstand ein Bedarf an neuen Regelungen des Wirtschaftens. Der Auftritt neuer Institutionen (z.B. Einrichtung freier Märkte, Etablierung von Eigentumsrechten) wird als Reaktion auf veränderte ökonomische Rahmenbedingungen gesehen. So schafft sich eine Gesellschaft stets dasjenige Regelgerüst, welches ihre materielle Versorgung am besten unterstützt (Hypothese effizienter Institutionen).

Diese institutionelle Perspektive bringt Ordnung in die Vielfalt potenzieller Auslöser der Industrialisierung und präsentiert eine Begründung, die praktisch unabhängig von außergewöhnlichen Persönlichkeiten (wie Johannes Gutenberg, Johannes Calvin, Isaac Newton oder James Watt) ist. Die meisten Wirtschaftshistoriker akzeptieren daher „gute" Institutionen als notwendige Entstehungsbedingung der Industriellen Revolution. Allerdings gibt es einen wesentlichen Einwand gegen die institutionelle Begründung: Unter der Annahme von zeitlich konstanten menschlichen Grundbedürfnissen (z.B. wetterfeste Behausung, ausreichend Nahrung, überlebende Kinder) ist es erstaunlich, dass nicht bereits mittelalterliche Landarbeiter oder sogar Menschen früherer Agrargesellschaften effiziente Regeln des gesellschaftlichen Zusammenlebens geschaffen und verteidigt haben. Nachdem Menschen stets auf Anreize reagierten, hätten ineffiziente Arrangements (z.B. Sklaverei, übermäßige Besteuerung, staatliche Willkür) bereits in der frühen Menschheitsgeschichte überwunden werden müssen. Die Hypothese effizienter Institutionen bietet für sich genommen also keine hinreichende Entstehungsbegründung für die im 18. Jahrhundert beginnende Industrielle Revolution.

Der institutionelle Ansatz ist demnach ergänzungsbedürftig. Die späte Verbreitung von ökonomisch besonders sinnvollen Institutionen kann etwa mit Verweis auf bestehende Herrschaftsverhältnisse in den früheren Phasen der Menschheitsgeschichte begründet werden (z.B. Marx 1867 [1962]), wobei politisch mächtige Gruppen zur Sicherung der eigenen Privilegien auf wachstumsfördernde Reformen verzichteten. Partialinteressen an alten Strukturen wurden geschwächt, als Regierungs(re)formen die Bedürfnisse größerer Bevölkerungsteile zu repräsentieren begannen (z.B. Olson 1982). Weiter kann argumentiert werden, dass die Einrichtung guter Institutionen im neuzeitlichen Westeuropa durch mehrere historische Entwicklungen begünstigt wurde. Dazu zählen die frühen Regelungen der katholischen Kirche (z.B. Stark 1996), die Verbreitung von Universitäten zwischen 1200 und 1500 (z.B. Cantoni und Yuchtman 2010) sowie die Reformation seit 1517 (z.B. Weber 1920) und die damit einhergehende Alphabetisierung (z.B. Becker und Wößmann 2009).

Geht man in der Geschichte weiter zurück, kann der „Aufstieg des Westens" mit immer weiteren Gegebenheiten Europas begründet werden, die jedoch zunehmend an konzeptioneller Schärfe verlieren. Landes (1998) verweist auf klimatische Bedingungen, die zunächst eine hohe Adaptionsfähigkeit des Menschen erforderten (warme Kleidung, winterfeste Behausung, Rodungstechniken), gegenüber äquatornahen Regionen aber höhere Ernteerträge ermöglichten. Das Vorliegen vor allem kleiner Flusstäler gegenüber den großen Flussregionen früherer Hochkulturen sowie die fehlende Notwendigkeit zur Konstruktion und Aufrechterhaltung großflächiger Bewässerungssysteme begünstigte die Entstehung kleinstaatlicher Organisationsformen (Chirot 1994). In der Folge konkurrierten Regionalherrscher bis in die Neuzeit um Vormachtstellungen und Kleinstaaten waren zur Sicherung der eigenen Überlebensfähigkeit zumindest teilweise zur Umsetzung institutioneller Reformen gezwungen. Diese frühen Reformen, so wird spekuliert, haben späteren effizienten Arrangements den Weg geebnet (Landes 1998).

Zur Vertiefung der Erklärung wird also auf zeitlich immer weiter vorgelagerte Ursächlichkeiten verwiesen. Dieser Regress auf Vorangegangenes reduziert das Erklärungsproblem auf eine allgemeine Problemstellung historischer Forschung: In der Geschichte lassen sich mit genügend Nachdenken (also auf deduktivem Weg) stets irgendwelche zeitlich vorgelagerten Gegebenheiten finden, die das nachgelagerte Ereignis logisch gesehen hervorgerufen haben könnten. Werden die angeführten Anfangsbedingungen (Explanans) dann aber nicht über eine strikte oder zumindest probabilistische Gesetzmäßigkeit mit der Konsequenz (Explanandum) verknüpft, so wird eine Erklärung schnell beliebig (Popper 1934; Hempel 1942). Die Schwachstelle einer fehlenden Gesetzmäßigkeit bei der postulierten Wirkung von „guten" Institutionen wird unter Betrachtung von China und Japan deutlich. Beide Länder wiesen im 18. Jahrhundert ähnliche wirtschaftliche und institutionelle Rahmenbedingungen auf wie England (vgl. Clark 2007). Beispielsweise zeigen Shiue und Keller (2007) die Ähnlichkeiten chinesischer und englischer Kornmärkte am Ende des 18. Jahrhunderts auf. Clark (2007) beschreibt für denselben Zeitraum die Entstehung von Manufakturen und eine fortschreitende Alphabetisierung in Japan. Weder China noch Japan brachten jedoch eine eigene Industrielle Revolution hervor. Es existiert also keine strikte Gesetzmäßigkeit, nach der die Einführung bestimmter Institutionen ausnahmslos in eine Industrialisierung mündet.

Im Wissen um eine fehlende Gesetzmäßigkeit in der Wirkung wirtschaftlich geeigneter Institutionen kann Englands Vorreiterrolle im Industrialisierungsprozess aber durch das Zusammenspiel landestypischer Besonderheiten begründet werden: Neben den genannten Institutionen verfügte England über eine moderne Seeflotte und einen lukrativen Transatlantikhandel mit den amerikanischen Kolonien, sodass Händler und Kaufleute im 18. Jahrhundert an Status und Einfluss gewannen (Acemoglu et al. 2005). Mokyr (2008) beschreibt die Entstehung einer „Kultur der Gentlemen", die zur Verbreitung sozialer Normen wie Ehrlichkeit und Kooperationsbereitschaft führte. Aufkommende Kapitalmärkte sorgten für moderate Zinsen und damit für Möglichkeiten zur kreditfinanzierten Investition (North und Weingast 1989). Die wachsende Bevölkerung Englands konnte durch die im amerikanischen Westen zunächst unbeschränkt verfügbaren Anbauflächen kostengünstig ernährt werden.[18]

Es ist jedoch fraglich, ob alle diese Faktoren hinreichen, die Vorreiterrolle Englands zu begründen. Eine mutige Alternativerklärung zum Aufstieg Englands bot Gregory Clark (2007) an. Clark begründet die Vorreiterrolle mit einem erheblichen Wertewandel, der sich in der englischen Gesellschaft infolge demographischer Veränderungen im 18. Jahrhundert vollzogen habe. Anders als in China, Japan und in südeuropäischen Ländern hatten vermögende Familien hier gegenüber ärmeren Bevölkerungsgruppen deutlich mehr überlebende Kinder, sodass sich die Zusammensetzung der Gesellschaft mit jeder Generation zu Gunsten von Personen mit gehobener Herkunft veränderte. Die geburtsstarken Kohorten reicher Söhne konkurrierten zunehmend um privilegierte Arbeitsplätze. Die begrenzte Zahl angesehener Jobs zwang die Sprösslinge jedoch zum sozialen Abstieg. Dabei hätten sie ihre (nach Clark genetisch geprägten) Einstellungen, Zielsetzungen und Fähigkeiten mitgenommen und eine neue Wertorientierung in die englische Gesellschaft getragen: „Thrift, prudence, negotiation, and hard work were becoming values for communitites that previously had been spendthrift, impulsive, violent, and leisure loving" (Clark 2007: 166). Anders als Max Weber begründet Gregory Clark den Wertewandel nicht durch die soziale Verbreitung einer neuen Arbeitsethik. Statt auf Sozialisation verweist Clark auf einen biologischen Mechanismus, wonach reiche Familien in einer von Krankheit und Hunger geprägten Umgebung Selektionsvorteile besaßen und relative Reproduktionsgewinne erzielen konnten. In der Folge verbreitete sich eine neue genetische Prädisposition, die anreizgeleitetes Verhalten unterstützte. Weiterhin unterscheiden sich Clarks Überlegungen von Webers Protestantismus-These in den Konsequenzen des Wertewandels. Während die von Weber beschriebenen frommen Protestanten effiziente Institutionen erst schufen, macht Clark auf die in England zum Zeitpunkt der Industriellen Revolution bereits seit Generationen bestehenden effizienten Arrangements aufmerksam. Diese wären, so Clark, nicht erst im Zuge des Wertewandels eingerichtet worden. Stattdessen hätte die Bevölkerung aufgrund ihrer veränderten Einstellungen erstmals stark auf die längst bereitgestellten institutionellen Anreize reagiert.

Auf den ersten Blick bieten Clarks Überlegungen eine interessante Alternative zur hinkenden Standardbegründung der Industriellen Revolution über Institutionen. Wegen der Beschränkung auf eine biologische Verbreitung neuer Wertorientierungen steht Clarks Ansatz allerdings in der Kritik. Zum einen sind Persönlichkeitsmerkmale biologisch nur sehr schwach vererbbar (Bowles 2007). Zum anderen hatten damals längst nicht nur die Reichen Englands relativ mehr überlebende Kinder als ihre armen Landsleute (Allen 2008). Dasselbe demographische Muster herrschte nämlich auch in Süddeutschland, Österreich, Frankreich, Schweden und der Schweiz sowie in China und Japan vor. Jede einzelne dieser Regionen hat aus eigenem Antrieb keine Industrielle Revolution hervorgebracht. Auch Clarks „Erklärung" fehlt damit eine Gesetzmäßigkeit.

---

[18]Die Einführung der Kartoffel sorgte für eine hohe Kalorienversorgung in ganz Europa (Nunn und Qian 2008).

6.3.2 Wohlstandseffekte der Industrialisierung

Obwohl in ihrem Auftreten schwer erklärbar, sorgte die Industrielle Revolution für eine maßgebliche Veränderung menschlicher Lebensbedingungen. Durch eine Verringerung der Mortalität ermöglichte die Industrialisierung eine Bevölkerungsexplosion in Westeuropa (Maddison 2007). Industriestädte verwandelten sich in gewaltige Slums, deren Bewohner zumeist unter elenden Bedingungen lebten (Marx 1867 [1962]). Innerstaatliche Einkommensungleichheiten nahmen zu (Kuznets 1965).

Im weiteren Verlauf der Industrialisierung verschärfte sich die Lage jedoch nicht. Stattdessen wurden Ungleichheiten reduziert und Lebensumstände zunehmend verbessert (siehe hierzu und zum Folgenden Clark 2007). In der zweiten Hälfte des 19. Jahrhunderts nahmen europäische Lebensstandards aufgrund von medizinischen Innovationen, Verbesserungen der Lebensmittelversorgung, städtischen Infrastrukturmaßnahmen und schrumpfenden Familiengrößen deutlich zu. Von diesem Wandel profitierten insbesondere arme Bevölkerungsteile. Beispielsweise verlängerte sich die menschliche Lebenserwartung beträchtlich: Allein in den letzten 100 Jahren hat sich die durchschnittliche Lebenserwartung in Deutschland etwa verdoppelt. Seit den 1950er Jahren konnte überdies die Kindersterblichkeit um mehr als zwei Drittel vermindert werden. Dies gilt nicht nur für Deutschland. Wie Fogel (2004) dokumentiert, hat sich u.a. die Lebenserwartung von Neugeborenen in unterschiedlichen Weltregionen seit dem 18. Jahrhundert stark erhöht. Die durchschnittliche menschliche Lebenserwartung lag über viele Jahrtausende klar unter 40 Jahren und beträgt heute in westlich geprägten Ländern mehr als 80 Jahre.[19] Zudem hat sich der Anteil der Analphabeten an der Bevölkerung in Deutschland (und anderen industrialisierten Ländern) im letzten Jahrhundert mehr als halbiert. Allen Unkenrufen zum Trotz ist der Durchschnittsbürger heute gebildeter als noch vor zwei Generationen.

Die Verbesserungen der Lebensbedingungen im Gefolge der Industrialisierung lassen sich nachvollziehen, wenn man Daten zu Körpergrößen betrachtet, die zwischen 1750 und 2000 gemessen wurden. Da Körpergrößen von Ernährungs- und Krankheitseinflüssen während der frühkindlichen Entwicklung abhängen, kann die Größe ausgewachsener Menschen als Indikator für den während ihrer Kindheit vorherrschenden Lebensstandard interpretiert werden (Fogel 2004; Floud et al. 2011). Werden Körpergrößen zu unterschiedlichen Zeitpunkten aus derselben Region verglichen, können genetische Unterschiede, die sich auf das Wachstumspotenzial der ansässigen Bevölkerung auswirken, vernachlässigt werden. Vergleicht man dagegen Körpergrößen zwischen Ländern, Regionen oder Kontinenten, so müssen genetische Besonderheiten beachtet werden. Beispielsweise sind heute lebende Afrikanerinnen – obwohl sie ärmer sind – mit 158 cm im Durchschnitt deutlich größer als Inderinnen, die im Mittel eine Größe von 151 cm erreichen (vgl. Deaton 2007).

ABBILDUNG 6.2 zeigt die Entwicklung der durchschnittlichen Körpergröße von ausgewachsenen Männern in Großbritannien, Ungarn, Schweden und Norwegen, wobei die Abszisse das Geburtsjahr der Männer berichtet. Erkennbar sind die Folgen einer frühen (in Großbritannien) und einer verspäteten Industrialisierung (in Ungarn). Die schrumpfende Statur von Briten, die zwischen 1825 und 1850 geboren wurden, wird auf die zunächst widrigen Umstände der frühen Industrialisierung zurückgeführt (vgl. hierzu Komlos 1998):

---

[19]Sofern die Verteilung der Sterbefälle zweigipflig ist, erscheint ihr Mittelwert wenig aussagekräftig für das typische Sterbealter. Weil aufgrund der hohen Säuglings- und Kindersterblichkeit eine solche bimodale Verteilung oftmals vorgelegen haben dürfte, hat es früher keineswegs nur junge Menschen gegeben. Vielmehr dürften viele der Personen, welche ihre ersten Lebensjahre überdauert hatten, auch alt geworden sein.

ABBILDUNG 6.2: ENTWICKLUNG DER KÖRPERGRÖSSEN AB 1750

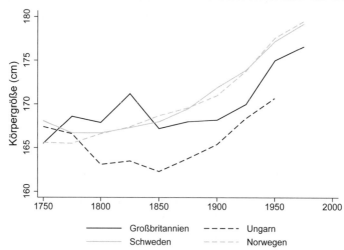

Durchschnittliche Körpergröße von erwachsenen Männern, die im angegebenen Jahr geboren wurden.
Quelle: Floud et al. (2011).

Eine steigende Einkommensungleichheit ließ zwar die Reichen wachsen, was die Schrumpfung der verarmten Bevölkerungsteile jedoch nicht kompensierte; im Vergleich zum verarbeitenden Gewerbe waren die Produktivitätsgewinne in der englischen Landwirtschaft gering und konnten nicht mit dem Bevölkerungswachstum schritthalten, sodass Lebensmittelpreise stiegen; gleichzeitig erforderte die Intensivierung der Arbeitsanforderungen jedoch eine erhöhte Kalorienaufnahme; den meisten Städten fehlte darüber hinaus eine geordnete Trinkwasserver- und Abwasserentsorgung, sodass Krankheitseinflüsse mit zunehmender Urbanisierung stiegen; zusätzlich führte die Industrialisierung zur Entstehung zyklischer Arbeitslosigkeit, wobei Großbritannien 1837 von einer tiefgreifenden Rezession ergriffen wurde.

Bemerkenswert ist im Übrigen die hohe Geschwindigkeit der körperlichen Veränderung seit 1850. Ab Mitte des 19. Jahrhunderts scheinen die Anfangsschwierigkeiten der Industrialisierung überwunden zu sein und in jedem der vier Länder konnten bis heute rund zehn Zentimeter Körperlänge dazu gewonnen werden. Ein interessantes Ergebnis bringt schließlich der Vergleich der Körpergrößen von Skandinaviern mit denen von britischen und ungarischen Männern: Die traditionell als groß bekannten „Nordmänner" haben ihre Statur erst jüngsten Wohlstandsentwicklungen zu verdanken. Neuere Entwicklungen stehen auch im Mittelpunkt, wenn man sich mit dem modernen Kapitalismus befasst.

6.4 Kapitalismusentwicklung und Finanzkrisen

Spätestens seit der durch den Zusammenbruch des US-amerikanischen Immobilienmarktes im Jahr 2006 verursachten Finanzkrise und der etwas später beginnenden Krise des Euro steht der Kapitalismus im Mittelpunkt einer Debatte, die sich mit seiner neueren Entwicklung und deren Wirkungen beschäftigt. An dieser Diskussion beteiligen sich keineswegs nur Gesellschafts- und Wirtschaftswissenschaftler (siehe z.B. die Überblicke von Lütz 2008 und Lo 2012), sondern auch Literaturwissenschaftler (z.B. Vogl 2010) und die interessierte Öffentlichkeit (z.B. Blogs, Fernsehsendungen, Wochenzeitungen). Auch wenn die dabei angeführten Streitpunkte ausgeblendet bleiben, erscheint eine knappe Zusammenstellung wesentlicher Fakten zur jüngeren Kapitalismusgeschichte sinnvoll.

Die Deckung von Währungen

Der Wert von Papiergeld hängt vom Vertrauen seiner Nutzer in dessen Kaufkraft ab. Daher wurde Papiergeld stets mit staatlichen Deckungsversprechen ausgegeben (erstmals in China im Jahr 1024). So garantierten Staaten über lange Zeit die Eintauschbarkeit ihrer Geldscheine in Edelmetalle. Im Ersten Weltkrieg und der nachfolgenden Großen Depression wurde ein solcher Goldstandard aufgegeben, wobei die Deckung durch deutlich weichere staatliche Zahlungsversprechen ersetzt wurde.

Das Abkommen von Bretton Woods führte im Jahr 1944 mit einer Neuordnung des internationalen Währungssystems durch die späteren Siegermächte des Zweiten Weltkriegs zur Rückkehr des Goldstandards. Das neu geschaffene System beruhte auf einer Anerkennung des US-Dollars als internationaler Leitwährung und dessen direkter Deckung durch Goldreserven. Für jeden Dollar wurden 0,8 Gramm Gold hinterlegt und die USA verpflichteten sich, jeden gedruckten Dollar gegebenenfalls in Gold umzutauschen. Weiterhin wurden die Währungen aller Teilnehmerländer durch feste Wechselkurse an den US-Dollar gebunden, wobei die Deckung nationaler Währungen durch den Aufbau von Dollarreserven durch deren Zentralbanken erfolgte.

Diese Ordnung garantierte den Wert der Währungen in westlichen Industriestaaten. Die Beschränkung der Geldmenge durch ihre Kopplung an das natürliche Goldvorkommen auf der Erde sorgte für eine wirksame Inflationskontrolle. Diese schloss den Nachdruck von Papiergeld aus, was Regierungen zu sparsamer Haushaltspolitik zwang. Das inelastische Geldangebot beschränkte die Volatilität in Finanzmärkten und die Verhinderung plötzlicher Wertveränderungen von Devisen festigte die Kreditwürdigkeit von Staaten. Beide Konsequenzen verringerten Möglichkeiten der Spekulation. Die Währungssicherheit setzte Anreize zum Sparen und zur Investition, während fixe Wechselkurse Unsicherheiten im Welthandel reduzierten.

Um den Wechselkurs nationaler Währungen zum Dollar innerhalb der vereinbarten ±1%-Spannbreite zu halten, waren die Teilnehmerländer jedoch zu sensibler Geldpolitik gezwungen. Abwertungen (Aufwertungen) der Landeswährung mussten mit konzertierten Käufen (Verkäufen) der eigenen Devisen begegnet werden. Die Aufrechterhaltung des Stabilitätspaktes erfolgte dabei immer mehr auf Kosten einer autonomen Währungspolitik. Nationale Zentralbanken konnten ihre Geldpolitik nur begrenzt auf konjunkturelle Entwicklungen im eigenen Land abstimmen; geldpolitische Maßnahmen wie eine gezielte Erhöhung der Geldmenge in Phasen wirtschaftlicher Kontraktion oder die Abwertungen der eigenen Währung zum Anschub der Exportwirtschaft waren ausgeschlossen. Diese und weitere Einwände führten Anfang der 1970er Jahre zur Aufgabe des Systems fester Währungskurse und dem Verzicht auf eine strikte Golddeckung des US-Dollars.

Heute sind noch immer viele Währungen an den US-Dollar gebunden, wobei Zentralbanken entsprechende Dollarreserven halten. Auch wird der Handel mit Öl und vielen Finanzprodukten in US-Dollar abgewickelt. Kursschwankungen gehören im internationalen Devisenhandel nun zur Tagesordnung. Der Euro wurde nicht zuletzt geschaffen, um innerhalb des europäischen Binnenmarktes Wechselkursrisiken auszuschließen. Die Deckung der Einheitswährung erfolgt einerseits immer noch über Dollarreserven, andererseits nur mehr über das Versprechen beständigen Wirtschaftswachstums im Euro-Raum.

Anders als unter dem Bretton-Woods-Regime verfolgt eine Mehrheit entwickelter Staaten heute eine Politik kontrollierter Inflation, wobei Zinsen durch „frisches" Geld niedrig gehalten und Investitionen gefördert werden. Im Zuge dessen nahm die im Umlauf befindliche Geldmenge weltweit bedeutend zu, was die Deckung von Währungen entscheidend minderte, eine deutliche Geldentwertung mit sich brachte und zur teilweisen Ablösung der Finanzwirtschaft von der Realwirtschaft beitrug. Gold spielt als Zahlungsmittel nur noch eine untergeordnete Rolle, ist aber in wirtschaftlich unsicheren Zeiten noch immer als Wertaufbewahrungsmittel gefragt.

Frei verfügbare Informationen der World Federation of Exchanges und der Weltbank erlauben zunächst einmal Aussagen über Größenordnungen und deren Verschiebungen im Zeitverlauf (siehe auch Buse et al. 2011). Ausgangspunkt ist die bekannte Trennung der real- und finanzwirtschaftlichen Bereiche der Wirtschaft (siehe Abschnitt 5.2.2). In der Realwirtschaft wurden im Jahr 2011 weltweit Waren und Leistungen für etwas mehr als 70 Billionen US-Dollar erzeugt und erbracht. Dagegen erzielte der Handel mit (strukturierten) Finanzprodukten im Jahr 2011 einen weltweiten Umsatz von 1 802 Billionen US-Dollar, also dem etwa 26-fachen der realen Weltproduktion. Dabei entfielen 24 Billionen US-Dollar auf Anleihen, 63 Billionen US-Dollar auf Aktien, 708 Billionen US-Dollar auf Derivate und 1 007 Billionen US-Dollar auf Devisen. Insbesondere das Wachstum des globalen Marktes für Derivate ist extrem – im Jahr 2000 betrug sein Volumen noch 95 Billionen US-Dollar, also weniger als ein Siebtel des heutigen Umsatzes. Die Volumensteigerung weist daraufhin, dass Derivate (etwa in der Form von Futures und Options) zunehmend beim Handel mit Aktien, Devisen und Krediten, aber auch Waren und Rohstoffen eingesetzt werden.

Regulatoren der Weltwirtschaft

Mehrere internationale Organisationen treten als Regulatoren der Weltwirtschaft auf. Der Internationale Währungsfonds (IWF, engl. International Monetary Fund (IMF)) wurde 1944 zusammen mit der Weltbank als ausführendes Organ der Bretton Woods-Bestimmungen geschaffen. Vorrangiges Ziel des IWF ist die Absicherung von Wechselkursen und die zeitweilige Überbrückung von Zahlungsschwierigkeiten teilnehmender Staaten. Heute umfasst die Organisation fast alle Mitgliedsstaaten der Vereinten Nationen. Deren Einlagen werden zur Finanzierung von Stabilisierungsmaßnahmen (z.B. Kauf von Devisen, Vergabe eines Kredits) verwendet. Die größten Geldgeber sind westliche Industriestaaten und Japan, was die interne Machtverteilung deutlich widerspiegelt.

Teilnehmerstaaten des IWF sind gleichfalls Mitglieder der Weltbank. Diese wurde als internationales Finanzinstitut zur Bezahlung des Wiederaufbaus nach Kriegsende eingerichtet und verfolgt heute die wirtschaftliche Förderung unterentwickelter Staaten. Ihre Maßnahmen umfassen vor allem die Vergabe von Krediten an verarmte Länder (was häufig unter strengen Spar- und Deregulierungsauflagen erfolgt) sowie Projekte zur Armutsbekämpfung. Daneben beschäftigt die Weltbank viele Forscher und stellt umfangreiche Datensätze zur Untersuchung wirtschaftlicher Entwicklung bereit. IWF und Weltbank stehen häufig in der Kritik, wobei eine stärkere Repräsentation von aufstrebenden Wirtschaftsnationen und eine weniger an Marktliberalisierung und den Interessen der reichen Staaten ausgerichtete Politik gefordert werden.

Demokratischer ist die Welthandelsorganisation (WHO, engl. World Trade Organization (WTO)) aufgebaut. Diese verfolgt seit 1995 den Abbau von internationalen Handelshemmnissen. Entsprechende Verhandlungen zwischen den mehr als 150 Mitgliedsstaaten finden alle zwei Jahre statt, wobei jeder Beschluss von allen nationalen Parlamenten ratifiziert werden muss. Die WHO schlichtet Streit zwischen ihren Mitgliedern und wacht über die Einhaltung einer Reihe von Freihandelsabkommen. Diesen liegen zwei Prinzipien zugrunde: Jede bilaterale Vereinbarung zweier Teilnehmer zum Abbau von Zöllen und anderen Einfuhrbeschränkungen gilt gleichermaßen für alle anderen Mitgliedsstaaten (most favoured nation rule) und importierte Waren sind einheimischen Produkten gleichzustellen (national treatment policy).

Derivate sind letztlich konstruierte Wetten, die es dem Anleger ermöglichen, eine lediglich geringe Summe zur Erzielung eines erheblichen Gewinns einzusetzen; die Gewinnaussichten sind v.a. dann gut, wenn bei der Wette hohe Verluste drohen. Vor diesem Hintergrund kann man Derivate als Geschäfte mit „Hebelwirkung" ansehen – bei vergleichsweise geringem Einsatz gehen sie mit potenziell enorm hohen Gewinnen bzw. Verlusten einher. Weil ständig neue Derivate (teilweise wieder aus Derivaten) konstruiert werden und diese insbesondere durch Banken und Fonds ohne Einbeziehung weiterer Instanzen (wie z.B. Börse, Finanzaufsichtsbehörden) untereinander gehandelt werden, hat sich ein zunehmend bedeutender „Schattenmarkt" etabliert, der sich durch fehlende Transparenz und geringe soziale Kontrolle auszeichnet. Dabei spielte vermutlich auch eine Rolle, dass es seit der Weltwirtschaftskrise von 1929 (also seit mehr als 80 Jahren) keine extrem gravierenden Probleme im internationalen Finanzsektor mehr gab und eine in den 1980er Jahren begonnene Marktliberalisierung durch die Politik („Reagonomics", „Thatcherism") stattfand. Diese Liberalisierung ging mit einem enormen Wachstum des globalen Finanzvermögens einher: Während das bekannte weltweite Finanzvermögen im Jahr 1980 rund 12 Billionen US-Dollar betrug, erhöhte es sich bis 2011 auf mehr als 200 Billionen US-Dollar, was einer Multiplikation mit dem Faktor 16,67 entspricht. Hintergründe dieser starken Vermögenssteigerung liegen sicher auch in der seither enorm angestiegenen Verschuldung von nahezu allen Staaten (siehe z.B. Beck und Prinz 2012; Konrad und Zschäpitz 2010).

Insgesamt verwundert es daher nicht, dass gerade in der sozialwissenschaftlichen Literatur (siehe z.B. Windolf 2005) eine partielle Entkopplung der Finanzmärkte von der Realwirtschaft diagnostiziert wird. Beklagt wird, dass sich die Preisbildung bei Finanzprodukten nur wenig an den tatsächlichen Gegebenheiten in der Realwirtschaft orientiert. Bezugspunkt ist die Feststellung, wonach Finanzmärkte als Mechanismen aufgefasst werden können, die Erwartungswerte für vertragliche Zahlungsversprechen festsetzen. Diese Erwartungswerte reflektieren z.B. im Fall von Aktien die Erwartungen der Marktteilnehmer über die künftigen monetären Nettokapitalerträge börsennotierter Unternehmen. Solche Prognosen erfolgen u.a. auf der Grundlage von bisherigen Umsätzen und Kosten. Neben derartigen realwirtschaftlichen Fundamentaldaten, die pro Quartal zur Kenntnis genommen werden, beruhen sie aber auch auf derzeitigen Vermutungen über künftige Herstellungsbedingungen und Vertriebserfolge, welche die Erwartungen der Marktteilnehmer über die potenziellen Auswirkungen gegenwärtiger Geschehnisse und Entwicklungen reflektieren. Selbst wenn diese Erwartungen nur wenig mit relevanten Fundamentaldaten zu tun haben, ist fraglich, ob dies jemals anders war und welche bessere Alternative zur derzeitigen Kurs- und Preisbestimmung bei Finanzprodukten denn verfügbar ist.

Auch wenn eine teilweise Ablösung des Finanzmarktgeschehens von der Realökonomie stattgefunden hat, ist im Übrigen zu bemerken, dass Probleme im Finanzmarktsektor regelmäßig auf den realwirtschaftlichen Bereich rückwirken (z.B. Produktionseinbrüche oder Arbeitslosigkeit als Folge von uneingelösten Zahlungsversprechen). Vor diesem Hintergrund erscheinen die realwirtschaftlichen und finanzökonomischen Teile der Wirtschaft als miteinander verflochtene Komplemente. Dass selbst Derivate keineswegs zwingend von der Wirklichkeit losgelöst sind, sieht man bereits an dem wohl ersten dokumentierten Absicherungs- bzw. Spekulationsgeschäft, das Thales von Milet (um 624–546 v. Chr.) – nach Angaben von Aristoteles (384–322 v. Chr.) in dessen *Oikonomika* – mit Eignern von Olivenpressen abgeschlossen hat: Aufgrund seiner Erwartung einer guten Ernte erwarb Thales von ihnen das Recht der alleinigen Benutzung sämtlicher Pressen nach der Olivenernte gegen die vorherige Zahlung einer nicht allzu hohen Gebühr; als der Bedarf an Olivenpressen aufgrund der tatsächlich guten Ernte stieg, konnte er die Pressen sehr gewinnbringend weitervermieten. Während Thales erfolgreich spekulierte, erkauften sich die Eigner der Pressen vorab Sicherheit für den Fall geringer Vermietungseinkünfte wegen einer schlechten Ernte. Sämtliche Oliven konnten rechtzeitig verarbeitet werden.

Es verwundert daher nicht, dass es seither immer Spekulationsgeschäfte gab. Über die Jahrhunderte wurden im Übrigen auch „Spekulationsblasen" beobachtet: Die erste wohldokumentierte spekulative Übertreibung der Wirtschaftsgeschichte ist die Tulpen-Manie zwischen 1634 und 1637 in Holland, in der eine einzige Tulpenzwiebel schließlich einen Ver-

kaufspreis erzielte, von dem ein Handwerker mehrere Jahrzehnte leben konnte. Die Südsee-
blase von 1720 war verknüpft mit dem Zusammenbruch der Londoner South Sea Company
nach Aktienspekulationen, die fast zum britischen Staatsbankrott führten. Die Mississippi-
Blase beruhte 1720 auf nahezu wertlosen Anteilsscheinen der Mississippi-Kompanie und
bewirkte fast den Bankrott des französischen Staats. In den 1840er Jahren fand die britische Eisenbahnblase statt, in der auf Gewinne mit Eisenbahnaktien gesetzt wurde bis
sich ein „Crash" einstellte. Als Folge des Börsenzusammenbruchs am „Schwarzen Freitag"
(25. Oktober 1929) begann die Große Depression („Great Depression") in den USA, die
als Weltwirtschaftskrise die 1930er Jahre dominierte und in praktisch allen entwickelten
Regionen negative realwirtschaftliche Konsequenzen (u.a. Betriebsstillegungen, Massenar-
beitslosigkeit) mit sich brachte.

Diesen Ereignissen ist das Platzen einer Spekulationsblase gemeinsam. Hintergrund
dabei ist folgende Logik: Eine Spekulationsblase wird von menschlichen Erwartungen bezüglich künftiger Profite genährt. Sie wächst daher, solange die Erwartungen weitgehend
einheitlich sind und entsprechende Handlungen erfolgen. Sobald aber die Erwartungen ab-
flachen oder sich sogar umkehren, platzt die Blase, weil die Akteure den Markt verlassen
oder anderweitig investieren. Kurz gesagt: Sobald die Überzeugungen hinreichend vieler
oder wichtiger Anleger unvereinbar oder instabil werden, beginnt eine Gegenbewegung im
Markt, sodass sich die Spekulationsblase auflöst. Weil im Zuge dieses zumeist schnell ablaufenden Ausstiegs drastische Preis- und Kursveränderungen induziert werden, verlieren
diejenigen Marktteilnehmer typischerweise Kapital, welche das Ende der Spekulationsblase
nicht korrekt vorhergesehen haben und deshalb zulange an ihrer bisherigen Investitions-
strategie festgehalten haben.

Aus soziologischer Sicht sind Spekulationsblasen interessant, weil sie Spielarten des
Kollektivverhaltens darstellen, in denen eine Orientierung an Anderen bei Erwartungsbildung und Handlungswahl stattfindet und daher Herdenverhalten erfolgt. Gesamtwirt-
schaftlich wirken Spekulationsblasen eher negativ, weil sie der Realwirtschaft letztlich Kapital für Investitionen entziehen. Ihre Bekämpfung erscheint daher sinnvoll. Man könnte
argumentieren, dass spekulative Übertreibungen am besten mit Gegenspekulationen zu
bekämpfen sind. Insbesondere könnten Leerverkäufe (vgl. Abschnitt 5.2.2) als besonders
billige Form der Spekulation derartige Auswüchse des Anlegerverhaltens verhindern. Jedoch genügt bereits der immer wieder beobachtbare, manchmal jahrelang dauernde Aufbau
von Spekulationsblasen für den Nachweis, dass hinreichend wirksame Leerverkäufe unterbleiben. Vielmehr scheinen Spekulanten bei einem durch Herdenverhalten charakterisierten
Finanzmarktgeschehen in ihren Wetten auf das einfach zu beobachtende und vorhersehbare
Verhalten der meisten Anleger zu setzen, wodurch sich die Verzerrung weiter verstärkt und
die Blase noch größer wird. Gerade durch kurzfristig angelegte Geschäfte können in einem
durch den Aufbau einer Spekulationsblase charakterisierten Markt vergleichsweise sicher
Gewinne erzielt werden, weil die Preisentwicklung leichter prognostizierbar ist.

Besonders problematisch werden Spekulationen dann, wenn ausschließlich fremdes Kapital durch z.B. Banken und Fonds verwettet wird und gleichzeitig keine Anreize zu hinreichend vorsichtigem Anlageverhalten bestehen. Es liegt ein klassisches Prinzipal-Agenten-
Problem vor (siehe Abschnitt 5.2.1). Erhält etwa ein Mitarbeiter einer großen Investment-
bank ein hohes Grundgehalt und besitzt er einen Anspruch auf Bonuszahlungen in (für die
Bank) ertragreichen Jahren, dann wird er riskantere Geschäfte mit Fremdkapital eingehen
als ein gleichfalls im Wertpapiergeschäft tätiger Akteur, der lediglich eigenes Kapital zu
vermehren sucht. Die größere Risikobereitschaft ist jedoch nur einer von mehreren Aspek-

ten. Ebenfalls problematisch und vermutlich wichtiger ist der (v.a. durch die erwähnte Zunahme des weltweiten Finanzvermögens) erheblich größer gewordene Fremdkapitalbestand, der u.a. durch institutionelle Anleger renditeorientiert zu investieren ist. Wie die genannten Handelsumsätze bei Finanzprodukten reflektieren, werden inzwischen enorme Summen angelegt. Bei derartigen Volumina stellen sich drastischere Reaktionen bei Preisen und Kursen ein. Vor diesem Hintergrund können heutige Spekulationsgeschäfte stärkere Preis- und Kursänderungen auslösen als jemals zuvor. Verstärkend wirkt überdies die technologische Entwicklung: Heutzutage kann man in Echtzeit die Marktentwicklung am Rechner mitverfolgen, innerhalb von Sekunden jeweils weltweite Finanzmarktgeschäfte abschließen oder einfach Computerprogrammen die Geschäftsabwicklung beim Über- oder Unterschreiten bestimmter Schwellenwerte von Preisen oder Kursen anvertrauen. In Verbindung mit dem riesigen Handelsvolumen und den genannten Fehlanreizen bei Fremdkapitalinvestitionen begründet diese technologische Entwicklung die Krisenanfälligkeit der heutigen Finanzwirtschaft.

Dass die Empfindlichkeit des Finanzsektors zugenommen hat, kann man an der Häufung von Krisen ablesen, die zumeist auf bestimmte Investitionen oder Regionen begrenzt waren: 1990 platzte die japanische Aktien- und Immobilienblase, 1992 endete die deutsche Wiedervereinigungsblase und 2001 der erste Internet-Hype (Dotcom-Blase). Zu bedenken ist daneben das Platzen der amerikanischen und europäischen Immobilienblasen in den Jahren 2006 und 2007 und deren massive weltwirtschaftliche Relevanz. Gleichfalls wichtig erscheint im Übrigen die kurz darauf einsetzende Krise des Euro, die u.a. aufgrund der enormen Verschuldung von Mitgliedsländern (z.B. Griechenland, Portugal) zustande gekommen ist. Durch entsprechende Spekulationen wurde im Rahmen der Euro-Krise deutlich, dass die Finanzmärkte wie Brandbeschleuniger wirken können. Obwohl sie an der Verschuldung der betroffenen Staaten keine Schuld haben, verstärken die Finanzmärkte über die dort gehandelten Anleihen und Derivate die Probleme der übermäßig verschuldeten Länder. Schwierigkeiten bei der Einlösung der gehandelten Zahlungsversprechen führen zu Folgeproblemen bei den Gläubigern (z.B. Banken), wodurch deren Rettung dringlicher wird, um weitere negative Konsequenzen (z.B. Konkurse) abzuwenden.

Derartige Krisen sind keine neuen Phänomene einer globalisierten Weltwirtschaft. Sie weisen vielmehr eine Geschichte auf, die bis weit zurück ins Mittelalter reicht (eine Übersicht bieten Reinhart und Rogoff 2009). Ein Blick auf diese Historie erlaubt die Rekonstruktion eines typischen Krisenverlaufs: Am Beginn steht zumeist ein schwerwiegendes Ereignis wie der Wertverlust einer Währung, eine durch erhöhte Staatsausgaben drastisch gesteigerte Inflation oder das Zerplatzen einer Spekulationsblase. Dieses Ereignis erhöht den Druck auf die Banken, welche aufgrund ihrer Funktion, kurzfristige Spareinlagen in langfristige Kredite umzuwandeln, sehr anfällig auf einen synchronen Ansturm von Sparern sind. Sobald sich ein „bank run" selbst verstärkt, weil sich verängstigte Anleger gegenseitig weiter verunsichern (Merton 1936), wird eine geschwächte Bank gegenüber solventen Instituten zunehmend an Kreditwürdigkeit verlieren. Um ihre Zahlungsfähigkeit zu erhalten, sind Banken sodann gezwungen, Vermögensbestände wie Immobilien oder Unternehmensbeteiligungen zu veräußern. Trifft die Krise mehrere Banken, kann der Marktpreis dieser Vermögensbestände schnell sinken, da Banken zumeist ähnliche Portfolios zum Verkauf anbieten und damit für ein kurzfristiges Überangebot dieser Güter sorgen. Nach einer Insolvenz einzelner Banken gehen den überlebenden Banken oftmals hohe Kreditsummen verloren, sofern diese der bankrotten Bank Geld geliehen hatten. Diese Verflechtungen nahmen mit der Finanzmarktglobalisierung seit dem Ersten Weltkrieg zu, sodass sich Bankenkrisen heute deutlich schneller über nationale Grenzen hinweg ausweiten als in früheren Jahrhunderten.

Anders als in den 1930er Jahren, als viele Staaten zunächst mit Sparprogrammen auf die Große Depression reagierten, hat sich zur Verhinderung einer Krisenverschärfung staatliches Eingreifen („bail out") etabliert. Hierbei werden Banken und Unternehmen, denen aufgrund ihrer Größe und Marktposition eine hohe Systemrelevanz zugesprochen wird, mittels staatlichen Transferzahlungen oder Kreditgarantien vor Pleiten geschützt. Den Staaten entstehen dabei gewaltige Kosten, sodass sich Staatsschulden drei Jahre nach einer Bankenkrise um durchschnittlich 86% steigern (Reinhart und Rogoff 2009: 142). Weil Staaten aber häufig versäumen, in guten Jahren Schulden abzubauen – also antizyklische Wirtschaftspolitik nur in Krisenjahren, nicht aber in Jahren des Wachstums betrieben wird –, und Marktakteure die staatliche Absicherung ihrer privaten Risiken antizipieren (moralische Gefährdung), schränkt sich der staatliche Handlungsspielraum mit jedem zusätzlichen Eingreifen weiter ein. Überhöhte Staatsausgaben und krisenbedingte Steuereinbußen haben, so Reinhart und Rogoff (2009: 34), zwischen 1800 und 2009 weltweit zu mindestens 318 Staatsbankrotten geführt.[20]

Wie anhand dieser Ausführungen deutlich wird, ist der Vertrauensverlust in die Zahlungsfähigkeit ein wesentliches Element für die Entstehung und die sich selbst verstärkende Dynamik von Finanzkrisen. Dies gilt sowohl für das Vertrauen der Konsumenten in die Solvenz von Banken und Staaten als auch für das Vertrauen zwischen diesen Institutionen. Schließlich hängt die Bedeutung wechselseitigen Vertrauens direkt mit der Funktionsweise von Finanzmärkten zusammen. Kredite, Aktien und Derivate basieren auf der Erwartung, dass Zahlungsversprechen eingelöst werden. Wird Vertrauensvergabe enttäuscht, kann dies nicht nur kurzfristig dazu führen, dass sich Banken gegenseitig weniger Geld leihen und auch Staaten keine Kredite zu günstigen Zinsen erhalten. Denn Vertrauen muss mühsam aufgebaut werden, kann jedoch aufgrund negativer Erfahrungen schnell entwertet werden (siehe dazu genauer Blau 1964 und den Beitrag *Sozialkapital, Vertrauen und Kooperation* im zweiten Band).

Nicht zuletzt deshalb kommt Signalen über das Risiko von Zahlungsausfällen und die Vertrauenswürdigkeit von Marktteilnehmern, wie sie etwa von Ratingagenturen gesendet werden, auf Finanzmärkten eine zentrale Rolle zu (z.B. Buschmeyer 2011; Rona-Tas und Hiss 2010a,b). Daneben wird von vielen Marktteilnehmern auch das Vertrauen Anderer als ein solches Signal gedeutet. Dies hat mit der sozialen Einbettung der Marktteilnehmer zu tun, der aus der Sicht der Wirtschaftssoziologie besondere Bedeutung zukommt.

---

[20]Man kann argumentieren, dass überschuldeten Staaten zur Konsolidierung ihrer Finanzen neben dem Bankrott nur das Führen siegreicher Kriege gegen vergleichsweise wohlhabende Gegner verbleibt. Im historischen Rückblick scheinen Schulden im Übrigen oft Mitauslöser und/oder Verstärker von Unruhen und Revolten im Land gewesen zu sein. Nach Graeber (2011) sind in der europäischen Geschichte praktisch alle Aufstände, Umstürze und Revolutionen aus einer Situation der Überschuldung erwachsen.

7 Varianten und Analysen sozialer Einbettung

Nach der Überzeugung von Wirtschaftssoziologen sind wirtschaftliche Handlungen nicht losgelöst von anderen Aspekten des sozialen Lebens zu sehen und zu untersuchen. Es empfiehlt sich daher ein genauerer Blick auf fundamentale Einsichten und Untersuchungsansätze, die sich im Zusammenhang mit der Einbettung des Wirtschaftsgeschehens in der sozialen Umwelt ergeben. In einem bekannten Aufsatz hat Mark Granovetter (1985) theoretische Vorstellungen und Einsichten von Soziologen gebündelt und zugespitzt. Danach sind soziale Beziehungen von grundlegender Bedeutung für Marktprozesse, weil stets eine Eingebundenheit des Wirtschaftsgeschehens und der im Geschäftsleben tätigen Akteure in soziale Zusammenhänge besteht. Dies gilt selbst dann, wenn man das Menschenbild eines homo oeconomicus unterstellt: Sogar dieser eigeninteressiert optimierende Akteur benötigt für etwaige Entscheidungen eine gewisse Sozialstruktur und zweifellos schafft die Sozialisation dafür relevante Grundlagen – ohne Sozialstruktur und Sozialisation wäre sein ökonomisches Kalkül unmöglich.

Die Idee der sozialen Einbettung hat im Übrigen die Wirtschaftssoziologie neu belebt. Es gibt verschiedene Formen der sozialen Einbindung, die sich allesamt im Wirtschaftsleben niederschlagen. Zu unterscheiden sind u.a.:[1]

Institutionelle Einbettung: Verwiesen wird damit auf die kollektiven Regeln und sozialen Arrangements, die das Geschäftsleben und die damit verknüpften Möglichkeiten und Handlungen prägen. Transaktionen und Transfers hängen immer auch von den vorhandenen Institutionen ab und Institutionen verändern sich im Zuge von Transaktionen und Transfers.

Strukturelle Einbettung: Abgestellt wird hier auf die Verbindungen von Akteuren zu Ereignissen, Ressourcen und anderen Akteuren, die sich in Netzwerken niederschlagen und zu Transaktionen oder Transfers führen. Netzwerkstrukturen können geschäftliche Interessen und bisherige Verbindungen reflektieren und wirtschaftliche Abschlüsse beeinflussen.

Kulturelle Einbettung: Umschrieben wird dadurch die Interpretation der Praktiken im Geschäftsleben auf der Grundlage der umgebenden Kultur; abgestellt wird auch auf die Deutung von Institutionen und Kollektivgebilden (z.B. Organisationen) in der Wirtschaft; gemeint sind auch die Definition und Rationalisierung der damit korrespondierenden Entscheidungen und Handlungen sowie die kulturelle Prägung von Vorlieben.

Ergänzend ist zu diesen Spielarten der sozialen Einbindung zu bemerken, dass es jeweils eine zeitlich-historische Einbindung gibt: So hängt die institutionelle Einbettung etwa davon

---

[1] Inzwischen gibt es eine Vielzahl von Klassifikationen, die es keineswegs mit den genannten Formen der sozialen Eingebundenheit bewenden lassen. Beispielsweise berücksichtigt Hass (2007) die kognitive und die politische Einbindung als zusätzliche Varianten. Für die hier getroffene Unterscheidung war von Bedeutung, ob die jeweilige Einbettungsform mit zumindest einem spezifischen Forschungsansatz einhergeht oder nicht.

ab, welche Zeit man betrachtet (z.B. wie weit war die Ausgestaltung des bargeldlosen Zahlungsverkehrs (u.a. Kreditkarte, Scheck, Wechsel) bereits in den Alltag integriert). Ebenfalls ist die zeitliche Eingebundenheit von Bedeutung, wenn man etwa kulturelle Praktiken wie die Akzeptanz bestimmter Fleischsorten (Affenfleisch, Pferdefleisch, Rattenfleisch) in verschiedenen Regionen in Abhängigkeit von Wohlstand und Welthandel untersucht. Besonders wesentlich scheint die zeitliche Einbindung schließlich bei der Analyse von Netzwerken, weil etwa Unzufriedenheit mit bisherigen Geschäftspartnern zum Abbruch der Beziehungen und der Aufnahme von alternativen Verbindungen führen kann. Zudem können Netzwerkpartner mit langfristig robusten Verbindungen sich gegenseitig über etwaige negative Erfahrungen mit bestimmten kurzfristigen Partnern informieren, sodass über die Zeit zusätzliche Sanktionen des Ausschlusses von Geschäften für unzuverlässige Transaktionspartner in Netzwerken drohen.

Die historische Eingebundenheit ist freilich auch von Bedeutung, wenn man sich mit Fragen des Geschäftserfolgs und seiner Bestimmungsgründe beschäftigt. Nach Arthur (1994) kann es aufgrund eines zunächst unbedeutend erscheinenden Anfangsvorteils, der sich etwa aufgrund eines Zufalls und/oder einer bestimmten historischen Konstellation ergeben hat, zu enormen Unterschieden im Markterfolg von konkurrierenden Firmen kommen (Pfadabhängigkeit). Es können sich u.a. objektiv weniger leistungsfähige Güter und Verfahren gegen eigentlich technisch überlegene Konkurrenzprodukte durchsetzen (z.B. SPSS gegen SYSTAT). Marktwettbewerb gewährleistet also keineswegs, dass die besseren Produkte immer einen größeren Markterfolg verzeichnen.

Neben derartigen Erkenntnissen spielt die zeitlich-historische Dimension bei allen unterschiedenen Varianten der sozialen Einbettung eine Rolle. Ihre eigene Kategorisierung ist daher nicht sinnvoll. Sie schlägt sich jedoch bei Bedarf in den im Zusammenhang mit den Varianten sozialer Einbindung entwickelten theoretischen Ansätzen nieder, welche zumindest teilweise zur ökonomischen Standardanalyse komplementär sind. Daneben gehen die Formen der Einbettung bei quantitativ orientierten Analysen mit bestimmten methodischen Überlegungen einher. Nach einem Überblick zu jeder Spielart der Einbettung und jeweils einschlägigen Analysen wird daher auch auf relevante methodische Aspekte eingegangen.

7.1 Institutionelle Einbettung und Transaktionskosten

Wirtschaftliches Handeln wird auf unterschiedliche Weise von institutionellen Rahmenbedingungen gelenkt. Von besonderem Interesse für die Wirtschaftssoziologie ist die Ordnungsfunktion von Institutionen, wonach gesellschaftliche Regeln interdependentes Verhalten koordinieren und stabilisieren können. Zunächst ist es daher ratsam, mit Markt und Organisation die zentralen Planungs- und Koordinationsinstanzen zu betrachten und nach Voraussetzungen für ihre jeweilige Verwendung zu fragen. Anschließend werden die langfristigen Konsequenzen institutioneller Regelungen in den Blick genommen.

7.1.1 Marktlösung oder Organisation

Auf der Grundlage von Arbeiten früher institutioneller Ökonomen wie z.B. Coase und von Hayek aus den 1930er und 1940er Jahren entwickelte Oliver Williamson (1975, 1985) eine alternative Sichtweise der ökonomischen Institutionen des Kapitalismus, welche für die Organisationsforschung und die Wirtschaftssoziologie wichtig ist. Genauer beschäftigt sich dieser Transaktionskostenansatz mit der vergleichenden institutionellen Analyse der ökonomischen Organisation von Markttransaktionen und den damit verbundenen Prozessen innerhalb und außerhalb von Firmen, wobei (im Gegensatz zur üblichen ökonomischen Analyse) die Transaktion zur grundlegenden Analyseeinheit erhoben wird.

Williamson empfiehlt die Untersuchung der Kosten der Etablierung (ex ante) und der Sicherstellung (ex post) von Transaktionen im Markt. Er verlangt somit, sich mit Transaktionen per se, deren Kosten und Problemen zu beschäftigen. Die Begründung dieser Argumentation ist einfach: Akteure (also z.B. Individuen und Firmen) tauschen mit anderen Akteuren aus ihrer Umwelt; das Zustandekommen und die Sicherstellung von Tauschvorgängen sowie die daraus resultierenden Institutionen in und außerhalb von Firmen sind demnach von analytischem Interesse.

Einfache ökonomische Transaktionen in freien Märkten finden weitgehend simultan auf der Stelle statt. Der Kunde bezahlt z.B. seinen Einkauf in bar im Supermarkt. Spot-exchanges dieser Art sind durch vernachlässigbar kleine Transaktionskosten gekennzeichnet. Als Transaktionskosten werden dabei alle Kosten bezeichnet, welche mit der Etablierung, Aushandlung und Einhaltung von Verträgen zu tun haben. Für auf der Stelle abgeschlossene Geschäfte gilt die Theorie des Wettbewerbsgleichgewichtes, d.h. die Standardtheorie der Mikroökonomen, in welcher Transaktionskosten von Null angenommen sind. Empirische Untersuchungen und Marktexperimente haben gezeigt, dass dieser Ansatz die Ergebnisse von spot-transactions bei Wettbewerb gut vorhersagt.[2]

Anders ist die Situation im Falle von Transaktionen, die nicht sofort abgeschlossen werden. Solche Transaktionen sind etwa Tauschvorgänge, die Ungewissheit über die Vervollständigung mit sich bringen oder die (z.B. wegen einer nicht konstanten Umwelt) eine bestimmte Komplexität aufweisen. Es besteht in nicht simultanen Austauschsituationen jeweils Unsicherheit über das Umfeld und dessen Entwicklung sowie das Verhalten von potenziellen Tauschpartnern. In solchen Fällen wird es zunehmend schwieriger und teurer, angemessene Verträge und Vereinbarungen bezüglich der betrachteten Tauschvorgänge zu entwerfen, welche alle möglichen Störungen und Eventualitäten in Rechnung stellen. Es werden somit die Kosten der Informationsbeschaffung, der Aushandlung und des Erstellens eines Vertrages oder einer Vereinbarung deutlich größer als Null sein. Insbesondere müssen oft verschiedene Arten externer Kontrolle und Mittel geschaffen werden, um den vereinbarungsgemäßen

Tauschvorgang zu ermöglichen. Es müssen z.B. häufig Sicherheiten (wie etwa Pfänder oder Kautionen) zur Verfügung gestellt werden, Überwachungsmöglichkeiten müssen geschaffen und finanziert werden (z.B. ist zu kontrollieren, ob vertraglich zugesicherte Schritte tatsächlich erfolgen) und eine Erzwingungsinstanz kann entweder eingeschaltet oder ins Leben gerufen werden (z.B. Drohung mit oder Anrufung der Gerichte).

Diese Konsequenzen von komplexen und unsicheren Transaktionssituationen, in denen z.B. die Umwelt einer ständigen Veränderung unterliegt oder eine zeitliche Asymmetrie zwischen Angebot und Nachfrage besteht, reflektieren ein bestimmtes Menschenbild. Nach Williamson sind Menschen stets „Opportunisten", d.h. sofern sie eine Gelegenheit zur Verbesserung ihres eigenen Wohlergehens sehen, werden sie diese auch ohne irgendwelche Skrupel wahrnehmen und dabei durchaus arglistig vorgehen. Die Menschen sind nach Williamson und in Übereinstimmung mit der neoklassischen Ökonomik also eigenin-

---

[2]Neben bereits erwähnten Handbuchbeiträgen zu den Befunden sind die klassischen Arbeiten von Vernon Smith (1991, 2000) sowie die Überblicke in Davis und Holt (1993) oder Kagel und Roth (1995) zu nennen.

teressiert. Im Gegensatz zur Standardauffassung in der Mikroökonomik sind die Menschen im Transaktionskostenansatz aber keine perfekt optimierenden Akteure; allerdings werden sie in ihrer Handlungswahl eventuell heimtückisch vorgehen und somit eigennützigen Täuschungen zugeneigt sein.

Williamson argumentiert nun mit Coase (1937), dass der Transaktionskostenansatz im Gegensatz zur neoklassischen Standardtheorie eine Basis für die Erklärung der Existenz von Firmen liefert.[3] Gleichfalls im Gefolge von Coase hat Arrow (1974) betont, dass Organisationen ein Mittel sind, die Vorteile kollektiven Handelns in Situationen zu realisieren, in welchen das Preissystem und damit der Marktmechanismus versagt. Williamson greift diese Idee auf. Ein wirklichkeitsnäheres Bild der Firma (und damit vieler Organisationen) als in der traditionellen neoklassischen Wirtschaftstheorie ergibt sich danach, wenn man bedenkt, dass in der Realität Produktionsfaktorkäufe und Konsumgutverkäufe keineswegs spot-exchanges sind und sich daher die Errichtung einer Organisation, nämlich der Firma, zur Verminderung der Transaktionskosten der Produktion und des Absatzes aufgrund der intrinsischen Unsicherheit und der Komplexität vieler Transaktionen erst lohnt (relativ zur dezentralisierten Marktlösung der Produktion durch viele einzelne Individuen, wie sie in der neoklassischen Theorie eigentlich beschrieben ist).

Organisationen sind gegenüber Märkten überlegen, wenn es um das Management von komplexen und unsicheren Transaktionen geht; die Organisation reduziert dann die relevanten Transaktionskosten. Unternehmen existieren demnach in Bereichen, in denen Marktlösungen hohe Transaktionskosten mit sich bringen. Die beiden Allokationsmechanismen des Marktes und der Hierarchie sind polare Kategorien eines Kontinuums, d.h. in der Realität werden stets Mischungen der beiden Formen existieren. Die Grenze für das Wachstum einer Firma ist danach dort erreicht, wo die Organisationskosten von Transaktionen genau den Kosten der dezentralisierten Marktlösung entsprechen.

Organisationsstrukturen im Wirtschaftsleben etablieren und festigen Herrschaftsbeziehungen zwischen Akteuren. Elemente und Einsichten der Herrschaftssoziologie (z.B. Maurer 2004) sind daher von grundlegender Relevanz bei der Analyse institutioneller Einbettung und ihrer Konsequenzen. Daneben ermöglichen und erleichtern organisationelle Strukturen in komplexen Situationen individuelle Entscheidungen, weil die Organisation Problemteilungen fördert, Handlungswahlen vereinfacht, Informationen kanalisiert und Alternativen beschränkt. Zielspezifizierung und Formalisierung helfen die kognitiven Restriktionen der Individuen zu überwinden. Darüber hinaus nützt die Organisation (relativ zum Markt) bei der Entwicklung standardisierter Verträge mit Mitarbeitern und der regelmäßigen Überwachung von Personal. Zudem ist sie hilfreich bei der Entwicklung angemessener Anreizsysteme für die potenziell opportunistischen Arbeiter und Angestellten. Daneben ermöglicht sie die Entwicklung, Durchführung und Überwachung von langfristigen komplexen Tauschbeziehungen zu einer relativ kleinen Zahl von externen Akteuren. Kommunikations- und Informationsprozesse werden, im Gegensatz zur Marktlösung (in der die Preise alle relevanten Informationen beinhalten), in der Organisation institutionalisiert. Generell gilt:

---

[3]Die neoklassische Auffassung der Firma ist aufgebaut auf der Prämisse der vollständigen Konkurrenz und damit der Abwesenheit von Transaktionskosten. Dementsprechend modelliert diese Theorie die Aktivitäten der Produktion im Wesentlichen als eine Welt vollständig dezentralisierter, in spot-exchanges verbundener Akteure, welche eine bestimmte exogen vorgegebene Produktionstechnologie verwenden. Alles wird in diesem Ansatz über die Faktorpreise sowie die Konsumgüterpreise gesteuert. In der ökonomischen Standardwelt ist also der Markt der zentrale Allokationsmechanismus. Coase (1937) hat erkannt, dass vor diesem Hintergrund die Existenz von Unternehmen unerklärt bleibt.

Informelle Marktstrukturen, ethnische Enklaven und Schattenwirtschaft

Märkte müssen nicht zwingend staatlicher Regulierung unterliegen, wie sich mit Blick auf informelle und illegale Märkte zeigt. Wichtige Einsichten zur Funktionsweise von Schwarzmärkten sind dabei dem Princeton-Soziologen Alejandro Portes zu verdanken. Geprägt durch seine Erfahrungen als Kubaner im amerikanischen Exil hat er sich zunächst intensiv mit der Situation von Migranten in den USA beschäftigt und u.a. anhand mexikanischer und kubanischer Immigranten gezeigt, dass Neuankömmlinge vor Ort vielfach auf informellem Wege auf bestehende soziale Strukturen und ökonomische Ressourcen ihrer Landsmänner zurückgreifen (z.B. Portes und Bach 1985; Portes und Steppick 1994). Unterstützungsleistungen umfassen dabei zum Beispiel die Gewährung einer Unterkunft, die Bereitstellung von Arbeit und die Vergabe von Krediten. Sie beruhen auf gegenseitigem Vertrauen und der Einbettung in ein gemeinsames soziales Netzwerk. Der Zugriff auf diese speziellen Ressourcen erleichtert damit den Neubeginn, führt jedoch gleichzeitig zu einem Prozess kumulativen Wachstums, da neue Immigranten insbesondere dorthin wandern werden, wo sie auf ein bestehendes soziales Netzwerk zurückgreifen können. In diesem Zuge kommt es auch zu einer weiteren Schließung bestehender ethnischer Enklaven, in denen es möglich ist, relativ abgeschottet von der Kultur des Ziellandes zu leben. Dies gilt insbesondere, da viele Tauschhandlungen (schon allein aufgrund des illegalen Einwanderungsstatus vieler Migranten) offiziell verboten sind, es sich also nicht nur um informelle, sondern um illegale Märkte handelt.

Das Auftreten von Schattenwirtschaft ist dabei natürlich nicht auf die Gruppe der Migranten beschränkt. Insbesondere in Lateinamerika, Afrika und den ehemals sozialistisch regierten Staaten werden nachgewiesenermaßen (trotz zahlreicher Probleme bei der Erfassung informeller Markthandlungen) viele Tauschgeschäfte ohne Rücksicht auf staatliche Regelungen abgewickelt. Nach Schneider und Enste (2000) macht der Umfang der Schattenwirtschaft in vielen Staaten 40 bis 60% des Bruttoinlandsprodukt aus (z.B. Georgien, Guatemala, Mexiko, Tunesien) – für einige Länder wird der Anteil sogar auf bis zu 70% geschätzt (z.B. Ägypten, Nigeria und Thailand). In westlichen Ländern sind Schwarzmärkte zwar von geringerer Bedeutung, Schattenwirtschaft ist aber auch dort ein erheblicher Wirtschaftsfaktor (z.B. Dienstleistungs- und Baugewerbe, Drogenmärkte). Schneider und Enste schätzen den Anteil der Schattenwirtschaft in OECD-Ländern auf 10 (z.B. Japan, Schweiz, USA) bis 30% (z.B. Griechenland, Italien).

Wie u.a. Portes und Haller (2005) und auch Rose-Ackerman (1999) herausarbeiten, profitieren dabei zahlreiche Akteure von der Existenz illegaler Marktstrukturen: Staatliche Regulierungen, wie Verbote von Gütern und die Besteuerung von Einkommen, Vermögen und Konsum, schaffen für Bürger und Unternehmen offensichtliche monetäre Anreize, diese zu umgehen. Staatsbeamte haben häufig kein hinreichendes Interesse, Gesetzesbrüche zu sanktionieren, da sie aufgrund geringen Lohns auf Bestechungsgelder zur Bestreitung des eigenen Lebensunterhalts angewiesen sind. Und trotz enormer Summen, die der Staatskasse entgehen, und den schwerwiegenden langfristigen Folgewirkungen, die aus einer staatlichen Unterfinanzierung resultieren (z.B. fehlende Bereitstellung öffentlicher Güter, reduzierte staatliche Handlungsfähigkeit), sind auch politische Akteure an dem Erhalt von Schwarzmärkten interessiert. Denn durch die Senkung von Konsumkosten und die Schaffung zusätzlicher Erwerbsmöglichkeiten tragen illegale Märkte kurzfristig zur politischen Stabilität und damit zum Machterhalt bei.

Zudem zeigen u.a. der weltweite Erfolg der Mafia oder der seit Jahrzehnten andauernde Drogenkrieg in Mexiko, dass zum Teil mächtige nichtstaatliche Akteure auf informellen Märkten agieren, die auch langfristig staatliche Regulierungsversuche unterlaufen und sabotieren können. Wie Gambetta (1996) am Beispiel der italienischen Mafia herausarbeitet, ersetzen diese nichtstaatlichen Akteure dabei häufig staatliche Institutionen, indem sie eine effektive Konfliktregelung bereitstellen, für Rechtssicherheit sorgen und damit Transaktionskosten gering halten. Die Erfolgsgeschichte mafiöser Vereinigungen in Transitionsländern des ehemaligen Ostblocks bestätigt diese Funktion eindrucksvoll. Sozialen Netzwerken kommt dabei ebenso wie vergangenen positiven Erfahrungen eine wesentliche Rolle bei der Generierung von Vertrauen und damit dem Funktionieren informeller Tauschhandlungen zu (siehe dazu auch den Beitrag *Sozialkapital, Vertrauen und Kooperation* im zweiten Band).

Je stärker die Abhängigkeit von zwei Unternehmen, desto wahrscheinlicher ist es, dass sie sich zusammenschließen.

Firmen haben daneben immer wieder die Frage „make it or buy it?" zu beantworten. Entscheidungen für die vertikale Integration (d.h. der Aufnahme vor- oder nachgelagerter Produktionsstufen) können auch als Versuche zur Transaktionskostenminimierung angesehen werden. Wenn die notwendigen Inputs für das Funktionieren einer Organisation spezifischer werden oder mangelnde Rechtssicherheit reibungslose Transaktionen verhindert, dann wird die Firma sie tendenziell eher intern produzieren, um so weniger abhängig von wenigen externen Zulieferern zu werden (Rückwärtsintegration). Gleichfalls gilt: Wenn der Vertrieb durch externe Anbieter mit Effizienzverlusten oder Risiken einhergeht, wird der Aufbau einer eigenen Vertriebsabteilung oder die Übernahme eines externen Distributors attraktiv (Vorwärtsintegration). Möglich ist auch eine horizontale Integration (d.h. die Aufnahme zusätzlicher Betätigungsfelder), wobei Unternehmen versuchen, durch eine diversifizierte Produktpalette von neuen Wachstumsmärkten zu profitieren oder durch ein gezieltes Engagement in verschiedenen Branchen die Geschäftsrisiken breiter zu streuen.

Neben solchen Hypothesen weist der Ansatz eine prinzipielle Kompatibilität mit den wirtschaftshistorischen Erkenntnissen von Chandler (1977, 1990) bezüglich der Entwicklung von Organisationsstrukturen in US-Großunternehmen auf. Nach Williamson werden Firmen sich nicht weiter differenzieren, nachdem sie eine bestimmte Größe überschritten haben. Der Grund dafür ist, dass stärkere Diversifizierung eine größere Komplexität und Unsicherheit in der Organisation zur Folge hat, was umgekehrt die Entscheidungen der Leitungsinstanz erheblich kompliziert und die Organisation daher weniger flexibel macht. Bei hinreichend geringen Transaktionskosten bietet sich zum Erhalt der korporativen Handlungsfähigkeit wiederum die Auslagerung einzelner Unternehmenstätigkeiten an spezialisierte externe Anbieter an. Diese als „Outsourcing" bekannte Praktik ist gerade in wirtschaftlich hochentwickelten Gesellschaften weit verbreitet. In Großbritannien sind beispielsweise rund 10% der Berufstätigen in ausgelagerten Jobs tätig. Unternehmen können nur eine begrenzte Größe erreichen, weil die Koordinations- und Verwaltungskosten mit der Unternehmensgröße wachsen. Große Unternehmen existieren, weil sie effizient sind und sie gefährden ihr Weiterbestehen, wenn sie diese Effizienzgewinne nicht mehr verwirklichen können.

In seinem Buch *The Economic Institutions of Capitalism* (1985) wendet Williamson diesen Ansatz aus seinem älteren Werk *Markets and Hierarchies* (1975) auf weitere Themen der Wirtschafts- und Organisationsforschung an. Die zentrale These von Williamson ist dabei, dass die Vielfältigkeit von Organisationen sowohl in ihren internen Strukturen als auch in ihren Außenbeziehungen im Wesentlichen als Folge einer Tendenz zur Minimierung von Transaktionskosten zu betrachten ist, wobei Akteure generell als opportunistisch und begrenzt optimierend beschrieben werden. Die Transaktionskostenanalyse hat zu einer Reihe wichtiger Arbeiten geführt; insbesondere spieltheoretische Arbeiten wenden in vielen Bereichen v.a. der Industrieökonomik die allgemeine Argumentationsstruktur des Williamson-Ansatzes an. Auch in der Soziologie findet der Transaktionskostenansatz Anwendung (z.B. Weesie und Raub 1996). Daneben gibt es eine Verbindung zwischen historischer Betrachtung und institutioneller Analyse, welche u.a. die Voraussetzungen für erfolgreiches Wirtschaften beleuchtet. Eine systematische Studie, die sich mit der bedeutenden Rolle historischer Einflüsse auf wirtschaftliche Möglichkeiten im Detail beschäftigt, stammt von Avner Greif (2006). Dort wird insbesondere auf die Rolle von Regelungen und Verfahren abgestellt, die sich im Mittelalter zur Sicherstellung von Transaktionen herausgebildet haben und deren Verbreitung und Weiterentwicklung langfristig wirtschaftlichen Erfolg bewirkten.

7.1.2 Institutionelle Langzeiteffekte

Eine wachsende Zahl von Studien aus der empirischen Wirtschaftsgeschichte weist auf die langfristigen Folgen von längst vergangenen gesellschaftlichen Regelungen hin (Überblicke bieten Diamond und Robinson 2010 oder Nunn 2009). Dabei wird argumentiert, dass institutionelle Arrangements pfadabhängige Entwicklungen auslösen und auf diese Weise die Formen des Wirtschaftens über Jahrhunderte beeinflussen können.

Wie aber decken diese Studien historische Kausalbeziehungen auf? Bekanntlich steht die Geschichtswissenschaft vor dem Problem, häufig keine zweifelsfreien Aussagen über Kausalzusammenhänge treffen zu können (siehe auch Abschnitt 6.3.1 zu Erklärungen der Industriellen Revolution). So können auch was-wäre-wenn-Fragen nur unbefriedigend beantwortet werden, da Experimente (als „Königsweg" des Kausalschlusses) durch die Unveränderlichkeit der Geschichte verhindert werden. Das ist in vielen Bereichen der Soziologie anders. Hier können Forscher in einer Versuchsgruppe von Probanden einen gezielten Stimulus setzen und dessen Wirkung durch einen Ergebnisvergleich mit einer Kontrollgruppe ohne Stimulus ablesen. Um nach diesem Muster beispielsweise die Relevanz „guter" Institutionen (Stimulus, synonym: Treatment) für die Industrialisierung Englands (Versuchsregion) bemessen zu können, ist die Beobachtung eines zweiten Inselreichs nötig (Kontrollregion), welches sich in nichts von England unterscheidet, außer dass statt guten eben schlechte Institutionen vorherrschen. Ein Vergleich des gut regierten Englands mit der Kontrollregion weist dann einen kausalen Effekt von Institutionen auf Industrialisierung aus, wenn im weiteren Verlauf allein in der Versuchsregion eine Industrielle Revolution entsteht.

Die Weltgeschichte hält eine Reihe von Ereignissen bereit, deren historische Folgen im Rahmen „natürlicher Experimente" nach obigem Schema untersucht werden können. Natürliche Experimente beziehen sich auf historische „Zufälligkeiten", bei denen ein geschichtliches Ereignis in einer Region soziale, wirtschaftliche oder politische Veränderungen auslöste und gleichzeitig eine vergleichbare Region vorliegt, die von den Umwälzungen ausgespart blieb. Entscheidend ist eine zufällige Zuweisung in Versuchs- und Kontrollgruppe, sodass der „Stimulus" keinesfalls systematisch mit der untersuchten Zielvariable verknüpft ist. Nur wenn eine solche „Randomisierung" angenommen werden kann, ist ein „Treatment" als zufällig gesetzt interpretierbar und eine gegenläufige Richtung der Kausalität kann ausgeschlossen werden. Darüber hinaus ist auf die Konstruktion eines validen Kontrafaktums (Fehlen eines faktischen Einflusses) zu achten. Bei Vorliegen von Randomisierung ist ein Kausalschluss nämlich nur dann zulässig, wenn sich Versuchs- und Kontrollregion in keinem Merkmal außer der untersuchten Einflussvariable unterscheiden. Diese vollständige Vergleichbarkeit stellt allerdings einen Idealtyp dar und kann in der Forschungspraxis nur näherungsweise erfüllt werden. Zur Charakterisierung dieser Praxis ist es sinnvoll, natürliche Experimente näher zu beschreiben (für weitere Beispiele siehe Diamond und Robinson 2011).

A. Marktorientierte Institutionen und ihre Wachstumswirkung

Mit Hilfe des geschilderten Forschungsdesigns untersuchen Acemoglu et al. (2010) die historischen Folgen der Napoleonischen Eroberungen (1805–1814) von Teilen des späteren Deutschen Reichs für deren regionale Wirtschaftsentwicklung bis 1910. Napoleons Eroberungen gingen mit drastischen Reformen einher, die zur Auflösung alter Feudalstrukturen in den besetzten Gebieten führten. Die Reformen betrafen das Zivilrecht (Verbreitung des Code Civil), die Eigentumsrechte (Bodenreform und Festschreibung von Besitzverhältnissen) und den Wettbewerb (Auflösung von Gilden, Integration regionaler Märkte). Den Forschern kommen nun drei historische Besonderheiten zugute: (1) Die französische Armee besetzte nur einige, nicht aber alle deutschen Kleinstaaten (Versuchs- und Kontrollgruppe). (2) Die deutschen Kleinstaaten unterschieden sich im Zeitraum der Invasionen kaum in ihrer Wirtschaftsentwicklung und sind sowohl kulturell als auch geografisch recht homogen (Vergleichbarkeit). (3) Die Auswahl der von den Franzosen besetzten Gebiete erfolgte unabhängig von ihrem späteren Wachstumspotenzial (Randomisierung); stattdessen fanden Invasionen nach militärischem Kalkül statt und konzentrierten sich sogar auf unterdurchschnittlich entwickelte Regionen.

Im Ergebnis zeigen Regionen, die auch nach der weitgehenden Wiederherstellung alter Machtverhältnisse durch den Wiener Kongress 1815 die Napoleonischen Reformen beibehielten, ab 1850 eine gegenüber den Kontrollregionen deutlich beschleunigte wirtschaftliche Entwicklung. Den regionalen Entwicklungsstand messen Acemoglu et al. anhand des vorherrschenden Urbanisierungsgrads (Anteil von Stadtbewohnern an der Gesamtbevölkerung). Urbanisierung gilt als valider Indikator für Entwicklung, weil die Versorgung großer Städte eine produktive Landwirtschaft, gute Infrastruktur und funktionierende Märkte erfordert. Zudem lässt eine große Stadtbevölkerung auf das Vorliegen von Industriebetrieben schließen. Der Urbanisierungsgrad lag in den deutschen Kleinstaaten vor den französischen Invasionen bei unter 10%. 1910 betrug die Urbanisierung in napoleonisch reformierten Regionen über 60%; in den ursprünglich nichtreformierten Regionen lebten dagegen nur etwa 40% der Bevölkerung in Städten, obwohl auch hier spätestens seit der Gründung des Deutschen Reichs 1871 modernisierte Institutionen galten. Durch Napoleons Eroberungen wurde die Modernisierung Deutschlands also nachhaltig gefördert. Das Resultat zeigt den positiven Effekt marktorientierter Institutionen für die wirtschaftliche Entwicklung in Deutschland auf.

B. Wirkungen unterschiedlicher Besteuerungssysteme

Banerjee und Iyer (2005) betrachten in einem weiteren natürlichen Experiment die langfristigen Folgen unterschiedlicher Besteuerungssysteme, die britische Kolonialherren in verschiedenen Teilen Indiens zwischen 1765 und 1947 eingerichtet haben. Auch hier wird also die Wirkung institutioneller Veränderungen untersucht, die durch Dritte bewirkt wurden. Die Steuersysteme der Briten beruhten dabei entweder auf der Bemächtigung eines regionalen Regenten bzw. Großgrundbesitzers oder auf der direkten Besteuerung von Individuen bzw. Dörfern. Während Regionalfürsten die Steuerhöhe selbst festlegen konnten und einen fixen Betrag an die Briten abzuführen hatten, war die individuelle Besteuerung an erwirtschaftete Gewinne gebunden und Zahlungen erfolgten direkt an die Briten. Zu erwarten ist, dass das zweite Arrangement für die wirtschaftliche Entwicklung weitaus förderlicher war. Begründet wird die Hypothese damit, dass Regionalfürsten von Investitionen in wirtschaftsfördernde öffentliche Güter (Bildung, Infrastruktur, politische Partizipation) weitgehend absehen sollten, um ihre privilegierte Stellung nicht zu gefährden. Stattdessen ist sogar eher eine exzessive Belastung der Steuerpflichtigen zur eigenen Bereicherung anzunehmen. Gegenteil bietet ein auf individuellen Erträgen basierendes, moderates Steuersystem Anreize zu sozial förderlichen Wirtschaftsaktivitäten, da Zugewinne den Erzeugern selbst und nicht dem jeweiligen Lokalregenten zukommen.

Für ihr natürliches Experiment nutzen Banerjee und Iyer wiederum historische Zufälle: (1) Es wurden zwei unterschiedliche Besteuerungssysteme in verschiedenen Regionen Indiens eingeführt (Versuchs- und Kontrollgruppe). (2) Die indischen Regionen unterschieden sich im Zeitraum der Einführung kaum in ihrer Wirtschaftsentwicklung und kulturelle und geografische Unterschiede können im Rahmen multipler Regressionsverfahren kontrolliert werden (Vergleichbarkeit). (3) Die Einführung eines bestimmten Besteuerungssystems folgte keinem systematischen kulturellen oder geografischen Muster; stattdessen hing die Entscheidung für einen bestimmten Steuertypus lediglich vom Zeitpunkt der Einführung ab, da die Beliebtheit beider Systeme Modezyklen unterworfen war (Randomisierung).

Obwohl das moderne Indien einen einheitlichen institutionellen Rahmen aufweist und seit den frühen 1950er Jahren alle kolonialen Besteuerungssysteme abgeschafft hat, zeigen sich noch im Jahr 1991 drastische Unterschiede im Entwicklungsstand der vormals unterschiedlich organisierten Landesteile: In Regionen mit kolonialer Individualbesteuerung verfügen 1991 91% der Dörfer über eine Grundschule und 22% über eine weiterführende Schule; in den von Regionalfürsten verwalteten Gebieten sind es nur 77% bzw. 8%. Im individuellen Steuer-Regime wurde auch mehr in die Infrastruktur investiert: Hier sind 86% der Dörfer an das Stromnetz und 58% an das Straßennetz angeschlossen gegenüber 54% und 31% in der Kontrollgruppe. Schließlich zeigen sich auch kleine Unterschiede in der politischen Partizipation: Die Wahlbeteiligung fällt in Regionen mit Individualbesteuerung um knapp 4% höher aus. Alle Unterschiede bleiben auch unter Kontrolle demografischer, klimatischer und geografischer Besonderheiten der Regionen sowie der Dauer der britischen Herrschaft signifikant erhalten. Demnach üben koloniale Regelungen in Indien noch immer einen Einfluss auf die Bereitstellung von öffentlichen Gütern wie Bildung, Infrastruktur und politische Mitsprache aus. Das Ergebnis weist auf eine hohe Trägheit einmal installierter, aber längst abgeschaffter Institutionen hin.

Insgesamt laden derartige Studien dazu ein, natürliche Experimente als Methode zur Untersuchung spezieller prozessproduzierter Daten auch in der Wirtschaftssoziologie anzuwenden. Die Auswertung besonderer Daten steht auch im Mittelpunkt, wenn man sich mit der Rolle von Netzwerken im Geschäftsleben befasst.

7.2 Strukturelle Einbettung und soziale Netzwerke

Ein Sprichwort sagt „Beziehungen sind das halbe Leben". Geradezu sprichwörtlich ist der Ausdruck „Vitamin B". In beiden Fällen wird zum Ausdruck gebracht, was soziologische Klassiker wie etwa Georg Simmel oder Max Weber bereits vor vielen Jahrzehnten betont haben: Die Einbindung in soziale Strukturen, d.h. die Vernetzung der entscheidenden und handelnden Akteure (z.B. Personen, Firmen), kann eine wesentliche Komponente bei der Erklärung des ökonomischen und sozialen Geschehens sein.

In der Soziologie hat dieser Gedanke u.a. zur Entwicklung der sozialen Netzwerkanalyse geführt (für eine nach wie vor lesenswerte Lehrbuchdarstellung siehe Wasserman und Faust 1994). Nach der Schwerpunktsetzung der Analyse (Perspektive eines Netzwerkmitglieds

oder Bezugnahme auf das gesamte Netzwerk) unterscheidet man zwischen egozentrierten
und soziozentrierten Analysen; generell umfasst die soziale Netzwerkanalyse verschiedene Verfahren zur Aufdeckung von Strukturen zwischen Akteuren und ihrer Effekte (z.B.
Kohäsion von Gruppen, Identifikation von Cliquen, Status von Akteuren). Verfahren der
Netzwerkanalyse werden auch in anderen Disziplinen (z.B. Betriebswirtschaftslehre, Ethnologie, Kommunikationswissenschaft, Politikwissenschaft, Sozialpsychologie) angewendet. In
der Wirtschaftssoziologie spielen sie u.a. bei der empirischen Analyse des Marktgeschehens
eine wesentliche Rolle. Es ist daher sinnvoll, sich mit der Erfassung von Netzwerkbeziehungen und einigen dabei wichtigen Aspekten näher zu befassen.

7.2.1 Elementare Konzepte sozialer Netzwerkanalyse

Einfache Netzwerkstrukturen mit selbsterklärenden Namen wie TRIANGLE, 5-LINE und T-
SHAPE sind in ABBILDUNG 6.1 als Graphen dargestellt. Linien (Kanten, engl. arcs, edges,
lines, links oder ties) repräsentieren dabei Verbindungen, Punkte (Knoten, engl. nodes,
points oder vertices) jeweils Akteure (z.B. Personen, Firmen, Staaten). Buchstaben symbolisieren den Typ der Netzwerkposition, die numerischen Subskripte der Großbuchstaben
dienen zur Unterscheidung der Akteure mit der gleichen strukturellen Position. Die Zahl
der Punkte wird als die Ordnung eines Graphen bezeichnet, während die Zahl der Linien
seine Größe bestimmt. Die Ordnung der 5-LINE ist daher 5 und ihre Größe beträgt 4.

Man kann Netzwerkstrukturen nach ihrer Form charakterisieren. So ist TRIANGLE ein
vollkommen verknüpftes Netzwerk mit ringartigem Verbindungsmuster, während etwa die
5-LINE eine kettenförmige Verknüpfung aufweist. Dagegen steht z.B. 3-BRANCH für eine
radiale oder sternartige Vernetzungsstruktur. Weiter lassen sich Strukturen und Netzwerkpositionen bezüglich verschiedener Aspekte (etwa Zahl der Positionen und Verbindungen
im Netz, Zahl der Verbindungen einzelner Netzwerkpositionen (Grad, engl. degree)) unterscheiden. Der Grad eines Knoten ist definiert als die Zahl der Kanten, die ihn berühren.
Ein Knoten mit Grad 0 heißt isoliert.

Es gibt weitere wichtige Grundbegriffe der sozialen Netzwerkanalyse. Beispielsweise
existiert in jedem Netzwerk zumindest ein Pfad (d.h. ein eindeutiger, durch die Relationen
möglicher Weg zwischen zwei Knoten) mit einer bestimmten Pfadlänge (d.h. Zahl der Kanten eines Pfades) und einer gewissen Distanz (d.h. kürzester Pfad zwischen zwei Knoten).
Die Bestimmung solcher Merkmale erlaubt eine informative Beschreibung von Netzwerkstrukturen. Anhand der Graphen kann man auch bereits einfache Strukturmaßzahlen berechnen. So ergibt sich die Dichte eines Netzwerkes durch das Verhältnis der tatsächlichen
zu allen möglichen Verbindungen. Demnach entspricht die Dichte in TRIANGLE genau 1,
während die Dichte der 3-LINE nur 2/3 beträgt.

Zudem kann man in einzelnen Strukturen jeweils bestimmte Arten von Beziehungen
unterscheiden. So ist zwischen einseitigen und gegenseitigen Beziehungen zu differenzieren:
Eine gegenseitige Beziehung ist symmetrisch, d.h. sie wird von beiden Akteuren als solche
erkannt und erwidert; eine einseitige Beziehung ist dagegen asymmetrisch, es besteht also
keine Gegenseitigkeit. Die abgebildeten Netzwerke bestehen nur aus gegenseitigen Beziehungen – es handelt es sich um ungerichtete Graphen. Netzwerke mit mindestens einer
einseitigen Beziehung werden gerichtete Graphen genannt.

Generell ist Gegenseitigkeit eine Voraussetzung für die Stabilität eines Netzwerkes,
in dem das Fortbestehen von Beziehungen jeweils beiderseitiges Einverständnis erfordert.

ABBILDUNG 7.1: NETZWERKE, SOZIOMATRIZEN, ZENTRALITÄTSVEKTOREN

TRIANGLE

$$
\begin{array}{c}
\begin{array}{ccc} A_1 & A_2 & A_3 \end{array} \\
\begin{array}{c} A_1 \\ A_2 \\ A_3 \end{array}
\left(\begin{array}{ccc}
0 & 1 & 1 \\
1 & 0 & 1 \\
1 & 1 & 0
\end{array}\right)
\end{array}
\qquad
\begin{array}{c}
\begin{array}{c} A_1 \\ A_2 \\ A_3 \end{array}
\left(\begin{array}{c}
1.00 \\
1.00 \\
1.00
\end{array}\right)
\end{array}
$$

3–LINE

$$
\begin{array}{c}
\begin{array}{ccc} A_1 & A_2 & B \end{array} \\
\begin{array}{c} A_1 \\ A_2 \\ B \end{array}
\left(\begin{array}{ccc}
0 & 0 & 1 \\
0 & 0 & 1 \\
1 & 1 & 0
\end{array}\right)
\end{array}
\qquad
\begin{array}{c}
\begin{array}{c} A_1 \\ A_2 \\ B \end{array}
\left(\begin{array}{c}
0.50 \\
0.50 \\
1.00
\end{array}\right)
\end{array}
$$

4–LINE

$$
\begin{array}{c}
\begin{array}{cccc} A_1 & A_2 & B_1 & B_2 \end{array} \\
\begin{array}{c} A_1 \\ A_2 \\ B_1 \\ B_2 \end{array}
\left(\begin{array}{cccc}
0 & 0 & 1 & 0 \\
0 & 0 & 0 & 1 \\
1 & 0 & 0 & 1 \\
0 & 1 & 1 & 0
\end{array}\right)
\end{array}
\qquad
\begin{array}{c}
\begin{array}{c} A_1 \\ A_2 \\ B_1 \\ B_2 \end{array}
\left(\begin{array}{c}
0.33 \\
0.33 \\
0.67 \\
0.67
\end{array}\right)
\end{array}
$$

STEM

$$
\begin{array}{c}
\begin{array}{cccc} A & B & C_1 & C_2 \end{array} \\
\begin{array}{c} A \\ B \\ C_1 \\ C_2 \end{array}
\left(\begin{array}{cccc}
0 & 1 & 0 & 0 \\
1 & 0 & 1 & 1 \\
0 & 1 & 0 & 1 \\
0 & 1 & 1 & 0
\end{array}\right)
\end{array}
\qquad
\begin{array}{c}
\begin{array}{c} A \\ B \\ C_1 \\ C_2 \end{array}
\left(\begin{array}{c}
0.33 \\
1.00 \\
0.67 \\
0.67
\end{array}\right)
\end{array}
$$

KITE

$$
\begin{array}{c}
\begin{array}{ccccc} A_1 & A_2 & A_3 & A_4 & B \end{array} \\
\begin{array}{c} A_1 \\ A_2 \\ A_3 \\ A_4 \\ B \end{array}
\left(\begin{array}{ccccc}
0 & 0 & 1 & 0 & 1 \\
0 & 0 & 0 & 1 & 1 \\
1 & 0 & 0 & 0 & 1 \\
0 & 1 & 0 & 0 & 1 \\
1 & 1 & 1 & 1 & 0
\end{array}\right)
\end{array}
\qquad
\begin{array}{c}
\begin{array}{c} A_1 \\ A_2 \\ A_3 \\ A_4 \\ B \end{array}
\left(\begin{array}{c}
0.50 \\
0.50 \\
0.50 \\
0.50 \\
1.00
\end{array}\right)
\end{array}
$$

3–BRANCH

$$
\begin{array}{c}
\begin{array}{cccc} A_1 & A_2 & A_3 & B \end{array} \\
\begin{array}{c} A_1 \\ A_2 \\ A_3 \\ B \end{array}
\left(\begin{array}{cccc}
0 & 0 & 0 & 1 \\
0 & 0 & 0 & 1 \\
0 & 0 & 0 & 1 \\
1 & 1 & 1 & 0
\end{array}\right)
\end{array}
\qquad
\begin{array}{c}
\begin{array}{c} A_1 \\ A_2 \\ A_3 \\ B \end{array}
\left(\begin{array}{c}
0.33 \\
0.33 \\
0.33 \\
1.00
\end{array}\right)
\end{array}
$$

5–LINE

$$
\begin{array}{c}
\begin{array}{ccccc} A_1 & A_2 & B_1 & B_2 & C \end{array} \\
\begin{array}{c} A_1 \\ A_2 \\ B_1 \\ B_2 \\ C \end{array}
\left(\begin{array}{ccccc}
0 & 0 & 1 & 0 & 0 \\
0 & 0 & 0 & 1 & 0 \\
1 & 0 & 0 & 0 & 1 \\
0 & 1 & 0 & 0 & 1 \\
0 & 0 & 1 & 1 & 0
\end{array}\right)
\end{array}
\qquad
\begin{array}{c}
\begin{array}{c} A_1 \\ A_2 \\ B_1 \\ B_2 \\ C \end{array}
\left(\begin{array}{c}
0.25 \\
0.25 \\
0.50 \\
0.50 \\
0.50
\end{array}\right)
\end{array}
$$

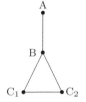

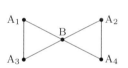

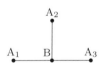

Es gibt allerdings auch soziale Netzwerkstrukturen, die nichts mit Erwiderungen zu tun haben – beispielsweise kann man sportliche Wettbewerbe (wie Turniere im Tennis oder eine Saison im Handball) als gerichtete Graphen auffassen, wobei die Richtung jeweils Gewinner oder Punktflüsse anzeigt (z.B. Roberts 1976). Auch Tauschbeziehungen (siehe Abschnitt 8.3.1), asymmetrische Akteursabhängigkeiten (siehe Abschnitt 8.3.2) sowie Auf- und Abstiege zwischen sozialen Positionen (siehe Abschnitt 8.3.3) sind als gerichtete Graphen darstellbar.

Ebenso lassen sich Hierarchien z.B. in Firmen als gerichtete Graphen abbilden, wobei die Richtungen jeweils Dominanzbeziehungen angeben (siehe den Beitrag *Status, Positionswettbewerbe und Signale* im zweiten Band). In gerichteten Graphen ist die Unterscheidung zwischen Eingangsgrad (Indegree) und Ausgangsgrad (Outdegree) zumeist sinnvoll. Weiter ist zwischen direkten und indirekten Verbindungen zu unterscheiden: Eine direkte Beziehung zwischen den Akteuren auf den Postionen A und B liegt vor, wenn eine Verbindungslinie zwischen A und B existiert; eine indirekte Beziehung zwischen den Akteuren auf A und C ist gegeben, wenn A mit B und B mit C direkt verbunden sind, aber zwischen A und C keine direkte Verbindung besteht. In der 3-LINE unterhalten A_1 und B sowie B und A_2 jeweils eine direkte Verbindung, aber zwischen A_1 und A_2 existiert nur eine indirekte Beziehung.

Will man eine weiterführende Analyse der Netzwerke durchführen, so empfiehlt sich ihre Repräsentation durch Soziomatrizen (Adjazenzmatrizen). Im dargestellten einfachsten Fall (ABBILDUNG 7.1) handelt es sich um symmetrische Matrizen mit binären Elementen: Eine Eins steht für die Existenz einer jeweils erwiderten Beziehung, eine Null für deren Abwesenheit. Die Beschränkung auf symmetrische Matrizen mit binären Eingängen ist nicht zwingend. Prinzipiell können beliebige reelle Zahlen zur Repräsentation von Beziehungen und deren Intensitäten dienen, die zudem keineswegs erwidert werden müssen. Es ist also möglich, gerichtete oder ungerichtete Verbindungen mit beliebiger Gewichtung in Adjazenzmatrizen abzubilden. Diese Matrizen erlauben weiterführende Analysen (z.B. Bestimmung des Prestiges der beteiligten Akteure, Feststellung der Transitivität zwischen jeweils drei Akteuren), die u.a. bei Wasserman und Faust (1994) beschrieben werden. Freilich sind vertiefende Untersuchungen auch schon auf der Grundlage von Matrizen mit binären Eingängen möglich (u.a. Berechnung der Zahl der Pfade einer gegebenen Länge durch entsprechende Potenzierung der Adjazenzmatrix). Dies kann man durch Maße der soziozentrischen Netzwerkanalyse verdeutlichen.

7.2.2 Zentralitätserfassung in Netzwerkstrukturen

Eine weiterführende Berechnung betrifft den für jedes Netzwerk in ABBILDUNG 7.1 gleichfalls angegebenen Vektor der Grad-Zentralität (Degree Centrality), dessen Eingänge die lokale Bedeutung der Knoten erfassen. Zur Bestimmung der absoluten Grad-Zentralität einzelner Knoten muss man lediglich die Anzahl seiner Verbindungen addieren. Eine relative Maßzahl ergibt sich, dividiert man die jeweilige Summe jeder Matrixzeile (d.h. den absoluten Grad des Knotens) durch die im Netzwerk maximal mögliche Zahl von Kanten (d.h. man standardisiert die Zahl der Verbindungen eines Akteurs jeweils mit der Zahl aller anderen Akteure). Die Standardisierung mit der um Eins reduzierten netzwerkspezifischen Gesamtzahl der Akteure erlaubt Vergleiche über unterschiedliche Netzwerkstrukturen und -größen hinweg. TRIANGLE ist ein Beispiel für eine Netzwerkstruktur ohne Variation der Zentralität zwischen Akteuren, (d.h. ein dezentralisiertes Netz), die übrigen Netze sind einfache Illustrationen für mehr oder weniger zentralisierte Netze (im Sinne einer unterschiedlichen Grad-Zentralität der einzelnen Netzwerkpositionen).

Mit Hilfe von Zentralitätsmaßen wird die lokale Bedeutung der Knoten bestimmt. Die Grad-Zentralität spiegelt den Fokus der Aktivität in einem Netzwerk wider. Vernachlässigt wird dadurch aber, ob ein Knoten eine günstige mittlere oder besonders nahe Position zu einflussreichen Knoten einnimmt. Neben der Grad-Zentralität kann man mit Freeman (1979) daher weitere Zentralitätskonzepte unterscheiden, die jeweils mit inhaltlich differenzierten Interpretationsmöglichkeiten einhergehen.

Die Mitte-Zentralität (Betweenness Centrality) beruht auf der Zahl kürzester Pfade, die über jeweils einen Knoten verlaufen. Hiernach ist ein Akteur zentral, wenn er mit möglichst vielen Knoten über minimale Distanz verbunden ist. Da die Mitte-Zentralität angibt, wie stark ein Knoten als Übermittlungsstation gebraucht wird, kann sie als Maß für dessen Netzwerkkontrolle interpretiert werden. Die Nähe-Zentralität (Closeness Centrality) ergibt sich dagegen aus der mittleren Distanz eines Akteurs zu allen übrigen Knoten. Man kann davon ausgehen, dass für einen Akteur mit hoher Nähe-Zentralität geringe Kosten bestehen, um mit allen übrigen Netzwerkmitgliedern zu interagieren. Dieses Zentralitätsmaß bildet damit den positionsspezifischen Zugang zu allen übrigen Netzwerkmitgliedern ab. Es erfasst die potenzielle Einflussnahme des Knotens.

Obwohl sich die Maßzahlen in ihrer Definition und Zielsetzung unterscheiden, führt ihre Berechnung keineswegs immer zu verschiedenen Resultaten. In den in ABBILDUNG 7.1 dargestellten Netzwerkstrukturen fallen Grad-, Mitte- und Nähe-Zentralität beispielsweise zusammen, sodass der Akteur auf der zentralsten Position B bzw. C über die meisten direkten Verbindungen verfügt, den kürzesten Pfad belegt und die geringste Distanz zu allen übrigen Knoten aufweist. In komplexen Netzwerkstrukturen ist dies häufig nicht der Fall, weshalb die Maße jeweils unterschiedliche Knoten als zentral ausweisen. Darüber hinaus existieren fortgeschrittene Zentralitätsmaße (siehe hierzu Abschnitt 8.3.2). Daneben gibt es vielfältige Möglichkeiten zur Kennzeichnung von Netzwerkbeziehungen.

7.2.3 Netzwerkbeziehungen und ihre Charakterisierung

Unterscheiden lassen sich starke und schwache Bindungen. Im Gegensatz zu schwachen Beziehungen sind enge oder starke Verbindungen (wie etwa in Familien und Freundschaftsnetzwerken) durch häufige, dauerhafte und zeitlich aufwändige Kontakte charakterisierbar, die oftmals mit einer bestimmten Emotionalität einhergehen, eine gewisse Intimität besitzen und in relativ homogenen Netzen stattfinden.

Homogenität verweist hier u.a. auf die über Netzwerkkontakte verfügbare Information. Mit Burt (1992) lassen sich zwei Quellen für Informationshomogenität in Netzwerken identifizieren: Gehören Verbindungen zu einem dicht und eng geknüpften Teilnetz, dann sind diese Kontakte zumeist redundant (d.h. innerhalb kohäsiver Teilnetze erfährt man wenig Neues); besitzen die Netzwerkpositionen ähnliche Verbindungen ohne selbst unbedingt verknüpft zu sein, dann sind diese gemeinsamen Kontakte zu Dritten oftmals redundant (d.h. bei struktureller Äquivalenz der Netzwerkknoten ist ebenfalls wenig Neues zu erwarten). Während sich die Redundanz aufgrund von Kohäsion auf direkte Beziehungen bezieht, ergibt sie sich bei struktureller Äquivalenz im Zusammenhang mit indirekten Beziehungen.

Typischerweise sind enge Beziehungen durch den Austausch von Leistungen gekennzeichnet. Als Teil eines Clusters von Beziehungen sind starke Bindungen zumeist gegenseitig (d.h. sie werden erwidert) und transitiv (d.h. der Freund meines Freundes ist auch mein

Freund). Eine Tendenz zur Transitivität wird sich allerdings kaum beobachten lassen, wenn bestimmte Beziehungen im Cluster schwach sind. Ist etwa die Beziehung zwischen A und B stark, aber die Verbindung zwischen A und C schwach, so wird sich – v.a. wegen der vermutlich mangelnden Vermittlungstätigkeit von A – zwischen B und C wahrscheinlich keine oder lediglich eine schwache Beziehung ergeben.

Ausgehend von solchen Unterscheidungen und Überlegungen wurden verschiedenste Netzwerke systematisch untersucht, was zu vielfältigen Befunden geführt hat.[4] Es ist sinnvoll, wenigstens eine kleine Auswahl der empirischen Resultate zu skizzieren. Im Zusammenhang mit Freundschaftsnetzwerken lassen sich generell Tendenzen der sozialen Homophilie nachweisen (z.B. McPherson, Smith-Lovin und Cook 2001; Wolf 1996). Dies bedeutet, dass verbundene Personen oftmals Ähnlichkeiten in Bezug auf z.B. Alter, Bildung, Geschlecht, Freizeitgestaltung und Einkommen besitzen. Diese soziale Homophilie reflektiert teilweise die sozialstrukturell bestimmten Möglichkeiten der Begegnung und ihre Parallelität zwischen potenziellen Freunden (Feld 1981, 1984). Beispielsweise lernen sich ungefähr gleichaltrige und ähnlich gebildete Personen kennen, wenn sie gemeinsam die Universität besuchen. Zu berücksichtigen ist allerdings auch, dass Freundschaftsbeziehungen stets das Produkt der gegenseitigen Wahl von Personen sind. Vor diesem Hintergrund deutet die empirische Homophilie-Tendenz entgegen der landläufigen Meinung darauf hin, dass sich Gegensätze im Bereich persönlicher Beziehungen keineswegs anziehen. Vielmehr scheint eher das Gegenteil („Gleich und gleich gesellt sich") zu gelten – Freundschaftsbeziehungen manifestieren sich in relativ homogenen Netzen.

Die soziale Homophilie reflektiert, dass Freundschaften nicht zufällig sind. Wie Mouw (2003) darlegt, ist dies bei der Interpretation von Ergebnissen empirischer Studien z.B. zu Netzwerkkontakten und Arbeitsmarkterfolgen zu berücksichtigen. Wenn man in einer empirischen Untersuchung etwa findet, dass Personen mit gut verbundenen Netzwerken u.a. höhere Arbeitseinkommen erhalten, dann ist vor einer entsprechenden kausalen Deutung zu warnen. Auf dieser Grundlage kann man nämlich nicht behaupten, dass durch besondere Netzwerkkontakte und den damit verfügbaren Ressourcen höhere Löhne und Gehälter erzielt werden können. Da Freundschaftsnetze jeweils nicht auf einer Zufallauswahl der Population beruhen, sondern eine durch die soziale Homophilie geprägte selektive Stichprobe darstellen, können die Entlohnungen von Netzwerkpartnern hoch korrelieren, ohne dass Hilfestellungen durch Freunde im Arbeitsmarkt stattfanden.

Im Kontext der Netzwerkanalyse haben sich auch Einsichten über effektive Zusammenarbeit ergeben. Beispielsweise ist aus der Kommunikations- und Gruppenforschung bekannt (siehe z.B. Herkner 1996 für einen Überblick), dass in dezentralisierten Netzen (wie z.B. TRIANGLE) die Kommunikation stärker ist (d.h. es werden im Durchschnitt mehr Botschaften ausgetauscht) als in zentralisierten Netzen. Zudem ist in einer dezentralisierten Gruppe die durchschnittliche Zufriedenheit höher als bei zentralisierten Verbindungen. Dezentralisierte Strukturen scheinen überdies für die Lösung komplexer Aufgaben geeigneter als zentralisierte Netze, wenn man durchschnittliche Bearbeitungszeit und Fehlerzahl als Effizienzkriterien heranzieht; dagegen bewähren sich zentralisierte Netzwerkstrukturen offenbar besser bei einfachen Aufgabenstellungen.

---

[4]Es gibt weitere Merkmale von Beziehungen, die man bei der Untersuchung sozialer Netzwerke berücksichtigen kann. Beispielsweise wird man bei der Analyse gerichteter Graphen den Rollengehalt von Netzwerkpositionen und die Multiplexität (Vielfältigkeit) von Beziehungen nicht unbedingt ausblenden, weil die Art und die Zahl der Rollenbeziehungen zu anderen Knoten keine Konstanten sein werden.

Prinzipiell erlaubt das Instrumentarium der Netzwerkanalyse daher interessante Einsichten über die Rolle und Wirkung sozialer Eingebundenheit für das Wirtschaftsgeschehen. Es verwundert daher nicht, dass es wichtige wirtschaftssoziologische Arbeiten zur sozialen Einbindung in Netzwerke und damit verknüpften Effekte gibt.

7.2.4 Soziale Netzwerke und Wirtschaftsgeschehen

In seinem berühmten Aufsatz *The Strength of Weak Ties* weist Granovetter (1973) darauf hin, dass sich soziale Beziehungen gerade dann auszahlen können, wenn sie nicht eng sind. Die auf den ersten Blick überraschende Stärke schwacher Verbindungen konnte Granovetter (1995) im Rahmen einer empirischen Studie zur Stellensuche von College-Absolventen feststellen: Danach fand die Mehrzahl der Befragten ihre Stelle nicht über Anzeigen und direkte Bewerbungen, sondern durch die Vermittlung persönlicher Bekannter; allerdings wurden mehr und höher bewertete Stellen über schwache Verbindungen erhalten und nicht über Empfehlungen von engen Kontaktpersonen. Zur Erklärung der Stärke schwacher Bindungen kann man auf die bei intensiveren und häufigeren Kontakten übliche Redundanz von Informationen verweisen und die bei schwachen Bindungen eher gegebene Unterschiedlichkeit von Informationen betonen. Im Rahmen von Granovetters Studie waren Informationen, die durch lockere Kontakte verfügbar wurden, aufgrund ihrer Verschiedenheit bei der Stellensuche gewinnbringender (für eine Übersicht zu weiteren Studien und ihren Ergebnissen siehe den Beitrag *Netzwerke im Arbeitsmarkt* im zweiten Band sowie Lin 1999 und Mouw 2003).

Unabhängig von ihrer Intensität erzeugt eine Verbindung dann Informationsvorteile, wenn sie eine Brückenfunktion zwischen ansonsten getrennten Regionen eines Netzwerkes erfüllt. Bei letzteren kann es sich um dicht geknüpfte Cluster von Beziehungen handeln. Fällt eine Brücke weg, so ergeben sich üblicherweise kleinere Teilnetze, in denen die hinreichend gut verknüpften Akteure jeweils eher ähnliche Informationen besitzen. Erst durch Brückenbildung zu einem anderen Netz werden dann wieder neuartige Informationen verfügbar. Wie durch den Beruf des Maklers deutlich wird, kann die durch die Brückenbildung geschaffene Position als Informationslieferant ausgesprochen profitabel sein.

Nicht nur deshalb kann es nach Burts (1992) theoretischer und empirischer Analyse des Wettbewerbs amerikanischer Firmen für einen Akteur vorteilhaft sein, selbst mehrere Cluster von Beziehungen zu verbinden und daher ein sogenanntes strukturelles Loch (im Sinne einer bisherigen Unverbundenheit von Beziehungsclustern) zu überbrücken. Durch die Übernahme einer Brückenfunktion könnte die Trennung der Beziehungscluster gewinnbringend behoben werden. Neben der damit einhergehenden Rolle als Informationslieferant ergibt sich nämlich für einen als Brücke dienenden Akteur die Möglichkeit, eine etwaige Verschiedenartigkeit der Anfangsaustattungen und/oder Präferenzen in den durch ihn verbundenen Clustern zu nutzen. Überdies kann ein solcher Akteur die günstige Position des lachenden Dritten („tertius gaudens") im Sinne Simmels (1908 [1992]) erreichen (siehe Abschnitt 3.1.4). Voraussetzung hierfür ist eine Konkurrenzsituation (z.B. bei der Stellensuche) zwischen positionsgleichen Akteuren, die man gegeneinander ausspielen kann, weil diese sich aufgrund von strukturellen Löchern, also fehlenden Verbindungen, nicht abstimmen können („Wenn sich zwei streiten, freut sich der Dritte").

Auch wegen derartiger Einsichten verwundert es nicht, dass sich Soziologen bei der Analyse des Marktgeschehens oft netzwerkanalytischer Konzepte und Überlegungen bedienen. Als Beispiel kann man empirische Studien für den Handel mit Aktienoptionen (Chicago

Board of Trade) betrachten, die bereits vor Jahrzehnten von Wayne Baker (1984) vorgelegt wurden. Sie belegen die Relevanz struktureller Einflüsse in vermeintlich vollkommenen Märkten. Entgegen der Vorhersage der ökonomischen Standardtheorie (Wettbewerb in perfektem Markt) ging mit einer höheren Zahl von Händlern danach keine Stabilisierung der Preise von Optionen einher, sondern eine stärkere Preisvolatilität. Der wesentliche Grund hierfür war, dass sich Optionshändler auch in Perioden mit einem hohem Handelsvolumen auf lediglich eine bestimmte Zahl von Handelspartnern konzentrierten. Diese Zahl war für häufig gehandelte Optionen nicht höher, sondern reflektierte kognitive und räumliche Beschränkungen sowie das Bemühen, Unsicherheit zu vermeiden und soziale Kontrolle zu behalten. Offenbar existieren selbst dann Einflüsse sozialer Eingebundenheit, wenn nahezu perfekte Gegebenheiten für ökonomischen Tausch bestehen (siehe z.B. Granovetter 2005 für einen ausführlicheren Überblick zu sozialstrukturellen Einflüssen auf wirtschaftliche Variablen).

Für die wirtschaftssoziologische Betrachtung sind daneben Beiträge von Harrison White (1981, 1992, 2002) einschlägig, die sich mit der Untersuchung von Produktionsmärkten als Rollenstrukturen und ihren Konsequenzen für den Markt als soziale Kategorie beschäftigten. White interpretiert Märkte als von Akteuren gemeinsam erschaffene und durch fortlaufende Interaktionen erhaltene soziale Konstruktionen – ein Markt existiert demnach, wenn eine unbestimmt große Menge von Akteuren eine konsistente Vorstellung über den Tausch von Ressourcen und die dabei verbindlichen Strukturen und Regeln gewonnen hat. Zudem ist aus netzwerkanalytischer Sicht die grundlegende Unterscheidung zwischen Tauschmärkten und Rollenmärkten wichtig. Die neoklassische Analyse der Ökonomen betrifft insbesondere Tauschmärkte, in denen jeder Akteur prinzipiell beide Marktseiten (Angebot und Nachfrage) bedient. Allerdings sind die meisten realen Märkte eher Rollenmärkte als Tauschmärkte (siehe hierzu Aspers 2006). Ein Rollenmarkt ist dadurch gekennzeichnet, dass die Marktidentität eines Akteurs zumeist nur mit einer Seite des Marktes verknüpft ist (z.B. Produzent und Verkäufer oder Käufer und Konsument).

Ausgehend von dieser Unterscheidung betont White, dass Produzenten bei einer Beobachtung des Marktes stets Selbstbeobachtung und Konkurrentenbeobachtung betreiben. Nach seiner Auffassung machen sich Produzenten durch den Verkauf von Produkten mit verschiedener Qualität und den Einsatz von Preisdifferenzierung voneinander unterscheidbar. Als Resultat ergibt sich für jede Firma im Produzentenmarkt eine Nische, die mit der spezifischen Preis-Qualitätsmischung korrespondiert. Für White ist der Markt mithin eine Sozialstruktur, die sich und ihre Mitglieder reproduziert. Jeder Hersteller spezialisiert sich also und verfestigt dadurch, in Verbindung mit entsprechenden Preisanpassungen bei seinen Transaktionen, die erreichte Position. Im Rahmen seines theoretischen Modells unterstellt White, dass die vielen anonymen Konsumenten nur mit Kauf oder Nichtkauf reagieren können, während sich die Produzenten (im Gegensatz zur ökonomischen Standardtheorie) an ihrer überschaubaren Konkurrentenzahl ausrichten.

Abgesehen von solchen theoretischen Überlegungen kann man die Zusammenhänge zwischen Märkten und Netzwerken thematisieren. Ausgangspunkt entsprechender theoretischer Bemühungen ist dabei die zumeist implizite Prämisse, dass Individuen und Organisationen jeweils für sie nützliche Netzwerkverbindungen wählen, aber schädliche Netzwerkverbindungen vermeiden. Netzwerke werden sich demnach insbesondere unter bestimmten Bedingungen im Wirtschaftsleben bilden und auswirken:

Möglicher Ertrag durch Zusammenarbeit: Erst die Vernetzung von Akteuren kann die Erzielung eines potenziellen Gewinns durch entsprechende Zusammenarbeit erlauben.

Gefährdungen durch gemeinsamen Feind: Die Aktivitäten eines gemeinsamen Feindes lassen die Vernetzung mit anderen Akteuren sinnvoll erscheinen bzw. können stabilisierend auf ein schon bestehendes Netzwerk von Akteuren wirken.

In Anlehnung an die soziologische Tauschtheorie (z.B. Willer 1999) kann ein Verhandlungsnetzwerk zudem als eine Metapher für das interpretiert werden, was Ökonomen gemeinhin als Markt bezeichnen – aus ökonomischer Sicht existieren Märkte ja immer dann, wenn freiwillige Tauschbeziehungen zwischen verknüpften Entscheidungsträgern möglich sind. Anders gesagt: Bei unterschiedlichen Anfangsausstattungen und/oder Präferenzen verbundener Akteure liegt ein Markt oder ein Netzwerk möglicher Tauschbeziehungen vor, weil dann potenzielle Käufer und Verkäufer jeweils einen Verhandlungsspielraum über die Aufteilung eines Tauschprofits besitzen.

Diese Vorgehensweise unterstellt einen Begriff des Netzwerks, der umfassender ist als der des Marktes. Danach ist keineswegs jedes Netzwerk ein Markt, aber jede Konstellation von Marktbeziehungen kann als Netzwerk abgebildet werden. Dies ist vereinbar mit der bereits diskutierten Auffassung (vgl. Abschnitt 5.2.2) der Institutionenökonomen Richter und Furubotn (1999), wonach Märkte letztlich Netzwerke von Akteuren sind, die dauerhaft untereinander Tauschbeziehungen unterhalten und sich dabei weitgehend selbst hergestellten bzw. immer wieder reproduzierten Institutionen und durchsetzbaren Regeln bezüglich des Markthandelns unterwerfen.

Freilich gibt es in der Ökonomik eine entgegengesetzte Sichtweise: Beispielsweise konstruieren Vernon Smith (2002) sowie Bowles und Gintis (2002) einen Gegensatz zwischen Märkten und Netzwerken. Während Märkte sich nach ihrer Auffassung insbesondere durch weitgehend anonyme Geschäfte charakterisieren lassen, sind für Netzwerke vorrangig persönliche Verbindungen und Austauschbeziehungen kennzeichnend, die z.B. mit der Zugehörigkeit zu überschaubaren Gemeinschaften einhergehen. In Netzwerken wird demnach intendierte Kooperation v.a. durch Reziprozität und Sanktionen her- und sichergestellt; in Märkten entsteht und stabilisiert sich dagegen unintendierte Kooperation durch die „unsichtbare Hand", die Adam Smith (1776) beschrieben hat.

Wiederum alternativ kann man im Sinne von Casella und Rauch (2001) verschiedene ökonomische Netzwerke unterscheiden: Netzwerke als Orte des konzentrierten Tausches, Netzwerke als ursprüngliche Beziehungen, Netzwerke als gegenseitige Orientierungsstrukturen. In allen diesen Fällen müssten sich demnach Abweichungen vom ökonomischen Standardmodell des Marktes feststellen lassen.

Aus den Naturwissenschaften stammen überdies Beiträge, die soziale Netzwerke und die damit verknüpften Interdependenzen und Verbindungsmöglichkeiten relativ zu physischen und technischen Netzen untersuchen (z.B. Barábasi 2003; Watts 1999).[5] Auch die Ökonomen interessieren sich inzwischen für Netzwerkthemen, was sich u.a. in den Lehrbüchern von Goyal (2007), Jackson (2008) und Vega-Redondo (2007) niedergeschlagen hat. Daneben gibt es in der Soziologie immer wieder Beiträge, die sich mit dem Verhalten im Wirtschaftsleben beschäftigen und dabei Netzwerküberlegungen berücksichtigen. Neben theoretischen Arbeiten (z.B. Raub und Weesie 1990) sind hier empirische Studien wie

---

[5]Einen aktuellen und breiten Überblick insbesondere über die naturwissenschaftliche Literatur zu Netzwerken vermittelt Newman (2010).

beispielsweise die Untersuchung von DiMaggio und Louch (1998) zum Kaufverhalten von Konsumenten bei unsicherer Produktqualität zu nennen – solche Produkte (z.B. Gebrauchtwagen) werden nach DiMaggios und Louchs Ergebnissen eher von Bekannten und/oder Freunden als von anonymen und/oder unbekannten Händlern erworben. Somit können bestehende soziale Netzwerkbeziehungen Voraussetzungen für wirtschaftliche Transaktionen sein.

7.3 Kulturelle Einbindung und Kulturdeutungen

Wirtschaftliche Handlungen spiegeln kulturelle Einflüsse wider. Im Gegensatz zu Japanern züchten und essen Deutsche z.B. Kaninchen, während Japaner, im Unterschied zu Deutschen, traditionell z.B. Wale jagen und verzehren. Palästinenser und Juden sind sich in ihrer strikten Ablehnung von Schweinefleisch einig, was traditionelle Bayern angesichts der in ihrer Heimat verbreiteten köstlichen Schweinebraten kaum nachahmenswert finden (weitere Beispiele finden sich mit Erklärungen in einem Buch des Kulturanthropologen Marvin Harris 1995). Allerdings können sich durch vielfältige wirtschaftliche Kontakte zwischen Angehörigen unterschiedlicher Kulturen u.a. Praktiken und Regeln verändern, die man in diesem Zusammenhang als einschlägig betrachten kann. Beispielsweise verspeisen Deutsche (also auch Bayern) inzwischen Döner, Souvlaki und Sushi und sie trinken dazu keineswegs mehr nur Bier. Zudem nähern sich Sprachen durch die Übernahme von Wörtern an – gerade in den Bereichen der Betriebswirtschaft (wie Buchhaltung, Marktforschung, Rechnungsprüfung, Unternehmensführung) erscheint das Deutsche inzwischen durchsetzt von Anglizismen (Accounting, Marketing, Controlling, Management).

Kultur ist bei der Analyse des wirtschaftlichen Geschehens und seiner Wirkungen wichtig.[6] Dies gilt selbst dann, wenn man die Perspektive eines kritischen Realisten (z.B. Bunge 1996) einnimmt und davon ausgeht, dass die Wirklichkeit nicht nur eine Vorstellung ist, in der man sich alle Dinge und Vorkommnisse letztlich selber schafft. Für die bedeutende Rolle von Kultur spricht nämlich bereits die Einsicht, dass die kulturelle Einbindung reale Effekte haben kann. Beispielsweise können Alltagstheorien der Akteure, obwohl konstruiert, reale Konsequenzen im Geschäftsleben haben; dies wurde nicht nur in dem klassischen Aufsatz von Robert Merton (1936) zu den unintendierten Folgen absichtsvoller Handlungen (z.B. Bankpleite aufgrund von Gerüchten) überzeugend herausgearbeitet.

Allerdings wird die wirtschaftssoziologische Analyse der kulturellen Einbindung und ihrer Folgen wesentlich davon abhängen, wie der Begriff der Kultur aufgefasst wird. Kultur kann man beispielsweise als einen nur langfristig veränderbaren Bestand an Mechanismen der Verhaltensregulierung (z.B. Anweisungen, Bräuche, Praktiken, Regeln, Sitten) definieren, der von einer Menge von Akteuren geteilt, verwendet und weitergegeben wird (Becker 1996). Vor diesem Hintergrund ist u.a. zu erwarten, dass sich kulturelle Dinge (wie etwa Traditionen und Werte) erheblich langsamer ändern als andere individuelle und soziale Merkmale im Wirtschaftsleben (wie etwa Gewohnheiten und Preise). Ebenfalls zu vermuten ist, dass Kultur eine Rolle in der Ökonomie spielt, weil sie u.a. Geschmäcker und Überzeu-

---

[6]In diesem Zusammenhang kann man im Übrigen auch die dominante Form der Wirtschaftstheorie als einen wichtigen Aspekt der kulturellen Dimension des Geschäftsleben betrachten und vor diesem Hintergrund das Wirtschaftsgeschehen beschreiben. Im Rahmen eines vielfach beachteten Essay befasst sich Vogl (2010) kritisch mit dem Wechselspiel zwischen Finanzmarkttheorie und Spekulationen, wobei die Finanzkrisen der letzten Jahre einen Ausgangspunkt bilden.

gungen beeinflusst. Nach einem Blick auf dafür einschlägige quantitative Befunde können zwei Ansätze näher betrachtet werden, die Kultur aus einer eher naturwissenschaftlichen bzw. geisteswissenschaftlichen Perpektive konzeptualisieren.

Kulturelle Erklärungen des Wirtschaftslebens unterliegen einem Modezyklus

Es war nicht immer populär, kulturelle Erklärungen für wirtschaftliche Phänomene zu unterbreiten (einen Literaturüberblick bieten Guiso, Sapienza und Zingales 2006). Frühe Wirtschaftsdenker griffen häufig auf die Kultur zur Erklärung ökonomischer Tatbestände zurück. Adam Smith (1759) verweist auf tradierte moralische Gefühle, welche ein grundsätzliches Eigeninteresse moderieren und auf diese Weise Arbeitsteilung, Handel und Spezialisierung ermöglichen. Gabriel Tarde (1890) beschreibt die Stabilisierung kultureller Muster, aber auch gesellschaftliche Innovationsprozesse als Folgen menschlicher Imitation. Max Weber (1920 [1981]) führt die Entstehung des Kapitalismus auf religiösen Wandel zurück und Karl Polanyi (1944) postuliert eine mäßigende Wirkung der Kultur auf die Fehlleistungen moderner Märkte.

Im Laufe des 20. Jahrhunderts verlor die Kultur als erklärende Variable für wirtschaftliche Phänomene jedoch an Bedeutung. Dies mag daran gelegen haben, dass Kultur in empirischen Studien schwer messbar war und ihr Effekt kaum von der Wirkung anderer weitgehend konstanter Bestandsgrößen wie Institutionen oder relativen Preisen zu trennen ist. Stattdessen verbreitete sich vor allem in der Ökonomik eine Sichtweise, die Kultur lediglich als Folge ökonomischer Rahmenbedingungen versteht. Demnach gehen kulturelle Regeln und Wissensbestände aus einem Anpassungsprozess an die geltende ökonomische und institutionelle Ordnung hervor. Auch Karl Marx (1867 [1962]) ging bekanntermaßen von dieser umgekehrten Wirkungsrichtung in der Beziehung von Kultur und Wirtschaft aus, wobei Produktionstechnologien und Besitzverhältnisse die Sozialstruktur formen und die vorherrschende Kultur bestimmen.

Seit den frühen 1990er Jahren untersuchten zunehmend Politikwissenschaftler den Einfluss verschiedener Kulturen des sozialen Engagements und Vertrauens auf die Güte politischer Institutionen und die Leistungsfähigkeit von Volkswirtschaften (z.B. Putnam 1993; Fukuyama 1995). Putnam zeigte beispielsweise einen positiven Zusammenhang zwischen einer nicht an Familieninteressen, sondern am Gemeinwohl orientierten Kultur und der Funktionsweise regionaler Regierungen in Italien auf. Diese kulturellen Differenzen zieht Putnam sodann heran, um Unterschiede in der wirtschaftlichen Entwicklung von Nord- und Süditalien zu begründen.

Inzwischen setzen sich auch Soziologen und Ökonomen erneut mit den wirtschaftlichen Folgen kultureller Merkmale auseinander. Auch diese prüfen häufig den Einfluss der Kultur auf die wirtschaftliche Leistungsfähigkeit von Staaten (gemessen am Wachstum des Bruttoinlandprodukts pro Kopf in einer bestimmten Zeitperiode). Positive Effekte zeigen beispielsweise generalisiertes Vertrauen (z.B. Gambetta 1988; Knack und Keefer 1996), religiöse Überzeugungen (z.B. Barro und McCleary 2003) oder spezifische Organisationsmodelle und Managementformen (für einen Überblick siehe DiMaggio 1994).

7.3.1 Kultur als Messgröße

Die Hypothese, dass individuelle Vorlieben, Erwartungen und Zielsetzungen kulturell geprägt sind und Kultur somit das menschliche Verhalten im Wirtschaftsleben mitbestimmt, wurde in den letzten zwei Jahrzehnten vielfach empirisch untersucht. Die zunächst durchgeführten internationalen Makroanalysen betrachten die Konsequenzen kultureller Prägungen auf Länderebene, indem sie mögliche Zusammenhänge zwischen kulturellen Eigenschaften ganzer Staaten und deren wirtschaftlicher Leistungsfähigkeit untersuchen. Studien dieser Art beruhen üblicherweise auf internationalen Datensätzen zur makroökonomischen Entwicklung (zur Messung von ökonomischer Leistung) sowie auf international erhobenen Individualdaten (zur Messung von kulturellen Prägungen).[7] In den Studien wird auf eine Reihe von Drittvariablen kontrolliert, die verschiedene Alternativerklärungen der Wachstumstheorie (z.B. Entwicklungsstand, Bildungsgrad, Staatsquote) und weitere Einflussgrößen der Wirtschaftsentwicklung (z.B. wirtschaftliche Öffnung, Güte von Institutionen, politische Stabilität) abdecken.

Wird trotz umfassender Kontrolle auf alternative Wachstumsdeterminanten ein signifikanter positiver oder negativer Effekt von Kulturvariablen (z.B. generalisiertes Vertrauen, ziviles Engagement, religiöser Glaube) auf das Wirtschaftswachstum gefunden, dann kommen diese Studien üblicherweise zu dem Schluss, dass Kultur einen Einfluss auf das Wirtschaftsleben ausübt. Ein kausaler Kultureffekt kann jedoch nicht zweifelsfrei nachgewiesen werden. Nicht auszuschließen ist nämlich, dass die beobachteten Kulturmerkmale lediglich mit hintergründigen, landestypischen Gegebenheiten einhergehen, welche ihrerseits die wahren, aber unbeobachteten Gründe für Wirtschaftswachstum darstellen (z.B. historische Ereignisse oder geografische Gegebenheiten). In diesem Fall läge kein kausaler Einfluss der Kultur auf die Formen des Wirtschaftens vor.

Darüber hinaus sind diese Studien aufgrund ihrer ausschließlichen Verwendung von Aggregatdaten zu kritisieren. Statt die direkten Verhaltenskonsequenzen von kulturellen Prägungen auf Individualebene zu betrachten, werden verfügbare Kulturdaten auf Länderebene hochgerechnet und in Zusammenhang mit landesweiten Wirtschaftsdaten gebracht. Bei der Interpretation solcher Ergebnisse besteht also die Gefahr, dass Fehlschlüsse zwischen Analyseebenen (siehe Abschnitt 7.4.2) begangen werden.

Beide methodischen Probleme können umgangen werden, wenn Menschen mit unterschiedlicher kultureller Prägung denselben situativen Gegebenheiten ausgesetzt werden und dann ihr individuelles Verhalten auf Unterschiede hin untersucht wird. Mit diesem Vorgehen ist einerseits sichergestellt, dass beobachtete Verhaltensdifferenzen tatsächlich von kulturellen Unterschieden hervorgerufen werden und nicht von anderen systematischen Unterschieden im lokalen Entscheidungsraum. Andererseits werden hierbei Individualdaten betrachtet und ein Fehlschluss von Makrobefunden auf vemeintliche Gegebenheiten auf der Mikroebene (ökologischer Fehlschluss nach Robinson (1950), siehe auch Abschnitt 7.4.2, Kasten „Fehlschlüsse zwischen Ebenen") kann ausgeschlossen werden.

Diese Bedingungen sind in Laborexperimenten erfüllt. Henrich et al. (2001, 2005) führten Laborexperimente in 15 Stammesgesellschaften in Afrika, Südamerika, Südostasien, Ozeanien und Zentralasien durch. Vertreten sind Jäger- und Sammlergruppen, Nomaden und einfache Agrargesellschaften. Die betrachteten Gesellschaften sind insgesamt wirtschaftlich wenig entwickelt, unterscheiden sich aber stark in ihrer kulturellen Ausgestaltung. Vor diesem Hintergrund kultureller Heterogenität wurde die Fairness der Stammesmitglieder mit Hilfe von „Ultimatum"-Spielen untersucht. Die Spiele fanden jeweils zwischen zwei Mitgliedern derselben Gesellschaft statt. Hierbei schlägt Spieler 1 die genaue Aufteilung eines vom Experimentalleiter bereitgestellten Geldbetrags vor. Spieler 2 kann den Teilungsvorschlag annehmen, sodass jeder Spieler seinen Anteil erhält. Spieler 2 kann jedoch auch ablehnen, sodass keiner der beiden Spieler etwas erhält (zum Ultimatum-Spiel siehe genauer Abschnitt 9.4.1).

---

[7]Zentrale Datenquellen sind hier der *World Values Survey* (WVS) und das *International Social Survey Programme* (ISSP). Individuelle Angaben zu Werten, Einstellungen und Erwartungen werden hier anhand nationaler Stichproben im Trenddesign erfasst. Daten des WVS werden aktuell in fast hundert Ländern gesammelt und entsprechende Trenddaten liegen ab 1981 in derzeit sechs Erhebungswellen vor. Das ISSP wird seit 1985 jährlich erhoben und umfasst mittleweile 48 Länder.

In westlichen, studentischen Populationen wird in Ultimatum-Spielen häufig eine 50/50-Aufteilung vorgeschlagen (Spieler 1) und lediglich Angebote unter 20% werden regelmäßig abgelehnt (Spieler 2). In den von Henrich et al. untersuchten Stammesgesellschaften liegt dagegen eine starke Variation der Teilungsbereitschaft sowie der Akzeptanz von Teilungsofferten vor, die teilweise mit kulturellen Eigenheiten erklärt werden kann: Probanden aus Gesellschaften, deren wirtschaftlicher Austausch auch Nicht-Verwandte einschließt und häufig über Märkte abgewickelt wird, schlagen typischerweise faire Teilungen vor (ca. 50%). Den Machiguenga (Peru), Tsimane (Bolivien), Quichua (Ecuador) oder Mapuche (Chile) fehlen diese sozial komplexen Austauschformen. In der Folge offerieren sie im Durchschnitt nur 30%. Die Ablehnungsrate liegt jedoch nahezu bei Null, d.h. egoistisches Verhalten wird hier als angemessen angesehen. Gleiches gilt für einige Stammesgesellschaften in Afrika und Zentralasien. Diese Befunde zeigen Unterschiede in vorherrschenden Fairness-Normen auf. Auf der anderen Seite machen sich kulturelle Prägungen auch in hyper-fairen Angeboten (mehr als 50%) und deren Ablehnung bemerkbar. In Neuguinea beispielsweise werden sehr hohe Offerten häufig abgelehnt, da vorherrschende Praktiken des Schenkens den Empfänger von Wohltaten sozial herabstufen oder eine teure Erwiderung des Gefallens erfordern.

Internationale Laborexperimente haben freilich den Nachteil, dass Probanden verschiedener Kulturkreise möglicherweise unterschiedlich auf die abstrakte Entscheidungssituation im Experiment, den Versuchsleiter oder die in Aussicht gestellte Entlohnung reagieren. Kulturelle Einflüsse, beispielsweise auf aggressives Verhalten, wurden allerdings auch in verdeckten Feldexperimenten nachgewiesen (z.B. Nisbett und Cohen 1996).

Die Bedingung eines einheitlichen Entscheidungsraums bei gleichzeitiger kultureller Heterogenität unter Untersuchungspersonen ist auch erfüllt, wenn nationale Befragungsdaten zu Einheimischen und Immigrantengruppen untersucht werden. Immigranten leben unter denselben wirtschaftlichen und institutionellen Rahmenbedingungen wie Einheimische, transportieren jedoch gleichzeitig die kulturelle Prägung ihres Herkunftslands. Vergleicht man nun die Lebensentscheidungen von Einwanderern der zweiten Generation (dies stellt sicher, dass für alle Befragten seit ihrer Geburt die gleichen Rahmenbedingungen herrschen) mit den Entscheidungen von gleichaltrigen Einheimischen, so werden die Konsequenzen einer durch die Familie weitergegebenen Kultur messbar.

Diese Vorgehensweise hat in den USA insbesondere folgende Ergebnisse erbracht: Die Arbeitsmarktbeteiligung von Immigrantinnen folgt stärker der Rate des elterlichen Herkunftslands als der Rate für US-Amerikanerinnen ohne Migrationshintergrund; einen noch größeren Einfluss auf die Beschäftigungsentscheidung hat dabei der kulturelle Hintergrund des Ehemannes (Fernández und Fogli 2009). Mit diesem Ergebnis können Unterschiede der weiblichen Arbeitsmarktbeteiligung zwischen Herkunftsländern zum Teil auf kulturelle Rollenerwartungen zurückgeführt werden. Darüber hinaus kann eine kulturelle Verankerung des typischen Auszugsalters von erwachsenen Kindern gezeigt werden: Immigrantenkinder aus Südeuropa wohnen auch in den USA noch länger bei ihren Eltern als Kinder von nordeuropäischen Einwanderern (Giuliano 2007). Weiterhin kann die kulturelle Vermittlung von sozialen oder politischen Einstellungen aufgezeigt werden: Das durchschnittliche Vertrauen in andere Menschen korreliert bei Immigranten der zweiten Generation mit dem aktuell im elterlichen Herkunftsland vorherrschenden Niveau generalisierten Vertrauens (Guiso, Sapienza und Zingales 2006). Darüber hinaus fordern Immigranten mit hohen (niedrigen) Umverteilungsmaßnahmen im Herkunftsland auch in den USA einen starken (schwachen) Staat (Fernández 2011). Diese Ergebnisse weisen einerseits klare Einflüsse der Herkunftskultur auf individuelle Zielsetzungen, Erwartungen und Einstellungen von Immigrantenkindern nach. Andererseits wird indirekt die kulturelle Verankerung von im Herkunftsland vorherrschenden Gegebenheiten aufgezeigt.

Namen als Spiegel kultureller Unterschiede und Veränderungen

Die Annahme, dass soziales Handeln maßgeblich von gesellschaftlichen Strukturen beeinflusst wird, ist unter soziologischen Theoretikern unstrittig. Ein eindeutiger empirischer Nachweis kultureller Einflüsse erweist sich allerdings meist als schwierig, da sich Wandlungsprozesse in der Regel nur langsam vollziehen und adäquate Daten zu deren Prüfung nur selten zur Verfügung stehen. Im Fall der Namensgebung von Eltern sind diese Schwierigkeiten jedoch nicht gegeben. Anhand dieses Beispiels kann gezeigt werden, dass kulturelle Rahmenbedingungen den individuellen Spielraum sogar bei privaten Entscheidungen wie der Namensgebung strukturieren und dass dieser kulturelle Rahmen selbst Veränderungen und Modeprozessen unterliegt.

Stanley Lieberson (2000) illustriert in seinem Buch *A Matter of Taste* sowie zahlreichen Artikeln, wie sich Kultur in der Namensgebung verschiedener Gruppen und zu verschiedenen Zeitpunkten manifestiert. In der afroamerikanischen Bevölkerung hat sich beispielsweise (insbesondere seit den Rassenunruhen der späten sechziger und frühen siebziger Jahre des vergangenen Jahrhunderts) die für deutsche Verhältnisse unübliche Praxis etabliert, neue Vornamen für die eigenen Kinder zu erfinden (z.B. Lamecca, Husan oder Oukayod), um so deren Einzigartigkeit und Besonderheit auszudrücken. Würde sich dieser kreative Prozess außerhalb eines kulturellen Rahmens bewegen, so wäre zu erwarten, dass neu erfundene Namen nur zufällige Ähnlichkeiten zu bestehenden Namen aufweisen und die Namen nicht auf soziale Kategorien, wie etwa das Geschlecht des Kindes, schließen lassen. Wie Lieberson und Mikelson (1995) jedoch zeigen, folgt die Praxis der Namensgebung bestehenden sozialen Konventionen und sprachlichen Regeln, sodass Fremde anhand der ihnen ungeläufigen Namen meist problemlos das Geschlecht eines Kindes korrekt bestimmen können. Subtile gesellschaftliche Praktiken und Regeln prägen folglich den kreativen Prozess der Erfindung neuer Namen.

Jürgen Gerhards und Kollegen haben weitere Einsichten zu kulturellen Einflüssen auf die Namensgebung publiziert. Demnach sind die Unterschiede in der Namensgebung zwischen Ost- und Westdeutschland vor dem Mauerfall weniger beträchtlich als vermutet (Huschka et al. 2009). Aufgrund der westlichen Orientierung Ostdeutschlands und des stillen Protests gegen den Einfluss der Sowjetunion waren etwa slawische und osteuropäische Namen unter Ostdeutschen keineswegs häufiger vertreten. Jedoch hatten historische Ereignisse und Umstände die theoretisch zu erwartenden Effekte: Die Errichtung der Berliner Mauer hat dazu geführt, dass in Ost- und Westdeutschland seltener die gleichen Namen besonders beliebt waren. Der vermehrte Empfang westdeutscher Sender in der ehemaligen DDR seit den siebziger Jahren hat dagegen diesem Entkopplungsprozess entgegengewirkt.

Auch die Wirkung anderer historischer Ereignisse und gesellschaftlicher Prozesse in Deutschland lässt sich anhand der Namensgebung nachvollziehen (vgl. Gerhards und Hackenbroch 2000; Gerhards 2010): So geht die Säkularisierung mit einem rückläufigen Anteil an christlichen Namen einher. Das Aufkommen des Nationalismus und insbesondere die Machtergreifung der Nationalsozialisten in Deutschland schlägt sich in einer rapiden Zunahme deutscher und Abnahme christlicher Namen nieder. Eine Enttraditionalisierung und Individualisierung ist dahingehend zu konstatieren, dass immer weniger Eltern ihren Vornamen an ihre direkten Nachkommen weitergeben und die Konzentration auf einzelne Namen seit Ende des 19. Jahrhunderts stetig abgenommen hat. Und schließlich häufen sich seit den 1950er Jahren Namen aus fremden Kulturkreisen, was als Indiz für Globalisierungsprozesse gedeutet werden kann. Dabei manifestieren sich aber selbst Prozesse der gesellschaftlichen Integration, da etwa die Wahrscheinlichkeit, als Migrant seinem Sprössling einen typisch deutschen Namen zu geben, mit abnehmender kultureller Distanz des Herkunftslandes zu Deutschland und mit steigender Integration in die deutsche Gesellschaft zunimmt (Gerhards und Hans 2009). Gleiches berichten Sue und Telles (2007) für lateinamerikanische Migranten in den USA.

Diese Beispiele mögen auf den ersten Blick von vernachlässigbarer wirtschaftssoziologischer Relevanz sein. Jedoch ist zu bedenken, dass der Vorgang der Namensgebung z.B. bei Firmen oder Produkten eine gewichtige Rolle für den Markterfolg spielen kann und dass mit Personennamen durchaus wirtschaftliche Effekte einher gehen können (z.B. Nichteinladungen zu Vorstellungsgesprächen wegen fremdländischer Namen).

7.3.2 Kultur und Evolution

Jenseits der sozial- und wirtschaftswissenschaftlichen Diskussion über die Rolle von Kultur in der Gesellschaft hat ein Forschungsprogramm im Überschneidungsbereich von Anthropologie und Biologie eine neue Perspektive auf Kultur entwickelt (siehe insbesondere Boyd, Richerson und Henrich 2011; Henrich und Henrich 2007; Richerson und Boyd 2005). Diese Sichtweise stellt wesentliche Einsichten über die Bedeutung der Kultur für die Entwicklung des modernen Menschen bereit und ist damit auch für die Soziologie von zentralem Interesse.

Kultur wird dabei allgemein definiert als jede Information, die das individuelle Handeln beeinflussen kann und von Mitgliedern der eigenen Spezies durch Lernen, Imitation oder Zwang übernommen wurde (vgl. Richerson und Boyd 2005). Aufgrund seiner überlegenen kognitiven Fähigkeiten hat von allen biologischen Organismen einzig der Mensch die Gabe, eine Kultur zu entwickeln. Einige Tierarten weisen zwar Traditionen auf (z.B. benutzen Affen zumindest gelegentlich Werkzeuge und unterrichten ihren Nachwuchs darin) oder machen Erfindungen (z.B. wurden Raben beobachtet, die Autos und Straßen zum Knacken von Nüssen gebrauchen). Diese Entwicklungen gehen jedoch nie über Verhaltensweisen hinaus, die auch durch ein einziges Lebewesen allein erlernt werden können und umfassen meist nur wenige Handlungsschritte (Boyd, Richerson und Henrich 2011). Zudem findet keine regelmäßige Imitation von Traditionen über Rudelgrenzen hinweg statt (z.B. tradieren verschiedene Affenclans den Gebrauch unterschiedlicher Werkzeuge), sodass sich ein überlegenes Instrument nicht durchsetzen kann, geschweige denn weiterentwickelt wird (Ridley 2010).

Weil Kultur im Tierreich fehlt, der Mensch als biologisches Wesen aber denselben Naturgesetzen ausgesetzt ist, wird Kultur als wesentliche Erklärung zum extremen Erfolg der menschlichen Spezies im Vergleich zu allen anderen Tierarten herangezogen. Der Kultur wird dabei eine zweifache Relevanz für die menschliche Entwicklung zugesprochen: Zum einen ermöglicht Kultur die Akkumulation von Wissensbeständen und führt so zu einer beschleunigten Anpassung menschlicher Lebensformen; zum anderen beeinflusst Kultur die Angriffspunkte natürlicher Selektion und hat damit auch biologische Rückwirkungen.

Die Entstehung der Sprache

Tomasello (2009) beschäftigt sich mit den Ursprüngen menschlicher Sprache auf der Grundlage von empirischen Befunden und theoretischen Ansätzen aus verschiedenen Disziplinen. Danach spricht der Mensch als einziges Lebewesen auf der Erde, weil er ein soziales Wesen ist. Stark vereinfacht kann man sich den Ablauf der Sprachgenese wie folgt vorstellen: Gesten sind als Urformen der Sprache im Zuge der Entstehung von Kooperation zwischen Primaten entstanden; die wechselseitige Abstimmung von Wahrnehmungen und Absichten durch Menschen hat Bezugspunkte ihres gemeinsamen Handelns geschaffen; im Zeitablauf haben sich die Gesten daher im Rahmen der biologischen Gegebenheiten des Menschen zu immer komplexerer sprachlicher Kommunikation entwickelt, die ihrerseits weitergegeben und verändert werden kann.

Vor der Erläuterung der Wechselwirkung zwischen Biologie und Kultur ist ein Blick auf die erstgenannte Vermutung einer kulturbedingten schnelleren Anpassung der Menschen sinnvoll. Kultur wird geschaffen, indem überlieferte Wissensbestände der Vorfahren neu kombiniert und erweitert werden. Dieser Prozess basiert auf beobachtendem Lernen und einfacher Imitation und wird durch Sprache und Schrift deutlich vereinfacht. Die Weitergabe von Problemlösungen über Generationen hinweg bietet Individuen eine kostengünstige

Alternative zur eigenen Strategiewahl durch Versuch und Irrtum; Kollektiven bietet sie die Möglichkeit zur schrittweisen Akkumulation von Information. In der Folge konnte neben der bisherigen biologischen Evolution eine neue, kulturelle Evolution auftreten. Diese erlaubt Individuen die Nutzung komplexer Werkzeuge (z.B. Autos) und Institutionen (z.B. Völkerrecht), deren Entwicklung innerhalb eines Lebens unmöglich ist und gleichzeitig von den späteren Nutzern nicht nachvollzogen werden muss. Da die kulturelle Weitergabe von Information von der genetischen Selektion über Generationen unabhängig ist, fällt kulturelle Evolution sehr viel schneller aus als eine natürliche Anpassung über den biologischen Kanal.

Boyd, Richerson und Henrich (2011) argumentieren, dass die Fähigkeit zur kulturellen Evolution die Anpassungsfähigkeit des Menschen und damit seine schnelle Verbreitung in nahezu alle Klimazonen der Erde zwischen 60 000 und 3 000 v. Chr. ermöglicht habe. Trotz hoher kognitiver Fähigkeiten sei einem einzelnen Individuum eine schnelle Anpassung an widrige Lebensumstände nur selten möglich. Auch biologische Anpassungsprozesse sind viel zu langsam, um das Überleben von Siedlern in unwirtlichen Regionen zu erklären. Dagegen kann der Rückgriff auf Kultur (das Wissen aus Versuch und Irrtum von Generationen von Vorfahren) die Überlebenschancen in einem rauen Lebensraum deutlich steigern. Die Autoren stützen ihre These mit einer Reihe natürlicher Experimente, wovon eines besonders erwähnenswert ist: Das „lost European explorer experiment" wurde in den letzten Jahrhunderten ungewollt im Rahmen von Arktis-Expeditionen durchgeführt. Hier brachen europäische Seefahrer mit einer (relativ zum damaligen Entwicklungsstand ihrer Herkunftsländer) sehr guten Ausrüstung Richtung Norden auf, um beispielsweise die Nordwestpassage zu finden. Sie kehrten aber vielfach nicht aus der Arktis zurück, da sie mit den extremen klimatischen Bedingungen nicht umzugehen wussten. Abenteurer jedoch, die in Kontakt zur lokalen Bevölkerung traten, hatten deutlich bessere Überlebenschancen, weil sie die tradierten Problemlösungen der Inuit imitieren konnten (Boyd, Richerson und Henrich 2011). Mittels Computersimulationen können Rendell et al. (2010) aufzeigen, dass Imitationsstrategien gegenüber nicht-sozialen Lösungen, die auf eigenem Versuch und Irrtum beruhen, einen deutlichen evolutionären Vorteil besitzen.

Die Wechselwirkung zwischen kultureller und biologischer Entwicklung soll am Beispiel der Evolution menschlicher Kooperation verdeutlicht werden. Eine zentrale Frage der Sozialwissenschaften ist nämlich, weshalb unter einander fremden Menschen weitgehende Kooperation vorherrscht, sodass Phänomene wie Arbeitsteilung, Handel oder große Kriege möglich sind. Menschliche Kooperation ist zunächst verwunderlich, da Defektion (Nicht-Kooperation) mit individuellen Vorteilen verbunden ist und deshalb auch mit natürlichen Selektionsvorteilen belohnt werden sollte. Das bedeutet, Kooperatoren (z.B. Jäger, die ihre Beute teilen) sollten in der frühen Menschheitsgeschichte eigentlich weniger Nachwuchs gehabt haben als Defektoren (Jäger, die ihre Beute für sich behielten) und damit über kurz oder lang ausgestorben sein.

Zur Erklärung wird eine natürliche Selektion auf Gruppen- statt auf Individualebene vorgeschlagen (Boyd und Richerson 2009; Henrich und Henrich 2007), wobei Mitglieder starker Gruppen (z.B. mit Regeln zum Teilen der Beute) gegenüber Mitgliedern schwacher Gruppen (ohne Teilungsregeln und damit mit vielen Defektoren) Reproduktionsvorteile besaßen. Stämme, die keine Kooperation entwickelten, verschwanden aus dem Genpool. Sofern Sanktionsmechanismen innerhalb starker Gruppen Kooperatoren belohnen (z.B. mit Status), sollten besonders kooperative Mitglieder auch innerhalb ihrer Gruppe relative Reproduktionsgewinne erzielen (biologischer Replikator) und aufgrund ihres Erfolgs häufig imitiert werden (kultureller Replikator). Aufgrund der kulturellen Evolution von funktionierenden Regeln des Zusammenlebens wird Kooperation (und eben nicht Defektion) zur rationalen Strategie. In der Folge setzten sich genetische Prädispositionen durch, die positiv mit Kooperationsverhalten verbunden sind. Auf diese Weise hatte die Kultur einen Einfluss auf die genetische Zusammenstellung des Menschen mit dem Ergebnis weitgehender Kooperation unter heutigen Vertretern der Spezies.

Die Verbreitung von moralischen Verhaltensregeln kann innerhalb des evolutionstheoretischen Rahmens auch ohne Annahme von Gruppenselektion erklärt werden. Dass egoistische Strategien nur in Koexistenz mit kooperativen Strategien langfristigen Bestand haben und somit in ihrer Verbreitung begrenzt sind, zeigt beispielsweise die evolutionäre Spieltheorie auf (Maynard Smith 1982). Eine kritische Würdigung der Annahme von Gruppenselektion aus Sicht des methodologischen Individualismus hat Voss (2009) vorgelegt.

Ein anschauliches Beispiel von Henrich und Henrich (2007) verdeutlicht die Interaktion von kultureller und genetischer Entwicklung: Eine genetische Veränderung führte bei frühen Europäern zur Laktosetoleranz auch außerhalb des Kindesalters, sodass sich für diese Teilpopulation die Domestizierung von milchspendenden Tieren lohnte. Die erhöhte Kalorienzufuhr führte zu Reproduktionsvorteilen von Milchtrinkern, sodass sich die Laktosetoleranz in Europa verbreitete, wo Milchprodukte heute einen zentralen Platz in der Esskultur einnehmen. In Ostasien fehlte dagegen die ursprüngliche Mutation, sodass sich die Domestizierung von Milchspendern nie durchsetzte und Milchprodukte bis heute selten verzehrt werden.

Die präsentierte Sichtweise der Kultur bietet einen evolutionstheoretischen Rahmen, der verschiedene Ansätze aus Anthropologie, Soziologie, Psychologie und Ökonomik verbinden kann. Der Beitrag der Evolutionstheorie zur Erklärung sozialer Phänomene wird allerdings auch kritisch diskutiert (z.B. Bryant 2004). Als zweifelhaft gilt die direkte Übertragbarkeit der biologischen Selektionstheorie auf soziale Strategien und Organisationsformen. Häufig werden von Sozialwissenschaftlern auch wichtige Details der biologischen Evolutionstheorie vernachlässigt. Beispielsweise finden Veränderungen (Mutationen) von Kulturelementen keineswegs zufällig, sondern zielgerichtet und historisch bedingt statt. Damit hat natürliche Selektion häufig keinen kausalen Einfluss auf kulturellen Wandel. Dieser wird stattdessen durch kalkulierte Reaktionen auf veränderte Umweltbedingungen ausgelöst.

Spuren des kulturellen Wandels

Kulturelle Veränderungen lassen sich gut anhand von verschrifteten Dokumenten nachvollziehen. In Form schriftlicher Aufzeichnungen hat die Menschheit einen gewaltigen Korpus datierter Momentaufnahmen der Gesellschaft angesammelt. Die von Google vorangetriebene Digitalisierung von Büchern eröffnet nun einen einfachen Zugang zu diesem Datenmaterial, wobei rund 4% aller jemals veröffentlichen Bücher nach Schlagworten durchsucht werden können (http://ngrams.googlelabs.com).

In ihrem einflussreichen Artikel *Quantitative Analysis of Culture Using Millions of Books* zeigen Michel et al. (2011) Einsatzmöglichkeiten dieser Datenquelle auf. Untersucht wurden beispielsweise die Verbreitung neuer Technologien (Diffusionsprozesse gewannen seit 1800 an Geschwindigkeit), der Werdegang von Stars (Ruhm entsteht zunehmend früher und verblasst schneller) oder die Wirkung von staatlicher Zensur (einzelne Suchworte, z.B. Namen, weisen dann in einem Land für einen bestimmten Zeitraum keine Fundstellen auf). Es ist klar, dass eine Vielzahl weiterer Untersuchungen zum Wechselspiel von Kultur und Wirtschaft auf der Grundlage dieser Daten möglich sind.

7.3.3 Kultur als Konstruktion

Die bisher diskutierten Umschreibungen von Kultur sind nicht unbedingt vereinbar mit dem Kulturbegriff von phänomenologisch orientierten Philosophen wie Max Scheler (siehe auch Rehberg 2009). Von diesen Autoren wird als Ausgangspunkt postuliert, dass der Mensch seine Welt herstellt. Kultur ist danach alles das, was der Natur durch menschliche Tätigkeit abgerungen ist. Im Gegensatz zur obigen Umschreibung wird dadurch der kumulative Charakter von Kultur vernachlässigt. Genauer gesagt wird er nicht betont, aber wohl mitgedacht. Unterschieden werden nämlich materielle Kultur (z.B. Gegenstände, Kleidung, Maschinen, Lebensmittel) und immaterielle Kultur (z.B. Lebensstile, Normen, Symbole, Sprache, Werte, Wissen, Zeichen). Demnach ist das gesamte soziale Leben und damit auch das Wirtschaftsgeschehen letztlich kulturell geprägt und geformt, wobei nicht wenige Beispiele auf eine Weitergabe und damit einen kumulativen Aspekt abstellen.

    Wenig überraschend ist, dass Soziologen die soziale Konstruiertheit des Wirtschaftslebens und seiner Institutionen betonen. Bereits erwähnt wurden z.B. die Beiträge von Harrison White (1981, 1992, 2002) über Märkte und ihre soziologische Interpretation. Bekanntlich erscheinen Märkte dabei als von Akteuren gemeinsam erschaffene und durch fortlaufende Interaktionen erhaltene soziale Konstruktionen. Die Existenz eines Marktes ist demnach gegeben, sofern eine hinreichende Menge von Akteuren eine konsistente Vorstellung über den Tausch von Ressourcen und die dabei verbindlichen Strukturen und Regeln gebildet hat. Freilich ist mit dieser Festlegung nur wenig beschrieben und nichts erklärt. Unklar bleibt dabei z.B., wer die für die Herausbildung einer konsistenten Vorstellung über Transaktionen und die dafür einschlägigen Rechte und Pflichten relevante Koordinationsleistung zu welchen Bedingungen erbringt, wer sich um die Einhaltung und Überwachung der Regelungen bemüht und wer etwaige abweichende Handlungen wie und aus welchen Gründen sanktioniert.

    Im Gegensatz zum Transaktionskostenansatz haben Soziologen zudem ein eher philosophisch orientiertes Bild von Organisationen und damit auch Wirtschaftsunternehmen gezeichnet. Dieser Ansatz des Neo-Institutionalismus wurde insbesondere von den US-amerikanischen Soziologen John Meyer und Brian Rowan auf der Grundlage verschiedener idealistischer und phänomenologischer Arbeiten der deutschen Philosophie sowie deren soziologischer Weiterentwicklung durch Peter Berger und Thomas Luckmann entwickelt (siehe Abschnitt 4.2, Kasten „Varianten des Konstruktivismus"). Danach ist Institutionalisierung der Prozess durch den Handlungen wiederholt werden und durch den sie einen ähnlichen Sinn und eine gemeinsame Interpretation bekommen; soziale Realität ist eine menschliche Konstruktion, welche durch soziale Interaktionen entsteht. Genauer sagen Berger und Luckmann in ihrem bereits vor Jahrzehnten erschienenen Klassiker *Die gesellschaftliche Konstruktion der Wirklichkeit* (1969), dass Institutionalisierung die Gewöhnungseffekte menschlicher Aktivität bezeichnet; sie ist durch einen Prozess mit drei Stufen gekennzeichnet:

Externalisierung: Durch soziale Interaktionen werden kulturelle Produkte erzeugt; die kulturellen Produkte werden unabhängig von ihren Erzeugern.

Objektivierung: Externalisierten Produkten wird eine unabhängige Realität zugewiesen; sie erscheinen als ob sie eine objektive Existenz hätten.

Internalisierung: Im Sozialisationsprozess lernen Individuen objektive Tatsachen über die Realität und ein Teil ihres Bewusstseins wird geformt durch externalisierte Produkte; da die Personen in einer gemeinsamen Kultur sozialisiert werden, haben sie eine gemeinsame Wahrnehmung der Realität, d.h. sie befinden sich in einem gemeinsamen Universum des Diskurses.

Meyer und Rowan (1977) argumentieren nun auf dieser Grundlage, dass moderne Gesellschaften durch Komplexe von institutionalisierten Regeln und Mustern gekennzeichnet sind. Diese Komplexe können Produkte von Berufsvereinigungen, des Staates, der öffentlichen Meinung, etc. darstellen. Sie werden zu sozialen Realitäten, die den Rahmen für die Erzeugung und die Erweiterung formaler Organisationen insbesondere im Wirtschaftsleben (aber nicht nur dort) liefern. Nach Meyer und Rowan nehmen die erzeugten Institutionen sehr wahrscheinlich die Form rationalisierter Mythen an. Sie sind Mythen, weil sie geglaubt werden, ohne objektiv testbar zu sein. Sie erscheinen wahr, weil sie geglaubt werden. Sie sind rationalisiert, weil sie die Form von Regeln annehmen, welche die notwendigen Prozeduren für die Erreichung eines bestimmten gegebenen Zieles angeben. Ein Beispiel ist das Rechtssystem. Wie ist es möglich, dass Eigentum legitimerweise transferiert wird? Wie kann ein Kollektiv von Personen zu einer Organisation mit einer bestimmten Form (wie z.B. eine Aktiengesellschaft) werden? Komplexe rationalisierter Mythen, nämlich Rechtssysteme, stellen Antworten auf solche Fragen bereit.

Nach Meyer und Rowan üben institutionalisierte Glaubenssysteme zudem einen wichtigen Einfluss auf die Gestaltung organisationeller Formen aus. Viele der Verfahrensweisen und Programme moderner Organisationen wie z.B. Wirtschaftsunternehmen reflektieren überdies die jeweils herrschenden Mythen (z.B. Akkordarbeit oder Arbeitsgruppen, Steigerung des „shareholder-value", „lean management" und flache Hierarchien). Manche dieser teilweise rasch wechselnden Mythen dienen im Übrigen der Legitimation von Handlungen. Man denke nur an die übliche Rechtfertigung von Übernahmen anderer Firmen durch den Verweis auf dadurch vermeintlich realisierbare Synergie-Effekte und die im Zusammenhang mit Beteiligungsverkäufen gerne betonte wirtschaftlich gebotene Konzentration auf das Kerngeschäft der Unternehmung.

Aus der Sicht dieses Ansatzes existiert überhaupt ein generelles Streben von Organisationen nach Legitimität, das sich in einer zumindest proklamierten Isomorphie (Strukturangleichung) zwischen z.B. Vorgehensweisen, Regelungen und Selbstbeschreibungen einer bestimmten Firma und den einschlägigen Anforderungen aus deren Umwelt äußert. Genauer gesagt unterscheiden sich verschiedene Vertreter dieser organisationssoziologischen Perspektive bezüglich ihrer Aussagen zum tatsächlichen Eintritt dieser Annäherung: Im Gegensatz zu Meyer und Rowan (1977) argumentieren DiMaggio und Powell (1983), dass eine Isomorphie zwischen Organisation und Umwelt nicht nur behauptet wird – normativer Druck, Nachahmung und Zwang sind für sie Mechanismen, die in einer Organisation ein tatsächliches Aufgreifen von Normen, Praktiken und Werten aus ihrer Umwelt und deren Integration in Struktur und Selbstverständnis bewirken. Meyer und Rowan sehen die formalen Strukturen und die tatsächlichen Aktivitäten von Unternehmen als nur wenig gekoppelt an. Für sie ist die jeweilige Anpassung an etwaige gesellschaftliche Vorgaben zumeist auf die formale Struktur begrenzt. Sichtbar ist zumeist eine Orientierung an Grundsätzen von z.B. Gleichbehandlung, Kreativität, Rationalität und Verantwortlichkeit; jedoch handelt es sich hierbei oft um reine Lippenbekenntnisse, die letztlich der weitgehenden Beibehaltung damit unvereinbarer Aktivitäten dienen.

Daneben gibt es gerade im Bereich des Geschäftslebens eine Vielzahl von Ritualen und Zeremonien, deren regelmäßige und soziale Ausübung die jeweiligen Mythen verstärkt. Beispielsweise wird durch diese kulturellen Praktiken die tatsächliche Existenz von Firmen, Gewerkschaften oder Vereine glaubhaft, obwohl jedes Individuum eigentlich wissen kann, dass Firmen, Gewerkschaften oder Vereine nur menschlich konstruierte und vorgestellte Akteure sind. Wenn man über Firmen, Gewerkschaften oder Vereine redet, wird ihr Mythos verstärkt und ihre Realität eher geglaubt. Falls man mit Arbeitskollegen über die gemeinsame Situation spricht, entsteht schnell der Eindruck einer Gemeinschaft, der keineswegs gerechtfertigt sein muss. Organisationen wie z.B. Unternehmen, Verbände oder Staaten sind daher Mythen und Zeremonien – nur weil alle rituell so handeln als ob sie tatsächlich existieren würden, besitzen sie eine Realität und ihr Mythos besteht fort.

Folgt man dieser Deutung, so existieren etwa für Organisationen im Wirtschaftsleben verschiedene Interpretationen: Aus der Perspektive der kulturellen Einbindung erscheinen z.B. Firmen als soziale Konstruktionen in der skizzierten Form, vor dem Hintergrund der institutionellen Einbettung stellen sie u.a. Hierarchien dar, die mit Herrschaftsstrukturen einhergehen, und aus der Sichtweise der strukturellen Eingebundenheit bestehen Firmen aus Netzwerken von Individuen und treten selbst wieder als Akteure in Netzwerken wirtschaftlicher Beziehungen auf. Insgesamt erfordert die Konzeption der Einbettung und ihre Konkretisierung bei der Analyse damit eine gewisse Flexibilität – in Abhängigkeit von Fragestellung und Hypothese wird man den Schwerpunkt im Allgemeinen auf eine bestimmte Einbettungsvariante legen. Bevor man sich näher mit dabei eventuell einschlägigen Theorieansätzen befassen kann, sind einige grundlegende methodische Aspekte anzusprechen, die mit sozialer Eingebundenheit unweigerlich einhergehen.

7.4 Methodische Konsequenzen der Einbettung

Vor dem Hintergrund der Überlegungen zur sozialen Einbettung ist niemand ein isolierter Entscheidungsträger. Kulturen, Institutionen und Netzwerkstrukturen prägen die Wahrnehmungen, Vorlieben und Möglichkeiten der Akteure. Es ist klar, dass die jeweiligen Einflüsse bei der Untersuchung des Wirtschaftsgeschehens nicht unbedingt nur auf der Ebene der Individuen angesiedelt sind. Beispielsweise sind Marktpreise üblicherweise überindividuelle Bewertungen, die auf der Mikroebene der individuellen Nachfrager ihre Wirkungen entfalten, was im Aggregat auf die Makroebene des Marktes rückwirkt. Die Mikro- und Makroebenen der wirtschaftssoziologischen Untersuchung sind also miteinander verschränkt. In Abhängigkeit von der Fragestellung ist ihr gegenseitiger Bezug bei der Analyse zu berücksichtigen. Ein Blick auf die Mikrofundierung von Makroaussagen erscheint deshalb sinnvoll. Zuvor ist allerdings auf die Kausalitätsthematik einzugehen, der bei allen Theorien mit Erklärungsanspruch Relevanz zukommt. Geht man von sozialer Eingebundenheit aus und begründet damit Handlungen und deren Folgen im Wirtschaftsleben, so hat sich die empirische Forschungsplanung bezüglich der jeweiligen Theorie an dieser Thematik zu orientieren.

7.4.1 Kausalität und Untersuchungsdesign

Menschen suchen nach Kausalitäten oder Ursache-Wirkungs-Mustern und konstruieren ihre Alltagstheorien oftmals auf dieser Grundlage. Dies gilt auch für Erfahrungswissenschaftler. Empirische Wissenschaft beruht auf der Vorstellung, dass Zusammenhänge im jeweils untersuchten Bereich auftreten, die erkannt, beschrieben und begründet werden können. Forscher nehmen an, dass verstehbar ist, warum etwas passiert. Ihre Antworten auf diese Fragen sind Erklärungen, also kausale Aussagen (siehe Kapitel 4). Im Idealfall sind dadurch die notwendigen und hinreichenden Bedingungen für das Auftreten von bestimmten Ereignissen zu einem gewissen Zeitpunkt, von Veränderungen im Zeitverlauf und von Zusammenhängen von Zuständen und Ereignissen in Raum und Zeit spezifiziert. Anders gesagt: Im denkbar besten Szenario sind, unabhängig vom jeweiligen Fach, sämtliche relevanten Voraussetzungen für die fraglichen Sachverhalte und Abläufe identifiziert und in kausalen Beziehungen miteinander verknüpft, wodurch festgelegt wird, wann etwas wo und wie stattfindet oder abläuft. In einem weniger idealisierten Fall kennt man nicht alle zentralen Beziehungen zwischen Ursache und Wirkung, weshalb man dann auch kein umfassendes Wissen über das Eintreten bestimmter Phänomene und Prozesse besitzt und Prognosen darüber entsprechend erschwert sind.

Erklärungen lassen sich bekanntlich verallgemeinern und schlagen sich in Theorien nieder, die ihrerseits eventuell Vorhersagen über Geschehnisse oder Verläufe erlauben. Quantitativ orientierte Theoriebildung richtet sich dabei auf die Identifikation von empirisch prüfbaren Kausalbeziehungen. Ohne nun auf Diskussionen des Kausalitätsbegriffs einzugehen (siehe hierzu z.B. Opp 2010) oder sich mit der Methodologie einer bestimmten Auslegung von Kausalität und ihre Hintergründen näher zu befassen (z.B. Morgan und Winship 2007), stellt sich aus empirischer Sicht die Frage nach einer angemessenen Vorgehensweise bei der Prüfung von behaupteten Ursache-Wirkungs-Beziehungen.

Aufgrund der sozialen Eingebundenheit des Wirtschaftsgeschehens denkt man unwillkürlich an eine Vielzahl potenziell wichtiger Größen, die überdies in wechselseitigen Abhängigkeiten verknüpft sein können. Der Versuch der empirischen Prüfung eines kausalen Zusammenhangs scheint daher im Bereich der Wirtschaftssoziologie schon aufgrund der u.U. enormen Zahl von möglichen Störgrößen erschwert. Bei der Forschungsplanung ist die Zielsetzung, die Einflüsse auf einen etwaigen Kausaleffekt durch die Wahl des Untersuchungsdesigns möglichst zu eliminieren und/oder zu kontrollieren. Die verfügbaren Designvarianten (Experiment, Quasi-Experiment, Nicht-Experiment) sind hierfür unterschiedlich geeignet (vgl. auch Berger 2010).

Wie bereits erwähnt wurde (siehe Abschnitte 7.1 und 7.2), kann man das Experiment als diejenige Forschungsanordnung betrachten, die am ehesten zur Überprüfung von Ursache-Wirkungs-Beziehungen hinreicht. Dies gilt insbesondere deshalb, weil im Experiment eine zufallsbedingte Aufteilung (Randomisierung) auf Versuchs- und Kontrollgruppe vorliegt und die vermutete Ursache (= Stimulus) in der Versuchsgruppe (im Gegensatz zur Kontrollgruppe) gewährt wird. Gelingt die Kontrolle für alle Drittvariablen, so kann eine Kausalhypothese im Labor- oder Feldexperiment getestet werden.

Freilich ist dies keineswegs immer der Fall. Beispielsweise ist ein Quasi-Experiment im Allgemeinen durch eine fehlende Zufallsbedingtheit der Aufteilung (Randomisierung) auf Versuchs- und Kontrollgruppe gekennzeichnet. Sind alle sonstigen Merkmale eines experimentellen Versuchsaufbau gegeben, ist eine Kausalprüfung mit einem quasi-experimentellen

Design somit nur dann möglich, wenn die Kontrolle von Drittvariablen hinreichend und Zusatzinformationen (z.B. über weitere Geschehnisse im Feld) korrespondierend scheinen.

Vor diesem Hintergrund sind Kausalprüfungen auch dann fraglich, wenn der nicht-experimentelle Standardfall sozialwissenschaftlicher Forschungspraxis betrachtet wird. Nicht-experimentelle Daten (z.B. aus Befragungen, Beobachtungen oder Dokumentenanalysen) erlauben oft keine Kontrolle für alle potenziellen Störgrößen. Ausgeschlossen ist auch die zufallsbedingte Unterscheidung von Gruppen und die Manipulation der vermuteten Ursache durch den Forscher. Selbst wenn eine Zufallsstichprobe vorliegt, ist unter diesen Bedingungen kaum eine Kausalprüfung möglich. Ausnahmen stellen Anwendungen von „Matching"-Verfahren (Drittvariablenkontrolle durch die Konstruktion von weitgehend homogenen Vergleichsgruppen) bei Kenntnis aller relevanten Einflüsse (Gangl 2010) und Analysen von Paneldaten (Kontrolle unbeobachteter Heterogenität) dar (Brüderl 2010). Dies bedeutet freilich nicht, dass z.B. Resultate von Befragungen, die als Querschnittsstudien angelegt waren, uninteressant oder unwichtig sind. Vielmehr ist bei solchen Untersuchungen die Begrenztheit des verwendeten Forschungsdesigns zur Kenntnis zu nehmen, weshalb auf eine unangemessene Kausalinterpretation der jeweiligen Befunde zu verzichten ist.

7.4.2 Makroebene und Mikrofundierung

Menschliche Handlungen sind Resultate von mehr oder weniger bewussten Entscheidungen. Im Gegensatz zu Psychologen sind Soziologen allerdings weniger an der Beschreibung und Erklärung individuellen Verhaltens interessiert. Dies gilt selbst dann, wenn der Schwerpunkt einer soziologischen Untersuchung gar nicht das Sozialsystem betrifft, sondern auf das Handeln gerichtet ist. So steht nicht die Kaufhandlung einer einzelnen Person, sondern z.B. das typische Konsummuster von bestimmten Kategorien von Personen (z.B. Unternehmer, Manager, Arbeiter) oder Organisationen (z.B. Parteien, Firmen, Vereine) im Vordergrund des wirtschaftssoziologischen Interesses. Allgemeiner formuliert beschäftigt sich die Wirtschaftssoziologie mit sozialen Phänomenen und Prozessen (z.B. Verteilungen, Mittelwerte, Raten, Trends), nicht jedoch mit irgendeinem Einzelschicksal oder Sonderfall. Im Mittelpunkt ihrer Erklärungsbemühungen stehen Massenerscheinungen und Aggregate (wie z.B. Bildungskohorten, Organisationen, Wohnbevölkerung).

Aus dem Erkenntnisinteresse kann nun aber nicht geschlossen werden, dass Erklärungen nur Zusammenhänge auf der Makroebene spezifizieren dürfen oder müssen. Vielmehr kann man das soziale Geschehen durchaus als Resultat der Verflechtung der jeweiligen Handlungen begreifen, also die Mikroebene der Entscheidungsträger explizit berücksichtigen und daher mit Coleman (1990) in Anlehnung an Max Webers bekannte Vorschläge handlungstheoretische Soziologie auf der Grundlage des „methodologischen Individualismus" betreiben.

Aus der Perspektive des methodologischen Individualismus sollen soziale Phänomene und Prozesse (wie z.B. soziale Differenzierungen, soziale Institutionen und sozialer Wandel) als Resultat von Entscheidungen und Handlungen begriffen werden (siehe ABBILDUNG 7.1). Allerdings ist dabei stets zu berücksichtigen, dass individuelle Entscheidungen und Handlungen immer auch sozial bedingt sind und ihrerseits kollektive Konsequenzen nach sich ziehen können. Soziale Bedingungen (z.B. Wohlstandsverteilung) und strukturelle Gegebenheiten (z.B. Netzwerkeinbindung) prägen demnach die Verhaltenswahlen und deren Makrokonsequenzen mit. Es existieren immer Makroeinflüsse auf das

ABBILDUNG 7.1: ERKLÄRUNGSSCHEMA DES METHODOLOGISCHEN INDIVIDUALISMUS

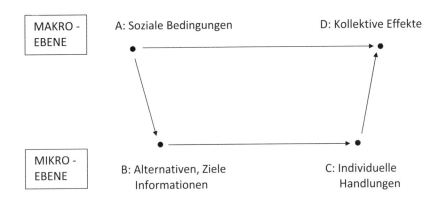

jeweilige Entscheidungsverhalten (Makro-Mikro-Übergang). Zudem erzeugt erst das Zusammenwirken der einzelnen Verhaltensweisen die zu erklärenden Beziehungen zwischen Makrovariablen. Daher kann der jeweiligen Kombinationslogik individueller Handlungen (z.B. Abstimmungsregel, Kaskadenprozesse, Marktaggregation) wesentliche Bedeutung zukommen (Mikro-Makro-Übergang). Methodologischer Individualismus bedeutet keineswegs die Ausblendung des Sozialen, weil sowohl die für die Handlungen wesentlichen Umstände als auch die sich ergebenden kollektiven Folgen bei der Analyse explizit zu berücksichtigen sind.[8]

Das Prinzip einer solchen Vorgehensweise lässt sich anhand eines klassischen Beispiels aus der Wirtschaftssoziologie illustrieren. Hierfür sei unterstellt, dass ein bestimmtes, genau beschriebenes Makrophänomen zu erklären ist. Gesucht ist also eine logisch konsistente Begründung für diese Makroaussage. Bei einem Vorgehen im Sinne des methodologischen Individualismus wird hierzu davon ausgegangen, dass

- das Sozialsystem auf der Makroebene auf die Mikroebene der Entscheidungsträger (zumeist: Individuen, gelegentlich: Organisationen) wirkt (Makro-Mikro-Verbindung),

- entsprechende Verhaltensentscheidungen erfolgen (Mikroebene der Entscheidung und des Verhaltens) und

- die gewählten Handlungen der Entscheidungsträger dann zur Erklärung der gegebenen Makroaussage zu aggregieren sind (Mikro-Makro-Verbindung).

Diese Vorgehensweise ist keineswegs ungewöhnlich – es gibt klassische Arbeiten der Wirtschaftssoziologie, die auf einem solchen Vorgehen beruhen. Ein Beispiel stellt Max Webers (1920) berühmte Protestantismus-These dar. Die zu erklärende Makroaussage ist: Die Doktrin des asketischen Protestantismus fördert den Kapitalismus. Nach Coleman (1990) kann man die dahinterstehende Erklärungslogik wie folgt darstellen:

---

[8]Die Möglichkeit der Umsetzung dieses Forschungsansatzes wurde bereits durch frühe Analysen sozialer Märkte und Austauschbeziehungen verdeutlicht. Bekannte Beispiele sind Homans (1974) behavioristisch fundierte Tauschtheorie, Emersons (1962) Beitrag zu Macht und Abhängigkeit in dyadischen Beziehungen, Blaus (1964) strukturelle Analyse sozialer Tauschvorgänge und Colemans (1973) Modell zum Stimmentausch in Kollektivgebilden.

Asketischer Protestantismus auf der Makroebene des Sozialsystems prägt die individuellen Werte und daher die Präferenzen der einzelnen Wirtschaftssubjekte auf der Mikroebene; diese Präferenzen führen bei protestantischen Entscheidungsträgern auf der Mikrobene zu einem bestimmten ökonomischen Verhalten (nämlich Sparen und Investieren); die Kombination dieser Verhaltensweisen fördert auf der Makroebene des Sozialsystems den Kapitalismus.

Betont werden muss, dass es sich hierbei um eine stark vereinfachte Rekonstruktion der ursprünglichen Weberschen Erklärung handelt. Zudem ist hier keineswegs klar, wie die Handlungsauswahl auf der Mikroebene resultiert. Allein deshalb ist es sinnvoll, sich mit den hierfür relevanten theoretischen Überlegungen näher zu beschäftigen.

Fehlschlüsse zwischen Ebenen

Die Notwendigkeit einer theoretischen Verzahnung von Mikro- und Makroebene, wie sie u.a. von Coleman (1990) gefordert wird, ist insbesondere aufgrund zweier häufig begangener Fehlschlüsse gegeben (für eine ausführliche Typologie verbreiteter Fehlschlüsse siehe Alker 1968; Hummell 1972). Hintergrund ist dabei die bereits von Robinson (1950) erörterte Einsicht, dass Zusammenhänge auf Individual- und Aggregatebene höchst unterschiedlich ausfallen können und daher keineswegs leichtfertig von einer Ebene auf eine andere übertragen werden sollten.

Ein individualistischer bzw. atomistischer Fehlschluss wird begangen, wenn auf der Individualebene geltende Zusammenhänge für Einheiten auf der Aggregatebene generalisiert werden. Beispielsweise ist aus zahlreichen Studien bekannt, dass besser gebildete Arbeiter höhere Löhne erzielen. Daraus lässt sich jedoch nicht logisch folgern, dass Arbeiter in Ländern mit durchschnittlich höherer Bildung mehr verdienen als Arbeiter in Ländern mit durchschnittlich niedriger Bildung.

Ebenso können Fehlschlüsse in umgekehrter Richtung erfolgen. Wenn auf der Grundlage eines Zusammenhangs auf der Kollektivebene auf eine entsprechende statistische Assoziation auf der Individualebene geschlossen wird, so wird von einem ökologischen Fehlschluss gesprochen. Ein solcher Fehlschluss wird beispielsweise bei folgender Überlegung begangen: In Gebieten mit einem niedrigen Durchschnittsalter werden höhere Einkommen erzielt. Es ist daher zu vermuten, dass das individuelle Einkommen mit steigendem Alter abnimmt. Empirisch ist jedoch (zumindest bis zu einer gewissen Altersschwelle) das gegenteilige Phänomen zu beobachten. Der Befund auf Kollektivebene kommt allein aufgrund der Tatsache zustande, dass junge Menschen häufiger in Städten leben und dort gleichzeitig einkommensstärkere Personengruppen anzutreffen sind.

Zuvor erscheinen jedoch noch einige relativierende Bemerkungen zur Makro-Mikro-Makro-Logik angebracht, die mit der hierbei zentralen Aggregationsthematik zu tun haben. Hierfür ist die Unterscheidung von zwei Aufgabenstellungen hilfreich:

- Feststellung der eindeutigen Vorlieben eines Kollektivs durch die Aggregation der gegebenen widerspruchslosen Vorlieben seiner Mitglieder (Problem der Präferenzaggregation),

- Bestimmung von Systemgrößen durch die konsistente Kombination der Verhaltensweisen aller Systemakteure (Problem der Handlungsaggregation).

Die erstgenannte Aufgabe stellt sich, wenn man im Sinne Colemans die Interdependenzen zwischen Akteuren als kennzeichnend für ein Sozialsystem begreift und dabei auch überindividuelle Akteure (wie z.B. Kollektive und Organisationen) als zulässig erachtet. Sie betrifft ein grundlegendes Problem von Untersuchungen auf der Basis des methodologischen Individualismus. Bei der Umsetzung der skizzierten methodologischen Orientierung können nämlich schon dann Schwierigkeiten bei der Aggregation von akteursspezifischen

Vorstellungen und/oder Verhaltensweisen auftreten, wenn nur relativ wenige Voraussetzungen erfüllt sind. Beispielsweise hat ein Mehrpersonen-Haushalt (wie z.B. eine Wohngemeinschaft) über den Einkauf zu entscheiden und es ist keineswegs ungewöhnlich, dass nicht alle Haushaltsmitglieder denselben Geschmack besitzen; es stellt sich daher die Frage, wie man die Konsumwünsche der einzelnen Akteure aggregieren kann, sodass sich ein eindeutiger Konsum des Haushalts ergibt.

Dabei handelt es sich keinesfalls um ein triviales Problem, wie das nach dem Marquis de Condorcet benannte Paradox aus dem 18. Jahrhundert belegt: Danach erzeugt die Mehrheitsentscheidung bei zumindest drei Entscheidungsträgern mit jeweils lückenlosen und widerspruchsfreien individuellen Präferenzen über zumindest drei Entscheidungsalternativen keineswegs immer eine eindeutige soziale Präferenzordnung der Alternativen. Arrow (1951) konnte zeigen, dass dieses Paradox als ein Spezialfall eines erheblich allgemeineren Problems der Präferenzaggregation aufgefasst werden kann. Das nach ihm benannte Unmöglichkeitstheorem besagt, dass es bei zumindest drei Alternativen und wenigstens drei Akteuren kein deterministisches Verfahren (wie z.B. die Mehrheitsregel und die Zweidrittelmehrheitsregel) für die Aggregation ihrer lücken- und widerspruchslosen Präferenzen gibt, das widerspruchsfreie kollektive Präferenzen sicherstellt und dabei die folgenden vier Anforderungen erfüllt: Abwesenheit eines Diktators, Zulässigkeit jeder logisch möglichen individuellen Präfererenzordnung, Unabhängigkeit der Präferenzrelation zwischen zwei Alternativen von einer gerade unbetrachteten weiteren Alternative und Auswahl einer allseits vorgezogenen Alternative.

Wenn ein Problem mit der Aggregation von z.B. Vorlieben oder Verhaltensweisen nicht ausgeschlossen werden kann, kann man sich prinzipiell an der etablierten Vorgehensweise in der Ökonomik (z.B. Wachstumstheorie) orientieren und eine der folgenden Strategien wählen:

- Unter Verzicht auf die Analyse des Entscheidungsverhaltens der einzelnen Akteure werden nur solche Makrohypothesen vorausgesetzt, die aus mikrotheoretischer Sicht plausibel erscheinen.

- Zur Ableitung mikrotheoretisch begründeter Makrohypothesen werden nur die Handlungsentscheidungen identischer Akteure oder eines einzigen Entscheidungsträgers (z.B. Haushaltsvorstand, Firmeninhaber, repräsentative Person, zentrale Planungsbehörde) analysiert.

Betont werden muss allerdings, dass man damit ein etwaiges Aggregationsproblem nicht löst, sondern durch geeignete Annahmen umschifft. Diese Vorgehensweise bei Erklärungen unterschiedlicher Makrozusammenhänge kann nur dann als akzeptable Praxis betrachtet werden, wenn die Theoriefolgerungen nicht wesentlich von den ausgeschlossenen Zusammenhängen abhängen.

Gelegentlich findet sich eine analoge Argumentation im Zusammenhang mit Theorien ohne explizite Mikrogrundlagen auch in der Wirtschaftssoziologie. Häufiger wird allerdings die Ebene des Entscheidens und Handelns vernachlässigt ohne dies weiter zu thematisieren. Man siedelt dann den Schwerpunkt der Untersuchung auf der Ebene des sozialen Systems an und kümmert sich nur um die dort anfallenden Makrozusammenhänge. Varianten der sozialen Einbettung werden, wenn überhaupt, nur berücksichtigt, falls sie auf der Makroebene der Untersuchung angesiedelt sind. Mehr oder weniger bewusst werden Entscheidungen und Handlungen von Akteuren ignoriert, die für das soziale System unter

Betrachtung von Bedeutung scheinen. Beispiele für derartige Systemanalysen ohne Handlungsfundierung werden im Anschluss (Kapitel 8) genauer beschrieben.

Freilich gibt es auch Systemanalysen mit Handlungsfundierung, also die von Coleman (1990) geforderte Vorgehensweise. Für sie stellt sich die zweitgenannte Aufgabenstellung: Weil die Ebene der Handlungen im Rahmen der Theoriebildung stets explizit berücksichtigt wird, sind die jeweils interessierenden' sozialen Sachverhalte oder Abläufe aus der konsistenten Kombination der von den Akteuren gewählten Handlungen zu bestimmen. Selbst wenn also die erstgenannte Problematik der widerspruchslosen Aggregation von individuellen Vorlieben zu konsistenten Präferenzen für alle betrachteten Kollektivgebilde (u.a. Familien, Firmen, Gruppen) gelöst ist, kann sich das Problem der Handlungsaggregation ergeben. Anders gesagt: Auch wenn alle Akteure wissen, was sie wollen und im Rahmen ihrer Beschränkungen (z.B. Einkommen und Zeit) entsprechend handeln, ist aus theoretischer Sicht zu rekonstruieren, wie die letztlich zu erklärenden sozialen Phänomene und Prozesse aus ihren Handlungen zustande kommen. Zweifellos kann der Logik der Aggregation von Handlungen der jeweiligen Akteure dabei herausragende Wichtigkeit zukommen (u.a. Kaskadenprozesse). Im Gegensatz zu Colemans Auffassung gilt dies allerdings keineswegs immer. Beispielsweise löst eine spieltheoretische Gleichgewichtsanalyse immer auch das Problem der Handlungsaggregation als Nebeneffekt (siehe hierzu auch Diekmann 2009). Dies wird deutlicher, wenn nach der Skizze von ausgesuchten Grundlagen der Nutzen- und Spieltheorie einige Systemanalysen mit Handlungsfundierung (Kapitel 9) besprochen werden.

Neue Konzepte zur Aggregation individueller Präferenzen

Balinski und Laraki (2011) haben einen interessanten alternativen Ansatz zur Aggregationsthematik ausgearbeitet, der u.a. auch Standardprobleme der etablierten Theorie (wie Condorcets Paradox und Arrows Theorem) umgeht. Sein Ausgangspunkt ist die Beobachtung, dass Menschen keineswegs nur, wie von der Standardtheorie unterstellt, ordinale Rangordnungen der Ausgänge von Entscheidungsalternativen bilden. Vielmehr, so Balinski und Laraki, bewerten sie oftmals die Ausgänge auf einer geteilten Skala (z.B. Noten). Um unter diesen Umständen die kollektiv favorisierte Alternative zu bestimmen, genügt nach ihnen die kumulative Addition der erhaltenen Prozentwerte pro Skalenwert für jede Entscheidungsoption und die jeweilige Bestimmung des Medians (d.h. des Skalenwerts, bei dem genau die Hälfte der Prozentwerte erreicht ist). Kollektiv bevorzugt ist für Balinski und Laraki dann die Entscheidungsalternative mit dem besten Medianwert auf der Skala, oder, falls mehr als eine Alternative denselben Median aufweist, die Entscheidungsoption beim Median, die den höchsten Prozentsatz erzielt hat. Klarerweise kann dieses Vorgehen zur Bestimmung der Mehrheitsmeinung nur dann erfolgen, wenn die Mitglieder des betrachteten Kollektivs jeweils Intensitäten ihrer Vorlieben auf einer allseits bekannten Skala (z.B. vergleichende Bewertung von Weinen) angegeben haben.

Zuvor ist aber noch zu erwähnen, dass in der Wirtschaftssoziologie nicht nur auf Makrozusammenhänge gerichtete Untersuchungen stattfinden. Vielmehr gibt es eine Vielzahl von Studien, deren Schwerpunkte ausdrücklich nur individuelle Merkmale, Verhaltensweisen und Vorgänge betreffen. Derartige empirische Arbeiten richten sich nicht selten auf Einstellungen, Handlungen, Möglichkeiten, Wünsche und soziodemographische Kennzeichen von jeweils einer Person, wobei über eine hinreichende Stichprobengewinnung (u.a. große Zufallsstichprobe), die Durchschnittsbildung und die Anwendung der Inferenzstatistik dann Generalisierungen versucht werden (z.B. Aussagen über den repräsentativen Verbraucher in der Umfrageforschung). Eher theoretisch orientierte Beiträge befassen sich mit einer typischen Person und deren Entscheidungen und Handlungen. Untersucht werden u.a. bestimmte Zustände durch die Analyse zugrundeliegender Prozesse und deren Konvergenzen. Beispielsweise erklären Braun und Vanini (2003) die Entstehung und den Fortbestand von Suchtkonsum (z.B. bei harten Drogen wie Heroin oder Kokain) in diesem Sinne. Charakteristisch ist in derartigen Beiträgen, dass sich die gesamte Untersuchung auf einen einzelnen Akteur und dessen potenziell dauerhaftes Verhalten bezieht. Solche Handlungsanalysen ohne Systembezug erhellen keine sozialen Zusammenhänge oder Abläufe. Sie begründen jedoch individuelle Zustände und Prozesse mit eventueller wirtschaftssoziologischer Relevanz (z.B. Gewohnheitsbildung von Konsumenten). Schon deshalb sind rein handlungstheoretisch ausgerichtete Beiträge ohne Systemrelevanz nicht von vornherein abzulehnen. Es empfiehlt sich daher, die Untersuchung von Entscheidungen eines einzelnen Akteurs als Spezialfall der handlungsfundierten wirtschaftssoziologischen Analyse aufzufassen, die sich im Normalfall mit sozialen Voraussetzungen und Wirkungen von Handlungen befasst.

Vor diesem Hintergrund kann man insgesamt folgende Varianten der wirtschaftssoziologischen Betrachtung unterscheiden: Systemanalysen ohne Handlungsfundierung und Untersuchungen, in denen Handlungsentscheidungen und Systemeffekte im Mittelpunkt stehen. Im Folgenden werden formale Theorieansätze und Modelle besprochen und illustriert, die diesen beiden Schwerpunktsetzungen zugeordnet werden können.

Teil IV

Formale Theorieansätze und Modelle

8 Systemanalysen ohne Handlungsfundierung

Insbesondere in den Naturwissenschaften kann man ein in den letzten Jahrzehnten verstärktes Interesse an Interdependenzen in Systemen, ihren Konsequenzen und deren Untersuchung beobachten – die Begriffe Chaos, Emergenz, Komplexität und Selbstorganisation sind in diesem Zusammenhang populäre Stichwörter geworden (z.B. Erdi 2008; Gros 2008). In den Sozialwissenschaften gibt es auch schon seit geraumer Zeit verschiedene Varianten eines holistischen oder ganzheitlichen Ansatzes bei der Untersuchung sozialer Systeme (z.B. Luhmann 1984). Selbst wenn man sich einem quantitativ orientierten Ansatz verpflichtet fühlt, existieren verschiedene Varianten der Systemanalyse (z.B. Fararo 1973). Es ist daher sinnvoll, Schwerpunkte nach der Art des Analyseverfahrens zu setzen und selbst innerhalb der ausgewählten Bereiche keine Vollständigkeit der Darstellung anzustreben.

Genereller Ausgangspunkt ist die Festlegung, wonach ein System aus Elementen und den zwischen den Elementen existierenden Relationen besteht. Die auf dieser Grundlage entstandene formale Systemanalyse hat ihre Wurzeln in der Mathematik, Physik und Kybernetik (Steuerungslehre, Meßtechnik, Informationstheorie), wurde aber schon früh für die Analyse von sozialen Prozessen adaptiert und verwendet. Bekannte Beiträge stammen u.a. von Ludwig von Bertalanffy (1968) und Anatol Rapoport (1988). Weitere frühe Publikationen (wie z.B. Coleman 1964; Coleman, Katz und Menzel 1957) beschäftigen sich mit der Ausbreitung von Innovationen vor dem Hintergrund zeitbezogener Modellierungen, die statistische Anwendungen erlauben. In diesem Zusammenhang wurde überdies schnell klar, dass soziale Strukturen eine wesentliche Rolle für die Abläufe und deren Dynamik spielen können. Um also etwaige Prozesse bezüglich ihres Langzeitverhalten untersuchen zu können, sind die zugrundeliegenden wechselseitigen Abhängigkeiten formal zu erfassen. Nach ausgesuchten Varianten der formalen Analyse dynamischer Systeme und einem Überblick über elementare Modelle der Diffusionsforschung werden daher Verfahren zur Abbildung von Interdependenzen in sozialen Systemen und der Untersuchung des damit einhergehenden Langzeitverhaltens besprochen.

8.1 Formale Analysen dynamischer Systeme

Aus formaler Sicht kann man ein System als eine Menge von über mathematische Funktionsbeziehungen verknüpften Variablen auffassen.[1] Sind die Variablen zeitabhängig und existieren mathematische Beziehungen derart, dass die gegenwärtigen Variablenwerte entweder von den Variablenwerten der Vorperiode beeinflusst werden oder aber zumindest

---

[1] Vor dem Hintergrund des mathematisch orientierten Ansatzes gibt es auch erheblich detailliertere Definitionen für den Begriff des Systems. Beispielsweise bezeichnet Bossel (2004) etwas als System, wenn es (a) einem erkennbaren Zweck dient, (b) aus einer gegebenen Konstellation von zugehörigen Elementen und Wirkungsverknüpfungen (Relationen, Struktur) besteht, die seine Funktionen bestimmen und das (c) nicht teilbar ist, weil es seine Identität bei Zerstörung seiner Integrität verliert. Diese Definition könnte man noch erweitern, weil Systeme immer Umgebungen besitzen: Es sind daher Grenzziehungen zu Umwelten vorzunehmen und die Interdependenzen zwischen Umgebung und System zu spezifizieren.

eine Kopplung von mindestens zwei Variablen zu jedem Zeitpunkt besteht, dann liegt ein dynamisches System vor. Beispielsweise kann man aus dieser Sicht die Entwicklung des Kapitalstocks einer Volkswirtschaft, die Ausbreitung eines Gerüchts oder auch die Zusammenhänge zwischen Bevölkerungs- und Wirtschaftswachstum als Anwendungsfälle für die dynamische Systemanalyse begreifen.

Eigendynamik und Rückkopplung (Feedback) sind zentrale Begriffe in diesem formalen Ansatz. Rückkopplungsmechanismen sind wesentliche Bestandteile von komplexen Systemen (siehe hierzu und zum folgenden Kaplan und Glass 1995 sowie Richter und Rost 2004). Solche Systeme sind überdies durch Emergenz charakterisierbar, so dass das Zusammenwirken der Einzelteile etwas schafft, was die Einzelteile nicht aufweisen („Das Ganze ist mehr als die Summe seiner Teile").

Bullwhip-Effekt

Ein Beispiel für einen schwer vorhersagbaren Systemeffekt stellt der aus der Logistik bekannte Bullwhip- oder Bullenpeitschen-Effekt dar (z.B. Forrester 1961; Lee, Padmanabhan und Whang 1997; Pollitt 1998). Er tritt häufig bei Lieferketten über mehrere Unternehmen hinweg auf (z.B. Brauereien, Großhändler, Getränkemärkte). Die Ausgangssituation besteht darin, dass jeder Unternehmer in der Lieferkette bei seinem jeweiligen Zulieferer eine bestimmte Menge eines Produkts bestellen muss. Auf der einen Seite will er dabei eine ausreichende Menge auf Lager halten, um die vorhandene Nachfrage bedienen zu können. Auf der anderen Seite verursacht die Lagerung jeder Einheit zusätzliche Kosten. Jeder Händler wird also versuchen, nicht mehr zu ordern und auf Lager zu halten, als absetzbar ist. Aufgrund der Verkettung und des fehlenden Wissens um die Lagerbestände der Anderen ist für den einzelnen Unternehmer nur schwer vorhersehbar, wie groß die tatsächliche Marktnachfrage ist. Jeder Unternehmer orientiert sich daher vorwiegend an den Bestellungen des in der Lieferkette nachgelagerten Unternehmens. Da es in vielen Fällen aufgrund von Fixkosten bei der Bestellung, Preisschwankungen im Markt oder der Befürchtung von Engpässen für die Händler vernünftig erscheint, in einer Periode größere Mengen zu bestellen, beginnt ein solches System häufig zu schwingen. Die Variabilität in den Bestellungen nimmt im Zeitverlauf zu und es ergibt sich ein Aufschaukeln in Richtung des Startpunkts der Lieferkette, dem losen Ende der Peitsche. Als Folge unterliegen die Bestellungen beim Produzenten größeren Schwankungen als die Verkaufsmengen beim Endkunden. Der Effekt setzt sich also wie bei einer Peitsche fort und verstärkt sich.

Ähnliche Bewegungen lassen sich zum Teil auch auf gesamtwirtschaftlicher Ebene beobachten, weshalb Helbing und Lämmer (2008) vorschlagen, analog bei der Erklärung von Wirtschaftszyklen vorzugehen und entsprechende Modellierungsansätze zu nutzen. Denn auch in diesen Fällen können – trotz individueller Vernunft aller Akteure – aufgrund der starken Resonanz im System auf der Aggregatebene unerwünschte kumulierte Effekte resultieren, die nur über verstärkte Integration und Koordination unter den Akteuren reduzierbar wären.

Aus formaler Perspektive sind lineare Systeme in ihrer Entwicklung voraussagbar, weil zwischen Ursache und Wirkung eine Proportionalität bei Änderungen besteht. Nichtlinearität zwischen Ursache und Wirkung ist daher Voraussetzung für komplexes und eventuell chaotisches Verhalten eines Systems.[2] Chaos bedeutet in diesem Zusammenhang, dass kleine Abweichungen in den Anfangsbedingungen durch Nichtlinearität verstärkt werden und sich dadurch unregelmäßiges und unvorhersehbares Systemverhalten ergibt. Komplexe Systeme besitzen üblicherweise auch chaotische Züge. Bei Komplexität können demnach kleine Änderungen in den Anfangsbedingungen große Folgen haben. Jedoch impliziert Chaos keineswegs Komplexität.

---

[2]Aufgrund der großen Unterschiede zwischen nichtlinearen Funktionen ergibt sich keineswegs immer unüberschaubares Verhalten bei Nichtlinearität. Verdeutlicht wird dies in einer Analogie des berühmten Mathematikers John von Neumann, wonach nichtlineare Funktionen als gleichwertig mit „nicht-elefantenartigen Tieren" aufzufassen sind.

Derartige Erkenntnisse sind keineswegs auf die Naturwissenschaften begrenzt geblieben. Insbesondere Ökonomen haben in der jüngeren Vergangenheit viele Arbeiten vorgelegt, deren gemeinsamer Nenner in einer Deutung der Wirtschaft als komplexes System besteht. Beispiele sind Arthurs (1994) Beiträge über zunehmende Skalenerträge sowie der Ansatz von Bowles (2004) zur Analyse ökonomischer Institutionen und deren Wechselwirkungen mit ökonomischem Verhalten. Weitere Illustrationen sind die von Durlauf und Young (2001) gesammelten Aufsätze über soziale Dynamiken, die computergestützten Analysen der Stabilität des allgemeinen Gleichgewichts einer Volkswirtschaft durch Gintis (2007) und die durch evolutionäres Gedankengut geprägte Sichtweise der Mikroökonomik von Lesourne, Orlean und Walliser (2006). Einen Hintergrund solcher Arbeiten bildet die kritische Einsicht, dass die herkömmliche Ökonomik oftmals Modelle entworfen hat, in denen sich sehr kluge Akteure in bemerkenswert einfachen Situationen befinden. In der Wirklichkeit haben aber häufig nicht sonderlich kluge Akteure mit extrem schwierigen Situationen zu tun, sodass sich eine andere Modellierungsstrategie empfiehlt.

In diesem Zusammenhang wird überdies oft betont, dass sich die Wirtschaft und ihre Komponenten als entwickelnde komplexe Systeme auffassen lassen.[3] Damit wird auf die Zeitabhängigkeit des Wirtschaftsgeschehens verwiesen. Sie spielt u.a. dann eine Rolle, wenn man verschiedene Systeme mit formalen Methoden untersucht (siehe hierzu bereits Padulo und Arbib 1974).[4] Zu betonen ist dabei, dass der jeweilige mathematische Ansatz erst dann zu einer Theorie wird, wenn die Variablen tatsächlich messbare Größen (wie z.B. Kapital, Bevölkerungszahl, Reallohn, Populationsanteil) sind. Einschlägige Illustrationen für die theoretische Modellierung und Analyse betreffen im Folgenden:

- Ungehindertes Kapitalwachstum

- Abbildung von Lohnkarrieren

- Bevölkerungswachstumsgesetz

- Bevölkerungsprinzip bei Armut

- Ausbreitungslogik bei Gerüchten

Aus formaler Sicht handelt es sich dabei um besonders einfache, weil analytisch lösbare Beispiele für Differenzengleichungen (Kapitalwachstum, Gerüchte) und Differentialgleichungen (Bevölkerungswachstum, Bevölkerungsprinzip). Analytisch unlösbare dynamische Systeme können heutzutage mithilfe von Computersimulationen untersucht werden (z.B. Simulation des deutschen Rentenversicherungssystems unter verschiedenen Prämissen).

---

[3]Gelegentlich wird die Wirtschaft auch als komplexes adaptives System bezeichnet. Gemeint ist damit ein Szenario, in dem die Wirtschaft praktisch niemals im Gleichgewicht ist. Stattdessen ist sie andauernd irgendwelchen exogenen oder endogenen Schocks ausgesetzt, die ihre kurzfristigen Veränderungen bestimmen und Resonanzen auslösen, welche Bewegungen zum Gleichgewicht im Regelfall verhindern.

[4]Die formale Untersuchung ist keineswegs die einzig mögliche Variante bei der Analyse dynamischer Systeme. Unter weitgehendem Verzicht auf die formale Analyse kann man z.B. mit Miller (1978) generelle Prinzipien im Rahmen einer vergleichenden Analyse von lebendigen Systemen mit unterschiedlicher Komplexität identifizieren und diese dann zur Begründung von prinzipiell empirisch prüfbaren Hypothesen verwenden.

Differential- und Differenzengleichungen

Dem Faktor Zeit kommt in wirtschaftssoziologischen Anwendungsfällen oft eine wesentliche Rolle zu. So wird in der Humankapitaltheorie (z.B. Becker 1964) davon ausgegangen, dass Wissen einerseits im Zeitverlauf akkumuliert wird, andererseits aber auch einem Entwertungsvorgang unterworfen ist. Der von Merton (1968) beschriebene Matthäus-Effekt, wonach frühere Erfolge die Wahrscheinlichkeit weiterer Erfolge erhöhen, beruht ebenfalls auf der Annahme eines kumulativen Prozesses (vgl. auch die Beiträge *Status, Positionswettbewerbe und Signale* und *Stars und ihre Entstehung* im zweiten Band). Und auch Theorien zur Adaption und Gewöhnung berücksichtigen die Möglichkeit zeitlicher Pfadabhängigkeiten (vgl., wiederum im zweiten Band, die Anwendungen *Sucht, Gewohnheit und Tradition* und *Einkommen und Lebenszufriedenheit*). Gerade weil zeitliche Entwicklungspfade in komplexen Systemen oft kaum intuitiv überschaubar sind (z.B. Ziegler 1972), ist die Verwendung von formalen Methoden zur Modellierung von Prozessen sinnvoll.

Man kann u.a. Differenzen- und Differentialgleichungen als Modelle für dynamische Vorgänge verwenden. Unterstellt sei zunächst, dass die Zeit t eine stetig differenzierbare Variable ist. Dann kann eine Differentialgleichung wie

$$\frac{dy(t)}{dt} = b$$

zur Prozessmodellierung gebraucht werden. Dabei bezeichnet y die sich in der Zeit ändernde Variable (z.B. Einkommen), wobei der konstante Parameter b die Änderung pro Zeiteinheit (z.B. Stunden, Tage, Wochen) angibt. Deshalb ergibt sich der Zeitpfad der Änderung von y durch Integration:

$$y(t) = b \cdot t + c,$$

wobei c eine beliebige Integrationskonstante ist. Es gibt viele kompliziertere Differentialgleichungen. Ein Beispiel ist die lineare inhomogene Differentialgleichung

$$\frac{dy(t)}{dt} = a \cdot y(t) + x(t),$$

in der a ein konstanter Parameter ist und $x(t)$ eine stetig differenzierbare Funktion der Zeit bezeichnet. Unterstellt man einen gegebenen Anfangswert des Prozesses (d.h. $y(0) = y_0$), dann lautet der Zeitpfad

$$y(t) = e^{at} y_0 + \int_0^t e^{a(t-s)} \cdot x(s)\, ds,$$

wobei $e = \exp(1) = 2,718...$ die Basis des natürlichen Logarithmus ist. Eine explizitere Lösung erfordert eine Konkretisierung der Funktion $x(t)$ und eine Bestimmung des Integrals. Wird ein komplexes Wechselspiel verschiedener und sich im Zeitverlauf verändernder Faktoren unterstellt, sind die resultierenden Differentialgleichungen häufig analytisch unlösbar. In solchen Fällen können Simulationsstudien interessante Einsichten über das Systemverhalten liefern (siehe Epstein 2006 für Beispiele sowie Gilbert und Troitzsch 2005 für eine Lehrbuchdarstellung).

Manchmal ist es hilfreich, eine diskrete Messung der Zeit zu unterstellen. Dies bedeutet, dass die Veränderungen interessierender Variablen nur zu festen Zeitpunkten bzw. in einzelnen Perioden betrachtet werden, weil z.B. Daten nur zu festen Zeitintervallen (einmal pro Monat oder pro Jahr) zur Verfügung stehen. Veränderungen von Variablen über die Zeit sind nun nicht mehr als Differentialgleichungen zu spezifizieren, sondern als Differenzengleichungen. Zu deren Lösung lassen sich nicht mehr die Methoden der Integralrechnung verwenden, obwohl auch bei Differenzengleichungen nach einer mit den gegebenen Anfangsbedingungen vereinbaren Funktion gesucht wird, die angibt, welche Werte eine interessierende Variable zu verschiedenen Zeitpunkten annimmt. Eine aufwendige Lösungsmethode, die jedoch das Prinzip eines generellen Lösungsansatzes gut veranschaulicht, ist eine sequenzielle Vorgehensweise. Sie beruht darauf, nacheinander die Entwicklung von y in den einzelnen Perioden durchzugehen. Angenommen sei, dass y in jeder Periode $t = 0, 1, 2, ...$ um b Einheiten wächst, also eine Differenzengleichung erster Ordnung der Form

$$y_{t+1} = y_t + b$$

gegeben ist. Geht man nun Periode für Periode durch, so zeigt sich, dass

$$y_1 = y_0 + b \text{ und}$$

$$y_2 = y_1 + b = (y_0 + b) + b = y_0 + 2 \cdot b \text{ usw.}$$

Als allgemeines Muster ergibt sich daher

$$y_t = y_0 + b \cdot t.$$

Auch bei Differenzengleichungen gibt es viele kompliziertere Varianten. Eine Illustration bietet

$$y_{t+1} = a \cdot y_t + x_t,$$

in welcher der Zusatzterm x_t mit der Periode t variiert. Die Lösung dieser linearen inhomogenen Differenzengleichung lautet:

$$y_t = a^t \cdot y_0 + \sum_{k=0}^{t-1} a^{t-k-1} \cdot x_k.$$

Wie der Vergleich mit der obigen inhomogenen Differentialgleichung und ihrer Lösung zeigt, besteht eine gewisse Parallelität zwischen beiden Ansätzen zur Modellierung von Prozessen (siehe weiterführend z.B. Elaydi 2005 und Walter 2000).

8.1.1 Ungehindertes Kapitalwachstum

Wie bereits die Schriften von Karl Marx belegen, ist in der Soziologie immer wieder von Kapital die Rede. Kapital kommt dabei eventuell in unterschiedlichen Formen vor – man denke nur an Pierre Bourdieus (1983) Unterscheidung von z.B. kulturellem und ökonomischem Kapital. Gerade Bourdieu betonte aber regelmäßig, dass die von ihm differenzierten Kapitalarten ineinander überführbar seien. Danach können die Bourdieuschen Varianten in einer gemeinsamen Einheit ausgedrückt werden (z.B. Geld) und sie unterliegen daher derselben Mechanik der Akkumulation. Auch aufgrund ihrer wichtigen Rolle im Wirtschaftsleben ist es sinnvoll, sich mit dem Logik der Kapitalbildung kurz zu befassen.

Sei K_0 eine Kapitalsumme in einer Währungseinheit (z.B. Euro), die zum Anfangszeitpunkt 0 zum Verzinsungsfaktor $z > 1$ angelegt wird. Wenn K_t das Kapital nach t Perioden und K_{t-1} das Kapital in der Periode $t-1$ bezeichnet, dann gilt

$$K_t = z \cdot K_{t-1} \quad \text{für alle } t.$$

Diese Gleichung besagt, dass das Kapital K_{t-1} nach dem Ablauf einer weiteren Periode eine Vervielfachung um den Faktor z erfährt, so dass K_t in Periode t zur Verfügung steht. Iteration (d.h. sukzessives Einsetzen) ergibt die Lösung der obigen dynamischen Gleichung:

$$K_t = z^t \cdot K_0 \quad \text{für alle } t.$$

Mithilfe dieser Lösung ergibt sich, wie viel Kapital nach t Perioden bei einer bestimmten Anlagesumme K_0 und einem gegebenen Verzinsungsfaktor z verfügbar ist. Auf der Grundlage der Lösungsgleichung kann man natürlich auch bestimmen, wie viel man in der Startperiode anlegen muss, um eine gewünschte Summe K_t nach einer bestimmten

Zeitdauer von t Perioden zur Verfügung zu haben. Umstellen der Lösung nach K_0 ergibt $K_0 = K_t/z^t$. Das nötige Anfangskapital K_0 erhält man nach Einsetzen des gegebenen Verzinsungsfaktors z, des festgelegten Zeithorizonts t und des Wunschkapitals K_t.[5]

8.1.2 Abbildung von Lohnkarrieren

Nicht selten bestehen Ungleichheiten im Wirtschaftsleben, deren Beseitigung Zeit in Anspruch nimmt. Beispielsweise verdienen Arbeitnehmer in einem Tätigkeitsfeld unterschiedliche Löhne und es gibt Veränderungen von Löhnen in der Zeit. Lohnentwicklungen sind zumeist Aufwärtsbewegungen.[6] Zur Analyse von Aufwärtsbewegungen der Löhne kann man das von Coleman (1968) beschriebene „partial adjustment model" verwenden, das eine stetig erfasste Zeit t unterstellt.

Die Grundidee dieses Modells ist eine sukzessive Schließung der Lücke zwischen dem gerade erreichten Lohnniveau $y(t)$ und einem maximal erreichbaren Lohn (Lohndecke) oder Gleichgewichtslohn y^* bei einer gegebenen Ausgangslohnhöhe $y(0)$, wobei $y(0) < y(t) \leq y^*$ gilt. Das Modell ist eine lineare Differentialgleichung, welche die Veränderung des Lohns pro Zeiteinheit als proportional zur Differenz zwischen dem gerade erreichten Lohnniveau und dem Gleichgewichtslohn für eine Gruppe von Beschäftigten festlegt:

$$\frac{dy(t)}{dt} = -b \cdot (y^* - y(t)),$$

wobei $b < 0$ die Anpassungsgeschwindigkeit der Lohnhöhe bestimmt – je größer der Betrag von b ist, umso schneller wird das Gleichgewichtsniveau oder der Wert der Lohndecke y^* erreicht. Die Lösung des Modells ergibt sich nach Integration:

$$y(t) = e^{bt} \cdot y(0) + (1 - e^{bt}) \cdot y^*,$$

wobei e die Basis des natürlichen Logarithmus ist. Dieser Zeitpfad bezieht sich auf den Fall stetig gemessener Zeit. In Anwendungsfällen wird man eher eine diskrete Zeitmessung vorfinden. Man kann dann eine zur obigen Differentialgleichung korrespondierende Differenzengleichung verwenden:

$$y_t = e^b \cdot y_{t-1} + (1 - e^b) \cdot y^*.$$

Durch entsprechende Substitutionen und Umrechnungen lassen sich auf dieser theoretischen Grundlage empirische Resultate zur Dynamik der Entlohnung in großen Betrieben oder einer bestimmten Branche erzielen. Derartige Vorgehensweisen werden z.B. von Brüderl (1991) für die Untersuchung von Lohnprofilen vorgeführt und bezüglich ihrer Ergebnisse interpretiert.

---

[5]Zur vergleichenden Beurteilung von Investitionsmöglichkeiten kann man folgende Regel anwenden: Die Anzahl der Jahre, die zur Verdopplung eines Kapitals bei einer Verzinsung von r % nötig sind, beträgt ungefähr $72/r$.

[6]Gelegentlich finden Abwärtsbewegungen des Lohnes statt, wenn individuelle Lohnkarrieren betrachtet werden (z.B. am Ende der Berufskarriere oder nach einer Phase der Arbeitslosigkeit). Im Durchschnitt gibt es jedoch eher Aufwärtsbewegungen, zumindest solange keine dauerhaft schlechte Wirtschaftslage besteht.

8.1.3 Bevölkerungswachstumsgesetz

Malthus (1798) traf bekanntlich eine Aussage über das ungehinderte Wachstum einer menschlichen Population (siehe hierzu Abschnitt 2.3.2). Letztere wird häufig als das Malthus'sche Gesetz des Bevölkerungswachstums bezeichnet (z.B. Dinkel 1989). Sei $N(t)$ eine Bevölkerung zur Zeit t und n die zeitunabhängige Differenz zwischen Geburts- und Sterberate bei Abwesenheit irgendwelcher Wachstumshemmnisse. Unterstellt man eine zeitlich kontinuierliche Reproduktion und vernachlässigt die Explikation der Zeitabhängigkeit bei der formalen Präsentation, so bestimmt die Konstante n die Wachstumsrate der Bevölkerung:

$$\frac{(dN/dt)}{N} = n.$$

Ausgedrückt wird dadurch (näherungsweise), dass die prozentuale Änderung der Bevölkerungszahl N pro Zeiteinheit zum Zeitpunkt t durch n gegeben ist. Man kann dies auch anders schreiben: Die lineare Differentialgleichung

$$\frac{dN}{dt} = n \cdot N$$

ist eine mathematische Darstellung der ungehinderten (und daher hypothetischen) Bevölkerungsentwicklung im Sinne von Malthus. Die Lösung dieser dynamischen Gleichung ergibt sich durch Integration. Sie lautet:

$$N(t) = N(0) \cdot \exp(nt),$$

wobei $N(0)$ den gegebenen Anfangswert der Population und $\exp(1) = e = 2,718...$ die Basis des natürlichen Logarithmus (ln) bezeichnet (ABBILDUNG 8.1). Falls sich das Wachstum tatsächlich unbeschränkt vollziehen könnte, so würde sich damit die Bevölkerung jeweils nach $T = (\ln 2/n)$ Zeitperioden verdoppeln (die Verdopplungszeitdauer T ergibt sich aus $\exp(nT) = 2$ nach Umstellen).

ABBILDUNG 8.1: UNBESCHRÄNKTES BEVÖLKERUNGSWACHSTUM

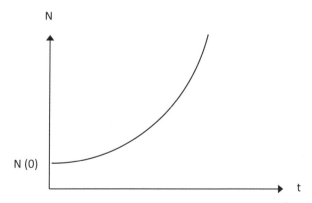

Zu betonen ist, dass Malthus bekanntlich nicht von einem ungehindertem Bevölkerungswachstum ausging – sein Punkt war ja gerade, dass es eine Kluft zwischen der natürlicherweise exponentiellen Bevölkerungsvermehrung und dem erheblich beschränkteren

Wachstum der Lebensmittelproduktion gibt. Die lediglich arithmetische Progression der zum Lebenserhalt unverzichtbaren Güter (Subsistenzmittel) begründet Malthus dabei mehr oder weniger deutlich mit dem klassischen Ertragsgesetz, wonach die landwirtschaftliche Produktion nur mit abnehmender Rate zunimmt. Letzteres führte zur Formulierung seines Bevölkerungsprinzips, wonach letztlich eine enge Interdependenz zwischen der ökonomischen Versorgung und der Populationsgröße besteht.

8.1.4 Bevölkerungsprinzip bei Armut

Der durch Malthus postulierte Zusammenhang zwischen Bevölkerungszahl und ökonomischer Versorgung weist eine formale Analogie zu einem Jäger-Beute-Problem im Sinne der mathematischen Biologie (z.B. Murray 1993) auf. Betrachtet man nämlich die ökonomische Versorgung als Beute und die Bevölkerung als Räuber, dann kann man die Dynamik der beiden Größen durch die Analyse gekoppelter Differentialgleichungen im Sinne von Lotka (1925) und Volterra (1931) untersuchen.

Zur Konkretisierung sei $N(t)$ der Populationsbestand und $W(t)$ der systemweite Reallohnsatz zum Zeitpunkt t, wobei letzterer vereinfachend als Indikator für die Pro-Kopf-Güterversorgung dient. Weiter seien a, b, α und β positive Systemparameter. Beschränkt man sich auf den Fall eines armen Landes, so sind die Ideen von Malthus nach von Tunzelmann (1986) durch folgendes System der Wachstumsraten von W und N beschreibbar:

$$\frac{dW/dt}{W} = a - \alpha \cdot N \quad \text{und} \quad \frac{dN/dt}{N} = -b + \beta \cdot W \,.$$

Die erste Gleichung besagt, dass die Wachstumsrate der Güterversorgung $(dW/dt)/W$ mit steigender Bevölkerung N abnimmt (negatives Feedback). Man kann sie als einfache Repräsentation der Malthus'schen Überlegungen zur Entwicklung der volkswirtschaftlichen Produktion auffassen.

Nach der zweiten Gleichung wird die Wachstumsrate der Bevölkerung $(dN/dt)/N$ positiv vom Reallohnniveau W beeinflusst (positives Feedback). Diese Beziehung reflektiert, dass die Sterberate bei einer besseren ökonomischen Situation sinken wird. Prinzipiell kann eine Erhöhung der Pro-Kopf-Versorgung auch eine Senkung des Heiratsalters und/oder eine Vernachlässigung der Geburtenkontrolle bewirken, sodass die Fertilität steigt.

Bei der Analyse eines dynamischen Systems dieser Art sind zunächst Lösungen im Sinne etwaiger Ruhezustände (Gleichgewichte) zu identifizieren. Stationäre oder gleichgewichtige Punkte sind dadurch gekennzeichnet, dass an diesen Stellen die Ableitungen der Zustandsgrößen nach der Zeit allesamt Null werden. Dabei gibt es eventuell mehrere Gleichgewichte, die keineswegs von jedem Anfangszustand erreichbar sein müssen. Unter sonst gleichen Bedingungen verharrt das System in (der Umgebung von) einem dieser dauerhaften Zustände, wenn für diesen (neutrale) Stabilität im Sinne einer Konvergenz gegeben ist. Die Kenntnis von Gleichgewichten, die Feststellung ihrer Zahl und die Untersuchung ihrer Stabilitätseigenschaften ist für die Beurteilung des Systemverhaltens wichtig.

Das betrachtete System von Differentialgleichungen besitzt eine triviale Lösung bei $(0,0)$. Dieser stationäre Punkt ist instabil, weil nach einer kleinen Erhöhung von W ein (exponentieller) Wachstumsprozess beginnt. Das System besitzt allerdings auch einen positiven Gleichgewichtspunkt. Diese nichttriviale stationäre Lösung im Sinne von $dN/dt = dW/dt = 0$ liegt bei $N^* = (a/\alpha)$ und $W^* = (b/\beta)$. Bei Abweichungen von diesem Gleich-

gewicht ergeben sich positive oder negative Veränderungen der Bevölkerung und der Güterversorgung:

$$\frac{dN}{dt} \gtrless 0 \text{ für } W \gtrless W^* \text{ und } \frac{dW}{dt} \gtrless 0 \text{ für } N \lessgtr N^*.$$

Auf dieser Grundlage kann eine Stabilitätsuntersuchung des nichttrivialen Gleichgewichts
durchgeführt werden. Resultat einer solchen dynamischen Analyse (für formale Details siehe z.B. Simon und Blume 1994) ist der Nachweis der neutralen Stabilität des nichttrivialen
Gleichgewichts. Der positive Gleichgewichtspunkt ist damit ein sogenanntes Zentrum: Die
Entwicklung von Bevölkerung und Realeinkommen vollzieht sich jeweils in einer geschlossenen elliptischen Kurve um diesen Gleichgewichtspunkt, sofern die gleichgewichtige (d.h.
stationäre) Wertekombination nicht zufällig von Anfang an realisiert ist. Falls also der
Prozessbeginn in einem Ungleichgewicht liegt, kann der nichttriviale Gleichgewichtspunkt
nicht erreicht werden und besitzt damit keine praktische Bedeutung.

ABBILDUNG 8.2: BEVÖLKERUNGSENTWICKLUNG ALS JÄGER-BEUTE-PROBLEM

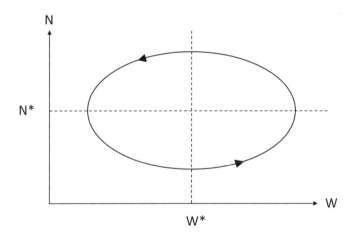

Man kann die Ergebnisse der dynamischen Analyse übrigens auch in einem kartesischen
Koordinatensystem mit den Achsen W und N abbilden (siehe ABBILDUNG 8.2):

- Der nichttriviale Gleichgewichtspunkt ergibt sich dabei im Schnittpunkt der Linien
  $dN/dt = 0$ und $dW/dt = 0$, also bei $N^* = (a/\alpha)$ und $W^* = (b/\beta)$.

- Die Linien $dN/dt = 0$ und $dW/dt = 0$ definieren die Grenzen von insgesamt vier
  Sektoren. In jedem einzelnen Sektor könnten (jeweils parallel zu den Koordinaten-
  achsen) senkrechte und waagrechte Pfeile eingetragen werden, welche die relevanten
  Veränderungstendenzen der Variablen N und W ausdrücken.

- Die Trajektorien (d.h. Strömungslinien der zeitlichen Entwicklung der beiden Zu-
  standsvariablen) sind Ellipsen um den Ruhepunkt des Systems, wobei man mit gerichteten Pfeile auf ihnen die Veränderungsrichtung des Systems mit zunehmender
  Zeit andeutet.

- Die Lage jeder elliptischen Umlaufbahn um das Zentrum wird hierbei vollständig
  durch die jeweiligen Anfangswerte des Prozesses bestimmt.

ABBILDUNG: 8.3: OSZILLATIONEN DES BEVÖLKERUNGSBESTANDS UND REALLOHNS

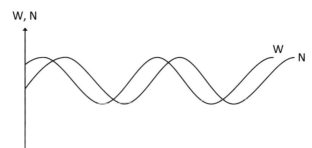

Generell ergeben sich nach der theoretischen wie auch graphischen Analyse im Zeitablauf jeweils verschobene, periodische Schwankungen (Oszillationen) von wirtschaftlicher Versorgung und Bevölkerungsbestand, die dauerhaft sind (ABBILDUNG 8.3). Zu betonen ist allerdings, dass sich diese Folgerungen aufgrund der Annahmenkonstellation der dynamischen Modellierung nur auf arme Länder beziehen.

8.1.5 Ausbreitungslogik bei Gerüchten

Die Verbreitung von Informationen ist ein wesentliches Thema verschiedener Sozialwissenschaften (u.a. Kommunikationswissenschaft, Sozialpsychologie, Soziologie). Es verwundert daher nicht, dass hierzu schon früh mathematische Modelle vorgeschlagen wurden (z.B. Coleman 1964). Devaney (1989) beschreibt ein bezüglich seiner formalen Eigenschaften interessantes Modell – trotz seiner Einfachheit resultiert bei seiner mathematischen Analyse nämlich eine bemerkenswert komplizierte Dynamik. Das Modell ist eine Differenzengleichung erster Ordnung. Es lautet:

$$x_{t+1} = k \cdot x_t \cdot (1 - x_t),$$

wobei $1 < k < 4$ für den Parameter k angenommen wird und x_t den Anteil der Population angibt, der zum Zeitpunkt t das Gerücht kennt. Die zugrunde liegende Logik der Ausbreitung besagt, dass bereits über das Gerücht Informierte zu jedem Zeitpunkt Uninformierte treffen und diese gleichfalls unterrichten. Der Parameter k drückt aus, dass ein Informierter das Gerücht im Durchschnitt weitererzählt, wobei weniger als vier Kontaktpersonen davon erfahren.

Die formale Untersuchung der Gleichung zeigt zunächst einmal, dass (abgesehen von einem trivialen Ruhezustand am Nullpunkt) ein nichttriviales Gleichgewicht (d.h. ein stationärer Punkt oder Fixpunkt) im Sinne von $x_{t+1} = x_t$ an der Stelle $x^* = 1 - (1/k)$ liegt. Dieses Gleichgewicht wird von jedem Punkt aus erreicht, wenn $0 < k < 3$ bei $0 < x < 1$ gilt. Ist jedoch $k > 3$, so wird der Fixpunkt instabil (d.h. es verschwindet die Stabilität der Gleichgewichtslösung). Wie May (1976) nachweist, ergibt sich chaotisches Verhalten des Systems ab dem Parameterwert $k = 3,57$. Inhaltlich bedeutet dies, dass bei hohen Verbreitungsgeschwindigkeiten klare Prognosen über das Schicksal des Gerüchts unmöglich werden. Allgemein kann man daraus folgern, dass bereits sehr einfache nichtlineare Systeme bei hinreichender Rückkopplung eine nicht mehr prognostizierbare Dynamik entwickeln können.

Dennoch ist dies für soziale Systeme keine zwingend problematische Erkenntnis. Dies ergibt sich nach einer systematischen Studie zur Selbstorganisation in sozialen Systemen, die von Volker Müller-Benedict (2000) angefertigt wurde. Danach scheint Chaos in sozialen Systemen wenig wahrscheinlich. Die Begründung für diese Vermutung ist, dass es in solchen Systemen oft Stabilitätsziele und stets Steuerungskapazitäten gibt, welche bei wiederholten Instabilitäten zu Systemänderungen führen.

Auch deshalb sollte man sich näher mit solchen dynamischen Modellen beschäftigen, die realitätsnahe Zeitpfade abbilden und daher empirische Relevanz besitzen. In diesem Zusammenhang ist als weiteres Beispiel für die dynamische systemorientierte Analyse insbesondere die theoretische und empirische Untersuchung von Diffusionsprozessen in gegebenen Populationen interessant.

8.2 Untersuchung sozialer Diffusionsvorgänge

Neuerungen sind wesentliche Triebfedern des wirtschaftlichen und gesellschaftlichen Wandels. Sie lassen sich prinzipiell in zwei Gruppen einteilen: Güterinnovationen und Verfahrensinnovationen. Güterinnovationen beziehen sich auf die Erfindung und Entwicklung neuer Produkte, die man als Konsumgüter bezeichnen kann. Verfahrensinnovationen umfassen dagegen alle anderen Neuerungen in Wirtschaft und Gesellschaft.

Sind Innovationen verfügbar, so werden sie sich mehr oder weniger schnell ausbreiten. Im Folgenden werden daher grundlegende Modelle der Verbreitung eines binären Merkmals (z.B. Kauf oder Nichtkauf eines neuen Produkts, Einsatz von oder Verzicht auf Verfahrensneuerung) in einer gegebenen Population besprochen, wobei nur elementare Einsichten der Diffusionsforschung (z.B. Mahajan und Peterson 1985; Rogers 2003) berücksichtigt sind. Nach einer Einführung zentraler Konzepte und Annahmen wird zunächst ein hinreichend allgemeiner Ansatz zur Integration verschiedener Ausbreitungsprozesse eingeführt. Nach der dadurch möglichen Unterscheidung verschiedener Prozesstypen werden einige Spezialfälle und ihre Eigenschaften diskutiert und populäre Schätzverfahren illustriert.

8.2.1 Konzepte und Annahmen

Betrachtet wird ein Sozialsystem mit einer großen Zahl von Individuen, die in der Zeit mit einer binären Verhaltensentscheidung konfrontiert sind, die aber nicht explizit modelliert wird (z.B. Übernahme oder Nichtübernahme einer Neuerung). Um eine einfache Darstellung der Zusammenhänge zu gewährleisten, werden im Folgenden absolute Größen ausgeblendet. Betrachtet werden relative Größen (d.h. Anteile). Die Rekonstruktion der absoluten Größen aus den Analyseergebnissen bleibt prinzipiell möglich, wenn die Gesamtgröße des Systems bestimmt werden kann.

Angenommen wird eine stetige Erfassung der Zeit t. Es gibt die Verteilungsfunktion $F(t)$ und die Dichtefunktion $f(t) = dF(t)/dt$. Dabei ist $F(t)$ der Anteil der Population, der sich bis zum Zeitpunkt t schon zugunsten der Übernahme der Neuerung entschieden hat. Der komplementäre Anteil $1 - F(t)$ erfasst den Teil der Bevölkerung, der sich noch dafür entscheiden kann, weil er es bisher noch nicht getan hat. Die Ableitung $dF(t)/dt = f(t)$

kann man als Zunahme des Anteils der bereits zugunsten der Neuerung entschiedenen Akteure in einer (kurzen) zusätzlichen Zeitspanne interpretieren. Damit stellt ein Prozess der Ausbreitung von Verhaltensweisen auf einen Zusammenhang zwischen $f(t)$ und $F(t)$ bzw. $1 - F(t)$ ab. Aufgrund der Vielzahl möglicher Beziehungen ist $f(t)$ daher als hinreichend allgemeine Funktion von $F(t)$ auszudrücken.

8.2.2 Flexibles Diffusionsmodell

Eine allgemeine Differentialgleichung zur Abbildung der Diffusionslogik stammt von Diekmann (1990, 1992). Danach kann die Ausbreitung des betrachteten Merkmals oder des Auftretens des relevanten Ereignisses letztlich als Konsequenz des Informationsflusses im System aufgefasst werden. Die Übernahme eines Verhaltens oder der Eintritt des Ereignisses ergibt sich im Gefolge von Informationen, welche durch Interaktionen mit Merkmalsträgern oder durch systemweite Einflussquellen (z.B. Massenmedien) vermittelt werden.

Zur Modellierung verschiedener Diffusionsvorgänge trifft Diekmann die Annahme, dass die Informationsübertragung durch Kontakte zwischen Teilmengen der bereits infizierten und nicht infizierten Populationsanteile stattfindet.[7] Seine Mischungsannahme ist $p(t) = F(t)^m \cdot (1 - F(t))^n$, wobei m und n inhaltlich nicht interpretierte Parameter sind, die jeweils 0 und/oder 1 sind.[8] Weil das Produkt $F(t)^m \cdot (1 - F(t))^n$ den Anteil von Interaktionen zwischen Teilpopulationen zum Zeitpunkt t angibt, kann man $p(t)$ als die Wahrscheinlichkeit eines informativen und damit möglicherweise übertragenden Kontaktes zum Zeitpunkt t betrachten. Seine Gewichtung mit einer beliebig wählbaren Übernahmefunktion $s(t) > 0$ bestimmt dann den Zuwachs des Anteils der Merkmalsträger pro Zeiteinheit. Berücksichtigt man zusätzlich, dass es einen Einfluss der Medien (z.B. Werbung) gibt, der neben der direkten Kontaktansteckung wirken kann, dann lässt sich ein allgemeines Diffusionsmodell schreiben:

$$\begin{aligned}
\frac{dF(t)}{dt} &= z \cdot (1 - F(t)) + s(t) \cdot p(t) \\
&= z \cdot (1 - F(t)) + s(t) \cdot F(t)^m \cdot (1 - F(t))^n \\
&= \left(z + s(t) \cdot F(t)^m \cdot (1 - F(t))^{n-1} \right) \cdot (1 - F(t)),
\end{aligned}$$

wobei folgende Definition unterstellt wird:

$$z := \begin{cases} 0 & \text{falls } m + n \leq 1 \\ \gamma & \text{sonst} \end{cases}$$

Dabei ist γ ein positiver Parameter, der von m und n bestimmt wird. Mithilfe von m und n lassen sich Prozesstypen unterscheiden. Zuvor ist noch erwähnenswert, dass Wachstumsprozesse in der diffusionstheoretischen Literatur weitgehend ignoriert werden. Daneben wird

---

[7]Die damit verknüpfte Annahme einer homogenen Durchmischung der Population charakterisiert auch Standardmodelle der Epidemiologie (z.B. Anderson und May 1991). Die Akteure unterscheiden sich danach nicht bezüglich ihres Alters, ihrer Bildung, ihres Geschlechts usw., sondern nur nach ihrem Infektionsstatus.

[8]Diekmann (1990, 1992) unterstellt, dass m und n beliebige reellwertige Parameter sind. Diese Annahme wird hier vermieden, weil die Unbeschränktheit von m und n zu problematischen Konsequenzen führen kann (Braun und Engelhardt 1998).

in der Diffusionsforschung (z.B. Mahajan und Peterson 1985; Rogers 2003) statt von Medienbeeinflussung häufig von externem Einfluss gesprochen, während die Ansteckung durch Kontakte zwischen Akteuren mit und ohne Merkmal als interner Einfluss bezeichnet wird. Auf dieser Grundlage kann man die Sonderfälle des allgemeinen Modells spezifizieren.

8.2.3 Verschiedene Prozesstypen

Nach der Wertekombination der Parameter m und n umfasst das allgemeine Modell verschiedene Typen von Vorgängen:

- Rein zeitabhängiger Wachstumsprozess ($m = 0, n = 0$)

- Populationsabhängiger Wachstumsprozess ($m = 1, n = 0$)

- Medienbeeinflusster Ausbreitungsprozess ($m = 0, n = 1$)

- Ausbreitung nach gemischten Einflüssen ($m = 1, n = 1$)

Auch weil diese Varianten des Modell ihrerseits wichtige Spezialfälle der Diffusionsforschung umfassen, empfiehlt sich ihre genauere Besprechung.

A. Rein zeitabhängiger Wachstumsprozess

Wenn $m = n = 0$ gilt, also beide Parameter Null sind, dann vollzieht sich die Ausbreitung eines Verhaltens oder Merkmals in einem Sozialsystem unabhängig von den Anteilen der Merkmalsträger und der Risikopopulation (also dem Teil, der bisher von diesem Merkmal oder Verhalten nicht betroffenen Population). Es besteht einzig eine Abhängigkeit von der Zeit t, was sich in der Spezifikation der Übernahmefunktion $s(t)$ niederschlägt. Dabei kann $s(t)$ sehr einfach sein, wodurch sich ein entsprechender Ausbreitungsprozess ergibt:

$$\frac{dF(t)}{dt} = s(t) = \alpha + \beta \cdot (t - t_0).$$

Hier sind α und β positive Schätzparameter und t_0 bezeichnet den Anfangszeitpunkt des Prozesses. Gleichfalls möglich ist aber auch, dass ein relativ flexibler und komplexer Ausbreitungsprozess durch $s(t)$ festgelegt wird:

$$\frac{dF(t)}{dt} = s(t) = \lambda \cdot e^{\delta t} \cdot t^{\varepsilon - 1},$$

wobei für die Parameter $\lambda > 0$, $\delta \neq 0$ und $\varepsilon \geq 0$ verlangt wird und nur für ganzzahlige Werte von ε elementare Integrierbarkeit besteht.

Insgesamt sind solche Modellierungen schon deshalb nicht zu vernachlässigen, weil es Ausbreitungsvorgänge gibt, die aufgrund fehlender Alternativen der Entscheidung über kurz oder lang stattfinden. Beispielsweise kann man derartige Prozesse nach der Einführung neuer Standards, Vorschriften und Technologien und nach der Einstellung der Produktion bestimmter Güter beobachten.

B. Populationsabhängiger Wachstumsprozess

Die Annahmenkonstellation $m = 1$ und $n = 0$ bestimmt die Wahrscheinlichkeit eines eventuell folgenreichen Kontaktes pro Zeiteinheit durch den jeweiligen Populationsanteil der bereits „Infizierten": $p(t) = F(t)$. Aus diffusionstheoretischer Sicht bedeutet dies, dass die Teilmenge der Merkmalsträger mit dem Gesamtsystem interagiert. Das Szenario korrespondiert mit einem reinen Wachstumsprozess, in dem sich die jeweilige Population von Merkmalsträgern quasi von selbst vermehrt. Die Übernahmefunktion $s(t)$ lässt sich hierbei als die eventuell zeitabhängige Wachstumsrate der Merkmalsverbreitung im System auffassen. Das berühmteste Beispiel für einen solchen Prozess ist die bekannte Malthus'sche Hypothese der Bevölkerungsvermehrung, wonach ein exponentielles Wachstum ohne Obergrenze durch die menschliche Fruchtbarkeit erfolgt (siehe Abschnitt 8.1.3). Üblicherweise sind Wachstumsvorgänge jedoch beschränkt. Ein Beispiel für einen realistischen Wachstumsprozess mit Obergrenze ergibt sich durch die Annahmen $m = 1$, $n = 0$ und $s(t) = \beta/t^2 > 0$ mit $t > 0$, wobei β einen Schätzparameter darstellt.

C. Medienbeeinflusster Ausbreitungsprozess

Durch die Parameterkonstellation $m = 0$ und $n = 1$ ergibt sich die Wahrscheinlichkeit eines potenziell einflussreichen Kontaktes für mögliche Merkmalsträger pro Zeiteinheit jeweils durch den Anteil der Risikopopulation: $p(t) = 1 - F(t)$. Merkmalsübernahmen lassen sich damit als Resultat von Kontakten dieser Teilpopulation mit dem Gesamtsystem auffassen. Man kann sie deswegen als Konsequenzen von Beeinflussungen durch systemweite Quellen (z.B. Massenmedien) ansehen, sodass $s(t)$ als zeitabhängige Beeinflussungsrate interpretierbar ist. Das klassische Beispiel für einen solchen Beeinflussungsprozess ist das Exponentialmodell, welches bereits von Coleman, Katz und Menzel (1957) angewendet wurde. Es ergibt sich, wenn man $m = 0$, $n = 1$ und $s(t) = \alpha > 0$ mit dem Schätzparameter α unterstellt (siehe Abschnitt 8.2.4).

D. Ausbreitung nach gemischten Einflüssen

Die Parameterkombination $m = 1$ und $n = 1$ legt zwei Quellen der Diffusion des betrachteten Merkmals fest: Zum einen gibt es den Einfluss der Medien, dem praktisch jeder Akteur aus der Risikopopulation ausgesetzt ist, zum anderen gibt es Interaktionen von Merkmalsträgern mit Angehörigen der Risikopopulation und daher Ansteckungen bezüglich des betrachteten Merkmals. Es gibt zwei besonders wichtige Spezialfälle des betrachteten Szenarios:

Gemischtes Einflussmodell: Trifft man die Annahmen $s(t) = \alpha > 0$ und $\gamma > 0$, dann ergibt sich das Modell von Bass (1969). Danach kann man u.a. einen Diffusionsprozess bezüglich des Erwerbs dauerhafter Konsumgüter mit folgender Differentialgleichung erfassen (siehe ABBILDUNG 8.4):

$$\frac{dF}{dt} = (\gamma + \alpha \cdot F(t)) \cdot (1 - F(t)).$$

Logistisches Diffusionsmodell: Ergänzt man die Annahmen des Bass-Modells um die zusätzliche Voraussetzung $\gamma \to 0$, so ergibt sich das schon von Coleman, Katz und

Menzel (1957) angewendete logistische Diffusionsmodell, d.h. der Standardfall einer reinen Kontaktansteckung:

$$\frac{dF}{dt} = (\alpha \cdot F(t)) \cdot (1 - F(t)).$$

ABBILDUNG 8.4: GEMISCHTES DIFFUSIONSMODELL

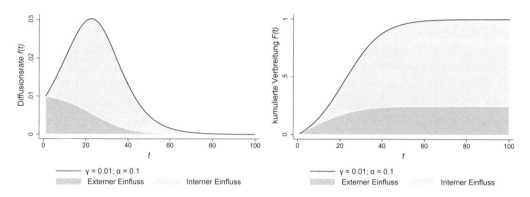

In beiden Modellierungen wird die Wahrscheinlichkeit eines potenziell übertragenden Kontaktes für mögliche Merkmalsträger pro Zeiteinheit durch $p(t) = F(t) \cdot (1 - F(t))$ festgelegt. Abstrahiert man von der Medienbeeinflussung, so können Verhaltensübernahmen als Folgen zufälliger Interaktionen zwischen aktuellen und potenziellen Merkmalsträgern interpretiert werden. Dabei wird eine alleinige Durchmischung nach dem Ansteckungsstatus (d.h. Homogenität bezüglich aller anderen Merkmale) vorausgesetzt. Die Annahme einer homogenen Population, in der jeder Zweierkontakt mit gleicher Wahrscheinlichkeit zustande kommen kann, ist unrealistisch. Neuere Ansätze gehen stattdessen von strukturellen Mustern innerhalb einer Population aus, welche Kontaktwahrscheinlichkeiten beeinflussen (z.B. Jackson und Yariv 2007; Morris 1994). Ansteckungen finden demnach nur innerhalb von Teilpopulationen statt (z.B. Van den Bulte und Joshi 2007) oder sind weitgehend auf persönliche Netzwerkkontakte beschränkt (z.B. Valente 1996; Young 2009), sodass populationsweite Verbreitungsprozesse entsprechend verlangsamt werden.

Freilich gibt es aufgrund der technologischen Entwicklung auch gegenläufige Tendenzen: Wegen der Allgegenwart moderner Medien wird man bei der Untersuchung von Ausbreitungsvorgängen heute oftmals neben der reinen Kontaktansteckung den Einfluss von externen Diffusionsquellen (wie z.B. Internet, TV, Zeitungen) berücksichtigen müssen. Vermutlich wird die durch soziale Heterogenität (wie z.B. unterschiedliche Kontakte) verlangsamte Ausbreitung von Innovationen durch systemweit wirkende Quellen teilweise wieder beschleunigt. Daneben empfiehlt sich ein Blick auf ausgesuchte Modellspezifikationen.

8.2.4 Eigenschaften einiger Spezialfälle

Mit der Unterscheidung von Prozesstypen und der Auflistung korrespondierender Sonderfälle kennt man nur die jeweilige Differentialgleichung, welche wegen der erfolgten Ausblendung absoluter Größen mit der Dichtefunktion $f(t)$ übereinstimmt: $dF/dt = f(t)$. Befasst man sich näher mit einer Modellvariante, dann interessiert u.a. die Lösung der jeweiligen Differentialgleichung – unter den getroffenen Voraussetzungen entspricht letztere der Verteilungsfunktion $F(t)$.

A. Modell des begrenzten Wachstums

Illustrationen für populationsabhängige und beschränkte Wachstumsprozesse sind im Geschäftsleben leicht zu finden: Die Ausbreitung von Computern, Softwaretypen oder E-Mails dürfte nach diesem Muster funktionieren. Nach den obigen Ausführungen ist das hier betrachtete Wachstumsmodell mit Obergrenze bestimmt durch die Differentialgleichung

$$\frac{dF(t)}{dt} = \frac{\beta}{t^2} \cdot F(t) = f(t),$$

in der β einen stets positiven Schätzparameter bezeichnet. Damit $F(t)$ eine Verteilungsfunktion ist, muss $0 < F(\infty) \leq 1$ gelten. Berücksichtigt man dies bei der Lösung der Differentialgleichung und legt die wählbare Konstante bei der Integration durch den Schätzparameter α mit $0 < \alpha \leq 1$ fest, dann ergibt sich die Verteilungsfunktion:

$$F(t) = \alpha \cdot e^{-\beta/t},$$

wobei e wiederum die Basis des natürlichen Logarithmus bezeichnet. Die hierzu korrespondierende Dichtefunktion $f(t)$ lautet in alternativer Darstellung:

$$f(t) = \frac{\beta \cdot \alpha \cdot e^{-\beta/t}}{t^2}.$$

Ihre genauere Untersuchung zeigt einen glockenförmigen Dichteverlauf mit einem Maximum an der Stelle $t_m = \beta/2$. Daher konvergiert die Verteilungsfunktion $F(t)$ bis zu dem Sättigungswert α, wobei sie S-förmig verläuft und an der Stelle $t_w = \beta/2$ einen Wendepunkt besitzt. Einen anderen Ausbreitungsvorgang beschreibt die Exponentialverteilung.

B. Modell der Exponentialverteilung

Analog zu dem beschriebenen Wachstumsmodell wird der durch eine Exponentialverteilung beschriebene Diffusionsprozess nicht durch Ansteckungen im Gefolge von Interaktionen zwischen potenziellen und aktuellen Merkmalsträgern bewerkstelligt (ABBILDUNG 8.5). Er stellt vielmehr auf Beeinflussungen durch Werbung und Information in Zeitungen, Fernsehen oder Radio ab. Die Differentialgleichung

$$\frac{dF(t)}{dt} = \alpha \cdot (1 - F(t)) = f(t)$$

mit dem konstanten Schätzparameter $\alpha > 0$ stellt die klassische Hypothese der kontaktunabhängigen Ausbreitung (z.B. Coleman, Katz und Menzel 1957) dar. Sie korrespondiert mit einer konkaven Verteilungsfunktion

$$F(t) = 1 - e^{-\alpha t}.$$

Somit ergibt sich in alternativer Darstellung die Dichtefunktion

$$f(t) = \alpha \cdot e^{-\alpha t},$$

sodass $f(t)$ einen hyperbelartigen Verlauf mit $f(0) = \alpha > 0$ aufweist. Der konstante Schätzparameter α bestimmt damit das Risiko oder die Chance, dass ein bisher nicht beeinflusster
oder uninformierter Akteur im nächsten Moment durch die Medien beeinflusst oder informiert wird. Weil dabei die persönlichen Kontakte keinerlei Rolle spielen, erscheint eine
entsprechende Modellerweiterung sinnvoll.

ABBILDUNG 8.5: DIFFUSIONSMODELL DER EXPONENTIALVERTEILUNG

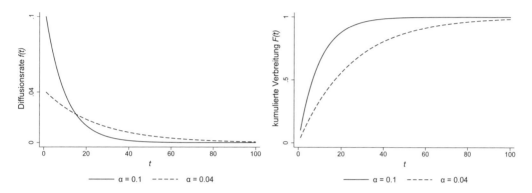

C. Logistisches Modell

Beispiele für soziale Ansteckungsprozesse sind leicht zu finden: Die Verbreitung bestimmter
Moden (z.B. Baustile, Kleider) und Erfindungen (z.B. Bücher, Medikamente, Musikstücke)
lassen sich prinzipiell als Konsequenzen informativer Interaktionen auffassen. Das logistische Modell (siehe ABBILDUNG 8.6) liefert die klassische Beschreibung infektionsartiger
Diffusionsvorgänge (z.B. Coleman, Katz und Menzel 1957). Die zugehörige Differentialgleichung lautet:

$$\frac{dF(t)}{dt} = \alpha \cdot F(t) \cdot (1 - F(t)) = f(t),$$

wobei α einen positiven Schätzparameter der Ausbreitungsgeschwindigkeit repräsentiert.
Die zugehörige Verteilungsfunktion ist deswegen

$$F(t) = \frac{F_0 \cdot e^{\alpha t}}{1 - (1 - e^{\alpha t}) \cdot F_0}.$$

Mit $F(0) = F_0$ wird hierbei ein positiver Anfangswert der S-förmigen Verteilungsfunktion
$F(\cdot)$ vorausgesetzt. Die Dichtefunktion $f(t)$ kann man wie folgt schreiben:

$$f(t) = \frac{\alpha \cdot F_0 \cdot e^{\alpha t}}{1 - (1 - e^{\alpha t}) \cdot F_0} - \frac{\alpha \cdot (F_0 \cdot e^{\alpha t})^2}{(1 - (1 - e^{\alpha t}) \cdot F_0)^2}.$$

ABBILDUNG 8.6: LOGISTISCHES DIFFUSIONSMODELL

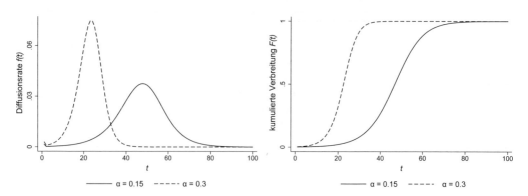

—— α = 0.15   - - - - α = 0.3   —— α = 0.15   - - - - α = 0.3

Auch diese Formulierung reflektiert, dass die Dichte $f(t)$ eine quadratische Funktion der sigmoiden (S-förmig verlaufenden) Prävalenzrate $F(t)$ darstellt. Die jeweiligen Kurven werden dabei u.a. von dem Schätzparameter α beeinflusst. Ein Blick auf einschlägige Schätzverfahren erscheint deshalb sinnvoll (siehe auch Braun 1995).

8.2.5 Illustration von Schätzverfahren

Für die Diskussion von Schätzverfahren ist die Betrachtung eines Zahlenbeispiels sinnvoll. Eine geeignete Illustration liefern die Teilnahmezahlen an den Montagsdemonstrationen in Leipzig im Herbst 1989, die zum letztendlichen Zusammenbruch des sozialistischen Regimes in der Deutschen Demokratischen Republik (DDR) beigetragen haben. Opp (1991) berichtet die durchschnittlichen Teilnehmerzahlen an den wöchentlichen Demonstrationen zwischen dem 25. September und dem 18. Dezember 1989.[9] TABELLE 8.1 reproduziert diese Zahlen nur bis zum 6. November, weil danach die Teilnehmerzahl dramatisch sank und zu oszillieren begann.[10]

Die Teilnahmezahlen lassen vermuten, dass es sich hierbei um kumulierte Häufigkeiten handelt (d.h. Personen, die bereits an einem bestimmten Montag demonstrierten, haben auch an den darauffolgenden Montagen wieder teilgenommen). Daneben weisen die Daten darauf hin, dass der Zeitpfad der Demonstrationsteilnahme durch eine langgestreckte S-förmige Kurve angenähert werden kann. Ein solcher Verlauf charakterisiert bekanntlich das Wachstumsmodell mit Obergrenze sowie das logistische Modell der Kontaktansteckung. Die beiden Fälle gehen mit unterschiedlichen Schätzmethoden einher und eignen sich deswegen für Illustrationen der beiden gängigsten Verfahren, nämlich der Methode der kleinsten Quadrate (Ordinary Least Squares, OLS) und der Methode der Maximum-Likelihood (ML).

---

[9]Opp (1991) bestimmt diese Durchschnittszahlen anhand verschiedener Publikationen. Seine Tabelle enthält darüber hinaus die jeweiligen Höchst– und Mindestschätzungen der Teilnehmerzahl.

[10]Das fluktuierende Teilnahmemuster reflektiert ein exogenes Ereignis: Am 9. November verlas ein Mitglied des Politbüros, Günter Schabowski, öffentlich ein Arbeitspapier über sofortige Ausreisegenehmigungen. Die Massenmedien informierten darüber und die Berliner Mauer wurde überrannt. Weil man für die Anwendung der Diffusionslogik eine zunehmende Entwicklung benötigt, wurden die Zeitpunkte nach diesem Ereignis ausgeblendet.

TABELLE 8.1: TEILNAHME AN DEN MONTAGSDEMONSTRATIONEN IN LEIPZIG

Datum	Mittlere Teilnehmerzahl	Logarithmierte Teilnehmerzahl
25.09.1989	6 500	8,779
02.10.1989	20 000	9,903
09.10.1989	70 000	11,156
16.10.1989	110 000	11,608
23.10.1989	225 000	12,234
30.10.1989	350 000	12,766
06.11.1989	450 000	13,017

Quelle: Opp (1991: 303).

A. Methode der kleinsten Quadrate

Die Verwendung der Methode der kleinsten Quadrate ist prinzipiell möglich, wenn das jeweilige theoretische Modell eine Linearität in den zu schätzenden Parametern aufweist. Ein Blick auf den hier spezifizierten Wachstumsprozess mit Obergrenze zeigt, dass die zugehörige Verteilungsfunktion linear in den Parametern ist, wenn man sie logarithmisch transformiert. Bezeichnet man die kumulierte absolute Zahl der Teilnehmer mit Z und multipliziert die rechte Seite von

$$F(t) = \alpha \cdot e^{-\beta/t}$$

mit der Skalierungskonstante S, so ergibt sich die folgende Gleichung:

$$Z = S \cdot F(t) = S \cdot (\alpha \cdot e^{-\beta/t}) \quad \text{und daher} \quad \ln Z = \ln(\alpha S) - \beta/t,$$

sofern $t > 0$ angenommen wird. Unter Verwendung der Definitionen $a := \ln(\alpha S)$, $b := -\beta$ sowie $R := (1/t)$ kann man die Gleichung dann alternativ schreiben:

$$\ln Z = a + b \cdot R.$$

Die Parameter a und b dieser Schätzgleichung lassen sich mithilfe von OLS bestimmen – praktisch wird durch eine Wolke von Beobachtungspunkten diejenige Gerade gelegt, welche die Summe der quadrierten Abweichungen der Punkte von deren Schätzung minimiert. Angewendet auf die obigen Daten erhält man als Schätzwerte: $a = 13,154$ und $b = -4,831$, welche (wegen der sehr kleinen Zahl von Datenpunkten) mit einer hohen Anpassungsgüte einhergehen. Somit ist der Schätzwert von β durch $\hat{\beta} = 4,831$ und der Schätzwert von αS durch $\hat{\alpha S} = 516\,071$ bestimmt. Setzt man die Skalierungskonstante S auf Eins, so kann man 516 071 als die Obergrenze der kumulierten Demonstrantenzahl interpretieren, welche sich bei unveränderter DDR-Regierungspolitik für $t \to \infty$ ergeben hätte. Weitgehend analoge Folgerungen ergeben sich, wenn man dieselben Daten mit einem anderen Modell und Schätzansatz analysiert.

ABBILDUNG 8.7: TEILNAHME AN MONTAGSDEMONSTRATIONEN

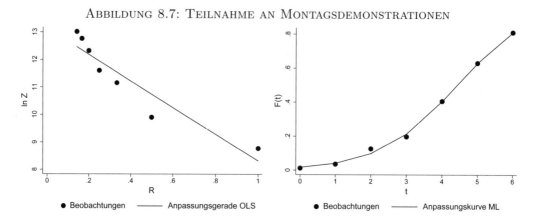

TABELLE 8.2: GESCHÄTZTE UND BEOBACHTETE DEMONSTRATIONSTEILNAHME

Datum	Schätzanteil $\hat{F}$	Beobachteter Anteil F	Differenz $\hat{F} - F$
25.09.1989	0,017	0,012	$+0,005$
02.10.1989	0,041	0,036	$-0,005$
09.10.1989	0,098	0,126	$-0,028$
16.10.1989	0,214	0,198	$+0,015$
23.10.1989	0,405	0,406	$-0,001$
30.10.1989	0,630	0,631	$-0,001$
06.11.1989	0,810	0,811	$-0,001$

Geschätzt wurde ein logistisches Modell.

B. Maximum-Likelihood-Methode

Sofern bei einem Modell selbst durch Transformationen keine Linearität in den Schätz-parametern hergestellt werden kann, ist mit der ML-Methode das Standardverfahren bei nicht-linearen Schätzproblemen anzuwenden. Die Grundidee dieses Verfahrens ist einfach (für Details siehe Gautschi 2010): Grob gesprochen werden diejenigen Schätzwerte be-stimmt, welche die Wahrscheinlichkeit der Beobachtungswerte der abhängigen Variablen maximieren. Will man also die Demonstrationsteilnehmer erklären, so sucht der jeweilige ML-Algorithmus diejenigen Parameterschätzwerte, welche die erfassten Teilnehmerzahlen besonders wahrscheinlich machen.

Einen Eindruck über die Vorgehensweise bei der ML-Schätzung vermittelt die An-passung des logistischen Modells an die Demonstrationsdaten (siehe ABBILDUNG 8.7). Zu bestimmen sind Schätzwerte für die Infektionsrate α, den Anfangswert $F(0) = F_0$ sowie die Gesamtzahl der potenziellen Demonstranten N. Die iterative Maximum Likelihood-Schätzung erbringt den geschätzten Anfangswert $\hat{F}_0 = 0,017$, den geschätzten Infektions-parameter $\hat{\alpha} = 0,918$ und die geschätzte Größe des Sozialsystems $\hat{N} = 554\,637$. Division der Teilnehmerzahlen aus TABELLE 8.1 mit $554\,637$ ergibt die beobachteten Teilnahme-raten. TABELLE 8.2 zeigt, dass die geschätzten Teilnahmeraten $\hat{F}$ weitgehend mit den Beobachtungswerten F übereinstimmen.

Vergleicht man schließlich die Ergebnisse beider Schätzverfahren, so ergibt sich der Ein-druck einer weitgehenden Korrespondenz. Aus theoretischer Perspektive ist dieser Befund bedenklich, weil man offenbar nur mit Zusatzinformationen etwas über den Hintergrund der Montagsdemonstrationen erfahren kann. Besitzt man keine solchen Informationen, so kann man, weil die ML-Methode funktioniert, die Montagsdemonstrationen als Konsequenz eines Kontaktansteckungsprozesses auffassen. Ebensogut kann man sie aber auch, weil die OLS-Methode funktioniert, als Resultat eines reinen Wachstumsprozesses begreifen, der überhaupt nichts mit einer Infektionslogik gemein hat. Somit zeigen sich Grenzen einer post hoc Betrachtung von Ausbreitungsvorgängen bereits in diesem einfachen Beispiel. Ohne zusätzliche Informationen kann man den Mechanismus nicht zweifelsfrei spezifizieren, der zu einem bestimmten Ablauf geführt hat. Der systemanalytische Ansatz eignet sich dann v.a. zur Deskription, jedoch kaum zur erklärenden Rekonstruktion des Geschehenen. Auch deshalb ist ein Blick auf andere Varianten der Systemanalyse in der Wirtschaftssoziologie sinnvoll.

8.3 Erfassung von Verflechtungen und Prozessanalysen

Systeme sind durch Verschränkungen ihrer Elemente gekennzeichnet, die mit bestimmten langfristigen Mustern einhergehen können. Diese Erkenntnis wird im Folgenden anhand von drei Themen vertieft, die im Bereich der Wirtschaftssoziologie wesentlich sind: Erstens kann man die in Tauschsystemen vorhandenen Interdependenzen erfassen und weiterverarbeiten. Zweitens lässt sich die dahinterstehende formale Vorgehensweise auch bei der Konzeptualisierung von Zentralität in Netzwerken verwenden. Drittens erlauben verwandte Analyseverfahren die formale Abbildung von Prozessen sozialer Mobilität und der sequenziellen Entstehung und Beseitigung von Vakanzen (z.B. freie Stellen in Universitäten).

Stochastische Matrizen, Eigenvektoren und Eigenwerte

Matrizen erlauben kompakte Darstellungen von miteinander verknüpfbaren Elementen, Zahlen bzw. Funktionen (siehe Abschnitt 7.2). Eine Matrix ist ein rechteckiges Schema, das durch einen fettgedruckten Großbuchstaben symbolisiert wird und aus einer Anzahl von Zeilen (Zeilenvektoren) und Spalten (Spaltenvektoren) besteht – Vektoren sind demnach spezielle Matrizen, die entweder nur eine Zeile oder nur eine Spalte umfassen und sich durch kleine fettgedruckte Buchstaben repräsentieren lassen. Das ij-te Eintrag der Matrix befindet sich in der i-ten Zeile und j-ten Spalte. Werden die Zeilen und Spalten einer Matrix miteinander vertauscht, so erhält man ihre transponierte Matrix. Eine Matrix ist quadratisch, wenn die Anzahl ihrer Zeilen und Spalten gleich ist. Eine quadratische Matrix ist unzerlegbar, wenn sie durch keine Permutation ihrer Zeilen und Spalten in separate quadratische Untermatrizen überführt werden kann. Intuitiv gesprochen gibt es dann keine voneinander unabhängigen Teile des durch die Matrix repräsentierten Beziehungsgeflechts.

Weist eine quadratische Matrix nur nichtnegative Einträge auf und sind ihre Spaltensummen (Zeilensummen) alle gleich Eins, dann nennt man sie eine spaltenstochastische (zeilenstochastische) Matrix. Für eine spaltenstochastische Matrix $\mathbf{A} = (a_{ij})$ sind also

$$a_{ij} \geq 0 \text{ für alle } i, j \text{ und } \sum_i a_{ij} = 1 \text{ für alle } j$$

erfüllt. Bei einer zeilenstochastischen Matrix $\mathbf{B} = (b_{ij})$ gelten dagegen

$$b_{ij} \geq 0 \text{ für alle } i, j \text{ und } \sum_j b_{ij} = 1 \text{ für alle } i.$$

Stochastische Matrizen sind bei der Analyse sozialer Netzwerke hilfreich (z.B. Braun und Gautschi 2006). Sie lassen sich überdies für die Deskription von sozialen Prozessen verwenden, in denen

Übergänge zwischen Zuständen durch Übergangswahrscheinlichkeiten erfasst werden können (siehe Abschnitt 8.3.3 und den Kasten „Reguläre Markow-Ketten").

Welche Variante stochastischer Matrizen man dabei wählt, hängt davon ab, ob man eher mit Spaltenvektoren oder eher mit Zeilenvektoren rechnen will. Diese Entscheidung hat mit der Matrizenmultiplikation und ihren Eigenschaften zu tun. Voraussetzung der Multiplikation von zwei Matrizen H und K ist, dass die Anzahl der Spalten von H mit der Anzahl der Zeilen von K übereinstimmt. Ist diese Bedingung erfüllt, kann $P = HK$ berechnet werden und das ij-te Element der Produktmatrix P ergibt sich durch die Summe der Produkte aus den Einträgen der i-ten Zeile von H mit den jeweils korrespondierenden Einträgen aus der j-ten Spalte von K. Wichtig ist hierbei die fehlende Kommutativität der Matrizenmultiplikation – im Gegensatz zur Produktbildung von zwei Zahlen bestimmt bei der Matrizenmultiplikation die Reihenfolge der beiden Faktoren (also der Matrizen) wesentlich das Ergebnis. Beispielsweise ergibt die „Linksmultiplikation" einer Matrix mit einem geeignet dimensionierten Zeilenvektor (d.h. die von links erfolgende Multiplikation des Vektors mit der Matrix) wiederum einen Zeilenvektor, dessen Einträge sich im Allgemeinen von denen des Spaltenvektors unterscheiden, der bei einer Rechtsmultiplikation derselben Matrix mit einem entsprechenden Spaltenvektor resultiert. Somit ist prinzipiell zwischen der Linksmultiplikation mit einem Zeilenvektor und der Rechtsmultiplikation mit einem Spaltenvektor zu unterscheiden.

Dies gilt auch bei der Lösung von „Eigenwertaufgaben", in denen ein vom Nullvektor (womit ein Vektor bezeichnet wird, der aus lauter Nullen besteht) verschiedener Vektor durch die zugehörige quadratische Matrix vervielfacht wird. Die Vervielfachung wird durch den sogenannten Eigenwert bestimmt. Genauer gesagt: Ein rechtsseitiger Eigenvektor x zu einer quadratischen Matrix M löst ein lineares Gleichungssystem einer bestimmten Form, nämlich $Mx = \lambda x$. Bei dieser im Sinne einer linearen Transformation auffassbaren Aufgabenstellung wird der Vektor durch die Matrix nur um einen (als Eigenwert bezeichneten) Faktor λ gestreckt oder gestaucht. Er wird also entsprechend verlängert oder verkürzt, ändert aber seine Richtung nicht. Somit bildet die Matrix den Eigenvektor auf sich selbst ab – er ist ein Fixvektor der Matrix. Dies gilt auch für den linksseitigen Eigenvektor y, der $yM = \mu y$ löst und mit dem Eigenwert μ assoziiert ist. Eigenvektoren der Matrix M sind der Spaltenvektor x und der Zeilenvektor y, die keine Nullvektoren sind und sich typischerweise unterscheiden. Vertauscht man alle Zeilen und Spalten der Matrix jedoch miteinander (d.h. Bestimmung der transponierten Matrix) und berechnet erneut die Eigenvektoren, dann stimmen die linksseitigen Eigenvektoren der Matrix mit den rechtsseitigen Eigenvektoren ihrer transponierten Matrix überein und auch die zugehörigen Eigenwerte entsprechen einander. Bei Eigenwertaufgaben kann man sich daher auf entweder linksseitige oder rechtsseitige Eigenvektoren konzentrieren und die jeweilige Alternative ausblenden.

Bei der Berechnung von Eigenvektoren sind möglicherweise unterschiedliche Eigenwerte zu bestimmen. Diese Tatsache spielt im Zusammenhang mit stochastischen Matrizen kaum eine Rolle, sofern man sich bei ihnen auf einen bestimmten reellwertigen Eigenwert beschränken kann. Unzerlegbare stochastische Matrizen besitzen einen größten Eigenwert von Eins. Der zugehörige Eigenvektor zum Eigenwert 1 einer unzerlegbaren stochastischen Matrix hat durchwegs positive Einträge; weil er nur bis auf ein Vielfaches eindeutig bestimmt ist, empfiehlt sich die Einführung der zusätzlichen Restriktion, wonach die Summe der Einträge des Eigenvektors jeweils Eins ergibt. Anders gesagt: Der Eigenvektor wird als Wahrscheinlichkeitsvektor berechnet, wodurch seine Eindeutigkeit gewährleistet ist (siehe hierzu und für einen Überblick zu Querverbindungen von Eigenwertaufgaben zu Graphentheorie und stochastischen Prozessen (v.a. Markow-Ketten) das Buch von Roberts 1976).

Ein Eigenvektor gehört stets zu einer quadratischen Matrix – bekanntlich bildet die Matrix den Eigenvektor auf sich selbst ab. Der Eigenvektor ist stationär oder ein Fixpunkt-Vektor. Betrachtet man daher selbstbezügliche Vorgänge oder Abläufe (z.B. Output als Input bei der nächsten Iteration eines Prozesses) und Beziehungsgeflechte (z.B. Tauschsysteme), so kann man den Eigenvektor als eine spezielle Gleichgewichtssituation auffassen, gegen den unter bestimmten Bedingungen eine langfristige Konvergenz besteht. Anders gesagt: Ein Eigenvektor repräsentiert eine Ruhekonstellation, die unweigerlich mit der zugrundeliegenden Matrix verknüpft ist und das Langzeitverhalten des dort betrachteten Systems oder Prozesses betrifft.

8.3.1 Interdependenzen in Tauschsystemen

Tauschsysteme bestehen aus Akteuren mit unterschiedlichen Anfangsausstattungen und/oder Vorlieben. In Tauschsystemen wollen Akteure deshalb etwas, was Andere besitzen und sie wollen dafür etwas geben, was Andere begehren. Daher sind in Tauschsystemen nicht nur Akteure miteinander verknüpft. In Anlehnung an Colemans (1972, 1990) Terminologie existieren in Tauschsystemen Güter (Waren oder Leistungen) bzw. Ereignisse (z.B. Parlamentsentscheidungen), die aufgrund der heterogenen Interessen der Akteure an ihnen und/oder ihrer unterschiedlichen Verfügbarkeit bzw. Beeinflussbarkeit zu Interdependenzen führen. Die Verflechtungen betreffen dabei auch die Güter bzw. Ereignisse, also die Tauschobjekte. In jedem Tauschsystem gibt es damit neben den Interdependenzen der Akteure immer eine Verflechtungsstruktur der gehandelten Produkte, Aktivitäten und Versprechungen. Ein Tauschsystem besteht damit aus zwei Netzwerkstrukturen, nämlich den Beziehungen zwischen Akteuren und den Relationen zwischen Gütern bzw. Ereignissen.

Um diese Strukturen abzubilden, sind zunächst die Interessen und/oder Anfangsausstattungen der Akteure bezüglich der relevanten potenziellen Tauschobjekte zu erheben (z.B. Befragung). In Anlehnung an Coleman (1973) können auf dieser Grundlage eine Kontrollmatrix $\mathbf{C}$ (d.h eine anfängliche Verteilung von Verfügungsrechten über die Handelsobjekte) und eine Interessenmatrix $\mathbf{X}$ eingeführt werden, in denen nur Anteile eingetragen sind und jede Zeilensumme Eins ergibt. Diese Matrizen lassen sich für die Definition von zwei weiteren Matrizen kombinieren:

$$\mathbf{W} := \mathbf{CX} \ \text{ und } \ \mathbf{Z} := \mathbf{XC}.$$

Die beiden Produktmatrizen repräsentieren die Interdependenzen im Tauschsystem. Die Matrizen informieren über die Verflechtungen zwischen den Gütern bzw. Ereignissen und den Beziehungen, die sich zwischen den Akteuren aufgrund der mehr oder weniger heterogenen Interessen- und Kontrollverteilungen ergeben.

Konkret bildet die $m \times m$–Matrix $\mathbf{W} = (w_{jk})$ die Güter- bzw. Ereignisverflechtungen ab. Dabei gibt das Nebendiagonalelement w_{jk} den Teil der Kontrolle über Ereignis bzw. Gut j an, der im System an Ereignis bzw. Gut k interessiert ist. Das Hauptdiagonalelement w_{jj} misst das Ausmaß der Kontrolle über Ereignis bzw. Gut j, das genau daran auch interessiert ist. Je höher w_{jj} liegt, desto weniger Tauschaktivitäten werden bezüglich dieses Guts oder Ereignisses stattfinden.

Die $n \times n$–Matrix $\mathbf{Z} = (z_{ih})$ repräsentiert die Interdependenzen der möglichen Tauschpartner. Das Nebendiagonalelement z_{ih} gibt an, inwieweit sich Akteur i für Güter bzw. Ereignisse interessiert, die Akteur h kontrolliert. Das Hauptdiagonalelement z_{ii} erfasst die „Autonomie" von Akteur i, weil es ausdrückt, wieviel Güter seines Interesses auch unter seiner Kontrolle sind. Eine größere Autonomie eines Akteurs führt zu seiner geringeren Beteiligung am Tauschsystem.

Damit Tausch überhaupt stattfinden wird, dürfen Hauptdiagonalelemente in den beiden Matrizen nicht Eins sein. ABBILDUNG 8.8 und ABBILDUNG 8.9 zeigen anhand eines Beispiels, das aus dem Buch *The Mathematics of Collective Action* von James S. Coleman (1973: 76) entnommen wurde, was passiert, wenn einzelne Hauptdiagonalemente maximal werden: Betrachtet werden insgesamt 8 Akteure und 7 Ereignisse oder Güter, wobei 7 Akteure durch 6 Tauschobjekte miteinander verbunden sind; Akteur 1 ist aber isoliert von allen Anderen und Gut bzw. Ereignis 1 hat keinerlei Verbindung zu den übrigen Tauschobjekten. Dies bedeutet, dass weder Akteur 1 noch Gut bzw. Ereignis 1 als Teil des Tauschsystems zu betrachten sind – sie bleiben am Tauschgeschehen unbeteiligt, weswegen sie bei der Untersuchung der Verflechtungen im Tauschsystems vernachlässigt werden können. Anders gesagt: Das Tauschsystem besteht aus den Interdependenzen der Akteure 2 bis 8 und den Verflechtungen der Güter bzw. Ereignisse 2 bis 7. In ABBILDUNG 8.8 (ABBILDUNG 8.9) drücken die Pfeile zwischen den Akteuren (Handelsobjekten) deren Verflechtungen aus und die Gewichtungen der Pfeile reflektieren die relevanten Abhängigkeiten. Eingetragen sind in die Graphen nur die tauschrelevanten Interdependenzen (d.h. es finden sich dort keine Hauptdiagonalelemente, sondern nur Nebendiagonalelemente aus den Matrizen der Interdependenzen der Akteure und Güter bzw. Ereignisse).

ABBILDUNG 8.8: BEZIEHUNGEN ZWISCHEN AKTEUREN

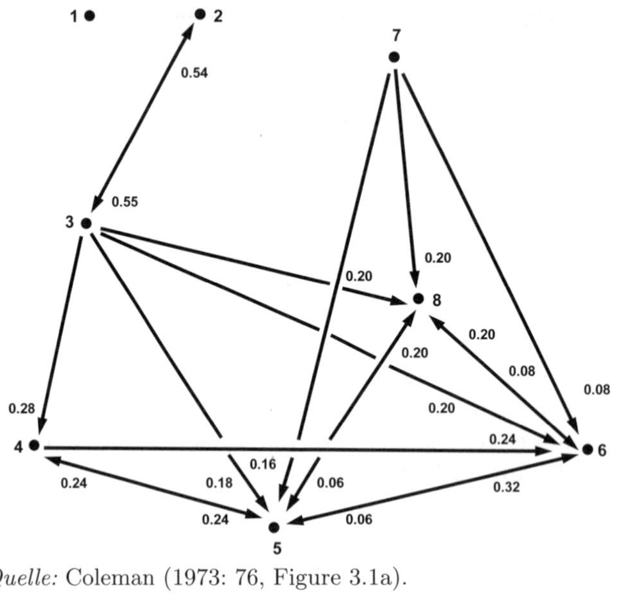

Quelle: Coleman (1973: 76, Figure 3.1a).

Eine derartige Konstellation weist damit auf eine grundlegende Voraussetzung für eine brauchbare Deskription eines Tauschsystems hin: Ein Tauschsystem hat unzerlegbar in dem Sinne zu sein, dass alle Akteure und Güter bzw. Ereignisse dazu gehören und nicht ohne Konsequenzen davon getrennt werden können. Solange etwas vom Rest ohne Folgen separierbar ist, sind die Grenzen des Tauschsystems noch nicht bestimmt und seine Untersuchung kann noch nicht erfolgen. Die Beschreibung des Tauschsystems muss sich auf die Akteure und Güter bzw. Ereignisse beschränken, die miteinander verbunden sind, und die unverbundenen Elemente aus der weiteren Betrachtung ausschließen (für formale Hintergründe siehe Braun 1990).

Sofern ein derartig identifiziertes Tauschsystem vorliegt, kann man nach dem damit einhergehenden stationären Zustand fragen. Anders gesagt: Es sind die langfristigen Konsequenzen der in den Matrizen $\mathbf{W}$ und $\mathbf{Z}$ erfassten Interdependenzen zu bestimmen. Weil es sich bei $\mathbf{W}$ und $\mathbf{Z}$ um unzerlegbare stochastische Matrizen handelt, besitzen beide einen Eigenvektor zum maximalen Eigenwert von Eins (die Hintergründe werden in dem Kasten „Stochastische Matrizen, Eigenvektoren und Eigenwerte" erläutert). Bestimmt werden mit

ABBILDUNG 8.9: BEZIEHUNGEN ZWISCHEN EREIGNISSEN BZW. GÜTERN

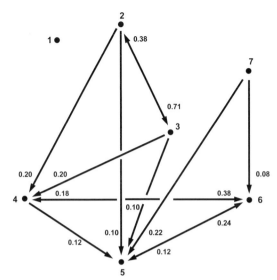

Quelle: Coleman (1973: 76, Figure 3.1b).

v der linksseitige Eigenvektor von **W** und mit **r** der linksseitige Eigenvektor von **Z**, sodass die Summe ihrer jeweiligen Einträge jeweils Eins ergibt.

Somit löst der Zeilenvektor **v** mit $\sum_j v_j = 1$ das Gleichungssystem $\mathbf{vW} = \mathbf{v}$. Er drückt die im Tauschsystem vorhandene Wertschätzung der Ereignisse bzw. Güter aus – in der Sprache der Ökonomen ist **v** ein Preisvektor. Interessanterweise kann man diesen Fixpunkt-Vektor allein aus der Verflechtung von Tauschobjekten gewinnen. Die Interdependenz der Handelsobjekte verdeutlicht die im Tauschsystem bestehenden Knappheitsverhältnisse, welche sich in deren Bewertungen oder Preise niederschlagen.

Eine ebenfalls einleuchtende Interpretation besitzt der Zeilenvektor **r** mit $\sum_i r_i = 1$, der das Gleichungssystem $\mathbf{rZ} = \mathbf{r}$ löst. Er drückt die im Tauschsystem vorhandene Verteilung von Ressourcen oder Macht unter die Akteure aus – in der Sprache der Ökonomen ist **r** ein Einkommensvektor.[11] Bemerkenswerterweise resultiert dieser Fixpunkt-Vektor aus der Verflechtung von potenziellen Tauschpartnern – er gibt die theoretisch zu erwartende Verteilung von als wertvoll erachteten Handelsobjekten unter die Akteure des betrachteten Tauschsystems an.

---

[11]Bei gegebener Kontrollmatrix **C** und Interessenmatrix **X** kann man den Preisvektor **v** zur Begründung dieser Deutung heranziehen. Falls der Zeilenvektor **r** nämlich ein Einkommensvektor im betrachteten Tauschsystem ist, werden seine Einträge jeweils aus den Summen der mit den jeweiligen Preisen bewerteten Anfangsausstattungen der Akteure bestehen. Formal ausgedrückt hat dann also $\mathbf{r} = \mathbf{vC}$ erfüllt zu sein. Weil $\mathbf{vW} = \mathbf{v}$ und $\mathbf{W} := \mathbf{CX}$ gelten, kann man $\mathbf{v} = \mathbf{vCX} = \mathbf{rX}$ schreiben. Wegen $\mathbf{Z} := \mathbf{XC}$ und $\mathbf{rZ} = \mathbf{r}$ ergibt sich daher $\mathbf{rXC} = \mathbf{vC} = \mathbf{r}$.

Zur Illustration kann man ein numerisches Beispiel mit drei Akteuren und vier Gütern betrachten. Gegeben sind erfundene (und hier nicht angegebene) Verteilungen von Interessen und Kontrolle, sodass die folgende fiktive Interdependenzstruktur der Akteure resultiert:

$$\mathbf{Z} = \begin{pmatrix} 0,270 & 0,690 & 0,040 \\ 0,280 & 0,360 & 0,360 \\ 0,410 & 0,570 & 0,020 \end{pmatrix}$$

Daraus errechnet sich der Machtvektor $\mathbf{r} = (0,303; 0,501; 0,196)$ als der linke Eigenvektor von $\mathbf{Z}$ zum maximalen Eigenwert von Eins (siehe Abschnitt 8.3.2 zur konkreten Berechnung). Danach ist der autonomste Akteur 2 auch besonders einflussreich im Tauschsystem. Autonomie vom System bedeutet also keineswegs, dass man wenig der interessierenden Ressourcen kontrolliert. Die korrespondierende Verflechtungsstruktur der Ereignisse bzw. Güter ist

$$\mathbf{W} = \begin{pmatrix} 0,280 & 0,360 & 0,280 & 0,080 \\ 0,580 & 0,120 & 0,200 & 0,100 \\ 0,370 & 0,540 & 0,070 & 0.020 \\ 0,240 & 0,000 & 0,580 & 0,180 \end{pmatrix}$$

Damit geht der Wertevektor $\mathbf{v} = (0,388; 0,301; 0,231; 0,080)$ als Fixpunkt-Lösung einher, d.h. er ist linker Eigenvektor von $\mathbf{W}$ zum maximalen Eigenwert von Eins. Man kann derartige Vorhersagen über die Preise in einem konkreten Tauschsystem mit Beobachtungen über die im Rahmen von Tauschaktivitäten realisierten relativen Bewertungen konfrontieren. Die zugrunde liegende Logik lässt sich im Übrigen auf die Untersuchung von beliebigen Interdependenzstrukturen übertragen.

8.3.2 Eigenvektor-Zentralität in Netzwerken

Bei der Analyse sozialer Netzwerke kann man Eigenvektoren auch dafür verwenden, um dadurch etwas über die Zentralität von Positionen bzw. deren Status zu erfahren. Insbesondere Bonacich (z.B. 1972, 1987) hat dies verdeutlicht.

Die Eigenvektor-Zentralität (Eigenvector-Centrality) bildet die Zentralität eines Knotens als Linearkombination der Zentralitäten der mit ihm verbundenen Knoten ab. Die Zentralität einer Netzwerkposition ist also ein gewichteter Wert, der wesentlich auf der Zentralität von Positionen beruht, die mit ihr verknüpft sind. Ein Netzwerkknoten ist demnach zentral, wenn er mit möglichst vielen zentralen Knoten verbunden ist. Eine hohe eigene Sichtbarkeit wird durch Verbindungen zu Anderen erreicht, die selbst eine hohe Sichtbarkeit erlangt haben. Wiederum kann der Eigenvektor nur bis auf einen Faktor eindeutig bestimmt werden, sofern nicht eine zusätzliche Restriktion (z.B. Summe der Einträge des Vektors gleich Eins) eingeführt wird.

Die Logik der Eigenvektor-Zentralität kann auch auf andere inhaltliche Interpretationen ausgedehnt werden. Beispielsweise dürfte hoher Status in einem Netzwerk aufgrund von Verbindungen zu Akteuren mit gleichfalls hohem Status einhergehen. Ebenso wird ein mächtiger Akteur eines Netzwerks zumeist Beziehungen zu anderen mächtigen Akteuren besitzen. Mit der Eigenvektor-Zentralität kann man daher den im Netzwerk verteilten Status, die Macht von Akteuren und die Sichtbarkeit von Netzwerkpositionen erfassen.

ABBILDUNG 8.10: AKTEURSABHÄNGIGKEITEN

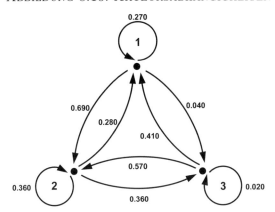

Illustrieren kann man die Bestimmung des Vektors der Eigenvektor-Zentralität anhand des obigen Beispiels zur Tauschverflechtung von Akteuren. Ausgangspunkt dabei ist eine grapische Darstellung der (in Abschnitt 8.3.1 und im Folgenden angegebenen) 3×3–Matrix $\mathbf{Z} = (z_{ih})$ (siehe ABBILDUNG 8.10). Eingetragen sind in dem Graphen der Interdependenzen zwischen den Akteuren nicht nur die gerichteten Pfeile. Notiert sind auch die Nebendiagonalelemente aus $\mathbf{Z}$ als Gewichte der Akteursverflechtungen sowie die Hauptdiagonalelemente der Matrix als die jeweiligen Grade der Autonomie der Akteure. Auf der Grundlage von $\mathbf{Z}$ bzw. dem korrespondierenden Graphen kann man daher die Eigenvektor-Zentralität bestimmen. Konzentriert man sich im Sinne Bonacichs (1972, 1987) auf den Spezialfall, in dem der Kehrwert des größten Eigenwerts der stochastischen Matrix gegen Eins geht, dann ergibt sich die Eigenvektor-Zentralität als linker Eigenvektor $\mathbf{r} = (r_1; r_2; r_3)$ von $\mathbf{Z}$ zum Eigenwert 1. Wegen $\mathbf{rZ} = \mathbf{r}$ und

$$\mathbf{Z} = \begin{pmatrix} z_{11} = 0,270 & z_{12} = 0,690 & z_{13} = 0,040 \\ z_{21} = 0,280 & z_{22} = 0,360 & z_{23} = 0,360 \\ z_{31} = 0,410 & z_{32} = 0,570 & z_{33} = 0,020 \end{pmatrix}$$

kann man ein System simultaner Gleichungen schreiben. Danach entspricht die Summe der mit den korrespondierenden Einträgen einer bestimmten Spalte der Matrix multiplizierten Eingänge des Zeilenvektors jeweils dem relevanten Element des Zeilenvektors:

$$r_1 \cdot 0,270 + r_2 \cdot 0,280 + r_3 \cdot 0,410 = r_1,$$

$$r_1 \cdot 0,690 + r_2 \cdot 0,360 + r_3 \cdot 0,570 = r_2,$$

$$r_1 \cdot 0,040 + r_2 \cdot 0,360 + r_3 \cdot 0,020 = r_3.$$

Für die zusätzliche Restriktion $r_1 + r_2 + r_3 = 1$ löst $\mathbf{r} = (0,303; 0,501; 0,196)$ das lineare Gleichungssystem auf eindeutige Weise. Somit ist die Eigenvektor-Zentralität von Akteur 2 größer als die der Anderen, während die Zentralität von Akteur 3 am geringsten ausfällt. Wie ein Blick auf die Matrix $\mathbf{Z}$ bzw. ABBILDUNG 8.11 verdeutlicht, sind die auf Akteur 1 gerichteten Pfeile vergleichsweise stark und die von ihm ausgehenden Pfeile relativ schwach gewichtet. Weil es bei den Abhängigkeiten von Akteur 3 umgekehrt ist, reflektiert die Eigenvektor-Zentralität etwaige Asymmetrien der Verflechtungen.

PageRank-Algorithmus

Der ursprüngliche „PageRank-Algorithmus" von Google beruht auf praktisch derselben Überlegung wie das Konzept der Eigenvektor-Zentralität. Ausgangspunkt ist eine Menge miteinander mehr oder weniger verflochtener Dokumente (z.B. 20 Milliarden Seiten im World Wide Web). Die zuverlässige und schnelle Herstellung einer Reihenfolge „wichtiger" Seiten bei Eingabe irgendwelcher Suchbegriffe kann als Zielsetzung betrachtet werden.

Der PageRank-Algorithmus bewertet für jede Eingabe die Menge miteinander verbundener Dokumente auf der Grundlage ihrer Vernetzungsstruktur. Um die Wichtigkeit einer Seite zu erfassen, wird jeweils festgestellt, wie viele Seiten darauf verweisen. Jeder Seite wird ein Gewicht zugewiesen. Mehr erhaltene Verweise entsprechen einem höherem Gewicht und ein höheres Gewicht der verweisenden Seiten erhöht den Effekt der Seite. Eine Seite ist für den jeweiligen Eingabebegriff umso wichtiger, je mehr Verweise sie durch weitere wichtige Seiten erhalten hat. Weil sich die Verbindungen nach dem Gewicht sortieren lassen, kann man die gewünschte Reihenfolge von Seiten einfach bestimmen: Für jede der einschlägigen Seiten wird der PageRank jeweils als Linearkombination der PageRanks der anderen verbundenen Seiten berechnet, wodurch unter Zusatzannahmen (z.B. Unterstellung eines „Random Walks" des Benutzers) die gewünschte Reihenfolge der Seiten resultiert. Diese zusätzlichen Postulate haben mit einem stochastischen Prozess zu tun, der als Markow-Kette bekannt ist und auch bei andereren wirtschaftssoziologischen Untersuchungen verwendet werden kann (siehe Kasten „Reguläre Markow-Ketten" und Abschnitt 8.3.3).

Sind Beziehungen also nicht symmetrisch, empfiehlt sich die Berechnung der Eigenvektor-Zentralität. Weil derartige Verbindungen z.B. in Tauschsystemen und Hierarchien unweigerlich auftreten, ist das beschriebene Verfahren zur Bestimmung der Eigenvektor-Zentralität vielseitig verwendbar. Dabei ist keineswegs immer eine Interpretation im Sinne der Zentralität im betrachteten Netzwerk zwingend. Ebenfalls möglich erscheint bekanntlich eine Deutung als Verteilung von Macht oder Status. Daneben kann man eine ähnliche Berechnungslogik unterstellen, wenn man Prozesse sozialer Mobilität und Vakanzketten analysiert.

8.3.3 Soziale Mobilität und Vakanzketten

Soziale Mobilität betrifft Bewegungen (z.B. Auf- und Abstiege) in einem durch verschiedene Kategorien (z.B. Hierarchiestufen, Kasten) gekennzeichnetem System. Beispielsweise können Berufe nach irgendeinem Unterscheidungskriterium (z.B. Bezahlung) unterschiedlichen Kategorien zugewiesen werden, sodass eine Rangfolge (z.B. hoher, mittlerer oder niedriger Verdienst) resultiert. Arbeitende Personen kann man dann nach ihrem Beruf diesen Rängen zuordnen. Aus der Sicht der Mobilitätsforschung ist zu fragen, wie Veränderungen der Ränge von Akteuren formal abgebildet werden können. Spätestens seit Mitte der 1950er Jahre ist bekannt, dass man Prozesse sozialer Mobilität mit Markow-Ketten beschreiben und untersuchen kann (Prais 1955). Dabei überwiegen Anwendungen zur intragenerationalen Mobilität (z.B. Bewegungen zwischen beruflichen Klassen in einem gegebenen Zeitintervall), obwohl intergenerationale Mobilität (z.B. Auf- oder Abstieg der Tochter aus der Beschäftigungsklasse der Mutter) prinzipiell ähnlich modellierbar ist.

Ohne auf die vielfältigen Verfeinerungen und Spezifikationen bei der Modellierung sozialer Abläufe als stochastische Prozesse einzugehen (siehe hierzu Boudon 1973, Kemeny

Reguläre Markow-Ketten

Anfang des letzten Jahrhunderts untersuchte der russische Mathematiker Markow u.a. in einem Gedicht von Puschkin die Abfolge von Vokalen und Konsonanten. Dabei stellte er bestimmte Anteilsverteilungen fest, welche die Sequenz der Buchstabentypen (z.B. Vokale auf Vokale, Konsonanten auf Vokale, etc.) charakterisierten. Mit den Markow-Ketten entwickelte er daraus Modelle für Zufallsprozesse, die in diskreter Zeit ein Folge von endlich vielen Zuständen durchlaufen und Schätzungen ihres Langzeitverhaltens (z.B. Anteile von Buchstabentypen) erlauben.

Ist eine Menge von endlich vielen Zuständen gegeben und führt eine Folge von Zufallsversuchen zur Realisierung dieser Zustände, dann kann man eine Modellierung im Sinne einer Markow-Kette durchführen. Eine Markow-Kette liegt vor, falls reelle Zahlen p_{ij} für $i, j = 1, 2, ..., k$ mit

$$0 \leq p_{ij} \leq 1 \text{ und } \sum_{j=1}^{k} p_{ij} = 1$$

existieren und folgende Eigenschaft erfüllt ist: Ist der i-te Zustand erreicht, dann springt der Prozess beim nächsten Versuch mit der Wahrscheinlichkeit in den j-ten Zustand. Eine Markow-Kette ist daher durch eine zeilenstochastische $k \times k$–Übergangsmatrix $\mathbf{P} = (p_{ij})$ gekennzeichnet. Die Markow-Kette ist in ihrem Ablauf vollständig festgelegt, falls daneben noch eine Anfangsverteilung existiert, die als Zeilenvektor

$$\mathbf{p^{(0)}} = (p_1^{(0)}, p_2^{(0)}, ..., p_k^{(0)})$$

geschrieben werden kann. Der Eintrag $p_i^{(0)}$ gibt die Wahrscheinlichkeit dafür an, dass die Kette zum Zeitpunkt 0 im Zustand i beginnt. Eine grundlegende Frage betrifft die Übergangswahrscheinlichkeit höherer Ordnung p_{ij}^t, womit die Wahrscheinlichkeit bezeichnet wird, dass die Kette zum Zeitpunkt t im Zustand j ist, wenn sie zum Zeitpunkt 0 im Zustand i angefangen hat. Diese Wahrscheinlichkeit ergibt sich als ij-tes Element der t-ten Potenz der Übergangsmatrix. Somit ist die Übergangsmatrix nur hinreichend oft mit sich selbst zu multiplizieren, um sämtliche Übergangswahrscheinlichkeiten höherer Ordnung zu bestimmen.

Aus der Kombination der Anfangsverteilung $\mathbf{p^{(0)}}$ und der Potenzmatrix erhält man auch den Wahrscheinlichkeitsvektor, dessen Einträge die Wahrscheinlichkeiten dafür angeben, zum Zeitpunkt t die entsprechenden Zustände erreicht zu haben:

$$\mathbf{p^{(t)}} = \mathbf{p^{(0)}} \mathbf{P^{(t)}}.$$

Somit hat das Langzeitverhalten der Markow-Kette mit den Potenzen der Übergangsmatrix zu tun. Bei der Einführung der wesentlichen Erkenntnisse zu den langfristigen Tendenzen kann man sich auf reguläre Markow-Ketten beschränken. Eine Markow-Kette mit Übergangsmatrix $\mathbf{P}$ ist regulär, wenn jeder Zustand von jedem anderen Zustand in endlich vielen Schritten erreicht werden kann – diese Anforderung dürfte in der Realität zumeist erfüllt sein. Unter dieser Voraussetzung gilt, dass die potenzierte Übergangsmatrix $\mathbf{P^t}$ für $t \to \infty$ gegen eine stochastische Matrix $\mathbf{W}$ konvergiert, die

$$\mathbf{PW} = \mathbf{WP} = \mathbf{W}$$

erfüllt. Jede Zeile von $\mathbf{W}$ ist derselbe Wahrscheinlichkeitsvektor $\mathbf{w} = (w_1, w_2, \ldots, w_k)$, dessen Einträge allesamt positiv sind. Daneben gilt: Für jeden Wahrscheinlichkeitsvektor $\mathbf{p}$ konvergiert das Produkt $\mathbf{pP^t}$ für $t \to \infty$ gegen $\mathbf{w}$, weshalb man $\mathbf{w}$ als stationäre Lösung bzw. Fixpunkt-Vektor der Markow-Kette auffassen kann. Deutlicher wird dies, wenn man

$$\mathbf{w} = \mathbf{wP}$$

berücksichtigt. Der Wahrscheinlichkeitsvektor $\mathbf{w}$ ergibt sich danach als der linke Eigenvektor der (stochastischen) Übergangsmatrix $\mathbf{P}$ zum (maximalen) Eigenwert 1. Bekanntlich kann man einen Eigenvektor mit dem Langzeitverhalten des betrachteten Prozesses assoziieren (siehe Kasten „Stochastische Matrizen, Eigenvektoren und Eigenwerte").

und Snell 1972, Ross 2010 und v.a. Bartholomew 1982), werden im Folgenden lediglich solche grundlegenden Annahmen, Begriffe und Gleichungen eingeführt, die mit dem Langzeitverhalten von Markow-Ketten zu tun haben und das Prinzip der Analyse verdeutlichen. Die Darstellung orientiert sich an Roberts (1976) und insbesondere an Bartholomew (1996).

Ausgangspunkt ist ein hierarchisches System mit verschiedenen Klassen, welche in formaler Terminologie als „Zustände" bezeichnet werden. Übergänge zwischen den Zuständen lassen sich beobachten und die dabei erhobenen Anteile von auf- bzw. absteigenden Akteuren können als „Übergangswahrscheinlichkeiten" dafür interpretiert werden, dass beliebige Akteure von Ausgangszuständen in andere Zustände wechseln. Die Übergangswahrscheinlichkeiten von Markow-Modellen erfüllen drei Anforderungen: (1) Sie sind zeitunabhängig; (2) alle Akteure in einem Zustand sind mit der gleichen Übergangswahrscheinlichkeit konfrontiert; (3) die Übergangswahrscheinlichkeiten hängen lediglich vom gegenwärtigen Zustand ab, d.h. es gibt keine Einflüsse der vorherigen Geschichte des Prozesses.

Sind diese Voraussetzungen gegeben, dann lässt sich ein einfaches Markow-Ketten-Modell für das Aggregatverhalten bezüglich der Besetzung der Klassenstruktur formulieren. Hierzu werden zunächst die Übergangswahrscheinlichkeiten von Zustand i nach Zustand j in eine $k \times k$–Übergangsmatrix $\mathbf{P} = (p_{ij})$ eingetragen. Diese Matrix ist zeilenstochastisch, d.h. $\mathbf{P}$ besitzt nur nichtnegative Einträge und jede ihrer Zeilen addiert sich zu Eins. Die Klassenstruktur zum anfänglichen Zeitpunkt 0 wird durch den Zeilenvektor

$$\mathbf{p^{(0)}} = (p_1^{(0)}, p_2^{(0)}, ..., p_k^{(0)})$$

beschrieben. Der Eintrag $p_i^{(0)}$ gibt den Anteil der Akteure an, der in Klasse i beginnt. Dagegen repräsentiert der Zeilenvektor

$$\mathbf{p^{(t)}} = (p_1^{(t)}, p_2^{(t)}, ..., p_k^{(t)})$$

die Klassenstruktur zu dem späteren Zeitpunkt t und $p_i^{(t)}$ stellt den erwarteten Anteil der Akteure dar, der sich zum Zeitpunkt t in Klasse i befindet. Weil man im Rahmen der Mobilitätsforschung nur ein bestimmtes Zeitintervall betrachten kann, sind die Vektoren $\mathbf{p^{(0)}}$ und $\mathbf{p^{(t)}}$ informativ. Bei Kenntnis der Anfangsverteilung und der Übergangsmatrix kann man den Wahrscheinlichkeitsvektor $\mathbf{p^{(t)}}$ berechnen (siehe Kasten „Reguläre Markow-Ketten").

Man kann sich zunächst fragen, ob es Spezifikationen von $\mathbf{P}$ gibt, die für die Mobilitätsforschung besonders relevant sein könnten. Tatsächlich lassen sich zwei Szenarien angeben, welche spezielle Bedeutung besitzen:

Keine Mobilität zwischen den Klassen: Wenn keinerlei Bewegungen zwischen Zuständen erfolgen, ist jedes Hauptdiagonalelement der Übergangsmatrix gleich Eins und alle Nebendiagonalelemente sind Null. Die Übergangsmatrix entspricht also der Identitätsmatrix $\mathbf{I}$, d.h. es gilt $\mathbf{P} = \mathbf{I}$.

Gleiche Mobilitätschancen für alle: Wenn der ursprüngliche Zustand keinen Effekt für den Zielzustand hat und die Übergangswahrscheinlichkeit von jedem Ursprungszustand i in den Zustand j identisch ist, besitzt die Übergangsmatrix ausschließlich gleiche Zeilen. Jeder Akteur hat dann, unabhängig von seiner Ausgangssituation, dieselbe Wahrscheinlichkeit einen bestimmten Zielzustand zu erreichen.

Die erstgenannte Situation repräsentiert ein undurchlässiges System (z.B. Kastensystem). Die letztgenannte Situation korrespondiert bei einer regulären Markow-Kette mit einer stationären Struktur, die sich in einem Fixpunkt-Vektor der Übergangsmatrix niederschlägt. Eine derartige Gleichgewichtssituation entspricht dem linken Eigenvektor $\mathbf{w}$ der stochastischen Übergangsmatrix $\mathbf{P}$ zum Eigenwert 1, d.h. der Lösung von $\mathbf{w} = \mathbf{wP}$.

Als Beispiel für eine entsprechende Analyse kann man, in Anlehnung an Roberts (1976: 267), englische und walisische Daten zur intergenerationalen Mobilität betrachten, die aus dem Jahr 1949 stammen (ABBILDUNG 8.11). Unterschieden werden drei Klassen (U(pper), M(iddle), L(ower)); die bei den Pfeilen eingetragenen Zahlen sind die Anteile der Akteure, die von einem Ausgangszustand in einen Zielzustand gehen oder in einem Zustand verharren. Die folgende Übergangsmatrix enthält dieselbe Informationen (Abfolge der Klassen jeweils U,M,L):

$$\mathbf{P} = \begin{pmatrix} 0,448 & 0,484 & 0,068 \\ 0,054 & 0,699 & 0,247 \\ 0,011 & 0,503 & 0,486 \end{pmatrix}$$

Untersucht man das Langzeitverhalten dieser regulären Markow-Kette, so ergibt sich der Fixpunkt-Vektor $\mathbf{w} = (0,067; 0,624; 0,309)$. Die Einträge sind die nach vielen Zeitperioden im Durchschnitt erwartbaren Anteile in den drei Klassen. Diese Vorhersagen sind mit Beobachtungen vergleichbar, sofern man einen hinreichend langen Zeitraum zugrunde legen kann. Hat man nur Daten über ein kleines Zeitintervall (von 0 bis t), dann empfiehlt es sich, statt des stationären Vektors $\mathbf{w}$ den Wahrscheinlichkeitsvektor $\mathbf{p}^{(t)}$ mit den beobachteten Häufigkeiten zu konfrontieren.

ABBILDUNG 8.11: INTERGENERATIONALE MOBILITÄT

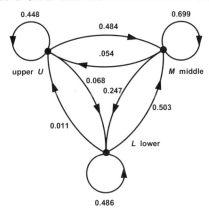

Quelle: Roberts (1976: 267, Figure 5.8).

Die skizzierte Formalisierung sozialer Mobilität betrachtet Bewegungen von Akteuren. Eine zu dieser Perspektive duale Sichtweise ergibt sich im Rahmen des von White (1970) entwickelten Vakanzketten-Modells. Untersucht werden dort nämlich Bewegungen von Vakanzen, d.h unbesetzten Stellen in einem hierarchischen System von Positionen. Weil mit einem Wechsel eines oder mehrerer Akteure von i nach j stets ein Vakanzübergang von j nach i korrespondiert, unterscheiden sich Prozesse der sozialen Mobilität und die Vakanzkettenlogik: Während es sich bei sozialer Mobilität um einen vorwärts gerichteten Prozess handelt, stellt eine damit verknüpfte Vakanzkette auf den rückwärts gerichteten Verlauf ab.

Wird auf der Hierarchiestufe j eine neue Position geschaffen oder eine Stelle frei, dann kann diese Vakanz durch eine Aufwärtsbewegung von Hierarchiestufe i im System gefüllt werden. Weil dadurch wiederum Positionen frei werden, erfolgt eine Wanderung der Vakanz durch das hierarchische System. Dies gilt solange eine Rekrutierung neuen Personals aus der Umwelt des hierarchischen Systems unterbleibt. Somit können personelle Veränderungen auf einer oberen Hierachiestufe bis auf die unterste Stufe wirken, wenn bei Stellenbesetzungen insbesondere auf bereits bekannte Akteure zurückgegriffen wird.

Ohne auf die vielfältigen Details und Weiterentwicklungen der Vakanzketten-Logik einzugehen (siehe hierzu z.B. Bartholomew 1982), kann man in Anlehnung an Bartholomew (1996) kurz einige Parallelen zu dem skizzierten Markow-Modell der sozialen Mobilität herausarbeiten. Ausgangspunkt ist die Annahme, dass Wanderungen von Vakanzen durch Übergangswahrscheinlichkeiten erzeugt werden und dass sie im Aggregat einer Markow-Kette folgen. Genauer gesagt existiert eine $k \times k$–Übergangsmatrix $\mathbf{Q} = (q_{ji})$, in der die Indizes j und i (im Vergleich zum Mobilitätsszenario) vertauscht sind. Ihre Einträge sind nichtnegativ und ihre Zeilensummen ergeben jeweils Eins. Man kann daher alle Berechnungen, die für den Prozess der sozialen Mobilität durchgeführt wurden, auch für die Vakanzkette anstellen. Für unsere Zwecke genügt allerdings die Angabe einer wesentlichen Einsicht: Die stationäre Struktur von $\mathbf{Q}$ wird ebenfalls durch den Fixpunkt-Vektor $\mathbf{w}$ aus der Analyse des Markow-Modells der sozialen Mobilität bestimmt. Somit kann man aufgrund der Gleichgewichtssituation nicht zwischen den Prozessen der sozialen Mobilität und der Vakanzketten-Logik unterscheiden. Man benötigt für derartige Unterscheidungen zusätzliche Informationen, die sich u.a. auf die Handlungen der Akteure in den betrachteten Systemen beziehen.

9 Handlungsentscheidungen und Systemeffekte

Handlungen lassen sich als Ergebnisse von mehr oder weniger bewussten Entscheidungen durch Individuen und Organisationen (d.h. korporative Akteure) verstehen. Man kann absichtliche und unabsichtliche Handlungen unterscheiden. Falls Entscheidungen unintendiert erfolgen, scheint ihre systematische Vorhersage schwierig. Bei Prognoseversuchen kann man sich bestenfalls einer Auswahlregel bedienen, die für eine Vielzahl von Situationen adäquat erscheint (z.B. Wahl der erstbesten Alternative, Zufallsauswahl einer Alternative). Handlungsbezogene Ansätze beziehen sich wohl auch deshalb kaum auf unbeabsichtigtes Verhalten.

Konzentriert man sich auf intentionale Handlungen, so ist nach ihrer Ausdeutung und ihrem Hintergrund zu fragen. Das Postulat situationsgerechten und daher vernünftigen menschlichen Entscheidens und Handelns wird von Karl R. Popper (1967 [1995]) als sinnvolle und aus methodologischer Sicht unverzichtbare Annahme betrachtet. Nach seiner Ansicht ist bei einer Erklärung von sozialen Phänomenen oder Prozessen jeweils die Entscheidungssituation abzubilden und dann vorauszusetzen, dass die Handelnden vernünftig im Sinne der Situationserfordernisse agieren. Die Unterstellung des situationsgerechten Entscheidens und Handelns jedes beteiligten Akteurs kann man dabei als Poppers Auslegung des „Rationalitätsprinzips" auffassen. Dieses Prinzip ist dabei nicht als empirisch bestätigte Gesetzmäßigkeit oder als psychologisches Postulat zu verstehen. Es stellt vielmehr eine methodologische Idealisierung dar, mit dessen Hilfe situative Gegebenheiten und menschliche Handlungen miteinander verknüpft werden. Obwohl das Prinzip des situationsadäquaten Entscheidens und des in diesem Sinne erfolgenden Handelns keineswegs immer zutrifft, stellt es eine unverzichtbare Voraussetzung bei einer Theoriebildung dar, die sich in Anlehnung an Weber (1921 [1976]) an der wissenschaftstheoretischen Vorstellung des methodologischen Individualismus ausrichtet.

Im Übrigen hätte die allgemeine Unterstellung von Irrationalität wohl unabsehbare Folgen für das menschliche Zusammenleben: Es wären praktisch keine zuverlässigen Abschätzungen von künftigen Handlungen, wechselseitigen Erwartungen und potenziellen Verflechtungen mehr möglich, sodass das soziale Miteinander konfliktreich verlaufen würde. Da Gesellschaften, Organisationen und Interaktionen aber im Allgemeinen weitgehend problemlos funktionieren, scheint Irrationalität im Alltagsleben zumindest nicht extrem verbreitet zu sein. Dies aber bedeutet, dass die Voraussetzung von Rationalität auch empirisch geboten scheint.

Das Rationalitätsprinzip ist auch deshalb zentral, weil die Alternativannahme der nicht am situativen Kontext ausgerichteten Entscheidungsfindung und Handlungswahl nur vergleichsweise unklare Folgerungen erlaubt. Bisher liegt nämlich keine empirisch relevante und hinreichend präzise Theorie der wesentlichen Irrtümer und Widersprüchlichkeiten des menschlichen Verhaltens vor, sondern nur eine Anzahl von hierfür eventuell einschlägigen Hypothesen, die miteinander aber logisch unvereinbar sind. Beispiele für solche Hypothesen finden sich u.a. in einer Übersichtsarbeit von Camerer (1995) und in den Sammelbänden von Camerer, Loewenstein und Rabin (2004), Kahneman und Tversky (2000) und Thaler (1994).

Zudem gibt es ein von Myerson (1999) vorgebrachtes Argument für das Rationalitätsprinzip, das mit den Zielsetzungen sozialwissenschaftlicher Untersuchungen zu tun hat. Danach erfordern zentrale gesellschaftswissenschaftliche Aufgaben jeweils Analysen von sozialen Institutionen, Organisationen und Strukturen und hierbei insbesondere die Erarbeitung und Evaluation von Reformvorschlägen. Aus methodologischer und theoretischer Sicht sollte daher von vornherein ausgeschlossen werden, dass eine etwaige Irrationalität der Individuen eine Quelle eines möglichen Versagens von Institutionen, Organisationen und Strukturen darstellt. Zu klären ist für jeden institutionellen, organisatorischen und strukturellen Verbesserungsvorschlag aus der Sicht der Sozialwissenschaften vielmehr, ob ein solches Versagen bei vernünftigem und daher vorhersehbarem Verhalten der Akteure auftreten kann.

Kognitionen und Verzerrungen

Insbesondere Daniel Kahneman und Amos Tversky haben systematisch experimentelle Forschungen zum menschlichen Entscheidungsverhalten durchgeführt (für Überblicke siehe Kahneman, Slovic und Tversky 1982 sowie Kahneman und Tversky 2000). Ein Ausgangspunkt dabei war die Vorstellung, dass Menschen intuitiv unter bestimmten Bedingungen mentale Heuristiken anwenden. Diese Heuristiken führen meist, aber keineswegs immer zu einer (aus wahrscheinlichkeitstheoretischer Sicht) korrekten Einschätzung. Wichtige kognitive Heuristiken beziehen sich auf:

Repräsentativität: Die subjektive Wahrscheinlichkeit für ein Ereignis wird umso größer geschätzt, je repräsentativer das Ereignis für die Population scheint, in der es auftritt. Daneben werden empirische Zusammenhänge und Kausalbeziehungen überbewertet; es bestehen eine Insensitivität gegenüber der Stichprobengröße, eine falsche Vorstellung von Zufallsmerkmalen, eine Vernachlässigung der Tendenz zum Mittelwert sowie Verzerrungen bei Wahrscheinlichkeitsberechnungen.

Verankerung: Bei schnell erforderlichen Entscheidungen und insgesamt wenig Informationen verwendet man einen leicht verfügbaren Reiz (z.B. erste Zahl eines Produktes von Zahlen) als Anker. Es ergeben sich Fehleinschätzungen numerischer Größen durch den gewählten Anker sowie Verzerrungen durch Erinnerungen, fehlerhafte oder unzureichende Vorstellungen.

Verfügbarkeit: Die subjektive Wahrscheinlichkeit für ein Ereignis wird umso größer geschätzt, je leichter und schneller man in der Lage ist, sich Beispiele für das Ereignis vorzustellen oder in Erinnerung zu rufen. Nachweisbar sind daneben auch eine Beeinflussung durch die Lebhaftigkeit der Darstellung sowie Effekte durch Ereignisverknüpfungen.

Daneben sind u.a. die selektive Wahrnehmung (z.B. Täuschungen aus der Gestaltpsychologie), die Beeinflussung durch die Reihenfolge von Informationen (z.B. Priming-Effekt, wonach ein erster Reiz weitere Reaktionen „zündet") sowie die Tendenz zur mentalen Simulation und die Beeinflussung durch die Kontrastierung von Reizen (z.B. Werbung) zu nennen. Mit diesen Kognitionen gehen verschiedene Effekte einher, die man als Verzerrungen relativ zur rationalen Handlungswahl auffassen kann. Einige dieser Resultate wurden in der nichtexperimentellen Literatur dokumentiert, andere Befunde in experimentellen Versuchsanordnungen festgestellt (siehe Plott und Smith 2008 für Überblicke).

Obwohl das Rationalitätsprinzip keine immer gültige empirische Regularität darstellt, fordert Popper seine Voraussetzung, um den Schwerpunkt auf die Untersuchung der situativen Gegebenheiten zu legen. Nach seinen Vorstellungen soll bei regelmäßigen Abweichungen zwischen theoretischen Aussagen und empirischen Befunden das Rationalitätsprinzip als fester Ausgangspunkt der handlungstheoretischen Analyse unangetastet bleiben, d.h. Theoriemodifikationen sollen sich auf die jeweiligen situativen Merkmale beziehen. Lässt man dagegen die Annahme von Irrationalität zu, würde eine Erklärung schnell tautologisch werden.

Damit man überhaupt Handlungsentscheidungen und damit verbundene Systemeffekte untersuchen kann, ist das Postulat des vernünftigen und daher situationsbezogenen Handelns freilich noch nicht genügend spezifiziert. In Anlehnung an das ausführliche Lehrbuch von Braun und Gautschi (2011) werden daher zunächst Grundzüge der Theorie der rationalen Entscheidung („Rational Choice", RC) dargestellt. Dann werden einige RC-Modelle beschrieben und es wird dabei jeweils gefragt, ob die jeweiligen theoretischen Vermutungen mit der verfügbaren empirischen Evidenz korrespondieren. Weil das erwähnte Lehrbuch nicht nur eine Erörterung des Rationalitätspostulats und seiner Hintergründe enthält, sondern auch über die mit der RC-Theorie verbundenen Schwächen informiert, kann hier auf entsprechende Diskussionen verzichtet werden (siehe hierzu Braun und Gautschi 2011: Kapitel 3 und 11).

9.1 Rational-Choice-Grundannahmen

Der RC-Ansatz erlaubt insbesondere die Untersuchung derjenigen Aspekte und Folgen des menschlichen Verhaltens, die Entscheidungen zwischen konkurrierenden Alternativen erfordern. Um die hierbei möglichen Entscheidungssituationen voneinander abzugrenzen, sind zunächst einige Voraussetzungen und Kategorisierungen einzuführen. Vor der Eingrenzung des Rationalitätsgedankens sind verschiedene Postulate und Klassifikationen unverzichtbar.

9.1.1 Begriffe und Kategorien

Ausgangspunkt ist die Vorstellung, dass sich Entscheidungsträger mehreren Handlungsalternativen gegenübersehen. Diese Alternativen gehen zum Entscheidungszeitpunkt jeweils mit bestimmten Konsequenzen oder Folgen einher, die sich ihrerseits nach der Wahrscheinlichkeit ihres Eintritts unterscheiden können. Eine sichere Aussicht liegt vor, wenn mit der Wahl einer Handlungsalternative stets nur eine bestimmte Konsequenz korrespondiert und daher die Wahrscheinlichkeit dieser Handlungsfolge genau Eins beträgt. Eine unsichere Aussicht existiert dagegen, wenn mit der Wahl einer Handlungsalternative verschiedene Handlungskonsequenzen möglich erscheinen, deren Eintrittswahrscheinlichkeiten sich auf Eins addieren. Unsichere Aussichten lassen sich weiter danach unterscheiden, ob die Wahrscheinlichkeiten der Handlungsausgänge bekannt oder unbekannt sind: Eine riskante Handlungsaussicht existiert, wenn die Eintrittswahrscheinlichkeiten ihrer Konsequenzen bekannt oder objektiv bestimmbar sind; eine ungewisse Handlungsaussicht liegt dagegen vor, falls die Eintrittswahrscheinlichkeiten ihrer Folgen subjektiv geschätzt werden müssen.

Oft besteht die Notwendigkeit der Auswahl zwischen Handlungsalternativen, deren Umsetzungen und Konsequenzen zu verschiedenen Zeitpunkten relevant werden oder erst auf langfristige Sicht wirksam sind (z.B. Investitionsentscheidungen). Wenn Entscheidungen über Handlungen anstehen, deren Ausführung und Folgen nicht nur die unmittelbare Zukunft betreffen, dann ist dies bei der Theoriebildung durch ausdrücklichen Zeitbezug und mehrere Analyseperioden zu berücksichtigen.

In einem Modell mit verschiedenen Zeitperioden ist u.a. zu beantworten, wie ein künftiger Schaden oder ein künftiger Ertrag aus gegenwärtiger Sicht evaluiert werden. Üblicherweise geht man davon aus, dass spätere Handlungsfolgen heute geringer geschätzt werden als wenn sie jetzt auftreten würden. Unterstellt wird daher eine „Diskontierung" der jeweiligen Kosten oder Erträge, sodass sie aus jetziger Sicht weniger hoch bewertet sind. Dabei existieren mit der menschlichen Gegenwartsorientierung („Zeitpräferenz") und der Wahrscheinlichkeit des Nichteintritts der nächsten Zeitperiode zwei Gründe für die Diskontierungsannahme. Hintergrund ist die Tatsache, dass die Dauer des eigenen Lebens wie auch des relevanten Handlungskontexts unsicher sind. Künftige Beträge können daher im Entscheidungskalkül nicht die gleiche Bedeutung haben wie etwa die gegenwärtig fälligen Ausgaben und Einnahmen. Es besteht keine Gewissheit darüber, ob eine zukünftige Periode im Sinne des Entscheidungsproblems überhaupt erlebt wird und daher erscheint eine gewisse Gegenwartspräferenz vernünftig.

ABBILDUNG 9.1: VARIANTEN DER RATIONAL-CHOICE-THEORIE

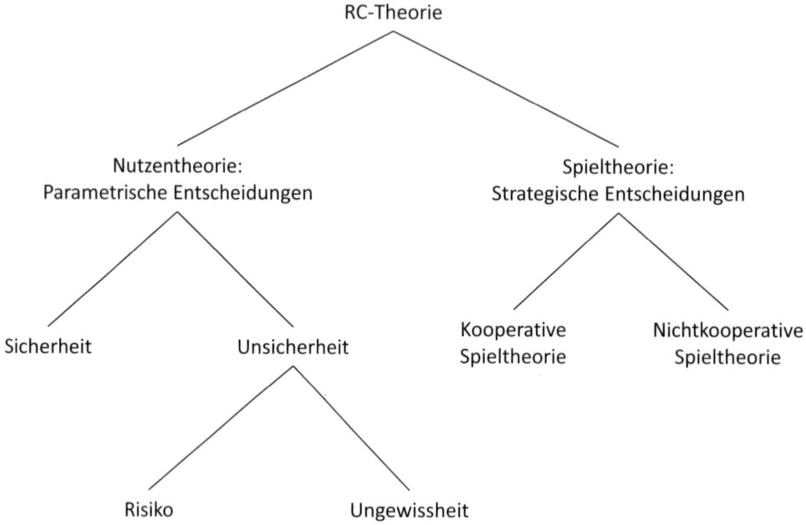

Nun können Entscheidungssituationen differenziert werden. Eine strategische Entscheidungssituation ist dadurch charakterisiert, dass jeder Akteur nicht nur seine Umgebung, sondern auch die Verflechtungen mit anderen Akteuren bei der Handlungswahl berücksichtigt. Eine etwaige strategische Interdependenz zwischen Entscheidungsträgern wird von diesen also erkannt und hat bei Verhaltensentscheidungen typischerweise Effekte. Eine parametrische Entscheidungssituation ist dagegen dadurch gekennzeichnet, dass jeder Akteur zwar auf seine Umgebung achtet, aber Interdependenzen mit anderen Akteuren bei der Handlungswahl ausblendet. Abhängig von der jeweils einschlägigen Art der Handlungsaussichten sind dabei parametrische Entscheidungssituationen unter Sicherheit und Unsicherheit (d.h. Risiko oder Ungewissheit) klassifizierbar.

Die Annahme der Rationalität wurde für die verschiedenen Entscheidungsszenarien konkretisiert, wobei für jeden Fall axiomatische Begründungen möglich sind (z.B. Harsanyi 1977; Kreps 1989). Parametrische Entscheidungen werden dabei im Rahmen der Nutzentheorie (u.a. Binmore 2009; Eisenführ und Weber 1999; Hargreaves Heap et al. 1994; Wiese

2002) behandelt. Dagegen lassen sich strategische Entscheidungen mit Hilfe der Spieltheorie (u.a. Binmore 2007; Dixit und Skeath 2004; Holler und Illing 2006) analysieren.

Im Zusammenhang mit der Spieltheorie sind kooperative und nichtkooperative Spielsituationen zu unterscheiden: Während bei einem kooperativen Spiel die Einhaltung von Vereinbarungen mit Hilfe exogener Instanzen (wie z.B. Rechtssystem) durchgesetzt werden kann, ist dies bei einem nichtkooperativen Spiel gerade nicht der Fall. Als Konsequenz beschäftigt sich die kooperative Spieltheorie z.B. mit der Verteilung eines gemeinsamen Gewinns in einer Koalition, die nichtkooperative Spieltheorie dagegen z.B. mit der Erklärung selbsttragender Kooperation zwischen Egoisten.

Die kooperative und die nichtkooperative Spieltheorie kann man als zueinander komplementäre Bereiche der RC-Analyse von strategischen Entscheidungssituationen begreifen. Eine analoge Aussage gilt für die Teiltheorien der Nutzentheorie, die sich aus RC Sicht mit parametrischen Entscheidungssituationen unter Sicherheit, Risiko und Ungewissheit beschäftigen. Insgesamt dient RC daher als Sammelbegriff für alle Theorien, die Varianten von Nutzentheorie und Spieltheorie im Rahmen von Modellierungen verwenden, um auf der Mikroebene der Entscheidungsträger deren Handlungen und die damit einhergehenden Effekte vorherzusagen. Es ist sinnvoll, die für unterschiedliche Entscheidungsszenarien entwickelten Teiltheorien zu skizzieren (siehe auch ABBILDUNG 9.1). Zuvor ist allerdings die für die Theoriebildung erforderliche weitere Spezifikation des Rationalitätsbegriffs einzuführen. Poppers sehr allgemein gehaltenes Rationalitätsprinzip wir dabei auf die von RC-Theoretikern unterstellte Rationalitätshypothese zugespitzt.

9.1.2 Rationalitätsspezifikation

Allgemein wird ein rationaler Akteur in verschiedenen Theorienansätzen durch die Erfüllung mehr oder weniger rigoroser Konsistenzkriterien beschrieben (siehe Rieskamp, Busemeyer und Meilers 2006 für einen Überblick).[1] Beispielsweise kann man von Rationalität sprechen, wenn widerspruchslos entsprechend der eigenen Vorlieben entschieden wird (Transitivität der Präferenzen, siehe Abschnitt 9.2.1). Üblicherweise wird Rationalität jedoch erheblich eingeschränkter gefasst. So kann ein rationaler Akteur im Sinne Beckers (1996) durch folgende Aussagen charakterisiert werden: Die jeweils ausgewählte Handlung ist unter den gegebenen Mitteln und den vorliegenden Erwartungen optimierend für die Realisierung der Ziele; die Erwartungen werden für die verfügbaren Informationen optimal gebildet; die Informationsbeschaffung ist für die gegebenen Ziele und Mittel unter den vorliegenden Erwartungen jeweils das Resultat einer Optimierung.

Es werden bei einer Handlungswahl damit jeweils Filterprozesse unterstellt, die sequenziell ablaufen können: Soziale Bedingungen bestimmen die Restriktionen (z.B. Verhalten anderer Akteure, Normen, Wohlstand, Zeit) der Entscheidungs- und Handlungsträger. Sie strukturieren auch deren Informationssammlung und Erwartungsbildung, wodurch Handlungsalternativen von vornherein eliminiert werden können. Individuelle Präferenzen, die durch das eigene frühere Handeln und das soziale Umfeld wesentlich geprägt sein können, werden mit den Restriktionen unter Verwendung der beschafften Informationen und den gebildeten Erwartungen kombiniert; die relevanten Handlungsalternativen werden auf dieser Grundlage aus den verbliebenen Optionen im Rahmen eines Auswahlverfahrens be-

---

[1] Herbert Gintis (2009) charakterisiert einen rationalen Akteur als Individuum mit konsistenten Präferenzen.

stimmt, das sich als eine Optimierung unter Nebenbedingungen auffassen lässt; die jeweiligen Entscheidungen zugunsten von Handlungsalternativen werden bei unveränderten Gegebenheiten dann dem optimalen Plan entsprechend umgesetzt.

Vor diesem Hintergrund ist Rationalität als zielgerichtetes (d.h. vorausschauendes) und optimierendes (d.h. maximierendes oder minimierendes) Entscheidungsverhalten unter bestmöglich gebildeten (d.h. rationalen) Erwartungen bei Verwendung aller verfügbaren oder beschafften Informationen konzeptualisiert, das mit zeitkonsistenten (d.h. entscheidungskonformen oder plantreuen) Handlungen einhergeht und wohlgeordnete stabile Präferenzen sowie gegebene Restriktionen reflektiert.

Begrenzte Rationalität und ihre Ausdeutungen

Herbert Simon kritisierte schon in den 1950er Jahren die Rationalitätshypothese, wonach jeder Akteur seine Erwartungen auf Basis seiner verfügbaren Informationen optimal bildet und vor ihrem Hintergrund seine Handlungswahl bei gegebener Zielvorstellung unter den vorliegenden Beschränkungen optimierend trifft (z.B. Simon 1955, 1956, 1959). Als Alternative schlug er die Annahme begrenzter Rationalität vor. Nach Simon (z.B. 1990) bezeichnet begrenzte Rationalität mehr oder weniger zielgerichtetes Verhalten, das kognitive Kapazitätsgrenzen (u.a. Mängel der Aufmerksamkeitslenkung, Probleme der Informationsverarbeitung) und durch die Entscheidungsumwelt gesetzte Grenzen (z.B. unvorhersehbare Handlungsfolgen) reflektiert. Demnach liegt begrenzte Rationalität u.a. dann vor, wenn (gegebenenfalls vollständige) Information aufgrund von Kapazitätsbeschränkungen unvollkommen verarbeitet wird. Aus der Sicht von Simon verfolgen Akteure daher die Strategie des „satisficing", d.h. sie werden eine Handlung ausführen, die ihren Ansprüchen genügt, anstelle nach der optimalen Alternative zu suchen. Simon (1982) entwickelte eine ganze Reihe von Modellen, die diese allgemeine Konzeption der begrenzten Rationalität konkretisieren.

Freilich gibt es keineswegs nur diese Spezifikationen, sondern auch alternative Ausdeutungen von begrenzter Rationalität. Beispielsweise kategorisiert Oliver Williamson (1975, 1985) Menschen als begrenzt rational in dem Sinne, dass sie über unvollständige Information verfügen, die sie aber vollkommen rational verarbeiten. Damit unterscheidet sich Williamsons Auffassung von begrenzter Rationalität von Herbert Simons Konzeption. Daneben existieren Modellierungsvorschläge für begrenzte Rationalität in ganz bestimmten Situationen, die ebenfalls kaum mit Simons Vorstellungen korrespondieren (z.B. Rubinstein 1998). Zudem liegen inzwischen vielfältige Einsichten über begrenzte Rationalität und den dabei relevanten Prozeduren und Heuristiken vor, die man als Hilfsmittel bei der Reduktion von Komplexität in wenig überschaubaren Entscheidungssituationen ansehen kann (Gigerenzer, Todd und ABC Research Group 1999; Gigerenzer und Selten 2001).

Wie Herbert Simon (1990) bemerkt, ist diese Vorstellung von Rationalität leicht kritisierbar, unterstellt sie doch nahezu gottgleiche Fähigkeiten menschlicher Entscheidungs- und Handlungsträger. Jedoch ist die Rationalitätshypothese keinesfalls als ein psychologisches Postulat über den Menschen zu interpretieren; vielmehr kann man sie als eine idealisierende Auslegung der Prämisse des situationsgerechten und vernunftgeleiteten Entscheidens und Handelns des jeweils betrachteten Modellakteurs auffassen.

Im Übrigen glaubt niemand, dass eine Person tatsächlich bei ihrer Handlungsentscheidung eine mathematische Optimierungsaufgabe erkennt oder gar löst. Vielmehr gilt die instrumentalistische Standardinterpretation von Friedman (1953): Der rationale Akteur verhält sich so, als ob er die jeweilige Optimierungsaufgabe unter Nebenbedingungen gelöst hätte. Als Begründung für diese Auslegung kann man auf zwei Fakten hinweisen: Zum einen gibt es vielfältige Beobachtungen, in denen sich die Optimierungsidee bereits als enorm erfolgreich erwiesen hat – so sind u.a. die Form der Planeten, die Gestalt von Seifenblasen oder die Ausbreitung des Lichts jeweils als Lösungen entsprechender Optimierungsprobleme begründbar (z.B. Papageorgiou 1996).[2] Zum anderen bewältigen Menschen viele Alltags-tätigkeiten ohne jede Kenntnis ihrer mathematisch-naturwissenschaftlichen Beschreibung und Komplexität – so sind Erfolge beim Billardspielen oder sichere Kurvenfahrten beim Radeln auch für Personen ohne Wissen über die höhere Mathematik jederzeit möglich. Offenbar finden Optimierungen also auch ohne bewusste Optimierungsbemühungen statt und Billardspieler oder Radfahrer handeln so, als ob sie die keineswegs trivialen forma-len Zusammenhänge durchschauen würden. Die meisten RC-Theoretiker (z.B. Harsanyi 1977) akzeptieren daher, dass eine rationale Handlungswahl so erfolgt, als ob der jeweils betrachtete Akteur eine mathematische Optimierungsaufgabe unter Nebenbedingungen lö-sen würde. Dies gilt zumindest teilweise auch für die Soziologie (u.a. Coleman 1990; Raub 1984).

Zudem besitzt die skizzierte Interpretation von Rationalität keinen tautologischen Charakter: Verhaltensweisen bestimmter Akteure lassen sich vor dem Hintergrund der beschriebenen Rationalitätskonzeption schwerlich rekonstruieren. Beispielsweise scheinen sich kleine Kinder, stark betrunkene oder anderweitig berauschte Personen sowie Erwach-sene mit bestimmten Krankheiten (u.a. Alzheimer, Demenz) im Durchschnitt gerade nicht so zu verhalten, als ob sie vorausschauende und maximierende Entscheidungen auf der Grundlage rationaler Erwartungen, wohldefinierter Interessen und vorliegender Informa-tionen unter Berücksichtigung gegebener Beschränkungen treffen und diese dann plantreu in entsprechende Handlungen umsetzen würden.

Allerdings existieren auch Situationen, in denen die theoretische Annahmekombination durchaus deskriptive Relevanz zu besitzen scheint. Nach der Überzeugung von soziologi-schen Klassikern wie Max Weber (siehe Abschnitt 3.1.2) kann man zweckrationales Handeln gerade im Wirtschaftsleben unterstellen und Zweckrationalität ist vereinbar mit der skiz-zierten Rationalitätsvorstellung. Zudem erfolgt in modernen Industriegesellschaften bereits frühzeitig eine entsprechende Sozialisation, sodass im Geschäftsleben zielgerichtetes anreiz-orientiertes Verhalten nicht nur von Anderen erwartet, sondern im Regelfall auch selbst praktiziert wird.

Im Übrigen empfiehlt sich die zugrundeliegende Annahmekombination auch deshalb, weil das Rationalitätskonzept dennoch mit einer beträchtlichen Flexibilität einhergeht. So wird durch die Konzeption keineswegs festgelegt, dass Akteure rein egoistisch entscheiden oder nur relativ leicht beobachtbare Dinge wie etwa Geld bei der Handlungswahl berück-sichtigen. Bekanntlich sind uneigennützige Präferenzen (wie z.B. bei Altruismus und Fair-ness) oder auch Interessen an schwer greifbaren Dingen (wie z.B. soziale Anerkennung) prinzipiell zulässig. Treibt man diese flexible Interpretation allerdings zum Extrem, so lässt sich praktisch jede Handlung als Konsequenz einer Maximierung geeigneter Präferen-zen unter bestimmten Nebenbedingungen deuten. Man sollte die Zahl schwer beobachtba-rer Einflüsse auf die Präferenzen daher generell möglichst gering halten, weil dadurch die Falsifizierbarkeit resultierender Folgerungen eher zu gewährleisten ist.

Trotzdem bringt die jeweilige Umsetzung der beschriebenen Rationalitätskonzeption im Rahmen einer Modellierung durchaus gewisse Gestaltungsmöglichkeiten mit sich. Dies wird deutlich, wenn man die für die Analyse unterschiedlicher Situationen entwickelten Spielarten der RC-Theorie betrachtet.

---

[2]Im Übrigen finden Optimierungsvorgänge auch in der belebten Natur statt: Beispielsweise neigen sich Blätter optimierend zum Licht und symbiotische Beziehungen erscheinen für beteiligte Tierarten opti-mal.

9.2 Teiltheorien und Gleichgewichte

Aufgrund der Variation von Entscheidungssituationen verwundert es nicht, dass es mehrere RC-Teiltheorien gibt. Nach deren Besprechung wird auf das für die RC-Analyse grundlegende Konzept des Gleichgewichts eingegangen, wobei auch dessen zentrale Spielarten besprochen werden.

9.2.1 Rational Choice-Varianten

Aus Platzgründen erfolgt hier eine Konzentration auf diejenigen Varianten, die nichts mit dem Konzept des Zufallsnutzens („Random Utility") zu tun haben (vgl. hierzu etwa Meier und Weiss 1990). Ausgeblendet bleiben auch verwandte Ansätze wie die evolutionäre Spieltheorie (siehe z.B. Weibull 1995), weil dort Verhaltenswahlen entgegen der üblichen RC-Annahme nicht in dem Bewusstsein strategischer Interdependenz erfolgen.

In den betrachteten Ausprägungen der RC-Theorie beruht die Konkretisierung des Rationalitätsgedankens jeweils auf der Prämisse, dass jeder Entscheidungsträger wohldefinierte Präferenzen bezüglich der mehr oder weniger sicheren Ausgänge von zur Wahl stehenden Handlungsalternativen hat, die zumindest über den Entscheidungszeitpunkt hinaus unverändert bleiben. Jeder Entscheidungsträger ist per Annahme also immer über seine Vorlieben vollkommen informiert. Die gleichfalls getroffene Annahme hinreichend stabiler Präferenzen reflektiert die durch Stigler und Becker (1977) betonte methodologische Forderung, der zufolge Erklärungen auf Variationen prinzipiell beobachtbarer Größen (z.B. Einkommen, Kosten) abstellen und möglichst auf Annahmen über Veränderungen der individuellen Vorlieben verzichten sollten. Durch diese Annahme wird verhindert, dass Anwendungen der RC-Theorievarianten nur auf Präferenzänderungen der betrachteten Akteure gründen können; der Erklärungsschwerpunkt liegt damit auf Variablen, die sich insbesondere aus der Entscheidungssituation und dem Handlungskontext ergeben und die in der Analyse typischerweise als Nebenbedingungen oder Restriktionen berücksichtigt werden.

Die Existenz einer stabilen wohldefinierten Präferenzordnung eines Akteurs bedeutet die Unterstellung von vollständigen und transitiven Präferenzen bezüglich der Handlungsaussichten der Entscheidungsalternativen. Vollständige Präferenzen sind gegeben, falls für jede mögliche Paarung von Entscheidungsalternativen mit Handlungsaussichten $(K_1, K_2, K_3, ...)$ entweder eine Präferenzbeziehung im Sinne einer Rangordnung oder eine Indifferenzbeziehung im Sinne einer Gleichwertigkeit existiert. Transitive Präferenzen liegen vor, wenn beim paarweisen Vergleich von Entscheidungsalternativen bezüglich ihrer Handlungsaussichten eine Präferenz für K_1 gegen K_2 und eine Präferenz für K_2 gegen K_3 mit einer Präferenz für K_1 gegen K_3 einhergeht und dies auch für entsprechende Indifferenzbeziehungen gilt.

Beziehen sich diese stabilen wohldefinierten Präferenzen auf sichere Handlungsaussichten, dann können sie, wie Debreu (1959) bewiesen hat, durch eine reellwertige und stetige „Nutzenfunktion" abgebildet werden, wenn zudem Stetigkeit der Präferenzordnung gewährleistet ist. Die Stetigkeit der Präferenzordnung bedeutet, dass es bei einer Präferenz zugunsten von K_1 gegen K_2 und einer Präferenz zugunsten von K_2 gegen K_3 auch eine Mischung von K_1 und K_3 gibt, die mit einer Indifferenz zu K_2 einhergeht. Inhaltlich stellt diese Bedingung sicher, dass mit kleinen Unterschieden in den Handlungsaussichten jeweils nur kleine Unterschiede in den Präferenzen einhergehen.

Eine Nutzenfunktion ist lediglich eine andere Darstellung der lückenlosen und widerspruchsfreien Vorlieben eines Akteurs. Sie erlaubt deren formale Abbildung und ermöglicht ihre Weiterverarbeitung im Rahmen einer RC-Analyse. Wird die Nutzenfunktion als Repräsentation der Präferenzen bei Entscheidungen unter Sicherheit aufgefasst, so ist sie nur bis auf monotone (d.h. ordnungserhaltende) Transformationen eindeutig – bei einer stärkeren Präferenz ist der zugehörige Nutzenwert höher, aber man kann keine Intensität angeben. Ein Akteur, der die Erfüllung seiner Präferenzen in einer parametrischen Entscheidungssituation unter Sicherheit anstrebt, wird sich so verhalten, als ob er seine Nutzenfunktion maximiert.

Für diese Nutzenfunktion werden zur Vereinfachung der weiteren Analyse oftmals bestimmte formale Eigenschaften (z.B. zumindest zweifache stetige Differenzierbarkeit, strikte Quasi-Konkavität) angenommen.[3] Unter den getroffenen Annahmen ist üblicherweise die Existenz von zumindest einer nutzenmaximierenden Handlungsalternative gewährleistet, die im betrachteten Szenario einer Entscheidung unter Sicherheit auch gewählt wird, sofern es die Restriktionen (wie etwa Einkommen und Zeit) erlauben.

Ist eine intertemporale Entscheidung zu treffen, dann sind Annahmen über jetzige und spätere Nutzenniveaus zu treffen. Falls der Nutzen künftiger Handlungsaussichten weniger hoch bewertet wird als der Nutzen gegenwärtiger Handlungsfolgen, kann man zur intertemporalen Bewertung eine konstante Zeitpräferenzrate $\sigma \geq 0$ verwenden, um den zukünftigen Nutzen abzudiskontieren. Zudem kann diese Diskontierung die konstante Wahrscheinlichkeit ρ mit $0 \leq \rho \leq 1$ reflektieren, eine oder mehrere in der Zukunft liegende Perioden nicht zu erreichen. Allgemein ausgedrückt kann die Minderschätzung künftiger Handlungsfolgen durch eine Diskontierung mit der gegebenen Diskontrate σ oder einem gegebenen Diskontfaktor δ erreicht werden, wobei

$$\delta = \frac{(1 - \rho)}{(1 + \sigma)} \quad \text{mit } 0 \leq \delta \leq 1$$

gilt. Bei Sicherheit des Erlebens der nächsten Zeitperiode (d.h. für $\rho = 0$) ergibt sich daher die Beziehung $\delta = 1/(1 + \sigma)$. Generell ist es also beliebig, ob man eine Diskontierung mit gegebener Rate σ oder mit einem korrespondierenden Faktor δ unterstellt. Der einzige bedeutsame Unterschied bezieht sich auf die Interpretation der beiden Größen: Die Diskontrate σ gibt an, wie hoch der zusätzliche Anteil an Werteinheiten ausfällt, der zur Kompensation der Wartezeit um eine weitere Zeitperiode notwendig ist; der Diskontfaktor δ drückt dagegen in Einheiten des gegenwärtigen Wertes aus, was eine Einheit wert ist, die erst in der nächsten Zeitperiode realisiert werden kann.

Parametrische Handlungsentscheidungen gehen häufig mit Unsicherheit einher. In Abhängigkeit von der Beschaffenheit der Handlungsaussichten kann man bekanntlich zwischen riskanten und ungewissen Entscheidungssituationen unterscheiden. Bei Entscheidungssituationen unter Risiko ist zumindest eine Handlungsalternative mit verschiedenen Konsequenzen verknüpft, deren objektive Eintrittswahrscheinlichkeiten jeweils bekannt oder bestimmbar sind (z.B. Chancen des Gewinns und Verlusts bei der Teilnahme an einer Lotterie).

---

[3]Die Eigenschaft der strikten Quasi-Konkavität wird manchmal explizit durch die Annahme strikter Konkavität (der Nutzen nimmt mit abnehmender Rate zu) ersetzt. Konkave Funktionen sind quasi-konkav, aber nicht jede quasi-konkave Funktion ist auch konkav. Quasi-Konkavität ist somit eine etwas schwächere Anforderung als Konkavität. Inhaltlich bedeutet strikte Quasi-Konkavität der Nutzenfunktion, dass der Entscheidungsträger z.B. durchschnittlich zusammengesetzte Güterbündel gegenüber extrem zusammengestellten Bündeln vorzieht.

Diese objektiven Wahrscheinlichkeiten von Konsequenzen werden neben den Bewertungen der Handlungsfolgen durch den Entscheidungsträger bei der Wahl zwischen mehr oder weniger riskanten Handlungsoptionen berücksichtigt. Die hierfür einschlägigen Zusatzannahmen stellen dabei üblicherweise sicher, dass die nun kardinale Repräsentationsfunktion für Präferenzen über riskante Handlungsausgänge die „Erwartungsnutzeneigenschaft" aufweist – eine reellwertige stetige Nutzenfunktion besitzt diese Eigenschaft, wenn der Nutzen einer riskanten Handlungsaussicht genau dem mathematischen Erwartungswert des Nutzens dieser Aussicht entspricht.[4] Der Nutzen ist dabei eindeutig bis auf positive linare Transformationen bestimmt, d.h. man kann den Nullpunkt und die Einheiten der Nutzenskala frei wählen. Ein Akteur, der die Realisierung seiner Präferenzen in einer parametrischen Entscheidungssituation unter Risiko anstrebt, wird sich dann so verhalten als ob er den Erwartungswert der so beschaffenen Nutzenfunktion maximiert.

Bei einer parametrischen Entscheidungssituation unter Ungewissheit sind zusätzlich objektive Wahrscheinlichkeiten der Konsequenzen von zumindest einer Handlungsalternative unbekannt. Nach Savage (1954) lassen sich allerdings subjektive Wahrscheinlichkeiten für den Eintritt von Handlungsausgängen bilden und verwenden. Dies wird von z.B. Harsanyi (1977) unterstellt und axiomatisiert. Die hierbei relevanten Zusatzpostulate gewährleisten, dass auch die Repräsentationsfunktion für individuelle Präferenzen bei Entscheidungen unter Ungewissheit die Erwartungsnutzeneigenschaft besitzt.[5] Ein Akteur, der die Realisierung seiner Präferenzen in einer parametrischen Entscheidungssituation unter Ungewissheit anstrebt, wird sich dann so verhalten als ob er den subjektiv erwarteten Nutzen maximiert.

Allerdings bleibt dabei immer noch ausgeblendet, dass in bestimmten Situationen die Handlungswahlen anderer Akteure die Aussichten eigener Entscheidungen beeinflussen können und umgekehrt. Die Spieltheorie beschäftigt sich bekanntlich mit derartigen Entscheidungssituationen, in denen eine strategische Interdependenz der Beteiligten besteht. Ihre Untersuchung im Rahmen der nichtkooperativen Spieltheorie kann man mit Harsanyi im Sinne einer kumulativen Erweiterung der Annahmen für parametrische Entscheidungen unter Unsicherheit begreifen. Diese Konzeptualisierung strategischer Entscheidungssituationen beruht also nicht nur auf allen Annahmen, die für parametrische Entscheidungen unter Unsicherheit unterstellt werden, sondern auf weiteren Postulaten.[6] Letztere stellen dabei sicher, dass die Maximierung des erwarteten Nutzens jeweils unter Berücksichtigung der Handlungswahlen der anderen Akteure erfolgt.

Im Unterschied zu einer parametrischen Entscheidungssituation ist eine strategische Situation aus der Sicht der nichtkooperativen Spieltheorie dadurch gekennzeichnet, dass die Handlungswahlen der Anderen jeweils Restriktionen bei der optimierenden Verhaltenswahl eines Akteurs darstellen. Können sich strategisch interdependente Akteure allerdings verbindlich auf eine Vorgehensweise verständigen (z.B. Bildung einer Koalition per einklagbarem Vertrag), so brauchen sie ihre Handlungswahlen nicht an solchen Nebenbedingungen auszurichten. Vielmehr können sie bei der optimierenden Entscheidung von vornherein gemeinschaftliche Ziele verfolgen und getroffene Vereinbarungen umsetzen. Es empfiehlt sich

---

[4]Nach John von Neumann und Oskar Morgenstern (1953) nennt man eine Nutzenfunktion mit der Erwartungsnutzeneigenschaft eine von Neumann-Morgenstern Nutzenfunktion.

[5]Wie bei riskanten Handlungsoptionen ist die Nutzenfunktion bei Entscheidungen unter Ungewissheit eindeutig bis auf positive lineare Transformationen.

[6]Akzeptiert man mit der nichtkooperativen Spieltheorie die aufgrund ihrer Annahmenkombination anspruchsvollste RC-Teiltheorie, so können die nach ihrer Axiomatik einfacheren Ansätze der Nutzentheorie aus Konsistenzgründen nicht abgelehnt werden.

daher die Spezifikation und Untersuchung eines entsprechenden kooperativen Spiels, d.h. die Anwendung von Konzepten und Annahmen der kooperativen Spieltheorie.

Im Gefolge von Nash (1953) werden kooperative Spiele jedoch als weniger grundlegend als nichtkooperative Spiele betrachtet.[7] Nach der als Nash-Programm bezeichneten Vororientierung erscheint es vielmehr wünschenswert, wenn die Konzepte und Annahmen der kooperativen Spieltheorie durch eine entsprechende nichtkooperative Analyse jeweils eine tiefere Begründung erfahren. Tatsächlich gibt es inzwischen eine Reihe von theoretisch interessanten und teilweise überraschenden Ergebnissen, welche die Fruchtbarkeit dieser Vorgehensweise belegen (Serrano 2005).

Damit sind grundlegende Voraussetzungen und Möglichkeiten der RC-Analyse umrissen. Man kann die relevanten Teiltheorien und die damit verknüpften Verhaltensprinzipien nun überblicksartig darstellen:

- Varianten der Nutzentheorie:
  - Parametrische Entscheidungstheorie unter Sicherheit (Prinzip: Maximiere durch die Handlungswahl den eigenen Nutzen unter gegebenen Restriktionen);
  - Parametrische Entscheidungstheorie unter Risiko (Prinzip: Maximiere durch die Handlungswahl den eigenen objektiven Erwartungsnutzen unter gegebenen Restriktionen);
  - Parametrische Entscheidungstheorie unter Ungewissheit (Prinzip: Maximiere durch die Handlungswahl den eigenen subjektiven Erwartungsnutzen unter gegebenen Restriktionen).

- Varianten der Spieltheorie:
  - Kooperative Spieltheorie (Prinzip: Maximiere durch die Umsetzung einer mit den anderen Spielern getroffenen Übereinkunft den gemeinsamen Nutzen unter gegebenen Restriktionen, wobei von vornherein bindende Vereinbarungen als möglich angenommen sind);
  - Nichtkooperative Spieltheorie (Prinzip: Maximiere durch die Strategiewahl den eigenen Erwartungsnutzen unter gegebenen Restriktionen, wobei die gleichfalls maximierende Handlungswahl zumindest eines Mitspielers eine Nebenbedingung ist und von vornherein bindende Übereinkünfte ausgeschlossen sind).

Generell werden diese Teiltheorien im Rahmen von RC-Analysen herangezogen, um die Annahme rationalen Handelns auf der Mikroebene der Entscheidungsträger weiter zu konkretisieren. In Verbindung mit situations- und kontextspezifischen Annahmen (wie z.B. der Möglichkeit von Austauschbeziehungen und der Existenz von Wettbewerbsmärkten) erlauben sie die Modellierung der individuellen Verhaltensentscheidungen.

Für die Erklärung der letztlich relevanten sozialen Sachverhalte und Abläufe sind allerdings normalerweise die existierenden Gleichgewichtszustände auf der Makroebene zentral, die sich durch die konsistente Kombination der individuell optimierenden Verhaltensweisen ergeben und deren nähere Analyse erst die gesuchten theoretische Folgerungen erbringen.[8]

---

[7]Vermutlich reflektiert die Skepsis gegenüber der kooperativen Spieltheorie u.a. auch Unterschiede bei der Theoriebildung: Während genaue Kenntnisse der Entscheidungssituationen aller Akteure für eine Modellierung im Sinne der nichtkooperativen Spieltheorie unverzichtbar sind, kann man die kooperative Spieltheorie auch ohne derartige Informationen anwenden.

[8]Wie Sober (1983) bemerkt, spezifizieren die damit einhergehenden Gleichgewichtserklärungen üblicherweise nicht, wie ein Gleichgewichtszustand erreicht wird. Typischerweise vernachlässigen sie etwaige

Anders gesagt: Empirisch prüfbare Aussagen erhält man nach der Bestimmung und Untersuchung von Gleichgewichten. Es ist daher notwendig, sich mit solchen Ruhezuständen und ihrer Konzeption etwas näher zu beschäftigen. Zur Gewährleistung des Gesamtüberblicks empfiehlt es sich allerdings zuvor, die Schritte einer RC-Analyse zu benennen:

1. Festlegung der Thematik und der Untersuchungsebene(n)

2. Spezifikation von zumindest einer Zielfunktion (z.B. Ertrag, Nutzen, Kosten)

3. Identifikation der Restriktionen (z.B. vorhandenes Budget, verfügbare Zeit, Verhalten der Anderen)

4. Formulierung des Optimierungsproblems (Maximierung oder Minimierung der Zielfunktion unter den gegebenen Nebenbedingungen)

5. Lösung des Optimierungsproblems (z.B. Größenvergleich bei diskreten Entscheidungsalternativen, Anwendung der Differentialrechnung bei stetig differenzierbaren Funktionen)

6. Auflösen der entsprechenden Bedingungen nach den interessierenden Zielgrößen bzw. Bestimmung der sozialen Konsequenzen der individuellen Verhaltensentscheidungen im Rahmen von Gleichgewichtsanalysen

7. Abgleich der theoretischen Implikationen oder Vorhersagen mit empirischen Daten

Ein konkretes Beispiel einer RC-Analyse, die sich auf die Mikroebene eines einzelnen Akteurs beschränkt, ergibt sich, wenn man die Entscheidung für oder gegen einen Ladendiebstahl betrachtet. Vereinfachend wird für diese Illustration unterstellt, dass der betrachtete Akteur risikoneutral (d.h. weder risikoscheu noch risikofreudig) ist und eine monetäre Anfangsausstattung von A Geldeinheiten besitzt.[9] Mit B wird das Diebesgut („Beute") in Geldeinheiten bezeichnet. Gleichfalls monetär ist die „Zahlung" Z gemessen, die durch einen erwischten Dieb mit der von ihm aufgrund verfügbarer Informationen (z.B. aus der Kriminalitätsstatistik) geschätzten Wahrscheinlichkeit w zu leisten sein wird. Die Optimierungsaufgabe betrifft die binären Handlungsalternativen „Stehlen" oder „Nicht stehlen". Diebstahl lohnt sich, falls der Erwartungswert des Diebstahls den Wert der Anfangsausstattung übersteigt:

$$w \cdot (A - Z) + (1 - w) \cdot (A + B) > A.$$

Dies ist der Fall für

$$w < \frac{B}{B + Z} =: w^*,$$

wobei w^* den kritischen Wert der Wahrscheinlichkeit der Bestrafung festlegt, bis zu dem sich Diebstahl aus der Sicht des rationalen Akteurs rentiert. Aus dieser Bedingung kann man u.a. folgern, dass Z hinreichend hoch sein sollte, um vom Diebstahl abzuschrecken. Man kann daraus auch schließen, dass die Bekanntgabe von Aufklärungsquoten bei Eigentumsdelikten nur dann sinnvoll ist, wenn diese hinreichend hoch ausfallen (ansonsten wird

---

kausale Dynamiken und konzentrieren sich stattdessen auf statische Endpunkte oder dauerhafte Zustände.

[9] Bei Risikoneutralität sind Nutzen und Geld linear verknüpft. Bei Risikoaversion (Risikofreude) steigt der Nutzen mit abnehmender (zunehmender) Rate bei wachsenden Einkünften.

die Wahrscheinlichkeit einer Bestrafung durch mögliche Diebe als gering eingeschätzt, was Eigentumsdelikte nach der RC-Analyse begünstigen wird). Allerdings verharrt das Beispiel auf der Mikroebene des Entscheidungsträgers und blendet die Makroebene des Sozialsystems weitgehend aus. Auch deshalb empfiehlt sich ein Blick auf die Idee des Gleichgewichts und seine Umsetzungen.

9.2.2 Gleichgewichtskonzeptionen

Fixpunkte („fixed points") oder dauerhafte Zustände („steady states") korrespondieren mit Gleichgewichtssituationen. Üblicherweise sind Gleichgewichte auf der Makroebene der RC-Analyse angesiedelt, während sich die Verhaltensentscheidungen und Handlungen auf der Mikroebene der Entscheidungsträger abspielen. Anders gesagt: Ein Gleichgewicht bezieht sich typischerweise auf ein soziales System – unter einem sozialen System wird hier (im Gegensatz zu Luhmann (1984), aber in Übereinstimmung mit z.B. Coleman (1990) oder Rapoport (1988)) eine Menge von individuellen oder korporativen Akteuren verstanden, die bestimmte Beziehungen unterhalten und daher gegenseitige Abhängigkeiten aufweisen. Generell ergeben sich Gleichgewichtszustände jeweils durch die konsistente Kombination der Handlungswahlen, die entsprechend der beschriebenen RC-Teiltheorien erfolgen. Diese Charakterisierung beschreibt nicht nur die von Becker (1976, 1996) vorgelegten formalisierten Theorien, sondern auch andere RC-Modellierungen (z.B. Braun und Gautschi 2006; Braun und Vanini 2003; Diekmann 1985; Raub 1984; Raub und Voss 1986; Raub und Weesie 1990; Snijders 1996; Yamaguchi 1996). RC-Soziologen sind dementsprechend an der Herleitung von Gleichgewichtszuständen und deren Untersuchung interessiert, um dadurch empirisch prüfbare Hypothesen zu erhalten.

Wichtig sind in diesem Zusammenhang folgende Aspekte: Ein Gleichgewicht bezieht sich typischerweise auf alle betrachteten Akteure und deren Verhaltensweisen, aber nicht auf einen bestimmten einzelnen Entscheidungsträger und dessen Handlungswahl. Das grundlegende Merkmal eines Gleichgewichtszustandes ist die Konsistenz der Verhaltensweisen aller Entscheidungsträger. Ein Gleichgewicht ergibt sich demnach bei deren logischer Vereinbarkeit. Es wird durch die individuell optimierenden Entscheidungen und Handlungen sämtlicher Akteure begründet und es informiert über deren Systemeffekte. Dabei braucht ein Gleichgewicht keineswegs ein sozial effizienter Zustand zu sein; eine sozial effiziente Situation (im Sinne von Pareto) liegt erst vor, wenn eine Besserstellung eines Akteurs nur noch auf Kosten zumindest eines anderen Akteurs erreicht werden kann.

Nach dieser Skizze von Merkmalen eines Gleichgewichtes stellt sich die Frage nach seiner Konkretisierung bei RC-Analysen. Zentral ist hierbei das Konzept des Nash-Gleichgewichts, das von dem US-Mathematiker John Nash (1951) für strategische Entscheidungssituationen (Spiele) ohne bindende vorherige Einigung zwischen einer endlichen Zahl von rationalen Akteuren (Spielern) mit gegebenen Handlungsalternativen (Strategien) vorgeschlagen wurde: In einem Nash-Gleichgewicht trifft jeder Akteur bei gegebenen Strategiewahlen seiner Mitspieler die jeweils für ihn günstigste Handlungswahl. Ein Nash-Gleichgewicht ist ein dauerhafter Zustand in dem Sinne, dass sich niemand durch eine einseitige Abweichung von der Gleichgewichtsstrategie (d.h. durch die Wahl einer anderen Handlungsalternative) verbessern kann, wenn die Mitspieler bei ihren ursprünglichen Handlungsentscheidungen bleiben. Man kann dies auch anders ausdrücken: Ein Nash-Gleichgewicht (oder, wie es gelegentlich auch bezeichnet wird, ein strategisches Gleichgewicht) ist eine Kombination bester Antworten. Es bezeichnet eine Situation, in der jeder

Akteur diejenige Handlungswahl trifft, die seinen erwarteten Nutzen bei korrekt antizipierten Strategienwahlen der gleichfalls optimierenden Mitspieler maximiert.

Zu betonen ist in diesem Zusammenhang, dass ein Nash-Gleichgewicht immer ein Gleichgewicht in Verhaltensweisen ist, das mit sich erfüllenden Erwartungen einhergeht. Die damit korrespondierenden Annahmen über das Wissen der Akteure sind stark. In einem solchen Gleichgewicht gilt nämlich: Von jedem Akteur werden die Wahrscheinlichkeiten, dass ein anderer Akteur bestimmte Entscheidungen trifft, korrekt vorhergesehen (d.h. es liegen rationale Erwartungen vor); die Erwartungen der Akteure sind miteinander vereinbar (d.h. es gibt keine widersprüchlichen Erwartungen zwischen verschiedenen Akteuren); die Wahrscheinlichkeiten der Verhaltensweisen reflektieren diese Erwartungen (d.h. es existiert kein Widerspruch zwischen Erwartungen und Verhaltensweisen). Niemand zweifelt dabei an der Rationalität der anderen Akteure – jeder Spieler unterstellt vielmehr, dass alle anderen genauso rational sind wie er oder sie selbst.

Da bereits in einfachen strategischen Entscheidungssituationen mehrere Nash-Gleichgewichte existieren können, wurden verschiedene Verfeinerungen des ursprünglichen Konzeptes vorgeschlagen. Die wohl wichtigste Verfeinerung stammt von dem deutschen Ökonomen Reinhard Selten (1965): Ein teilspielperfektes Nash-Gleichgewicht liegt vor, wenn von jedem Akteur nur glaubwürdige beste Antworten gespielt werden. Dies reflektiert v.a., dass sich unter den verschiedenen Nash-Gleichgewichten auch solche befinden können, die nicht plausibel sind, weil sie auf unglaubwürdigen Verhaltensankündigungen der Gegenspieler beruhen. So erwartet z.B. niemand, dass rationale Egoisten selbstschädigende Verhaltensweisen praktizieren werden, auch wenn sie diese angedroht haben. Es ist sinnvoll, derartige Nash-Gleichgewichte aus der weiteren Analyse auszuschließen. Die stattdessen betrachteten teilspielperfekten Nash-Gleichgewichte werden oft auch als perfekte Gleichgewichte bezeichnet.

Die Bestimmung und Untersuchung perfekter Gleichgewichte ist auch hilfreich, wenn die Annahmen und Konzepte der kooperativen Spieltheorie im Rahmen des erwähnten Nash-Programms tiefer begründet werden sollen. Zu diesem Zweck wird eine kooperative Entscheidungssituation als nichtkooperatives Spiel modelliert und es werden die hierbei relevanten perfekten Gleichgewichte bestimmt. Unter Umständen gehen diese Gleichgewichte mit einschlägigen kooperativen Lösungskonzepten (wie z.B. der von Harsanyi und Selten (1972) generalisierten oder der von Kalai (1977) eingeführten asymmetrischen Verhandlungslösung von Nash (1950)) einher, wodurch die Verwendung dieser Konzepte und der damit korrespondierenden Annahmen besonders gerechtfertigt erscheint.

Aufgrund des kumulativen Aufbaus der Varianten von Nutzentheorie und der nichtkooperativen Spieltheorie ist es daneben naheliegend, dass bei parametrischen Entscheidungssituationen jeweils Sonderfälle von Nash-Gleichgewichten resultieren können. Analysiert man Entscheidungssituationen, die man gemeinhin im Rahmen der Nutzentheorie untersucht, aus der Sicht der nichtkooperativen Spieltheorie, so kann man üblicherweise Nash-Gleichgewichte in dominanten Strategien bestimmen. Eine dominante Strategie existiert, wenn ihre Auswahl optimal ist, unabhängig von den Erwartungen und Handlungen der anderen Akteure. Ein Gleichgewicht in dominanten Strategien bezeichnet daher die konsistente Kombination von individuellen Nutzenmaxima in Situationen ohne strategische Interdependenz. Zu betonen ist, dass ein Gleichgewicht in dominanten Strategien immer ein Nash-Gleichgewicht ist, während das Gegenteil nicht zwingend gilt.

Natürlich kann man eine parametrische Entscheidungssituation auch einfach aus der Sicht der Nutzentheorie analysieren. Eine geeignete Kombination von Annahmen (z.B.

Marktaggregation unter den Bedingungen vollständiger Konkurrenz) mit nutzenmaximierenden Verhaltensweisen kann dann zu einem Gleichgewicht führen, das kein strategisches Gleichgewicht darstellt. Beispielsweise analysiert Coleman (1990) soziale Tauschvorgänge in Wettbewerbsmärkten auf der Grundlage der parametrischen Entscheidungstheorie unter Sicherheit und das von ihm hergeleitete Wettbewerbsgleichgewicht ist jeweils ein markträumender Preisvektor, welcher aus der Perspektive der Spieltheorie kein Gleichgewicht darstellt. Allerdings lassen sich auch Wettbewerbsgleichgewichte im Rahmen geeigneter strategischer Analysen als Nash-Gleichgewichte rekonstruieren (siehe Gale 2000), wodurch eventuell bisher unbekannte Implikationen einfacher RC-Modelle deutlich werden.[10] Es erscheint daher sinnvoll, sich genauer mit spieltheoretischen Grundlagen zu beschäftigen.

9.3 Fundamente der Spieltheorie

Es gibt eine Vielzahl von Begriffen und Konzepten der Spieltheorie, die u.a. für die wirtschaftssoziologische Analyse Relevanz besitzen. Im Folgenden werden lediglich ausgesuchte Grundkenntnisse der strategischen Analyse vermittelt (für ausführliche Darstellungen siehe z.B. Braun und Gautschi 2011; Diekmann 2009; Dixit und Skeath 2004; Holler und Illing 2006; Rieck 2006).

9.3.1 Elementare Grundbegriffe

Als Spiele werden Situationen mit strategischer Interdependenz zwischen Entscheidungsträgern bezeichnet, in denen bestimmte Regeln gelten. Die Regeln eines Spiels betreffen:

Spieler: Bezeichnet wird damit eine endliche Menge interdependenter Entscheidungsträger (z.B. Personen, Firmen) und eventuell die Natur als fiktiver zusätzlicher Spieler. Die Anzahl der nichtfiktiven Spieler bietet eine Möglichkeit der Unterscheidung von Spielen (z.B. Zweipersonen-Spiele, Dreipersonen-Spiele etc.).

Handlungsoptionen: Der Begriff umschreibt die möglichen Züge oder Handlungsalternativen der Spieler, sofern sie im Spiel derartige Entscheidungen treffen dürfen. Es gibt Spiele mit ausschließlich simultanen Zügen und Spiele mit zumindest teilweise sequenziellen Zügen der Akteure.

Informationen: Verwiesen wird damit auf das Wissen der Spieler zu jedem Zeitpunkt des Spiels. Information ist gemeinsames Wissen („Common Knowledge"), sofern sie allen Spielern bekannt ist und jeder Spieler weiß, dass sie allen Spielern bekannt ist und jeder Spieler sich darüber bewusst ist, dass jeder weiß, dass sie allen bekannt ist und so weiter und so fort.

Strategien: Eine reine Strategie ist eine Regel, die einem Spieler zu jedem Entscheidungszeitpunkt im Spiel sagt, welche Handlungsalternative auf der Grundlage seiner gegebenen Informationen zu wählen ist. Eine gemischte Strategie ist eine Wahrscheinlichkeitsverteilung über reine Strategien (d.h. jeder verfügbaren Strategie wird eine

---

[10]Beispielsweise lässt sich zeigen, dass das Nash-Gleichgewicht bei dezentralisierten, sequenziellen Verhandlungen zwischen einander zufällig zugeordneten Partnern mit dem Wettbewerbsgleichgewicht zusammenfallen kann, sofern hinreichend geduldige Akteure bezüglich ihrer Tauschpartner indifferent sind (Osborne und Rubinstein 1990).

Wahrscheinlichkeit zugewiesen, welche man als relative Häufigkeit ihrer Wahl auffassen kann).

Auszahlungen („Payoffs"): Bezeichnet werden damit die (erwarteten) Nutzenwerte eines Spielers, nachdem alle Spieler (und eventuell die „Natur") jeweils ihre Entscheidungen über Züge oder Handlungsalternativen getroffen haben.

Ein finites Spiel ist durch eine endliche Zahl von Spielern gekennzeichnet, die sich jeweils einer endlichen Menge reiner Strategien gegenüber sehen. In einem infiniten Spiel hat eine endliche Zahl von Spielern eine prinzipiell unzählbare Zahl von Handlungsoptionen (z.B. bei der Festsetzung von Mengen und Preisen im Wirtschaftsleben), die sich oft durch stetig differenzierbare Funktionen abbilden lassen.

ABBILDUNG 9.2: EXTENSIVE FORM EINES 2 × 2-SPIELS

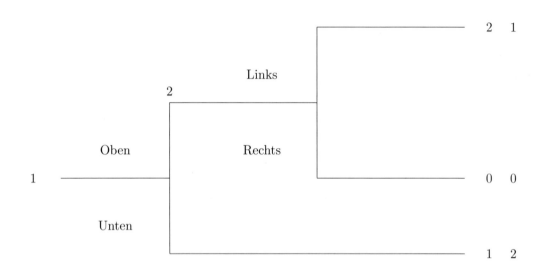

TABELLE 9.1: STRATEGISCHE FORM DES 2 × 2–SPIELS

	Links	Rechts
Oben	2, 1	0, 0
Unten	1, 2	1, 2

Viele Spiele können anschaulich repräsentiert werden: Bei Spielen mit simultanen Zügen der Spieler eignet sich die „strategische Form" (Normalform) besonders zur Darstellung (d.h. eine Auszahlungs- oder Payoff-Matrix). Simultanität der Wahl bedeutet hierbei keineswegs nur Gleichzeitigkeit der Züge, sondern dass die Spieler ohne Informationen über die Verhaltensweisen der Anderen entscheiden. Bei Spielen mit sequenziellen Zügen der Spieler liegen dagegen Informationen über frühere Verhaltensweisen für eine Teilmenge der Akteure vor, die bei deren jetzigen Handlungswahlen verwendet werden können. Zu ihrer Darstellung empfiehlt sich die „extensive Form" (d.h. ein Spielbaum mit akteurspezifischen Knoten (Entscheidungen) bezüglich verschiedener Äste (Handlungsalternativen), die mit bestimmten Auszahlungen an den Endpunkten des Spiels einhergehen und überdies die Abbildung der Informationen der Spieler erlauben). Konzentriert man sich etwa auf eine strategische Entscheidungssituation mit zwei Spielern, die jeweils zwei Strategien haben, so liegt ein 2×2–Spiel vor.[11] Eine bezüglich der jeweils angegebenen Strategien und Auszahlungen (Payoffs) konstruierte Variante eines solchen Spiels ist in extensiver und strategischer Form dargestellt (ABBILDUNG 9.2 und TABELLE 9.1). Nur die Baumdarstellung verdeutlicht dabei die Sequenz der möglichen Züge der beiden Spieler, die mit 1 und 2 bezeichnet sind. Die Normalform des betrachteten 2×2–Spiels kombiniert in den einzelnen Zellen der Payoffmatrix jeweils die Auszahlungen des Zeilenspielers (Akteur 1) und des Spaltenspielers (Akteur 2) auf übersichtliche Weise, suggeriert aber simultane Züge der beiden Spieler.

Sind die Auszahlungen der Spieler für gleiche Strategiewahlen identisch, so spricht man von einem symmetrischen Spiel; bei nicht identischen Auszahlungen der Spieler bei gleichen Strategiewahlen liegt dagegen ein asymmetrisches Spiel vor.

Anhand der Summe der Auszahlungen im Spiel kann man weiter unterscheiden zwischen „Nullsummenspielen" (in denen der Gewinn eines Spielers genau dem Verlust seines oder seiner Mitspieler entspricht) und „Nicht-Nullsummenspielen" (in denen die Akteure keine völlig entgegengesetzten Interessen besitzen). Das „Konstantsummenspiel" stellt eine Verallgemeinerung des Begriffs des Nullsummenspiels dar: In einem solchen Spiel ergibt die Summe der Auszahlungen der Spieler eine bestimmte Konstante, die keineswegs Null sein muss. In einem Konstantsummenspiel besteht eine strategische Äquivalenz zu einem Nullsummenspiel, weil die Interessen der Akteure ebenfalls entgegengesetzt sind.

Sinnvollerweise gibt es noch eine allgemeinere Unterscheidung von Spielen, die in Abhängigkeit von der Stärke des Interessensgegensatzes erfolgt: Spiele ohne Konflikt, Spiele mit partiellem Konflikt und Spiele mit totalem Konflikt. Letztere werden auch streng kompetitive Spiele oder antagonistische Spiele genannt. Sie umfassen Konstant- und Nullsummenspiele, sind aber nicht auf diese beschränkt (d.h. es gibt Spiele mit vollkommenem Konflikt, die keine Konstantsummenspiele oder gar Nullsummenspiele sind). Anhand von Darstellungen ihrer jeweiligen Normalform für geeignete Spezifikationen von 2×2–Spielen kann man die eingeführten Kategorien illustrieren (siehe TABELLE 9.2 bis 9.4).

TABELLE 9.2: 2×2–SPIEL OHNE KONFLIKT

	Strategie 1	Strategie 2
Strategie 1	5, 5	3, 3
Strategie 2	2, 1	1, 2

In einem solchen Spiel ohne Konflikt enthält dieselbe Zelle der Auszahlungsmatrix die maximalen Auszahlungen für beide Spieler.

---

[11] Das Produkt 2×2 bezieht sich auf die Zahl der Strategien jedes Akteurs, während die Zahl der Akteure durch die Zahl der Faktoren bestimmt ist (Rapoport, Guyer und Gordon 1976). Ein 3×4–Spiel ist also ein Spiel zwischen zwei Akteuren, von denen einer drei und einer vier Strategien zur Wahl hat; ein $3 \times 3 \times 3$–Spiel ist dagegen ein Spiel zwischen drei Akteuren mit jeweils drei Strategien.

TABELLE 9.3: 2 × 2–SPIEL MIT PARTIELLEM KONFLIKT

	Strategie 1	Strategie 2
Strategie 1	3, 7	−1, −11
Strategie 2	−5, 0	10, 2

In diesem Spiel mit partiellem Konflikt präferieren beide Akteure die Ausgänge auf der Hauptdiagonalen der Payoffmatrix, haben aber sonst entgegengesetzte Interessen.

TABELLE 9.4: 2 × 2–SPIEL MIT TOTALEM KONFLIKT

	Strategie 1	Strategie 2
Strategie 1	4, −8	20, −10
Strategie 2	10, −9	−4, −5

Dieses antagonistische Spiel ist kein Konstantsummenspiel (und daher auch kein Nullsummenspiel). Es stellt dennoch eine Situation völliger Opposition oder strikter Konkurrenz zwischen den beiden Akteuren dar (ihre Präferenzen weisen keine Gemeinsamkeiten auf, sondern sind entgegengesetzt).

Gerade wenn man sich mit der Analyse von Konfliktsituationen beschäftigt, stellt sich die Frage nach den Möglichkeiten und Grenzen von selbsttragender Kooperation. In der Soziologie ist eine nichtkooperative spieltheoretische Analyse daher oftmals relevant. In einer solchen Analyse ist der jeweilige Informationsstand der beteiligten Akteure häufig wesentlich. Spiele können allgemein nach ihrer Informationsstruktur kategorisiert werden:

- In einem Spiel mit vollkommener Information kennt jeder Spieler zu jedem Zeitpunkt alle Details des Spiels, den Spielfortgang und etwaige Züge der Natur. Jedes andere Szenario ist ein Spiel mit unvollkommener Information.

- In einem Spiel mit unvollständiger Information ist die Natur, unbeobachtet von zumindest einem Spieler, zuerst am Zuge, um den Zustand der Welt, ein Ereignis oder den Typ eines oder mehrerer Spieler zu bestimmen. Andernfalls liegt ein Spiel mit vollständiger Information vor.

- In einem Spiel mit symmetrischer Information verfügt jeder Spieler (während und am Ende des Spiels) über dieselben Informationen wie alle anderen Spieler. Ansonsten handelt es sich um ein Spiel mit asymmetrischer Information.

Ein Spiel mit asymmetrischer Information ist stets auch ein Spiel mit unvollkommener Information; ein Spiel mit unvollständiger Information ist immer auch ein Spiel mit unvollkommener Information.[12] Allerdings gilt das Gegenteil nicht, wenn keine gemeinsame

---

[12]Eine wichtige Klasse von Spielen mit unvollständiger Information sind Signalspiele. Unterstellt wird hierbei, dass ein Spieler mit Mitspielern konfrontiert ist, deren Typus (z.B. freundlich oder feindlich) er nicht kennt. Verfügbar ist lediglich eine Einschätzung der Wahrscheinlichkeitsverteilung der Spielpartnertypen. Jedoch können Spieler jeweils für sie kostenverursachende Signale senden, wodurch der Signalempfänger seine Wahrscheinlichkeitsvorstellungen aktualisieren kann. Interessante soziologische Anwendungen finden sich bei Przepiorka (2009) sowie Gambetta und Hamill (2005).

Geschichte der Spieler existiert: So sind etwa Spiele mit simultan wählenden (d.h. über die aktuellen Verhaltensweisen der Anderen im jeweiligen Zug uninformierten) Akteuren durch vollständige, aber unvollkommene Information charakterisiert.

Generell können Spiele wiederholt werden oder lediglich einmal gespielt werden. Prinzipiell zu unterscheiden sind: Einmal gespielte Spiele (one-shot games), endlich oft wiederholte Spiele (finitely repeated games) und unendlich oft wiederholte Spiele (infinitely repeated games). Anstatt von unendlich oft iterierten Spielen spricht man auch von unbestimmt oft wiederholten Spielen – dies reflektiert, dass ein Hauptmerkmal solcher iterierter Spiele in einer positiven Wahrscheinlichkeit für ihre Fortsetzung besteht. Bei ihrer Untersuchung wird üblicherweise unterstellt, dass die Akteure über die etwaige Iteration der Spielsituation Bescheid wissen. Daneben sind zusätzliche Begriffe und Erkenntnisse für Analysezwecke wesentlich.

9.3.2 Konzepte und einige Theoreme

Unabhängig von der Art des Spiels sind zunächst folgende Begriffe zu definieren:

- Es ergibt sich eine Strategienkombination, wenn jeder Spieler eine Strategie festlegt und verfolgt.

- Ein Gleichgewicht ist eine Strategienkombination, bei der kein Spieler mehr einen individuellen Anreiz zur Abweichung besitzt.

- Ein Gleichgewichtskonzept ist eine Regel, welche vorschreibt, welches Gleichgewicht auf der Grundlage der möglichen Strategienkombinationen und Auszahlungsfunktionen zu wählen ist (z.B. Gleichgewicht in dominanten Strategien, teilspielperfektes Gleichgewicht).

Daneben sind zur Analyse von Spielen noch einige Konzepte einzuführen oder zu präzisieren:

- Eine Strategie ist eine dominante Strategie, wenn sie die strikt beste Antwort auf jede mögliche Strategie der anderen Spieler ist.

- Eine Strategie ist eine schwach dominante Strategie, falls sie zumindest einmal die bessere und nie die schlechtere Antwort ist als jede andere Strategie und somit eine höhere Auszahlung in einer Strategienkombination liefert, nie aber eine niedrigere.

- Ein strategisches Gleichgewicht oder Nash-Gleichgewicht (Nash 1951) liegt vor, wenn eine Kombination bester Antworten gespielt wird, d.h. wenn jeder Spieler bei gegebenen Strategiewahlen seiner Mitspieler die für ihn denkbar günstigste Strategiewahl trifft.

- Ein teilspielperfektes Nash-Gleichgewicht (Selten 1965) liegt vor, wenn von jedem Akteur nur die glaubwürdigen besten Antworten gespielt werden. Dies bedeutet, dass ein teilspielperfektes Gleichgewicht ein Nash-Gleichgewicht für das gesamte Spiel und jedes Teilspiel ist.

Auf dieser Grundlage kann man wichtige spieltheoretische Erkenntnisse und Theoreme zusammentragen, die sich insbesondere auf die Lösung von nichtkooperativen Spielen beziehen:[13]

Existenz: Jedes finite Spiel hat mindestens ein Nash-Gleichgewicht, das eventuell in gemischten Strategien auftritt (Nash 1951).[14]

Spezifikationen: Jedes finite Spiel mit vollkommener Information (z.B. wenn es keine simultanen Züge gibt und jeder Spieler die für alle verfügbare Information besitzt) hat ein Nash-Gleichgewicht in reinen Strategien (Kuhn 1953). Jedes symmetrische finite Spiel hat ein symmetrisches Nash-Gleichgewicht. Jedes 2 × 2–Spiel ohne Konflikt hat ein Nash-Gleichgewicht in den reinen Strategien, deren Kombination mit den höchsten Auszahlungen für beide Spieler einhergeht.

Gleichgewichtszahl: Die Anzahl der Nash-Gleichgewichte in einem finiten Spiel ist nahezu immer ungerade (Wilson 1971).

Multiple Gleichgewichte: Falls ein finites Spiel mehrere Nash-Gleichgewichte hat, so sind diese normalerweise weder äquivalent (d.h. Auszahlungen für einen Spieler können sich unterscheiden) noch austauschbar (d.h. Kombinationen der Strategiekombinationen müssen keine Nash-Gleichgewichte sein). Darüber hinaus sind keineswegs alle Nash-Gleichgewichte durch ausschließlich plausible Strategien gekennzeichnet. Zudem sind Nash-Gleichgewichte nicht unbedingt sozial effizient (im Sinne von Pareto).

Verfeinerungen: Jedes finite Spiel mit vollkommener Information hat mindestens ein teilspielperfektes Nash-Gleichgewicht (Kuhn 1953). In einem finiten Spiel mit vollkommener Information ist das Nash-Gleichgewicht in reinen Strategien immer auch teilspielperfekt.[15]

Auf dieser Grundlage kann man nach Verfahren zur Feststellung von Gleichgewichten in nichtkooperativen Spielsituationen fragen.

9.3.3 Bestimmung von Gleichgewichten

Bei der Analyse nichtkooperativer Spiele stellt das Nash-Gleichgewicht eine notwendige (aber nicht hinreichende) Bedingung für eine Lösung dar. Es ist daher sinnvoll, die Nash-Gleichgewichte für bestimmte Spezialfälle und das allgemeine Szenario eines nichtkooperativen 2 × 2–Spiels in strategischer Form zu bestimmen.[16] Ausgangspunkt dabei ist eine

---

[13]Eine erheblich präzisere und erweiterte Liste von Sätzen der Spieltheorie mit Beweisen oder entsprechenden Literaturhinweisen findet sich bei Osborne und Rubinstein (1994).

[14]Es gibt auch Existenzsätze für infinite Spiele. Beispielsweise beweist Debreu (1952), dass jedes infinite Spiel unter bestimmten formalen Annahmen über die Beschaffenheit der Strategieräume (z.B. Kompaktheit) und der Auszahlungsfunktionen (z.B. Quasi-Konkavität) ein Nash-Gleichgewicht in reinen Strategien besitzt.

[15]Auch deshalb ergeben sich in Spielen mit vollkommener Information kaum Probleme der Gleichgewichtsauswahl. Anders gesagt: Derartige Probleme stellen sich insbesondere bei Spielen mit unvollkommener Information (wie z.B. Spielen mit simultanen Zügen).

[16]Trotz der Konzentration auf 2 × 2–Spiele können die präsentierten Vorgehensweisen für beliebige finite Spiele verallgemeinert werden. Die Bestimmung von Nash-Gleichgewichten für beliebige fi-

Auszahlungsmatrix, wonach zwei rationale Spieler ihre jeweils zwei reinen Strategien mit den Wahrscheinlichkeitsvektoren $(p, (1-p))$ bzw. $(q, (1-q))$ kombinieren können (TABELLE 9.5).

TABELLE 9.5: STRATEGISCHE FORM DES ALLGEMEINEN 2×2–SPIELS

	Strategie 1 (q)	Strategie 2 $(1-q)$
Strategie 1 (p)	z_{11}, s_{11}	z_{12}, s_{21}
Strategie 2 $(1-p)$	z_{21}, s_{12}	z_{22}, s_{22}

Die Auszahlung z_{ij} bezieht sich auf den Zeilenspieler und die Auszahlung s_{ji} auf den Spaltenspieler, wobei jeweils der erste Index die eigene Strategie und der zweite Index die Strategie des Mitspielers angibt. Beispielsweise bezeichnet z_{12} (s_{12}) die Auszahlung des Zeilenspielers (Spaltenspielers), wenn er selbst die Strategie 1 gegen die vom Spaltenspieler (Zeilenspieler) gewählte Strategie 2 spielt. Im Zusammenhang mit der Bestimmung von Gleichgewichten kann man nicht nur das allgemeine Szenario, sondern auch verschiedene Spezialfälle betrachten.

Will man etwa die Nash-Gleichgewichte in reinen Strategien in einem 2×2–Spiel mit Normalform bestimmen, so kann man sich eines elementaren Algorithmus bedienen, der z.B. bei Rieck (2006) beschrieben wird:

1. **Spaltenbetrachtung:** Es werden nacheinander sämtliche Spalten der Auszahlungsmatrix betrachtet. Dabei werden jeweils die beste(n) Erwiderung(en) des Zeilenspielers auf die jeweilige Spalte gesucht und mit einem bestimmten Symbol markiert.

2. **Zeilenbetrachtung:** Es werden nacheinander sämtliche Zeilen der Auszahlungsmatrix betrachtet. Dabei werden jeweils die beste(n) Erwiderung(en) des Spaltenspielers auf die jeweilige Zeile gesucht und mit einem anderen Symbol markiert.

3. **Gleichgewichtsfestlegung:** Sofern zumindest ein Feld in der strategischen Form des Spiels beide Symbole enthält, wird damit ein Gleichgewicht in reinen Strategien festgelegt.

Nachdem Wilson (1971) zeigen konnte, dass es üblicherweise eine ungerade Anzahl von Nash-Gleichgewichten in finiten Spielen gibt, kann man aus einer geraden Zahl von Nash-Gleichgewichten in reinen Strategien (oder der Abwesenheit eines solchen Gleichgewichts) folgern, dass zumindest ein weiteres Gleichgewicht in gemischten Strategien existiert. Es stellt sich daher die Frage nach einer formalen Methode zur Bestimmung sämtlicher Gleichgewichte.

Zur Berechnung der Nash-Gleichgewichte in reinen und gemischten Strategien für das allgemeine 2×2-Spiel drückt man zunächst den Nutzen jedes Spielers als Funktion sämtlicher Kombinationen von Wahrscheinlichkeiten und Auszahlungen aus. Für den Zeilenspieler

---

nite Spiele in strategischer und extensiver Form kann überdies mithilfe des Programms GAM-BIT erfolgen, das für nichtkommerzielle Zwecke kostenlos beschafft und verwendet werden kann (http://econweb.tamu.edu/gambit).

ergibt sich aus der Kombination sämtlicher Auszahlungen mit den Wahrscheinlichkeitsvektoren der Nutzen

$$
\begin{aligned}
u_z &= p[qz_{11} + (1-q)z_{12}] + (1-p)[qz_{21} + (1-q)z_{22}] \\
&= pz_{11}q + pz_{12}(1-q) + (1-p)z_{21}q + (1-p)z_{22}(1-q) \\
&= z_{22} + (z_{12} - z_{22})\,p + (z_{21} - z_{22})q + (z_{11} - z_{21} - z_{12} + z_{22})pq
\end{aligned}
$$

und für den Spaltenspieler erhält man entsprechend den Nutzen

$$
u_s = s_{22} + (s_{21} - s_{22})\,p + (s_{12} - s_{22})\,q + (s_{11} - s_{12} - s_{21} + s_{22})\,pq\,.
$$

Um diese Nutzenfunktionen zu maximieren, bedient man sich der Differentialrechnung. Genauer gesagt bestimmt man die ersten Ableitungen der Nutzenfunktionen nach den Wahrscheinlichkeiten und sucht nach deren Nullstellen. Differenzieren der Nutzenfunktionen nach p (Zeilenspieler) bzw. q (Spaltenspieler) und Nullsetzen führt nach Umformung zu folgenden kritischen Werten der Wahrscheinlichkeiten:

$$
p^* = \frac{(s_{22} - s_{12})}{(s_{11} - s_{21}) + (s_{22} - s_{12})}, \quad q^* = \frac{(z_{22} - z_{12})}{(z_{11} - z_{21}) + (z_{22} - z_{12})}\,.
$$

Bei der Betrachtung dieser kritischen Werte fällt auf, dass nicht die eigenen Auszahlungen, sondern nur die Payoffs des jeweiligen Gegenspielers bei ihrer Bestimmung wesentlich sind. Anders gesagt: q^* ist keine Entscheidungsvariable für den Zeilenspieler und p^* ist keine Entscheidungsvariable für den Spaltenspieler. Eine systematische Analyse erfordert daher die Festlegung der Reaktionen des jeweiligen Gegenspielers, d.h. es ist eine Fallunterscheidung bezüglich des maximalen Nutzens des jeweiligen Entscheidungsnehmers anzustellen. Man fragt dabei,

- welche Werte von p für $q \gtreqless q^*$ jeweils den Nutzen u_z maximieren;

- welche Werte von q für $p \gtreqless p^*$ jeweils den Nutzen u_s maximieren.

Die Kombinationen der relevanten Werte für p und q legen dann die Nash-Gleichgewichte und die zugehörigen Auszahlungen fest. Generell gilt dabei:

- Ein Nash-Gleichgewicht in reinen Strategien existiert nur, falls p und q entweder 0 oder 1 werden.

- Für ein Gleichgewicht in gemischten Strategien müssen $q = q^*$ und $p = p^*$ im Definitionsbereich von Wahrscheinlichkeiten liegen. Sind also p^* oder q^* kleiner als Null oder größer als Eins, so liegt kein Nash-Gleichgewicht in gemischten Strategien vor.

Wesentlich ist, dass ordinale Rangordnungen der Auszahlungen für die Bestimmung der Nash-Gleichgewichte in reinen Strategien prinzipiell hinreichen. Ordinale Rangordnungen erlauben auch die Beantwortung der Frage nach der Existenz von Nash-Gleichgewichten in gemischten Strategien. Die exakte Berechnung von Gleichgewichten in gemischten Strategien erfordert jedoch die genauen Werte der Auszahlungen (kardinale Nutzenniveaus). Die Mischungswahrscheinlichkeiten q^* und p^* hängen dabei jeweils nur von den Auszahlungen des jeweiligen Gegenspielers ab. Der Zeilenspieler wählt p derart, dass der Spaltenspieler indifferent zwischen seinen Strategien 1 und 2 ist. Der Spaltenspieler wählt q ebenfalls entsprechend dieser Logik, sodass der Zeilenspieler indifferent ist zwischen seinen beiden Strategien. Lediglich die Lösungen p^* und q^*, die diese Indifferenzbedingung erfüllen, stellen auch ein Nash-Gleichgewicht dar. Die exakten Werte von q^* und p^* reflektieren jeweils die kardinalen Werte dieser Auszahlungen (und nicht nur deren ordinale Rangordnung).

TABELLE 9.6: SPEZIFIKATION DER STRATEGISCHEN FORM DES 2×2-SPIELS

	Strategie 1 (q)	Strategie 2 $(1 - q)$
Strategie 1 (p)	$z_{11} = 3, s_{11} = 2$	$z_{12} = 2, s_{21} = 1$
Strategie 2 $(1 - p)$	$z_{21} = 0, s_{12} = 3$	$z_{22} = 4, s_{22} = 4$

Zur Illustration der Bestimmung sämtlicher Nash-Gleichgewichte kann man eine Spezifikation der obigen Auszahlungsmatrix unterstellen (TABELLE 9.6) und die beschriebene Methode anwenden. Betrachtet wird damit ein „Koordinationsspiel", in dem zwei Akteure beispielsweise über gemeinsame oder getrennte Aktivitäten (z.B. Besuch des Theaters oder eines Boxkampfs) zu entscheiden zu haben. Einsetzen der Werte aus der Payoff-Matrix in die Formeln für die kritischen Werte der Wahrscheinlichkeiten ergibt:

$$p^* = \frac{(s_{22} - s_{12})}{(s_{11} - s_{21}) + (s_{22} - s_{12})} = \frac{4 - 3}{2 - 1 + 4 - 3} = \frac{1}{2},$$

$$q^* = \frac{(z_{22} - z_{12})}{(z_{11} - z_{21}) + (z_{22} - z_{12})} = \frac{4 - 2}{3 - 2 + 4 - 2} = \frac{2}{3}.$$

Diese kritischen Werte für die Wahrscheinlichkeiten p und q sind Bezugspunkte von Fallunterscheidungen auf der Grundlage der Payoffs und Wahrscheinlichkeiten. Die Nutzen- oder Auszahlungsfunktion des Zeilenspielers ist

$$u_z = 4 - 4q + (5q - 2)p,$$

wobei q für den Zeilenspieler keine Entscheidungsvariable darstellt. Maximiert werden soll der Nutzen des Zeilenspielers für unterschiedliche Wahrscheinlichkeitskonstellationen. Es gilt im betrachteten Spiel:

- $q < 2/3$: u_z ist maximal für $p = 0$.

- $q = 2/3$: u_z ist maximal für jedes p im Intervall $0 \leq p \leq 1$.

- $q > 2/3$: u_z ist maximal für $p = 1$.

Die Nutzen- oder Auszahlungsfunktion des Spaltenspielers lautet:

$$u_s = 4 - 3p + (2p - 1)q,$$

wobei p für den Spaltenspieler keine Entscheidungsvariable darstellt. Maximiert werden soll der Nutzen des Spaltenspielers für unterschiedliche Wahrscheinlichkeitskonstellationen. Es gilt:

- $p < 1/2$: u_s ist maximal für $q = 0$.

- $p = 1/2$: u_s ist maximal für jedes q im Intervall $0 \leq q \leq 1$.

- $p > 1/2$: u_s ist maximal für $q = 1$.

Kombiniert man die beiden Fallunterscheidungen, so ergeben sich insgesamt drei Nash-Gleichgewichte für das betrachtete Spiel:

- $p = 0, q = 0$: Beide Akteure spielen die reine Strategie 2 und erhalten die Auszahlungen $(4, 4)$.

- $p = 1/2, q = 2/3$: Die Akteure spielen die gemischte Strategienkombination $[(1/2, 1/2), (2/3, 1/3)]$ und erhalten die Auszahlungen $(2, 5/2)$.

- $p = 1, q = 1$: Beide Akteure spielen die reine Strategie 1 und erhalten den Auszahlungsvektor $(3, 2)$.

Die beiden Nash-Gleichgewichte in reinen Strategien ergeben sich übrigens auch, wenn man nach dem obigen Algorithmus der Feldermarkierung vorgeht.

Generell vermindert die Existenz mehrerer Gleichgewichte die Vorhersagekraft der spieltheoretischen Analyse erheblich, solange keine Gründe für die Auswahl einer bestimmten Gleichgewichtssituation angegeben werden können. Es verwundert daher nicht, dass sich berühmte Spieltheoretiker mit dem Problem der Gleichgewichtsauswahl intensiv beschäftigt haben (z.B. Harsanyi und Selten 1988). Gerade im Fall von Koordinationsspielen gibt es einen insbesondere für Soziologen plausiblen Lösungsansatz für das Problem der Gleichgewichtsauswahl, der von Schelling (1960) entwickelt wurde. Der Ansatz beruht auf einer Gleichgewichtsauswahl, die sich auf einen „fokalen Punkt" und daher geteilte Wissensbestände der beteiligten Akteure stützt. So ist etwa unter Kennern der Stadt München auch ohne vorherige Absprache klar, dass man den Marienplatz als fokalen innerstädtischen Treffpunkt ansehen kann. Bei Koordinationsproblemen kann somit der geteilte kultureller Hintergrund ein wesentliche Hilfestellung bieten, um ein Gleichgewicht aus einer Vielzahl von solchen Ruhezuständen auszuwählen.

Gemischte und korrelierte Gleichgewichte

Ein Nash-Gleichgewicht in gemischten Strategien lässt sich als eine dauerhafte Situation auffassen, in der die Randomisierung der Strategien durch die Spieler auf statistisch unabhängige (unkorrelierte) Weise stattfand.

Aumann (1974) hat gezeigt, dass es für alle Spieler vorteilhaft sein kann, wenn sie denselben Zufallsmechanismus (z.B. Münzwurf) im Zusammenhang mit gemischten Strategien verwenden, so dass die Randomisierung der Spieler nicht mehr unabhängig voneinander erfolgt. Sofern Spieler einen gemeinsamen Mechanismus bei der Festlegung der Strategienmischung gebrauchen und sich durch die Verwendung unkorrelierter Strategien nicht verbessern können, liegt ein „Gleichgewicht in korrelierten Strategien" vor.

In seinem Buch *The Bounds of Reason* schlägt Gintis (2009) die systematische Verwendung des Gleichgewichts in korrelierten Strategien als Lösungskonzept für beliebige nichtkooperative Spielsituationen vor, weil insbesondere soziale Normen jeweils weithin akzeptierte gemeinsame Mechanismen für die Strategienmischung bereit stellen.

Freilich besteht keineswegs immer das Problem multipler Gleichgewichte. Vielmehr kann sich die Gleichgewichtsbestimmung sogar vereinfachen. Dies ist z.B. der Fall, wenn man Spiele mit totalem Konflikt betrachtet. Grundlage für diese Einsicht ist ein bisher unerwähnt gebliebenes Resultat der spieltheoretischen Forschung, das sich auf antagonistische Spielsituationen (wie vollständigen Wettbewerb zwischen zwei Akteuren) bezieht. Genauer gesagt gilt folgende Aussage:

> Jedes finite Spiel mit totalem Konflikt (und daher auch Konstantsummenspiel und Nullsummenspiel) zwischen zwei Spielern besitzt ein Nash-Gleichgewicht, dessen Auszahlungen einen Sattelpunkt in eventuell gemischten Strategien bilden.

Hintergrund dieses Satzes ist das MiniMax-Theorem für antagonistische Spiele nach John von Neumann (1928). Die Bezeichnung „MiniMax" bezieht sich auf die Minimierung von maximal möglichen Verlusten. Sie reflektiert die Sattelpunkteigenschaft der Spiellösung: Ein Sattelpunkt verweist auf eine Strategienkombination von Zeilenspieler und Spaltenspieler, bei der in der Auszahlungsmatrix das Maximum der Zeilenminima (MaxiMin) dem Minimum der Spaltenmaxima (MiniMax) entspricht. Ein Sattelpunkt in reinen oder gemischten Strategien ist in einem streng kompetitiven Spiel zwischen zwei Akteuren eine gleichgewichtige Strategienkombination im Sinne von Nash (1951).

Man kann dies an dem einfachen Beispiel des Elfmeters in einem Fussballspiel erläutern: Ein Elfmeter im Fussball stellt eine reine Konfliktsituation dar, in dem der Torhüter versucht, die von dem Elfmeterschützen präferierte Region des Tores zu erahnen. Der Elfmeterschütze versucht dagegen, den Torhüter über die von ihm präferierte Region des Tores zu täuschen. Zur Vereinfachung kann man unterstellen, dass sowohl Torwart als auch Elfmeterschütze jeweils eine binäre Wahlsituation (links vs. rechts) wahrnehmen. Aus der Sicht der Spieltheorie stellt dann die statistisch unabhängige, gleichwahrscheinliche Wahl von linker und rechter Ecke für Torwart und Elfmeterschütze beim Fussballspiel ein Nash-Gleichgewicht in gemischten Strategien dar. Empirisch lässt sich die Relevanz dieser spieltheoretischen Verhaltensprognose übrigens für Berufsfussballer nachweisen – im Durchschnitt mischen Spieler der deutschen Bundesliga tatsächlich linke und rechte Torregionen zufällig (z.B. Berger und Hammer 2007).

Nicht nur deshalb sind Gleichgewichtsbestimmungen wichtig. Ihre Bedeutung liegt insbesondere in der Absicht, hinreichend robuste Aussagen über soziale Systeme für empirische Untersuchungen deduzieren zu wollen. Man kann dann nach der empirischen Relevanz der jeweiligen Vorhersage für das betrachtete Interaktionssystem fragen.

9.4 Vorhersagen und experimentelle Befunde

Die Spieltheorie beschäftigt sich bekanntlich mit strategischem sozialen Handeln rationaler Akteure, das im Wirtschaftsleben von zentraler Bedeutung zu sein scheint. Die Anwendung spieltheoretischer Methoden führt dabei zu Vorhersagen, die sich experimentell testen lassen. Aus der Vielzahl derartiger theoretischer und empirischer Beiträge werden im Folgenden ausgesuchte Beispiele näher betrachtet (siehe weiterführend z.B. Kagel und Roth 1995, Camerer 2003 sowie Plott und Smith 2008). Dabei werden nur weithin bekannte Spielsituationen betrachtet. Es ist dabei zweckmäßig, Spielsituationen zunächst nach ihrer jeweiligen Schwerpunktsetzung zu klassifizieren. Ockenfels (1999) systematisiert die relevante Literatur nach einem einfachen Schema:

- Fairness-Spiele (Aufteilung eines Ertrags (Kuchens) zwischen rationalen Akteuren)

- Dilemma-Spiele (Soziale Ineffizienz bei individuell rationalen Verhaltensweisen)

- Markt-Spiele (Rationales Verhalten in Marktsituationen)

Im Folgenden werden jeweils Spiele angegeben und diskutiert, die sich relativ eindeutig den jeweiligen Kategorien zuordnen lassen.[17] Nach der Vorstellung der jeweiligen Spiele werden zunächst die damit korrespondierenden Vorhersagen (teilspielperfekte Nash-Gleichgewichte) aus der Sicht der Spieltheorie spezifiziert; dabei wird stets unterstellt, die Spieler seien rationale Egoisten. Die theoretischen Vorhersagen werden danach jeweils mit verfügbarer experimenteller Evidenz kontrastiert.

Zuvor ist es sinnvoll, den typischen Ablauf solcher Experimente zu beschreiben. Obwohl sich der Aufbau der Experimente je nach zugrundeliegendem Spiel unterscheidet, weisen sie einige Gemeinsamkeiten auf:

- Versuchspersonen sind überwiegend Studierende aus verschiedenen Disziplinen, die zufällig Spielerrollen zugewiesen bekommen und anonym (z.B. via Computer) miteinander interagieren.

- Jede Versuchsperson durchläuft eine längere Einweisungs- und Übungsphase. Durch mehrere Probedurchgänge soll sichergestellt werden, dass die Versuchspersonen die relevante Entscheidungssituation verstehen und einschlägige Erfahrungen mit der jeweiligen Spielsituation besitzen.

- Die Versuchspersonen werden nicht getäuscht oder systematisch fehlgeleitet, sodass die Möglichkeit zu rationaler Erwartungsbildung gegeben ist.

- Den Versuchspersonen werden Anreize für egoistisches Verhalten gegeben. Es erfolgt eine monetäre Entlohnung nach ihrem persönlichen Erfolg entsprechend der jeweiligen Spiellogik.

Dennoch können viele der durchgeführten Laborexperimente nur begrenzte externe Validität beanspruchen. Zum einen gilt dies wegen der oftmals künstlichen Entscheidungssituation. Zum anderen ist zu bedenken, dass bei den Experimenten üblicherweise nur studentische Versuchspersonen teilnehmen. Aufgrund dieser Kritikpunkte sollte man die (jeweils nach den theoretischen Vorhersagen) präsentierten experimentellen Befunde nicht überbewerten.

9.4.1 Aufteilungssituationen

Das Verhalten in Aufteilungssituationen steht im Mittelpunkt der Fairness-Forschung. Es gibt insbesondere zwei berühmte Fairness-Spiele:

---

[17]Die Unterscheidung von Ockenfels (1999) ist zwar zweckmäßig, aber es gibt Überschneidungen bei einzelnen Spielen (z.B. kann es Unsicherheit über die Erfüllung von Verträgen beim Markttausch geben, sodass ein Dilemma entsteht).

Diktator-Spiel: Ein Spieler, der Diktator, bestimmt die Aufteilung einer fixen Geldsumme zwischen sich und einem anonymen Spielpartner, dem Rezipienten. Letzterer besitzt keine Reaktionsmöglichkeit.[18] Die standardtheoretische Prognose (teilspielperfektes Nash-Gleichgewicht) für rationale Egoisten ist, dass der Diktator alles für sich behalten wird.

Ultimatum-Spiel: In diesem einfachen Verhandlungsszenario schlägt ein Proposer einem anonymen Responder die Aufteilung einer fixen Summe vor. Der Responder hat allerdings ein Vetorecht, d.h. er kann das Angebot annehmen oder ablehnen. Nimmt er an, erhalten beide Spieler die vereinbarte Auszahlung; lehnt er aber ab, so erhält niemand etwas.[19] Die standardtheoretische Prognose (teilspielperfektes Nash-Gleichgewicht) für rationale Egoisten ist, dass der Proposer nicht mehr als die kleinste mögliche Geldeinheit anbietet und diese vom Responder auch angenommen wird, weil sie ihn zumindest etwas besser stellt als keine Zahlung.

Experimentell haben sich in verschiedenen westlichen Ländern folgende robusten Befunde ergeben:

- Die Durchschnittsabgaben sind sowohl im Diktator-Spiel als auch im Ultimatum-Spiel jeweils bedeutend größer als die minimalen, gleichgewichtigen Abgaben.

- Typischerweise werden im Ultimatum-Spiel höhere Beträge an den Mitspieler gegeben als im Diktator-Spiel.

- Im Ultimatum-Spiel werden zudem relativ geringe Angebote regelmäßig von den Respondern abgelehnt.

Die Befunde widersprechen klar der Gleichgewichtsvorhersage für rationale Egoisten. Interessanterweise zeigt sich dieser Befund auch bei entsprechenden Experimenten mit Straßenkindern in Nicaragua (Guggisberg 2001) – dies ist besonders interessant, weil die Größe des aufzuteilenden Kuchens dort etwa des Monatsgehalts eines nicaraguanischen Lehrers ausmachte. Ähnliche Befunde ergaben sich in anderen länderübergreifenden Studien, in denen teilweise sehr hohe Summen auf dem Spiel standen (Plott und Smith 2008). Weiter wurden Experimente mit dem Ultimatum-Spiel bei Naturvölkern durchgeführt (Henrich et al. 2004). Danach variiert das Verhalten mit kulturellen Gegebenheiten. Bemerkenswert ist etwa, dass Experimente mit dem Ultimatum-Spiel bei den peruanischen Machiguenga-Indios (Henrich 2000) eine erheblich bessere Passung zu der Nash-Gleichgewichtsvorhersage für rationale Egoisten erbrachten. Es scheint also eine kulturell determinierte Strategieauswahl in Fairness-Situationen zu geben (siehe Abschnitt 6.3).

Zudem legen Resultate von Experimenten zum Diktator-Spiel aus soziologischer Sicht nahe, dass der jeweilige Einfluss sozialer Kontrolle auf das Verhalten nicht unterschätzt werden sollte. So zeigen etwa die Versuche von Cherry, Frykblom und Shogren (2002) sowie Franzen und Pointner (2012), dass Individuen bei völliger Anonymität anders handeln als wenn sie sich beobachtet fühlen. Zumindest bei hinreichender sozialer Kontrolle

---

[18]Streng genommen handelt es sich beim Diktator-Spiel um keine strategische Situation, sondern um eine extrem vereinfachte parametrische Entscheidung eines Akteurs unter Sicherheit. Der zweite Akteur spielt lediglich als potenzieller Auslöser von Fairness-Überlegungen eine Rolle.

[19]Wie z.B. Berz (2007) betont, bildet das Ultimatum-Spiel damit das „Take it or leave it" ab, das u.a. in Verhandlungssituationen auftreten kann.

scheinen Menschen nach vielen Untersuchungen (siehe z.B. Camerer 2003) kein egoistisches Verhalten zu zeigen, obwohl dazu monetäre Anreize bestanden haben. Damit gehen
empirische Befunde aus verschiedenen Disziplinen (u.a. Christakis und Fowler 2009) einher, wonach die Handlungen von Menschen in Netzwerken stattfinden und zumindest die
jeweilige Netzwerkumgebung widerspiegeln. Allein die Möglichkeit, den Gegenspieler in zukünftigen Interaktionen wiederzutreffen, kann zu Fairness und Kooperation führen (siehe
auch Delton et al. 2011).

9.4.2 Dilemma-Situationen

Vielbesprochene Beispiele für Situationen mit Dilemma-Charakter sind u.a. Umweltproble-
me, Staus auf den Straßen, Kollusionen (z.B. Kartelle wie etwa die OPEC), Rüstungswett-
läufe (z.B. Ost und West im Kalten Krieg) sowie Verantwortungsdiffusionen in Gruppen
(z.B. bei der Beobachtung von Personen in Not) oder auch der Verzicht auf eigene Inno-
vationsleistungen durch einzelne Personen oder Firmen, wenn keine Patentierbarkeit der
Erfindung besteht.

Allen Dilemma-Situationen ist gemeinsam, dass hier individuell rationales Verhalten
zu einem sozial ineffizienten Ausgang führt. Betrachtet werden drei bekannte Dilemma-
Spiele: Gefangenendilemma, Kollektivgut-Dilemma und Freiwilligen-Dilemma.

A. Gefangenendilemma (Prisoner's Dilemma, PD)

Ausgangspunkt dieses wohl berühmtesten Dilemma-Spiels ist, dass zwei Spieler simultan
über die Wahl von Kooperation oder Defektion entscheiden können. Eine bindende, vorab
getroffene Übereinkunft zwischen den Akteuren ist per Annahme ausgeschlossen. Jedoch
wissen beide, dass der jeweils Andere in derselben Entscheidungssituation ist. Es gibt vier
prinzipiell mögliche Spielausgänge:

- Spieler 1 und Spieler 2 kooperieren und jeder erhält die Auszahlung R (Reward).

- Spieler 1 kooperiert, aber Spieler 2 defektiert. Dann erzielt Spieler 1 die Auszahlung
  S (Sucker's Payoff), während Spieler 2 den Payoff T (Temptation) realisiert.

- Spieler 1 defektiert und Spieler 2 kooperiert. In diesem Fall bekommt Spieler 1 die
  Auszahlung T und Spieler 2 den Payoff S.

- Spieler 1 und Spieler 2 defektieren und jeder erhält die Auszahlung P (Punishment).

Diese Aussagen lassen sich kompakt als Spezialfall der Normalform eines symmetrischen
Spiels darstellen. Die mit den Subskripten 1 und 2 bezeichneten Spieler haben jeweils die
Wahl zwischen den reinen Strategien C (Kooperation) und D (Defektion). Die Buchstaben
T, R, P und S symbolisieren die mit den entsprechenden Strategienwahlen einhergehen-
den Auszahlungen für den in jeder Zelle erstgenannten Zeilenspieler und zweitgenannten
Spaltenspieler.

Die Auszahlungsordnung $T > R > P > S$ mit $2R > T + S$ definiert das Gefangenendilemma. Die Symmetrie der Auszahlungen und die Zahl der Spieler sind dabei unerheblich,
solange für alle Beteiligten die Rangordnung der Auszahlungen erhalten bleibt (d.h. bei
$T_i > R_i > P_i > S_i$ mit $2R_i > T_i + S_i$ für jeden Spieler $i = 1, ..., n$ handelt es sich um ein
Gefangenendilemma-Spiel).

TABELLE 9.7: SYMMETRISCHES 2×2-SPIEL

	C_2	D_2
C_1	R, R	S, T
D_1	T, S	P, P

Weil $T > R > P > S$ im einfachen PD gilt, ist Defektion immer besser als Kooperation (unabhängig davon, was der andere tut). Daher ist gegenseitige Defektion ein strikt dominantes Nash-Gleichgewicht, obwohl die gegenseitige Kooperation für jeden besser wäre. Bei endlich häufger Wiederholung des PD gilt dies ebenfalls.[20]

Wird das PD dagegen unbestimmt häufig wiederholt (d.h. wenn das Ende des iterierten Spiels unklar ist), dann wird gegenseitige Kooperation eine mögliche Gleichgewichtslösung, wenn die Zukunft von jedem Spieler (und daher künftige Auszahlungen aus späteren gleichartigen Interaktionen) als hinreichend wichtig betrachtet werden. Formal ergibt sich diese Logik aufgrund der „Folk Theoreme":[21] Gegenseitige Kooperation ist ein Gleichgewicht im unendlich wiederholten PD genau dann, wenn für die Spieler gilt:

$$\delta > \frac{T - R}{T - P} =: \delta^*,$$

wobei δ^* den kritischen Wert bezeichnet, den der Diskontierungsfaktor δ (d.h. die Zukunftsorientierung) für Kooperation zu überschreiten hat. Letztlich besagt diese Aussage nur, dass unter bestimmten Bedingungen auch gegenseitige Kooperation eine Gleichgewichtslösung im unbestimmt oft wiederholten Gefangenendilemma-Spiel sein kann – aus der Sicht des kritischen Rationalismus im Sinne Poppers besitzen die Folk Theoreme damit einen relativ geringen empirischen Gehalt.

Betrachtet man das alltägliche Wirtschaftsleben, so erscheint es zudem schwierig, die Zukunftsorientierung von Spielern in einer iterierten PD-Situation valide zu bestimmen. Es ist daher auch weitgehend unmöglich, die theoretische Vorhersage zum Ausgang des unendlich iterierten PD direkt zu testen. Jedoch gibt es inzwischen experimentelle Erkenntnisse zur Entstehung und Stabilisierung von Kooperation in unendlich wiederholten PD-Spielen (z.B. Dal Bó 2005). Kooperation tritt häufiger auf als theoretisch erwartet wird und sie ergibt sich insbesondere dann als dauerhafte Lösung, wenn die dadurch erzielbare Auszahlung groß genug ist und es eine hinreichend hohe Wahrscheinlichkeit der Fortsetzung des Spiels gibt.

Beschränkt man sich auf das endlich oft wiederholte PD, dann erscheint die relevante spieltheoretische Vorhersage der permanenten Defektion gleichfalls allzu pessimistisch – in der Realität gibt es in solchen Situationen nämlich durchaus auch dann Kooperationen,

---

[20]Diese Folgerung beruht auf der sogenannten „Rückwärtsinduktion". Gemeint ist damit eine Lösung des Spiels, die zunächst das Verhalten in dessen letzter Runde bestimmt, dann das Verhalten in der vorletzten Wiederholung folgert, usw. bis schließlich das Erstrunden-Verhalten determinierbar ist. Vor diesem Hintergrund ist es im endlich wiederholten PD in der letzten Iteration für einen Egoisten rational zu defektieren, weshalb dies auch für jede vorherige Runde gilt.

[21]Der Begriff der „Folk Theoreme" verweist darauf, dass es spieltheoretische Sätze gibt, deren erstmaliger Beweis nicht genau einem Autor zugeordnet werden kann. Eine genaue Darstellung und Herleitung der Folk Theoreme findet sich u.a. bei Osborne und Rubinstein (1994).

wenn ein Ende der gemeinsamen Interaktionen bereits absehbar ist. Dennoch erscheint die Logik des Gefangenendilemmas durchaus passend für die Analyse realer Wirtschaftsvorgänge. Beispielsweise weisen Verschmutzungsprobleme klar auf die Relevanz des Gedankens eines sozial ineffizienten Ausgangs im Gefolge individueller Optimierungsbemühungen hin.

Zudem zeigt etwa die Geschichte von Kartellen, dass die zur dauerhaftigen Durchsetzung von Preisabsprachen nötige gegenseitige Kooperation oftmals nur von kurzer Dauer ist. Eine Illustration für die Probleme bei Kollusionen durch die Struktur der Situation liefert die Geschichte der OPEC (d.h. der Organisation erdölexportierender Länder wie Irak, Kuwait, Vereinigte Arabische Emirate, Saudi-Arabien). Der Einfluss der OPEC auf den Preis von Öl verminderte sich nach immensen Anfangserfolgen in den 1970er Jahren bereits einige Zeit danach – obwohl jedes Mitgliedsland von den Absprachen bezüglich der Fördermengen profitiert hätte, wurden diese von einzelnen Ländern wiederholt nicht eingehalten, um Zusatzprofite zu realisieren. In der Folge verfielen die Preise für Öl entgegen der Wünsche jedes einzelnen Mitgliedslandes immer weiter und der Preiseinfluss der OPEC nahm insgesamt ab.[22] Seit einigen Jahren bemüht sich die OPEC wieder verstärkt um eine erfolgreiche Kartellpolitik. Weil ihre Mitgliedsländer rund 40% der Weltproduktion von Rohöl bereitstellen, wird durch Regulierung der Fördermengen versucht, den Rohstoffpreis in einem bestimmten relativ profitablen Intervall zu halten. Wie man an der Entwicklung des Ölpreises in den letzten Jahren gesehen hat, gelingt dies keineswegs immer.

B. Kollektivgut-Dilemma (Public Goods Game, PGG)

Das PGG modelliert eine Gruppensituation, in der durch individuelle Kooperation (Beitragsleistung) eine Auszahlung für Mitspieler erzeugt werden kann, die betraglich höher liegt als die individuell zu tragenden Kooperationskosten. Weil diese Aufwendungen aber den Auszahlungsanteil am Gesamtertrag übersteigt, den ein kooperierender Akteur erhalten kann, bestehen Anreize zu individueller Defektion. Trägt ein Spieler nichts bei, so entstehen ihm keine Kosten und das Kollektiv erzielt keinen Zusatzertrag. Insgesamt ähnelt das PGG daher dem Gefangenendilemma-Spiel: Es existieren individuelle Anreize zu Trittbrettfahrer-Verhalten (Verweigerung von Investitonen), obwohl jeder Spieler von der Kooperation einer Mindestmenge von Akteuren (gemeinsame Investition) profitieren würde.

Seinen Namen trägt das PGG, weil es die Anreizkonstellation bei der Bereitstellung eines öffentlichen Guts oder eines Gemeinschaftsguts abbildet. Aufgrund der fehlenden Ausschließbarkeit vom Gebrauch solcher Kollektivgüter besteht für einen eigentinteressierten rationalen Akteur kein individueller Anreiz, sich an dessen Produktion zu beteiligen. Stattdessen kann er als Trittbrettfahrer (free rider) von den Aufwendungen Anderer profitieren, ohne selbst Bereitstellungskosten zu übernehmen. Entscheiden sich jedoch alle Akteure für eine Defektion, wird zum Leid der gesamten Gruppe kein Kollektivgut bereitgestellt. Diese Dilemma-Situation lässt sich als lineares Kollektivgut-Spiel modellieren (vgl. Isaac und Walker 1988). Zum einen können auf dieser Grundlage theoretisch interessante Implikationen abgeleitet werden, zum anderen eignet sich das Spiel zur empirischen Prüfung der menschlichen Kooperationsbereitschaft in labormäßig nachgestellten Dilemma-Situationen.

---

[22]Unabhängig von der PD-Logik rentierten sich zudem durch die anfänglich hohen Ölpreise plötzlich auch Investitionen zur Ölbohrung in schwer zugänglichen Gebieten (z.B. Nordsee) durch damals neue Förderländer (z.B. England, Norwegen).

Angenommen werden $n \geq 2$ Spieler, die gleichzeitig über ihren individuellen Beitrag zu einem Kollektivgut entscheiden. Jeder Spieler ist mit einem individuellen Budget e_i ausgestattet und kann selbst bestimmen, wie viel er von e_i an einen gemeinsamen Gruppenfonds abtritt. Nachdem alle Spieler ihren individuellen Beitrag c_i ($0 \leq c_i \leq e_i$) abgegeben haben, wird die Summe der Beiträge im Gruppenfonds vom Versuchsleiter z.B. verdoppelt und in gleichen Teilen an die Gruppenmitglieder ausgezahlt. Die Verdopplung entspricht bei einer Gruppe von n Spielern einem Effizienzfaktor von $\beta = (1/n) \cdot 2$. Der Effizienzfaktor spiegelt den Nutzen des Kollektivguts und damit den individuellen Anreiz zu dessen Bereitstellung wider. Damit eine Dilemma-Situation vorliegt, muss $\beta < 1$ gelten, wobei der individuelle Anreiz zur Kooperation umso stärker ist, je näher β bei Eins liegt. Damit Pareto-Effizienz durch volle Beiträge aller Spieler hergestellt würde, muss zusätzlich $\beta > (1/n)$ erfüllt sein. Die individuelle Auszahlung eines Spielers i ist damit gegeben als

$$A_i = e_i - c_i + \beta \cdot \sum_{i=1}^{n} c_i.$$

Die Auszahlung setzt sich also aus einer privaten ($e_i - c_i$) und einer öffentlichen Quelle ($\beta \cdot \sum_{i=1}^{n} c_i$) zusammen. Unter der Annahme eigennützigen Verhaltens wird ein rationaler Akteur i einen Beitrag von $c_i = 0$ leisten, obwohl die Auszahlung aller Spieler für $c_i = e_i$ maximiert würde. Ersteres stellt die verlockende Wahl des Trittbrettfahrens, letzteres das soziale Optimum dar. Individuelle Rationalität und soziale Effizienz fallen also auseinander. Eine weitere Implikation ergibt sich unter Beachtung der Gruppengröße: Je größer die Zahl beteiligter Spieler, desto weniger ist A_i vom eigenen Beitrag c_i abhängig und desto geringer wird die individuelle Kooperationsbereitschaft ausfallen.[23]

Eine mögliche Lösung des Kollektivgutdilemmas, nämlich das Gewähren selektiver Anreize (z.B. Zugriff auf private Güter) für kooperatives Verhalten, wurde bereits von Mancur Olson (1965) diskutiert (siehe Abschnitt 5.1.3). Einen brisanten Anwendungsfall des Kollektivgut-Spiels bietet die internationale Klimapolitik. Im Rahmen jährlicher Klimakonferenzen entscheiden 194 Staaten über ihren Beitrag zur Begrenzung von Emissionen, um das Gemeinschaftsgut „Weltklima" zu erhalten. Nach heutigen Erkenntnissen stellt der beschränkte Ausstoß von Treibhausgasen eine notwendige Bedingung zur Reduktion einer fortschreitenden Erderwärmung dar. Dennoch gestalten sich die Verhandlungen als langwierig und mühsam. Gerade bedeutende Akteure (z.B. China, USA) verfolgen zeitweilige Strategien des Beitragsverzichts, obwohl nach der Meinung des weit überwiegenden Teils der Experten nur mehr ein schnelles und gemeinsames Handeln schwerwiegende Klimaveränderungen verhindern kann.

C. Freiwilligendilemma (Volunteer's Dilemma, VOD)

Das Freiwilligendilemma bezieht sich auf das Problem, einen Freiwilligen für eine Kollektivgutproduktion zu finden, wenn insgesamt $n \geq 1$ Akteure präsent sind und bereits ein Akteur zur Produktion des Kollektivguts aureicht. Das Problem ist dabei, dass sich nicht immer ein Freiwilliger findet. Dies aber hat manchmal unangenehme, gelegentlich sogar fatale Konsequenzen. Beispiele für solche „Missing Hero"-Szenarien sind: Das Unterbleiben

---

[23]Zu beachten ist bei der empirischen Prüfung dieser Implikation, dass der Effizienzfaktor β bei variierenden Gruppengrößen angepasst werden muss, um den individuellen Nutzen des Kollektivguts konstant zu halten und somit eine Vergleichbarkeit der Ergebnisse über Gruppengrößen hinweg zu garantieren.

einer sozial wünschenswerten, aber nicht patentfähigen Innovationsleistung durch eine im Wettbewerb stehende Firma; der Mord an Kitty Genovese in New York City – obwohl alle Nachbarn das Mordgeschehen beobachten konnten, hat niemand die Polizei alarmiert; unterlassene Hilfestellungen bei Verkehrsunfall und medizinischem Notfall trotz vieler Gaffer; Verprügelung von Ausländern und Obdachlosen in öffentlichen Verkehrsmitteln mit passiver Zuschauermenge. Sozialpsychologen sprechen in derartigen Fällen von einer Verantwortungsdiffusion, weil eine zunehmende Zahl von Anwesenden anscheinend dazu führen kann, dass sich niemand mehr findet, der als Freiwilliger aktiv wird.

Diekmann (1985) hat dieses Problem spieltheoretisch formalisiert und untersucht: Annahmegemäß gibt es n Spieler, die jeweils zwischen Kooperation (Hilfeleistung) und Defektion (keine Hilfesleistung) simultan entscheiden können. Alle Akteure haben symmetrische Präferenzen. Danach kann ein beliebiger Akteur i folgende Auszahlungen durch eine geeignete Strategiewahl realisieren:

- $b > 0$, wenn es einen anderen Freiwilligen gibt;

- $b - c > 0$, wenn i selbst der Freiwillige ist;

- 0, wenn es keinen Freiwilligen gibt.

Dieses Spiel lässt sich in verschiedener Hinsicht verallgemeinern. Beispielsweise kann man asymmetrische Auszahlungen einführen oder die Freiwilligen-Entscheidung als Problem der Bestimmung der optimalen Wartezeit bis zum eigenen Eingreifen formalisieren (siehe für einen Überblick Franzen 1999).

Aber auch wenn man diese Verfeinerungen vernachlässigt, bringt die theoretische Analyse des grundlegenden Spiels interessante Folgerungen. In diesem Zusammenhang ergeben sich insbesondere zwei empirisch testbare Hypothesen:

- Bei rationalem Egoismus existiert ein einziges symmetrisches Gleichgewicht in gemischten Strategien, wonach Defektion (d.h. keine Freiwilligentätigkeit) mit der Wahrscheinlichkeit

$$p = (c/b)^{1/(n-1)}$$

  gespielt wird. Diese Wahrscheinlichkeit charakterisiert das Verhalten jedes einzelnen Mitglieds der Gruppe. Sie fällt mit dem Nutzen des Kollektivguts b, steigt aber mit den Kosten der Freiwilligentätigkeit c und der Gruppengröße n.

- Betrachtet man die gesamte Gruppe der n Akteure, so lässt sich die Wahrscheinlichkeit der Kollektivgutproduktion (d.h. der durch irgendeinen Akteur tatsächlich erfolgenden Hilfeleistung) errechnen:

$$P = 1 - (c/b)^{n/(n-1)}.$$

  Somit sinkt unter rationalen Egoisten die Wahrscheinlichkeit der Kollektivgutproduktion mit steigender Gruppengröße n.

Diese Hypothesen lassen sich, wie auch die Folgerungen zu einmal gespielten oder endlich oft wiederholten PD- und PGG-Situationen, experimentell überprüfen.

D. Experimente zu Dilemma-Spielen

Betrachtet man die Evidenz, so zeigen sich folgende robuste Befunde in Experimenten zum Gefangenendilemma, Kollektivgut-Dilemma und Freiwilligen-Dilemma:

Einmal gespieltes PD und PGG: Der Anteil von Kooperation ist bedeutend größer als Null, aber sozial effiziente Ergebnisse (im Sinne gegenseitiger Kooperation) werden ebenso deutlich nicht erreicht.

Endlich oft wiederholtes PD und PGG: Die Kooperation ist typischerweise zu Beginn recht hoch, lässt aber mit dem Fortschreiten der Rundenzahl nach. Schließlich ergibt sich ein Endspiel-Effekt, d.h. es zeigt sich ein extremer Rückgang der Kooperation in den letzten Runden.

Freiwilligendilemma (VOD): Tatsächlich sinkt der Anteil der kooperierenden Akteure mit wachsender Gruppengröße. Jedoch stimmt die theoretische Vorhersage lediglich qualitativ mit den experimentellen Befunden überein. Die beobachteten Raten der Kooperation sind nämlich immer erheblich höher als vorhergesagt.

Generell werden die Vorhersagen der RC-Theorie durch die empirische Dilemma-Forschung also keineswegs falsifiziert. Allerdings passt die Gleichgewichtsvorhersage für rationale Egoisten nur unter bestimmten Bedingungen (z.B. hinreichend erfahrene Akteure und ausreichende Anreize), wenn man wiederholte experimentelle Spiele betrachtet.[24]

9.4.3 Marktsituationen

Es gibt eine Vielzahl von Spielsituationen, die ausgehend von der Prämisse des rationalen Egoismus zu Prognosen führen, die mit empirischen Befunden weitgehend übereinstimmen. Bei diesen Situationen handelt es sich überwiegend um Markt-Spiele (d.h. Szenarien, in denen die ökonomische Institution des Marktes vorliegt) – dies wurde bereits im Zusammenhang mit Wettbewerbsgleichgewichten erläutert. Im Folgenden werden zwei konkrete Marktspiele (Nagel 1995; Roth et al. 1991) eingeführt, die sich auf Realwirtschaft und Finanzökonomie (siehe Abschnitt 5.2.2) beziehen. Die mit diesen Situationen einhergehenden Prognosen werden danach kurz mit der experimentellen Evidenz kontrastiert. Abschließend wird skizziert, wie sich experimentelle Abweichungen von theoretischen Vermutungen für bestimmte Marktsituationen erklären lassen.

A. Markt-Spiel von Roth et al.

Dieses Spiel bezieht sich auf realwirtschaftliches Marktgeschehen. Es dient der Untersuchung einer einfachen Transaktionssituation mit mehreren Kaufwilligen und einem Verkäufer; die Spielvorhersage betrifft den Preis des gehandelten Gutes. Konkret unterbreiten 9 Käufer einem Verkäufer jeweils ein Gebot für ein unteilbares Gut, das denselben Wert von 10 US-Dollar für jeden Käufer und keinen Wert für den Verkäufer besitzt. Letzterer kann das höchste Gebot annehmen oder ablehnen. Bei Ablehnung erhält niemand etwas, bei Annahme bekommt der Verkäufer das höchste Gebot und der Höchstbietende erhält

---

[24]Ledyard (1995) zeigt in einem bemerkenswert gründlichen Überblick über die schon damals sehr umfangreiche Literatur, dass mit zunehmender Erfahrung die Defektionsrate in Dilemma-Situationen klar ansteigt. Zudem gibt es Endspieleffekte im Sinne von Defektionen gegen Ende der Spielwiederholung.

die Differenz zwischen dem Wert 10 US-Dollar und seinem Gebot. Bieten mehrere Käufer den gleichen Preis, dann entscheidet das Los und die übrigen Höchstbieter gehen leer aus.

Die standardtheoretische (teilspielperfekte) Gleichgewichtsprognose für rationale Egoisten ist jeweils, dass der Verkaufspreis 10 US-Dollar betragen wird.

B. Zahlenwahlspiel von Nagel

Dieses Spiel bildet einen Aspekt des Finanzmarktgeschehens ab. Es ist ein einfaches Modell für das Börsengeschehen im Sinne eines „Beauty Contest" – der Begriff stammt von John Maynard Keynes und bezieht sich auf Wettbewerbe früherer Zeitungen, bei denen Leser aufgrund einer Menge von Fotos diejenige Dame wählen sollten, von der sie meinten, sie werde von den meisten anderen Lesern als Schönheitskönigin eingestuft. Auch im Mittelpunkt des Zahlenwahlspiels steht das Erraten der Handlungen der anderen Spieler. Das Spiel eignet sich damit für die Untersuchung eines kleinen Ausschnittes des Finanzmarktgeschehens: An der Börse wird bekanntlich bei korrekten Erwartungen über das Verhalten Anderer eine genauere eigene Kurs- oder Preisprognose möglich, was zu erfolgreicheren Spekulationen führt. Das Spiel befasst sich nur mit der Antizipation der Handlungen anderer Akteure.

Konkret hat jeder Spieler i aus einer Menge von n Akteuren eine reelle Zahl z_i aus dem Intervall zwischen 0 und $k > 0$ zu wählen, wobei der Gewinner derjenige ist, der dem Zielwert $\alpha \sum_j (z_j/n)$ mit $0 < \alpha < 1$ am nächsten kommt. Der Gewinner erhält ein festes Preisgeld; falls es mehrere Gewinner gibt, so wird das Preisgeld zu gleichen Teilen aufgeteilt. Die Spieler müssen also schätzen, welche Durchschnittszahl die Anderen wählen werden, bevor sie den gegebenen Bruchteil α davon bestimmen können.

Die standardtheoretische (teilspielperfekte) Gleichgewichtsprognose für rationale Egoisten in diesem Beauty Contest ist die Wahl der Zahl 0. Dies wird deutlicher, wenn man eine weiter spezifizierte Spielversion betrachtet: Zu wählen ist eine ganze Zahl zwischen 0 und 100, wobei 2/3 als Gewichtungsfaktor der Durchschnittszahl dient. Angenommen wird zunächst einmal, dass die Mitspieler ihre Zahlen zufällig mit gleicher Wahrscheinlichkeit wählen. Dann wird 50 der arithmetische Mittelwert sein, sodass $(2/3) \times 50 \approx 33$ als zu wählende Zahl sinnvoll erscheint. Denken aber alle so, so sind effektiv nur Gewinne für $(2/3) \times 33 \approx 22$ zu erwarten. Sofern alle so denken, wird man aber besser $(2/3) \times 22 \approx 15$ angeben. Diese Logik kann man nun beliebig oft wiederholen, wodurch die jeweils anzugebende Zahl immer weiter sinkt bis letztlich der Wert 0 erreicht wird.[25]

C. Experimente zu Markt-Spielen

Es wurden viele Marktspiele experimentell durchgeführt. Wie bereits erwähnt wurde, konnte dabei eine generelle Korrespondenz zwischen Vorhersagen auf der Grundlage der Theorie des Wettbewerbsgleichgewichts und den experimentellen Befunden festgestellt werden, sofern keine Preiserwartungen gebildet werden mussten und weitgehend vollständige Verträge verfügbar waren (z.B. Plott und Smith 2008). Für die betrachteten Spiele gelten folgende Aussagen:

---

[25]Bezeichnet man mit t die Anzahl der angenommenen Iterationen der skizzierten Logik, so ergibt sich durch $\alpha^t \sum_j (z_j/n)$ die vermeintlich gewinnbringende Zahl. Wegen $0 < \alpha < 1$ konvergiert diese Zahl zur Null, sofern t hinreichend groß ausfällt.

Markt-Spiel von Roth et al. Die theoretische Vorhersage für rationale Egoisten wurden in vier Ländern auf jeweils vier experimentellen Märkten bestätigt.

Zahlenwahlspiel von Nagel: Alle bisher durchgeführten Experimente zeigen eine zumindest schwache Konvergenz des Mittelwertes zur theoretischen Vorhersage für rationale Egoisten.[26] Zu betonen ist allerdings, dass eine Vielzahl von Wiederholungen notwendig erscheint, um in die Nähe des Gleichgewichtswertes 0 zu kommen (nach einer Runde ist der Prozentsatz der Gleichgewichtsspieler lediglich 2%, nach 10 gespielten Runden erst 20%).

Im Gegensatz zu der immer wieder beobachteten Korrespondenz zwischen Theorie und Empirie im Falle realwirtschaftlicher Transaktionen gibt es für das Finanzmarkt-Szenario keine spieltheoretische Vorhersage, die im Rahmen eines Experiments in einer überschaubaren Zeit auch erreicht würde. Die lediglich schwache Konvergenz zur Gleichgewichtsvorhersage im Zahlenwahlspiel erscheint zwar insgesamt eher als Ausreißer – die experimentelle Literatur (z.B. Kagel und Roth 1995) demonstriert für andere Marktsituationen, dass die Gleichgewichtsvorhersage für rationale Egoisten recht gut mit den experimentellen Befunden übereinstimmt. Dennoch empfiehlt sich ein Blick auf die Hintergründe der experimentellen Befunde zum Zahlenwahlspiel.

D. Strategische Komplementarität und Rationalität

Aufgrund der zögerlichen Konvergenz zur Gleichgewichtsvorhersage im Zahlenwahlspiel könnte man eine mangelnde Rationalität der Akteure konstatieren. Jedoch identifizieren Camerer und Fehr (2006) den wesentlichen Grund für die mangelnde Gleichgewichtstendenz: Aufgrund der Anreizkonstellation bestehen zwischen den Strategien der Akteure im Zahlenwahlspiel strategische Komplementaritäten. Die beste Antwort eines Akteurs auf intensivere Handlungen (wie z.B. der Auswahl von höheren Zahlen) der Anderen besteht in einer verstärkten eigenen Aktivität.[27] Sofern also ein Akteur vermutet, dass andere Spieler hohe Zahlen wählen, sollte auch er dies tun. Dies bedeutet, dass ein hinreichend hoher Anteil von vermutlich begrenzt rationalen Personen dazu führen wird, dass es sich selbst für rationale Akteure lohnt, positive Zahlen (statt der gleichgewichtigen Null) zu nennen. Dadurch aber wird sich insgesamt nur eine sehr langsame Bewegung in Richtung des Nash-Gleichgewichts beobachten lassen.

In ihrem Beitrag betonen Camerer und Fehr verallgemeinernd, dass empirische Befunde, welche den Vorhersagen der Spieltheorie kaum zu entsprechen scheinen, keineswegs zwingend darauf hinweisen, dass Personen sich nicht rational im Sinne der RC-Theorie verhalten. Vielmehr kann es sein, dass in der jeweils betrachteten Situation strategische Anreize vorliegen, sich bei der eigenen Strategiewahl an den Strategien der Mitspielern und deren vermutlichen Häufigkeiten zu orientieren. Gibt es derartige strategische Anreize, dann werden rationale Akteure auf sie systematisch reagieren, was bei etwaigen Vorhersagen in Rechnung zu stellen ist.

---

[26]Interessanterweise wird der Wert 0 zumeist am häufigsten gewählt. Zudem werden die Zahlen 33, 22, 15, etc. in den Varianten des Spiels häufig gewählt, die der skizzierten Konkretisierung (Zahlen zwischen 0 und 100 mit Gewichtungsfaktor 2/3 für deren Mittelwert) entsprechen.

[27]Bei strategischer Substituierbarkeit liegt die beste Antwort in einer Verminderung der eigenen Handlungsintensität.

Grundlegend für die Wirkung strategischer Anreize und die damit einhergehende Logik ist dabei die jeweilige Vermutung über die Strategiewahlen der Mitspieler und damit deren Einschätzung als mehr oder weniger rationale Akteure. Bei strategischen Anreizen zur Imitation der Strategiewahlen von Anderen kann sich der soziale Ausgang danach verändern, ob eine Minderheit oder eine Mehrheit der Mitspieler als irrational angesehen wird. Orientieren sich die Akteure in ihren Verhaltenswahlen aneinander, sodass ein sozialer Markt im Sinne von Becker und Murphy (2000) vorliegt, so werden sie die Handlungen der Anderen insbesondere dann korrekt antizipieren, wenn eine hinreichend starke soziale Eingebundenheit besteht. Besitzen sie z.B. gute Kontakte zu einflussreichen Akteuren, so dürfte ihnen Konformität mit deren Vorgehensweisen leichter fallen. Es ist klar, dass derartige Imitationen wiederum verstärkend wirken und sich in Marktergebnissen niederschlagen können. Soziale Einbettung kann somit auch dann Effekte haben, wenn sie nur eine vergleichsweise kleine Gruppe von Akteuren betrifft. Derartige Erkenntnisse bereiten die im zweiten Band dargestellten Anwendungen vor, welche sich mit Beziehungen im Geschäftsleben, Institutionen in der Wirtschaft, Konsumentenverhalten sowie Wohlstand und sozialer Ungleichheit befassen.

Literatur

ABRAHAM, M. UND G. BÜSCHGES (2009) *Einführung in die Organisationssoziologie* (4. Aufl.). Wiesbaden: VS Verlag.

ABRAHAM, M. UND T. HINZ (2005) *Arbeitsmarktsoziologie. Probleme, Theorien, empirische Befunde.* Wiesbaden: VS Verlag.

ACEMOGLU, D. (2009) *Introduction to Modern Economic Growth.* Princeton: Princeton University Press.

ACEMOGLU, D., CANTONI, D., JOHNSON, S. UND J.A. ROBINSON (2010) „From Ancien Régime to Capitalism: The Spread of the French Revolution as a Natural Experiment." S. 221- 250 in: J. DIAMOND UND J.A. ROBINSON (Hg.) *Natural Experiments of History.* Cambridge: Belknap Press.

ACEMOGLU, D., JOHNSON, S. UND J.A. ROBINSON (2005) „The "Rise of Europe": Atlantic Trade, Institutional Change, and Economic Growth." *American Economic Review* 95: 546- 579.

ACEMOGLU, D. UND J.A. ROBINSON (2012) *Why Nations Fail: The Origins of Power, Prosperity, and Poverty.* New York: Crown.

ADLOFF, F. UND S. MAU (2005) *Vom Geben und Nehmen: Zur Soziologie der Reziprozität.* Frankfurt a.M.: Campus.

AGHION, P. UND P. HOWITT (1998) *Endogenous Growth Theory.* Cambridge: MIT Press.

ALBERT, H. (1972) „Modell-Platonismus. Der neoklassische Stil des ökonomischen Denkens in kritischer Beleuchtung." S. 406-434 in: E. TOPITSCH (Hg.) *Logik der Sozialwissenschaften.* Köln: Kiepenheuer und Witsch.

ALEXANDER, J.C. (1985) *Neofunctionalism.* London: Sage.

ALEXANDER, J.C. UND P. SMITH (1996) „Social Science and Salvation: Risk Society as Mythical Discourse." *Zeitschrift für Soziologie* 25: 251-262.

ALKER, H.R. (1968) „A Typology of Ecological Fallacies: Problems of Spurious Associations in Cross-level Inferences." S. 69-86 in: M. DOGAN (Hg.) *Quantitative Ecological Advances.* Cambridge: MIT Press.

ALLEN, R.C. (2008) „A Review of Gregory Clark's A Farewell to Alms: A Brief Economic History of the World." *Journal of Economic Literature* 46: 946-973.

ANDERSON, C. (2006) *The Long Tail. How Endless Choice is Creating Unlimited Demand.* London: Random House.

ANDERSON, R.M. UND R.M. MAY (1991) *Infectious Diseases of Humans: Dynamics and Control.* Oxford: Oxford University Press.

ARISTOTELES (2006) *Oikonomika: Schriften zu Hauswirtschaft und Finanzwesen.* Berlin: Akademie-Verlag.

ARROW, K.J. (1951) *Social Choice and Individual Values.* New Haven: Yale University Press.

ARROW, K.J. (1974) *The Limits of Organization.* New York: Norton.

ARROW, K.J. UND F. HAHN (1971) *General Competitive Analysis.* San Francisco: Holden-Day.

ARTHUR, W.B. (1994) *Increasing Returns and Path Dependence in the Economy*. Michigan: University of Michigan Press.

ASCH, S.E. (1956) „Studies of Independence and Conformity: A Minority of One Against an Unanimous Majority." *Psychological Monographs* 70: 1-70.

ASPERS, P. (2006) *Markets in Fashion. A Phenomenological Approach*. London: Routledge.

ASPERS, P. UND J. BECKERT (2008) „Märkte." S. 225-246 in: A. MAURER (Hg.) *Handbuch der Wirtschaftssoziologie*. Wiesbaden: VS Verlag.

ATKINSON, A.B. UND F. BOURGUIGNON (2000) „Introduction: Income Distribution and Economics." S. 1-58 in: A.B. ATKINSON UND F. BOURGUIGNON (Hg.) *Handbook of Income Distribution*. Amsterdam: Elsevier.

ATKINSON, A.B. UND F. BOURGUIGNON (2003) „Income Distribution and Differences in Needs." *International Library of Critical Writings in Economics* 158: 263-283.

AUMANN, R.J. (1974) „Subjectivity and Correlation in Randomized Strategies." *Journal of Mathematical Economics* 1: 67-96.

AUMANN, R.J. (1985) „What is Game Theory Trying to Accomplish?" S. 909-924 in: K. ARROW, S. HONKAPOHJA UND B. BLACKWELL (Hg.) *Frontiers of Economics*. Oxford: Oxford University Press.

AXTELL, R.L. (2001) „Zipf Distribution of U.S. Firm Sizes." *Science* 293: 1818-1820

BACH, S. UND B. BARTHOLMAI (2002) *Perspektiven der Vermögensbesteuerung in Deutschland. Endbericht für die Hans-Böckler-Stiftung*. Berlin: DIW.

BACHELIER, L. (1900 [1964]) *Theory of Speculation*. Cambridge: MIT Press.

BÄCKER, G., NAEGELE, G., BISPINCK, R., HOFEMANN, K. UND J. NEUBAUER (2010) *Sozialpolitik und soziale Lage in Deutschland*. Wiesbaden: VS Verlag.

BAECKER, D. (2006) *Wirtschaftssoziologie*. Bielefeld: Transcript.

BAKER, W. (1984) „The Social Structure of a National Securities Market." *American Journal of Sociology* 89: 775-811.

BALINSKI, M. UND R. LARAKI (2011) *Majority Judgment: Measuring, Ranking, and Electing*. Cambridge: MIT Press.

BAMMÉ, A. (2011) *Homo occidentalis. Von der Anschauung zur Bemächtigung der Welt. Zäsuren abendländischer Epistemologie*. Weilerswist: Velbrück Wissenschaft.

BANERJEE, A. UND L. IYER (2005) „History, Institutions, and Economic Performance: The Legacy of Colonial Land Tenure Systems in India." *American Economic Review* 95: 1190-1213.

BARABASI, A.-L. (2003) *Linked: The New Science of Networks*. Cambridge: Perseus.

BARBERIS, N. UND R. THALER (2003) „A Survey of Behavioral Finance." S. 1051-1121 in: G.M. CONSTANTINIDES, M. HARRIS UND R. STULZ (Hg.) *Handbook of Economics of Finance: Financial Markets and Asset Pricing*. Amsterdam: Elsevier.

BARRO, R.J. UND R.M. MCCLEARY (2003) „Religion and Economic Growth." *American Sociological Review* 68: 760-781.

BARRO, R.J. UND X.X. SALA-I-MARTIN (2004) *Economic Growth*. Cambridge: MIT Press.

BARTHOLOMEW, D.J. (1982) *Stochastic Models for Social Processes* (3. Aufl.). New York: Wiley.

BARTHOLOMEW, D.J. (1996) „Mobility Measurement Revisited." S. 161-173 in: J.S. CLARK (Hg.) *James S. Coleman*. London: Falmer Press.

BASS, F. (1969) „A New Product Growth Model for Consumer Durables." *Management Science* 15: 215-227.

BECK, H. UND A. PRINZ (2012) *Abgebrannt. Unsere Zukunft nach dem Schulden-Kollaps*. München: Hanser.

BECKER, G.S. (1964) *Human Capital*. New York: Columbia University Press.

BECKER, G.S. (1976) *The Economic Approach to Human Behaviour*. Chicago: University of Chicago Press.

BECKER, G.S. (1996) *Accounting for Tastes*. Cambridge: Harvard University Press.

BECKER, G.S. UND K.M. MURPHY (1993) „The Division of Labor, Coordination Costs, and Knowledge." S. 299-322 in: G.S. BECKER *Human Capital* (3. Aufl.). Chicago: University of Chicago Press.

BECKER, G.S. UND K.M. MURPHY (2000) *Social Economics: Market Behavior in a Social Environment*. Cambridge: Belknap Press.

BECKER, S.O. UND L. WOESSMANN (2009) „Was Weber Wrong? A Human Capital Theory of Protestant Economic History." *Quarterly Journal of Economics* 124: 531-596.

BECKERT, J. (1997) *Grenzen des Marktes: Die sozialen Grundlagen wirtschaftlicher Effizienz*. Frankfurt a.M.: Campus.

BECKERT, J. (2002) „Interpenetration versus Einbettung. Talcott Parsons im Lichte der neuen Wirtschaftssoziologie." *Berliner Journal für Soziologie* 12: 467-483.

BECKERT, J. (2004) *Unverdientes Vermögen. Soziologie des Erbrechts*. Frankfurt a.M.: Campus.

BECKERT, J. (2009) „Wirtschaftssoziologie als Gesellschaftstheorie." *Zeitschrift für Soziologie* 38: 182-197.

BECKERT, J. UND M. ZAFIROVSKI (Hg.) (2006) *International Encyclopedia of Economic Sociology*. London: Routledge.

BEINHOCKER, E.D. (2007) *Die Entstehung des Wohlstands. Wie Evolution die Wirtschaft antreibt*. Landsberg am Lech: mi-Fachverlag.

BENFORD, F. (1938) „The Law of Anomalous Numbers." *Proceedings of the American Philosophical Society* 78: 551-572.

BENHABIB, J., BISIN, A. UND M.O. JACKSON (Hg.) (2011) *Handbook of Social Economics. 2 Bände*. Amsterdam: Elsevier.

BERELSON, B.R. UND G.A. STEINER (1964) *Human Behavior: An Inventory of Scientific Findings*. New York: Harcourt, Brace & World.

BERGER, J. (1999) *Wirtschaft der modernen Gesellschaft. Strukturprobleme und Zukunftsperspektiven*. Frankfurt a.M.: Campus.

BERGER, P.L. UND T. LUCKMANN (1969) *Die gesellschaftliche Konstruktion der Wirklichkeit. Eine Theorie der Wissenssoziologie*. Frankfurt a.M.: Fischer.

BERGER, R. (2010) *Experimente und Quasi-Experimente in der Soziologie*. Unveröffentlichte Habilitationsschrift: LMU München.

BERGER, R. UND R. HAMMER (2007) „Die doppelte Kontingenz von Elfmeterschüssen. Eine empirische Analyse." *Soziale Welt* 58: 397-418.

BERTALANFFY, L.v. (1968) *General Systems Theory. Foundation, Development, Application*. New York: George Braziller.

BERZ, G. (2007) *Spieltheoretische Verhandlungs- und Auktionsstrategien: Mit Praxisbeispielen von Internetauktionen bis Investmentbanking*. Stuttgart: Schäffer-Poeschel.

BETTENCOURT, L.M.A., LOBO, J., HELBING, D., KÜHNERT, C. UND G.B. WEST (2007) „Growth, Innovation, Scaling, and the Pace of Life in Cities." *Proceedings of the National Academy of Sciences* 104: 7301-7306.

BETTENCOURT, L.M.A., LOBO, J., STRUMSKY, D. UND G.B. WEST (2010) „Urban Scaling and Its Deviations: Revealing the Structure of Wealth, Innovation and Crime across Cities." *PLoS ONE* 5: 1-9.

BEYER, J. (2005) „Pfadabhängigkeit ist nicht gleich Pfadabhängigkeit! Wider den impliziten Konservatismus eines gängigen Konzepts." *Zeitschrift für Soziologie* 34: 5-21.

BEYER, J. (2006) *Pfadabhängigkeit: Über institutionelle Kontinuität, anfällige Stabilität und fundamentalen Wandel.* Frankfurt a.M.: Campus.

BIGGS, M. (2005) „Strikes as Forest Fires: Chicago and Paris in the Late Nineteenth Century" *American Journal of Sociology* 110: 1684-1714.

BINMORE, K. (1992) *Fun and Games: A Text on Game Theory.* Lexington: D.C. Heath and Company.

BINMORE, K. (1994) *Game Theory and the Social Contract. Volume 1: Playing Fair.* Cambridge: MIT Press.

BINMORE, K. (1998) *Game Theory and the Social Contract. Volume 2: Just Playing.* Cambridge: MIT Press.

BINMORE, K. (2007) *Playing for Real.* New York: Oxford University Press.

BINMORE, K. (2009) *Rational Decisions.* Princeton: Princeton University Press.

BINSWANGER, H.C. (2006) *Die Wachstumsspirale. Geld, Energie und Imagination in der Dynamik des Marktprozesses.* Marburg: Metropolis.

BLAU, P.M. (1964) *Exchange and Power in Social Life.* New York: Wiley.

BLAU, P.M. UND O.D. DUNCAN (1967) *The American Occupational Structure.* New York: The Free Press.

BLAUG, M. (1980) *The Methodology of Economics or How Economists Explain.* Cambridge: Cambridge University Press.

BLAUG, M. (1985) *Economic Theory in Retrospect.* Cambridge: Cambridge University Press.

BÓ, P.D. (2005) „Cooperation under the Shadow of the Future: Experimental Evidence from Infinitely Repeated Games." *American Economic Review* 95: 1591-1604.

BODVARSSON, Ö.B. UND H. VAN DEN BERG (2009) *The Economics of Immigration: Theory and Policy.* New York: Springer.

BOFINGER, P. (2005) *Wir sind besser, als wir glauben.* München: Pearson Studium.

BOGHOSSIAN, P. (2007) *Fear of Knowledge: Against Relativism and Constructivism.* Oxford: Oxford University Press.

BONACICH, P. (1972) „Factoring and Weighting Approaches to Clique Identification." *Journal of Mathematical Sociology* 2: 113-120.

BONACICH, P. (1987) „Power and Centrality: A Family of Measures." *American Journal of Sociology* 92: 1170-1182.

BOND, R. UND P.B. SMITH (1996) „Culture and Conformity: A Meta-Analysis of Studies Using Asch's (1952b, 1956) Line Judgment Task." *Psychological Bulletin* 119: 111-137.

BORJAS, G.J. (2008) *Labor Economics.* New York: McGraw-Hill.

BORSCHEID, P. (2004) *Das Tempo-Virus. Eine Kulturgeschichte der Beschleunigung.* Frankfurt a.M.: Campus.

BOSSEL, H. (2004) *Systeme, Dynamik, Simulation.* Norderstedt: Books on Demand.

BOUDON, R. (1973) *Mathematical Structures of Social Mobility.* Amsterdam: Elsevier.

BOUDON, R. (1979) *Widersprüche sozialen Handelns.* Darmstadt: Luchterhand.

BOUDON, R. (1980) *Die Logik des gesellschaftlichen Handelns.* Darmstadt: Luchterhand.

BOURDIEU, P. (1982) *Die feinen Unterschiede. Kritik der gesellschaftlichen Urteilskraft.* Frankfurt a.M.: Suhrkamp.

BOURDIEU, P. (1983) „Ökonomisches Kapital, kulturelles Kapital, soziales Kapital." S. 183-198 in: R. KRECKEL (Hg.) *Soziale Ungleichheiten. Sonderheft 2 der Sozialen Welt.* Göttingen: Schwartz.

BOWER, B. (2003) „Repeat After Me: Imitation is the Sincerest Form of Perception." *Science News* 163: 330-332.

BOWLES, S. (2004) *Microeconomics, Behavior, Institutions, and Evolution.* Princeton: Princeton University Press.

BOWLES, S. (2007) „Genetically Capitalist?" *Science* 318: 394-396.

BOWLES, S. UND H. GINTIS (2002) „The Inheritance of Inequality." *Journal of Economic Perspectives* 16: 3-30.

BOWLES, S. UND H. GINTIS (2002) „Social Capital and Community Governance." *Economic Journal* 112: F419-F436.

BOX, G., HUNTER, S. UND W.G. HUNTER (2005) *Statistics for Experimenters.* New York: Wiley.

BOYD, R. UND P.J. RICHERSON (2009) „Culture and the Evolution of Human Cooperation." *Philosophical Transactions of the Royal Society B* 364: 3281-3288.

BOYD, R., RICHERSON, P.J. UND J. HENRICH (2011) „The Cultural Niche: Why Social Learning is Essential for Human Adaptation." *Proceedings of the National Academy of Sciences* 108: 10918-10925.

BRAUDEL, F. (1977) *Afterthoughts on Material Civilization and Capitalism.* Baltimore: Johns Hopkins University Press.

BRAUDEL, F. (1977 [2006]) *Die Welt des Mittelmeers. Zur Geschichte und Geographie kultureller Lebensformen.* Frankfurt a.M.: Fischer.

BRAUDEL, F. (1990) *Sozialgeschichte des 15.-18. Jahrhunderts. 3 Bände.* München: Kindler.

BRAUDEL, F. (1997) *Die Dynamik des Kapitalismus* (3. Aufl.). Stuttgart: Klett-Cotta.

BRAUN, N. (1990) „Dynamics and Comparative Statics of Coleman's Exchange Model." *Journal of Mathematical Sociology* 15: 271-276.

BRAUN, N. (1995) „Individual Thresholds and Social Diffusion." *Rationality and Society* 7: 167-182.

BRAUN, N. UND H. ENGELHARDT (1998) „Diffusionsprozesse und Ereignisdatenanalyse." *Kölner Zeitschrift für Soziologie und Sozialpsychologie* 50: 263-282.

BRAUN, N. UND T. GAUTSCHI (2006) „A Nash Bargaining Model for Simple Exchange Networks." *Social Networks* 28: 1-23.

BRAUN, N. UND T. GAUTSCHI (2011) *Rational-Choice-Theorie.* Weinheim: Juventa.

BRAUN, N. UND P. VANINI (2003) „On Habits and Addictions." *Journal of Institutional and Theoretical Economics* 159: 603-626.

BRAUNBERGER, G. UND J. LEMBKE (2009) *Finanzdynastien: Die Macht des Geldes.* Frankfurt a.M.: Frankfurter Allgemeine Buch.

BRINKMANN, G. (1997) *Analytische Wissenschaftstheorie.* München: Oldenbourg.

BROSNAN, S.F., SCHIFF, H. UND F.B.M. DE WAAL (2005) „Tolerance for Inequity Increases with Social Closeness in Chimpanzees." *Proceedings of the Royal Society B* 272: 253-258.

BROWN, D.E. (1991) *Human Universals.* New York: McGraw-Hill.

BRÜDERL, J. (1991) *Mobilitätsprozesse in Betrieben: dynamische Modelle und empirische Befunde*. Frankfurt a.M.: Campus.

BRÜDERL, J. (2010) „Kausalanalyse mit Paneldaten." S. 963-994 in: C. WOLF UND H. BEST (Hg.) *Handbuch der sozialwissenschaftlichen Datenanalyse*. Wiesbaden: VS Verlag.

BRÜDERL, J., PREISENDÖRFER, P. UND R. ZIEGLER (1998) *Der Erfolg neugegründeter Betriebe* (2. Aufl.). Berlin: Duncker & Humblot.

BRYANT, J.M. (2004) „An Evolutionary Social Science? A Skeptic's Brief, Theoretical and Substantive." *Philosophy of the Social Sciences* 34: 451-492.

BUCHANAN, J.M. (1965) „An Economic Theory of Clubs." *Economica* 32: 1-14.

BÜCHS, M., BARDSLEY, N. UND S. DUWE (2011) „Who Bears the Brunt? Distributional Effects of Climate Change Mitigation Policies." *Critical Social Policy* 31: 285-307.

BUNDESMINISTERIUM DER FINANZEN (2011) *Monatsbericht des BMF, August 2011*. Berlin: BMF.

BUNGE, M. (1996) *Finding Philosophy in Social Science*. New Haven: Yale University Press.

BUNGE, M. (1999) *The Sociology-Philosophy Connection*. New Brunswick: Transaction Publishers.

BUNGE, M. (2001) *Philosophy in Crisis*. New York: McGraw-Hill.

BURT, R.S. (1992) *Structural Holes*. Cambridge: Harvard University Press.

BUSCHMEYER, A. (2011) *Ratingagenturen: Wettbewerb und Transparenz auf dem Ratingmarkt*. Wiesbaden: Gabler.

BUSE, U., FICHTNER, U., GOOS, H., HOPPE, R., PAULY, C., SCHNIPPEN, C., SCHULZ, T., SEITH, A. UND A. SMOLTCZYK (2011) „Schlussverkauf." *Der Spiegel* 50 (12.12.11): 40-70.

BUSS, E. (1996) *Lehrbuch der Wirtschaftssoziologie*. Berlin: de Gruyter.

CAMERER, C.F. (1995) „Individual Decision Making." S. 587-616 in: J.H. KAGEL UND A.E. ROTH (Hg.) *Handbook of Experimental Economics*. Princeton: Princeton University Press.

CAMERER, C.F. (2003) *Behavioral Game Theory. Experiments in Strategic Interaction*. Princeton: Princeton University Press.

CAMERER, C.F. UND E. FEHR (2004) „Measuring Social Norms and Preferences Using Experimental Games: A Guide for Social Scientists." S. 55-95 in: J. HENRICH, R. BOYD, S. BOWLES, C. CAMERER, E. FEHR UND H. GINTIS (Hg.) *Foundations of Human Sociality: Economic Experiments and Ethnographic Evidence from Fifteen Smallscale Societies*. Oxford: Oxford University Press.

CAMERER, C.F. UND E. FEHR (2006) „When Does ‚Economic Man' Dominate Social Behavior?" *Science* 311: 47-52.

CAMERER, C.F., LOEWENSTEIN, G. UND M. RABIN (2004) *Advances in Behavioral Economics*. Princeton: Princeton University Press.

CANTONI, D. UND N. YUCHTMAN (2010) „Medieval Universities, Legal Institutions, and the Commercial Revolution." *NBER Working Paper* Nr. 17979.

CAROLL, G.R. UND M.T. HANNAN (2000) *The Demography of Corporations and Industries*. Princeton: Princeton University Press.

CASELLA, A. UND J.L. RAUCH (2001) *Networks and Markets*. New York: Russell Sage Foundation.

CHANDLER, A.D. (1962) *Strategy and Structure: Chapters in the History of the American Industrial Enterprise*. Cambridge: MIT Press.

CHANDLER, A.D. (1977) *The Visible Hand*. Cambridge: Belknap Press.

CHANDLER, A.D. (1990) *Scale and Scope.* Cambridge: Belknap Press.

CHERRY, T.L., FRYKBLOM, F. UND P. SHOGREN (2002) „Hardnose the Dictator." *American Economic Review* 92: 1218-1221.

CHIROT, D. (1994) *How Societies Change.* Newbury Park: Pine Forge Press.

CHRISTAKIS, N.A. UND J.H. FOWLER (2009) *Connected: The Surprising Power of Our Social Networks and How They Shape Our Lives.* New York: Penguin Books.

CLARK, G. (2007) *A Farewell to Alms. A Brief Economic History of the World.* Princeton: Princeton University Press.

CLINARD, M.B. UND R.F. MEIER (2008) *Sociology of Deviant Behaviour* (13. Aufl.). Belmont: Wadsworth.

COASE, R.H. (1937) „The Nature of The Firm." *Economica* 4: 386-405.

COASE, R.H. (1960) „The Problem of Social Cost." *Journal of Law and Economics* 3: 1-44.

COLEMAN, J., KATZ, E. UND H. MENZEL (1957) „The Diffusion of an Innovation Among Physicians." *Sociometry* 20: 253-270.

COLEMAN, J.S. (1964) *Introduction to Mathematical Sociology.* Glencoe: The Free Press.

COLEMAN, J.S. (1968) „The Mathematical Study of Change." S. 428-478 in: H.M. BLALOCK UND A.B. BLALOCK (Hg.) *Methodology in Social Research.* New York: McGraw-Hill.

COLEMAN, J.S. (1971) „Control of Collectivities and the Power of a Collectivity to Act." S. 269-300 in: B. LIEBERMAN (Hg.) *Social Choice.* New York: Gordon and Breach.

COLEMAN, J.S. (1972) „Systems of Social Exchange." *Journal of Mathematical Sociology* 2: 145-163.

COLEMAN, J.S. (1973) *The Mathematics of Collective Action.* Chicago: Aldine.

COLEMAN, J.S. (1974) *Power and the Structure of Society.* New York: Norton.

COLEMAN, J.S. (1982) *The Asymmetric Society.* Syracuse: Syracuse University Press.

COLEMAN, J.S. (1990) *Foundations of Social Theory.* Cambridge: Belknap Press.

COOK, P.J., LUDWIG, J., VENKATESH, S.A. UND A.A. BRAGA (2005) „Underground Gun Markets." *Economic Journal* 117: 588-618.

CORNES, R. UND T. SANDLER (1986) *The Theory of Externalities, Public Goods, and Club Goods.* Cambridge: Cambridge University Press.

DAHRENDORF, R. (1961) *Gesellschaft und Freiheit: Zur soziologischen Analyse der Gegenwart.* München: Piper.

DAHRENDORF, R. (1972) *Konflikt und Freiheit. Auf dem Weg zur Dienstklassengesellschaft.* München: Piper.

DAVID, P.A. (1985) „Clio and the Economics of QWERTY." *American Economic Review* 75: 332-337.

DAVIDSON, D. (1985) *Handlung und Ereignis.* Frankfurt a.M.: Suhrkamp.

DAVIS, D.D. UND C.A. HOLT (1993) *Experimental Economics.* Princeton: Princeton University Press.

DAVIS, M.S. (1971) „That's Interesting! Towards a Phenomenology of Sociology and a Sociology of Phenomenology." *Philosophy of the Social Sciences* 1: 309-344.

DEATON, A. (2007) „Height, Health, and Development." *Proceedings of the National Academy of Sciences* 104: 13232-13237.

DEBREU, G. (1952) „A Social Equilibrium Existence Theorem." *Proceedings of the National Academy of Sciences* 38: 886-893.

DEBREU, G. (1959) *Theory of Value: An Axiomatic Analysis of Economic Equilibrium*. New York: Wiley.

DEBREU, G. (1974) „Excess Demand Functions." *Journal of Mathematical Economics* 1: 15-21.

DELTON, A., KRASNOW, M., COSMIDES, L. UND J. TOOBY (2011) „Evolution of Direct Reciprocity Under Uncertainty Can Explain Human Generosity in One-Shot Encounters." *Proceedings of the National Academy of Sciences* 108: 13335-13340.

DEVANEY, R.L. (1989) *An Introduction to Chaotic Dynamical Systems* (2. Aufl.). Redwood City: Addison-Wesley.

DIAMOND, J.M. (1998) *Guns, Germs, and Steel: The Fates of Human Societies*. New York: Norton.

DIAMOND, J.M. UND J.A. ROBINSON (Hg.) (2010) *Natural Experiments of History*. Cambridge: Belknap Press.

DIEKMANN, A. (1985) „Volunteer's Dilemma." *Journal of Conflict Resolution* 29: 605-610.

DIEKMANN, A. (1990) *Hazard Rate Models of Social Diffusion Processes*. Unveröffentlichtes Manuskript. Universität Bern, Institut für Soziologie.

DIEKMANN, A. (1992) „The Log-logistic Distribution as a Model for Social Diffusion Processes." *Journal of Scientific and Industrial Research* 51: 285-290.

DIEKMANN, A. (2004) „The Power of Reciprocity. Fairness, Reciprocity, and Stakes in Variants of the Dictator Game." *Journal of Conflict Resolution* 48: 487-505.

DIEKMANN, A. (2007) *Empirische Sozialforschung. Grundlagen, Methoden, Anwendungen* (18. Aufl.). Reinbek: Rowohlt.

DIEKMANN, A. (2008) „Soziologie und Ökonomie: Der Beitrag experimenteller Wirtschaftsforschung zur Sozialtheorie." *Kölner Zeitschrift für Soziologie und Sozialpsychologie* 60: 528-550.

DIEKMANN, A. (2009) *Spieltheorie: Einführung, Beispiele, Experimente*. Reinbek: Rowohlt.

DIEKMANN, A. UND P. PREISENDÖRFER (1998) „Environmental Behavior: Discrepancies Between Aspirations and Reality." *Rationality and Society* 10: 79-102.

DIEKMANN, A. UND P. PREISENDÖRFER (2001) *Umweltsoziologie. Eine Einführung*. Reinbek: Rowohlt.

DILTHEY, W. (1883) *Einleitung in die Geisteswissenschaften. Versuch einer Grundlegung für das Studium der Gesellschaft und der Geschichte von Wilhelm Dilthey*. Leipzig: Duncker & Humblot.

DIMAGGIO, P. (1994) „Culture and Economy." S. 27-57 in: N.J. SMELSER UND R. SWEDBERG (Hg.) *Handbook of Economic Sociology* (1. Aufl.). Princeton: Princeton University Press.

DIMAGGIO, P. UND H. LOUCH (1998) „Socially Embedded Consumer Transactions: For What Kinds of Purchases Do People Most Often Use Networks?" *American Sociological Review* 63: 619-637.

DIMAGGIO, P.J. UND W. POWELL (1983) „The Iron Cage Revisited: Institutional Isomorphism and Collective Rationality in Organizational Fields." *American Sociological Review* 48: 147-160.

DINKEL, R.H. (1989) *Demografie. Band 1: Bevölkerungsdynamik*. München: Vahlen.

DIXIT, A. UND S. SKEATH (2004) *Games of Strategy*. New York: Norton.

DRESNER, S. UND P. EKINS (2006) „Economic Instruments to Improve UK Home Energy Efficiency without Negative Social Impacts." *Fiscal Studies* 27: 47-74.

DUMÉNIL, G. UND D. LÉVY (2002) „The Profit Rate: Where and How Much Did it Fall? Did it Recover? (USA 1948-2000)." *Review of Radical Political Economics* 34: 437-461.

DURKHEIM, E. (1893 [1992]) *Über soziale Arbeitsteilung.* Frankfurt a.M.: Suhrkamp.

DURKHEIM, E. (1895 [1961]) *Die Regeln der soziologischen Methode.* Berlin: Luchterhand.

DURKHEIM, E. (1897 [1976]) *Der Selbstmord.* Berlin: Luchterhand.

DURKHEIM, E. (1912 [1981]) *Die elementaren Formen des religiösen Lebens.* Frankfurt a.M.: Suhrkamp.

DURLAUF, S.N. UND P. YOUNG (2001) *Social Dynamics.* Washington: Brookings Institution.

EASTERLIN, R.A. (1981) „Why Isn't the Whole World Developed?" *Journal of Economic History* 41: 1-19.

EISENFÜHR, F. UND M. WEBER (1999) *Rationales Entscheiden.* Berlin: Springer.

EISNER, M. (2003) „Long-term Historical Trends in Violent Crime." S. 83-142 in: M. TONRY (Hg.) *Crime and Justice: A Review of Research.* Chicago: University of Chicago Press.

EL SEHITY, T., HOELZL, E. UND E. KIRCHLER (2005) „Price Developments after a Nominal Shock: Benford's Law and Psychological Pricing after the Euro Introduction." *International Journal of Research in Marketing* 22: 471-480.

ELAYDI, S. (2005) *An Introduction to Difference Equations* (3. Aufl.). New York: Springer.

ELSTER, J. (1989) *The Cement of History.* Cambridge: Cambridge University Press.

ELSTER, J. (2007) *Explaining Social Behavior: More Nuts and Bolts for the Social Sciences.* Cambridge: Cambridge University Press.

EMERSON, R.M. (1962) „Power-Dependence-Relations." *American Sociological Review* 27: 31-41.

ENGEL, E. (1857) „Die Productions- und Consumtionsverhältnisse des Königreichs Sachsens." *Zeitschrift des statistischen Bureaus des Königlich Sächsischen Ministerium des Inneren* 8/9: 1-54.

EPSTEIN, J. (2006) *Generative Social Science: Studies in Agent-Based Computational Modeling.* Princeton: Princeton University Press.

ERDI, P. (2008) *Complexity Explained.* Berlin: Springer.

ESPING-ANDERSEN, G. (1990) *The Three Worlds of Welfare Capitalism.* Princeton: Princeton University Press.

ESSER, H. (1993) *Soziologie: Allgemeine Grundlagen.* Frankfurt a.M.: Campus.

ESSER, H. (2000) *Soziologie. Spezielle Grundlagen. Band 3: Soziales Handeln.* Frankfurt a.M.: Campus.

FAMA, E.F. (1965) „The Behavior of Stock Market Prices." *Journal of Business* 38: 34-105.

FAMA, E.F. (1970) „Efficient Capital Markets: A Review of Theory and Empirical Work." *Journal of Finance* 25: 383-417.

FARARO, T.J. (1978) *Mathematical Sociology.* New York: Wiley.

FECHNER, G.T. (1860) *Elemente der Psychophysik. 2 Bände.* Leipzig: Breitkopf und Härtel.

FEHR, E. UND S. GÄCHTER (2000) „Cooperation and Punishment in Public Goods Experiments." *American Economic Review* 90: 980-994.

FEHR, E. UND S. GÄCHTER (2002) „Altruistic Punishment in Humans." *Nature* 415: 137-140.

FEHR, E. UND G. SCHWARZ (2002) *Psychologische Grundlagen der Ökonomie.* Zürich: Verlag Neue Züricher Zeitung.

FELD, S.L. (1981) „The Focused Organisation of Social Ties." *American Journal of Sociology* 86: 1015-1035.

FELD, S.L. (1984) „The Structured Use of Personal Associates." *Social Forces* 62: 640-652.

FELDERER, B. UND M. SAUGA (1988) *Bevölkerung und Wirtschaftsentwicklung.* Frankfurt a.M.: Campus.

FELSENTHAL, D.S. UND M. MACHOVER (1998) *The Measurement of Voting Power: Theory and Practice, Problems, and Paradoxes.* Cheltenham: Edward Elgar.

FERNÁNDEZ, R. (2011) „Does Culture Matter?" S. 481-510 in: J. BENHABIB, A. BISIN UND M.O. JACKSON (Hg.) *Handbook of Social Economics.* Amsterdam: Elsevier.

FERNÁNDEZ, R. UND A. FOGLI (2009) „Culture: An Empirical Investigation of Beliefs, Work, and Fertility." *American Economic Journal: Macroeconomics* 1: 146-177.

FINLAYSON, C. (2009) *The Humans Who Went Extinct: Why Neanderthals Died Out and We Survived.* Oxford: Oxford University Press.

FISHER, L. (2003) *Reise zum Mittelpunkt des Frühstückens. Streifzüge durch die Physik der alltäglichen Dinge.* Frankfurt a.M.: Campus.

FISKE, A.(1992) „The Four Elementary Forms of Sociality" *Psychological Review* 99: 689-723.

FLAIG, E. (2009) *Weltgeschichte der Sklaverei.* München: C.H. Beck.

FLIGSTEIN, N. (2001) *The Architecture of Markets: An Economic Sociology of Twenty-First-Century Capitalist Societies.* Princeton: Princeton University Press.

FLOUD, R., FOGEL, R.W., HARRIS, B.H. UND S.C. HONG (2011) *The Changing Body: Health, Nutrition, and Human Development in the Western World Since 1700.* Cambridge: Cambridge University Press.

FOERSTER, H.V. (1993) *Wissen und Gewissen: Versuch einer Brücke.* Frankfurt a.M.: Suhrkamp.

FOGEL, R.W. (2004) *The Escape from Hunger and Premature Death. 1700-2100. Europe, America, and the Third World.* Cambridge: Cambridge University Press.

FORRESTER, J. (1961) *Industrial Dynamics.* New York: Wiley.

FRANK, R. UND P.J. COOK (1995) *The Winner-Take-All Society.* New York: The Free Press.

FRANK, R.H. (1985) *Choosing the Right Pond. Human Behavior and the Quest for Status.* Oxford: Oxford University Press.

FRANK, R.H. (1999) *Luxury Fever. Why Money Fails to Satisfy in an Era of Excess.* New York: The Free Press.

FRANZEN, A. (1999) „The Volunteer's Dilemma: Theoretical Models and Empirical Evidence." S. 135-148 in: M. FODDY, M. SMITHSON, S. SCHNEIDER UND M.A. HOGG (Hg.) *Resolving Social Dilemmas. Dynamic, Structural, and Intergroup Aspects.* Philadelphia: Psychology Press.

FRANZEN, A. UND S. POINTNER (2012) „Anonymity in the Dictator Game Revisited." *Journal of Economic Behavior and Organization* 81: 74-81.

FREEMAN, L.C. (1979) „Centrality in Social Networks and Conceptional Clarification." *Social Networks* 1: 215-239.

FREY, B.S. UND S. NECKERMANN (2008) „Awards: A View From Psychological Economics." *Journal of Psychology* 216: 198-208.

FREY, B.S. UND A. STUTZER (2002) *Happiness and Economics.* Princeton: Princeton University Press.

FRIEDMAN, M. (1953) „The Methodology of Positive Economics." S. 1-43 in: M. FRIEDMAN *Essays in Positive Economics.* Chicago: University of Chicago Press.

FUJITA, M., KRUGMAN, P. UND A.J. VANABLES (1999) *The Spatial Economy: Cities, Regions, and International Trade.* Cambridge: MIT Press.

FUKUYAMA, F. (1995) *Trust: The Social Virtues and the Creation of Prosperity.* New York: The Free Press.

FULCHER, J. (2007) *Kapitalismus.* Ditzingen: Reclam.

FUNDER, M. (2011) *Soziologie der Wirtschaft. Eine Einführung.* München: Oldenbourg.

GABAIX, X. (1999) „Zipf's Law and the Growth of Cities." *American Economic Review* 89: 129-132.

GALE, D. (2000) *Strategic Foundations of General Equilibrium: Dynamic Matching and Bargaining Games.* Cambridge: Cambridge University Press.

GAMBETTA, D. (Hg.) (1988) *Trust: Making and Breaking Cooperative Relations.* Oxford: Blackwell.

GAMBETTA, D. (1996) *The Sicilian Mafia: The Business of Private Protection.* Cambridge: Harvard University Press.

GAMBETTA, D. UND H. HAMILL (2005) *Streetwise. How Taxi Drivers Establish Their Customers' Trustworthiness.* New York: Russell Sage Foundation.

GANGL, M. (2010) „Nichtparameterische Schätzung kausaler Effekte mittels Matchingverfahren." S. 931-961 in: C. WOLF UND H. BEST (Hg.) *Handbuch der sozialwissenschaftlichen Datenanalyse.* Wiesbaden: VS Verlag.

GAUTSCHI, T. (2010) „Maximum-Likelihood Schätztheorie." S. 205-235 in: C. WOLF UND H. BEST (Hg.) *Handbuch der sozialwissenschaftlichen Datenanalyse.* Wiesbaden: VS Verlag.

GEERTZ, C. (1973) *The Interpretation of Cultures.* New York: Basic Books.

GERHARDS, J. (2010) *Die Moderne und ihre Vornamen. Eine Einladung in die Kultursoziologie* (2. Aufl.). Wiesbaden: VS Verlag.

GERHARDS, J. UND R. HACKENBROCH (2000) „Trends and Causes of Cultural Modernization. An Empirical Study of First Names." *International Sociology* 15: 501-532.

GERHARDS, J. UND S. HANS (2009) „From Hasan to Herbert: Name Giving Patterns of Immigrant Parents between Acculturation and Ethnic Maintenance." *American Journal of Sociology* 114: 1102-1128.

GIGERENZER, G. (2004) *Das Einmaleins der Skepsis. Über den richtigen Umgang mit Zahlen und Risiken.* Berlin: BTV.

GIGERENZER, G. UND R. SELTEN (Hg.) (2001) *Bounded Rationality: The Adaptive Toolbox.* Cambridge: MIT Press.

GIGERENZER, G., TODD, P.M. UND DIE ABC RESEARCH GROUP (1999) *Simple Heuristics That Make Us Smart.* Oxford: Oxford University Press.

GILBERT, N. UND K.G. TROITZSCH (2005) *Simulation for the Social Scientist.* Maidenhead: Open University Press.

GILLMAN, J.M. (1969) *Das Gesetz des tendenziellen Falls der Profitrate.* Frankfurt a.M.: Europäische Verlags-Anstalt.

GILMAN, J.J. (1992) „Broken Sticks. Why Mergers May Fail to Garner Market Shares." *Managerial and Decision Economics* 13: 453-456.

GINTIS, H. (2007) „The Dynamics of General Equilibrium." *Economic Journal* 117: 1280-1309.

GINTIS, H. (2009) *The Bounds of Reason. Game Theory and the Unification of the Behavioral Sciences.* Princeton: Princeton University Press.

GIULIANO, P. (2007) „Living Arrangements in Western Europe: Does Cultural Origin Matter?" *Journal of the European Economic Association* 5: 927-952.

GLAESER, E. (2011) *Triumph of the City: How Our Greatest Invention Makes Us Richer, Greener, Smarter, Healthier, and Happier.* New York: Penguin Books.

GLASERSFELD, E.V. (1987) *Wissen, Sprache und Wirklichkeit. Arbeiten zum radikalen Konstruktivismus; Wissenschaftstheorie.* Wiesbaden: Vieweg.

GLIMCHER, P.W., CAMERER, C.F., FEHR, E. UND R.A. POLDRACK (2009) *Neuroeconomics: Decision-Making and the Brain.* Amsterdam: Academic Press.

GÖRLICH, J. (1992) *Tausch als rationales Handeln: Zeremonieller Gabentausch und Tauschhandel im Hochland von Papua-Neuguinea.* Berlin: Reimer.

GOODE, E. (2008) *Deviant Behavior* (8. Aufl.). New York: Prentice Hall.

GOSSEN, H.H. (1854) *Entwicklung der Gesetze des menschlichen Verkehrs, und der daraus fließenden Regeln für menschliches Handeln.* Braunschweig: Vieweg.

GOULDNER, A.W. (1960) „The Norm of Reciprocity: A Preliminary Statement." *American Sociological Review* 25: 161-178.

GOYAL, S. (2007) *Connections: An Introduction to the Economics of Networks.* Princeton: Princeton University Press.

GRAEBER, D. (2011) *Debt: The First 5 000 Years.* New York: Melville House.

GRANOVETTER, M. (1973) „The Strength of Weak Ties." *American Journal of Sociology* 78: 1360-1380.

GRANOVETTER, M. (1985) „Economic Action and Social Structure: The Problem of Embeddedness." *American Journal of Sociology* 91: 481-493.

GRANOVETTER, M. (1995) *Getting a Job: A Study of Contacts and Careers.* Chicago: University of Chicago Press.

GRANOVETTER, M. (2005) „The Impact of Social Structure on Economic Outcomes." *Journal of Economic Perspectives* 19: 33-55.

GREIF, A. (2006) *Institutions and the Path to the Modern Economy. Lessons from Medieval Trade.* Cambridge: Cambridge University Press.

GROEBEN, N. (1995) „Zur Kritik einer unnötigen, widersinnigen und destruktiven Radikalität." S. 149-159 in: H.R. FISCHER (Hg.) *Die Wirklichkeit des Konstruktivismus.* Heidelberg: Carl-Auer.

GROS, C. (2008) *Complex and Adaptive Dynamical Systems.* Berlin: Springer.

GUGGISBERG, J. (2002) *Altruistisches Verhalten im sequentiellen Diktatorspiel – ein länderspezifischer Vergleich (Schweiz-Nicaragua).* Bern: unveröffentlichte Lizenziatsarbeit.

GUISO, L., SAPIENZA, P. UND L. ZINGALES (2006) „Does Culture Affect Economic Outcomes?" *Journal of Economic Perspectives* 20: 23-48.

GWARTNEY, J. UND R.A. LAWSON (2008) *Economic Freedom of the World: 2008 Annual Report.* Vancouver: The Fraser Institute.

HACKING, I. (1999) *The Social Construction of What?* Cambridge: Harvard University Press.

HANAU, A. (1928) „Die Prognose der Schweinepreise." *Vierteljahrshefte zur Konjunkturforschung.* Sonderheft 7: 1-39.

HANNAN, M.T. UND J. FREEMAN (1977) „The Population Ecology of Organizations." *American Journal of Sociology* 82: 929-964.

HARDIN, G. (1968) „The Tragedy of the Commons." *Science* 162: 1243-1248.

HARGREAVES HEAP, S.P., HOLLIS, M., LYONS, B., SUGDEN, R. UND A. WEALE (1994) *The Theory of Choice: A Critical Guide.* Oxford: Blackwell.

HARRIS, M. (1995) *Wohlgeschmack und Widerwillen: Die Rätsel der Nahrungstabus.* München: DTV.

HARSANYI, J.C. (1977) *Rational Behaviour and Bargaining Equilibrium in Games and Social Situations.* Cambridge: Cambridge University Press.

HARSANYI, J.C. UND R. SELTEN (1972) „A Generalized Nash Solution for Two-Person Bargaining Games with Incomplete Information." *Management Science* 18: 80-106.

HARSANYI, J.C. UND R. SELTEN (1988) *A General Theory of Equilibrium Selection in Games.* Cambridge: MIT Press.

HARTMANN, M. (2004) *Elitesoziologie: Eine Einführung.* Frankfurt a.M.: Campus.

HARTMANN, M. (2007) *Eliten und Macht in Europa: Ein internationaler Vergleich.* Frankfurt a.M.: Campus.

HASS, J.K. (2007) *Economic Sociology. An Introduction.* London: Routledge.

HAYEK, F.A.v. (2001-2012) *Gesammelte Schriften in deutscher Sprache.* Tübingen: Mohr Siebeck.

HEADRICK, D.R. (2009) *Technology: A World History.* Oxford: Oxford University Press.

HEDSTRÖM, P. (1998) „Rational Imitation." S. 306-327 in: P. HEDSTRÖM UND R. SWEDBERG (Hg.) *Social Mechanisms: An Analytical Approach to Social Theory.* Cambridge: Cambridge University Press.

HEDSTRÖM, P. (2005) *Dissecting the Social. On the Principles of Analytic Sociology.* Cambridge: Cambridge University Press.

HEDSTRÖM, P. UND R. SWEDBERG (Hg.) (1998) *Social Mechanisms: An Analytical Approach to Social Theory.* Cambridge: Cambridge University Press.

HEINSOHN, G UND O. STEIGER (2006) *Eigentum, Zins und Geld.* Marburg: Metropolis.

HEINZE, T. (2002) „Die Struktur der Personalverflechtungen großer deutscher Aktiengesellschaften zwischen 1989 und 2001." *Zeitschrift für Soziologie* 31: 391-410.

HELBING, D. UND S. LÄMMER (2005) „Supply and Production Networks: From the Bullwhip Effect to Business Cycles." S. 33-64 in: D. ARMBRUSTER, A.S. MIKHAILOV UND K. KANEKO (Hg.) *Networks of Interacting Machines: Production Organization in Complex Industrial Systems and Biological Cells.* Singapore: World Scientific Publishing.

HEMPEL, C.G. (1942) „The Function of General Laws in History." *Journal of Philosophy* 39: 35-48.

HEMPEL, C.G. (1965) *Aspects of Scientific Explanation and Other Essays in the Philosophy of Science.* New York: The Free Press.

HEMPEL, C.G. UND P. OPPENHEIM (1948) „Studies in the Logic of Explanation." *Philosophy of Science* 15: 135-175.

HENRICH, J. (2000) „Does Culture Matter in Economic Behavior? Ultimatum Game Bargaining Among the Machiguenga." *American Economic Review* 90: 973-979.

HENRICH, J., BOYD, R., BOWLES, S., CAMERER, C.F., FEHR, E. UND H. GINTIS (2004) *Foundations of Human Sociality. Economic Experiments and Ethnographic Evidence from Fifteen Small-Scale Societies.* Oxford: Oxford University Press.

HENRICH, J., BOYD, R., BOWLES, S., CAMERER, C.F., GINTIS, H., McELREATH, R. UND E. FEHR (2001) „In Search of Homo Economicus: Experiments in 15 Small-Scale Societies." *American Economic Review* 91: 73-79.

HENRICH, J., BOYD, R., BOWLES, S., GINTIS, H., FEHR, E., CAMERER, C.F., MCELREATH, R., GURVEN, M., HILL, K., BARR, A., ENSMINGER, J., TRACER, D., MARLOWE, F., PATTON, J., ALVARD, M., GIL-WHITE, F. UND N. HENRICH (2005) „"Economic Man" in Cross-Cultural Perspective: Ethnography and Experiments from 15 Small-Scale Societies." *Behavioral and Brain Sciences* 28: 795-815.

HENRICH, J., HEINE, S.J. UND A. NORENZAYAN (2010) „The Weirdest People in the World?" *Behavioral and Brain Sciences* 33: 61-135.

HENRICH, N. UND J. HENRICH (2007) *Why Humans Cooperate: A Cultural and Evolutionary Explanation*. Oxford: Oxford University Press.

HERKNER, W. (1996) *Lehrbuch Sozialpsychologie* (5. Aufl.). Bern: Huber.

HERRNSTEIN, R.J. (1974) „Formal Properties of the Matching Law." *Journal of the Experimental Analysis of Behavior* 21: 159-164.

HERRNSTEIN, R.J. (1997) *The Matching Law. Papers in Psychology and Economics*. New York: Russell Sage Foundation.

HEY, J.D. (1991) *Experiments in Economics*. Oxford: Blackwell.

HEY, J.D. UND C. ORME (1994) „Investigating Generalizations of Expected Utility Theory Using Experimental Data." *Econometrica* 62: 1291-1326.

HILDENBRAND, W. UND A.P. KIRMAN (1988) *Equilibrium Analysis: Variations on Themes by Edgeworth and Walras*. Amsterdam: Elsevier.

HIRSCH, F. (1976) *The Social Limits to Growth*. London: Routledge and Kegan Paul.

HIRSHLEIFER, D. UND T. SHUMWAY (2003) „Good Day Sunshine: Stock Returns and the Weather." *Journal of Finance* 58: 1009-1032.

HOBBES, T. (1651) *Leviathan, or, The Matter, Form, and Power of a Common-Wealth Ecclesiastical and Civil*. London: Printed for Andrew Crooke.

HOLLER, M.J. UND G. ILLING (2006) *Einführung in die Spieltheorie* (6. Aufl.). Berlin: Springer.

HOLLIS, M. (1994) *The Philosophy of Social Science: An Introduction*. Cambridge Cambridge University Press

HOMANS, G.C. (1961) *Social Behavior: Its Elementary Forms*. New York: Harcourt, Brace & World.

HOMANS, G.C. (1974) *Social Behavior: Its Elementary Forms* (2. Aufl.). New York: Harcourt, Brace & World.

HORAN, R.D., BULTE, E. UND J.F. SHOGREN (2005) „How Trade Saved Humanity from Biological Exclusion: An Economic Theory of Neanderthal Extinction." *Journal of Economic Behavior and Organization* 58: 1-29.

HUGH, T.R. (1969) *The European Witch-Craze of the 16th and 17th Centuries*. Harmandsworth: Penguin Books.

HUININK, J. UND T. SCHRÖDER (2008) *Sozialstruktur Deutschlands*. Konstanz: UTB.

HUME, D. (1739-1740 [1978]) *A Treatise of Human Nature*. Oxford: Clarendon Press.

HUME, D. (1751 [2006]) *An Enquiry Concerning the Principles of Morals*. New York: Oxford University Press.

HUMMELL, H.J. (1972) *Probleme der Mehrebenenanalyse*. Stuttgart: Teubner.

HUSCHKA, D., GERHARDS, J. UND G.W. WAGNER (2009) „Naming Differences in Divided Germany." *Names* 57: 208-228.

HUSSERL, E. (1900/1901) *Logische Untersuchungen*. Halle: M. Niemeyer.

ISAAC, R. UND J. WALKER (1988) „Group Size Effects in Public Goods Provision: The Voluntary Contributions Mechanism." *Quarterly Journal of Economics* 103: 179-199.

JACKSON, M.O. (2008) *Social and Economic Networks.* Princeton: Princeton University Press.

JACKSON, M.O. UND L. YARIV (2007) „Diffusion Behaviour and Equilibrium Properties in Network Games." *American Economic Review: Papers and Proceedings* 97: 92-98.

JASSO, G. (1988) „Principles of Theoretical Analysis." *Sociological Theory* 6: 1-20.

JASSO, G. (2007) „Studying Justice: Measurement, Estimation, and Analysis of the Actual Reward and the Just Reward." S. 225-253 in: K. TÖRNBLOM UND R. VERMUNT (Hg.) *Distributive and Procedural Justice: Research and Social Applications.* London: Ashgate.

JEHLE, G.A. UND P.J. RENY (2001) *Advanced Microeconomic Theory* (2. Aufl.). Boston: Addison-Wesley.

JOHNSON, STEVEN (2010) *Where Good Ideas Come From: The Natural History of Innovation.* New York: Riverhead.

KAGEL, J.H. UND A.E. ROTH (Hg.) (1995) *Handbook of Experimental Economics.* Princeton: Princeton University Press.

KAHNEMAN, D., SLOVIC, P. UND A. TVERSKY (1982) *Judgement under Uncertainty: Heuristics and Biases.* Cambridge: Cambridge University Press.

KAHNEMAN, D. UND A. TVERSKY (Hg.) (2000) *Choices, Values, and Frames.* Cambridge: Cambridge University Press

KALAI, E. (1977) „Nonsymmetric Nash Solutions and Replications of Two-Person Bargaining." *International Journal of Game Theory* 6: 129-133.

KALTER, F. (Hg.) (2008) *Migration und Integration. Sonderheft 48 der Kölner Zeitschrift für Soziologie und Sozialpsychologie.* Wiesbaden: VS Verlag.

KAPLAN, D. UND L. GLASS (1995) *Understanding Nonlinear Dynamics.* New York: Springer.

KAUFMANN, F.X. (2005) *Schrumpfende Gesellschaft. Vom Bevölkerungsrückgang und seinen Folgen.* Frankfurt a.M.: Suhrkamp.

KELLY, M. (2008) „Financial Market Contagion." In: S.N. DURLAUF UND L.E. BLUME (Hg.) *The New Palgrave Dictionary of Economics.* Basingstoke: Palgrave Macmillan.

KEMENY, J. UND J.L. SNELL (1972) *Mathematical Models in the Social Sciences.* Cambridge: MIT Press.

KEUSCHNIGG, M. (2012) *Das Bestseller-Phänomen: Die Entstehung von Nachfragekonzentration im Buchmarkt.* Wiesbaden: Springer VS.

KEYNES, J.M. (1936 [1997]) *The General Theory of Employment, Interest and Money.* London: Prometheus Books.

KINCAID, H. (1996) *Philosophical Foundations of the Social Sciences: Analyzing Controversies in Social Research.* Cambridge: Cambridge University Press.

KINDLEBERGER, C.P. UND R.Z. ALIBER (2005) *Manias, Panics, and Crashes. A History of Financial Crises.* Hoboken: Wiley.

KLEIN, T. (2005) *Sozialstrukturanalyse. Eine Einführung.* Reinbek: Rowohlt

KNACK, S. UND P. KEEFER (1996) „Does Social Capital Have an Economic Payoff? A Cross-Country Investigation." *Quarterly Journal of Economics* 112: 1251-1288.

KNORR-CETINA, K. (1981) *The Manufacture of Knowledge. An Essay on the Constructivist and Contextual Nature of Science.* Oxford: Pergamon.

KOCH, R. (2008) *Das 80/20 Prinzip: Mehr Erfolg mit weniger Aufwand.* Frankfurt a.M.: Campus.

KOERTGE, N. (Hg.) (2000) *A House Built on Sand: Exposing Postmodernist Myths About Science.* Oxford: Oxford University Press.

KOHLI, M., KÜHNEMUND, H., SCHÄFER, A., SCHUPP, J. UND C. VOGEL (2006) „Erbschaften und ihr Einfluss auf die Vermögensverteilung." *Vierteljahreshefte zur Wirtschaftsforschung* 75: 58-76.

KOLM, S.-C. (2006) „Reciprocity: Its Scope, Rationales, and Consequences." S. 371-541 in: S.-C. KOLM UND J.M. YTHIER (Hg.) *Handbook of the Economics of Giving, Altruism, and Reciprocity.* Amsterdam: Elsevier.

KOLM, S.-C. UND J.M. YTHIER (Hg.) (2006) *Handbook of the Economics of Giving, Altruism, and Reciprocity.* Amsterdam: Elsevier.

KOMLOS, J. (1998) „Shrinking in a Growing Economy? The Mystery of Physical Stature during the Industrial Revolution." *Journal of Economic History* 58: 779-802.

KONRAD, K. UND H. ZSCHÄPITZ (2010) *Schulden ohne Sühne? Warum der Absturz der Staatsfinanzen uns alle trifft.* München: Beck.

KREMER, M. (1993) „Population Growth and Technological Change: One Million B.C. to 1990." *Quarterly Journal of Economics* 108: 681-716.

KRENN, K. (2012) *Alle Macht den Banken? Zur Struktur personaler Netzwerke deutscher Unternehmen am Beginn des 20. Jahrhunderts.* Wiesbaden: VS Verlag.

KREPS, D.M. (1989) *Notes on the Theory of Choice.* Boulder: Westview Press.

KRUGMAN, P.R. (1980) „Scale Economics, Product Differentiation, and the Pattern of Trade." *American Economic Review* 70: 950-959.

KRUGMAN, P.R. (1981) „Intraindustry Specialization and the Gains from Trade." *Journal of Political Economy* 89: 959-973.

KUHN, H.W. (1953) „Extensive Games and the Problem of Information." *Annals of Mathematics Studies* 28: 193-216.

KUKLA, A. (2000) *Social Constructivism and the Philosophy of Science.* New York: Routledge.

KUZNETS, S. (1965) „Economic Growth and Income Inequality." S. 257-287 in: S. KUZNETS (Hg.) *Economic Growth and Structure.* New York: Norton.

LÄMMER, S. UND D. HELBING (2008) „Self-Control of Traffic Lights and Vehicle Flows in Urban Road Networks" *Journal of Statistical Mechanics: Theory and Experiment* P04019: 1-34.

LAKATOS, I. (1970) „Falsification and the Methodology of Scientific Research Programmes." S. 91-195 in: I. LAKATOS UND A. MUSGRAVE (Hg.) *Criticism and the Growth of Knowledge.* Cambridge: Cambridge University Press.

LAMONT, O.A. UND R.H. THALER (2003) „Anomalies: The Law of one Rule in Financial Markets." *Journal of Economic Perspectives* 17: 191-202.

LAMPERT, T. (2010) „Soziale Determinanten des Tabakkonsums bei Erwachsenen in Deutschland." *Bundesgesundheitsblatt – Gesundheitsforschung – Gesundheitsschutz* 53: 108-116.

LAMPERT, T. UND M. BURGER (2005) „Verbreitung und Strukturen des Tabakkonsums in Deutschland." *Bundesgesundheitsblatt – Gesundheitsforschung – Gesundheitsschutz* 48: 1231-1241.

LANDES, D.S. (1998) *The Wealth and Poverty of Nations. Why Some Are so Rich and Some so Poor.* New York: Norton

LATOUR, B. UND S. WOOLGAR (1979) *Laboratory Life. The Construction of Scientific Facts.* Thousand Oaks: Sage.

LEDYARD, J.O. (1995) „Public Goods: A Survey of Experimental Research." S. 111-194 in: J.H. KAGEL UND A.E. ROTH (Hg.) *Handbook of Experimental Economics*. Princeton: Princeton University Press.

LEE, H.L., PADMANABHAN, V. UND S. WHANG (1997) „The Bullwhip Effect. Supply Chains." *Sloan Management Review* 38: 93-102.

LENSKI, G. (2005) *Ecological-Evolutionary Theory: Principles and Applications*. Colorado: Paradigm Publishers.

LESOURNE, J., ORLÉAN, A. UND B. WALLISER (2006) *Evolutionary Microeconomics*. Berlin: Springer.

LIEBERSON, S. (2000) *A Matter of Taste: How Names, Fashions, and Culture Change*. New Haven: Yale University Press.

LIEBERSON, S. UND K.S. MIKELSON (1995) „Distinctive African American Names: An Experimental, Historical, and Linguistic Analysis of Innovation." *American Sociological Review* 60: 928-946.

LIEBIG, S. UND M. MAY (2009) „Dimensionen sozialer Gerechtigkeit." *Aus Politik und Zeitgeschichte* 47: 3-8.

LIEBIG, S. UND B. WEGENER (1995) „Primäre und sekundäre Ideologien. Ein Vergleich von Gerechtigkeitsvorstellungen in Deutschland und den USA." S. 265-293 in: H.-P. MÜLLER UND B. WEGENER (Hg.) *Soziale Ungleichheit und soziale Gerechtigkeit*. Opladen: Westdeutscher Verlag.

LIEBOWITZ, S.J. UND S.E. MARGOLIS (1995) „Path Dependence, Lock-in, and History." *Journal of Law, Economics and Organization* 11: 205-226.

LIN, N. (1999) „Building a Network Theory of Social Capital." *Connections* 22: 28-51.

LINDENBERG, S. (1985) „An Assessment of the New Political Economy: Its Potential for the Social Sciences and for Sociology in Particular." *Sociological Theory* 3: 99-114.

LINKERT, K. (2003) „Zur Bedeutung des Weihnachtsgeschäfts für den Einzelhandel." *Wirtschaft und Statistik* 11: 1008-1009.

LIPSET, S.M. UND R. BENDIX (1959) *Social Mobility in Industrial Society*. Berkeley: University of California Press.

LIPSET, S.M., TROW, M.A. UND J.S. COLEMAN (1956) *Union Democracy: The International Politics of the International Typographical Union*. Garden City: Anchor Books.

LIST, J.A. UND J.F. SHOGREN (1998) „The Deadweight Loss of Christmas: Comment." *American Economic Review* 88: 1350-1355.

LO, A.W. (2012) „Reading About the Financial Crisis: A 21-Book Review." *Journal of Economic Literature* (im Erscheinen).

LOEWENSTEIN, G. UND J. ELSTER (1992) *Choice over Time*. New York: Russel Sage Foundation.

LOO, H.V.D. UND W.V. REIJEN (1997) *Modernisierung. Projekt und Paradox*. München: DTV.

LORENZ, J., RAUHUT, H., SCHWEITZER, F. UND D. HELBING (2011) „How Social Influence Can Undermine the Wisdom of Crowd Effect." *Proceedings of the National Academy of Sciences* 108: 9020-9025.

LOTKA, A.J. (1925) *Elements of Physical Biology*. Baltimore: Williams and Wilkins.

LUCAS, R.J. (1988) „On the Mechanics of Economic Development." *Journal of Monetary Economics* 22: 3-42.

LÜTZ, S. (2008) „Finanzmärkte." S. 341-360 in: A. MAURER (Hg.) *Handbuch der Wirtschaftssoziologie*. Wiesbaden: VS Verlag.

LUHMANN, N. (1984) *Soziale Systeme.* Frankfurt a.M.: Suhrkamp.

LUHMANN, N. (1990) *Die Wissenschaft der Gesellschaft.* Frankfurt a.M.: Suhrkamp.

LUHMANN, N. (1997) *Die Gesellschaft der Gesellschaft.* Frankfurt a.M.: Suhrkamp.

MADDISON, A. (2006) *The World Economy. Vol. 1: A Millennial Perspective. Vol. 2: Historical Statistics.* Paris: OECD.

MADDISON, A. (2007) *Contours of the World Economy 1-2030 AD. Essays in Macro-Economic History.* Oxford: Oxford University Press.

MÄKI, U. (Hg.) (2009) *The Methodology of Positive Economics: Reflections on the Milton Friedman Legacy.* Cambridge: Cambridge University Press.

MAHAJAN, V. UND R.A. PETERSON (1985) *Models for Innovation Diffusion.* Thousand Oaks: Sage.

MALINOWSKI, B. (1922 [2001]) *Argonauten des westlichen Pazifik.* Eschborn: Klotz.

MALKIEL, B.G. (1989) „Efficient Market Hypothesis." S. 127-134 in: J. EATWELL, M. MILGATE UND P. NEWMAN (Hg.) *The New Palgrave: Finance.* New York: Norton.

MALKIEL, B.G. (2003) „The Efficient Market Hypothesis and its Critics." Arbeitspapier Nr. 91, Center for Economic Policy Studies, Princeton University.

MALTHUS, T.R. (1798) *An Essay on the Principle of Population.* London: J. Johnson.

MALTHUS, T.R. (1872) *An Essay on the Principle of Population or, a View of its Past and Present Effects on Human Happiness; With an Inquiry into our Prospects Pespecting the Future Removal or Mitigation of the Evils which it Occasions.* London: Reeves and Turner.

MANDELBROT, B. UND R.L. HUDSON (2004) *The (Mis)Behavior of Markets: A Fractal View of Risk, Ruin, and Reward.* New York: Basic Books.

MANDEVILLE, B.D. (1714 [2002]) *Die Bienenfabel, oder private Laster, öffentliche Vorteile.* Frankfurt a.M.: Suhrkamp.

MANKIW, G.N. (2004) *Grundzüge der Volkswirtschaftslehre.* Stuttgart: Schäffer-Poeschel.

MANTEL, R. (1974) „On the Characterization of Aggregate Excess Demand." *Journal of Economic Theory* 7: 348-353.

MARSHALL, A. (1920) *Principles of Economics.* London: Macmillan.

MARSHALL, T.H. (1950) *Citizenship and Social Class.* Cambridge: Cambridge University Press.

MARX, K. (1867 [1962]) *Das Kapital. Bd. 1.* Berlin: Dietz.

MARX, K. (1885 [1963]) *Das Kapital. Bd. 2.* Berlin: Dietz.

MARX, K. (1894 [1964]) *Das Kapital: Der Gesamtprozess der kapitalistischen Produktion. Bd. 3.* Berlin: Dietz.

MARX, K. UND F. ENGELS (1848 [1959]) „Manifest der Kommunistischen Partei." S. 459-493 in: K. MARX UND F. ENGELS *Marx-Engels Werke.* Berlin: Dietz.

MAS-COLELL, A. (1977) „On the Equilibrium Price Set of an Exchange Economy." *Journal of Mathematical Economics* 4: 117-126.

MAS-COLELL, A., WHINSTON, M.D. UND J.R. GREEN (1995) *Microeconomic Theory.* New York: Oxford University Press

MAURER, A. (2004) *Herrschaftssoziologie. Eine Einführung.* Frankfurt a.M.: Campus.

MAURER, A. (Hg.) (2008) *Handbuch der Wirtschaftssoziologie.* Wiesbaden: VS Verlag.

MAURER, A. UND M. SCHMID (2010) *Erklärende Soziologie. Grundlagen, Vertreter und Anwendungsfelder eines Forschungsprogramms.* Wiesbaden: VS Verlag.

MAUSS, M. (1923/1924 [1990]) *Die Gabe. Form und Funktion des Austauschs in archaischen Gesellschaften.* Frankfurt a.M.: Suhrkamp.

MAY, R.M. (1976) „Simple Mathematical Models With Very Complicated Dynamics." *Nature* 261: 459-467.

MAYNARD SMITH, J. (1982) *Evolution and the Theory of Games.* Cambridge: Cambridge University Press.

McMILLAN, J. (2002) *Reinventing the Bazaar. A Natural History of Markets.* New York: Norton.

McPHERSON, M., SMITH-LOVIN, L., UND J.M. COOK (2001) „Birds of a Feather: Homophily in Social Networks." *Annual Review of Sociology* 27: 415-444.

MECKLING, W. (1976) „Values and the Choice of the Model of the Individual in the Social Sciences." *Swiss Journal of Economics and Statistics* 112: 545-560.

MEIER, G. UND P. WEISS (1990) *Modelle diskreter Entscheidungen: Theorie und Anwendung in den Sozial- und Wirtschaftswissenschaften.* Wien: Springer.

MERTON, R.K. (1936) „The Unanticipated Consequences of Purposive Social Action." *American Sociological Review* 1: 894-904.

MERTON, R.K. (1968) „The Matthew Effect in Science." *Science* 159: 56-63.

MEYER, J.W. UND B. ROWAN (1977) „Institutional Organizations: Formal Structure as Myth and Ceremony." *American Journal of Sociology* 83: 340-363.

MICHEL, J.-B., SHEN, Y.K., AIDEN, A.P., VERES, A., GRAY, M.K., TEAM, T.G.B., PICKETT, J.P., HOIBERG, D., CLANCY, D., NORVIG, P., ORWANT, J., PINKER, S., NOWAK, M.A. UND E.L. AIDEN (2011) „Quantitative Analysis of Culture Using Millions of Books." *Science* 331: 176-182.

MICHELS, R. (1908) „Die oligarchischen Tendenzen der Gesellschaft. Ein Beitrag zum Problem der Demokratie." *Archiv für Sozialwissenschaften und Sozialpolitik* 27: 73-135.

MIKL-HORKE, G. (1999) *Historische Soziologie der Wirtschaft. Wirtschaft und Wirtschaftsdenken in Geschichte und Gegenwart.* München: Oldenburg.

MIKL-HORKE, G. (2008) *Sozialwissenschaftliche Perspektiven der Wirtschaft.* München: Oldenburg.

MILLER, J.G. (1978) *Living Systems.* New York: McGraw-Hill.

MILLER, J.H. UND S.E. PAGE (2007) *Complex Adaptive Systems: An Introduction to Computational Models of Social Life.* Princeton: Princeton University Press.

MIROW, J. (2009) *Weltgeschichte.* München: Piper.

MISES, L.v. (1922) *Die Gemeinwirtschaft. Untersuchungen über den Sozialismus.* Jena: Fischer.

MITZENMACHER, M. (2003) „A Brief History of Generative Models for Power Law and Lognormal Distributions." *Internet Mathematics* 1: 226-251.

MIZRUCHI, M.S. (1996) „What Do Interlocks Do? Analysis, Critique, and Assessment of Research on Interlocking Directorates." *Annual Review of Sociology* 22: 271-298.

MIZRUCHI, M.S. UND L.B. STEARNS (1988) „A Longitudinal Study of the Formation of Interlocking Directorates." *Administrative Science Quarterly* 33: 194-210.

MIZRUCHI, M.S. UND L.B. STEARNS (1994) „A Longitudinal Study of Borrowing of Large American Corporations." *Administrative Science Quarterly* 39: 118-140.

MIZRUCHI, M.S. UND L.B. STEARNS (2001) „Getting Deals Done: The Use of Social Networks in Bank Decision-Making." *American Sociological Review* 66: 647-671.

MIZRUCHI, M.S., STEARNS, L.B. UND C. MARQUIS (2006) „The Conditional Nature of Embeddedness: A Study of Borrowing by Large U.S. Firms, 1973-1994." *American Sociological Review* 71: 310-333.

MOKYR, J. (2008) „The Institutional Origins of the Industrial Revolution." S. 64-119 in: E. HELPMAN (Hg.) *Institutions and Economic Performance*. Cambridge: Harvard University Press.

MORGAN, S.L. UND C. WINSHIP (2007) *Counterfactuals and Causal Inference*. Cambridge: Cambridge University Press.

MORRIS, I. (2010) *Why the West Rules – for Now: The Patterns of History, and What They Reveal About the Future*. New York: Farrar, Straus, and Giroux.

MORRIS, M. (1994) „Epidemiology and Social Networks: Modeling Structured Diffusion." S. 26-52 in: S. WASSERMAN UND J. GALASKIEWICZ (Hg.) *Advances in Social Network Analysis: Research in the Social and Behavioral Sciences*. Thousand Oaks: Sage.

MOSTELLER, F. (1965) *Fifty Challenging Problems in Probability with Solutions*. Reading: Addison-Wesley.

MOUW, T. (2003) „Social Capital and Finding a Job: Do Contacts Matter?" *American Sociological Review* 68: 868-898.

MÜLLER, H.-P. (2003) „Georg Simmel – Rosen. Eine soziale Hypothese." S. 239 in: H.-P. MÜLLER UND M. SCHMID (Hg.) *Hauptwerke der Ungleichheitsforschung*. Wiesbaden: Westdeutscher Verlag.

MÜLLER-BENEDICT, V. (2000) *Selbstorganisation in sozialen Systemen*. Opladen: Leske & Budrich.

MURRAY, J.D. (1993) *Mathematical Biology* (2. Aufl.). Berlin: Springer.

MUSGRAVE, A. (1981) „'Unreal Assumptions' in Economic Theory: The F-Twist Untwisted." *Kyklos* 34: 377-387.

MYERSON, R.B. (1999) „Nash Equilibrium and the History of Economic Theory." *Journal of Economic Literature* 37: 1067-1082.

NAGEL, E. (1961) *The Structure of Science: Problems in the Logic of Scientific Explanation*. New York: Harcourt, Brace & World.

NAGEL, R. (1995) „Unraveling in Guessing Games: An Experimental Study." *American Economic Review* 85: 1313-1326.

NASH, J.F. (1950) „The Bargaining Problem." *Econometrica* 18: 155-162.

NASH, J.F. (1951) „Non Cooperative Games." *Annals of Mathematics* 54: 286-295.

NASH, J.F. (1953) „Two-Person Cooperative Games." *Econometrica* 21: 128-140.

NEUMANN, J.V. (1928) „Zur Theorie des Gesellschaftsspiels." *Mathematische Annalen* 100: 295-320.

NEUMANN, J.V. UND O. MORGENSTERN (1953) *The Theory of Games and Economic Behavior* (2. Aufl.). London: Wiley.

NEUMANN, M. (1994) *Theoretische Volkswirtschaftslehre III, Wachstum, Wettbewerb und Verteilung* (2. Aufl.). München: Vahlen.

NEUMANN, M. (1995) *Theoretische Volkswirtschaftslehre II, Produktion, Nachfrage und Allokation* (4. Aufl.). München: Vahlen.

NEUMANN, M. (2000) *Wettbewerbspolitik: Geschichte, Theorie und Praxis*. Wiesbaden: Gabler.

NEWCOMB, S. (1881) „Note on the Frequency of Use of the Different Digits in Natural Numbers." *American Journal of Mathematics* 4: 39-40.

NEWMAN, M. (2010) *Networks: An Introduction*. New York: Oxford University Press.

NINIILUOTTO, I. (1999) *Critical Scientific Realism*. New York: Oxford University Press.

NISBETT, R.E. UND D. COHEN (1996) *Culture of Honor: The Psychology of Violence in the South.* Boulder: Westview Press.

NOLAN, P. UND G. LENSKI (2011) *Human Societies: An Introduction to Macrosociology* (11. Aufl.). Boulder: Paradigm Publishers.

NORTH, D.C. (1981) *Structure and Change in Economic History.* New York: Norton.

NORTH, D.C. (1990) *Institutions, Institutional Change, and Economic Performance.* Cambridge: Cambridge University Press.

NORTH, D.C. (2005) *Understanding the Process of Economic Change.* Princeton: Princeton University Press.

NORTH, D.C. UND R.P. THOMAS (1973) *The Rise of the Western World. A New Economic History.* Cambridge Cambridge University Press.

NORTH, D.C. UND B. WEINGAST (1989) „Constitution and Commitment: The Evolution of Institutional Governing Public Choice in Seventeenth-Century England." *Journal of Economic History* 49: 803-832.

NORTH, M. (2009) *Kleine Geschichte des Geldes. Vom Mittelalter bis heute.* München: Beck.

NOWAK, M.A. UND K. SIGMUND (2005) „Evolution of Indirect Reciprocity." *Nature* 437: 1291-1298.

NUNN, N. (2009) „The Importance of History for Economic Development." *Annual Review of Economics* 1: 65-92.

NUNN, N. UND N. QUIAN (2008) „Columbus' Contribution to World Population and Urbanization: A Natural Experiment Examining the Introduction of Potatoes." Arbeitspapier, Harvard University.

OCKENFELS, A. (1999) *Fairneß, Reziprozität und Eigennutz. Ökonomische Theorie und experimentelle Evidenz.* Tübingen: Mohr.

OKISHIO, N. (1961) „Technical Changes and the Rate of Profit." *Kobe University Economic Review* 7: 86-99.

OLSON, M. (1965) *The Logic of Collective Action: Public Goods and the Theory of Groups.* Cambridge: Harvard University Press.

OLSON, M. (1982) *The Rise and Decline of Nations. Economic Growth, Stagflation, and Social Rigidities.* New Haven: Yale University Press.

OPP, K.-D. (1991) „DDR '89: Zu den Ursachen einer spontanen Revolution." *Kölner Zeitschrift für Soziologie und Sozialpsychologie* 43: 302-321

OPP, K.-D. (1995) *Methodologie der Sozialwissenschaften. Einführung in Probleme ihrer Theorienbildung und praktischen Anwendung* (3. Aufl.). Opladen: Westdeutscher Verlag.

OPP, K.-D. (2010) „Kausalität als Gegenstand der Sozialwissenschaften und der multivariaten Statistik." S. 9-38 in: C. WOLF UND H. BEST (Hg.) *Handbuch der sozialwissenschaftlichen Datenanalyse.* Wiesbaden: VS Verlag.

OSBORNE, M.J. UND A. RUBINSTEIN (1990) *Bargaining and Markets.* San Diego: Academic Press.

OSBORNE, M.J. UND A. RUBINSTEIN (1994) *A Course in Game Theory.* Cambridge: MIT Press.

OSTROM, E. (1990) *Governing the Commons: The Evolution of Institutions for Collective Action.* Cambridge: Cambridge University Press.

OSTROM, E., WALKER, J. UND R. GARDNER (1992) „Covenants With and Without a Sword: Self-Governance is Possible." *American Political Science Review* 86: 404-417.

OTT, A.E. (1991) *Grundzüge der Preistheorie* (3. Aufl.). Göttingen: Vandenhoeck & Ruprecht.

PADULO, L. UND M.A. ARBIB (1974) *Systems Theory: A Unified State-Space Approach to Continuous and Discrete Systems.* Philadelphia: Saunders.

PAPAGEORGIOU, M. (1996) *Optimierung: Statische, dynamische, stochastische Verfahren für die Anwendung* (2. Aufl.). München: Oldenbourg.

PARETO, V. (1897) *Cours d'Economie Politique. 2 Bände.* Genf: Droz.

PARSONS, T. (1937) *The Structure of Social Action.* New York: Free Press.

PARSONS, T. (1951) *The Social System.* Glencoe: The Free Press.

PARSONS, T. UND N. SMELSER (1956) *Economy and Society.* London: Routledge and Kegan Paul.

PFEFFER, J. UND G.R. SALANCIK (1978) *The External Control of Organizations: A Resource Dependence Perspective.* New York: Harper and Row.

PFISTER, J. (2006) *Philosophie: Ein Lehrbuch.* Stuttgart: Reclam.

PINKER, S. (2003) *Das unbeschriebene Blatt. Die moderne Leugnung der menschlichen Natur.* Berlin: Berlin-Verlag.

PINKER, S. (2012) *Gewalt: Eine neue Geschichte der Menschheit.* Frankfurt a.M.: Fischer.

PLOTT, C.R. UND V.L. SMITH (2008) *Handbook of Experimental Economics Results. Volume 1.* Amsterdam: Elsevier.

PLUMPE, W. (2010) *Wirtschaftskrisen – Geschichte und Gegenwart.* München: Beck.

POLANYI, K. (1944 [1978]) *The Great Transformation.* Frankfurt a.M.: Suhrkamp.

POLANYI, K. (1979) *Ökonomie und Gesellschaft.* Frankfurt a.M.: Suhrkamp.

POLLIT, D. (1998) „Supply-chain Logistics." *International Journal of Physical Distribution & Logistics Management* 28: 181-200.

POPPER, K.R. (1934) *Die Logik der Forschung.* Tübingen: Mohr.

POPPER, K.R. (1944 [1987]) *Das Elend des Historizismus* (6. Aufl.). Tübingen: Mohr.

POPPER, K.R. (1945 [1992]) *Die offene Gesellschaft und ihre Feinde. Bd. II: Falsche Propheten: Hegel, Marx und die Folgen* (7. Aufl.). Tübingen: Mohr.

POPPER, K.R. (1957) *Die offene Gesellschaft und ihre Feinde. Bd. I: Der Zauber Platons.* Tübingen: Francke.

POPPER, K.R. (1962) *The Logic of Scientific Discovery.* London: Hutchinson.

POPPER, K.R. (1967 [1995]) „Das Rationalitätsprinzip." S. 350-359 in: D. MILLER (Hg.) *Karl R. Popper Lesebuch: ausgewählte Texte zur Erkenntnistheorie, Philosophie der Naturwissenschaften, Metaphysik, Sozialwissenschaften.* Tübingen: Mohr.

POPPER, K.R. (1974) *Objektive Erkenntnis: Ein Evolutionärer Entwurf.* Hamburg: Hoffmann und Campe.

PORTES, A. (2010) *Economic Sociology: A Systematic Inquiry.* Princeton: Princeton University Press.

PORTES, A. UND R. BACH (1985) *Latin Journey: Cuban and Mexican Immigrants in the United States.* Berkeley: University of California Press.

PORTES, A. UND W. HALLER (2005) „The Informal Economy." S. 403-428 in: N. SMELSER UND R. SWEDBERG (Hg.) *Handbook of Economic Sociology* (2. Aufl.). Princeton: Princeton University Press.

PORTES, A. UND R.H. RUMBAUT (2006) *Immigrant America: A Portrait.* Berkeley: University of California Press.

PORTES, A. UND A. STEPPICK (1994) *City on the Edge. The Transformation of Miami.* Berkeley: University of California Press.

PRAIS, S.J. (1955) „Measuring Social Mobility." *Journal of the Royal Statistical Society A* 118: 56-66.

PREISENDÖRFER, P. (2008) *Organisationssoziologie: Grundlagen, Theorien und Problemstellungen* (2. Aufl.). Wiesbaden: VS Verlag.

PRZEPIORKA, W. (2009) *Reputation and Signals of Trustworthiness in Social Interactions.* Unveröffentlichte Dissertation: Institut für Soziologie, ETH Zürich.

PSILLOS, S. (1999) *Scientific Realism: How Science Tracks Truth.* New York: Routledge.

PUTNAM, R. (1993) *Making Democracy Work.* Princeton: Princeton University Press.

QUIGGIN, J. (2010) *Zombie Economics: How Dead Ideas Still Walk Among Us.* Princeton: Princeton University Press

QUIGLEY, J.M. (1998) „Urban Diversity and Economic Growth." *Journal of Economic Perspectives* 12: 127-138.

RAPOPORT, A. (1988) *Allgemeine Systemtheorie – wesentliche Begriffe und Anwendungen.* Darmstadt: Verlag Darmstädter Blätter.

RAPOPORT, A., GUYER, M.J. UND D.G. GORDON (1976) *The 2 × 2 Game.* Ann Arbor: University of Michigan Press.

RAUB, W. (1984) *Rationale Akteure, institutionelle Regelungen und Interdependenzen.* Frankfurt a.M.: Lang.

RAUB, W. UND T. VOSS (1986) „Die Sozialstruktur der Kooperation rationaler Egoisten." *Zeitschrift für Soziologie* 15: 309-323.

RAUB, W. UND J. WEESIE (1990) „Reputation and Efficiency in Social Interactions: An Example of Network Effects." *American Journal of Sociology* 96: 626-654.

RAWLS, J. (1971) *A Theory of Justice.* Cambridge: Belknap Press.

REHBERG, K.-S. (2009) „Theoretische Homogenitätssehnsucht als Dominanzanspruch." *Soziale Welt* 60: 215-222.

REINHART, C. UND K.S. ROGOFF (2009) *This Time is Different. Eight Centuries of Financial Folly.* Princeton: Princeton University Press.

RENDELL, L., BOYD, R., COWNDEN, D., ENQUIST, M., ERIKSSON, K., FELDMAN, M.W., FOGARTY, L., GHIRLANDA, S., LILLICRAP, T. UND K.N. LALAND (2010) „Why Copy Others? Insights from the Social Learning Strategies Tournament." *Science* 328: 208-213.

RICARDO, D. (1817 [2004]) *On The Principles of Political Economy and Taxation.* New York: Prometheus Books.

RICHERSON, P.J. UND R. BOYD (2005) *Not by Genes Alone: How Culture Transformed Human Evolution.* Chicago: University of Chicago Press.

RICHTER, K. UND J.-M. ROST (2004) *Komplexe Systeme.* Frankfurt a.M.: Fischer.

RICHTER, R. UND E.G. FURUBOTN (1999) *Neue Institutionenökonomik. Eine Einführung und kritische Würdigung.* Tübingen: Mohr Siebeck.

RIDLEY, M.W. (2010) *The Rational Optimist: How Prosperity Evolves.* New York: Harper Collins.

RIECK, C. (2006) *Spieltheorie. Eine Einführung* (5. Aufl.). Eschborn: Christian Rieck Verlag.

RIESKAMP, J., BUSEMEYER, J. UND B. MELLERS (2006) „Extending the Bounds of Rationality: Evidence and Theories of Preferential Choice." *Journal of Economic Literature* 44: 631-661

RIKER, W.H. UND P.C. ORDESHOOK (1973) *An Introduction to Positive Political Theory.* Englewood Cliffs: Prentice Hall

ROBERTS, F.S. (1976) *Discrete Mathematical Models with Applications to Social, Biological, and Environmental Problems.* Englewood Cliffs: Prentice Hall.

ROBINSON, W.J. (1950) „Ecological Correlations and the Behavior of Individuals." *American Sociological Review* 15: 351-357.

RODRIGUEZ, F. UND D. RODRIK (2001) „Trade Policy and Economic Growth: A Skeptic's Guide to the Cross-national Evidence." S. 261-325 in: B. BERNANKE UND K.S. ROGOFF (Hg.) *NBER Macroeconomics Annual 2000.* Cambridge: MIT Press.

ROGERS, E. (2003) *Diffusion of Innovations* (5. Aufl.). New York: The Free Press.

ROMER, P.M. (1986) „Increasing Returns and Long-Run Growth." *Journal of Political Economy* 94: 1002-1037.

ROMER, P.M. (1987) „Growth Based on Increasing Returns Due to Specialization." *American Economic Review* 77: 56-62.

ROMER, P.M. (1990) „Endogenous Technological Change." *Journal of Political Economy* 98: 71-102.

RONA-TAS, A. UND S. HISS (2010a) „Das Kreditrating von Verbrauchern und Unternehmen und die Subprime-Krise in den USA mit Lehren für Deutschland." *Informatik-Spektrum* 33: 241-261.

RONA-TAS, A. UND S. HISS (2010b) „The Role of Ratings in the Subprime Mortgage Crisis: The Art of Corporate and the Science of Consumer Credit Rating." S. 115-155 in: M. LOUNSBURY UND P.M. HIRSCH (Hg.) *Markets on Trial. The Economic Sociology of the U.S. Financial Crisis. Research in the Sociology of Organizations.* Bingley: Emerald.

ROSE-ACKERMAN, S. (1999) *Corruption and Government: Causes, Consequences, and Reform.* Cambridge: Cambridge University Press.

ROSENBERG, A. (1992) *Economics: Mathematical Politics or Science of Diminishing Returns? Science and its Conceptual Foundations.* Chicago: University of Chicago Press.

ROSS, S.M. (2010) *Introduction to Probability Models* (10. Aufl.). New York: Academic Press.

ROTH, A.E., PRASNIKAR, V., OKUNO-FUJIWARA, M. UND D. ZAMIR (1991) „Bargaining and Market Behavior in Jerusalem, Ljubljana, Pittsburgh, and Tokyo: An Experimental Study." *American Economic Review* 81: 1068-1095.

RUBINSTEIN, A. (1998) *Modeling Bounded Rationality.* Cambridge: MIT Press.

RUNCIMAN, W.G. (1972) *Relative Deprivation and Social Justice: A Study of Attitudes to Social Inequality in Twentieth-Century England.* London: Routledge.

SAAM, N.J. (2002) *Prinzipale, Agenten und Macht.* Tübingen: Mohr Siebeck.

SAAM, N.J. (2007) *Organisation und Beratung: Ein Lehrbuch zu Grundlagen und Theorien.* Münster: LIT.

SAICHEV, A., MALEVERGNE, Y. UND D. SORNETTE (2010) *Theory of Zipf's Law and Beyond.* Berlin: Springer.

SALMON, W.C. (2006) *Four Decades of Scientific Explanation.* Pittsburgh: University of Pittsburgh Press.

SALZMANN, T., EDMONSTON, B. UND J. RAYMER (Hg.) (2010) *Demographic Aspects of Migration.* Wiesbaden: VS Verlag.

SAMUELSON, P.A. (1954) „The Pure Theory of Public Expenditure." *Review of Economics and Statistics* 36: 387-389.

SAMUELSON, P.A. (1957) „Wages and Interest: A Modern Dissection of Marxian Economic Models." *American Economic Review* 47: 884-912.

SAMUELSON, P.A. (1965) „Proof that Properly Anticipated Prices Fluctuate Randomly." *Industrial Management Review* 6: 41-49.

SAVAGE, L.J. (1951) „The Theory of Statistical Decision." *Journal of the American Statistical Association* 46: 55-67.

SAVAGE, L.J. (1954) *The Foundations of Statistics.* New York: Wiley.

SCHACHERMAYER, W. (2008) „Die Rolle der Mathematik auf den Finanzmärkten." S. 265-278 in: E. BEHRENDS, P. GRITZMANN UND G.M. ZIEGLER (Hg.) *Pi und Co.: Kaleidoskop der Mathematik.* Berlin: Springer.

SCHELLING, T.C. (1960) *The Strategy of Conflict.* Cambridge: Harvard University Press.

SCHIMANK, U. (2007) *Handeln und Strukturen* (3. Aufl.). Weinheim: Juventa.

SCHMID, M. (2006) *Die Logik mechanismischer Erklärungen.* Wiesbaden: VS Verlag.

SCHNEIDER, F. UND D.H. ERNSTE (2000) „Shadow Economies: Size, Causes, and Consequences." *Journal of Economic Literature* 38: 77-114.

SCHNELL, R., HILL, P. UND E. ESSER (2008) *Methoden der empirischen Sozialforschung* (8. Aufl.). Oldenbourg: München.

SCHNIERER, T. (1995) *Modewandel und Gesellschaft. Die Dynamik von 'in' und 'out'.* Opladen: Leske & Budrich.

SCHOECK, H. (1966) *Der Neid: Eine Theorie der Gesellschaft.* Freiburg: Karl Alber.

SCHÜTZ, A. (1932 [1974]) *Der sinnhafte Aufbau der Welt. Eine Einleitung in die verstehende Soziologie.* Frankfurt a.M.: Suhrkamp.

SCHULTZ, T.W. (1986) *In Menschen investieren. Die Ökonomik der Bevölkerungsqualität.* Tübingen: Mohr

SCHUMPETER, J.A. (1912 [2006]) *Theorie der wirtschaftlichen Entwicklung.* Berlin: Duncker & Humblot.

SCHUMPETER, J.A. (1942 [2005]) *Kapitalismus, Sozialismus und Demokratie.* Stuttgart: UTB.

SCHUPP, J. UND M. SZYDLIK (2004) „Erbschaften und Schenkungen in Deutschland. Wachsende fiskalische Bedeutung der Erbschaftsteuer für die Länder." *Wochenbericht des DIW Berlin* 5.

SCHWABE, H. (1868) „Das Verhältnis von Miete und Einkommen in Berlin und seine Entwicklung." In: *Gemeinde-Kalender und städtisches Jahrbuch für 1868.* Berlin: Statistisches Bureau der Stadt.

SCOTT, R.W. UND G.F. DAVIS (2007) *Organizations and Organizing: Rational, Natural, and Open Sstem Perspectives.* Englewood Cliffs: Prentice Hall.

SEABRIGHT, P. (2004) *The Company of Strangers. A Natural History of Economic Life.* Princeton: Princeton University Press.

SEEL, B. (1991) *Ökonomik des privaten Haushalts.* Stuttgart: UTB.

SELTEN, R. (1965) „Spieltheoretische Behandlung eines Oligopolmodells mit Nachfrageträgheit." *Zeitschrift für die gesamte Staatswissenschaft* 121: 301-324, 667-689.

SEN, A. (1992) *Inequality Reexamined.* Cambridge: Harvard University Press.

SERRANO, R. (2005) „Fifty Years of the Nash Programm, 1953-2003." *Investigaciones Económicas* 29: 219-258.

SHAPLEY, L.S. (1953) „A Value for n-Person Games." S. 307-317 in: H.W. KUHN UND A.W. TUCKER (Hg.) *Contributions to the Theory of Games.* Princeton: Princeton University Press.

SHILLER, R.J. (2000) *Irrationaler Überschwang.* Frankfurt a.M.: Campus.

SHIUE, C.H. UND W. KELLER (2007) „Markets in China and Europe on the Eve of the Industrial Revolution." *American Economic Review* 97: 1189-1216.

SHLEIFER, A. (2000) *Inefficient Markets: An Introduction to Behavioral Finance.* Oxford: Oxford University Press.

SHY, O. (2001) *The Economics of Network Industries.* Cambridge: Cambridge University Press.

SIMMEL, G. (1897 [1983]) „Rosen. Eine soziale Hypothese." S. 169-172 in: G. SIMMEL (Hg.) *Schriften zur Soziologie. Eine Auswahl.* Frankfurt a.M.: Suhrkamp.

SIMMEL, G. (1900 [1989]) *Philosophie des Geldes. Gesamtausgabe Bd. 6.* Frankfurt a.M.: Suhrkamp.

SIMMEL, G. (1903 [1983]) „Soziologie der Konkurrenz." S. 173-193 in: G. SIMMEL (Hg.) *Schriften zur Soziologie. Eine Auswahl.* Frankfurt a.M.: Suhrkamp.

SIMMEL, G. (1908 [1983]) „Psychologie des Schmuckes." S. 159-166 in: G. SIMMEL (Hg.) *Schriften zur Soziologie. Eine Auswahl.* Frankfurt a.M.: Suhrkamp.

SIMMEL, G. (1908 [1992]) *Soziologie. Untersuchungen über die Formen der Vergesellschaftung.* Frankfurt a M.: Suhrkamp.

SIMMEL, G. (1989-2004) *Gesamtausgabe. 24 Bde.* Frankfurt a.M.: Suhrkamp.

SIMON, C.P. UND L. BLUME (1994) *Mathematics for Economists.* New York: Norton.

SIMON, H.A. (1955) „A Behavioral Model of Rational Choice." *Quarterly Journal of Economics* 69: 99-118.

SIMON, H.A. (1956) „Rational Choice and the Structure of the Environment." *Psychological Review* 63: 129-138.

SIMON, H.A. (1959) „Theories of Decision Making in Economics and Behavioral Science." *American Economic Review* 49: 253-283.

SIMON, H.A. (1963) „Problems of Methodology – Discussion." *American Economic Review* 53: 229-231.

SIMON, H.A. (1982) *Models of Bounded Rationality. 2 Bände.* Cambridge: MIT Press.

SIMON, H.A. (1990) „Bounded Rationality." S. 15-18 in: J. EATWELL, M. MILGATE UND P. NEWMAN (Hg.) *The New Palgrave: Utility and Probability.* New York: Norton.

SINHA, S., CHATTERJEE, A., CHAKRABORTI, A. UND B.K. CHAKRABARTI (2011) *Econophysics: An Introduction.* New York: Wiley.

SINN, H.-W. (2003) *Ist Deutschland noch zu retten?* München: Econ.

SINN, H.-W. (2005) *Die Basar-Ökonomie.* München: Econ.

SMELSER, N.J. UND R. SWEDBERG (1994) *Handbook of Economic Sociology.* Princeton: Princeton University Press.

SMELSER, N.J. UND R. SWEDBERG (2005) *Handbook of Economic Sociology* (2. überarbeitete Aufl.). Princeton: Princeton University Press.

SMITH, A. (1759) *The Theory of Moral Sentiments.* London: printed for A. Millar, A. Kincaid and J. Bell.

SMITH, A. (1776) *An Inquiry into the Nature and Causes of the Wealth of Nations.* London: W. Strahan and T. Cadell.

SMITH, V.L. (1991) *Papers in Experimental Economics.* Cambridge: Cambridge University Press.

SMITH, V.L. (2000) *Bargaining and Market Behavior. Essays in Experimental Economics.* Cambridge: Cambridge University Press.

SMITH, V.L. (2002) „Handeln in zwei Welten." S. 67-71 in: E. FEHR UND G. SCHWARZ (Hg.) *Psychologische Grundlagen der Ökonomie.* Zürich: NZZ Verlag.

SMITH, V.L. (2008) *Rationality in Economics. Constructivist and Ecological Forms.* Cambridge: Cambridge University Press.

SNIJDERS, C. (1996) *Trust and Commitments.* Amsterdam: Thesis Publishers.

SOBER, E. (1983) „Equilibrium Explanations." *Philosophical Studies* 43: 201-210.

SOKAL, A. UND J. BRICMONT (1999) *Fashionable Nonsense: Postmodern Intellectuals' Abuse of Science.* New York: Picador.

SOLNICK, S.J. UND D. HEMENWAY (1996) „The Deadweight Loss of Christmas: Comment." *American Economic Review* 86: 1299-1305.

SOLOW, R. (1956) „A Contribution to the Theory of Economic Growth " *Quarterly Journal of Economics* 70: 65-94.

SOMBART, W. (1902) *Der moderne Kapitalismus. 2 Bände.* Leipzig: Duncker & Humblot.

SOMBART, W. (1906) *Warum gibt es in den Vereinigten Staaten keinen Sozialismus?* Tübingen: Mohr Siebeck.

SONNENSCHEIN, H. (1972) „Market Excess Demand Functions." *Econometrica* 40: 549-563.

SONNENSCHEIN, H. (1973) „Do Walras' Identity and Continuity Characterize the Class of Community Excess Demand Functions?" *Journal of Economic Theory* 6: 345-354.

STARK, R. (1996) *The Rise of Christianity: A Sociologist Reconsiders History.* Princeton: Princeton University Press.

STARK, R. (2005) *The Victory of Reason: How Christianity Led to Freedom, Capitalism, and Western Success.* New York: Random House.

STARK, R. (2007) *Sociology* (10. Aufl.). Belmont: Wadsworth.

STEGBAUER, C. (2011) *Reziprozität* (2.Aufl.). Wiesbaden: VS Verlag.

STEGMÜLLER, W. (1980) *Neue Wege der Wissenschaftsphilosophie.* Berlin: Springer.

STEINGART, G. (2004) *Deutschland – der Abstieg eines Superstars.* München: Piper.

STEINGART, G. (2006) *Weltkrieg um Wohlstand – wie Macht und Reichtum neu verteilt werden.* München: Piper.

STEVENS, S.S. (1961) „To Honor Fechner and Repeal his Law." *Science* 133: 80-86.

STIGLER, G.J. (1951) „The Division of Labor is Limited by the Extent of the Market." *Journal of Political Economy* 59: 185-193.

STIGLER, G.J. UND G.S. BECKER (1977) „De Gustibus Non Est Disputandum." *American Economic Review* 67: 76-90.

STINCHCOMBE, A.L. (1968) *Constructing Social Theories.* Chicago: University of Chicago Press.

SUE, C. UND E.E. TELLES (2007) „Assimilation and Gender in Naming." *American Journal of Sociology* 112: 1383-1415.

SUROWIECKI, J. (2004) *The Wisdom of Crowds: Why the Many Are Smarter Than the Few and How Collective Wisdom Shapes Business, Economies, Societies, and Nations.* New York: Random House.

SWAN, T.W. (1956) „Economic Growth and Capital Accumulation." *Economic Record* 32: 334-361.

SWEDBERG, R. (2003) *Principles of Economic Sociology.* Princeton: Princeton University Press.

SZYDLIK, M. (2011) „Erben in Europa." *Kölner Zeitschrift für Soziologie und Sozialpsychologie* 63: 543-565.

SZYDLIK, M. UND J. SCHUPP (2004) „Wer erbt mehr? Erbschaften, Sozialstruktur und Alterssicherung." *Kölner Zeitschrift für Soziologie und Sozialpsychologie* 56: 609-629.

TAKAHASHI, H., KATO, M., MATSUURA, M., MOBBS, D., SUHARA, T. UND Y. OKUBO (2009) „When Your Gain is my Pain and Your Pain is my Gain: Neural Correlates of Envy and Schadenfreude." *Science* 323: 937-939.

TARDE, G. (1890) *Les Lois de l'Imitation*. Paris: Alcan.

THALER, R.H. (1994) *The Winner's Curse*. New York: The Free Press.

THALER, R.H. (1994) „Psychology and Savings Policies." *American Economic Review* 84: 186-192.

THOMA, B. (1996) *Chaostheorie, Wirtschaft und Börse*. München: Oldenbourg.

THÜNEN, J.H.V. (1826) *Der isolierte Staat in Beziehung auf Landschaft und Nationalökonomie*. Jena: Gustav Fischer.

TOMASELLO, M. (2009) *Die Ursprünge der menschlichen Kommunikation*. Frankfurt a.M.: Suhrkamp.

TREVOR-ROPER, H.R. (1967) *Religion, the Reformation, and Social Change and Other Essays*. London: Macmillan.

TUNZELMANN, G.N. (1986) „Malthus's Total Population System: a Dynamic Reinterpretation." S. 65-95 in: D. COLEMAN UND R. SCHOFIELD (Hg.) *The State of Population Theory: Forward from Malthus*. Oxford: Blackwell.

TURNER, J. (1991) *The Structure of Sociological Theory*. Belmont: Wadsworth.

UZZI, B. (1996) „The Sources and Consequences of Embeddedness for the Economic Performance of Organizations: The Network Effect." *American Sociological Review* 61: 674-698.

VALENTE, T.W. (1996) „Social Network Tresholds in the Diffusion of Innovations." *Social Networks* 18: 69-89.

VAN DEN BULTE, C. UND Y.V. JOSHI (2007) „New Product Diffusion with Influentials and Imitators." *Marketing Science* 26: 400-421.

VARIAN, H.R. (1992) *Microeconomic Analysis* (3. Aufl.). New York: Norton.

VARIAN, H.R. (2003) *Intermediate Microeconomics* (6. Aufl.). New York: Norton.

VEBLEN, T. (1899) *The Theory of the Leisure Class. An Economic Study in the Evolution of Institutions*. New York: Macmillan.

VEGA-REDONDO, F. (2007) *Complex Social Networks*. Cambridge: Cambridge University Press.

VOGL, J. (2010) *Das Gespenst des Kapitals*. Zürich: Diaphanes.

VOLTERRA, V. (1931) *Leçons sur la théorie mathématique de la lutte pour la vie*. Paris: Gauthier-Villars.

VOSS, T. (1985) *Rationale Akteure und soziale Institutionen. Beitrag zu einer endogenen Theorie des sozialen Tauschs*. München: Oldenbourg.

VOSS, T. (2009) „Evolutionäre Erklärungen in der individualistischen Sozialtheorie." S. 61-86 in: A.G. BECK-SICKINGER UND M. PETZOLDT (Hg.) *Paradigma Evolution: Chancen und Grenzen eines Erklärungsmusters*. Frankfurt a.M.: Peter Lang.

WALDFOGEL, J. (1993) „The Deadweight Loss of Christmas." *American Economic Review* 83: 1328-1336.

WALDFOGEL, J. (1999) *Scroogenomics. Why You Shouldn't Buy Presents for the Holidays*. Princeton: Princeton University Press.

WALTER, W. (2000) *Gewöhnliche Differentialgleichungen* (6. Aufl.). Berlin: Springer.

WASSERMAN, S. UND K. FAUST (1994) *Social Network Analysis: Methods and Applications.* Cambridge: Cambridge University Press.

WATTS, D.J. (1999) *Small Worlds: The Dynamics of Networks Between Order and Randomness.* Princeton: Princeton University Press.

WEBER, A. (1909) *Über den Standort der Industrie.* Tübingen: Mohr.

WEBER, E.H. (1834) *De Pulsu, Resorptione, Auditu Et Tactu. Annotationes Anatomicae Et Physiologicae.* Leipzig: Koehler.

WEBER, M. (1920 [1972]) *Gesammelte Aufsätze zur Religionssoziologie. 3 Bände.* Tübingen: Mohr Siebeck.

WEBER, M. (1920 [1981]) *Die Protestantische Ethik und der Geist des Kapitalismus.* Tübingen: Mohr Siebeck.

WEBER, M. (1921 [1976]) *Wirtschaft und Gesellschaft.* Tübingen: Mohr Siebeck.

WEBER, M. (1922 [1973]) *Gesammelte Aufsätze zur Wissenschaftslehre.* Tübingen: Mohr Siebeck.

WEBER, M. (1923 [1991]) *Wirtschaftsgeschichte. Aus den nachgelassenen Vorlesungen.* München: Duncker & Humblot.

WEBER, M. (1984-2001) *Gesamtausgabe.* Tübingen: Mohr Siebeck.

WEESIE, J. UND W. RAUB (1996) „Private Ordering: A Comparative Institutional Analysis of Hostage Games." *Journal of Mathematical Sociology* 21: 201-240.

WEIBULL, J.W. (1995) *Evolutionary Game Theory.* Cambridge: MIT Press.

WEISE, P. (1989) „Homo oeconomicus und Homo sociologicus: Die Schreckensmänner der Sozialwissenschaften." *Zeitschrift für Soziologie* 18: 148-161.

WEGENER, B. UND S. LIEBIG (2010) „Gerechtigkeitsvorstellungen in Ost- und Westdeutschland im Wandel: Sozialisation, Interessen, Lebenslauf." S. 83-101 in: P. KRAUSE UND I. OSTNER (Hg.) *Leben in Ost- und Westdeutschland: Eine sozialwissenschaftliche Bilanz der deutschen Einheit 1990-2010.* Frankfurt a.M.: Suhrkamp.

WHITE, H. (1970) *Chains of Opportunity.* Cambridge: Harvard University Press.

WHITE, H. (1981) „Where do Markets Come From." *American Journal of Sociology* 87: 517-547.

WHITE, H. (1992) *Identity and Control: A Structural Theory of Social Action.* Princeton: Princeton University Press.

WHITE, H. (2002) *Markets from Networks: Socioeconomic Models of Production.* Princeton: Princeton University Press.

WIESE, H. (2002) *Entscheidungs- und Spieltheorie.* Berlin: Springer.

WILLER, D. (1999) *Network Exchange Theory.* Westport: Praeger.

WILLIAMSON, O.E. (1975) *Markets and Hierarchies: Analysis and Antitrust Implications. A Study in the Economics of Internal Organization.* New York: The Free Press.

WILLIAMSON, O.E. (1985) *The Economic Institutions of Capitalism. Firms, Markets, Relational Contracting.* New York: The Free Press.

WILSON, R. (1971) „Computing Equilibria of n-Person Games." *SIAM Journal of Applied Mathematics* 21: 80-87.

WINDOLF, P. (2005) „Was ist Finanzmarktkapitalismus?" S. 20-57 in: P. WINDOLF (Hg.) *Finanzmarkt-Kapitalismus. Analysen zum Wandel von Produktionsregimen. Sonderheft 45 der Kölner Zeitschrift für Soziologie und Sozialpsychologie.* Wiesbaden: VS Verlag.

WINDOLF, P. (2006) „Unternehmensverflechtung im organisierten Kapitalismus: Deutschland und USA im Vergleich 1896-1938." *Zeitschrift für Unternehmensgeschichte* 51: 191-222.

WINDOLF, P. UND J. BEYER (1995) „Kooperativer Kapitalismus. Unternehmensverflechtungen im internationalen Vergleich." *Kölner Zeitschrift für Soziologie und Sozialpsychologie* 47: 1-36.

WINDOLF, P. UND M. NOLLERT (2001) „Institutionen, Interessen, Netzwerke. Unternehmensverflechung im internationalen Vergleich." *Politische Vierteljahresschrift* 42: 51-78.

WOLF, C. (1996) *Gleich und gleich gesellt sich: Individuelle und strukturelle Einflüsse auf die Entstehung von Freundschaft.* Hamburg: Dr. Kovač.

WOLKENTEN, M.V., BROSNAN, S.F. UND F.B.M. DE WAAL (2007) „Inequity Responses of Monkeys Modified by Effort." *Proceedings of the National Academy of Sciences* 104: 18855-18859.

WRANGHAM, R. (2009) *Catching Fire: How Cooking Made Us Human.* New York: Basic Books.

YAMAGISHI, T. (1986) „The Provision of a Sanctioning System as a Public Good." *Journal of Personality and Social Psychology* 51: 110-116.

YAMAGUCHI, K. (1996) „Power in Networks of Substitutable and Complementary Exchange Relations: A Rational Choice Model and an Analysis of Power Centralization." *American Sociological Review* 61: 308-332.

YOUNG, H.P. (1994) *Equity. In Theory and Practice.* Princeton: Princeton University Press.

YOUNG, H.P. (2009) „Innovation Diffusion in Heterogeneous Populations: Contagion, Social Influence, and Social Learning." *American Economic Review* 99: 1899-1924.

ZAJONC, R.B. (2001) „Mere Exposure: A Gateway to the Subliminal." *Current Directions in Psychological Science* 10: 224-228.

ZIEGLER, R. (1972) *Theorie und Modell. Der Beitrag der Formalisierung zur soziologischen Theoriebildung.* München: Oldenbourg.

ZIEGLER, R. (1984) „Das Netz der Personen- und Kapitalverflechtungen deutscher und österreichischer Wirtschaftsunternehmen." *Kölner Zeitschrift für Soziologie und Sozialpsychologie* 36: 585-614.

ZIEGLER, R. (1990) „The Kula: Social Order, Barter, and Ceremonial Exchange." S. 141-170 in: M. HECHTER, K.D. OPP UND R. WIPPLER (Hg.) *Social Institutions.* New York: de Gruyter.

ZIEGLER, R. (2007) *The Kula Ring of Bronislaw Malinowski: A Simulation Model of the Co-Evolution of an Economic and Ceremonial Exchange System. Heft 1 der Sitzungsberichte der Philosophisch-historischen Klasse.* München: Verlag der Bayerischen Akademie der Wissenschaften.

ZIPF, G.K. (1949) *Human Behavior and the Principle of Least Effort. An Introduction to Human Ecology.* Cambridge: Addison-Wesley.

ZIZZO, D.J. (2003) „Money Burning and Rank Egalitarianism with Random Dictators." *Economics Letters* 81: 263-266.

ZIZZO, D.J. UND A.J. OSWALD (2001) „Are People Willing to Pay to Reduce Others' Incomes?" *Annales d'Économie et de Statistique* 63/64: 39-62.

ZWEIG, J. (2007) *Gier – Neuroökonomie: Wie wir ticken, wenn es ums Geld geht.* München: Hanser.

Sachregister